새 시대
새 설교

새 시대 새 설교

——

1판 1쇄 펴냄 2024년 10월 15일

지은이 강호숙 구미정 김성희 김순영 김정숙 김호경
박유미 송진순 유연희 이연승 이은경 이은선
이현주 조은하 최은경 최은영
펴낸이 한종호
펴낸곳 꽃자리
디자인 임현주
인쇄·제작 미래피앤피

출판등록 2012년 12월 13일
주소 경기도 의왕시 백운중앙로 45, 207동 503호(학의동, 효성해링턴플레이스)
전자우편 amabi@hanmail.net
블로그 http://fzari.tistory.com

Copyright ⓒ 구미정 외 15인 2024

——
ISBN 979-11-86910-55-9 03230
값 40,000원

새 시대
새 설교

성경을 읽는 새로운 시선

강호숙 구미정 김성희 김순영 김정숙 김호경
박유미 송진순 유연희 이연승 이은경 이은선
이현주 조은하 최은경 최은영

꽃자리

목차

새 시대 새 설교

세상은 여성의 목소리가 몹시 고프다

구미정/이은교회 목사

아브라함은 이삭을 낳고 이삭은 야곱을

야곱은 유다와 그의 형제를 낳고

유다는 다말에게서 베레스를 낳고

베레스는 헤스론을 헤스론은 람을

람은 암미나답을 낳고

다윗은 우리야의 아내에게서 솔로몬을 낳고

솔로몬은 르호보암을 낳고 르호보암은 아비야를……

(허무하다 그치?)

어릴 적, 끝없이, 계속되는 동사의 수를 세다 잠든 적이 있다

– 최영미, "어떤 족보"(김승희, 《남자들은 모른다》, 마음산책, 2001: 68쪽)

신약의 첫머리를 장식하는 마태복음의 족보에 시인은 당돌하게도 물음표를 단다. 시인의 눈에는 단성생식으로 이어지는 족보가 마냥 이상한가 보다. 아버지가 아들을 낳는다. 남성에서 남성으로 이어진다. 본래 '낳다'라는 동사는 여성의 전유물일진대, 이런 생물학의 기본 지식마저 가볍게 무시되고 있다.

예수의 족보에 여성의 이름이 전혀 없는 건 아니다. 하지만 그 여성들은 어디까지나 아들의 어머니일 뿐, 딸의 어머니로 이름을 올리지 못했다. 그 많던 딸들은 다 어디로 갔을까? 시인의 관찰이 예사롭지 않다. 딸들이 실종, 아니 멸종된 족보가 오늘 한국교회의 자화상이라는 고발로 읽혀 '허무하다.'

교회 밖 사회는 평등과 정의의 깃발 아래 빠르게 재편되어 가는데, 교회 안에만 들어가면 시간이 정지된 느낌을 종종 받는다. 딸들에게 교회는 무풍지대. 바깥에서 불어오는 신선한 바람이 잘 통하지 않는다. 신학을 업으로 삼은 딸들은 더 그렇다. 국민(남성) 속에 낀 난민(여성)처럼 떠도는 느낌에 시달릴 때가 많다.

프랑스 실존주의 철학자 시몬 드 보부아르가《제2의 성》에서 여성의 현실을 폭로한 게 1949년이다. 그 뒤로 여성운동은 급물살을 타고 전후 세계를 다시 짜는 데 큰 역할을 했다. 그런데도 교회는 요지부동이다. 오죽하면 보부아르 역시 이렇게 혀를 찼을까?

"종교는 여자가 스스로 복종해오도록 유도한다. … 종교는 그녀의 꿈을 키워주고, 그녀의 텅 빈 시간에 할 일을 준다. … 여자는 오늘

새 시대 새 설교

날에도 여전히 교회가 손에 든 끗발 좋은 패다."(우어줄라 쇼이 엮음,《여자로 살기, 여성으로 말하기》, 전옥례 옮김, 현실문화연구, 2003: 407쪽)

딸들이 떠난 교회를 며느리와 시어머니가 채우라는 무언의 압력이 공기처럼 배어든다. '하늘 아버지'를 전유한 남성 목회자의 권위에 복종하며 희생과 헌신을 내면화한 하위주체다. 그러니 미국 신학자 메리 데일리가《교회와 제2의 성》(1968)에서 이렇게 탄식한 것도 일리 있다.

"교회에서 동등한 권리를 요구하는 여성은 이를테면 KKK단에서 동등한 권리를 요구하는 흑인에 비길 만하다."(Mary Daly, Church and the Second Sex, New York: Harper & Row, 1975: 6; 우리말 번역은 메리 데일리, 《교회와 제2의 성》, 황혜숙 옮김, 여성신문사, 1994: 258쪽 참고)

가부장적 교회의 체질이 바뀌어야 한다. 교회 안에도 구원이 있느냐는 딸들의 울부짖음에 더는 귀를 막으면 안 된다. 이 설교집은 그러한 시대적 부름에서 잉태되었다. 삶의 자리가 서로 다른 열여섯 명의 여성신학자들이 우정과 연대로 뭉쳤다. 신학과 교회 사이에는 칸막이가 없어야 한다. 신학이 상아탑 안에 유폐될수록 신앙은 미지근해지고 교회는 사회의 근심거리가 된다.(존 캅,《교회 다시 살리기》, 구미정 옮김, 한국신학연구소, 2011: 1장) 이런 문제의식에 공감한 여성신학자들이 교회를 위한 말씀의 향연을 펼쳤다.

종이책을 읽는 인구가 급격히 줄어들면서 출판계가 기근에 시달리는 현실은 어제오늘의 일이 아니다. 이토록 어려운 시기에 꽃자리 출판사의 한종호 목사님이 흔쾌히 어깨를 맞대어주셨다. 시대를 읽는 그분의 통찰력과 교회를 향한 그분의 외사랑을 모르는 바 아니나, 그렇지 않아도 기독교계에서 여성 저자의 목소리가 환대받기란 그리 쉬운 일이 아닌데, 말 그대로 '꽃자리'를 내어 주시니 감사하다.

이 책에는 성서신학(구약, 신약), 조직신학, 실천신학, 교회사, 기독교교육학, 기독교윤리학 등 여러 전공 분야를 아울러 다양한 신학 배경을 가지고 교회 안팎에서 활동하는 여성 신학자들의 설교가 들어있다. 교단과 교파마다 신학 차이가 뚜렷하고, 또 그런 까닭에 평화로이 소통하며 교제하는 일이 드문 한국신학계에서 이른바 보수와 진보를 아우르는 여성의 메시지가 한 권의 책으로 묶인 건 최초의 사건일 터.

가보지 않은 길이라 막막한 중에도, 자매애는 빛이 났다. 이 책의 기획에 뜻을 모은 우리는 각자 세 편씩 설교문을 내어 정성스럽게 한 상을 차렸다. 은퇴 후에도 활발히 강연과 저술 활동을 이어가시는 이은선 교수님으로부터 신진학자로 떠오르고 있는 이현주 박사님에 이르기까지 세대를 아울러 교감했다. 최대한 본문이 겹치지 않으려 서로 배려했지만, 창세기에서 요한계시록까지 성경 전체를 아우르고 싶은 바람을 충족시키지는 못했다. 이는 여성의 설교 기회가 극히 제한된 한국교회의 한계이기도 하다.

여성에게 신학 공부는 허용하면서 목사 안수는 허용하지 않는 교단이 버젓이 존재하는 현실이다. 그런 시대착오적인 공간에서조차 해당 교단 출신의 여성 신학자를 설교자로 초청한다는 사실이 따뜻한 위로로 다가온다. 성령은 이렇게 가부장제가 기본값인 답답한 현실에도 바늘구멍만 한 숨통을 내어 생명을 살리는 능력이 있다.

목사 안수를 받은 여성이라고 해서 교회의 문턱이 낮은 건 또 아니다. 교회 안에서 일하는 여성 목사는 대개 심방이나 상담 또는 복지 관련 업무에 투입되기 일쑤다. 주일에 강단에 서서 말씀을 선포하도록 초청받는 일이 드물다. 한데 어쩌면 이 점이 한국교회가 살아날 새로운 실마리가 될지도 모른다. 세상은 여성의 목소리가 몹시 고프다. 그동안 실컷 들었던 주류 목소리 말고 다른 목소리를 듣고 싶어 한다.

신학교마다 후속세대를 모시기가 어렵다고들 말한다. 젊은이들에게 신학은 그다지 매력적인 학문이 아니다. 직업으로 이어질 경우, 먹고 살기가 힘들다는 판단 때문이다. 신자유주의 체제가 교회의 미래를 참담하게 만들었다. 그러나, 그렇기에, 그럴수록 신학의 맛에 중독된 남녀가 많아지기를 기대한다. 하나님이 이토록 사랑한 세상을 다른 방법으로는 치유할 길이 없기 때문이다. 비록 가난하고 고된 길이지만, 신학적 실존으로 무장한 이들이 교회와 세상의 희망이라고 믿는다.

출발을 함께 했으나 여러 사정으로 인해 결실을 보지 못한 동료들에게도 아쉬움과 고마움을 전한다. 여성의 삶이라는 게 대략 엇비슷하다. 어린 자녀를 돌보고 노부모를 보살피느라 글 쓸 시간의 절대량을 확보하지 못하는 경우가 다반사다. 그런 중에도 저마다 자기 연구에 몰두하며 학문적 성과를 내는 데 게으르지 않으니 경이로울 따름이다.

설교는 일차적으로 현장에서 귀로 들어야 한다. 활자화되어 눈으로 읽을 때는 그 맛이 완전히 달라진다. 하여 설교문을 읽는 일은 또 하나의 노동, 그것도 중노동이다. 그 말씀이 선포된 맥락 안으로 들어가 상상력을 쥐어짜야 한다. 이 귀한 일에 기꺼이 동참해주신 남성들께 사랑과 존경을 표한다. '꽃자리'에서 펼쳐진 우리의 대화가 한 송이 꽃으로 피어나 한국교회를 조화롭고 아름답게 채색하기를 기도한다.

어쩌다 내가 저자들과 출판사 사이를 오가는 심부름을 맡은 연유로 '여는 글'까지 쓰게 되어 황송하다. 보석처럼 빛나는 저자들과 함께 책을 낳았다는 점만으로도 감사가 넘친다. 이 책이 세상에 나오기를 기다려준 독자들께도 저자들을 대신하여 미리 감사드린다.

성경을 읽는 새로운 시선

김기석/청파교회 원로목사

설교단에 서는 것은 영광스러운 동시에 곤혹스러운 일이다. 에너지로 가득 찬 말씀은 사건을 일으킨다. 말씀은 둔감한 영혼을 두드리는 북소리가 될 때도 있고, 딱딱하게 굳은 욕망의 더께를 깨는 망치가 될 때도 있고, 상처 입은 마음을 어루만지는 봄바람이 될 수도 있다. 그 모든 발화행위의 밑절미는 성경이다. 수사학적으로 탁월한 말이 곧 설교가 아닌 까닭은 거기에 있다. 월터 브루그만은 "설교란 우리 그리스도인들이 나사렛 예수 안에서 온전히 알게 된 하나님을 찬양하고 순종하는 가운데 대안적인 정체성과 비전, 소명과 함께 대안 공동체를 불러내고 양육하는 기회"라고 말했다. 설교는 하나님이 이미 시작하신 구원 사건에 인간이 어떻게 응답해야 하는지를 가르치고 가리킨다.

성서 신앙은 주류 담론을 당연의 질서로 여기는 이들에게 전혀 다른 삶이 가능함을 지시한다. 폭력과 갈등이 세계 운행의 원류라고 여기는 바빌론적 세계관에 대항하여 모든 것을 말씀으로 창조하신 후 창조된 세상을 보고 기뻐하시는 하나님의 모습은 얼마나 아름다운가! 이것은 사유의 전환인 동시에 혁명이다. 폭력의 광기가 세계를 휩쓸 때 예언자들은 사람들이 칼을 쳐서 보습을 만들고, 창을 쳐서 낫을 만드는 세상을 꿈꾸었다. 어처구니없는 꿈이다. 하지만 그 꿈이야말로 새로운 세상의 단초가 아니던가. 부드러운 말로 발화된다 해도 설교는 인습적인 지혜를 깨뜨려야 한다.

설교자로 살기 위해서는 자기 시대에 대한 통찰에 소홀해서는 안 된다. 하나님은 세상에서 들려오는 소리에 민감하신 분이시다. 온 우주의 창조자이지만 망가진 세상을 고치기 위해 인간과 연루되기를 꺼리지 않으신다. 하나님을 인격적 존재로 말하는 것은 그 때문이다. 오늘의 설교를 염려하는 목소리가 높다. 설교가 더 이상 변혁의 사건을 일으키지 않는 까닭은 무엇일까? 설교의 언어가 상투어로 변했기 때문일 것이다. 맨질맨질해진 언어, 사람들의 비위를 맞추거나 가려운 데만 긁어주는 언어는 진정한 변화의 사건을 일으키지 못한다. 말씀의 스캔달론을 제거한 채 선포되는 말들(words)은 더 이상 말씀(the Word)이 아니다. 조르주 베르나노스의 소설《어느 시골 신부의 일기》에 나오는 토르시의 본당신부가 한 말이 우리에게 큰 도전이 된다.

"하느님의 말씀! 그건 벌겋게 단 쇠일세. 그런데 그 진리를 가르치는 자네는 손으로 덥석 움켜쥐지 않고 화상을 입을까 봐 부젓가락으로 그걸 집으려 들 텐가?"

죽음에 이르기까지 악에 저항하는 삶

김호경 교수의 설교 "잡히지 않는 것들"은 의인론에 대한 논의로 시작한다. 누구나 아는 것처럼 여기지만 그 핵심에 도달하기는 매우 어려운 신학적 개념이다. 모든 신학 이론은 그 태어난 삶의 자리가 있다. 김호경은 의인론의 삶의 자리를 로마교회가 처한 현실로 본다. 역사적 격변기에 처한 교회 안에서 유대인 신자들과 이방인 신자들 사이에 벌어진 주도권 싸움은 교회의 일치를 깨뜨리는 위기였다. 바울은 '표면적 이방인'과 '이면적 이방인'이라는 표현을 통해 민족과 인종의 경계를 넘어서는 새로운 질서를 제시했다. 그릇된 선민의식 혹은 특권의식의 해체이다.

이것은 "그리고 너희는 속으로 주제넘게 '아브라함이 우리 조상이다' 하고 말할 생각을 하지 말아라. 내가 너희에게 말한다. 하나님께서는 이 돌들로도 아브라함의 자손을 만드실 수 있다"(마태복음 3:9) 하신 예수님의 말씀에 대한 반영이다. 사람들이 굳건하게 세우려 애쓰는 경계를 무너뜨리는 것이 은혜의 신비이다. 김호경은 이 대목에서 '하나님의 생기'를 환기시킨다. 하나님은 살아있는 바람이고, 그 형상대로 지음 받은 인간도 그러하다. 바람은 경험할 수 있을 뿐 움켜쥘

수 없다. 파악 불가능하다. 그렇기에 처분 불가능하다. 다만 누릴 수 있을 뿐이다. 하나님을 독점하려는 이들, 사람을 차별하는 이들은 믿음의 본질에 당도하지 못한 사람일 뿐이다.

요한계시록의 말씀을 다룬 "무엇을 보고 계신가요?"에서도 김호경은 묵시문학의 삶의 자리에 주목한다. 황제 숭배가 요구되던 상황에서 기독교인들은 살아남기 위해 권력의 요구에 응할 것인지 믿음의 순수함을 지키기 위해 위험을 감수해야 할지 선택해야 했다. 키에르케고르가 말하는 '이것이냐 저것이냐'의 상황에 몰린 것이다. 계시록의 메시지는 단호하다. '차라리 죽어라.' 현실에 닥쳐온 고난을 종말론적인 고난으로 보고 그 시련의 시간을 믿음으로 뚫고 나가야 한다는 것이다. 미래적 생명에 의해 삼켜질 때 사람은 현실의 고난을 기꺼이 감내할 수 있다.

요한계시록은 땅 위에 닥쳐올 다양한 재앙을 펼쳐 보이기 전에 하늘 보좌의 모습을 손에 잡힐 듯 장엄하게 그려낸다. 보좌에 앉으신 분, 죽임을 당한 것 같은 어린 양을 중심에 모신 채 네 생물과 이십사 장로 그리고 천군과 천사가 다성적인 음조로 우주적 찬양에 동참한다. 호수에 일어난 파문이 동심원을 그리며 번져가듯 퍼지는 찬양. 죽임당한 어린 양이 우주의 중심에 있다는 사실보다 강력한 메시지가 또 있을까? 김호경은 그 장엄한 광경을 돌아보며 죽음에 이르기까지 악에 저항하는 삶이 바로 믿는 자의 삶임을 보여준다.

출애굽 사건을 다루는 "여호와의 밤"은 중첩되는 고난의 현실 속에서도 삶의 무게에 짓눌리지 않은 사람이 있었다고 말한다. 히브리 산파인 십브라와 부아와 같은 이들이다. 차마 생명을 죽이는 일에 동참할 수 없었기에 왕의 지엄한 명령을 어겼던 여인들, 그들이 히브리인들의 운명을 바꿀 수는 없었다 해도, 죽어도 죽지 않는 생명의 강인함 혹은 희망의 단초를 보여주었다. 그런 희망의 뿌리는 땅에서 들려오는 부르짖음을 듣고, 언약을 맺은 이들을 기억하시고, 돌보시는 하나님의 신실하심이다. 김호경은 출애굽 사건 그 자체가 아니라 출애굽 공동체에 동참한 잡족 곧 에레브에 시선을 준다. 그들은 혈통으로 묶일 수 없는 이들이었다. 이스라엘과 에레브를 묶어준 것은 바로의 체제 아래서 겪을 수밖에 없었던 고난의 경험이다. 기쁨의 경험은 개별적이지만 슬픔과 고통은 사람들을 엮어준다. 고통의 연대를 경험한 이들은 배타와 폐쇄, 예외와 배제라는 책략에 사로잡히지 않는다. 차이를 넘어 사람들이 서로를 존중하고 귀히 여기는 새로운 세계에 대한 꿈은 결코 포기될 수 없다.

성경의 세계와 우리 현실 사이

유연희 교수는 사유의 능력을 통해 성경과 우리 현실 사이를 매개하는 데 탁월하다. 성경에 대한 천착만 있고 현실이 누락 되면 공허하기 쉽고, 현실에 치우쳐 성경을 소홀히 하면 믿음의 지향과 깊이를 잃기 쉽다. 예레미야가 바빌로니아 포로민들에게 보낸 서신을 본문으로 삼은 "너를 위한 내 생각을 내가 안다"는 그의 그러한 특색을 여실히 보여준다. 사람은 누구나 행복하기를 꿈꾸지만 그 꿈은 현실의 벽에 부딪혀 스러지기 일쑤다. 크고 작은 폭풍과 두려움이 우리 삶을 위협한다. 더 나아가 삶의 외적 조건 또한 우리 꿈을 부식시키곤 한다. 기후 비상사태, 빈부 격차의 심화, 인구 감소 문제 등이 우리 삶을 위협한다. 힘들다고 하여 포기할 수 없는 것이 삶이다.

유연희는 우리를 바빌로니아 포로기의 사람들에게로 데려간다. 하나님조차 그들을 지켜주지 못했다는 상실감, 고향을 잃은 이들이 겪는 취약함 속에서 바장이는 이들의 고통은 고스란히 일제 강압기에 우리 민족이 겪었던 현실과 자연스레 연결된다. 유연희는 자원을 수탈당하고, 징용과 징병, 위안부로 끌려가야 했던 이들의 암담함을 가슴 저리게 소환한다. 희망은 없는가? 예레미야는 포로민들에게 헛된 희망을 품지 말라고 경고하면서도 '너희를 위한 내 생각을 내가 안다' 하신 하나님의 말씀을 희망의 단초로 제시한다. 질곡과도 같은 암담한 상황을 성찰의 계기로 삼는 순간 새로운 빛이 스며든다. 시인 김수영은 '거대한 뿌리'에서 "역사는 아무리/더러운 역사라도 좋다/진창은 아무리 더러운 진창이라도 좋다/나에게 놋주발보다도 더 쨍쨍 울리는 추억이/있는 한 인간은 영원하고 사랑도 그렇다"고 노래했다. '쨍쨍 울리는 추억'이 김수영의 희망이라면 성경이 말하는 희망은 약속을 이루어 가시는 하나님의 신실하심이다. 그 희망에 접속한 사람은 동료들에 대한 책임을 기꺼이 수용한다.

"지금은 생명을 선택할 때"는 "내가 네 앞에 생명과 죽음, 복과 저주를 두었다", "너와 네 자손이 살기 위해 생명을 택하라"는 신명기 말씀에 기반한 설교이다. 성서일과를 따르는 것이 왜 필요한지를 설명하는 다소 장황한 도입부와 설교의 중간에 제시한 예화의 적절성에 대한 의문이 남긴 하지만, 이 설교에서도 유연희는 성경의 세계와 우리 현실 사이를 오가며 매개하는 데 탁월하다. "설교는 기독교 신앙, 곧 '옛' 복음을 오늘의 의식 지평에서 교회 공동체와 이 사회를 위해 증언해야 하는 연설, 철저하게 현재와 결부된 연설"이라는 볼프강 트릴하스의 말이 떠오른다.

유연희는 신명기의 삶의 자리를 바빌로니아 포로기 혹은 그 이후의 시기로 본다. 암담한 현실 속에서 자칫하면 어둠의 심연으로 급전직하할 수도 있지만, 인간의 인간다움은 새롭게 시작할 수 있다는 데 있다. 생명을 택하는 것, 다시 시작할 용기를 내는 것이 믿음이다. 암담한 현실의 중력에 이끌려 낙심하지 않고 지금 할 수 있는 작은 실천을 소홀히 하지 않는 것이야말로 생명을 택하는 행위일 것이다. 생명을 택하는 일은 생명을 살리는 일과 분리될 수 없다. 생명을 살린다는 것이 늘 영웅적인 행위여야 하는 것은 아니다. "빈곤에 빠진 사람들을 위한 자선, 다른 이들의 역량 강화를 위한 모든 종류의 교육, 상담, 장학금 지원, 인권을 옹호하는 일, 평화를 위해 일하는 것, 기후위기를 의식하고 라이프스타일을 바꾸는 것, 따뜻한 말 한마디와 관심 등등"은 결코 소홀히 해서는 안 되는 신앙적 행위이다.

"미워할 권리를 버렸어"는 예수의 겟세마네 동산의 기도를 다룬다. 설교의 출발점은 우리 현실에 대한 성찰이다. 인류세니, 2차 정보혁명시대니, AI시대니, 4차 산업혁명시대니 하는 시대 규정을 떠올리면서도 설교자가 가장 심각하게 보는 것은 우리 시대 도처에서 발현하는 혐오와 증오심이다. 노아시대에 하나님은 사람 지으신 것을 후회하고 아파하셨다. 가인의 후예인 라멕은 두 아내에게 자기가 자행하는 폭력을 자랑스럽게 떠벌인다. 혐오는 타자를 꺼리는 마음이고 증오는 적대감을 가지고 상대를 파괴하려는 마음이다.

삶의 속도가 빨라지면서 우리 내면의 허용치는 현저히 줄어들었다. 성격과 성격이 부딪히는 굉음으로 세상이 소란하다. 이때 필요한 것이 신앙적 성찰이다. 자기 돌아봄과 새로운 삶의 훈련이 없다면 세상은 전장으로 변할 수밖에 없다. 겟세마네 동산에서 예수는 혐오와 적대감, 증오의 고리를 끊기 위해 하나님 앞에서 치열하게 기도했다. 십자가를 기꺼이 수용함으로 예수는 폭력의 고리를 끊었다. 예수적 실천은 과연 가능한 것인가? 유연희는 나치에 의해 죽임을 당한 에티 헬리숨의 이야기를 통해 예수를 따르는 삶의 아름다움을 드러내고 있다. 그는 자기를 박해하는 독일인을 악마화하지 않았다. 느닷없이 닥쳐와 우리 삶의 토대를 뒤흔드는 일들이 있다. 사람은 가끔 희생자가 되기도 한다. 그러나 인간의 아름다움은 희생자 의식에 사로잡히지 않는 데 있다. "미워할 권리를 버렸어"라는 설교 제목은 우리를 새로운 삶의 공간으로 초대한다.

새 시대 새 설교

신학과 유학의 경계를 자유롭게 넘나드는 사유의 진경

이은선 교수는 신학과 유학의 경계를 자유롭게 넘나들며 사유의 진경을 펼쳐 보인다. 그의 설교에 동양철학의 전고가 풍성한 것은 그의 사유의 여정과 무관하지 않다. 종교를 이해하기 위해서는 경전과 전례와 공동체를 알아야 한다. 신학을 교회의 학문이라 한 이가 있거니와 설교의 삶의 자리는 교회이다. 선포의 핵심은 변할 수 없지만 청중이 누구냐에 따라 선포의 방식이나 내용은 달라질 수 있다. 자유롭게 변통할 수 있는 능력이 있을 때 설득력은 높아진다. "믿음의 겨자씨는 창조 속에서 자란다"는 설교는 '창조'라는 개념을 중심으로 전개된다.

"'창조'란 말 그대로 지금까지는 없던 것을 새로 있게 하는 일(有)이고, 죽어가는 것을 살리는 일(生)이며, 나누어져 있을 때는 아무것도 아니고 아무 일도 일어나지 않던 것을 서로 만나게 하고 하나가 되게 하여 전혀 새롭고 예상치 못한 것과 일을 일으키게 하는 일(生物)일 것입니다. 또한, 창조란 그렇게 서로를 끌어당기는 일이고, 껴안는 일이며, 손길을 주는 것이고, 생각과 의지와 의도를 보내는 일이라는 점에서 우리의 '공감' 능력과도 관련이 깊습니다."

인용문 속에 설교의 요지가 다 담겨있다. 인간다움의 근거는 창조적 삶의 실천이다. 인간이 하나님의 형상대로 지음 받았다는 것은 하나님의 창조성에 동참하라는 부름이다. 이은선은 맹자가 들려주는 유사(有事) 개념에 집중한다. 하루의 삶에 반드시 일이 있어야 한다는 뜻이다. 그 일은 소명이라 할 수 있을 것이다. 삶은 선물인 동시에 과제이다. 현실이 우리에게 던지는 질문에 삶으로 응답하는 것이 인간이다. 일상의 모든 순간 '좋은 사람 되기'를 꿈꾸었던 백범 김구나 자기 삶을 철저히 성찰하며 매일을 수행자처럼 살았던 명나라 사람 원황을 모범적인 사례로 꼽고 있다. 바울 사도 역시 마찬가지이다. 그는 "'현재'와 더불어 씨름하며 거기서 믿음과 부활의 '영원'을 선한 행위로 밝히는 것", 범속한 이들의 눈에 보이지 않는 더 깊은 세계를 드러내는 것을 자기 생의 목표로 삼았다. 그런 의미에서 그의 삶은 창조적이었다. 믿음은 단순한 고백이 아니라 세상 변혁을 위한 실천을 통해 구현되는 예술이다.

"인간 무늬의 소중함"은 신명기 21장에 등장하는 구체적 사례에서 출발한다. 누구에게 살해되었는지 알 수 없는 사람의 주검이 들에서 발견되었을 때, 신앙 공동체는 그의 죽음이 억울한 죽음이 아닌지 밝히기 위해 최선의 노력을 다해야 한다. 주검은 스스로 자기 진술을 할 수 없지만, 그 주검 자체가 신원을 요구하는 호소이다. 이은선은 들에서 발견된 주검 이야기를 우리 시대의 행려자들이나 고독사의 문제와 연결한다. 각자도생의 사회에서 다수의 사람들은 인간다운 삶의 가능성을 박탈당하고 있다. 삶의 토대가 무너져 살아갈 힘을 잃은 이들의 문제를 외면한 채 신앙생활을 한다는 것은 허위의식일 뿐이다.

"오늘 성서가 가르쳐주는 사람 사는 모양은 마을 사람 전체가 아무런 연고도 없는 한 사람의 죽음이라도 귀히 여기고, 거기서 주목하고, 자기 주변에서 홀로 죽어간 사람이 있다는 것을 자신들의 죄과로 여기면서 거기에 대해서 속죄하는 깊은 인간성이 살아있는 삶을 말합니다."

바로 이것을 이은선은 여성주의적 배려와 보살핌이라고 말한다. 그는 한나 아렌트의 '탄생성'의 개념에 주목한다. 사멸이 숙명처럼 다가오는 세상에서 새로운 일을 시작하는 것이 신앙이요 용기이다. 마리아의 원치 않는 임신으로 태어난 예수가 그 부정적인 삶의 계기를 시대와 인류 구원으로 전회시켰던 것처럼 인간은 다시 시작할 수 있기에 아름답다.

"페미니스트 누가의 예수 탄생과 죽음, 그리고 부활 이야기"라는 긴 제목의 설교는 동아시아 사람들이 소중하게 여기는 '민'(民)과 '인'(仁)의 개념에 주목하는 동시에 그 개념이 함석헌과 유영모를 통해 어떻게 심화된 의미를 획득하는지를 보여준다. 하나님은 만인에게 무조건적인 하늘 부모가 되시는 인격적인 존재이기에, 인간은 모두 하늘 씨앗의 담지자 곧 하나님의 자녀라는 것이다. 삶과 세상을 바라보는 관점이 변하면 세상은 숙명이 지배하는 무정한 공간이 아니라 하나님의 뜻이 수행되는 현장이 된다. 하늘의 기미를 알아차리는 것이야말로 영적인 예민함이다. 마리아의 태중에 있던 아기의 존재를 알아차리는 세례자 요한의 어머니 엘리사벳, 잉태된 아기를 통해 이루어질 세상의 근본적 변혁을 감지했던 어머니 마리아, 남성 제자들이 다 달아난 골고다 처형의 현장에서도 차마 그 자리를 떠나지 못했던 여성들, 그리고 부활절 새벽 예수의 부활을 맨 처음 경험한 여성들에 시선을 집중한다.

시대 전환을 위해 용감하게 첫 걸음을 떼는 여성들이야말로 신앙의 모범이다. 그렇다고 하여 남성들이 배제되는 것은 아니다. 그들은 전환된 상황을 밀고 나가 새로운 질서를 만들기도 하니 말이다. 새로운 삶을 시작하는 사람들은 부활에 참여하는 이들이다. 새로운 삶의 질서에 속하기를 꺼리는 이들일수록 부활을 형이상학적으로 받아들이거나 실체화함으로써 자기 삶으로부터 분리해낸다. 부활을 살아내지 못하는 이들 중에 많은 이들이 스스로 진리를 독점하고 있다는 오만에 빠진다. 새로움을 향한 개방성을 갖지 못한 확신은 일쑤 독단과 편협함에 빠지게 마련이다.

사람은 누구나 자기 경험 세계를 벗어나 사유하기 어렵다. 서 있는 자리에 따라 세상이 달리 보이기 때문이다. 똑같은 텍스트를 읽어도 선천성 장애를 가지고 태어난 사람과 그렇지 않은 사람이 성경을 보는 방식은 같을 수 없다. 남성과 여성의 시선 또한 그러하다. 간음하다가 잡혀 온 여인의 이야기를 전하는 요한복음 8장 이야기를 나누던 중에 한 여성 참가자는 예수가 "너희 가운데서 죄가 없는 자가 먼저 이 여자에게 돌을 던져라" 하신 후, 몸을 굽혀 땅에 뭔가를 쓰셨다는 대목을 새롭게 해석했다. 여성이 처해 있던 낮은 자리에 서심으로써 안전한 공간을 제공해주었다는 것이다. 물론 이것이 성서신학적으로 맞는 이야기인지 톺아볼 필요가 있지만 이런 관점은 성경을 보는 새로운 눈임이 분명하다. 마크 샤갈은 창세기 22장을 소재로 한 '이삭의 희생'이라는 그림에서 그 믿을 수 없는 광경에 경악하고 있는 사라를 그려 넣었다. 새로운 감각의 수로가 형성되는 장면이 아닐 수 없다. 여성들의 시선으로 읽는 성경 이야기가 풍부해질수록 믿음의 지평이 확장되리라 확신한다.

김호경

전 서울장로회신학대학교 교수

신학을 공부하면서 어느덧 40년의 시간이 흘렀다. 그 동안 모든 관심은 언제나 성경의 의미를 새롭게 하는 것이었다. '새로움'을 위해서, 문학이나 철학, 영화와 같은 다양한 내용들을 성경과 연결시켜 보기도 했고, 성경 이야기에서 소외된 인물이나 주제를 찾아내기도 했고, 이미 알고 있는 이야기에 의미를 더하려는 다양한 시도도 했다. 그 모든 시간들이 어떤 결과로 나타났든지 간에, 신학의 즐거움은 하나님이 만드신 사람의 아름다움을 발견하는 것이었다. 성경에서 만난 무수한 사람들 때문에 신학 하는 모든 시간이 감사하고 새로웠다. 이화여자대학교에서 국문학을 전공하고 이화여자대학교 대학원과 연세대학교 대학원을 거치면서 신학석사와 박사학위를 받았다. 서울장로회신학대학교에 재임하다 2023년에 은퇴했다.

저서로 《인간의 옷을 입은 성서》《종교, 과학에 말을 걸다》《여자, 성서 밖으로 나오다》《예수가 상상한 그리스도》《바울》《누가복음》《씬과 함께》《예수가 하려던 말들》《예수의 식탁이야기》 역서로 《성서─소피아의 힘》《신학─정치론》《스피노자》《스피노자와 근대의 탄생》 등이 있다.

잡히지 않는 것들

로마서 3장 29-30절

하나님은 다만 유대인의 하나님이시냐 또한 이방인의 하나님은 아니시냐? 진실로 이방인의 하나님도 되시느니라. 할례자도 믿음으로 말미암아 또한 무할례자도 믿음으로 말미암아 의롭다 하실 하나님은 한 분이시니라.

예수 그리스도로 말미암은 구원

예수 그리스도로 말미암은 구원을 이야기하면서, 의인론 혹은 칭의론이라는 말을 들어보셨을 것입니다. 우리는 죄인입니다. 하나님과 원수 된 상태였습니다. 그러나 예수님이 우리를 위해서 죽으셨고 하나님이 그를 살림으로 말미암아서 우리는 새로운 생명을 얻게 되었고 하나님의 자녀가 되었습니다. 우리가 구원받은 것입니다. 우리는 그냥 믿기만 했을 뿐인데 말입니다. 예수님 때문에 하나님과의 새로운 관계가 이루어졌고, 우리는 죄인의 자리에서 의인의 자리로 옮겨갈 수 있었습니다. 이렇듯 예수 그리스도에 대한 믿음으로 말미암아 하나님이 인간을 의롭게 여겨준 것을 의인론이라고 합니다.

그러나 이렇게 의인론이나 칭의론과 같이 무슨 무슨 '론'이라는 이름을 붙여놓고 그것을 교리적으로 받아들이게 되면, 종종 그것이 의미하는 내용을 실생활에 연결시키는 것이 제대로 안 될 때가 많습니다. 이론적으로는 알겠는데 그것을 삶에 실천할 때, 모호하고 답답한 경우가 생기는 것이죠. 머리로 아는 것을 가슴으로까지 이어지도록 하는 상황이 어려워질 수 있습니다. 그냥 반복적으로 기억만 하면서 자기 확신으로 끝나게 되는 것이 그런 '론'들의 위험입니다. 의인론을 통해서 우리가 구원받은 것은 알겠는데, 그 의인론이 우리에게 어떤 삶을 요구하는지 종종 불분명합니다. 오늘은 이것을 생각해 보려고 합니다. 예수 그리스도의 은혜로 구원받은 우리가 어떻게 살아야 할지를 말입니다.

로마교회 이야기

의인론에 대한 이야기는 바울이 쓴 두 개의 편지에 나옵니다. 갈라디아서와 로마서입니다. 같은 의인론을 이야기하고 있지만, 강조점에 차이가 있습니다. 오늘은 로마서에 나온 이야기를 함께 나누도록 하겠습니다. 로마서의 앞부분을 보면, 로마서를 쓸 당시에 바울이 로마에 아직 가지 못했다는 것, 그러나 바울은 그들에게 가서 서로 좋은 것을 나누고 싶은 간절한 마음이 있다는 것 등을 알 수 있습니다. 로마서에서 바울은 그런 간절한 마음을 담아서 자신의 복음을 전합니다. 그런데 바울이 복음을 전할 때, 중요하게 여기는 것이 있습니다. 그것은 그들에게 무엇이 필요한가입니다. 그들에게 필요한 것, 그들의 상황에서 절실한 것, 그들의 문제를 해결해 줄 수 있는 것, 바울은 이러한 내용들을 편지로 씁니다. 그러한 것들을 바로 알아야, 그들이 하나님의 자녀로 살 수 있을 것이기 때문입니다.

그러므로 로마서를 이해하기 위해서는 그들의 필요를 알아야 하고, 그것을 알기 위해서는 로마교회의 상황을 살펴보아야 합니다. 로마교회는 언제, 누가 세웠는지 정확히 알 수 없지만, 아마도 어느 시점에 유대인들에 의해서 시작되었을 것입니다. 처음에는 유대인들을 중심으로 세워진 교회에 이방인들이 들어오면서 로마교회는 점차 성장하였을 것입니다. 그런데 48년 정도에 로마의 황제인 글라우디오스가 로마에 있는 유대인들을 모두 추방하라는 명령을 내렸습니다. 많은 유대인들이 로마를 떠나야 했고 로마교회에도 구성원에 변화가 생겼을 것입니다. 유대인들이 빠져나갔고 그 자리를 이방인들이 메꾸었을 것이기 때문입니다.

시간이 지나면서 유대인들이 다시 로마에 들어오게 되었습니다. 로마로 돌아온 유대인들이 이전에 교회에 와 보니 상황이 변해있었습니다. 이전과 달리, 이방인들 중심으로 교회가 변해 있었기 때문입니다. 아마도 자신들의 자리를 잃었다고 느꼈을 것입니다. 이방인들도 다시 돌아온 유대인들이 반갑지 않았을 것입니다. 교회 안에서 이미 터를 잡은 이방인들과 돌아와서 이전의 위치를 회복하려는 유대인들 사이에 갈등이 일어났습니다. 갈등은 그들이 서로 주도권을 가지려는 것 때문이었습니다. 유대인들은 원래 자신들이 갖고 있던 힘을 다시 찾아서 자신들이 이방인들보다 우월하다는 것을 보이고 싶었을 것이고, 이방인들은 애써서 얻은 힘을 잃고 싶지 않았을 것입니다. 유대인들이 없을 때 온 힘을 다해 지킨 교회를 유대인들에게 내주는 것은 자신들이 지는 것이라 생각했겠지요. 바울은 이러한 갈등을 해결하기 위해서 로마서를 씁니다.

하나님 앞에 서는 사람들

　교회의 갈등을 해결하는 방법으로 바울이 말하는 것은 모든 사람을 구원하는 하나님의 구원사입니다. 바울은 하나님의 구원사 안에서 이방인과 유대인을 하나로 묶으면서 그들이 서로 화합하기를 바랍니다. 이를 위해서 바울이 전하는 복음이 바로 의인론이라는 형태로 소개된 것입니다. 바울이 로마서에서 의인론을 이야기하는 것은 무슨 교리를 세우기 위한 것이 아니라, 당면한 교회의 문제를 해결하고 그들의 삶을 그리스도 안에서 바로 세우기 위함입니다. 복음은 갈등을 없애고 믿음의 사람이 그리스도 안에서 새로운 삶을 살게 하는 것이기 때문입니다. 복음을 믿는다고 하면서 서로 미워하며 대립하고 서로 힘을 가지겠다고 한다면, 그것은 믿음이 될 수 없습니다.

그러면 바울이 의인론을 어떻게 소개하고 있는지 봅시다. 바울은 로마서 2장 25-29절에서 표면적 유대인과 이면적 유대인에 대해서 말합니다. 율법을 갖고 있으며 육신의 할례를 하는 사람은 표면적 유대인입니다. 그러나 중요한 것은 육신의 할례가 아니라 마음의 할례이며 율법을 행하는 것입니다. 이런 사람이 이면적 유대인입니다. 유대인이 율법을 행하지 못하면 그는 표면적 유대인에 불과하며 이방인과 다를 것이 없습니다. 그러나 이방인이라도 율법을 행하면 그는 이면적 유대인이라 할 수 있습니다. 유대인들은 자신들이 율법을 지키지도 못하면서 율법을 가지고 있다는 것만으로 이방인들을 죄인 취급했지만, 바울은 그것이 잘못이라고 말합니다. 이방인들도 율법을 지키면 구원받을 수 있다고 말입니다.

하나님의 역사 속에서 차별은 없다

이 말은 유대인과 이방인의 경계를 무너뜨립니다. 유대인이 잘났다고 주장할 수 있는 근거가 사라진 것입니다. 그러나 문제는 유대인이든 이방인이든, 어떤 사람도 율법의 요구를 다 이룰 수 없기 때문에, 율법으로 구원에 이를 수 없다는 사실입니다. 문제는 율법이 아니라 사람인 것이죠. 모든 사람이 죄인이기 때문입니다. 그러므로 바

새 시대 새 설교

울은 이 사람의 문제를 넘어설 새로운 구원 방법을 이야기합니다. 그것은 율법과 전혀 다른 것으로, '예수 그리스도를 믿음으로 말미암아 모든 믿는 자에게 미치는 하나님의 의'입니다. 하나님의 의는 하나님이 가지고 있는 의입니다. 그런데 중요한 것은, 예수 그리스도를 믿음으로 말미암아 모든 사람에게 미치는 이 하나님의 의에는 차별이 없다는 것입니다. 하나님의 의는 하나님의 은혜이며 그것은 이방인과 유대인을, 여자와 남자를, 종과 주인을 차별하지 않고 모든 사람에게 내립니다.

바울이 하나님의 구원사를 이야기하는 것은 이 때문입니다. 하나님의 역사 속에서 차별은 없습니다. 모든 차별은 인간이 만들어 낸 것이지 하나님이 만들어 낸 것이 아닙니다. 모든 것을 창조하신 하나님은 모든 것을 구원하십니다. 그러므로 바울은 로마서 3장 27-30절에서 다음과 같이 선언합니다.

> 그런즉 자랑할 데가 어디냐 있을 수가 없느니라. 무슨 법으로냐? 행위로냐? 아니라 오직 믿음의 법으로니라. 그러므로 사람이 의롭다 하심을 얻는 것은 율법의 행위에 있지 않고 믿음으로 되는 줄 우리가 인정하노라. 하나님은 다만 유대인의 하나님이시냐? 또한 이방인의 하나님은 아니시냐? 진실로 이방인의 하나님도 되시느니라. 할례자도 믿음으로 말미암아 또한 무할례자도 믿음으로 말미암아 의롭다 하실 하나님은 한 분이시니라.

예수 그리스도로 말미암아 믿는 자 모두에게 차별 없이 주어지는 구원 때문에, 우리가 하나님 앞에 설 수 있게 되었습니다. 하나님 앞에서 서는 것이 구원입니다. 죄인은 하나님 앞에서 설 수 없는 사람을 말합니다. 그러면 생각해 보십시오. 하나님 앞에 서는 것이 우리가 아니라 예수 그리스도 때문이라면, 누구도 하나님 앞에서 자랑할 것이 없습니다. 그런데 누구든 자신 앞에 세우는 하나님을 마치 자신들만의 하나님인 양 우겨댄다면, 그것은 말이 안 됩니다. 은혜로 하나님 앞에 서 있게 된 사람이 자신의 힘을 자랑하며 자기가 다른 사람보다 더 낫다고 말하는 것도 말이 안 됩니다. 하나님 앞에서는 그저 '저는 무익한 종입니다'라는 말 밖에는 다른 말은 필요 없습니다. 이제 의인론이 어떻게 로마교회의 문제를 해결하는 방책이었는지 아실 것입니다. 의인론은 서로 힘을 가지려고 하고 서로 잘났다고 주장하는 사람들의 입에 재갈을 물립니다. 너희들 중 누구도 자랑할 것이 없는 사람들이라고 말입니다.

생명의 바람

바울의 의인론은 우리가 하나님 앞에 서 있다는 것을 알게 합니다. 그러나 단지 그것을 알게 하는 데서 끝나지 않습니다. 그것은 하나님 앞에 선다는 것이 무엇인지를 돌아보게 합니다. 의인론은 단순한 구원의 교리가 아니라 변화된 삶을 요구하기 때문입니다. 변화된 삶이

새 시대 새 설교

란 유대인과 이방인이 함께 사는 것입니다. 서로 힘을 얻겠다고 싸우고 서로 다르다는 이유로 차별하지 않는 것입니다. 서로가 하나님의 은혜 안에 있다는 것을 기억하는 것입니다. 그런데 늘 다른 사람을 차별하고 배제하고 억압하는 것에 익숙한 우리들이 이런 새로운 삶을 사는 것은 어렵습니다. 그러니 로마교회에서도 문제가 일어난 것이고 오늘날 우리도 여전히 그런 문제에서 벗어나지 못합니다. 저는 은혜로 구원받은 우리가 새로운 삶을 살기 위해서는 사람에 대한 새로운 이해가 필요하다고 생각합니다.

이를 위해서 잠깐 창세기로 돌아가겠습니다. 창세기 2장 7절은 "여호와 하나님이 땅의 흙으로 사람을 지으시고 생기를 그 코에 불어 넣으시니 사람이 생령이 되니라"고 말합니다. 여기서 '생기'로 번역된 것은 히브리어로 '네쉬마트 하임'이라는 표현입니다. '하임'이라는 말은 '살아있는, 혹은 하나님의'를 뜻하는 형용사이며, '네쉬마트'는 '호흡, 숨, 바람'을 의미합니다. 헬라어 번역인 셉투아긴타에서는 이것을 '생명의 바람'으로 직역해 놓았습니다. 하나님은 흙으로 사람을 지으시고 그 코에 바람을 집어넣습니다. 그를 살리는 바람 말입니다. 그러니 이제 그 흙덩어리는 '생령'이 되었습니다. 히브리어로 '네페쉬 하야'입니다. '네페쉬'는 '영혼, 숨, 바람'이라는 의미이며 '하야'는 앞에 나온 '하임'과 같은 의미로 '살아있는, 하나님의'라는 뜻입니다. 2장 7절을 다시 번역해 보면, "여호와 하나님이 땅의 흙으로 사람을 지으시고 생명의 바람을 그 코에 불어 넣으시니 사람이 살아있는 바람이 되었다"입니다.

저는 제가 한 이 번역이 아주 마음에 듭니다. 그것은 하나님과 인간의 특징을 적나라하게 드러내 주기 때문입니다. 하나님은 바람입니다. 생명을 일으키는 바람입니다. 그 바람 같은 하나님이 만드신 인간도 바람입니다. 살아있는 바람입니다. 저는 하나님과 인간이 바람이라는 사실만 기억한다면, 바람의 특징만 잘 알아둔다면, 우리가 새로운 삶으로 나아갈 수 있을 것이라 생각합니다. 바람은 존재하는 것이 분명하더라도, 결코 잡을 수 없습니다. 바람 자체는 볼 수도 없습니다. 나뭇잎이 흔들리고 물결이 일렁일 때, 창문이 덜컹거리고 머리카락이 휘날릴 때, 우리는 바람이 분다는 것을 알 뿐입니다. 그러나 바람이 있다는 것을 안다고 하더라도 그 바람을 잡을 사람은 없습니다. 잡을 수 없는 바람을 잡을 수 있는 것처럼, 마치 잡은 것처럼 하는 모든 것은 가짜이며 허세입니다.

모든 살아있는 생명은…

저는 바울의 의인론은 우리에게 이 바람 같은 하나님, 바람 같은 인간을 알려주는 것이라 생각합니다. 유대인들이 자신들만 하나님의 구원을 받았다고 생각했을 때, 그들은 자신들이 하나님을 움켜잡았다고 생각했습니다. 자신들이 잡은 그 하나님이 자신들의 것이라고 말입니다. 얼마나 오만한 일입니까? 그렇게 하나님을 잡아놓으니 인간도 잡지 못할 것은 아니었습니다. 그들은 다른 이들을 죄인으로 여기며 그들을 차별하는 것이 대수롭지 않았습니다. 그것은 의인인 자신들이 할 수 있는 당연한 권리라고 여겼을 테니까요. 그들은 죄인들을 손안에 쥐고 자신들 마음대로 하는 것은 하나님의 선택을 받은 자들이 할 수 있는 일이라 믿었습니다.

그러나 바울은 이 모든 것이 틀렸다고 말합니다. 유대인은 하나님을 잡을 수 없다고 말입니다. 할례자도 믿음으로 말미암아 또한 무할례자도 믿음으로 말미암아 의롭다 하실 하나님을 유대인이 독점할 수 없습니다. 하나님은 모두의 하나님이며 누구도 잡을 수 없는 바람입니다. 사람이 하나님을 잡았다고 하는 순간, 그것은 불신앙입니다. 잡지 못한 하나님을 팔아서 자신이 누군가를 잡으려 한다면 그것도 불신앙입니다. 우리는 그저 생명이 있는 곳을 보며 그곳에 생명의 바람인 하나님이 역사하신다는 것을 알 뿐입니다. 그 뿐입니다. 그리고 그렇게 생명의 바람으로 생기를 찾은 사람 또한 바람이어서, 우리는 살아있는 그 바람도 잡을 수 없습니다. 내 눈에 아내의 모습으로 또는 남편의 모습으로, 혹은 자녀의 모습으로, 혹은 다양한 을의 모습으로 있다고 하더라도, 그들은 바람입니다. 그들을 잡을 수 있다고, 내 마음대로 할 수 있다고 생각하지 마십시오. 그들은 하나님의 생명을 나눈 자들이며 그들을 잡을 수 있는 것은 하나님뿐입니다.

누군가보다 힘을 더 많이 갖고자 하는 것, 누군가를 자신이 가진 힘으로 누르려고 하는 것, 누군가가 힘이 없다는 이유로 그를 차별하고 멸시하는 것, 그것은 모두 그 누군가를 자신이 잡을 수 있다고 생각하기 때문입니다. 누군가를 내 마음대로 처리할 수 있다고 생각한다면, 그것은 믿음이 아닙니다. 바울이 유대인들의 믿음을 비판한 것은 이 때문입니다. 그들이 잡을 수 없는 것을 잡았다고 믿으며 만들어 낸 수많은 차별이 하나님의 생명의 바람을 막았기 때문입니다. 하나님이 만드신 모든 살아있는 생명은 바람 같아서 소중히 다루어야지 잡으려 하는 순간 날아가 버리고 맙니다. 모든 믿는 자를 하나님 앞에 세우는 의인론은 하나님을 독점할 수 없으며 어떤 사람도 차별할 수 없다고 말합니다. 하나님으로부터 받은 우리의 생명이 예수 그리스도로 말미암아 새롭게 일어났다면, 그 모든 생명이 살아서 움직이게 하는 것이 믿음이며, 그 믿음 안에서 함께 살아야 합니다.

2023년 10월 15일 잘된교회 설교

무엇을 보고 계신가요?

요한계시록 5장 8절

> 그 두루마리를 취하시매 네 생물과 이십사 장로들이 그 어린 양 앞에 엎드려 각각 거문고와 향이 가득한 금 대접을 가졌으니 이 향은 성도의 기도들이라.

묵시가 필요한 때

일반적으로 요한계시록은 어렵고 복잡하며 우리의 삶과는 그렇게 밀접하지 않다고 생각합니다. 그러나 요한계시록이 일상적인 표현으로 되어있지 않은 것은 특정한 상황을 배경으로 하기 때문입니다. 요한계시록은 1세기 말 로마 황제인 도미티안 때에 써졌습니다. 도미티안은 악명 높은 황제였습니다. 당시 로마의 황제는 죽은 후에 원로원에서 신으로 승격되었습니다. 그런데 도미티안은 자신이 살아있을 때 스스로를 신으로 칭하며 숭배할 것을 요구하였습니다. 이러한 요구는 유대인들과 그리스도인들에게 매우 심각한 일이었습니다. 그들에게는 하나님 한 분 외에 다른 신을 섬긴다는 것이 불가능했기 때문입니다. 그러나 황제가 자신을 신으로 숭배하라는 요구를 거절하는 것도 불가능했습니다. 그것은 죽음으로 가는 길입니다. 그러니 이제 예수를 믿는 사람들은 하나님이냐 황제냐, 이 둘 중 하나를 택해야 하는 처지에 놓이게 되었습니다. 요한계시록은 바로 이 상황, 황제를 택하지 않으면 죽음에 이를 수 있는 상황을 배경으로 합니다.

극한의 상황에 처하게 되면, 사람들은 당연히 이 악하고 고통스러운 상황이 빨리 끝나기를 바랍니다. 이렇게 끝을 바라는 사상을 종말론이라고 합니다. 그런데 문제는 자신의 힘으로 종말을 가져올 수 없을 때입니다. 그럴 때는, 누군가가 나타나서 이 상황을 끝내주었으면 좋겠다는 생각을 하게 되죠. 고난의 역사 속에서 유대인들은, 힘없는 자신들 대신 하나님이 자신들을 위해서 싸워주기를 기대했습니다. 그 종말의 때에는 악한 세력들이 패하고 궁극적으로 하나님이 승리할 것이라 믿으면서 말입니다. 이 승리를 확신하면서 그들은 자신들을 고난으로 밀어 넣는 악한 사람들을 대적하며 믿음에 굳게 섰습니다. 이것을 종말론적 역사 인식이라고 합니다. 그런데 이 종말론이라는 말 앞에 종종 '묵시문학적'이라는 말이 붙습니다.

묵시란 '무엇을 덮어씌운다'라는 의미입니다. 덮어씌우는 목적은 분명합니다. 그것은 보지 못하게 하기 위함입니다. 그래서 드러내지 않고 상징적으로 말하며 모호하고 알 수 없게 합니다. 황제가 자신을

새 시대 새 설교

신으로 숭배하라고 강요하는 요한계시록의 상황을 상상해 보십시오. 그 상황에서 황제를 악하다고 말하며 황제의 종말을 이야기해야 하는데 그것을 어떻게 직설적으로 말할 수 있겠습니까? 묵시적 표현들을 통해서 비난의 말들을 덮어놓을 수밖에요. 묵시문학적 종말론은 요한계시록을 쓴 상황이 얼마나 급박하고 극심하게 고통스러운 것인지를 알려줍니다. 그러므로 이러한 책들을 읽을 때, 하나하나의 상징들을 기계적으로 푸는 것은 좋은 방법이 아닙니다. 상황과 종말론적 역사인식을 파악해야 합니다.

편지와 묵시

요한계시록의 목적은 분명합니다. 황제의 요구에 굴복하지 말고, 차라리 '죽어라!'라는 것입니다. 그래서 요한계시록을 한마디로 요약하자면, 그것은 '죽도록 충성하라!'입니다. 이 말씀은 고난 당하고 있는 서머나교회에게 한 말입니다. 요한계시록 2-3장에는 일곱 개의 교회에 보내는 편지가 나옵니다. 이 편지에는 별다른 묵시적 표현이 없습니다. 편지들은 각각의 교회의 상황과 그에 대한 저자의 권면을 담고 있습니다. 그들이 바른 믿음의 길을 가도록 권면하는 편지의 일상적인 내용은 종말을 이야기하는 요한계시록에서 매우 중요합니다. 일상을 잘 살면 어떤 고난이 다가와도 흔들리지 않기 때문입니다. 믿음을 지키는 데 있어서 고난의 크고 작음이 문제가 아닙니다. 작은 일에도 믿음이 흔들리는 경우들은 다반사이며 그런 사람이 죽음을 담보로 하는 큰 문제를 이겨나갈 수는 없을 것입니다. 요한계시록 2-3장에 나오는 권면은 일상의 중요성을 알려줍니다. 지금을 잘 견디면서 어떤 극악한 상황이 오더라도, 죽으면 죽는 것이지 않겠습니까?

저는 일곱 교회의 환난을 상징적으로 확장시킨 것이 요한계시록의 내용이라고 생각합니다. 일곱 교회에 보내는 편지를 통해 미래적 소망 속에서 현재의 고난을 견디라는 종말론적 믿음을 읽을 수 있기 때문입니다. 어떤 극한 상황에서라도, 우리의 일상은 지속될 것이며, 그 일상 속에서 일곱 교회에게 한 저자의 권면은 믿음을 공고히 하게 합니다. 그러고 보니, '죽도록 충성하라'는 현재적 권면은 '내가 생명의 관을 네게 주리라'라는 미래적 승리로 이어집니다. 어떠한 상황에서라도 믿음을 지키기 위해서 죽으면, 그것은 죽음으로 끝나지 않을 것이라는 위로와 희망이 생명의 관으로 표현됩니다. 이것이 요한계시록의 내용입니다. 보십시오. 일곱 교회에게 하는 편지들은 모두 이기는 자들에게 주는 약속으로 끝나며, 그것은 사실 동일한 내용입니다.

(이기는 자에게) 하나님의 낙원에 있는 생명나무의 열매를 주어 먹게 하리라(에베소 교회), 생명의 관을 주고 둘째 사망의 해를 받지 아니하리라(서머나 교회), 내가 감추었던 만나를 주고 또 흰 돌을 줄 터인데 그 돌 위에 새 이름을 기록한 것이 있나니 받는 자 밖에는 그 이름을 알 사람이 없느니라(버가모 교회), 만국을 다스리는 권세를 주리니 그가 철장을 가지고 그들을 다스려 질그릇 깨뜨리는 것과 같이 하

며 새벽별을 주리라(두아디라 교회), 예수와 같이 흰 옷을 입을 것이요 그 이름을 생명책에서 결코 지우지 아니하고 그 이름을 아버지 앞과 그의 천사들 앞에서 시인하리라(사데 교회), 하나님 성전에 기둥이 되게 하리니 그가 결코 다시 나가지 아니하며 하나님의 이름과 하나님의 성 곧 하늘에서 내 하나님께로부터 내려오는 새 예루살렘의 이름과 예수의 새 이름을 그이 위에 기록하리라(빌라델비아 교회), 예수의 보좌에 함께 앉게 하여 주기를 예수가 이기고 아버지 보좌에 함께 앉은 것과 같이 하리라(라오디게아 교회).

고난을 견디는 법

일곱 교회에게 하는 약속은 이 땅에서의 약속이 아닙니다. 그것은 이 세상이 끝나고, 환란과 핍박을 견딘 자에게 이르는 종말론적 약속입니다. 종말론적 희망으로 현실의 고난을 이겨내라는 말입니다. 요한계시록은 우리에게 이처럼 희망을 주며 현재에 우리가 바른 믿음을 가지는 방법을 알려줍니다. 그리고 그것이 4-5장으로 연결됩니다. 4-5장은 요한계시록에 처음 나오는 환상이며 이후에 보다 복잡한 환상들이 나옵니다. 그러나 4-5장의 환상으로 우리는 충분히 요한계시록의 의미를 알 수 있습니다. 환상에는, 보좌에 앉으신 이, 24명의 장로, 각각 여섯 날개를 가진 네 생물들(사자, 송아지, 사람, 독수리)이 나옵니다.

네 생물들은 쉬지 않고 전능하신 하나님의 거룩함을 찬양합니다. 그들이 그렇게 보좌에 앉으신 이에게 영광과 존귀와 감사를 돌릴 때, 이십사 장로들도 똑같이 보좌에 앉으신 이를 찬양합니다. 이때 5장에서 보좌에 앉으신 이가 일곱 인으로 봉한 두루마리를 가지고 그 인을 뗄 수 있는 자가 누구인지를 묻습니다. 장로들 중 하나가 다윗의 뿌리에서 난 자의 승리를 이야기합니다. 네 생물과 장로들 사이에는 일찍 죽은 것 같은 한 어린 양이 있습니다. 일곱 눈과 일곱 뿔이 있는 그 양이 나아와 보좌에 앉으신 이의 오른손에서 두루마리를 취합니다. 그러자 보좌에 앉은 이를 찬양하던 네 생물과 이십사 장로들이 그 어린 양에게 나와서 새 노래로 그를 찬양합니다. 이 찬양에 이루 셀 수 없는 천사의 찬양이 더해집니다. 그리고 여기에 하늘 위와 땅 위와 땅 아래와 바다 위와 그 가운데 모든 피조물의 찬양이 더해집니다.

보좌와 어린 양을 둘러싸고 한 겹 한 겹 찬양이 쌓이는 이 장면은 놀랍도록 웅장합니다. 저는 여러분들이 4-5장을 읽을 때, 이 웅장한 찬양의 소리를 상상하며 충분히 만끽하셨으면 합니다. 소리에 소리가 쌓이고, 온갖 것들의 찬양이 겹치면서 보좌에 앉은 이와 죽임당한 어린 양에 대한 경배가 극에 달하는 것을 보십시오. 마지막 때의 온갖 고난을 이야기하는 요한계시록의 첫 환상은 이렇듯 웅장하고 장엄하고 아름다운 찬양으로 시작합니다. 이 찬양은 우리가 믿는 예수가 누구인지를 각인시킵니다. 예수가 초라하고 비참하게 죽임당했다고 생각할지 모르지만, 그는 하늘 보좌에 올라 있으며 모든 것들의 찬양을 받고 있습니다. 어린 양을 둘러싸고 울리는 찬양은 예수가 죽음으로 끝나지 않았다는 것을 보여줍니다.

요한계시록이 이런 예수를 우리에게 각인시키는 이유는 분명합니다. 이 예수를 믿는다면, 기껏해야 로마의 황제는 얼마나 미약한 존재인지 알게 하려는 것 말입니다. 지금은 로마 황제와 그가 쥐고 있는 권력이 온통 세상을 주무르는 것 같지만, 그것은 예수의 권세에 비하면 아무것도 아닙니다. 그러니 이 환상을 기억한다면, 믿음에 흔들릴 일이 없습니다. 비록 죽음에 이른다고 하더라도 말입니다. 이렇게 웅장한 찬양으로 시작해서 새 하늘과 새 땅, 새 예루살렘의 환상 속에서 예수의 다시 오심을 기대하며 요한계시록은 끝납니다. 이것이 '죽도록 충성하라'고 말할 수 있는 이유입니다.

두려움 없는 삶

그러므로 요한계시록은 우리에게 묻습니다. 너희는 무엇을 보고 있느냐? 지금 칼을 들이대고 있는 황제를 보고 있느냐, 혹은 지금 찬양받고 있는 죽임당한 어린 양을 보고 있느냐? 어린 양은 처참하고 무력하게 죽임당했습니다. 우리가 세상에서 볼 수 있는 것은 어린 양의 죽음과 그를 죽이고 축배를 들고 있는 권력가들의 웃음뿐입니다. 그들의 힘이 절대적으로 보이는 현실입니다. 그러나 계시록 4-5장은 우리에게 새로운 세계를 보여줍니다. 그 어린 양이 얼마나 거룩한 찬양과 경배 속에 있는가, 하는 것입니다. 죽음만 보았던 사람들은 알 수 없는 세계입니다. 어린 양이 죽음으로만 끝났더라면 그는 우리에게 희망을 줄 수 없을 것입니다. 그렇다면 황제에게 무릎을 꿇는 것 외에 다른 방법이 없습니다. 그러나 올리어진 예수의 영광은 우리가 누구의 승리에 참여할 것인가를 알게 합니다.

우리는 세상을 살면서 수많은 고난을 당합니다. 그런 고난들 중에는 내 힘으로 헤쳐나갈 수 없는 것들도 많습니다. 아무리 일상을 잘 살려고 해도 내 힘으로 되지 않은 수많은 부정과 불의가 있습니다. 그나마 황제에게 무릎 꿇듯 어느 정도 타협하고 적당히 얼버무려야 삶의 파고를 넘어설 수 있는 순간들이 있습니다. 내 힘으로 바꿀 수 없는 경제적, 사회적, 성적, 인종적 문제들이 섞여서 우리의 현실에서 무엇이 근본적인 문제인지도 알 수 없을 때가 있습니다. 그래서 그냥 다른 사람들이 하는 대로 살다 보니 원치 않는 삶으로 가고 있는 우리 자신을 보기도 합니다. 고난은 단지 배고픔뿐이 아닙니다. 지금 나는 배부르지만 내 손에 어느새 불의의 칼이 들려 있는 경우도 있습니다. 우리를 슬프게 하는 세상에서 하나님의 뜻을 따르며 황제가 아니라 하나님을 좇는 것이 너무 어렵습니다.

그렇다면 이러한 세상에서 우리는 어떻게 하늘의 영광에 참여할 수 있습니까? 어떻게 우리의 일상에서 종말론적 희망으로 가득 찬 삶을 꾸려나갈 수 있습니까? 저는 오늘의 본문인 5장 8절에서 그 답을 찾습니다. 어린 양이 보좌에 앉으신 이의 오른손에서 두루마리를 취하니, '네 생물과 이십사 장로들이 그 어린 양 앞에 엎드려, 각각 거문고와 향이 가득한 금 대접을 가졌으니 이 향은 성도의 기도들'이라고 말하는 장면입니다. 하늘에서 일어난 일을 보여주는 환상에서 유일하게 땅의 연결고리가 되는 것은 향이 가득 찬 금 대접입니다. 이 향이 성도의 기도라고 말하고 있기 때문입니다. 모두 하늘에 있는 것들이 찬양하는 가운데, 땅에 있는 사람은 기도를 통해서 하늘의 찬양에 참여합니다. 그러나 하늘로 올라간 성도의 기도는 소리가 아니라 향으로 전환됩니다. 성도의 기도인 향으로 말미암아, 하늘은 찬양 소리와 향내의 공감각적인 향연으로 넘쳐납니다. 찬양받는 어린 양의 이미지를 이보다 더 극대화할 수는 없을 것입니다. 그런데 여기서 굳이 성도의 기도를 향으로 바꾼 이유가 궁금해지기도 합니다. 여기에 사용된 향이 성전의 분향단에 바치는 향제와 관련이 있으며, 성전에서 드리는 제사장 예식과 깊이 관련된 것임을 기억한다면, 성도의 기도는 매우 중요한 의미를 갖습니다. 그것은 희생제의를 배경으로 하기 때문입니다. 그렇다면 하늘에 향내를 진동케 하는 성도의 기도란 무엇이겠습니까? 그것은 성도의 희생이며 죽음이기도 합니다. 성도의 기도는 단지 입으로 뱉어내는 소리가 아니라 목숨을 담보로 자신을 드리는 것입니다.

무엇을 위해서 목숨까지 내놓습니까? 황제가 아니라 하나님을 택하기 위해서입니다. 절대적이지 않은 것이 절대적인 힘을 휘두르는 순간에, 참과 거짓을 구분해야 하는 순간에, 두려움 없이 자신을 진리에 드리는 삶, 요한계시록은 그것을 성도의 기도라고 합니다. 죽음에 이르기까지 악에 저항하는 삶이 기도입니다. 단순한 현재적 안녕과 복락이 아니라 하나님의 뜻을 간구하는 삶, 그것이 기도입니다.

그 소리 없는 기도가 하늘로 올라가 하나님의 보좌와 어린 양을 향기로 물들일 것입니다. 하늘의 찬양에 참여할 수 있는 것은 죽기까지 충성하기 위해서 결단하고 진리에 순종하는 삶입니다. 그것은 예수를 죽인 자들이 아니라 죽임당한 어린 양을 따르는 삶입니다. 불의를 행하며 자신의 배를 불리는 삶이 아니라 지금의 고난에 두려워하지 않고 가짜 진리에 겁먹지 않고 꿋꿋하게 일상에서 하나님의 뜻을 찾는 삶입니다. 참과 정의를 찾으려고 노력하는 삶입니다.

그러기 위해서 무엇을 보고 있는지가 중요합니다. 당장에 참이라고 하는 것, 당장에 힘 있다고 하는 것, 그런 것들이 진짜 질서도 진짜 힘도 아닌 경우가 많습니다. 그런 것들은 우리가 쫓을 것도 못 되며 두려워할 필요도 없습니다. 그러나 우리는 종종 그런 것들에 움츠러듭니다. 요한계시록은 죽임당한 어린 양을 경배하면서, 우리의 생명이 어디에 있는지를 다시금 보게 합니다. 세상의 가짜 질서와 가짜 진리가 우리를 죽일 수 없다는 것을 알게 합니다. 부정과 불의를 견디는 고난 속에서 희망의 미래를 보게 합니다. 단지 우리가 그것을 볼 수만 있다면 말입니다. 어디서 희망을 찾는지, 무엇을 기다리며 살아가는지, 돌아볼 수 있었으면 좋겠습니다. 요한계시록은 우리가 무엇을 보고 무엇을 위해 살 것인가, 우리의 삶은 어떻게 우리의 기도가 되는가를 생각하게 합니다. 우리는 언제나 보는 것을 믿습니다. 지금 무엇을 보고 있습니까?

2022년 2월 20일 잘된교회 설교

여호와의 밤

출애굽기 12장 37-42절

이스라엘 자손이 라암셋을 떠나서 숙곳에 이르니 유아 외에 보행하는 장정이 육십만 가량이요. 수많은 잡족과 양과 소와 심히 많은 가축이 그들과 함께하였으며 그들이 애굽으로부터 가지고 나온 발효되지 못한 반죽으로 무교병을 구웠으니 이는 그들이 애굽에서 쫓겨남으로 지체할 수 없었음이며 아무 양식도 준비하지 못하였음이었더라. 이스라엘 자손이 애굽에 거주한 지 사백삼십 년이라. 사백삼십 년이 끝나는 그날에 여호와의 군대가 다 애굽 땅에서 나왔은즉 이 밤은 그들을 애굽 땅에서 인도하여 내심으로 말미암아 여호와 앞에 지킬 것이니 이는 여호와의 밤이라. 이스라엘 자손이 다 대대로 지킬 것이니라.

보이지 않는 하나님

우리가 잘 아는 출애굽 사건은 모든 구원 이야기의 모티브가 됩니다. 출애굽 사건의 진행 과정은 하나님의 구원이 어떻게 일어나는지를 보여주기 때문입니다. 출애굽기는 기근을 피하여 애굽으로 옮겨온 야곱의 자손들 이야기로부터 시작합니다. 그러나 오랜 시간이 지나면서 요셉을 알지 못하는 왕은 히브리인들이 번성하는 것을 두려워했습니다. 그들을 노예로 부리며 고된 노동으로 학대했을 뿐 아니라 히브리 사람의 남자 아이들이 태어나면 죽이도록 했습니다. 먹을 것을 찾아왔던 땅은 이제 노동과 죽음의 땅이 되었습니다. 그런데도 하나님은 마치 그들이 그 땅에 있다는 것을 잊으신 듯했습니다. 그들의 신음소리만 들릴 뿐 하나님의 음성은 들리지 않았습니다. 그러나 이러한 고난의 순간에, 하나님의 소리도 들리지 않을 때, 그래도 하나님의 뜻을 좇는 사람들이 있었습니다. 십브라와 부아와 같은 산파들입니다.

극악한 바로와 고통 중에 있는 이스라엘, 그리고 그곳에서 하나님의 뜻을 찾는 연약한 사람들의 이야기로 채워진 출애굽기 1장은 어쩌면 우리의 삶을 그대로 드러내는 것이기도 합니다. 삶에는 언제나 고난이 있고, 그 고난을 뚫고 나가기 힘들 때도 많습니다. 버려진 것 같은 마음을 감당하기 힘들 때가 있죠. 그러나 그럴 때에도 그 고난에 맞서기는 턱없이 부족한 힘이지만 하나님의 뜻을 기억하며 나아가야 하는 것이 믿음의 삶이기도 합니다. 믿음은 고난을 없게 하지 못하지만, 고난을 견디며 어둠 속에서도 한 걸음씩 나아가게 합니다.

십브라와 부아가 히브리 사람의 남자아이들을 아무리 많이 살린다고 한들, 그 깊은 고난 중에 있는 이스라엘의 역사를 바꿀 수는 없었을 것입니다. 그러나 목숨을 내건 그녀들의 몸짓은, 그래도 이스라엘이 살아있다는 증거이며 다시 일어설 수 있다는 희망입니다. 그리고 그 희망의 연속에서 모세가 태어나고 그는 결국 이스라엘을 출애굽시키는 지도자가 됩니다. 출애굽 하는데 모세는 물론 중요합니다. 그러나 출애굽기 1장은 모세가 태어나기 전의 극한의 고난 속에서 보잘것없는 사람들이 어떻게 그 고난에 맞서려고 했는지를 보여줍니다. 고난 속에서도 하나님을 두려워하며 그의 뜻을 따르려는 사람들 때문에 역사는 이어지며, 하나님은 그들에게 은혜를 베풉니다. 어쩌면 그것은 매우 은밀한 은혜이기도 합니다. 당장의 상황은 변화되지 않기에 누군가는 그것이 은혜인지 알지도 못할 것이기 때문입니다.

나타나신 하나님

그러나 끔찍한 고난 속에서 하나님의 음성도 들리지 않고 하나님의 도우심도 없는 막막한 시간 같지만, 어느새 하나님은 은혜를 베푸시고 이스라엘은 바로의 뜻과 다르게 계속해서 번성합니다. 바로는 노동의 강도를 올리고 남자아이들을 죽이면 그들을 제압할 수 있을 것이라고 생각했지만, 그들은 어느새 수그러들지 않는 세력이 되었습니다. 물론 그들이 아무리 번성해도, 모세가 미디안 광야에서 게르솜을 낳을 때까지, 그 오랫동안 변한 것은 없었습니다. 히브리 사람들의 고난은 계속되었습니다. 도대체 하나님이 그들을 왜 돌보시지 않느냐는 탄식이 하늘을 찌를 때까지 말입니다. 출애굽기 2장 23-25절은 이렇게 말합니다.

> 이스라엘 자손은 고된 노동으로 말미암아 탄식하며 부르짖으니 그 고된 노동으로 말미암아 부르짖는 소리가 하나님께 상달된 지라. 하나님이 그들의 고통 소리를 들으시고 하나님이 아브라함과 이삭과 야곱에게 세운 그의 언약을 기억하사. 하나님이 이스라엘 자손을 돌보셨고 하나님이 그들을 기억하셨더라.

고난 속에서 은밀히 행하셨던 하나님이 나타나기 시작한 것입니다. 하나님이 그들의 고통 소리를 들었다는 것은, 그들의 고난에 침묵하셨다고 해서 하나님이 그들을 잊은 것이 아니라는 말입니다. 하나님은 늘 그들을 돌보셨고 그들을 기억하셨습니다. 그러나 은밀한 하나님은 이제 자신을 드러내시며 그들과 함께 행하실 것입니다. 아브라함과 이삭과 야곱에게 나타났던 하나님이 이제 고난받는 히브리 사람들에게 나타나실 것입니다. 모세는 하나님의 나타나심의 증거일 뿐입니다. 하나님이 은밀히 행하실 때도 역사는 하나님의 뜻에 따라 진행될 것이지만, 이렇게 하나님이 역사에 등장하실 때, 역사는 그 뜻을 분명히 드러내며 하나님의 길을 보일 것입니다. 연약하고 힘없

새 시대 새 설교

는 사람들이 하나님의 뜻을 좇으며 하나님의 은밀한 은혜를 역사 안에 불러들였던 것처럼, 사람들이 부르짖는 고통과 탄식의 소리는 마침내 역사 속에 하나님을 드러냅니다. 그리고 이제는 히브리 사람들과 바로가 싸우는 것이 아니라, 하나님과 바로의 싸움이 시작됩니다.

모두를 구원하시는 하나님

하나님의 대리인 모세는 바로와 끈질기게 담판을 벌입니다. 그러나 이스라엘을 애굽 밖으로 데려나가겠다는 모세의 요구를 바로는 순순히 들어주지 않았습니다. 이스라엘은 경제적으로 군사적으로 그의 중요한 자원이었기 때문입니다. 결국 열 개의 재앙을 통해서 그는 항복합니다. 잘 아시는 대로 마지막 열 번째 재앙은 애굽의 모든 장자를 죽이는 것이었고 바로의 아들도 예외가 될 수는 없었습니다. 애굽 전체에 죽음이 깃들고 곡소리가 넘치던 그 밤, 바로는 모세와 아론을 불러서, 그들이 자기 백성 가운데서 떠나 하나님을 섬기라고 말합니다. 이어지는 재앙 속에서도 끝없이 말을 바꾸면서 이스라엘을 보내지 않으려던 바로의 입장이 변한 것입니다. 그리고 애굽 사람들도 이스라엘이 빨리 자신들을 떠나도록 재촉합니다.

이 소식은 이스라엘을 급하게 움직이게 했습니다. 그들은 다음날을 기다리지 않았습니다. 그 밤에 발효되지 않은 반죽을 싸고 애굽 사람들에게서 얻은 금품을 챙겨서 조상들이 430년이나 살던 그곳을 떠나기 시작했습니다. 그들의 처음 출발점은 라암셋이라는 곳이었습니다. 이곳은 그들이 강제노역을 하던 고난의 땅입니다. 그들은 그 죽음의 땅을 떠나 곧 숙곳에 이르렀습니다. 아마도 그 과정은 정신 없이 분주했을 것입니다. 숙곳에 이르러서야 어느 정도 상황을 파악할 수 있었습니다. 숙곳에 도착한 사람들의 수는 어린아이를 빼고 걸어 다니는 장정만 육십만 가량이라고 말합니다. 물론 우리가 정확한 수를 측정할 수는 없습니다. 그러나 남자 중심의 이 숫자에 여자들과 아이들을 합하면 한꺼번에 일사불란하게 움직이기 어려울 만큼의 거대한 공동체임이 분명합니다.

그런데 고난을 피하여 애굽을 떠나는 이 어마어마한 숫자에는 수많은 '잡족'이 포함되어 있습니다. 오늘 강조하고 싶은 부분은 바로 이것입니다. 출애굽 사건은 하나님이 이스라엘을 구원한 사건이라고 말해집니다. 그러나 출애굽기 12장 38절은 하나님이 구원하시는 그 이스라엘에 '잡족'이라 부르는 사람들이 함께 있다는 것을 분명하게 말해줍니다. '잡족'은 히브리어로 '에레브'라고 하는데, 조금 순화된 표현으로 번역하자면 '잡식구' 정도가 적당합니다. 이 단어는 느헤미야 13장 3절에도 나옵니다. 개혁을 시작한 느헤미야는, 암몬 사람과 모압 사람은 영원히 하나님의 총회에 들어오지 못하게 하라고 쓰여 있는 모세의 책을 백성들에게 읽어주었습니다. 그 내용을 들은 백성들은 '에레브'를 이스라엘 가운데서 분리하였습니다. 느헤미야에서 '에레브'는 '섞인 무리'로 번역되어 있으며, 순수 유대인이 아닌 사람들을 지칭합니다.

느헤미야의 개혁에서 쫓겨났던 이 에레브와 바로가 이스라엘을 애굽에서 내보낸 그 밤, 그 히브리 사람들과 함께 라암셋을 떠나 숙곳에 도착한 에레브는 같은 종류의 사람들입니다. 원래의 이스라엘에 들 수 없었던 사람들입니다. 그렇다면 원래의 이스라엘이란 무엇을 의미할까요? 그것은 혈통적으로 묶인 사람들입니다. 아브라함과 이삭과 야곱으로 말입니다. 혈통은, 오랫동안 애굽이라는 낯선 땅에서 고생하면서도, 그들을 하나로 묶어주었던 끈이었습니다. 그런데 에레브는 이 끈으로 묶여질 수 없는 사람들입니다. 그런데 그 밤에 그들은 그 분주한 틈에 어느새 숙곳까지 함께 동행하고 있었습니다. 그렇다면, 이들은 왜 낯선 이스라엘이라는 집단에 묻어서 애굽을 떠나려고 했던 것일까요? 이스라엘은 왜 느헤미야처럼 그들을 내치지 않고 숙곳에 다다른 사람들의 수에 자연스럽게 포함시켰을까요?

의견이 조금 분분하기는 하지만, 아마도 그 이유를 '히브리'라는 명칭에서 찾아볼 수 있습니다. 애굽에 있던 야곱의 후손들은 이스라엘이라고 불리기도 하지만 히브리라고 불리기도 하며, 우리는 히브리 민족이라는 말을 하기도 합니다. 그러나 히브리는 민족적 개념이라기 보다는 사회적 개념이라 할 수 있습니다. '히브리'라는 말은 아마도 '아피루, 하비루, 하피루'와 연관성이 있다고 추정됩니다. 모음을 쓰지 않는 히브리어의 특성상, 이것들을 같은 단어로 보기 때문입니다. '아피루'는 기원전 15-12세기에 애굽에서 노동하던 외국인을 이르는 것으로, 특정 종족이 아니라 그러한 신분을 가진 여러 종족들을 이르는 말입니다. 이스라엘도 이 아피루 중 하나였으며, 히브리는 자연스럽게 그들의 이름이 되었을 것입니다. 히브리로 불리던 사람들이 후에 가나안에 정착하고 왕을 중심으로 나라를 형성하자, 그들을 히브리보다는 이스라엘로 부르게 되었습니다.

이스라엘이 애굽에서 종노릇 하던 때, 그들에게는 히브리라는 이름이 더 어울렸을 것입니다. 그러므로 그 밤, 수많은 에레브(잡족)가 이스라엘과 함께 짐을 쌀 수 있었습니다. 애굽에서 갖은 고난을 겪어야 했던 이스라엘과 에레브는 모두 히브리였기 때문입니다. 그들은 고통 받는 자들이었고, 하나님의 구원을 기다리던 자들이었습니다. 에레브에게 이스라엘의 해방은 남의 일이 아니었으며 이스라엘도 에레브를 굳이 배제할 이유가 없었습니다. 히브리의 고통을 들으시고 찾아오신 하나님이 일하시는 밤이니까 말입니다. 신약성경과 구약성경에서 구원의 모티브가 되는 출애굽 사건은, 이렇게 이스라엘과 수많은 잡족과 양과 소와 심히 많은 가축과 함께 하신 하나님의 구원을 이야기합니다. 그것은 실로 모든 것의 구원입니다. 그것은 혈통을 벗어납니다. 그것은 살아있는 모든 것에 새로운 생명을 준비시키는 것입니다.

지키시는 하나님

여호와의 밤이 그렇게 시작되었습니다. 인간에게는 준비 없는 분주하고 두려운 밤이었을지는 몰라도, 하나님에게 그렇지 않았습니다. 모든 고통 받는 자들을 모으시고 그들과 함께 움직이시기 위해서, 하나님은 수많은 시간, 그들의 소리를 들으시며 기억하시며 그들과 함께하셨기 때문입니다. 우리가 하나님이 보이지 않고 하나님의 소리가 들리지 않는다고 포기하고 주저앉을 때에도, 하나님은 은밀하게 은혜를 내려주셨습니다. 물론, 그것이 은혜인 줄 알아채는 것은 인간의 몫입니다. 그리고 그 은혜를 잊지 않고 하나님의 뜻을 떠나지 않는 것도 인간이 해야 할 일입니다. 당장에 바로의 명령이 두렵지만 하나님의 뜻을 간구했던 십브라와 부아와 같이 말입니다.

하나님은 강하고 힘 있는 자들의 소리만 들으시는 것이 아니라, 힘 없고 연약한 자의 신음을 놓치지 않는다는 것을 기억하는 것도 인간의 일입니다. 히브리의 하나님임을 믿는 것도 역시 인간의 몫입니다. 그리고 그 히브리들과 함께 새로운 생명을 준비하는 것도 하나님을 따르는 우리가 해야 할 일입니다. 출애굽이라는 구원사건에서 배타와 폐쇄, 예외와 배제 같은 것들은 없습니다. 종족과 혈통을 넘어서 고통받는 모든 사람들이 함께 애굽을 빠져나와 새로운 땅으로 들어선 것이 출애굽의 구원입니다. 물론 그러다 보니 그들은 오합지졸일 수밖에 없었습니다. 고난을 겪을 때마다 그토록 끔찍했던 애굽을 그리워했습니다. 그러나 출애굽은 그렇게 애굽을 나온 무리들이 하나님과 언약을 맺고 하나님의 백성이 되어가는 과정을 보여줍니다.

하나님의 백성은 바로의 질서를 떠나 하나님의 새로운 질서로 들어가는 과정을 통해서 이루어집니다. 그 과정은 바로의 시절에 익숙했던 가치들을 버리는 훈련입니다. 그 시절의 배제와 억압, 멸시와 굴욕을 벗어나는 것입니다. 그것은 또한 바로처럼 누군가를 억압하고 누군가에게 모욕을 가하며 누군가를 배제하면서 기뻐하는 못난 일들을 버리는 것입니다. 바로를 벗어난 사람들이 궁극적으로 도달한 곳은 시내 산이었습니다. 그곳에서 그들은 십계명을 받습니다. 여기서 십계명을 이야기하지 않겠지만, 생각해보십시오. 십계명의 근본은 무엇입니까? 이스라엘이 하나님의 백성이라는 놀라운 이름을 얻게 되는 그 첫 밤에, 모두를 구원하며 모두에게 새로운 생명을 누리게 하는 하나님이 있었다는 사실을 기억하게 하는 것입니다. 온갖 잡족과 함께하는 하나님 백성 안에서, 배제와 멸시와 모욕을 없애는 새로운 질서를 보여주는 것이 십계명입니다. 그것은 하나님 안에서 모두 함께 살라고 말합니다.

저는 여러분의 믿음을 그 밤으로부터 시작하면 좋겠다고 생각합니다. 그 밤에, 하나님이 모든 고통 받는 사람들을 구원하셨기 때문입니다. 그 잡족들까지 말입니다. 그들을 구원하시기 위해서, 하나님은 그 밤, 깨어서 그들을 인도하셨습니다. 그 밤을 기억하는 이스라엘은, 그들도 깨어서 '밤새워 지키는 밤'으로 지냅니다. 그것이 바로 유월절의 처음이라는 것을 아실 것입니다. 그리고 그 유월절의 구원은 우리를 위한 예수 그리스도의 구원으로 이어집니다. 이렇게 이어지는 구원의 역사 속에서 분명한 것은, 하나님을 필요로 하는 모든 사람들에 대한 하나님의 은혜가 그 구원에 깃들어 있다는 사실입니다. 우리가 기억해야 할 것은 아마도 이것입니다. 하나님의 구원에 경계가 없다는 것, 하나님이 불러들인 사람들을 우리가 '섞인 무리'라며 내쫓지 말아야 한다는 것을 말입니다. 그들은 하나님이 밤 새워 지킨 소중한 사람들이며, 하나님이 눈물을 닦아줄 사람들이라는 것을 말입니다.

2021년 3월 30일 서울장로회신학대학교 설교

유연희

스크랜턴 여성리더십센터 프로그램 매니저

역사비평, 여성신학, 수사비평, 생태비평, 퀴어비평. 이들 단어는 처음 신학공부를 접했을 때부터 지금까지 성서와 접한 내 연구 관심사를 대변한다. 일부는 멀어졌고 일부는 계속 가져가고, 또 일부는 새로 만나 배우는 중이다. 미연합감리교회 목사로 뉴욕 올리브브리지 및 삼손빌교회에서의 목회, 아시아 지역선교사 경험, 리더십프로그램 운영 등은 나의 학문생활에 균형을 잡아주는 또 다른 날개였다. 감리교신학대학교 학부와 대학원을 거쳐 뉴욕 유니온신학교에서 구약성서로 석사(STM)와 박사(Ph. D.)를 받았다. 목원대학교, 강남대학교, 이화여자대학교 등에서 강의했고 감리교신학대학교 겸임교수를 역임했다. 현재 스크랜턴 여성리더십센터에서 일하고 있다.

저서로 《아브라함과 리브가와 야곱의 하나님》《이브에서 에스더까지 성서 속 그녀들》, 공저로 《여성이 읽는 구약성서개론》《성서, 생태위기에 답하다》《이런 악한 일을 내게 하지 말라》등이 있고, 역서로 《히브리성서 개론》《수사비평》 등이 있다.

너를 위한 내 생각을 내가 안다

예레미야 29장 10-14절

나 주가 분명히 말한다. 너희가 바빌로니아에서 칠십 년을 다 채우고 나면, 내가 너희를 돌아보아, 너희를 이 곳으로 다시 데리고 오기로 한 나의 은혜로운 약속을 너희에게 그대로 이루어 주겠다. 너희를 두고 계획하고 있는 일들은 오직 나만이 알고 있다. 내가 너희를 두고 계획하고 있는 일들은 재앙이 아니라 번영이다. 너희에게 미래에 대한 희망을 주려는 것이다. 나 주의 말이다. 너희가 나를 부르고, 나에게 와서 기도하면, 내가 너희의 호소를 들어주겠다. 너희가 나를 찾으면, 나를 만날 것이다. 너희가 온전한 마음으로 나를 찾기만 하면, 내가 너희를 만나 주겠다. 나 주의 말이다. 내가 너희를 포로생활에서 돌아오게 하겠다. 내가 너희를 쫓아 보냈던 세상의 모든 나라, 모든 지역에서 너희를 모아 오겠다. 내가 너희를 포로로 보냈으나, 나는 너희를 그 곳에서 너희의 고향으로 다시 데려오겠다. 나 주의 말이다.

새 시대 새 설교

여러분과 제 인생이 매일 꽃놀이, 소풍 같으면 좋겠습니다. 그런데 인생에는 봄날이 계속되다가도 폭풍이 몰아칩니다. 오늘 여러분의 삶에 몰아치는 폭풍은 무엇인가요? 폭풍이 아니라면 푸른 하늘 귀퉁이에 숨어 있는 작은 먹구름은 무엇인가요? 우리 삶은 모든 면에서 완벽하지는 않고 관계, 일, 재정, 건강 등 어딘가에 약한 고리가 있기 마련입니다. 지금이 아니라면, 걱정마세요, 언젠가는 꼭 그렇습니다. 인생이 원래 그렇지요.

우리 사회와 세계를 둘러봅니다. 크고 작은 도전이 있습니다. 어떤 도전이 가장 크게 느껴지십니까? 기후 비상사태 어떤가요? 육지는 지구 전체 평균보다 기온이 약 2배 빠르게 상승했습니다. 사막은 점점 넓어지고 있고, 산불 횟수도 점점 늘어나고 있습니다. 북극에서는 영구동토층이 녹고 있으며 빙하가 점차 사라지고 있습니다. 기후 변화는 식량과 물 부족, 홍수 증가, 극심한 추위와 더위, 질병의 만연화, 경제적 손실, 난민 양산 등 다양한 상황으로 자연과 인류를 위협합니다.

또 우리가 느끼는 도전 중에 더욱 극심해지는 빈부 격차는 어떤가요? 초자본주의는 그 어느 때보다 큰 빈부 격차를 만들어 내고 있습니다. 코로나 기간 동안 현금의 유입으로 코인, 주식, 부동산이 폭등했던 것을 기억하실 것입니다. 특히 집은 생존과 직결된 것인데 국민의 주거권을 안정시키지 못하는 정부란 매우 유감입니다. 부동산 담보대출은 미래에 대한 기대를 담보 삼아 현재 부유층의 기대를 충족시키는 것입니다. 대출을 받아 부동산을 매입한 사람은 부동산 가치를 올려주며 수십 년간 이자를 내는데, 부유층은 그 열매를 지금부터 누리니까요. 한국은 상위 20% 가구의 평균 가구소득이 하위 20% 가구의 평균 가구소득보다 약 7.5배 높은 상태입니다. 그 격차는 점점 커지고 있습니다.

특별히 한국이 겪는 도전으로 급격한 인구축소는 어떤가요? 한국인보다 세계가 더 한국의 소멸에 대해 걱정하는 듯합니다. 오죽하면 외신은 한국 군대의 '새로운 적'이 저출생이라고 뽑았습니다. 우리의 작은 방에 회색코끼리가 있으니 다들 머리를 맞대고 노력해야 할 문제인 것입니다.

삶은 늘 도전으로 가득 차 있습니다. 앞으로도 이런저런 공동체와 개인에게 새로운 도전이 있을 것입니다. 신앙인으로서 우리는 하나님이 우리의 기도를 빨리 들어주시고 삶에서 모든 어려움을 치워주시기를 바랍니다. 간절히 바라는 일이 우리의 계획과 기도대로 된 것도 있고, 아직 기도의 응답을 기다리는 것도 있을 것입니다. 이제 성서 속 사람들이 어려운 상황에 처해 어떤 목소리를 냈는지 들어보겠습니다.

예레미야 시대와 우리 시대

오늘 읽은 예레미야서의 배경은 유다 백성과 예레미야가 아주 어려운 역사 시기를 보낼 때입니다. 당시 고대 중동의 최강국이었던 아시리아 제국은 점점 약해지고 있었고 바빌로니아가 새로운 세력으로 부상하고 있었습니다. 예레미야는 기원전 650년경에 예언자로 소명을 받았습니다. 예레미야는 이집트 같은 나라들과 동맹해서 바빌로니아에 저항하지 말자, 그보다는 투항하고 정복당하지 말자는 입장이었습니다. 제국에 조공을 바치며 살지언정 나라를 잃지 않는 게 낫다는 현실적 입장이지요.

예레미야는 바빌로니아의 침입이 유다가 불순종해서 하나님이 벌하신 거라는 신학을 주장했습니다. 왕실과 백성은 당연히 이 신탁을 싫어했습니다. 예레미야는 투옥과 고초를 겪었습니다. 결국 바빌로니아가 쳐들어와서 예루살렘 도시와 성전을 파괴했습니다. 그리고 반란을 꾀하지 못하게 하는 방편으로 유다의 왕족, 지도층, 기술자들을 강제로 바빌로니아로 이주시켰습니다. 597년, 587년 이렇게 2차에 걸쳐 이주시켰습니다. 이것을 영어로 the exile이라고 하고, 우리말로 보통 포로 또는 유수로 번역합니다. 영원할 거라고 믿었던 다윗 왕조와 성전이 사라졌습니다. 나라가 아주 망한 것입니다.

포로로 끌려갈 때의 여정에 대해 자세한 내용은 성경에 나오지 않기 때문에 우리가 상상해야 합니다. 예루살렘부터 바빌로니아까지 1120km입니다. 서울-부산 거리가 325km이니까 바빌로니아까지는 3.5배가 되는 거리입니다. 길도 안 좋고 그 많은 사람들이 아이들과 가축까지 함께 이동하느라 참 많은 고생을 했을 것입니다. 그보다 더 힘들었던 것은 말로 표현하기 어려운 복잡한 마음 상태였을 것입니다. 절망, 포기, 불안, 모욕감 등이 밀려왔을 것입니다. 이들은 하나님께 기도하기도 힘들었을 것입니다.

한국인은 가만히 앉아서 나라를 잃은 적이 있어서 성경 속 이스라엘 사람들의 심정을 조금이나마 이해할 수 있습니다. 구한말부터 청나라, 러시아, 일본 등은 한반도를 삼키려고 각축전을 벌였습니다. 1905년 미국과 일본은 가쓰라-테프트 밀약으로 미국은 필리핀 지배권을 갖고 일본은 대한제국 지배권을 갖기로 서로 승인했습니다. 1910년 일본의 식민지배가 시작되었고 한국은 지속적으로 수탈을 겪었습니다. 일제는 당장 토지조사사업에 착수해 전 국토의 약 40%를 불법으로 탈취하여 일본 회사와 일본인에게 헐값에 불하했습니다. 조선총독부와 일본인은 임야도 50% 이상을 탈취했습니다. 일제는 「회사령」(1910), 「조선광업령」(1915) 등 각종 법령으로 한국인의 산업을 착취하고 경제발전을 억압했습니다. 전 인구의 80%가 농업에 종사하는데 수많은 농부가 소작농으로 전락해 일본인의 고리대에 시달리게 되었습니다. 사람들은 생계유지를 위해 화전민이 되거나 만주, 연해주, 일본 등지로 이주해야 했습니다. 그래서 교인도 많이 줄었습니다.

일제는 중일전쟁(1937-1945)과 태평양전쟁(1939-1945)을 도발하면서 한국에서 군수물자를 공급하기 위해 각종 규제와 운동을 동원하여 자원수탈을 심화했습니다. 동시에 징용, 징병, 위안부로 총 780여만 명의 한국인을 일본, 중국, 동남아시아, 사할린 등지로 강제 동원했습니다. 무기를 만들려면 철이 필요하니 교회의 종, 문, 철책까지 납부하게 했습니다. 일제 강점기 동안 겪은 인종차별과 폭력 등은 다 열거할 수도 없습니다. 고문이 얼마나 심했던지 옥중에서 죽거나 풀려나 죽은 경우가 허다합니다. 이런 얘기, 너무 슬프고 심란하지요.

지금까지 우리 사회와 세계가 직면한 어려움, 우리 부모님, 조부모님 세대가 겪은 어려움, 고대 유다 사람들이 겪은 어려움에 대해 생각해보았습니다. 이제 우리 삶에 대해 좀 더 생각하고 적어보는 시간을 갖겠습니다. (필기도구)

- 적기: 내가 처한 '포로' 상황은 무엇인가? 적는 일은 우리 마음속 염려들을 꺼내놓는 일입니다. 적기만 할 뿐인데 뜻밖에 이 작업이 우리 마음을 가볍게 합니다. 이제 크고 작은 염려들을 모두 적어 보시기 바랍니다. (음악)

바빌로니아에 사는 포로들의 미래는 암울해 보였습니다. 시편 137편은 바빌로니아에서 쓰였고, 절망적인 향수병과 예루살렘에 돌아가고 싶은 그리움을 드러냅니다.

우리는 바빌로니아의 강변 곳곳에 앉아서, 시온을 생각하면서 울었다. 그 강변 버드나무 가지에 우리의 수금을 걸어 두었더니, 우리를 사로잡아 온 자들이 거기에서 우리에게 노래를 청하고, 우리를 짓밟아 끌고 온 자들이 저희들 흥을 돋우어 주기를 요구하며, 시온의 노래 한 가락을 저희들을 위해 불러 보라고 하는구나. 우리가 어찌 이방 땅에서 주님의 노래를 부를 수 있으랴.(1-4절)

오늘 성경 말씀은 하나님이 포로들을 위해 예레미야에게 주신 말씀을 담은 편지 내용입니다. 예레미야는 포로들에게 권면합니다. 바빌로니아에서 집을 짓고, 밭을 일구고 가족을 갖고 하나님이 그들에게 가서 살라고 보낸 그 도시의 복지를 위해 일하라고 당부합니다. 그들이 곧 고향으로 돌아가게 될 거라고 약속하고 있던 거짓 예언자들과 점쟁이들의 말을 듣지 말라고 하나님은 경계시키셨습니다. 하나님의 메시지는 분명했습니다. "너희가 살고 있는 도시를 위해 기도하고, 그들의 복지를 구하면 너의 복지도 얻을 것이다." 예레미야는 그들더러 현재 상황을 받아들이고 잘 정착하라고 촉구했습니다. 유다 포로들은 이 말을 듣고 좋아했을까요? 좋아하기 어려웠을 것입니다. 집 짓고 농사짓는다는 말은 장기전을 가리킵니다. 그만큼 고향에 돌아가는 것이 어려울 거라는 말이라 하나님이 원망스러웠을 것입니다.

그런데 예레미야의 권면 다음에 약속이 있습니다! "너를 위한 내 생각을 내가 안다."(예레미야 29:11) 원문을 문자적으로 읽으면 이렇습니다. "너를 향해 내가 생각하는 그 생각들을 내가 안다." 달리 말하면, "내가 다 생각이 있다." 그럼 우리는 "하나님은 다 계획이 있으시구나!" 하고 생각하면 됩니다.

하나님은 다 생각이 있으셨습니다. "칠십 년 후에 다시 데리고 온다고 약속하겠다, 내가 너희의 번영을 계획하고 있다. 미래에 대한 희망을 주려는 것"이라고 하셨습니다. 70년이라는 말은 고향에 금방 돌아갈 수는 없다는 뜻이기에 포로들이 희망이 없다고 느꼈을 것입니다. 유다로 돌아가는 것은 다음 세대가 될 것이니까요! 사실 예레미야가 말한 70년은 틀렸습니다. 바빌로니아가 망하고 페르시아가 새 제국이 되면서 소수민족인 유다 사람들의 고향 귀환을 허용한 때를 생각하면 약 50년 후가 맞지요. 70이란 충분하고도 분명한 어떤 때에 대한 상징적 수라고 볼 수 있습니다.

예레미야는 포로들이 하나님과의 관계를 회복하는 것이 중요하다고 강조합니다. 유다 백성 쪽에서 할 일은 계명에 대한 불복종과 죄 때문에 깨어진 하나님과의 관계를 회복하는 것이었습니다. 그들이 기도와 예배로 하나님을 진심으로 찾으면 하나님을 만날 것입니다. 바빌로니아에서 기다리는 시간은 어렵고 초조할 것이지만 이 시간이 끝나면 하나님이 약속하신 바와 같이 그들의 미래는 회복되고 가족은 고향 땅으로 돌아갈 수 있을 것입니다.

이 신탁 속 약속의 핵심은 희망입니다. 예레미야는 포로들에게 현실을 직시하고 인정하라고 하면서도 희망을 주었습니다.

- 적기: 자, 이제 여러분이 예레미야라고 생각하십시다. 예레미야는 하나님의 말씀을 전했습니다. "너를 위한 내 생각을 내가 안다."(예레미야 29:11). 하나님은 여러분을 위해 다 생각이 있으십니다. 여러분이 예레미야가 되어 하나님이 여러분에게 주시는 희망의 신탁을 여러분에게 알려주시기 바랍니다. 그게 무엇일까요? 종이에 적으십시오. (음악)

세상은 생명의 그물망 속에 엮여 있어서 나는 혼자가 아닙니다. 나의 웰빙과 행복은 남의 웰빙과 행복과 긴밀하게 연결되어 있습니다. 흥미롭게도 예레미야의 신탁에 이런 내용이 들어 있습니다. "너희가 그 도시에서 살라고 하나님이 보내셨다. 그 도시가 잘되기를 위해서 기도하고 일해라. 그러면 너희도 잘될 것이다." 바빌로니아 사람들이 지금 원수 아닙니까? 그런데 새로운 이웃으로 적극 받아들이고 그들을 잘 섬기라고 하는 것입니다. 그게 너희한테도 좋다는 것입니다. 속상하지만 이 말은 현실적인 얘기이기도 합니다.

고고학적 증거에 의하면 유다 포로들은 노예처럼 산 것이 아니라 유다인 공동체로서 도시에서 좀 떨어진 지역에서 농사를 지으면서 살았습니다. 도시에 식량을 공급하는 역할을 한 것입니다. 나중에 페르시아 시대로 바뀐 후에도 대다수 사람들이 거기 남아 살았습니다. 예루살렘 귀환도 일부 사람들만 한 것입니다. 포로들은 결국 적응하고 잘 살았던 것입니다. 적응하고 잘 살면서 하나님 신앙, 유대교를 발전시킨 것입니다.

우리 주변 사람들이 잘살아야 우리가 잘살 수 있다는 말을 깊이 생각할 필요가 있습니다. 나 혼자만 잘살 수 없는 것이 인간 세상입니다.

- 적기: 인간은 위대합니다. 자기를 넘어서는 기여를 해야 기쁜 게 인간입니다. 우리 앞에 참으로 위대한 신앙인이 많았습니다. 여러분뿐만 아니라 많은 이들이 나름의 어려움을 갖고 있습니다. 여러분이 생각할 때 우리 사회에서 어떤 사람들, 어떤 이슈가 여러분

의 기도와 도움이 특히 필요하다고 생각하나요? 여러분은 자신을 넘어 세상을 어떻게 더 나은 곳으로 만들고 싶은가요?

우리가 어려운 상황에 있을 때 마음까지 힘든 이유는, 우리 내면에서 자꾸 부정적인 목소리가 나오기 때문입니다. "나는 게을러, 나는 간절함이 없어, 나는 시간을 낭비해, 나는 머리가 나빠. 나는 아무리 애써도 안될 거야…" 우리가 확실히 알아야 할 것이 있습니다. 이런 생각은 그저 우리가 만든 생각일 뿐이라는 것입니다. 인간은 어떤 생각을 한번 떠올리면 첫째 그것을 옳게 만들고, 둘째 그것을 믿고, 셋째 그에 따라 행동하는 존재입니다. 인간이 생존에 근거해 오래 살았기 때문에 빨리 판단을 할 뿐 우리 생각이 다 이성적이고 과학적이고 옳은 것은 아닙니다. 우리는 근거가 없을 때도 어떤 생각을 하고, 자꾸 그 생각을 스스로 강화하여 순환시킵니다. 결국 내가 만들어 낸 생각이 상당수라는 것을 알면, 이왕이면 내게 힘을 주는 생각도 만들어 낼 수 있는 것입니다.

성경에서도 여러분에게 힘을 주는 말씀에 더욱 귀를 기울이면 됩니다. "너를 위한 내 생각을 내가 안다." 하나님이 여러분을 위해 다 생각이 있으십니다. 하나님은 종종 우리가 예상하지 못한 방식으로 역사하십니다. 우리가 할 일은 하나님과의 관계를 회복하고 마음을 열고 인내하며 우리 할 일을 하는 것입니다. 지금 여러분은 충분하고 여러분의 삶도 충분합니다. 그것을 인정하고 그 지점에서 원하는 것을 설계하며 한발씩 나아가면 되는 것입니다.

사랑하는 성도 여러분, 여러분을 위해 다 생각이 있으신 하나님이 어떻게 여러분을 인도하시는지 이제부터 잘 보시기 바랍니다. 하나님께서 여러분의 기도를 들어주시고 복을 부어주시기를 기원합니다. 아멘.

2021년 7월 11일 로뎀교회 설교

지금은 생명을 선택할 때

신명기 30장 15-20절

보십시오. 내가 오늘 생명과 번영, 죽음과 파멸을 당신들 앞에 내놓았습니다. 내가 오늘 당신들에게 명하는 대로, 당신들이 주 당신들의 하나님을 사랑하고, 그의 길을 따라가며, 그의 명령과 규례와 법도를 지키면, 당신들이 잘 되고 번성할 것입니다. 또 당신들이 들어가서 차지할 땅에서, 주 당신들의 하나님이 당신들에게 복을 주실 것입니다. 그러나 당신들이 마음을 돌려서 순종하지 않고, 빗나가서 다른 신들에게 절을 하고 섬기면, 오늘 내가 당신들에게 경고한 대로, 당신들은 반드시 망하고 맙니다. 당신들이 요단강을 건너가서 차지할 그 땅에서도 오래 살지 못할 것입니다. 나는 오늘 하늘과 땅을 증인으로 세우고, 생명과 사망, 복과 저주를 당신들 앞에 내놓았습니다. 당신들과 당신들의 자손이 살려거든, 생명을 택하십시오. 주 당신들의 하나님을 사랑하십시오. 그의 말씀을 들으며 그를 따르십시오. 그러면 당신들이 살 것입니다. 주님께서 당신들의 조상 아브라함과 이삭과 야곱에게 주시겠다고 맹세하신 그 땅에서 당신들이 잘 살 것입니다.

성서일과와 신명기 30장

여러분, 성경을 사랑하시지요?("매일 열심히 성경을 읽으세요?"라고 물은 것이 아닌데, 대답이 작네요.) 성경을 잘 읽지 않아도 사랑할 수 있습니다. 그런데 어떤 이유로든, 성경의 모든 부분이 모든 독자의 구미에 맞는 것은 아닙니다. 그래서 우리는 성경에서 더 좋아하는 부분이 있고 덜 좋아하거나 아예 싫어하는 부분도 있습니다.

제가 전에 몇 년 다니던 교회에서 느낀 점이 있습니다. 담임 목사님은 설교를 하실 때 성서일과(lectionary)에 있는 성경 말씀을 따르지 않으셨습니다. 성서일과는 구약, 신약, 시편, 서신 등 네 군데서 주일 예배에 읽을 말씀을 몇 구절씩 모은 목록입니다. 3년을 한 단위로 하여 성서 전체를 다루는 방식입니다. 그 목사님은 주로 한국교회에서 많이 다루는 성경 본문으로 설교를 하셨습니다. 몇 년 다니고서 느낀 것은 그 목사님이 아모스 예언자의 "정의가 강물같이 흐르게 하라"와 같은 구절에 대해 설교한 적이 없었다는 것이었습니다. 주일 대예배 때 가장 출석률이 높은데, 그러면 대부분의 교인들은 평생 성경의 나머지 부분에 대한 설교 말씀은 듣기 어려운 것이지요.

성서일과는 농담으로 "biblical diet"라고 부릅니다. Diet라는 말이 '식품', '식이요법'이라는 뜻이니 biblical diet는 성서의 식이요법이라는 뜻이네요. 여기서는 상징적인 의미로, 성서라는 음식을 먹을 때 고루 섭취하라는 의미입니다. 성경을 유명한 구절만 읽거나 내가 좋아하는 부분만 읽지 말고 고루 읽으라는 것입니다.

그런데 어떤 목사님이 주일 설교를 준비하는데 그 주일의 성서일과가 마태복음 5장 32절이면 어떻게 할까요? "음행의 이유 없이, 배우자를 버리면 그로 간음하게 하는 것이다. 이혼한 사람과 결혼하는 것도 간음이다"는 내용입니다. 이 구절을 다시 정확히 옮기면 이렇습니다. "음행의 이유 없이, 아내를 버리면 그녀로 간음하게 하는 것이다. 이혼한 여자와 결혼하는 남자는 간음하는 것이다." 청중을 남성으로 상정하고 있습니다. 그럼 여성에게는 해당되지 않는다고 말할 수 있겠네요? 오늘날 이런 구절을 가지고 주일 대예배 때 강대상에서 설교하기는 쉽지 않습니다. 이혼 규정과 그 배경이 성서시대와 오늘날과 매우 다르기 때문입니다. 그리고 이혼을 쉽게 하는 것도 아닌데다가 현대는 이혼율이 높아서 큰 교회라면 교인 중 이혼한 사람, 이혼 과정 중인 사람들이 많을 수 있고요.

그러나 성서일과 자체는 때로 우리 모두에게 도전을 줍니다. 어렵지만 해당 본문을 가지고 함께 씨름해보라는 도전입니다. 지금까지 제가 성서일과에 대해 길게 얘기한 것은 오늘 본문이 그렇게 느껴진다는 말을 하기 위해서입니다. 신명기 30장 30절은 말합니다.

나는 오늘 하늘과 땅을 증인으로 세우고, 생명과 죽음, 복과 저주를 너희 앞에 제시한다. 너희와 너희의 자손이 살려거든, 생명을 택하여라.

별로 살고 싶은 마음이 없을 때 이런 성경구절은 좀 피하고 싶을 수 있습니다.

바로 며칠 전에 우리가 사랑하는 000님이 소천하셨는데요, 제가 기도 중에 여러분에게 생명을 택하라는 설교를 해야겠다는 맘이 들었습니다. 요즘은 정보가 흔한 시대라서 잘 알려진 사람들의 죽음이 미디어에 나오고 그 때문에 영향을 받는 사건이 종종 생깁니다(베르테르 효과). 여러분이 그분의 소천에 영향을 많이 받는 것 같아서 생명을 택하라는 말씀을 전하려고 합니다. 생명을 택하라는 설교가 그분의 삶과 죽음에 대해 누가 되지 않기를 바랍니다. 그분이 평소 우리를 향해 가진 마음을 생각하면, 우리더러 생명을 택하라고, 풍성한 생명을 택하라고 분명 말씀하실 거라고 생각합니다. 이런 생각으로 오늘 말씀을 나누고자 합니다.

신명기의 선택

신명기는 출애굽 한 공동체가 가나안으로 가기 직전에 모세가 사람들에게 당부하는 설교 형식을 띕니다. 그럴 경우, 신명기 상황은 기원전 13세기쯤으로 설정됩니다. 그러나 학자들은 신명기가 포로기 이후, 즉 기원전 6세기, 5세기 작품이라고 봅니다. 18절에 보면 "너희는 반드시 망할 것이다. 가나안 땅에서 너희 날이 길지 못할 것이다"라는 말이 나옵니다. 이 말은 유다가 이미 망해서 없어진 경험을 반영합니다. 이것을 '사후예언'이라고 부릅니다. 역사적으로 이미 일어난 일인데, 마치 앞으로 일어날 일인 것처럼 예언하는 기법입니다. 성서에 자주 나오는 문학기법입니다.

유다가 그렇게 망한 이유는 바로 앞 절에 나와 있습니다. 다른 신들을 섬겼기 때문입니다. 고대에 한 신을 섬긴다는 것은 그에 따른 정치, 경제, 문화 등 모든 영역을 따르는 것과 관련이 있었습니다. 그렇기 때문에, 야웨 하나님 말고 다른 신들을 섬긴다는 말을 종교만이 아니라 삶의 모든 영역에서의 변화를 뜻한다고 이해할 필요가 있습니다.

신명기의 첫 번째 청중은 유다가 망한 후 바빌로니아에서 포로살이를 한 사람들입니다. 신명기의 청중은 바람에 날리는 왕겨처럼 급히 유배되었습니다. 이들은 바빌로니아의 침략을 겪고 힘없이 무너져 나라를 잃고 강제로 이주하여 살았습니다. 그 슬픔과 좌절 속에서 신명기 설교를 들었을 것입니다. 이 청중은 전에는 유다의 상류층이었지만 지금은 제국으로 끌려와 소수민족으로서 생계유지에 힘쓰며 살고 있었습니다. 바빌로니아에 와 보니 경제와 문화도 앞섰고, 마르둑을 섬기는 종교도 큰 영향력이 있었습니다. 이주 1세대 중에는 이런 영향력 앞에 흔들리는 이들도 있었습니다. 더욱이 태산 같은 바빌로니아의 영향력 아래서 태어난 2세들은 야웨 하나님도 잘 모르고 이스라엘 사람이라는 정체성도 경시되고 있었습니다.

신명기는 이미 나라의 멸망을 경험한 사람들에게 그런 종류의 멸망을 다시 겪지 않기 위해 무엇을 해야 하는지 제시합니다. 그래서 신명기의 저자(학파)는 모세의 입을 통해 포로기 및 포로기 이후 공동체에게 간곡하게 당부합니다.

> 너와 네 자손이 살기 위해 생명을 택해라.(신명기 30:19)

결론은 그 어떤 상황에서도 생명을 택하라는 말인데, 그 말을 하려고 "내가 네 앞에 생명과 죽음, 복과 저주를 두었다"라고 합니다. 이 말은 둘 중 하나를 택하라는 것이 아니라 생명을 택하라고 강조하는 수사학입니다.

여기서 말하는 생명이란 무슨 뜻일까요? 그저 존재하고, 생존하는 것을 말하는 것이 아닙니다. 사느냐 죽느냐, 그것은 정말 문제가 아닙니다. 사는 것답게 사는 것을 말합니다. "네가 살고 번성할 것이다. 약속의 땅에서 내가 너에게 복을 줄 것이다"라는 말이 함께 있습니다.

어떻게 해야 그 생명을 얻을까요? 생명을 선택하라는 하나님의 당부는 신명기의 책 전체에 자주 명확하게 나와 있습니다. 오늘 본문 30장에도 두 번 나와 있습니다. 먼저 16절에 한 번 나오고, 20절에 또 한 번 나옵니다. 16절은 말합니다. "네가 하나님을 사랑하고, 하나님의 길을 걷고, 하나님의 명령과 규례와 법도를 지켜라. 그러면 너는 살고 번성하고, 하나님이 약속의 땅에서 복을 주실 것이다"라고 합니다. 20절은 약간 다르게 표현합니다. "네가 하나님을 사랑하고 하나님의 목소리를 듣고, 하나님에게 꼭 붙어 있어라(cling). 하나님은 네 생명이시고, 네 장수이시다. 너는 약속의 땅에서 살게 될 것이다."

16절에서 "명령과 규례와 법도"라는 말이 십계명인가, 성결법인가, 계약의 책인가, 그런 식으로 구체적으로 어떤 법인지 물을 필요는 없습니다. "명령과 규례와 법도"란 이사일의(hendiadys)라고, 두 세 개의 단어로 하나의 뜻을 나타내는 문학기법일 수 있습니다. 이 표현은 "하나님의 가르침" "유대교의 가르침"을 포괄적으로 나타내는 말이라고 볼 수 있습니다.

신명기의 모세는 "내가 네 앞에 생명과 죽음, 복과 저주를 두었다. 너는 무엇을 택할래?"라고 묻습니다. 당시 청중은 이렇게 생각했을 수 있습니다. "나라가 망했는데 우리가 회복할 희망이 있을까?" "이 큰 나라에서 우리가 소수민족의 하나님을 믿어서 무슨 도움이 되겠어?" 오늘날의 성서 독자는 각자의 상황에서 이렇게 생각할 수 있습니다. "이렇게 크게 실패했는데 내가 다시 시작할 수 있을까?" "이 사회가 나를 있는 그대로 받아들이지 않고 차별하고 공격하는데 살 의미가 있을까?" "이렇게 마음이 우울한데 살 이유가 있을까?" "아무리 애써도 삶이 나아지지 않는데 계속 애쓰며 살 필요가 있을까?" "결국 나 혼자 늙어가고 친구들도 죽고 자녀도 별 도움이 되지 않을 텐데 열심히 아주 오래도록 살 이유가 있을까?"

늙도록 오래오래 살자

그 대답은 '예'입니다. 그때와 지금 그리고 언제나 '예'입니다. 순종하라는 부르심은 새로운 세대의 이스라엘이 정말로 하나님께 의지하고 계명을 지키며 하나님 안에서 걸어갈 수 있다고 생각하기에 부르시는 것입니다. 하나님의 부르심을 듣는 모든 사람에게는 이 약속이 주어집니다. 11절은 말합니다.

내가 오늘 너희에게 주는 이 명령이 너희에게 그리 어렵지도 않고 그리 멀지도 않다.

우리가 사랑하는 그분이 비교적 젊은 나이에 소천하자 사람들이 충격과 슬픔 속에 있으면서 서로를 위로하며 이런 말을 했습니다. "늙도록 오래 살자"는 말이었습니다. "살아남는 것이 성공이다" "자연사하자" "늙어 꼬부라질 때까지 살다 죽자."

예, 그렇습니다. 저는 여러분 모두가 성경이 말하는 장수의 축복을 누리면 좋겠다는 간절한 생각이 늘 있습니다. 하루하루 풍성한 생명을 택하며 늙어가는 것은 감사한 일입니다. 물론 장수는 선택한다고 얻을 수 있는 복은 아니지만 일상의 건강관리 같은 노력도 장수에 기여하니까요. 노인 자신도 늙는 것이 불편하고 고생스런 점도 많지만 뜻밖의 축복과 좋은 일도 많습니다.

얼마 전 저희 어머니가 백내장 수술을 하시고 눈이 밝아지셨습니다. 전에는 TV가 어리어리해서 바꿀 때가 되었나 싶었는데 눈 수술 후에 새 TV가 되었다고 합니다. 뭐든 새것이 되었다고 합니다. 주간 보호센터에서 앞에 앉으신 어르신들 얼굴의 잡티도 너무 잘 보인다고요. 그런데 거울을 보고 충격을 받으셨다고 합니다. 어머니 얼굴에 주름이 왜 그렇게 많은지 놀랐다고 하십니다. 저는 웃음을 참느라 혼났습니다. 작년에 검버섯을 빼 드렸는데 다음엔 보톡스 시술을 해 드려야 할 듯합니다. 그럼 90대 노인 미인대회에서 1등을 하실 것 같습니다.

어머니는 최근에 흥미로운 말씀을 하셨습니다. 몇 년 전부터 딸들에게 절대 옷을 사오지 말라고 하셨고 웬만한 옷을 다 정리하셔서 옷장이 텅 비고, 서랍장은 바닥이 보일 정도였습니다. 그걸 보며 저는 엄마가 삶을 정리하시나 싶어 뭉클하고 속상했습니다. 그런데 얼마 전에 "옷을 사야겠다. 하루를 입어도 예쁜 옷을 사야겠다"고 하시면서 옷을 몇 개 사셨습니다. 늙어도 뭔가 새로운 생각을 하게 되고 새로운 행동을 하는 모습이 놀라웠습니다.

요새 시댁은 아버님이 주간보호에 가지 않는 날에 자녀들이 돌아가며 식사를 챙겨드립니다. 아들들의 성장기에 아버지와 별로 대화가 없는 가족이었는데 최근 아버지 식사를 챙겨드리며 대화할 기회가 생겼다고 합니다. 이번에 남편이 다녀와서 아버님이 하신 말씀이 놀랍다며 전해주었습니다. 돌아가신 시어머님에 대해 말씀하시길, "뒤돌아 생각하니 니 엄마가 참 좋은 사람이었다"고 하시더랍니다. 살아계실 때 어머님은 아버님을 항상 최고로 여기고 모셨는데,

아버님은 그 모든 것을 당연하게 여기셨고 어머님을 최고로 모시지 않으셨던 거지요. 아흔이 넘은 나이에 삶을 돌아보며 늦었지만 고마웠던 사람, 죽은 아내에 대해, 그 사람을 잘 아는 사람인 아들에게 그 말을 한 것입니다.

성도 여러분 중에 지금 얼굴이 팽팽하고 반짝반짝한 사람들이 많은데 저는 여러분이 주름 짜글짜글한 노인 얼굴 되는 거 다 보고 싶습니다. 저도 주름 짜글짜글한 얼굴을 여러분에게 보여주고 싶습니다.

생명의 확장

예수님이 부활을 통해 주신 생명에 대해 다양한 측면에서 생각할 수 있지만 저는 오늘 여러분과 더불어 생명의 질과 생명 나누기에 대해 생각하고 싶습니다. 우리는 믿기를, 우리 생명이 예수님의 피로 사신 것이라고 합니다. 또 우리는 믿기를, 예수님은 우리가 영생을 얻기를 바라신다는 것입니다. 사랑하는 성도 여러분, 우리가 지금 살아있으니까 살아있나 보다 하지요. 그런데 살아있다고 해서 다 살아있는 것이 아닙니다. 그냥 살아있기만 한 사람들도 많습니다. 생생히 살아있지 않으면 진정 살아있다고 말하기 어렵습니다. 삶이 모두 자신에게 꽂혀서 산다면 뭐, 동물도 그렇게 사니까요. 내가 생생히 살아있지 않으면 남의 생명을 살릴 수 없습니다. 내가 주변을 둘러보고 내 생명을 확장하지 않으면 내 생명은 조그맣게 내 안에 갇혀 있

새 시대 새 설교

게 됩니다. 나는 일이 많고 바쁘고, 스트레스에 치여 살고, 마음에 평화가 없고, 자신이 남을 도울 정도로 부유하거나 시간이 많지 않다는 논리에 빠져 있으면 나 하나 건사하기 힘든 작은 생명인 것입니다.

오래전에 《영혼을 위한 닭고기 수프》 시리즈 책을 읽다가 놀랐던 대목이 기억납니다. 어떤 사람이 살아있는 동안 하고 싶은 일을 적은 버킷 리스트가 거기 실려 있었습니다. 자세히 생각나지는 않는데 그 중에는 자기 지역에서 가장 높은 산에 등산 가기 등등 해볼 만한 것들이 많이 있었던 것으로 기억합니다. 저도 따라서 해야겠다고 생각하고 몇 가지는 비슷하게 실행한 적이 있으니까요. 그런데 '이건 내가 도무지 따라 할 수가 없다'고 생각한 것이 그 리스트에 있었고, 지금도 생생히 기억합니다. 바로 "Save 1000 lives"였습니다. 천 명의 생명을 구한다니, 아니, 어떻게? 그 당시 제게 들었던 생각은, 나는 수영을 못하니 물에 빠진 사람을 구하지 못할 텐데, 힘이 없으니 지하철 선로에 떨어진 사람을 들어 올리지도 못할 텐데… 당장 그런 생각이 들었습니다.

그때는 제가 미처 깨닫지 못하고 그런 생각이 들었던 것인데, 그런 물리적 방식으로 생명을 구할 수도 있지만 다른 여러 방식으로도 생명을 구할 수 있습니다. 빈곤에 빠진 사람들을 위한 자선, 다른 이들의 역량 강화를 위해 모든 종류의 교육, 상담, 장학금 지원, 인권을 옹호하는 일, 평화를 위해 일하는 것, 기후위기를 의식하고 라이프 스타일을 바꾸는 것, 따뜻한 말 한마디와 관심 등등 헤아릴 수 없이 아주 많습니다.

생명을 구하는 것과 관련하여 명사들이 한 말을 찾아보았습니다.

1) "생명을 구하는 것과 생명을 연장하는 것 사이에는 차이가 없다. 왜냐하면 두 경우 모두 사람들에게 더 많은 생명의 기회를 주고 있기 때문이다." 2) "나는 용기와 동정심이 동전의 양면이라는 것을 배웠다. 모든 전사, 모든 인도주의자, 모든 시민들이 이 용기와 동정심을 갖고 살도록 만들어졌다. 사실, 전쟁에서 이기기 위해서, 평화를 만들기 위해서, 생명을 구하기 위해서, 또는 그저 좋은 삶을 살기 위해서 우리는 모두 선하고 강해야 한다." 3) "나는 생명을 구하기 위해 의사가 되었다. 나는 의사이자 시민이며 여자이다. 그리고 나는 이 땅을 완벽한 사람들과 특권을 가진 사람들만이 살 권리가 있는 또 다른 배타적 보호구역으로 바꾸는 것을 허용하지 않을 것이고 소모적인 인간이라는 개념을 허용하지 않을 것이다."

다시 신명기로 돌아와 신명기의 유명한 화법 하나를 다루고 마치고자 합니다. 신명기에는 '오늘'이라는 말이 자주 나옵니다.(29:10 - 15, 그리고 4-12장과 26 - 30장) 이 말은 새로운 시간, 새로운 시작, 새로운 희망을 강조합니다. 모든 시대에 하나님의 백성에게는 개인으로나 집단으로 "생명과 번영, 죽음과 역경"을 제공하는 카이로스의 순간, '오늘'이라는 순간이 있습니다. '오늘'은 '지금'이기도 합니다. 신명기의 이야기, 이스라엘 포로들의 이야기는 성경에 머물러 있지 않고, 성경을 읽는 지금, 오늘 우리에게 선택하라고 요청합니다.

새 시대 새 설교

1세기 기독교인들에게 히브리서는 "오늘 여러분이 그분의 목소리를 듣는다면 여러분의 마음을 굳히지 마시오"(3:7, 15; 4:7)라고 말합니다. 하나님의 말씀을 들을 때마다 우리는 마음을 말랑말랑하게 하여 그 말씀을 받아들이고, '예'라고 응답해야 할 것입니다. 그래야 생명의 '오늘'과 '지금'이 다시 시작됩니다. 신명기에서 모세의 설교가 끝나가고 있어서 30장 본문은 생명과 죽음이라는 두 가지 선택 사이에 하나, 생명을 선택하라고 요구합니다. 오늘 우리 설교도 끝나가고 있어서 이제 결단할 때입니다. 지금은 결정의 순간입니다.

　"보아라. 내가 오늘 생명과 번영, 죽음과 파멸을 너희 앞에 내놓았다. 주 너희 하나님을 사랑하라. 그의 길을 따라가라. 그의 명령과 규례와 법도를 지켜라. 그러면 너희가 잘 되고 번성할 것이다. 너희가 들어가서 차지할 땅에서 주 너희 하나님이 너희에게 복을 주실 것이다." "예, 하나님, 그렇게 하겠습니다! 생명을 택하겠습니다!" 아멘.

2023년 2월 12일 로뎀교회 설교

미워할 권리를 버렸어

마태복음 26장 36-46절

그때에 예수께서 제자들과 함께 겟세마네라고 하는 곳에 가서, 그들에게 말씀하셨다. "내가 저기 가서 기도하는 동안에, 너희는 여기에 앉아 있어라." 그리고 베드로와 세베대의 두 아들을 데리고 가서, 근심하며 괴로워하기 시작하셨다. 그때에 예수께서 그들에게 말씀하셨다. "내 마음이 괴로워 죽을 지경이다. 너희는 여기에 머무르며 나와 함께 깨어 있어라." 예수께서는 조금 더 나아가서, 얼굴을 땅에 대고 엎드려서 기도하셨다. "나의 아버지, 하실 수만 있으시면, 이 잔을 내게서 지나가게 해주십시오. 그러나 내 뜻대로 하지 마시고, 아버지의 뜻대로 해주십시오." 그리고 제자들에게 와서 보시니, 그들은 자고 있었다. 그래서 베드로에게 말씀하셨다. "이렇게 너희는 한 시간도 나와 함께 깨어 있을 수 없느냐? 시험에 빠지지 않도록, 깨어서 기도하여라. 마음은 원하지만, 육신이 약하구나!" 예수께서 다시 두 번째로 가서, 기도하셨다. "나의 아버지, 내가 마시지 않고서는 이 잔이 내게서 지나갈 수 없는 것이면, 아버지의 뜻대로 해주십시오." 예수께서 다시 와서 보시니, 그들은 자고 있었다. 그들은 너무 졸려서 눈을 뜰 수 없었던 것이다. 예수께서는 그들을 그대로 두고 다시 가서, 또 다시 같은 말씀으로 세 번째로 기도하셨다. 그리고 제자들에게 와서, 그들에게 말씀하셨다. "이제 남은 시간은 자고 쉬어라. 보아라, 때가 이르렀다. 인자가 죄인들의 손에 넘어간다. 일어나서 가자. 보아라, 나를 넘겨줄 자가 가까이 왔다."

이 시대의 이름

요즘 시대를 일컫는 많은 이름이 있습니다. 인류세, 2차 정보혁명 시대, AI(인공지능)시대, 4차 산업혁명시대 등. 여기에 덧붙여 혐오시대라는 이름도 있습니다. 우리는 오늘 이 혐오시대라는 말에 초점을 두고 생각하려고 합니다. 우리는 지금 혐오가 특징인 사회를 살아가고 있습니다. 얼마나 혐오가 두드러지면 혐오시대라는 이름이 있을까요. 누구나 여러 곳에서 쉽게 혐오를 표현하는 시대입니다. 사이버 공간에서 익명이나 별명으로 더 편히 표현할 수 있기 때문입니다.

한 포털사이트에 어떤 사람이 이런 질문을 했습니다. "갈등과 혐오의 시대에 어떻게 살아가야 할까요?" 계속해서 질문자가 적습니다.

"남녀 갈등이니 세대 갈등이니 갈수록 갈등과 혐오가 증가하고 있는 거 같아요. 특히 코로나 이후 경제가 파탄 나면서 많은 사람들의 내면의 중심이 부정적으로 바뀌어 그럴까요? 이런 갈등과 혐오의 시대 속에서 어떻게 살아가야 할까요? 조언 부탁드립니다!"

이 질문을 남긴 사람은 몇 살이고 어떤 일을 하고 있는 사람일까요? 질문자는 자신이 "현재 10대의 마지막을 달리고 있는 여학생"이라고 밝혔습니다. 고등학생이 입시공부에 매진하는 와중에 이 심각한 질문을 남긴 것입니다. 여러분이라면 이 학생의 진지한 질문에 뭐라고 답하시겠습니까?

혐오란 무엇이고, 증오와는 어떻게 다른지 먼저 개념 정리를 해보겠습니다. 혐오란 어떤 개인, 집단, 사물이 싫어서 피하거나 치우고 싶은 소극적 개념이라면, 증오는 분노나 적대감을 가지고 그 대상을 파괴하고 없애고 싶어하는, 보다 공격적인 감정입니다. 문제는 두 감정이 서로 상호작용하고 뒤섞여 공존하는 경우가 많다는 것입니다. 혐오가 쉽게 증오로 변하는 것이지요. 증오를 별 조치 없이 그대로 두면 시간에 따라 강력해지고 심각한 폭력으로 이어질 수 있습니다.

혐오, 증오에 대한 연구는 심리학, 철학, 신학 등 많은 분야에서 다루었는데 그 중에서도 흔한 개념, 즉 악은 미워해도 된다는 생각을 다루어보겠습니다. 성경 여기저기에 악인과 죄인, 불의를 미워하고 복수하는 것을 정당화하고 권장하는 말이 나옵니다. 예를 들면, "하나님은 의로우신 재판장이심이여, 매일 분노하시는 하나님이시로다."(시편 7:11), "오만한 자들이 주의 목전에 서지 못하리이다. 주는 모든 행악자를 미워하심이라"(시편 5:5)가 그렇습니다. 대부분의 종교와 철학이 악과 악인을 미워하는 것이 인간의 도리라고 가르쳐왔습니다. 인류는 이 가르침을 정설로 배워왔지요. 이 가르침은 사회변화의 원동력이기도 했습니다. 체제의 악에 도전하여 신분제 폐지, 근대적 법치주의 확립, 식민지 해방, 시민 혁명과 민주화, 젠더 평등 등을 위해 싸우게 한 힘이었습니다. 악을 악이라 부르고, 더 나은 사회를 위해 일하는 것은 여전히 중요합니다.

그러나 혐오가 어디서나 두드러지는 현상을 말할 때는 왜 자신이 혐오하고 증오하는지를 들여다보는, 개인 차원의 성찰과 훈련이 동시에 필요하다고 봅니다. 이런 성찰과 훈련이 충분히 이뤄지지 않으면 민주사회에서든 교회에서든, 직장 동료들, 가족, 친구 간에도 혐오와 증오가 끊이지 않을 것입니다.

여러분이 이미 생각하신 바와 같이, 인류가 받은 가르침에는 "눈에는 눈, 이에는 이"라는 가르침만 있었던 것이 아닙니다. 작지만 놀라운 목소리가 늘 있었습니다. 무엇보다도 우리는 기독교인으로서 "원수를 사랑하라"(마태복음 5:44)와 같은 예수님의 가르침을 잘 압니다. 예수님의 이런 무혐오와 무조건의 사랑은 건강에 좋다고 오늘날 과학적으로도 입증되었습니다. 아무리 정당하고 정의로운 이유가 있다고 해도, 분노와 적대감은 건강에 좋지 않습니다. 심혈관에 염증을 일으켜 심장병 위험을 높이고, 혈중 지방을 높이고 그에 따라 콜레스테롤 수치를 높이고 면역기능을 약화시키고, 젊은이들에게도 폐기능 장애를 일으킨다는 등 많은 연구결과가 있습니다.

우리가 한 가지 더 기억할 것이 있는데, 모든 성서 저자들이 깊은 영성에 이른 상태에서 성서를 저술한 것은 아니라는 점입니다. 앞에서 인용한 시편 구절만 해도, 시인이 하나님을 들먹이며 자신의 옳음을 정당화하는 미성숙한 상태를 드러냅니다. 깊은 영성을 가진 사람이라면 큰 악을 당했다고 해도 분노와 증오에 평생 머무르진 않기 때문입니다. 편집자들이 미성숙해 보이는 저 말을 성서에 포함한 것은 방금 악을 겪은 사람들을 위해 남겨둔 것이라고 봅니다. 그럴 경우 읽으면서 위로받을 수 있는 구절입니다. 새로운 상처는 매우 아프니까 당분간 저 시편 같은 말씀으로 위로받아도 됩니다. 그렇지만 너무 오래, 평생 거기 머무는 것은 자신에게도 주변에도 매우 해롭습니다.

겟세마네 동산에서의 예수님

혐오시대를 살아가며 혐오를 넘어선 예수님의 모습을 여러분과 함께 다시 기억하고 싶습니다. 예수님의 공생애 뒷부분 이야기가 예수님의 그런 모습을 잘 보여준다고 생각합니다. 마태복음 26장에 겟세마네 동산 이야기가 나옵니다.

예수님은 제자들과 함께 예루살렘 외곽 올리브 산 기슭에 있는 겟세마네 동산으로 가셨습니다. 예수님은 "내 마음이 괴로워 죽을 지경이다"라고 당시의 심정을 밝히십니다. 그리고는 제자들에게 "너희는 여기에 머무르며 나와 함께 깨어 있어라"고 부탁하십니다. 예수님은 한쪽에서 얼굴을 땅에 대고 엎드려서 기도하십니다.

> 나의 아버지, 하실 수만 있으시면, 이 잔을 내게서 지나가게 해주
> 십시오. 그러나 내 뜻대로 하지 마시고, 아버지의 뜻대로 해주십시
> 오.(마태복음 26:39)

그렇게 기도하고 와서 보니 제자들은 자고 있었습니다. 그렇게 세 번 반복됩니다. 매번 예수님은 같은 내용의 기도를 반복하셨습니다. 세 번 기도를 마친 후 제자들에게 왔을 때는 이렇게 말씀하셨습니다.

> 이제 남은 시간은 자고 쉬어라. 보아라, 때가 이르렀다. 인자가 죄인
> 들의 손에 넘어간다.(마태복음 26:45)

방금 '자고 쉬라'고 하셨지만 바로 다음 절에서 말씀하십니다.

> 일어나서 가자. 보아라, 나를 넘겨줄 자가 가까이 왔다.(마태복음 26:45)

그만큼 긴박하게 돌아갑니다. 곧 유다와 큰 무리가 왔고 예수님이 체포되셨습니다.

여러분은 "예수께서 왜 그렇게 괴로워하셨을까?" 하고 물을 것입니다. 성경은 그 이유를 밝혀 말하지는 않습니다. 예수님은 새로운

운동을 일으키고 새로운 메시지를 전하셨습니다. 이 메시지는 로마보다 더 큰 나라, 즉 하나님의 나라가 있음을 선포하셨습니다. 로마 황제가 아니라 하나님이 왕이시고 하나님이 보살펴 주실 것이라고 선포하셨습니다. 사회의 가장 가난한 사람들이 로마 황제가 아니라 하나님에게서 희망을 찾을 것이라고 선포하셨습니다. 예수님은 종교 전통에 대한 도전도 많이 했습니다. 청중은 새로운 메시지에 환호했습니다.

그러나 성전이 파괴될 거라는 예수님의 예언(마태복음 24장)이나 예수님이 하나님의 아들이라는 제자들의 주장은 많은 사람들을 불편하게 했습니다. 특히 지도층은 예수님의 언행이 혁명적이라 오랜 사회 전통을 훼손할 수 있다고 위협을 느꼈습니다. 로마 당국은 십자가 처형을 명령한 주체였습니다.(로마의 유다 총독 본디오 빌라도)

예수님은 앞으로 자신에게 벌어질 일을 제자들에게 말씀하셨습니다. 성경은 예수님이 미리 알았는데도 피하지 않고 받아들이는 모습, 그 힘든 과정을 기록으로 남겼습니다. 사실 새 운동은 기존 질서, 체제, 메시지가 뭔가 틀렸고, 잘못되었고, 문제가 있다고 생각하기 때문에 나오는 것입니다. 그렇다면 그러한 기존의 것들에 대해 실망, 분노, 혐오가 있게 됩니다. 그런 면에서 예수님이 성전에서 탁자를 뒤엎은 것은 분노 표현입니다.

별 타당한 이유와 절차도 없이 체포와 죽임을 당할 것을 미리 안다면 아마 우리 대부분은 그것을 피하려고 도망칠 것입니다. 원망하는 말을 쏟아놓거나, 이 어려운 상황에서 벗어나게 해달라고 하나님께 매달렸을 것입니다. 어떤 사람들은 "나의 뜻이 아니라 주님의 뜻대로 하시라"는 기도는 약한 기도라고 생각합니다. 원하는 것을 하나님께 아뢰고 집요하게 요구해야 한다고, 그러면 결국 하나님이 이뤄주실 것이라고 합니다. 아마 한국교회에서 가장 흔한 가르침 중 하나가 아닐까 싶습니다.

그러나 겟세마네에서 예수님은 하나님의 뜻에 순종하려고 애쓰셨습니다. 예수님이 그 동산에 들어갈 때는 고뇌하고 괴로워했습니다. 예수님은 힘든 기도를 오랜 시간 반복했고, 그 동산을 떠날 때는 단호하고 강하고 침착하게 떠나는 모습입니다. 예수님의 겟세마네 이야기는 가장 강력하고 감동적인 이야기 중 하나입니다.

적에게서 도망치고 미워하고 공격하는 대신 불의한 운명을 하나님의 뜻으로 받아들인 것은 우리의 이해를 초월합니다. 그러나 겟세마네에서 예수님이 십자가를 수용한 모습은 이야기의 끝이 아니라 시작에 불과했음을 우리는 압니다. 오늘 많은 사람들이 예수님의 삶과 가르침을 기억하고 제자로 따르고 있으니까요.

혐오시대에 만나는 에티 힐레숨

예수님을 상기시키는 또 한 사람 이야기를 나누고자 합니다. 제가 최근에 어떤 사람에 대해 생각하며 이렇게 끄적였습니다.

"이 친구는 서른도 안 된 나이에 어찌 그리 깊은 영성을 갖게 되었을까. 내가 중년에 알게 된 것을 그는 참 일찍 알아버렸다. 유대인의 박해 상황이 깨달음을 더했겠지. 극한의 고통과 비인간 상황에서 웅대하고 심오한 삶의 기쁨을 누릴 줄 알고, 연약한 신을 포용하고, 적을 진실로 동료 인간으로 아는 것 … 내가 그처럼 기막힌 일을 겪는다면, 내 영성은 금방 밑천을 드러낼 것 같은데."

'이 친구'란 누구일까요? 29세에 쇼아(Shoah, 홀로코스트)로 스러진 여자, 에티 힐레숨(Etty Hillesum)의 이야기입니다.

"홀로코스트 문학"이라고, 여러분은 쇼아 관련 저술을 접했을 것입니다. 《안네 프랑크의 일기》, 빅터 프랭클의 《죽음의 수용소에서》, 에디트 에바 에거의 《마음 감옥에서 탈출했습니다》 등이 있지요. 에티 힐레숨도 일기를 남겼습니다. 그녀는 낡은 공책 8권을 한 친구에게 남기며 자기가 살아오지 못하면 출판해 달라고 했습니다. 힐레숨의 일기는 약 40년이 지나서야 세상에 나왔는데, 그 이유 중 하나는 아마도 힐레숨이 두 남자를 동시에 사귀며 그들과의 성적인 관계를 말하는 대목도 있고, 유대인으로서 독일에 대해 공격적 입장을 갖기보다는 수용하는 입장을 가졌기 때문일 거라고 합니다. 힐레숨의 개인사는 어린 시절의 불안정한 가족생활을 포함하여 젊은이로서의 고뇌와 에로틱한 관계까지 영성의 밑거름이었다고 볼 수 있습니다. 그리고 미움보다 수용을 택한 것이 영성의 절정이 아닐까 합니다.

힐레숨의 일기를 소개하고 대화한 패트릭 우드하우스의 책, 《에티 힐레숨》이 우리말로 번역되어 나왔는데, 그 책의 부제는 "근본적으로 변화된 삶"입니다. 위대한 책이 그렇듯이 이 책도 단숨에 읽어버리게 하지 않고 자주 멈춰 세우더군요. 어떤 때는 고개를 갸우뚱하며 질문하게 하고, 또 어떤 때는 힐레숨이 생각하는 하나님에 대해 깊이 생각해야 했지요. 그리고 당시 나치의 박해가 점점 심해지는 상황을 상상하며, 그 한가운데서 '나약한' 하나님에 대한 포용과 찬양, 적인 독일인들에 대한 사랑을 말하는 힐레숨의 모습에 심호흡과 눈물로 멈추어야 했습니다. 결국 힐레숨은 모든 구루들과 똑같은 얘기를 했습니다. 이 책은 그렇게 에티와 깊이 만나게 하고 나아가서 내가 믿는 예수 그리스도와 하나님, 기독교 신앙에 대해, 그리고 나의 인생과 신앙 여정에 대해 생각하게 했습니다.

　에티 힐레숨(1914-1943)은 네덜란드의 중산층 유대인 부모에게서 태어나 자랐습니다. 힐레숨의 가족은 유대교인은 아니었습니다. 그녀는 한(헨드릭) 베게리프의 집에 살면서, 칼 융의 영향을 받은 심리학자 율리우스 슈피어를 만나는데, 베게리프와 슈피어 둘 다와 지속적으로 친밀한 관계를 유지했습니다. 힐레숨은 슈피어에게 많은 영향을 받았는데, 슈피어는 힐레숨에게 일기를 쓰고 명상을 하라고 권했습니다. 슈피어는 유대인으로서 유대교를 믿지 않았고 기독교인도 아니었지만, 꿈에서 그리스도가 자기에게 세례를 주러 왔다고 했지요. 본인도 신약성경을 읽었고 힐레숨에게도 권했습니다.

　힐레숨은 정신적 탐구가 깊어질수록 말과 생활 방식의 단순함, 일에 대한 규율, 작은 것들에 대한 충실함, 그리고 구체적 삶 속에서 하나님을 찾는 데 더욱 전념하게 되었습니다. 힐레숨은 신의 존재를 경험하고 무릎 꿇고 기도하는 습관을 갖게 되었습니다. 그렇다고 힐레숨이 기독교인이라고 보긴 어렵지요. 그녀는 다양한 종교, 철학, 그리고 시 자료들을 사용했습니다.

힐레숨은 독일이 네덜란드를 약 1년간 점령했던 동안, 1941년 3월에 일기 쓰기를 시작했습니다. 1년 후에 유대인은 노란 다윗의 별을 달아야 했고, 대중교통이나 자전거를 이용할 수 없어서 먼 거리도 걸어다녀야 했고, 밤 8시까지 귀가해야 했고, 식료품 구입 등 많은 면에서 제약을 겪게 되었습니다.

얼마 후 힐레숨은 "전쟁의 현실과 사회적 참여라는 책임"에 직면하게 되었습니다. 나치가 유대인들을 네덜란드 밖과 독일로 옮기려고 만든 유대인위원회가 있었는데, 힐레숨은 박해 가운데에 조금이라도 좋은 일을 하겠다는 희망으로 거기서 잠깐 일했습니다. 힐레숨의 친구들은 어떻게 해서라도 숨고 도피해서 살아남자고 애타게 권했지만 힐레숨은 동족과 끝까지 함께 할 것을 선택했습니다.

몇 주 후, 그녀는 국경 부근 베스터보르크의 환승 캠프로 자원해서 갑니다. 그곳은 과밀하고 시끄럽고, 병원과 감옥이 있는 캠프인데, 식량 부족, 위생 부족과 질병, 그리고 끊임없이 죽음이 도사리고 있는 곳이었습니다. 힐레숨은 거기서 자신이 "모든 상처를 위한 연고"가 되어 "위로와 사랑의 간단한 말과 몸짓을 나누어주는" 존재로 살고자 했습니다. 그녀는 이렇게 썼습니다.

"나는 종종 독이 있는 녹색 연기에 대한 환상을 본다. 나는 배고픈 사람들과 함께 있고, 학대받는 사람들과 죽어가는 사람들과 함께 있

새 시대 새 설교

지만, 또한 자스민 꽃과 함께 있고, 창문 너머 저 하늘 조각과 함께 있다. 단 한 번의 삶에 필요한 모든 것을 위한 공간이 있다."(1942년 7월 1일)

힐레숨은 수용소의 잔혹함을 겪으면서도 "나는 증오에 격렬히 맞서 싸우리라"라고 단호히 말할 만큼 사랑의 길을 강조합니다. 힐레숨은 20세기의 큰 비극인 쇼아 가운데에서 하나님과 깊이 교제했습니다. 하나님이 고난 가운데서 유대인을 구해주지 못하므로 '연약한' 하나님이라고 불렀지만, 그런 하나님을 포용하며 더 친밀하고 사랑스런 관계를 맺었습니다. 그녀는 캠프 생활 속에서 이렇게 씁니다.

"밤에도 내가 침대에 누워 당신 안에서 쉴 때, 하나님, 감사의 눈물이 내 얼굴을 타고 흘러내리며, 그것이 나의 기도입니다. 나는 내가 정말 되고 싶은 위대한 예술가가 결코 될 수 없을지 모르지만, 하나님, 당신 안에서는 이미 안정되어 있습니다."

힐레숨은 1943년 9월 7일 부모님과 남동생과 아우슈비츠로 이송되고 3개월 후에 거기서 사망했습니다.

츠베탕 토도로프(1939~2017년, 롤랑 바르트의 제자, 환상문학 이론을 정립한 문학 이론가)는 힐레숨의 방식이 "나치의 살인적인 프로젝트"에 스스로를 내어준 일종의 "운명론과 수동성"에 기여하는 결과로 끝난다고 비판합니다. 그는 힐레숨의 글이 자아 밖의 것들에 대해 무관심하고, 악을 수용하고, 심지어 고통을 선호한다고 지적합니다. 독일 신학자 디트리히 본회퍼도 기독교인이 히틀러를 암살하는 것이 정당하다고 인식했습니다. 독실한 가톨릭 신자인 안중근도 이토 히로부미(조선 통감부 통감)를 암살했습니다.

그럼에도 "악에 대적하지 말아라, 오른편 뺨을 치면 왼편 뺨을 내주어라"는 산상수훈(마태복음 5:38-48 참조)도 있고, 십자가의 방식도 있습니다. 토도로프, 본회퍼, 안중근이 말하는 다른 방식이 있다 하더라도, 증오를 극복하고 희생양이 되는 일에 자신을 내주는 힐레숨의 영성을 무효화 하는 것은 아닙니다. 예를 들어, 그녀는 이렇게 말합니다.

> "독일인에 대한 증오는 모든 사람의 마음을 독살하는 것입니다. … 만약 괜찮은 독일인이 한 명뿐이라면, 그 야만적인 갱단 전체에도 불구하고 그는 소중히 여겨져야 할 것이고, 그 한 명의 괜찮은 독일인 때문에 국민 전체에게 증오를 퍼붓는 것은 잘못된 것입니다. … 우리 자신을 바꾸기 전에는 더 이상 이 세상의 어떤 것도 바꿀 수 없다고 믿습니다."

앞에서 한 고등학생이 "갈등과 혐오의 시대에 어떻게 살아가야 할까요?"라고 물었을 때 답글이 달려있었습니다. 그 답글에는 타당한 부분도 있지만, 어떤 부분에서는 또 다른 오해와 혐오를 주장하고 있었습니다. 예를 들면, "기득권자인 586세대는 아날로그적 판단과 사상을 가지고서 나라를 자기들 맘대로 운영한다. … 어렸을 때 성교육을 받아야 정상적인 어른으로 자라날 수 있는데 보육교사 대부분이 여성인 것이 문제고 이 여성들 중 페미가 분명 한둘이 껴 있을 텐데, 그들에게서 자라나는 아동이 올바른 가치관을 정립할 수 있을지…" 염려가 된다는 것입니다.

누군가를, 무엇인가를 미워한다는 것은 내가 그 사람보다, 그 무엇보다 더 옳다는 신념을 배경에 깔고 있습니다. 그래서 미워할 권리를 행사하지 않겠다는 것은 내가 더 옳다는 신념을 고수하지 않겠다는 뜻이기도 합니다. 아주 많이 미워할 자격과 권리가 충분히 있는데도, 그 권리를 행사하지 않겠다는 것은 아무나 할 수 있는 것이 아닙니다. 진정 성숙과 사랑, 깊은 영성을 가진 사람만 할 수 있는 일입니다.

그러므로 우리보다 앞서서 그 가능성을 보여준 힐레숨과 모든 스승들에 대해 하나님께 감사드립니다. 우리가 그리스도의 제자로 부름 받았다는 것은 이 성숙한 영성의 여정에 초대를 받은 것입니다. 이 숭고한 부르심에 우리는 우리의 작음을 내려놓고 옷깃을 여밀 수밖에 없습니다. 마지막 순간, 그리스도의 완전에 이르기까지 이 여정은 이어지므로 멈출 수도 없습니다. 우리는 오직 하나님의 은혜와 동행을 구할 뿐입니다. 그리스도를 함께 따르는 동반자 여러분, 혐오 대신 생명과 사랑을 선택하는 여러분의 신앙과 삶의 여정에 하나님의 은혜와 동행이 함께 하시길 기원합니다. 아멘.

2023년 9월 10일 로뎀교회 설교

이은선

한국信연구소 소장

인류 문명의 전환에 관한 지속적인 관심으로 종교(聖)와 정치(性), 교육(誠)을 함께 엮어서 '믿음(信)을 위한 페미니스트 통합학문(信學)'의 가능성을 탐색하고 있다. 2018년 세종대학교를 명예퇴직한 후 〈한국信연구소 Institute of Korean Feminist Integral Studies for Faith〉를 열어서 '신학(神學)에서 신학(信學)으로'의 모토 아래서 '한국 신학(信學)'과 '인학(仁學)'의 구성에 힘쓰고 있다. 오늘 문명 위기의 때에 우리 사회에서 여남의 구분을 떠나 '사유하는 집사람'이 많아지는 것이 긴요하다고 보며 강원도 횡성 시골에서 〈현장顯藏 아카데미〉를 이끄는 신학자 남편과 더불어 여러 활동을 함께 하고 있다. 스위스 바젤대학과 성균관대학교에서 조직신학과 한국철학을 공부했고, 세종대학교에 재직하면서 한국여성신학회 회장, 여신학자협의회 공동대표, 아렌트학회 회장 등을 역임했다. 기독자교수협의회 회장과 생명평화마당의 '작은교회운동', KNCC 화해와통일위원회 위원으로 국내외 평화조약 캠페인에 힘을 보탰다.

신학 분야의 단독 저서로서 《포스트모던 시대의 한국여성신학》《유교와 기독교 그리고 페미니즘》《한국여성조직신학 탐색》《한국 생물여성영성의 신학》《다른 유교 다른 기독교》《세월호와 한국 여성신학》《동북아평화와 聖·性·誠의 여성신학》《사유하는 집사람의 논어 읽기》《한국 페미니스트신학자의 유교 읽기-神學에서 信學으로》 등이 있고, 그 외 공저로는 종교개혁과 3·1운동 백주년, 한국전쟁 70주년을 맞아서 변선환 아키브와 현장아카데미에서 펴낸 '이후(以後)' 신학의 세 시리즈가 있으며, 2021년 선친 고(故) 이신 박사 40주기를 기념해 낸 《李信의 묵시의식과 토착화의 새 차원》과 최근 백낙청 TV 인터뷰 이후 나온 《개벽사상과 종교공부》 등 다수가 있다. 줄리아 크리스테바의 《한나 아렌트-삶은 하나의 이야기이다》를 번역했다.

믿음의 겨자씨는 '창조' 속에서 자란다

고린도후서 3장 6절, 사도행전 28장 30-31절

하나님께서 우리에게 새 언약의 일꾼이 되는 자격을 주셨습니다. 이 새 언약은 문자로 된 것이 아니라, 영으로 된 것입니다. 문자는 사람을 죽이지만, 영은 사람을 살립니다.(고린도후서 3:6)

바울은 자기가 얻은 셋집에서 꼭 두 해 동안 지내면서, 자기를 찾아오는 모든 사람을 맞아들였다. 그는 아무런 방해도 받지 않고, 아주 담대하게 하나님 나라를 전하고, 주 예수 그리스도에 관한 일들을 가르쳤다.(사도행전 28:30-31)

'창조', 인간 모두의 일

요사이 '창조'에 대해서 여러 계기로 많은 생각을 하게 되었습니다. '창조'란 말 그대로 지금까지는 없던 것을 새로 있게 하는 일[有]이고, 죽어가는 것을 살리는 일[生]이며, 나누어져 있을 때는 아무것도 아니고 아무 일도 일어나지 않던 것을 서로 만나게 하고 하나가 되게 하여 전혀 새롭고 예상치 못한 것과 일을 일으키게 하는 일[生物]일 것입니다. 또한, 창조란 그렇게 서로를 끌어당기는 일이고, 껴안는 일이며, 손길을 주는 일이고, 생각과 의지와 의도를 보내는 일이라는 점에서 우리의 '공감' 능력과도 관련이 깊습니다.

20세기 러시아의 사상가 니콜라이 A. 베르댜예프는《노예냐 자유냐Slavery and Freedom》(이신 옮김, 늘봄, 2015)에서 "인간의 노예상은 인간의 타락과 죄를 말해주는 것으로서 이 타락은 특이한 의식구조로 되어있어서 단순히 회개하고 속죄하는 것만으로 극복될 수 없고, 인간의 모든 창조적인 활동으로 극복될 수 있다"라고 하였습니다. 어려운 해석을 할 필요도 없이, 이 언명은 우리가 하나님 안에서 예수 그리스도를 통해서 새 사람으로 부름을 받았지만, 그것은 출발점이고, 그러한 회개와 속죄(공감)와 더불어 계속적으로 창조하는 삶이야말로 우리의 회개와 죄속함을 온전하게 한다는 것이라 하겠습니다. 그래서 우리는 궁극적으로 창조하는 삶을 위해 부름[命]을 받았다는 것입니다. 창조는 단순히 한 개인이나 교회를 위한 명(命)만이 아니라 우리 인간 모두의 명, 즉 하나님의 형상으로 지음을 받았고 또한 위에서 읽은 바울의 말씀대로 예수 그리스도 안에서 새 언약의 일꾼으로 부름을 받은 모두는 바로 이 창조성에로 부름과 소명을 받았다는 지적이겠습니다.

날마다 '일이 있음'의 유사(有事)로서의 창조

우리의 속죄와 돌아섬을 온전케 해 주는 것으로서의 창조성을 오늘 우리의 구체적인 삶에 적용해 보면 어떤 이야기를 할 수 있을까요? 어떤 한 사람이 미워서 그를 보면 '반감'(antipathy)이 생겨 멀리 밀치고 싶지만, 그 반감 곁에 함께 자리한 우리의 또 다른 마음인 '공감'(sympathy)을 끄집어내 그에게 손을 뻗쳐 당겨서 그와 하나가 되는 것, 창조입니다. 지금 밥상 위에는 아무것도 차려져 있지 않지만, 냉장고에서 음식을 꺼내서 접시에 가지런히 담고, 그냥 봉지에 쌓여있던 채소도 잘 다듬고 씻어서 맛있는 샐러드도 만들어서 한 끼의 식탁을 차리는 것, 두말할 것도 없이 창조입니다. 몸으로 아기를 배고 낳아서 기르는 것, 말할 수 없이 큰 창조입니다. 예술가들의 다양한 창작 활동, 우리가 지금까지 창조의 전형으로 이야기해왔습니다.

이렇게 창조란 누구나가 할 수 있고, 해야 하고, 우리 인간적 죄와 타락의 진정한 회복을 위해서 누구나 가야 하는 길로 제시되었습니다. 우리 삶에서 나름의 창조가 없이는, 매일의 삶에서 창조적 행위가 없이는 우리는 인간적 자존감과 자신감을 가질 수 없고, 인간적 성장이 있을 수 없으며, 하나님(하늘)의 모상으로서 인간이기를 멈추는 태도라는 것입니다. 다시 좁게 그리스도론적으로 축소해서 말해 보면, 우리 신앙의 삶에서 매일의 창조적인 삶이 없다면 그리스도를 통한 새 언약의 영의 사람으로 사는 것이 아닌, 즉 성령과 부활의 갱생을 부정하는 일이라는 것입니다.

바로 이 '창조성[生]'을 '천지의 큰 덕[天地之大德,曰生]'으로 이야기하는 유교적 전통 안에 맹자는 우리 마음의 선한 역동력(호연지기)을 기르는 일에서 "반드시 일[事]이 있어야 한다.[必有事焉]"라는 가르침(《孟子》'공손추'上 2)을 주었는데, 저는 이 '유사(有事)', '하루의 삶 안에서 반드시 일이 있어야 한다'는 강조가 바로 이 창조성의 삶을 말하는 것이라 해석해 봅니다. 오늘 우리가 하루를 살아가는 데 어떠한 형태의 것이든 우리 스스로의 자발성과 자유의 행위로 창조가 일어나야 하고, 그것을 통해서 생명을 낳고, 살리고, 보살피는 선(善)의 확장의 일이 일어나도록 해야 한다는 요청입니다. 그것이 바로 바울이 말한 그리스도인의 새 언약의 영적 삶과 다른 것이 아니라고 봅니다.

오늘 내게 '어떤 일이 있었나?[有事]' 내가 의식하고, 기억할 만하고, 그래서 나에게만 고유하게 일어난 일로서, 내가 창조한 물(物)과 일[事]로서 어떤 이야기해 줄 만한 것이 일어났나? 라는 질문일 것입니다. 이러한 스스로에 대한 유사의 질문이 지속되고, 한 해 두 해가 가면서 그의 인격이 변하고, 그래서 그런 성실과 선함의 일을 통해서 세상에 없던 '물(物)'이 생기고, '생(生)'이 확장되는 일, 그것이 창조라는 것인데, 우리 매일의 삶에서, 우리의 생애에서 그러한 창조가 일어나도록 해야 한다는 것이 동·서의 두 영적 전통이 동시에 가르치는 핵심 메시지라고 하겠습니다.

백범(白凡) 김구의 예

오늘 저는 이 창조성과 관련해서 먼저 동아시아에서 두 사람의
생을 예로 들고자 합니다. 특이하게도 이 두 사람은 모두 한자어의
'범'(凡), 평이할 '범'(凡)자와 관련해서 나름의 독창적인 해석을 하면
서 범상치 않은 삶을 살았던 사람들이고, 그것을 통해서 우리 삶 속
에서 지극히 비범한 것과 지극히 평이한 것은 서로 통하며, 우리가
보통 생각하듯이 창조적인 사람은 어떤 특별한 사람, 소수의 선택된
사람만이 아니라는 것, 참된 창조를 통해서 도달하는 극은 지극한 평
범이지만, 또한 반대로 진정한 창조란 모두가 생각 없이 빠져있는 범
(凡)과 속(俗)을 넘어서 비범과 성(聖)과 신(神)의 경지를 추구하는 일이
라는 것을 배우게 됩니다.

백범(白凡) 김구(1876-1949) 선생은 우리가 이미 그의 《백범일지》를
통해서 잘 알고 있습니다. 황해도의 벽촌에서 태어나서 상놈으로 대
우받는 한을 풀고자 과거시험 준비를 했지만, 당시 매관매직의 타락
상을 보고서 과거 공부를 폐지하고 대신 자신이 배운 글로 호구책을
얻고자 사람의 관상을 보아주는 관상가가 되기로 결심합니다. 그 공
부로 두문불출하던 중 그는 "상 좋은 것이 몸 좋은 것만 못하고[相好
不如身好], 몸 좋은 것이 마음 좋은 것만 못하다[身好不如心好]"라
는 《마의상서(相書)》를 읽고서 거기서 큰 전환을 겪습니다. 즉 그는 이
제부터 평생 '상 좋은 사람[好相人]'보다 '마음 좋은 사람[好心人]'이
되어야겠다고 결심한 것을 말하고, 거기서부터 어떻게 하면 마음 좋

은 사람이 되는가를 탐색해 나가기로 한 것입니다. 그가 동학에 몸담게 되고, 기독교에도 귀의하고, 명성황후를 죽인 일본에 보복하고자 살인을 저질러서 사형수로서 감옥에 갇혀 있을 때에도 그가 끊임없이 배우고자 한 것은 바로 이런 목표를 위한 것이었습니다. 즉 그렇게 마음 좋은 사람이 되고자 하는 것을 자신의 명(命)으로 삼아서 그는 그 일을 매일의 유사(有事)의 일로 삼아서 스스로 창조하는 삶을 살아간 것입니다.

그는 당시 나라의 가장 하등한 사람들로 여겨지던 '백정'(白丁)과 '범부'(凡夫)들이라도 애국심이 자신 정도는 되어야 완전한 독립국민이 되겠다는 바람으로 신간회 사건과 안악 사건으로 서대문 감옥에 있을 때 자신의 호를 가장 '평범한 한 사람의 보통사람'을 뜻하는 '백범'(白凡)으로 고칩니다. 그는 감옥 생활에서 복역 중에 뜰을 쓸 때나 유리창을 닦고 할 때도 항상 하나님께 "우리도 어느 때 독립 정부를 건설하거든 나는 그 집의 뜰도 쓸고 창호도 닦는 일을 하고 죽게 해 달라"고 기도했다고 합니다.

이런 기도는 그가 상해로 망명해서 상해 임시정부의 일을 시작했을 때도(1919년) 당시 정부의 문지기를 맡겠다고 청원하는 일로 이어졌습니다. 이후 해방되어 조국에 돌아와서도 「나의 소원」이라는 글에서 그는 우리나라가 진정 높은 "문화의 힘"으로 세계에서 가장 아름다운 나라가 되는 것이라는 꿈을 토로했고, 그 높은 문화의 힘을 가진 나라란 "일언이 폐지하면, 모두 성인(聖人)을 만드는데 있다"고 선언하였습니다. 이렇게 가장 미천했고 평범을 추구했던 그이지만,

그는 그러한 자신이 명(命)의 추구와 염원 속에서 날마다 매 순간의 '일이 있게 함[有事]'의 창조적 삶을 통해서 큰 비범의 사람이 된 것입니다.

중국 명나라 료범(了凡) 원황의 예

다음으로 소개하고자 하는 사람은 중국 명나라의 평범했던 선비 원황(袁黃, 1533-1606)입니다. 그는 어렸을 때 아버지를 여의고 홀어머니 밑에서 학업을 하던 중 우연히 한 영험한 도사를 만나 그의 운수에 대한 예언을 듣습니다. 거기서 그는 과거시험을 보고 관직에 나가게 되지만, 자식을 얻지 못하고 53세에 죽게 될 것이라는 말을 듣습니다. 몇 번의 과거시험에서 그가 차지할 등수와 받게 되는 녹봉의 액수까지도 모두 예언한 대로 맞는 것을 보면서 그는 인생의 길이란 태어날 때 이미 정해지는 것이므로 그가 어떠한 일을 한다고 해도 달라지지 않을 것이라는 일종의 자포자기하는 마음으로 지내게 되었습니다.

그러던 중 40세가 가까워져 오는 때에 남경 서하 산에 머물고 있던 정토 불교의 한 스님(운곡선사, 1500-1575)을 만나서 지극히 선량한 사람은 운수가 완전히 속박하지 못하고, 운명은 나 스스로 짓는 것이고, 복은 자기에게서 구하는 것이라는 말을 듣습니다.[命由我作, 福自己求] 이렇게 불교 스님으로부터 유교《시경(詩經)》과《서경(書經)》의 가르침과도 다르지 않은 '운명을 뛰어넘는 법'에 대한 가르침을 받은 원황은 그 자리에서 자신은 이제 진정으로 그렇게 운수에 좌우되는 평범한 삶을 마무리하겠다는 다짐을 하고 자신의 호를 '료범'(了凡), 즉, '평범을 마무리하다'로 고치며 서원을 합니다.

여기서 그는 운곡대사가 가르쳐 준 도교의 '공과격'(功過格) 표대로 자신이 행한 선한 공과 악한 과오를 매일같이 기록해 나가는데, 선한 일은 하나하나 그 숫자를 기록하고 악을 저지른 경우에는 선행의 수에게 그만큼 빼는 방식을 마련했습니다. 이렇게 그때부터 자신을 수양해 나가서 "일찍 죽고 오래 사는 일(요절과 장수)은 둘이 아니므로 오직 몸을 수양하며 천명을 기다린다[夭壽不貳 修身以俟之]"라는 맹자의 말씀처럼 호연지기의 의(義)를 함양해 나갑니다. 그 가운데서 그는 한 평범한, 운수에 좌우되는 운명에서 벗어나서 그가 죽기로 되어있던 53세도 넘어서고, 자식도 얻었으며, 이렇게 자신이 수행해 온 과정과 거기서 얻어진 지혜들을 모아서 그는 69세에 '료범사훈-평범을 마치는 일에서의 네 가지 교훈'이라는 글로 자손에게 남깁니다.(원황, 《운명을 뛰어 넘는 길》, 김지수 옮김, 불광출판사 2005) 임진왜란 당시 조선에 명나라의 군사고문관으로도 온 적이 있다고 하는 그는 그렇게 동아시아 유불도의 삼교를 잘 아울러서 당시에도 큰 공감을 불러일으켰고, 오늘날까지도 계속 수많은 언어로 번역되면서 자신의 비범함과 지극함을 통해서 사람들을 감동시키며 오늘 21세기의 우리에게까지도 전해지게 되었습니다.

그는 개과하려는 자는, 부끄러워하고 겸손해하는 '치심'(恥心)과, 은밀한 곳에서도 하늘이 굽어보는 것에 대한 '외심'(畏心), 그러나 선을 행하고 허물을 고치는 데 있어서의 용기를 잃지 않는 '용심'(勇心)을 가져야 한다고 강조합니다. 선행의 주요 방법에서는 "남과 더불어 선을 행하는 것[與人爲善]"을 최고로 꼽았으며, 타인의 아름다움을 완성하는 것, 타인의 위급함을 구제해 주는 것, 큰 이익을 일으켜 세우는 것 등을 중요하게 보았습니다.

그가 구체적으로 지침으로 삼았던 공과격의 항목을 보면, 동물의 생명도 포함해서 생명을 살리는 일과 관계되는 일을 우선시합니다. 그중에서도 구제역과 같은 끔찍한 재앙을 일으킨 우리 세대에게 크게 경종이 되는 일은 "육식을 하는 사람이 하루 동안 육식하지 않고 재계하는 일"도 선행의 점수를 주었고, "짐승을 잡는 것을 보거나 그 비명 소리를 들으면 차마 그 고기를 먹지 않는 것", "사람에게 보답할 힘이 없는 가축의 생명을 구제해 주는 것"은 5점이지만, "사람에게 보답할 힘이 있는 짐승의 생명을 구해주는 것"은 10점을 줍니다. 소나 돼지 등이 그러한 동물들이겠습니다. 이러한 선한 일과 반대급부로 "남의 가축을 부리면서 그 가축이 피곤하고 힘든 것을 동정하지 않는 것", "적절한 요리법에 의하지 않고 생물을 삶아 죽이거나 털째 구워 죽이는 등 극도로 고통을 당하게 하는 것"은 큰 죄과에 속하는 것으로 구분합니다. 그렇다면 구제역 등의 현장에서 동물들을 산 채로 매장하는 오늘 우리는 엄청난 죄과를 우리 스스로의 운수에 쌓고 있는 것이겠습니다.

새 시대 새 설교

바울의 '일이 있음[有事]'의 방식과 오늘의 우리

저는 이제 마지막으로 우리가 읽은 두 번째 성경 말씀, 사도행전의 마지막 두절을 상기하면서 다시 기독교 전통으로 돌아와서 바울 선생의 창조적 삶을 조명해 보며 말씀을 마무리하고자 합니다. 우리가 잘 알다시피 바울은 유대교에 갇혀 있던 하나님을 그 민족적 테두리에서 해방시키신 예수의 행적을 따라서 그를 그리스도로 만났고, 그 그리스도로 전파하기 위해서 죽도록 헌신한 분입니다. 여기 사도행전의 기록이 그 이야기이고, 우리가 읽은 부분은 바울이 마지막으로 당시 세계의 중심지였던 로마로 가서 전혀 새로운 시간의 도래를 전해주고 창조하고자 한 고투의 이야기가 담겨있습니다.

저는 이 바울의 이야기에서도 앞에서 우리가 살펴본 김구 선생과 원황 선비의 경우와 크게 다르지 않게 자신의 인생에서, 매일의 삶에서 '일이 있는[有事]' 창조적 삶을 산 한 비범한 인격을 봅니다. 그는 유대민족만이 아니라 이 세상의 모든 평범한 사람들에게 그들도 역시 비범으로, 창조주 하나님과 마찬가지로 모두가 창조자가 되는 삶으로 불렸다는 것을 전해주고자 자신을 던졌습니다. 그 일에서 바울은 어떻게 해서라도 당시 시대의 수도 '로마'로 가기를 원했습니다. 당시 로마는 시대의 대표이고, 사람들이 가장 많이 모이는 곳, 그때의 관심이 집중되는 곳이었습니다.

바울은 그렇게 자신의 복음을 가지고 그 시대의 가장 핵심적인 물음과 문제와 씨름하기를 원했던 것입니다. 그는 이 세상의 일을 외면하지 않고 그 안에서 하나님을 전하고 예수의 부활을 전하고자 했습니다. 창조하는 사람으로서 바울이 당시의 중심적 시대를 향해서 답으로 하나님과 예수 그리스도를 전했듯이, 우리도 오늘 우리 시대가 긴급히 그 답을 요청하는 당면 물음에 응대하면서 우리의 복음을 전해야겠습니다. 그것이 오늘 창조하는 신앙인으로 사는 길이라고 봅니다. 이 '현재'와 더불어 씨름하며 거기서 믿음과 부활의 '영원'을 선한 행위로 밝히는 것, 이것이 참 신앙일 것인데, "진실한 의미에서 예술창조란 그 시대가 범속에 눈멀어서 보지 못하는 현실을 보도록 하는 것"이라는 미래파 예술가들의 선언도 있습니다. 진정한 신앙인과 종교인이 된다는 것은 그래서 그와 같은 창조적 예술가가 되는 것과 크게 다르지 않을 것입니다. 오늘 우리는 모두 우리 시대에서 그와 같은 '창조적 소수자'가 되어서 날마다 생명을 낳고 살리고, 창조적 살림[天地生物]을 살아가는 참 유사(有事)의 사람과 교회가 되기를 기도합니다.

2011년 1월 9일 겨자씨교회 설교

인간 무늬(人文)의 소중함–
종교개혁 5백 주년 이후(以後)의 시간을 위해서

신명기 21장 1–9절

"주 너희의 하나님이 너희에게 주셔서 차지하게 하시는 땅에서, 누구에게 살해되었는지 알 수 없는 사람의 주검이 들에서 발견될 때에는, 장로들과 재판관들이 현장에 나가서, 그 주검 주위에 있는 성읍들에 이르는 거리를 재어라. 그 주검에서 가장 가까운 성읍이 있을 터이니, 그 성읍의 장로들은 아직 멍에를 메고 일한 적이 없는 암송아지 한 마리를 끌고 와서, 물이 늘 흐르는 골짜기, 갈지도 심지도 않은 골짜기로 그 암송아지를 끌고 내려가 물가에서 암송아지의 목을 꺾어서 죽여라. 그때에 레위 자손 제사장들도 그곳으로 나와야 한다. 그들은 주 너희의 하나님이 선택하셔서 주를 섬기며 주의 이름으로 축복하는 직책을 맡은 사람으로서 모든 소송과 분쟁을 판결할 것이다. 이때에 피살자의 주검이 발견된 곳에서 가장 가까운 성읍의 장로들은 물가에서 목이 꺾인 암송아지 위에 냇물로 손을 씻고 아래와 같이 증언하여라. '우리는 이 사람을 죽이지 않았고, 이 사람이 살해되는 현장을 목격하지도 못하였습니다. 주님 주께서 속량하여 주신 주의 백성 이스라엘 사람에게 무죄한 사람을 죽인 살인죄를 지우지 말아 주십시오.' 이렇게 하면 그들은 살인의 책임을 벗게 된다. 이렇게 해서 너희는 너희에게 지워진 살인이 책임을 벗어라. 이렇게 하는 것은 주께서 보시기에 옳은 일이다."

신명기 21장의 '주검' 이야기

참으로 인상 깊은 성경 구절입니다. 누가 살해했는지 알 수 없는 주검이 주변에서 발견되자 하나님은 그 일의 처리를 위와 같이 명하신 것입니다. 그 주검의 거리로부터 가장 가까이에 사는 마을 공동체에게 우선의 책임을 물어서 한 번도 멍에를 메어 본 적이 없는 귀한 암송아지를 한 마리 데려와서 속죄물로 대신 죽게 하고, 그것을 제사장들에게 보이면서 자신들의 무죄를 확증 받아야 한다는 것입니다.

이렇게 예전 하나님이 원하시는 인간 공동체의 삶은 한 사람의 죽음과 주검을 귀하게 여겼습니다. 그가 누구인지, 누가 죽였는지도 알 수 없을지라도 우리 주변에서 그것이 발견되었을 때는 그것을 아주 중히 여겨서 일찍이 멍에를 메어 본 적이 없는 암송아지를 대신 죽게 할 정도로 중하게 다루기를 원하셨습니다. 하지만 그와 비교해서 오늘 우리 주변의 삶에는 죽음과 주검이 즐비합니다. 그래도 누구 하나 그렇게 주목하지 않습니다. 행려자의 죽음과 주검을 사람들이 쉽게 지나치고, 심지어는 가장 가까운 가족 중에서 누가 떠날지라도 크게 상관하지 않는 경우까지 늘고 있습니다. 고독사가 우리 시대의 화두가 되었고, 그 고독사가 단지 노인들만이 두려워하는 일이 아니게 되어가고 있습니다.

인간 탄생의 두 가지

이렇게 죽음까지도 다반사가 되어가고 그것이 우리의 감각을 크게 일깨우지도 못하게 되어가면서 우리는 묻게 됩니다. 과연 우리 삶은 무엇을 위한 것이고 어디로 가고 있는 것일까? 요즈음 크게 논의되는 '인공지능'[AI]이나 '포스트휴먼'(posthuman) 이야기, 앞으로 인류의 종교는 '데이터교'로 전환될 것이고, 인류는 행복과 불사의 지경에 거의 도달했다는 전망들 앞에서 저는 앞에서 우리가 읽은 성서의 이야기가 무슨 의미가 있는지를 살펴보고 싶습니다. 이와 더불어 요즈음 페미니즘 담론에서 많이 거론되는 동성애와 낙태법에 관한 것도 같은 맥락에서 물어질 수 있다고 생각합니다.

여기서 저의 핵심 질문은 이렇게 우리 '몸'과 '생물적 생명'과 이 세상에서의 '사실'이 크게 교란되고, 문제시되며, 평가절하되는 상황에서 우리는 우리 삶의 닻을 어디에 맬 것이며, 삶의 지렛대를 어디에 둘 것인가 하는 것입니다. 일찍이 20세기 이후 인류의 문제를 '세계소외'로 지적한 한나 아렌트는 위의 죽음의 물음과 대척점에 있는 인간의 '탄생'에 두 가지 차원이 있다는 것을 지적했습니다. 먼저는 제1의 탄생으로서 우리가 생명적 몸으로 이 세상에 오는 것을 말하고, 제2의 탄생은 그러한 생명적 탄생을 기반으로 해서 다시 인간적 '말'과 '행위'로 다른 사람과 함께 하는 다원성의 세상에 오는 것을 말합니다. 즉 이 세상에 자신만의 고유한 말과 행위로 스스로를 드러내며 공적 세계로서의 세상을 살아가는 일을 말하는 것입니다. 그러면서 이렇게 두 가지 차원을 가지는 인간 '탄생성'(natality)에 의해서 이 세상이 아무리 죽음을 향해 가더라도 세상이 매번 다시 새로워지는 기적을 맞이하는 것이라고 했습니다. 오늘 우리가 이번 예수 성탄절 예배 자리에 모인 것도 바로 이 세상에 기적같이 오신 예수님 삶의 기적을 다시 기리고 기념하기 위해서라는 것을 말할 수 있습니다.

뿌리뽑히고 지워지는 인간 삶의 무늬(人文)

하지만 앞에서 여러 가지로 지적한 대로 우리 시대에는 제1의 탄생도 매우 위협받고 있고, 그런 상황에서 제2의 탄생은 더는 말할 것도 없을 정도로 불안해지고 불가능해지고 있습니다. 생명은 쉽게 인공적 가공물로 대체될 수 있다고 여겨지고, 몸과 사실은 쉽게 조작(fake)되고 있습니다. 이런 시대에서는 지금까지 호환될 수 없고, 그 가치를 말할 수 없다고 여겨지던 '생명'(life)과 '사실'(fact)과 '진실'(truth)이 하찮게 여겨집니다. 그러면서 사람들의 말과 행위가 펼쳐

질 수 있는 장이 무너져 내리고, 인간은 한갓 물질적 집합이나 욕망 덩어리로 치부되고 있습니다. 이렇게 되니 세상은 점점 더 폭력적이 되어가고, 다른 사람과 다가오는 세대의 제2의 탄생을 염려해 주는 일이 드물어지면서 인간 삶이 각자도생으로 자기 자신에게만 집중하는 일이 되어가고 있습니다. 이렇게 지금까지 우리 삶의 토대가 되고 기초가 되며, 닻을 내릴 근거로 여겨졌던 생명인 몸과 집이 무너지고, 그것들이 얼마든지 조작 가능한 일이 되고 보니 우리 삶은 점점 더 뿌리 뽑힌 부초처럼 되어갑니다.

스티븐 호킹과 같은 사람은 이런 상황에서 이제 인류가 살길은 30년 안에 지구를 떠나서 다른 행성으로 이사하는 것이라고 했습니다. 이것은 이제 인류가 이 지구라는 행성 안에 그렸던 모든 인간적인 그림, 인간의 무늬(人文)를 버리고 다른 집을 찾아 떠나는 것을 말하는데, 위의 하나님은 거기에 반해서 한 사람 행려인의 생명과 그 생명이 담지 되었던 주검까지도 결코 허투루 다루면 안 된다고 경계하십니다. 그 행려인의 주검도 우리가 쉽게 처리해 버리거나 대체하거나 조작적으로 만들 수 있는 어떤 것이 아니라 인류 문명이 그렇게 찾아 이루고자 하며 완성하고자 하는 어떤 행복, 새로운 집과 문명, 영생과 지복이 바로 그 몸과 그 무늬와 연결되어 있다는 것을 말씀하시는 것이라고 생각합니다. 그러므로 우리의 생명적 몸과 그 몸을 낳는 일과 그리고 그 몸을 인간적인 마음으로 기르고, 살피는 일을 결코 소홀히 해서는 안 되겠습니다. 거기서 창조되는 모든 인간적인 무늬들, 그 무늬들의 몸적 흔적이 담겨 있는 주검도 결코 소홀히 할 수 없는 일인 것을 가르치십니다.

조건 지어진 인간의 삶, 그 안에서 일구어진 인간 무늬의 소중함

모든 것을 스스로가 다시 만들 수 있다고 여기고, 자신이 누군가에 의해서 탄생된 존재가 아니라 스스로 존재하는 것처럼 여기는 오늘 우리 세대는 그런 의미에서 어떤 조건이나 기초를 받아들이는 것을 좋아하지 않습니다. 하지만 모든 존재는 누군가에 의해서 탄생되었습니다. 그런 의미에서 우리는 모두 한편으로 '조건 지어진'(conditioned) 존재입니다. 그 탄생에는 집이 있고 어머니가 있었습니다. 그래서 누군가는 다시 집을 지키고, 토대를 가꾸고 소중히 하는 일을 맡아야 하겠습니다. 그것은 이미 많은 시간과 수많은 사람의 생명과 수고로 일구어진 인간의 무늬를 소중히 하는 삶이기도 합니다.

비록 죽었지만, 그 주검조차도 소중히 다루어지는 시대, 인간적인 말과 약속이 귀중하게 여겨지고 그것을 지키는 일을 소중히 여기며, 그래서 우리 삶이 앞으로도 지속할 수 있도록 배려하는 일과 삶, 저는 이것을 맡아서 하는 일이 종교와 신앙의 일이라고 봅니다. 또한, 역사와 과거를 중시 여기는 삶이며, 그럴 때만이 참으로 우리 미래를 기대할 수 있기에 수행되는 그 삶이 진실한 여성주의적인 배려와 보살핌, 생명의 삶이라고 말하고 싶습니다. 오늘 성서가 가르쳐 주는 사람 사는 모습은 마을 사람 전체가 아무런 연고도 없는 한 사람의 죽음이라도 귀히 여기고, 거기서 주목하고, 자기 주변에서 홀로 죽어 간 사람이 있다는 것을 자신들의 죄과로 여기면서 거기에 대해서 속죄하는 깊은 인간성이 살아있는 삶을 말합니다.

예수 탄생일을 맞이하여 서로 축하하고 있는 오늘과 더불어 2017년이 지나갑니다. 2017년은 우리가 함께 일군 개신교가 그 탄생 5백 주년을 기념하는 해이기도 했습니다. 그러나 지금 한국교회의 모습을 보면 죽은 사람까지도 돌보는 인간성 대신에 탐욕과 교만과 하늘까지 닿는 욕심과 자기팽창으로 그 비인간성이 말할 수 없습니다. 종교개혁 5백 주년을 지나면서도 우리 교회는 회개와 성찰 대신에 더 크게 바벨탑을 쌓으려는 모습입니다. 그러나 저는 감히 이것이 누구의 잘못이 아니라 바로 나의 모습이며, 우리 자신의 사라져버린 생명에 대한 감각 때문이라고 느낍니다.

저는 이러한 무뎌지고 죽어가고 있는 우리 인간성과 우리 집의 회복을 위해서 시간을 가지고 싶습니다. 그것을 통해서 우리 삶이 좀 더 인간적인 모습으로 전환되기를 희망합니다. 그러면서 예수의 탄생과 그 예수를 낳고 기른 마리아의 상황을 다시 그려봅니다. 그녀는 원치 않는 임신으로 매우 고통을 받았을 것입니다. 그러나 그 마리아에 의해서 원치 않는 임신으로 태어난 예수는 속된 삶에서 시대와 인류의 구원자가 되는 큰 전회를 경험했습니다. 그렇게 해서 예수는 제1차의 생명을 받은 것에 더해서 제2의 탄생으로 자신의 고유성을 더해서 세상에 복음을 가져왔고, 오늘 2천 년 후의 우리까지도 그의 공덕으로 살고 있습니다. 바로 예수의 어머니 마리아가 집을 지키고,

그의 생명적 삶을 소중히 여기고, 그를 품어주고, 제2의 탄생이 가능하도록 했기 때문이겠습니다. 그의 착한 남편 요셉도 그 시대의 사람들과는 다른 사람이었습니다. 그도 깊은 신앙적 모성의 사람이었고, 그의 가족들도 어쩌면 당시 주변의 다른 사람들보다 더 인간적이고 모성적이었는지 모르겠습니다.

천도교의 '인일'(人日, 인간의 날)과 기독교의 '성탄일'

2018년은 유엔에서 세계인권선언을 선포한지 70주년이 되는 해라고 합니다. 오늘 인간 몸의 천시와 더불어 인간이 이룩한 무늬들이 거의 무시되는 상황에서 이 인권에 대한 선포를 다시 생각해 봅니다. 또한, 2019년은 모두 알다시피 3·1운동 100주년의 해이기도 했습니다. 2017년 종교개혁 500주년을 지내고 이어서 세계인권선언과 그 척박한 식민지 상황에서도 세계 인류문명에게 인간의 존엄을 선포한 삼일절 100주년을 보냈습니다.

바로 1919년 우리 민족의 3·1운동에서 큰 견인차 역할을 했던 이웃 종교 천도교에서는 오늘 우리의 성탄절 전 날인 24일이 그들에게는 '인일'(人日)이라고 합니다. 천도교 3대 교조 의암 손병희 선생(1861-1922)이 수운 최제우와 해월 최시형에 뒤이어서 천도교의 도통을 이어받은 날을 말하는 것입니다. '인일'(인간의 날)이라는 단어가 참 좋습니다. '사람이 곧 하늘'(人乃天)이고, '사인여천'(사람을 한울처럼 섬겨라)의 뜻이 이어지게 된 날을 기리기 때문입니다. "나라엔 경제적 지엔피(국민총생산)만 있는 게 아니다.""한 사람 한 사람을 얼마나 존엄하게 대하는 지로 가늠되는 '정신적 지엔피'"가 있다고 지적받았습니다.

이제 저는 오늘 우리 모두에게 관건이 되는 이 정신적 지엔피를 기르는 일에서 최근에 접하게 된 '불식이정'(不息之貞), '정신을 똑바로 차리고, 정직하고 진실된 삶을 놓지 않는 일', '불이지심'(不已之心), '이미 모두 되었다고 하는 마음이 아니라 아직도 더 해야 한다는 참고 인내하는 마음', 이 두 가지 말을 새롭게 새기면서 마무리하고자 합니다. 이제 종교개혁 500주년을 보내고 또다시 백 년을 시작하는 이때에 이 말과 함께 우리 인간성과 생명성이 더욱 귀하게 여겨지면 좋겠습니다. 그것은 매우 깨어지기 쉽고, 조작될 수 있으며, 인공의 몸보다 훨씬 약해 보이지만, 그러나 어쩌면 그 속에서만이 진정한 생명과 진실하고 선한 포스트휴먼이 싹틀 수 있기 때문입니다.

오늘 이 성탄절 예배에서 유아세례를 받는 아기들의 모습 속에서 그와 같은 진실이 깊이 감지되기를 소망합니다. 그들의 모습 속에서 이미 우리 시대를 위한 큰 기적과 그리스도의 탄생을 보기 원합니다. 오늘 한반도의 현실이 일촉즉발의 전쟁의 위기 가운데 있지만 그럴 때 일수록 우리 사회 전체가 죽음과 주검과 취약한 인간의 몸을 소중히 여기는 일을 통해서 그 위기를 우리가 넘을 수 있지 않을까 생각합니다. 우리 모두가 그렇게 인간의 무늬(人文)를 소중히 여기는 일에 더욱 진전되기를 기도합니다. 그러한 일의 실험과 더불어 우리 자신들의 새로운 한 해의 시간도 채워지기를 기도합니다.

2017년 12월 24일 겨자씨교회 설교

페미니스트 누가의 예수 탄생과 죽음, 그리고 부활 이야기

누가복음 23장 4-49절, 24장 50-53절

낮 열두 시쯤 되었는데, 어둠이 온 땅을 덮어서 오후 세 시까지 계속되었다. 해는 빛을 잃고, 성전의 휘장은 한가운데가 찢어졌다. 예수께서는 큰소리로 부르짖으시고 "아버지, 내 영혼을 아버지의 손에 맡깁니다"라고 말씀하셨다. 이 말씀을 하시고 나서, 예수께서는 숨을 거두셨다. 백부장이 그 일어난 일을 보고, 하나님께 영광을 돌리며 말하기를 "참으로, 이 사람은 의로운 사람이었다"고 하였다. 이것을 구경하러 모인 무리도 그 일어난 일을 보고, 모두 가슴을 치면서 돌아갔다. 예수를 아는 사람들과 갈릴리에서부터 예수를 따라다닌 여자들은, 다 멀찍이 서서 이 일을 지켜보았다.(누가복음 23:4-49)

그리고 예수께서는 그들을, 밖으로 베다니까지 데리고 나가서, 손을 들어 그들을 축복하시면서 그들을 떠나 하늘로 올라가셨다. 그들은 예수께 경배하고, 크게 기뻐하며 예루살렘으로 돌아가서, 늘 성전에서 하나님을 찬양하며 지냈다.(누가복음 24:50-53)

우리나라 최초의 가톨릭 사제 김대건 신부(金大建, 1821-846)의 삶과 죽음을 다룬 영화 〈탄생〉이 한동안 회자되었습니다. 소년 김대건이 어린 나이에 신부가 될 재목으로 뽑혀서 온갖 고초를 겪으며 타국에서 신학 수업을 받고 신부가 되는 과정과, 이후 다시 목숨을 걸고 조선으로 돌아와서 1846년 순교하기까지를 그린 영화입니다. 이번 영화가 종교영화로서뿐 아니라 19세기 강하게 몰아치는 서세동점의 기세 앞에서 조선이 놓인 정황을 그린 역사물로도 훌륭하다는 평을 받았습니다.

이 시대에 대한 유사한 관심 속에서 저도 2022년 한 해 동안 「한국 페미니스트 신학자의 유교 읽기-神學에서 信學으로」라는 제목 아래 1년 동안 연재의 글쓰기를 했습니다. 동아시아 유교 문명과 서구 기독교 문명의 대화가 더욱 절실해진 오늘 현실에서 특히 한국 유교사에 주목하였습니다. 그러면서 동아시아 유교 문명의 구성에서 한국이 어떤 역할을 했고, 조선에 들어와서 어떻게 고유한 조선적 유교를 전개시켰으며, 그중에서도 18세기 이후로 조선 유교가 서학을 만나고 19세기 후반부터는 개신교와 만나면서 어떤 과정과 모양을 거쳐서 오늘의 한국적 신앙과 신학이 이루어졌는지를 살폈습니다. 일종의 작은 〈한국 유교사〉로서 오늘의 기독교인들에게 그들 신앙의 부인할 수 없는 뿌리가 되는 유교 문명을 좀 더 다가가기 쉽게 소개하고, 그것을 통해서 현재 기독교 신앙이 당면한 여러 난제를 돌파할 가능성을 찾고자 한 것입니다.

'보편 종교' 시대와 인권(생명권)의 근거

한국 기독교 신앙의 제 모습 가운데서 다석 유영모(1890-1981)나 함석헌(1901-1989)의 신앙이 특히 개방적인 것으로 보입니다. 그들은 동아시아 '민'(民)이나 '인'(仁) 등의 의식을 기독교 신앙적으로 더욱 밀고 나가서, 즉 만인에게 무조건적으로 하늘 부모가 되시는 인격주의적 하느님 의식에 바탕을 두고서 우리가 모두 하늘 씨앗[씨올, 仁]의 담지자[民]로서 그 하느님의 자식, 즉 '천자'(天子)인 '그리스도'가 되는 길을 크게 열어 놓았습니다. 거기서 다시 신앙의 제도화나 성속(聖俗)의 구별로 걸림돌이 되는, 아니면 그럼에도 불구하고 부인할 수 없는 '조건'이 되는 교회 공동체나 성직제도 등에 대해서 김교신(金敎臣, 1901-1945) 같은 이는 '무교회주의'를 주창했고, 이신(李信, 1927-1981)은 기독교 초대교회 정신의 근본적인 회복을 통한 '한국 그리스도의 교회로의 환원'을 주장했습니다. 그들은 한결같이 신앙인 개개인의 자유와 주체, 인격적 덕목의 실천을 중시한 것입니다.

이렇게 오늘날도 인류 문명의 다양한 종교 전통들이 함께 어우러져 역동하고 있는 한국 토양에서 기독교 신앙이 전개되는 모양과 방향을 보면서 저는 인류가 이제 한 '보편 종교'(a common religion, 眞敎)의 시대로 들어선 것이 아닌가 생각했습니다. 그 보편 종교란 어떤 사람의 존엄이나 인권을 말할 때 그것이 지금까지처럼 그가 속해 있는 여느 종족이나 종교, 국가나 문화, 언어 등의 온갖 외적인 것에 좌우되는 것이 아니라, '여기 지금 태어나 단순히 이곳에 있다'라는 참으로 간단하고 단순명료한 '탄생과 존재의 사실성'(탄생성, natality)에 근거한다는 것을 받아들이는 것을 말합니다. 여기 지금 태어나 존재하는 모든 것, 즉 '생리'(生理)를 담지하고 있는 것은 그 자체로 존엄성과 생명권의 거룩함을 보유한다는 말입니다.

생명 삶의 지속을 위한, 누가 여성들의 감수성

그런데 오늘의 이런 보편 종교의 시대, '거룩[聖]의 평범성'이 크게 확대되고 있는 시대에도 여전히 그 일이 충분히 이루어지지 않고 있는 영역이 우리 성별에 대한 차별에 들어있습니다. 상황이 그러한데도 윤석열 정부는 그 개정 교육과정에서 '성평등' 등 젠더 관련 표현들을 삭제한다고 합니다. 참으로 시대를 역행하는 일입니다. 하지만 오늘 우리가 생각해 보고자 하는 누가복음 저자는 그런 측면에서 많이 달랐고, 특별한 것 같습니다. 그는 예수 생의 마지막 장면에서 갈릴리에서부터 예수를 따라온 일련의 여성들을 등장시켜 그들이 예수와 함께 예루살렘으로 올라와서 함께 지내다가, 예수가 처형당하는 장면을 멀리서 지켜보며 그 모든 장면을 마음에 잘 담아두었다고 참으로 인상적인 그림을 그립니다.

그런데 우리가 잘 알다시피 비단 이 마지막 장면에서만 누가의 여성들이 등장하는 것은 아닙니다. 누가는 자신의 이야기를 예수 어머니 '마리아의 찬가'로 열고, 그 찬가를 받아주는 세례 요한의 어머니 엘리자벳을 중요한 등장인물로 내세웁니다. 이에 더해서 가장 핵심적인 것 중 하나는 바로 예수 부활의 첫 증인이 여성들이었다는 것입니다. 유대교 안식일 전날(금요일) 예수가 십자가에 처형되신 후 그 비참한 장면을 멀리서 보고 있던 여인들은 안식일을 지내고, 그전에 요셉이라는 착하고 의로운 의회 의원이 예수 시신을 빌라도에게서 찾아와서 모신 곳을 알아두었기 때문에, 안식일 다음 첫날 새벽 예수 무덤으로 찾아갑니다. 준비한 향료와 향유로 그의 시신을 닦기 위해서입니다. 하지만 거기서 그녀들이 만난 것은 예수의 시신 대신에 "눈부신 옷을 입은 두 남성"이었고, 그 두 남성은 예수가 생전에 말씀하신 대로 살아나셨기 때문에 거기에 있지 않다는 말을 합니다. "어찌하여 살아 계신 분을 죽은 사람들 가운데서 찾고 있습니까?"라고 그들은 묻는데, 참으로 생생하고 특별한 구술입니다.

예수 죽음과 유대인들의 자중지란 파국

요사이 누가복음을 다시 읽으면서 저자인 누가가 다른 공관복음서 저자들과 다른 아주 특별한 이해를 하는 것을 여러 곳에서 만났습니다. 그 중 하나가 예수를 십자가에 달리게 한 일에서의 로마 총독 빌라도의 행태입니다. 누가복음 23장 이하를 보면 사실 빌라도는 유대인들이 끌고 온 예수를 심문한 후 그에게서 특별한 죄목을 찾을 수 없다고 했고, 여러 번에 걸쳐서 그를 풀어주고자 했습니다. 그러나 유대인들과 특히 교회 지도자들, 대제사장들과 신학자들(율법학자)이 그 말을 듣지 않았고, 그러자 빌라도는 예수를 같은 유대인 왕 헤롯에게로 보내서 재판을 처리하도록 했습니다. 거기서도 해결되지 않자 그는 자신의 사면권을 이용해서 사면하려고도 했지만, 유대인들은 끝까지 반대했습니다. 심지어는 예수보다는 살인 죄인 바라바를 사면하라고 외치자 누가복음은 빌라도도 어쩔 수 없이 "마침내 그들의 요구대로 하기로 결정하였다"(누가복음 23:24)라고 전합니다.

저는 이 누가의 섬세하고 우리 현실 삶과 잘 부합되게 들리는 이야기를 들으면서 유대인들 속에서 일어난 '자중지란'(自中之亂)을 생각했습니다. 남(빌라도)은 어떻게든 예수를 살려주려 했는데도 자기들끼리 싸워서 예수를 죽게 했고, 이후 자신들 유대인이 그렇게 중시하던 예루살렘 성전은 돌 하나도 돌 위에 남지 않을 정도로 완전 폐허가 되어서 2천 년 이상의 디아스포라 시대로 넘어간 것을 말합니다. 당시 기득권 유대인들은 로마제국이라는 외세와 그 세력에 철저히 종처럼 붙어서 그 세력을 이용하여 자기 동족을 죽이면서 기득권을 유지하려고 했고, 그러나 결국 자신들도 함께 총체적 파국을 맞는 것을 보면서 그 모습이 오늘 우리 대한민국의 현실, 한민족의 극심한 남북

대치와 남쪽 윤석열 정부에서의 권력자들의 행보와 오버랩됩니다. 1950년 한국전쟁 당시 군작전 통수권을 내어주었고, 이후 돌려준다고 해도 받지 않고, 그 외세는 평택에 세계에서 제일 큰 군사기지를 세울 정도로 점점 더 모든 것을 좌지우지하는 세력으로 이 땅을 점령하고 있습니다. 그와 더불어 동족 간의 갈등과 미움은 더욱더 쌓이고 있는 상황이 앞으로 어떤 결과를 가져올지 매우 염려스럽기 때문입니다.

다시 생명을 위해 첫발을 내딛는 여성들

앞에서 살핀 누가 여성들의 처음 시작의 역할이나 빌라도와 그 반대편 유대인 지도자들과 민중들의 대치 등에서 드러나는 누가복음의 특별한 시각에 근거해서 오늘 21세기 인류 문명과 한국 사회가 직면해 있는 위기 상황에 대해서 여러모로 생각해 보았습니다. 누가복음에서뿐 아니라 어쩌면 〈창세기〉의 아담과 하와 이야기에서도 드러나듯이 삶의 위기 때마다, 그래서 또 다른 전환과 변혁이 시급히 요청되는 때가 되면, 여성들이 그것을 더 예민하게 감지하고 전환을 위한 첫걸음을 떼는 것을 종종 봅니다. 그것은 우리가 보통 알아왔듯이 우주에서 '남성적 힘[陽]'이 시작하는 힘[乾]이고, '여성적 힘[陰]'이 그것을 유지하고 지속해서 열매를 맺도록 하는 힘[坤]이라는 이야기와는 다른 것 같습니다. 아니면 여성들이 삶과 생명을 유지하고 지속하는 일에 주력하다 보니, 어떤 상황에서는 그 일이 더는 가능하지 않다는 것을 먼저 더 섬세히 감지하고, 그래서 그 지속의 일을 계속하기 위해서 다시 한번 과감히 새로운 첫발을 내딛는 것인지도 모르겠습니다. 자연 생태계에서도 종의 생존이 위기에 처할 때는 암컷이 더 많이 탄생된다는 사실에 부합하듯이 말입니다. 그러면 남성들은 거기서 전환된 상황을 세차게 밀고 나가 다시 안정된 삶의 장을 구축하고 전개 시키고자 힘을 쓰면서 그렇게 우리 삶이 지속하는 것이 아닌지 하는 이해입니다.

이런 삶과 생명의 내적 패턴을 저는 누가의 예수 이해에서도 보면서 그래서 그것을 '페미니스트' 누가의 예수 이해라고 이름 지어 보았습니다. 원치 않게 예수를 임신하게 된 일에서부터 그 일을 하늘의 뜻과 그리스도 잉태의 의미로 받아들이며 찬양한 일, 그래서 그와 같은 마리아 찬가로부터 예수 복음 이야기가 시작되는 것을 보여 주었습니다. 그러한 여성적 시작을 받아서 마리아의 남편 요셉은 탄생한 아기 예수를 잘 감싸주고 보금자리를 마련해 주어서 예수로 성장하도록 했고, 오늘 우리가 읽었듯이 그로부터 부활의 주가 되셨습니다.

새로운 믿음의 일[信學]을 위한 '부활의 평범성'의 확대

누가가 전하는 예수 부활의 이야기도 다른 복음서 기자 이야기보다도 오늘 우리에게 훨씬 더 현실감 있게 다가온다고 저는 생각합니다. 우리 주변에서 사랑하는 부모나 자식, 배우자가 죽음으로 떠나려 할 때, 그 주변에서 마지막 자리를 지키는 사람에게서 종종 비몽사몽 간에 어떤 '인물'이 나타나서 그 죽어가는 자를 인도해 가는 것이 보여집니다. 또한, 죽은 자가 며칠 내에 다시 '현현'하여 너무 염려하지 말고 잘 지내라는 당부나 사랑의 말을 한 후 진정 떠나는 일을 경험하는 이야기를 듣곤 합니다.

누가복음의 이 부활 이야기도 저에게는 이렇게 우리가 우리 현실 삶에서 드물지 않게 경험하는 죽음과 떠나감, 새로운 현현 등의 모습과 유사하게 서술되어 있다고 보입니다. 새벽에 예수의 무덤을 찾아간 여인들에게 예수의 이생에 몸의 마지막이 모든 것의 마지막이 아니라는 것을 눈부신 옷을 입은 '두 남성'이 일러주고, 죽은 예수가 하늘로 올라가시기 전에 제자들에게 '잠깐 나타나셔서' 다시 사랑의 교제를 나누며 위로와 당부를 하신 후, '하늘로 올라가셨다'라는 기술이 나옵니다.

제자들은 그렇게 몸의 마지막이 모든 것의 마지막이 아니라는 것을 경험하고, 큰 위로를 받아 기뻐하며 성전에서 하나님을 찬양하며 지냈다는 이야기가 오늘 우리도 주변 사랑하는 사람들의 죽음과 떠나감의 현장에서 종종 유사하게 듣는 이야기와 그렇게 다르지 않은 것을 봅니다. 특히 우리 사회 세월호 참사나 10·29 이태원 참사 희생자의 가족들이 겪은 이야기가 여기서 종종 오버랩됩니다.

저는 이러한 관찰을 통해 이제 예수 부활의 이야기를 서구 기독교 신학이 지금까지 쭉 그렇게 해왔듯이, 예수에게만 유일하게 일어났던 단 일회적인 일로 그려서 그것을 형이상학화하고, 실체론화해서 그만을 유일하고 배타적인 그리스도로 그리는 일을 이제는 우리가 그만두어야 하는 의미라고 보고 싶습니다. '빛을 주는 자'라는 의미의 누가라는 이름의 저자는 비유대인이었고, 당시 직업이 의사였으며, 바울의 선교로 예수를 알게 되어서 큰 감화를 받은 사람으로 알려져 있습니다. 그는 그렇게 매우 성속 통합적이었고, 과학과 연결되었으며, 인간적이고 여성주의적인 섬세한 안목에서 예수를 이해하고자 한 사람이었다고 여겨집니다. 그로부터 저는 이제 누가의 이러한 부활 이해를 우리 신학[神學/信學]이 앞으로 더욱 몰두해야 하는 주제로 '부활의 평범성'에 대한 의식을 확대시키며, 그것을 탈형이상학화하여 서구 기독교의 부활 독점을 깨는 일에서 중요한 근거로 삼을 수 있다고 봅니다.

오늘 인류 문명의 온갖 병폐와 치명적인 오류의 저변에 서구 기독교 문명의 자기 절대화와 진리 독점의 오류가 자리하고 있다면, 그 오류를 더 근본에서 떠받치고 있는 것이 그들의 부활 독점 주장인 것을 말할 수 있겠습니다. 이 땅에서의 몸의 마지막이 진정 모든 것의 마지막이 아니라면, 그 일은 2천 년 전의 유대인 남성 예수에서만의 일이 아니고, 기독교 믿음에서만의 주제가 아니라 모든 생명, 모든 여성, 이 땅에서의 모든 궁극 관심의 대상이므로, 이러한 생명 부활의 평범성과 보편성을 널리 확장해서 거기에서 진정 무슨 일이 일어났고, 그 일이 진정 무엇인가를 이 땅의 모든 신앙인이 함께 고민하고 성찰해 나가야 할 주제라고 생각합니다. 누가의 예수 부활 이야기가 그 좋은 단초가 된다고 여깁니다.

2022년 12월 15일 겨자씨교회 설교

한국교회의 위기를 이겨낼 강단의 모델

김민웅/전 경희대학교 교수

여성 목회자 네 분의 설교를 읽고 그 의미를 짚었다. 이연승, 이현주, 최은경, 최은영 목사님 네 분의 말씀은 모두 우리가 겪는 고통, 갈등 그리고 미로(迷路)에 처한 믿음의 문제를 다루었다.

사실 이렇게 따로 붙일 평이 사족이 되지 않을까 싶었다. 설교 자체로 이미 그 뜻을 충분히 전하고 있기 때문이다. 그럼에도 각 설교가 초점으로 삼으려는 메시지를 압축해서 정리하는 작업은 감사한 과정이었다. 감동을 함께 나눌 수 있는 기회가 되었기 때문이다.

설교가 마주하고 있는 문제, 그걸 풀어나간 방식, 그리고 그에 따른 설교 본문을 예시로 들고 결론적인 의미를 정리하고자 했다. 설교자의 의도와 다를 수도 있다. 그러나 이런 읽기의 작업 자체가 주는 해석의 영토 확장이 있을 것으로 믿는다.

하나님의 말씀은 씨뿌리기와 같아, 어떤 곳에 뿌려지는가에 따라 다른 모습으로 그 자신을 드러내기 때문이다. 그렇다고 해도, 여전히 그 본질은 달라지는 것이 아니어서 이 세대가 겪고 도전 받는 현실을 돌파하는 강력한 힘이 독자들에게 주어지기를 바란다.

이연승
유라굴로를 넘어 유럽으로

먼저 이연승 목사의 설교를 살펴보자. 인생을 살아가다 보면 풍랑을 만나는 것은 희귀한 일이 아니다. 문제는 그걸 돌파하지 못할 수 있다는 두려움에 사로잡히는 일이다. "유라굴로를 넘어 유럽으로"라는 제목의 설교는 그걸 마주하고 있다. 고난과 역경이 주는 충격을 넘어 새로운 미래로 갈 수 있겠는가, 라는 질문은 인간 모두에게, 그리고 역사의 고비마다 주어지는 피할 수 없는 질문이다. 설교자는 이때 기도의 중요성을 강조한다. 그러나 그것만으로 설득되기는 어려울 것이다. 이 설교는 바로 그 "풍랑의 의미"를 짚어 냈다.

"유난스런 방해는 위대한 역사의 서곡입니다. 거라사의 광인에게 다가가는 길에는 사나운 폭풍이 있었습니다. 데가볼리 최초의 선교사가 탄생할 것이기 때문입니다. 광풍 유라굴로는 로마선교와 유럽선교의 길목에 버티고 섰습니다. … 유라굴로 광풍은 미친 듯이 바울이 가는 길에 장벽을 쌓았습니다. 트라우마는 상처 입은 치유자를 낳을 위대한 역사의 서곡입니다."

이걸 깨우친 기도는 지금의 고난이 아니라 다가올 기쁨을 고대하는 기도가 된다. 두려움은 어느새 사라질 것이다. 배를 침몰시킬지 모를 풍랑이 보이는 것이 아니라, 풍랑을 잠재우는 하나님의 은총과 뜻이 눈에 다가오기 때문이다. 위기에 처한 역사도 이와 다르지 않다.

끝없이 역부족을 느끼는 당신에게: 32700명을 돌려보내는 이유

승부를 걸어야 할 때, 우리는 수의 유혹에 빠진다. 아니 그것이 현실의 작동원리라고 받아들여지기 때문이다. 다수와 소수 사이의 대결은 일단 이른바 쪽수 싸움으로 판이 결정되는 것은 하등 이상하지 않다. 그러나 믿음은 수에 대한 믿음이 아니라, 하나님의 역사에 대한 믿음이 될 때 위력적이 된다. 설교자는 이걸 체험으로도 말하고 있다. 여간 어려운 일이 아니다. 교회도 대형의 규모가 목표가 된다. 그러나 그 대형교회들이 저지르는 죄가 도리어 얼마나 크고 깊은가. 하나님이 아니라 수를 믿고 행세하기 때문이다.

"더 이상 자본주의의 산술, 힘, 사이즈, 크기, 길이, 용량이 그리스도인의 가치판단을 지배하는 잣대가 되지 않고 오로지 창조주 하나님의 손을 잡고 걷도록 주시는 훈련입니다. … 인간적 조건이 미약해 전세는 불리할지라도 하나님과 함께 민족의 구원을 위해 총력을 기울이는 사람, 그런 사람을 하나님은 찾으시고, 통하여 일하십니다."

수가 무의미한 것은 아니다. 그러나 그것이 믿음의 대상이 될 때 문제는 생겨난다. 우상숭배이기 때문이다. 우리의 힘은 많은 수에 있지 않고, 전세가 불리하다 여겨질 때에도 우리 안에 솟구치는 하나님의 역사에 대한 믿음이 수난을 이기는 길잡이다.

다음 세대를 위한 준비: 다윗왕의 자녀교육과 수잔나 웨슬리의 자녀교육

다음 세대를 위한 교육은 언제나 도전에 처한다. 부모 세대가 자라온 세월과 다른 조건에서 이뤄야 하는 작업이기 때문이다. 세상의 변화 속도는 날로 더욱 빨라지고, 지식과 정보의 양과 질도 과거와 비교할 수 없다. 여기서 교육에 대한 부모의 권위는 설 자리가 없다. 자녀의 자유를 존중한다는 것은 매우 중요한 일이나. 그 자유가 온전해지기 위한 훈련이 없을 때 그 자유는 자녀를 망칠 수 있는 독이 되고 만다. 비판적 사유를 기르다가 예의가 사라지고, 자유로운 생활을 존중하다가 윤리의식을 잃어버리고 마는 것은 드물지 않다.

"수잔나는 기독교 신앙이란 결국 하나님의 설계도를 따라가는 것이기에 이를 거스려 의지를 사용하면 자신의 생에 피치 못할 불행을 초래한다고 믿었습니다. 대소사 간 자기의지를 관철하고 자만과 교만, 정욕을 따라 행동을 취한다면 잠시 만족감을 누릴지 모르지만 쾌감은 거품처럼 사라지고 이내 불편한 감정이 도사리게 됨을 우리도 경험하지 않습니까? 공중권세 잡은 자를 제압할 하나님의 능력, 하나님의 임재, 하나님의 생명이 흐를 경건훈련 ⋯ 다음 세대의 세움은 무엇보다 하나님이 아버지 되심으로 비롯됩니다."

교육은 책임이다. 책임은 원칙을 요구한다. 원칙이 무너지면 권위도 무너진다. 부모 자신이 원칙일 수는 없다. 현실은 끊임없이 변화하기 때문이다. 따라서 그 원칙을 향한 방향타가 되는 것, 그것이 다음 세대를 구한다. 이걸 실종하지 않는 이들은 대대로 복을 받을 것이다.

이현주
지배에서 공생으로

지구 생태계가 위기에 처했다는 것은 이미 모두가 알고 있는 현실이 되었다. 제6차 멸종을 경고하는 과학자들의 발언은 이제 오래되었다. 그러나 인류는 아직도 자신과 지구를 구할 전격적인 행동에 나서지 않고 있다. 청지기의 직분을 제대로 맡아 하지 않고 있는 것이다. 이러다가 결국 지구에서 쫓겨나지 않겠는가? 그땐 땅을 파자니 힘이 없고 구걸하자니 들 낯이 없다고 해 볼 사이도 없다. 돌파할 방법이 있기는 할까? 분문은 해석이 까다롭기로 정평이 난 "불의한 청지기" 이야기다.

"청지기가 그랬듯이, 우리 또한 그동안 생태계가 궁극적으로 주인의 소유임을 잊고, 착취의 대상으로 치부하고 군림해 왔음을 반성해야 합니다. 이 모든 세계는 주님의 소유이니, 생태계의 소중함을 인식하고 이를 보존하기 위해 노력해야 합니다. 자기 욕망을 위해 독선적으로 세계를 지배하고자 했던 태도를 전환하여 이기심을 비우고 서로 복잡하게 얽혀 있는 생명들의 필요를 돌보며 공생을 위해 생태계를 보호해야 합니다. 쫓겨나기 직전의 청지기처럼, 아주 찰나의 시간이 우리에게 마지막 기회로 남아있습니다."

빚진 자들에게 군림해 왔던 청지기가 그들이야말로 자신에게 살길임을 깨닫는다. 이들의 빚을 줄여 그 필요를 돌보는 이로 변신하자, 청지기는 환대 받게 되었다. 그는 더 이상 불의한 자가 아니다. 자기를 포함해 모두를 살렸기 때문이다. 지금 우리가 할 일이 바로 이것이다.

어떤 열매가 될 것인가

인생사에 감사할 일이 하나둘이 아닐 것이다. 추수감사는 그렇게 성취를 이룬 자신의 삶에 대한 하나님의 축복을 감사하는 우리의 표시다. 많은 것을 바칠 수 있는 힘이 있다면 그 역시도 감사할 것이다. 그러나 정작 바쳐야 할 것이 빠진다면 그 예물은 무의미해진다. 하나님이 부족하신 것이 있어 그걸 채우느라 우리가 바치는 것이 아니기 때문이다. 언제나 핵심은 자기 자신이다. 그 자신이 '추수의 열매가 되어있는가'라는 질문이 빠진 감사는 허식이 되고 만다.

"어떤 열매가 되어야 합니까? 나날이 더욱 더해가는 하나님의 사랑을 기억하고, 그분께서 우리를 위해 보내신 예수 그리스도를 삶의 중심으로 받아들이는 마음. 사도행전은 우리에게 그 하나의 마음을 가진 열매가 되라고 초대하고 있습니다. … 초대 교회가 성전에 모이고, 그리스도의 이름 아래 민족과 언어의 경계를 허물고, 순전한 마음으로 서로를 돌보고 필요한 이들에게 사랑을 베풀었던 것처럼 … 우리 교우 여러분 사랑의 실천도 하나님을 기쁘시게 하는 예물이 되기를 축복하고 또 기원합니다."

오늘날 교회가 세상으로부터 저버림을 받는 까닭은 달리 있지 않다. 자기들끼리 예물을 바치고 자족하기 때문이다. 그걸 내세우기 때문이다. 정작 바쳐야 할 열매, 정작 내세워야 할 자신의 존재가치를 복구하는 것이 교회의 제1차 임무가 되었다.

한 몸 된 자들의 순종

'순종'이라는 단어는 인간의 주체성을 빼앗는다. 이것이 여성에게 적용될 경우, 남성지배의 정당성을 앞세우는 이데올로기가 되고 만다. 따라서 인간이 인간이 될 수 있는 길은 이런 주체성 박탈과 지배 이데올로기에 저항하는 것이 답이 된다. 그런데 성서는 이 '순종'의 의미를 중요하게 다룬다. 하지만 여성신학은 이에 대해 반기를 들어온 지 오래다. '순종'은 복잡하고 민감한 주제가 되었다. 순종을 미덕으로 삼는 신학의 근거는 성서다. 그렇다면 성서 자체와 싸워야 한다. 딜레마다. 설교자는 그 해법을 뚫어낸다.

"여성이 침묵하고 순종해야 한다는 말은, 여성을 하찮게 여기기 때문에 한 말이기보다는 남을 정죄하고 가르치려 드는 오만한 태도나 자기 뜻만을 관철시키고 지배하려 드는 독선을 경계하는 말로 보입니다. 공공선이나 대의를 위한 것도 아닌데 사사건건 자기 생각만을 내세우며 타인 위에 올라서서 그를 가르치려 들거나 무시하지 말라는 뜻에서 말입니다. … 타인을 존중하고, 하나님을 경외하는 자의 삶에 걸맞게 자기를 절제하는 의미에서 침묵과 순종을 실천해야 합니다."

새 시대 새 설교

초대 교회 공동체는 여성에게 발언권과 함께, 새로운 역할을 주었다. 그러나 이것이 만일 가부장적 남성의 지배와 닮은 것이 되어간다면? 남자가 아니라 하나님에 대한 경외, 곧 순종을 망각한 변화는 경건과 절제를 잃어버리게 한다. 교회가 때로 겪는 고통이 아니던가.

최은경

교회 세우기

교회를 세우는 일은 교회 건물을 세우는 것을 포함할 수 있다. 그러나 건물 자체를 세우는 것 이전에, 또는 그보다 중요한 것은 그 교회를 무엇으로 어떻게 짓는가의 문제다. 교회는 건물이 아니라 공동체 자체이며 그에 속한 사람들의 문제다. 이걸 깨우치지 못하면, 교회 건축이 재앙이 되는 경우가 허다하다. 어떤 경우에도 불멸(不滅)의 교회가 되는 길은 무엇일까? 모든 것들이 잿더미가 된다고 해도 여전히 남아있는 것, 그것은 결과로 비로소 알게 되는 것이 아니라 시작부터 알게 되는 것이다. 교회를 세우는 이들, 그 자신이 알고 있다.

"타지 않는 것들이라도, 녹아버리든지, 깨어질 수 있습니다. 그러므로 어떤 설계를 가지고, 어떤 공법을 썼는지, 또 각자가 맡은 부분을 얼마나 설계대로 시행했는지 그 수고로움은 지은 자신만이 알 수 있습니다. … 바울은 우리가 하는 일에 대한 그리스도인으로서의 책임을 진지하게 설명합니다. 우리는 교회 공동체를 올바른 재료로 지혜롭게 잘 지을 수도 있습니다. 아니면 교회 공동제를 엉뚱한 재료로 부실하게 지을 수도 있습니다. 하나님은 이 책임을 꼭 물으신다는 것입니다."

정직하게 살아야 한다. 자신은 속일 수 없다. 당연히 절대로 하나님을 속일 수는 없다. 교회의 겉은 꾸몄으나 그 속은 속임수로 채웠다면 그건 이미 교회가 아니다. 교회의 재정과 운영은 그래서 투명해야 한다. 그것이 믿음의 지침이 된다. 썩은 나무로 집을 짓는 자는 없다.

인간의 죄를 사하는 권세

미워하는 이를 밤낮으로 끌어안고 사는 사람은 없다. 그러나 미움은 자칫하면 바로 그렇게 밤낮으로 끌어안게 되는 요물이다. 그건 지옥에 스스로 걸어 들어가는 것과 다르지 않다. 악령에 시달리는 것이니 어찌 제대로 살아갈 수 있겠는가. 인간의 윤리는 용서할 만해야 용서하는 것이 합당하다. 그러나 용서의 본질은 용서할 수 없는 것을 용서하는 것이다. 그래서 이 용서의 권한은 하나님에게 속해 있으며, 그 권한을 받아 안는 것은 이 세상에 천국을 여는 일이다.

"왜 예수님께서 이 땅에서 이처럼 놀라운 죄사함의 권능을 제자들에게 주셨을까요? 바로 이 땅에서의 죄사함을 통해 하나님의 나라를 이루기 위함이었습니다. 이 땅에서 이루어지는 하나님의 나라는 죄사함을 통해 이뤄집니다. 우리가 하나님의 자녀가 되는 것도 하나님의 죄사함을 통해 이뤄집니다. … 용서하지 않는 사람들이 사는 곳이 바로 지옥입니다. … 용서는 내가 해도 되고 안 해도 되는 그런 일이 아닙니다. 감히 하나님이 하실 일을 우리가 대신해서 하는 것이기 때문입니다."

내가 용서받을 만해서 하나님이 우리의 죄를 사해 주시는 것은 아니다. 바로 여기에 용서의 비밀이 있다. 인간의 마음으로는 불가능한 것도 하나님의 권능으로 가능해진다. 그 힘을 받으면 용서의 과정에서 겪는 고투가 사라진다. 그것이 곧 하나님 나라의 풍경이다.

하나님의 소원

믿음이 곧 평화를 가져다주지 않는다. 우리는 현실에서 살고 있기 때문이다. 믿음을 앞세우는데 도리어 그 결과가 오만과 갈등을 낳는 경우가 적지 않다. 이유는 분명하다. 이걸 교회에서 대놓고 말하는 것은 쉽지 않다. 누군가를 특정해서 지목한다고 여길 수 있기 때문이다. 하지만 이런 일이 벌어지면 정신이 번쩍 나게 말해야 한다. 설교자의 의무다. 결코 평범하게 할 수 있는 설교가 되기 어렵다. 그래서 용기가 필요하다. 말씀의 죽비를 내리치는 것이기 때문이다.

"나에게 심겨진 하나님의 소원이 있다니요! 실로 놀라운 일이 아닐 수 없습니다. 내 속에는 나의 소원만 있는 것이 아니라 하나님의 소원이 함께 있다는 것을 알려주시는 것입니다. 우리가 하나님의 일을 하는 것은 내가 하는 것이 아니라는 말씀입니다. … 특히 주님의 몸된 교회 일을 한다는 것은 '나의 일'이 아닙니다. 하나님이 나에게 심어 주신 하나님의 소원입니다. 내가 열심히 한 것 같은데 이제 말씀에 비추어 보니 하나님이 행하게 하신 것입니다. 우리는 모두 '그리스도의 몸을 세우는 자'들입니다."

'공성이부거(功成以不居)'는 공을 이루면 그 자리에 머물지 말라는 뜻이다. 자신을 내세울 유혹에서 벗어나라는 건데, 믿음 생활 역시 이와 크게 다르지 않다. 결정적으로 다른 것은, 하나님의 소원을 받드는 존재가 된다는 점이다. 그게 바로 가장 큰 축복이다.

최은영
중재할 수 있는 용기

남의 일에 괜스레 끼어드는 것은 손해를 자초하는 일이다. 중재란 본래 양쪽 모두를 만족시킬 수 없는 일에 뛰어드는 일이다. 입장이 다른데, 이해가 다른데 중재란 본질적으로 불가능한 구조를 지니고 있다. 어느 한쪽이 압도하게 하면 적어도 한편에게 욕과 비방을 받지는 않을 것이다. 이리되니 타인의 삶은 나의 관심사에서 흥밋거리 이상으로 되는 것은 원치 않게 된다. 그것이 확산되면, 자기 자신도 도움이 필요해도 누구도 중재자로 나서 주지 않는 황량한 세상이 된다. 그렇게 만든 것은 자기 자신이다. 중재의 용기가 절실한 시대다.

"어머니 요게벳, 누나 미리암이 없었다면, 양어머니 바로 공주가 없었다면 아내 십보라가 없었다면 지금의 모세가 가능했을까요? 이와 같이 모세의 위대한 모습 뒤에 숨은 여성 공로자들을 같이 기억해야 합니다. ⋯ 모세와 같이, 미리암과 같이, 바울과 같이 중재할 수 있는 용기를 낸 신앙의 선배들이 있습니다. 그 아름다운 이야기를 계속 이어가야겠습니다. 먼저 저에게 도전이 됩니다. 저와 여러분이 속한 곳에서 그 용기를 내셨으면 좋겠습니다. 그것이 불편하고 어렵다 해도 그 과정을 기쁘게 받으시고 도우실 하나님을 기대하면서요."

제아무리 위대한 지도력이 있다고 해도 그저 태어나지 않는다. 배후에 조력자, 또는 숨겨진 서사가 있다. 이걸 주목할 때, 우리는 새로운 길을 발견한다. 절망할 일이 아니다. 여성의 힘을 믿는 시대다. 그 힘이 평화를 가져다줄 미래를 꿈꾸게 한다.

몸, 살림을 위한 연대체

여성의 몸은 마지막 식민지라고까지 한다. 여성의 몸은 욕망의 거처이자 약탈의 대상이다. 그건 그저 몸이 아니라, 욕구 충족의 물질 자체다. 남성이 지배하는 세상이 만든 현실이다. 이걸 거부해 온 역사가 여성 운동의 주체성이다. 하지만 이건 현대사의 영역만이 아니다. 설교자가 본문에서 거론한 와스디 왕후는 그 저항의 주인공이다. 자신의 몸이 왕의 과시욕에 의해 남들에게 농락거리가 되는 것을 정면으로 거부했다. 거부와 함께 그 몸이 어떻게 쓰여야 하는지, 그 답이 나와야 온전해진다.

"우리는 몸이 없으면 아무것도 할 수 없지요. 누군가의 몸을 사용한 노동이 우리를 있게 했고 살게 했습니다. 몸은 여러 지체들이 연결되어 하나를 이룹니다. 약한 곳을 더 챙겨야 몸 전체가 같이 살게 됩니다. … 여성신학은 오래 전부터 '살림'의 신학으로 명명되었습니다. … 집에서 살림한다는 말로 가치를 주부와 연결시켜 가치가 절하된 단어이지만, 살림은 '살리다'에서 온 것으로 매우 중요한 의미를 지닙니다. 죽임이 아닌 살림, 살려 내는 것이지요. 여성들의 역할이 더 살리고 연대하는 일에 앞장서야 하겠습니다."

침탈당하는 몸을 지켜 내는 일과 그 몸이 공동체의 한 지체로 역할을 하는 것까지 갈 때 하나님께서 우리에게 몸을 주신 까닭이 명료해

질 것이다. 그것은 몸의 성화(聖化)다. 하나님의 영이 육화(肉化)되는 것처럼, 우리의 몸이 세상을 위한 영적 능력이 되는 것이 축복이다.

다시 살아난, 기적에 동역한 여성들

여성들은 묵살당해 왔다. 미미한 존재이고 기록될 가치조차 없게 된 세월이 너무 길다. 지금은 아니게 되었다고 해도, 여전히 여성이 정치 지도자, 영적 지도자가 되는 것을 순순히 받아들이지는 않는다. 여성의 서사는 보조자에 국한되는 경우가 허다하다. 성서는 그와 달리, 여성의 핵심적인 역할과 그 주체의 의미를 기록하고 새긴다. 예수 부활의 현장에는 여성들이 존재했고, 그 증언이 부활 공동체를 세우는 결정적 역할을 했다. 그럼에도 여성은 주인공이 아니다. 이 차별은 인류의 절반을 지워버린다. 교회조차 여기에 가담하고 있다.

"본문에 들어가 보면 베드로가 죽은 다비다를 살려 낸 중심에 이웃 여성들이 있습니다. … 베드로가 오자 여성들은 다비다가 지어 준 속옷과 겉옷을 내어 보이며 살려달라고 합니다. 그들은 과부였습니다. 당시 소외되고 약자 중에 약자였던 이들이지요. 하지만 이들을 외면하지 않은 다비다, 심지어 이웃 여성들의 옷을 만들어주며 선한 일을 행하였기에 그가 죽었지만, 그를 장사지내지 못하고, 떠나지 못하고 그의 부활을 기대한 것인지도 모르겠습니다. 정말 바라는 대로 기적은 일어났습니다."

여성들의 슬픔은 존엄하다. 여성들의 눈물과 통곡, 아우성은 생명에 대한 격정이요, 갈망이자 기도다. 공감의 깊이를 가진 여성들의 기도가 세상을 바꾸어 낸다. 가슴을 치며 우는 이들의 절규와 기도가 황폐해진 마음을 연다. 그것이 바로 기적이다.

여성 목회자의 설교만 집중적으로 대하는 것은 처음이다. 그래서 이 작업이 감사했다. 여성 신학의 바탕 위에 설교문을 읽는 노력은 굳이 하지 않았다. 그것은 도움이 되기도 하겠지만, 그와는 반대로 선입견이나 오독(誤讀)을 할 수도 있다고 여겼기 때문이다.

말씀 자체로 받아들여 그 뜻을 헤아리는 방식이 다양한 성격을 가진 이들이 함께 모여 있는 교회 공동체의 차원에서 보다 의미 있다고 믿고 그렇게 설교 본문을 읽어나갔다. 다양한 체험과 다양한 관점이 공통적으로 지향하고 있는 것은 인간이 겪고 있는 위기, 문제를 피하지 않고 솔직하게 마주하고 있다는 점이다.

실로 우리는 오늘날 한국교회의 위기를 절감하고 있다. 그것은 어쩌면 무너지기 직전의 전야와도 같은 위태로움이 있다. 양적 팽창에 몰두한 결과다. 이제 그마저도 쉽지 않다. 당연하다. 가치를 제시할 능력이 없는 교회에서 더 이상 기대를 가질 이는 적어질 수밖에 없다.

이런 현실에서 성서는 너무나 오랫동안 설교의 보조수단이 될 뿐이며, 말씀은 자기주장으로 마무리된다. 정작 갖추어야 할 훈련도 없고, 욕망을 신앙으로 포장해 모래 위에 집이 되게 했다. 상황이 이럴진데, 이들 여성 목회자들은 성서 읽기에 충실하면서 그와 동시에 현실을 놓치지 않았다. 성서와 현실은 끊임없는 긴장된 대화를 통해 그 의미를 현재화하면서 인식과 실천의 틀을 마련해 줄 수 있음을 입증했다.

한 편 한 편이 자신의 메시지를 명료하게 전해주고 있다. 한국교회의 위기를 이겨낼 강단의 모델이다. 정직하고 담대하며 깊게 들어가기를 머뭇거리지 않는다. 기성의 틀에서 해방되어 있기 때문이다. 기회가 된다면 직접들 만나 설교 비평과 토론, 그리고 현실을 논하고 싶다. 이 시대의 희망이 태어나게 하는 이들이 도처에 있음이 참으로 귀하고 고맙다.

이연승

보스톤대학교 초빙연구원

고르바초프의 페레스트로이카로 문을 연 러시아에서 후기공산권 선교사로 지낸 경험이 생의 전환을 가져왔다. 이후 신앙과 학문의 두 철길이 나란히 뻗어있는 선로 위를 달리며 서구 학계에 한국기독교와 복음주의 유산을 전수하고 있다. 서울대학교에서 영어교육학을, 서울신학대학교대학원에서 신학(M. Div.)을, 보스톤대학교(Ph. D.)에서 선교역사를 전공한 기독교대한성결교회 목사이다. 서울신학대학교 초빙교수로 역임하며 영문저널 〈사중복음과 세계기독교〉를 창간하였고, 현재는 보스톤대학교 세계기독교와 선교연구소 초빙연구원으로 연구와 캔자스시티의 센트럴 신학대학원에서 강의를 병행하고 있다.

그동안 예일 · 에딘버러 선교학회, 프린스톤대학의 세계기독교학회, 미국교회사학회, 미국선교학회 등 꾸준히 논문을 발표해왔는데, 2024년에는 영국의 와윅대학교에서의 신학회 및 독일 훔볼트대학교 초청으로 한국기독교의 역사를 소개하여 학술교류의 장을 넓히고 있다. 특별히 브리지워터주립대학교 채플린으로 활동하면서 브리지워터주립대학교의 생기발랄한 세계 각국의 청년들과 대담을 나누는 가운데 기독교 진리를 궁구하며 또 다른 선교의 지평을 경험하고 있다.

유라굴로를 넘어 유럽으로

사도행전 27장 24절, 히브리서 5장 7절

바울아 두려워 말라 네가 가이사 앞에 서야 하겠고 또 하나님께서 너와 함께 행선하는 자를 다 네게 주셨다.(사도행전 27:24)

그는 육체에 계실 때에 자기를 죽음에서 능히 구원하실 이에게 심한 통곡과 눈물로 간구와 소원을 올렸고 그의 경외하심으로 말미암아 들으심을 얻었느니라.(히브리서 5:7)

트라우마가 범람하는 현실

보스톤대학의 의대 교수 베셀 콜크는 오늘날 미국 사회에 가장 시급한 의료문제는 암이나 에이즈가 아니라, 뜻밖에 트라우마라고 합니다. 월남전을 제외하고도 미국인 5명 중 한 명은 성폭력으로, 4명

새 시대 새 설교

중 한 명은 알코올 중독자로, 부부 3쌍 중 하나는 가정폭력에 시달린다고 합니다. 콜크는 자신의 30년 의료진료를 통해 트라우마를 겪은 사람들은 몸과 뇌리에 뚜렷한 상흔을 가진다는 사실을 확인했습니다.

어느 날 동네 도서관에서 콜크의 책을 찾아보았는데 매사추세츠주의 369개 공공도서관에 그의 책이 모두 대출되었음을 발견하고 놀란 적이 있습니다. 소위 아메리칸 드림 운운하지만 그 뒤안길에 무수한 영혼들이 갖가지 상흔에 시달리고 정신과 의사의 치료를 받지 못하기에 책을 통한 차선책을 구하는 현실을 반영합니다. 미국의 대도시 지하 역에서 우리는 노숙자들, 마약과 술로 고통을 죽이는 사람들을 보며 점점 파괴되는 이웃의 비참한 현실을 직시합니다. 그러면 성경은 우리에게 트라우마에 대해 어떠한 해법을 제공할까요?

광풍을 통과하신 예수 그리스도

마가복음 5장 1-20절, 누가복음 8장에는 트라우마로 광인이 된 인생과 그를 구하신 예수 그리스도와의 만남을 볼 수 있습니다. '오랜 기간'이 얼마간인지 모르겠습니다. 이 사람은 인생의 트라우마를 입고 그 누구도 개의치 않는 소시오패스가 되었습니다. 옷가지조차 걸치지 않았고 무덤에 기거하였습니다. 어쩌면 루쉰의 광인처럼 사람들을 혐오하고 두려워하는 피해망상증에 시달리는지 모르겠습니다.

손과 발이 사슬에 묶여 있었고 쇠사슬 주변 살점은 시커먼 가죽이 되었습니다. 언제 충동적인 분노가 폭발할지 몰라 불안했던 사람들의 대처 방안이었습니다. 가족은 어디에 있는지 모르겠습니다.

예수님께서 바로 이 광인을 찾아가십니다. 그를 만나기 직전, 예수님과 제자들은 "큰 광풍이 일어나며 물결이 부딪혀 배에 들어와 가득하게 되는"(마가복음 4:37) 상황을 겪게 됩니다. 항해 도중 불현듯 풍랑이 덮쳐 배가 전복되고 목숨이 위태롭게 되었습니다. 제자들이 기겁하여 주무시는 주님을 깨웠습니다. 주님은 천연히 파도를 잠재우시고 제자들에게 위기를 어떻게 대처하는지 가르쳐 주셨습니다. "바람과 바다라도 순종"케 하시는 그분께 그저 사정을 알리는 것입니다.

주님은 이 풍랑을 예견하셨을까요? 죽음을 위협하는 풍랑을 뚫고 도대체 어디로 가시려 하셨을까요? 그곳은 절경이나 세계 명승지가 아니었습니다. 목적지는 사람들에게서 버림받은 광인이 사는 거라사였습니다. 그를 만나시며 예수님은 명령하셨습니다. "더러운 귀신아 떠나가라." 귀신은 안간힘을 다해 버티더니, 돼지 떼로 보내 달라고 합니다. 돼지 떼가 가파른 둑으로 몰려가 호수에 빠져 죽자 돼지 주인은 경악했습니다. 2천 마리 돼지 떼가 갑자기 호수에 빠져 죽었다는 이야기에 주민들은 온통 흥분의 도가니에 빠져들었습니다.

이 와중에 광인은 생의 전환기를 맞이했습니다. 그리고 평생 예수님의 곁에 있겠다고 간구했습니다. 예수님은 뜻밖에도 그에게 자기 고향, 곧 10개 도시가 모인 데가볼리의 선교 사명을 주십니다. "집에 돌아가 하나님이 하신 일을 전하라"고 말씀하시며. 예수님의 파송을 받은 신약성서 1호 선교사는 거라사 광인으로, 선교사의 필수조건을 갖추고 있었습니다. 곧 예수와의 만남, 그리고 예수와 함께 거하려는 갈망입니다.

사역자에게 꼭 필요한 조건입니다. 예수를 만남으로 변화된 그의 삶은 복음을 강력하게 증거한 역동적인 메시지였습니다. 예수님은 '미친 광풍'을 넘어 광인에게 다가가셨고, 트라우마에 묶인 광인을 한 가지 열정에 사로잡힌 사람으로 변화시키셨습니다. 거라사 광인과 유라굴로 광풍은 서로 닮았습니다. 광인과 광풍은 기독교인들이 눈을 감고 지나가는 불편한 대목이기 때문입니다. 고통을 회피하려는 우리네 본능 때문일 것입니다.

광풍을 통과한 바울

마가복음 5장과 누가복음 8장의 예수님과 사도행전 27장의 바울은 광풍에 처합니다. 성경에 이런 장면이 있어 다행입니다. 우리가 직면하는 현실이기 때문입니다. 바울은 자신이 선택하지 않은 항해에 풍랑을 겪었습니다. 풍랑을 피하도록 선주와 선장에게 일러 주었지만 그 누구도 바울에게 귀를 기울이지 않았습니다. "쳇! 죄인으로 호송되는 주제에! 뭘 아는 척 하지?" 그들의 쏘아보는 눈길이 말했습니다. 마침내 걷잡을 수 없이 거친 풍랑이 몰아쳤습니다. 동서남북을 알 수 없는 캄캄한 바다에 폭풍이 사정없이 갑판을 내리쳤습니다. 광풍을 만난 첫날부터 짐을 선창 밖으로 던져야 할 상황이 전개되었습니다. 삼 일이 지나니 선원들은 항해 장비를 바다에 던져버렸습니다. 캄캄한 어둠이 며칠이고 밤낮 지속되고 목숨을 부지할 가망이 전혀 보이지 않았습니다.

보름 동안 극한 공포와 불안이 지속되었습니다. 선원들은 바람이 내치는 대로 이리저리 쏠릴 뿐이었습니다. 우리는 유라굴로와 같은 위기를 어떻게 뚫고 나갈지 모릅니다. 마약과 우울증, 중독과 폭력, 육체적 질병보다 더 무섭게 인간을 무력화시키는 정신병으로 고통을 당할 때, 현대 사회의 치명적인 실존적 문제들을 당할 때 무기력합니다. 무지와 체념, 무의미와 고독의 굴레에 쓰여 옴짝달싹하지 못합니다. 겹겹이 꼬인 문제들, 미친 듯이 달리는 부정적인 상상들, 거침없는 파고에 이리저리 떠밀리는 나약한 우리들이 겪는 유라굴로입니다.

바울에게 유라굴로는 밤 기도를 훈련하시는 하나님의 도장이었습니다. 수일간 해도 달도 보이지 않은 칠흑의 밤은 기도훈련을 위한 과정이었습니다. 예수님은 '큰 광풍'이나 그 어떤 절망적 상황에서도 낙심할 필요가 없다고 말씀하셨습니다. 모름지기 '믿음의 기도'는 실전에서 사용할 수 있어야 그 맛을 알지요. 노상 교실에서 수영 이론을 배운 사람이 어떻게 바다에 나가 수영을 합니까? 큰 사명을 이루려면 유라굴로 가운데 몸으로 부대끼며 밤 기도를 훈련하는 과정이 필요합니다.

이 선창에서 바울에게 귀 기울이는 이, 인정하거나 존중하는 이 아무도 없었습니다. 물론 설교할 기회도 없었습니다. 그러나 두려움에 떨며 드린 바울의 기도는 예수 그리스도의 아름다운 사역의 통로가 되었습니다. 바울이 한밤중 기도를 드린 자리는 200여 선원이 나뒹굴며 아수라장이 된 선박 어디쯤이었습니다. 14일간 연속 내리친 세찬 폭우에 어디 조용한 공간을 찾기 어려웠습니다. 자포자기한 선원들은 침상에 구르고 우울증이 심해 독가스를 뿜어냈습니다. 침상에 누워 있다가 바닥에 굴러떨어지기 십상이니 차리리 배 바닥에 자리를 깐 사람도 있었습니다. 목욕할 겨를이 없던 선원들의 체취는 바닷물 짠 내와 뒤범벅이 되었고 노숙자들에게서 나는 쉰 냄새가 났습니다. 목숨을 부지하는 것이 초미의 관심일 뿐, 조용한 개인 공간이란 없었습니다. 시야를 가리는 요란함, 공포스러운 굉음, 끝없는 소요, 잡음이 가시지 않았습니다. 이는 새벽의 적막을 가로지르며 교회 문을 열고 자리에 앉아 드리는 평화로운 기도가 아니었습니다. 칠흑 같은 밤과 짙은 구름이 밤낮의 경계를 지워버린 선박, 그 위에서 바울은 무릎을 꿇었습니다. 모두가 지쳐 코를 골았을 한밤중의 기도였습니다.

하나님은 이 훈련학교의 수제자 바울이 어떻게 과제를 수행하는지 지켜보셨습니다. 하루, 이틀, 사흘, … 열나흘, 바울은 기도를 멈추지 않았습니다. 어느 밤 하나님의 음성을 들었습니다.

나의 속한 바 곧 나의 섬기는 하나님의 사자가 어젯밤에 내 곁에 서서 말하되 바울아 두려워 말라 네가 가이사 앞에 서야 하겠고 또 하나님께서 너와 함께 행선하는 자를 다 네게 주셨다 하였으니 그러므로 여러분이여 안심하라 나는 내게 말씀하신 그대로 되리라고 하나님을 믿노라.(사도행전 27:23-25)

바울은 276명의 생명 머리털 하나 상하지 않고 모두 구원을 얻을 것이라는 하나님의 약속을 듣고 지친 선원을 오히려 위로했습니다. 기도 가운데 하나님의 음성을 듣기 전에는 그 누구도 섣불리 광풍 속에 이리저리 뒹구는 276명 전원 생명이 안전하다는 말을 할 수 없을 것입니다.

그리스도인의 일차적 사역은 중보기도입니다. 앤드류 머리는 말합니다. "두려움으로 더듬거리는 우리의 기도를 통해 예수 그리스도는 가장 아름답게 그분의 사역을 수행하신다." 앤드류 머리는 그리스도의 사역 초점은 설교가 아니라 기도라고 합니다. 아버지 우편에 앉으신 그리스도의 일차적 사역은 중보기도이기에 당신의 제자들 역시 당신을 따라 중보자가 되기를 열망하신다는 것입니다. 그리스도의 제자는 그리스도의 형상이 이루어지도록 기도하는 자이지 설교자가 아닙니다. 우리는 남 앞에서 설교하고 가르치기보다 기도하기를 먼저 힘써야 합니다. 맹자는 남을 가르치기 좋아하는 자는 사람들의 병폐라 불렀습니다. 야고보는 선생이 되면 더 큰 심판을 받는다고 하였습니다.

신학교는 설교학을 가르칩니다. 기도 동산을 아름답게 가꾸기도 합니다. 그러나 교수와 신학생이 함께 밤새도록 기도하는 신학교는 보기 힘듭니다. 신학생은 명 설교자가 되어 청중을 감화시키고 존경받는 목회자가 되기를 꿈꿉니다. 그런데 설교는 기도의 연장일 뿐입니다. 설교자는 사람을 향해 말하기 전 하나님과 말해야 하기 때문입니다. 교회 생활 대부분은 사람을 상대로 이루어집니다. 예배, 봉사, 교육, 교제, 전도 등 모두 중요하지만, 결국 가시적인 사람과 더불어 사람을 상대로 이루어집니다. 반면 골방에서 홀로, 혹은 더불어 기도하는 시간은 비가시적인 하나님과 대화하는 시간이기에 신앙생활 중 가장 어려운 영역은 기도입니다. 사실 우리가 처한 가정과 교회 및 사회에서 수없이 발생하는 유라굴로 같은 위기들은 하나님께서 사랑하는 우리를 기도훈련학교로 초청하시는 부르심으로 볼 수 있습니다.

최근 켄자스 시티의 나사렛 신학교에서 "한국 여성과 세계 기독교"라는 제목으로 특강을 하였습니다. 여기에서 데이비드 용기 조와 함께 순복음 교회의 공동창립자이셨던 최자실 목사님께서 텐트 교회가 시작된 초창기, 교인이 없을 때 하루에 10시간씩, 여의도 성전을 건축할 때는 천 명의 권사들과 매일 철야기도를 하셨다는 자서전 내용을 소개했습니다. 학생의 질문이 들어왔습니다. 철야기도는 어떻게 하는 것이냐고요. 그래서 밤 10시경 시작해서 새벽 5시까지 성전에서 기도, 찬양, 말씀 읽기를 계속하는 것이라 알려주었습니다. 미국인 학생들이 놀라는 기색이 역력했습니다. 내심 '그것이 어찌 가능하단 말인가?'라고 묻는 눈치였습니다.

저는 신학교를 지원하기 전 40일 철야기도를 했습니다. 동생과 월세방에서 지내던 시절이었습니다. 공립학교 교사로 생활비와 등록비를 마련하면서 주간 신학대학원을 다녀야 하니, 야간학교에 근무하는 수밖에 없었거든요. 동료 교사에게 물었습니다. "선생님, 야간학교는 어떻게 가요?" "거기요? 하늘의 별 따기입니다." 대한민국에 야간학교는 산업체 대방여중이 유일한데 모든 남자 교사들이 가고자 선망하기 때문이라는 것입니다. 눈 깜짝 않고 40일 철야기도를 시작했습니다. 하늘의 별이 떨어지더라고요. 대방여중 야간 교무실로 입실하는데 당시 교감 선생님이 벌떡 일어나시며 "선생님이 이 학교로 오신 것은 기도 덕분입니다" 말씀하셨습니다. 그리고 제가 그 학교에 올 수 없는 네 가지 이유를 나열하셨습니다. 자신은 기독교인도 아니고 교회에도 다니지 않으신다고 하시면서요. 40일 철야기도를 드린 사실도 아실 리 없지요.

또 다른 사례가 있습니다. 박사학위를 마친 후 1년이 넘도록 아무 곳에서 쓰임을 받지 못했습니다. 사람들은 이제 학자의 생명은 끝이라고 일러주었습니다. 그래서 40일 철야기도를 시작했습니다. 어찌된 일인지 40일 기도가 끝나도 마음이 여전히 무거웠습니다. 그래서 연이어 40일 철야기도에 들어갔습니다. 끝나도 마음이 슬퍼 세 번째 40일 철야기도를 이어갔습니다. 결국 그해 봄 40일 철야기도를 연속세 차례 드렸습니다. 그해 가을에 세 대학에서 특강 초청이 있었습니다. 그 중 서울신학대학 총장님의 추천으로 초빙교수로 임용되고 쓰임을 받았습니다.

수많은 그리스도인이 철야기도를 통해 인생의 전환점을 경험했습니다. 야곱은 형과의 상봉 전 철야기도를 한 후 성자처럼 변했습니

　　　　　　　　　　　　　　　　　새 시대 새 설교

다. 어린 사무엘은 캄캄한 밤에 자신을 부르시는 하나님께 응답하는 훈련을 받았습니다. 제사장 엘리는 자고 있던 시간이지요. 예수님은 제자들을 택하거나 십자가를 지시기 전, 밤새 기도하셨습니다. 1739년 웨슬리와 친구 60명은 페터레인 모임에서 밤새 기도하다가 새벽 3시경 강력한 성령의 임재를 체험했습니다.

영국성공회는 설교단을 주지 않았지만 웨슬리는 광활한 빈 들과 거리에서 설교할 수 있었습니다. 이때의 성령충만이 동력이 되었습니다. 알버트 아우틀러는 이 어간의 경험을 전후로 웨슬리는 성공을 모르는 사역자에서 실패를 모르는 사역자로 변했다고 합니다. 1900년 1월 1일 밤새도록 기도하던 중 새벽 3시경 아그네스 오즈만(Agnes Ozman)에게 방언이 터짐으로 20세기 오순절 운동이 시작되었습니다. 1993년 솔로몬(Solomon), 알버트(Albert), 선데이 아델라이자(Sunday Adelaja)는 우크라이나의 구원을 놓고 밤새도록 통성기도로 무릎을 꿇었습니다. 그들이 시작한 교회는 20년 후 2만 명 성도로 성장한 유럽 최대 교회가 되었습니다. 철야기도는 첩첩이 쌓인 철의 장벽을 뚫습니다.

훗날 "쉬지 말고 기도하라." "나를 본받으라." "사슬에 매인 것 외에는 여러분들도 다 나와 같이 되기를 원하노라." 스스럼없이 권하던 바울은 거룩한 기도를 하기에 전혀 적합하지 않은 유라굴로 선상에서 꿋꿋이 밤 기도를 할 수 있었습니다. 일상에 깊이 뿌리내린 기도 습관 때문이었습니다. 위기 없는 잔잔한 평일에 "나는 날마다 죽노라, 이제 내가 육체 가운데 사는 것은 나를 사랑하사 나를 위하여

자기 몸을 버리신 그리스도를 믿는 믿음 안에서 사는 것이라"고 고백하며, 쉬지 않고 기도하는 습관이 유라굴로 가운데 기도할 수 있게 한 저력이었습니다. 날마다 죽는 각오로 작은 풍랑을 헤쳐 나왔고, 쉬지 않고 기도하며 그리스도의 손을 잡았습니다.

작은 풍랑을 뚫고 간 기도의 돌파력이 광풍 가운데 밤 기도를 드릴 수 있도록 견인했습니다. 만경창파 한가운데, 오로지 한 줄기 빛을 바라보며 밤 기도를 드렸고, 기도는 언제나 넘치는 응답을 받았습니다. 그 밤에 하나님의 사자가 여지없이 찾아왔고, 음성을 들려주었습니다. 276명의 생명을 구하시려는 하나님의 구원계획을. 칠흑 같은 밤의 기도를 사용하셨습니다. 아! 276명을 구원하도록 쓰임을 받는다면, 생사의 협곡을 오가는 유라굴로 광풍을 마다하지 않고 한 번 승선하고 싶지 않겠습니까?

광풍, 그 위대한 역사의 서곡

유난스런 방해는 위대한 역사의 서곡입니다. 거라사의 광인에게 다가가는 길에는 사나운 폭풍이 있었습니다. 데가볼리 최초의 선교사가 탄생할 것이기 때문입니다. 광풍 유라굴로는 로마 선교와 유럽 선교의 길목에 버티고 섰습니다. 물론 광풍을 뚫고 나온 바울에게 즉각적인 유럽선교라는 보상이 주어지지는 않았습니다. 로마에서 그를 기다린 것은 가택연금뿐입니다. 그러나 이 감옥은 인류역사상 길이 남을 골로새서, 빌레몬서, 에베소서, 빌립보서의 산실이었습니다. 역사가 에드워드 기번은 바울을 싣고 간 배는 바울뿐 아니라 276명의 생명, 그리고 전 유럽을 싣고 간 배라고 불렀습니다. 그래서 유라굴로 광풍은 미친 듯이 바울이 가는 길에 장벽을 쌓았습니다.

트라우마는 상처 입은 치유자를 낳을 위대한 역사의 서곡입니다. 우리나라는 민족적 트라우마를 가지고 있습니다. 법조문 운운하던 사람들이 나라를 송두리째 팔아먹었고, 해방이 되자 미군정과 소련군의 점령통치를 받았으며, 한국전쟁이 치러지던 도중 한 미군병사가 한반도 지도 중간쯤 적당히 그린 선을 따라 반도의 허리가 잘린 채 78년이 지났습니다. 이념분쟁을 넘어 동족 혐오로 복잡해진 세계 유일의 분단국가입니다. 불시의 전쟁 소문으로 불안하고 긴장하는 우리는 배와 화물뿐 아니라 북의 민족과 내 나라 반쪽을 잃었습니다. 두 개의 한국으로 불리게 되고 상호 총을 겨누는 처지가 되었습니다. 그런데 이만열 교수님은 한국이 세계에 나눌 유산이 뜻밖에도 한국의 일제 식민지, 한국전쟁, 군사독재를 극복한 지혜라고 하셨습니다.

전쟁의 포화와 쿠데타가 세계 곳곳에서 터지는 21세기, 한국이 나눌 유산이 바로 거기에 있습니다. 우리는 이 고난과 질고의 한복판으로 뚜벅뚜벅 걸어가시는 예수 그리스도를 봅니다. 1972년 재개한 평양신학원, 전국 500여 가정교회, 흩어져 삼삼오오 예배드리는 12000여 명의 북한 성도를 지키시는 예수 그리스도의 손 말입니다. 유라굴로와 같은 민족의 아픔과 갈라짐을 극복하고 남북이 함께 드높이 찬양을 올리기까지 그리스도의 손을 굳게 붙잡읍시다. 우리는 십자가 없는 영광, 대가를 지불하지 않는 값싼 은혜를 구하지 않습니다. 오늘날 삶에 닥쳐오는 갖가지 트라우마를 술과 마약으로 망각하려는 젊은이들은 트라우마를 재생산하고 있습니다. 우리는 전쟁과 분단의 트라우마를 돌파하는 지혜를 다음 세대에게 전해야 합니다. 그것은 생명을 걸머진 기도로 이루어집니다. 주일예배의 대표기도, 예배 준비기도, 예배 마침 기도, 식전기도, 자고 깨며 드리는 침상기도와 같은 기본 신앙생활에 머물면, 제의적, 종교적, 습관적, 기계적 신앙생활로 변하기 쉽습니다. 하나님과 독대하며 영혼을 쏟아붓는 기도, 깊은 밤 구하는 기도, 땀방울이 핏방울로 변하는 기도를 드립시다.

우리가 따르는 예수님은 육체에 계실 때에 자기를 죽음에서 능히 구원하실 이에게 심한 통곡과 눈물로 간구와 소원을 올렸고 그의 경외하심으로 인하여 들으심을 얻었느니라(히브리서 5:7)고 하셨습니다. 예수님의 길을 바울도 따라갔습니다. 흑암 가운데 생명을 건 기도로 십자가를 집시다. 칠흑의 광풍 가운데 드려진 바울의 연속된 밤 기도가 유라굴로의 돌파력이었습니다. 이 기도가 유럽의 기독교를 낳은 산파였습니다. 기도의 십자가를 끌어안읍시다. 살고자 하는 자는 죽고, 죽고자 하는 자는 삽니다. 하나님 나라의 영광이 생명을 내어놓는 기도를 통해 밝게 비추일 것입니다.

2023년 12월 4일 센트럴신학교 가을학기 종강예배 설교

끝없이 역부족을 느끼는 당신에게
– 32700명을 돌려보내는 이유

사사기 7장 1–7절

여룹바알이라 하는 기드온과 그를 따르는 모든 백성이 일찍이 일어나 하룻 샘 곁에 진을 쳤고 미디안의 진영은 그들의 북쪽이요 모레 산 앞 골짜기에 있었더라 여호와께서 기드온에게 이르시되 너를 따르는 백성이 너무 많은즉 내가 그들의 손에 미디안 사람을 넘겨 주지 아니하리니 이는 이스라엘이 나를 거슬러 스스로 자랑하기를 내 손이 나를 구원하였다 할까 함이니라 이제 너는 백성의 귀에 외쳐 이르기를 누구든지 두려워 떠는 자는 길르앗 산을 떠나 돌아가라 하라 하시니 이에 돌아간 백성이 이만 이천 명이요 남은 자가 만 명이었더라 여호와께서 또 기드온에게 이르시되 백성이 아직도 많으니 그들을 인도하여 물 가로 내려가라 거기서 내가 너를 위하여 그들을 시험하리라 내가 누구를 가리켜 네게 이르기를 이 사람이 너와 함께 가리라 하면 그는 너와 함께 갈 것이요 내가 누구를 가리켜 네게 이르기를 이 사람은 너와 함께 가지 말 것이니라 하면 그는 가지 말 것이니라 하신지라 이에 백성을 인도하여 물 가에 내려가매 여호와께서 기드온에게 이르시되 누구든지 개가 핥는 것 같이 혀로 물을 핥는 자들을 너는 따로 세우고 또 누구든지 무릎을 꿇고 마시는 자들도 그와 같이 하라 하시더니 손으로 움켜 입에 대고 핥는 자의 수는 삼백 명이요 그 외의 백성은 다 무릎을 꿇고 물을 마신지라 여호와께서 기드온에게 이르시되 내가 이 물을 핥아 먹은 삼백 명으로 너희를 구원하며 미디안을 네 손에 넘겨 주리니 남은 백성은 각각 자기의 처소로 돌아갈 것이니라 하시니

보스톤의 렉싱톤과 콩코드, 캠브리지에는 미니트 맨 동상이 도심의 시계탑 마냥 우뚝 서 있습니다. 헐렁한 남방과 작업바지, 그리고 허리춤에 총을 걸친 남성의 동상입니다. 장총을 걸머진 참전 태세를 갖추었는데 정규 군인이 아닌 소시민입니다. 세종대왕이나 이순신 정도 되는 영웅의 동상에 익숙한 한국인에겐 낯선 광경입니다. 이는 평범한 시민이 18세기 세계 최강국 대영제국을 진압하고 미국의 독립을 쟁취한 저력이었음을 기리는 동상입니다. 전투의 시작을 알리는 포탄 소리에 즉각 자리를 박차고 일어선 무명의 시민들이 미국의 건국 세력입니다.

새 시대 새 설교

하나님의 구원 작전

사사기 6장에 나오는 기드온의 사명은 이스라엘의 비참한 처지를 배경으로 주어집니다. 봄이 되어 파릇한 싹이 트면 강도처럼 내려와 장막을 치고 짐승을 풀어 가축과 곡식을 강탈하는 미디안 종족은 20세기 한국의 외교권을 차단하고 토지를 수탈하며 한국의 정치, 경제, 교육, 각 분야를 장악하여 통치의 칼을 휘두른 일제를 연상시킵니다. 일제 강점기 제 나라 땅의 노예로 전락한 빈농의 처지가 사사기 6장의 이스라엘의 상황이 아닌가 싶습니다. 가나안 정복의 약속을 받은 하나님의 백성 이스라엘은 오히려 미디안으로 도피해 산비탈 웅덩이와 굴에서 거처를 삼던 시절이었습니다. 급기야 곤경의 끝에서 이스라엘이 부르짖자(사사기 6:7), 돌파구가 열리고 하나님 구원 작전이 펼쳐집니다.(사사기 6:7-40)

하나님의 구원 작전은 한 사람과의 대화로 시작합니다.(사사기 11:40) 여호와의 사자가 기드온에게 "큰 용사여 여호와께서 너와 함께 계시도다"(사사기 6:12) 하고 말씀하십니다. 말씀하시는 장소가 비참한 처지를 시사합니다. 이스라엘 사람들은 밀 타작 때에 겨가 바람에 불리도록 높은 지대를 택하고, 포도즙을 짤 때에는 바람이 불지 않는 저지대의 틀에서 작업합니다. 여기의 기드온은 바람 불지 않는 저지대의 포도즙 틀에서 밀을 타작하고 있었습니다. 미디안의 눈을 피해 몰래 밀을 타작하고 있는 것입니다. 하나님은 이런 기드온을 '큰 용사여'라고 부르시며 대화를 시작하셨습니다. 힘겨운 일상의 노동 한복판에서 일어난 일입니다.

"큰 용사여, 여호와께서 너와 함께 계시도다" 하고 말씀하시면 우리는 대개 어떤 반응을 보이겠습니까? "아하, 하나님이 참으로 나를 사랑하시는구나!" 하며 감개무량하지 않겠습니까? 기드온은 뜻밖의 반응을 보입니다.

오! 나의 주여 여호와께서 우리와 함께 계시면 어찌하여 이 모든 일이 우리에게 일어났나이까 또 우리 조상들이 일찍이 우리에게 이르기를 여호와께서 우리를 애굽에서 올라오게 하신 것이 아니냐 한 그 모든 이적이 어디 있나이까 이제 여호와께서 우리를 버리사 미디안의 손에 우리를 넘겨주셨나이다.(사사기 6:13)

봇물 터지듯이 쏟아져 나오는 질문들은 그동안 기드온이 얼마나 민족의 수난과 조상의 유산을 대조하며 씨름하고 있었는지를 보여줍니다. 그는 밀을 타작하면서 민족의 수난에 대해 하나님께 질문하고 있던 것입니다. 하박국이 하나님께 이스라엘의 수난과 하나님의 공의에 관해 질문을 쏟아내는 것처럼 말입니다. 이때, 하나님께서 기드온에게 놀라운 명령을 주십니다.

너는 가서 이 너의 힘으로 이스라엘을 미디안의 손에서 구원하라. 내가 너를 보낸 것이 아니냐.(사사기 6:14)

'너의 힘'이 무엇입니까? 고작 포도즙 틀에 숨어 밀을 타작하는 힘으로요? 그 정도 힘으로 이스라엘을 구원하라구요? 기드온은 즉각 자신을 돌아보았습니다. "오! 주여 내가 무엇으로 이스라엘을 구원하리이까, 보소서 나의 집은 므낫세 중에 극히 약하고 나는 내 아버지 집에서 가장 작은 자니이다."(사사기 6:15) 열세에 몰린 민족 가운데 사회적 힘, 친족 배경, 인적 네트워크도 없는 현실을 그대로 드러냅니다. 성실하게 일하지만 되는 일은 없어 패배감에 젖은 모습입니다. 그런데 하나님께서 "내가 반드시 너와 함께 하리니 네가 미디안 사람 치기를 한 사람을 치듯 하리라"(사사기 6:16)고 약속하십니다. 대영제국을 한 사람 치듯 제압하리라는 약속입니다.

기드온의 결정적 장점은 하나님과의 소통에 있었습니다. 그는 끊임없이 하나님께 질문하며 순종했습니다. 하나님께서 말씀하시면 고기와 무교병을 가져왔고 그 위에 국을 부으라 하시면 부었고, 부친의 바알 제단을 헐었으며, 아세라 상을 찍으라면 찍었습니다. 부친의 수소를 산성 꼭대기에서 번제로 드리라 하시면 드렸습니다. 순종은 하나님 나라의 역사를 위한 강력한 조건입니다. 중요한 것은 말씀을 순종하면 기름 부으심이 따릅니다.

기드온이 명령을 모두 준행한 이후에 "여호와의 영이 기드온에게 임하시니"라는 구절이 따릅니다. 우리는 교회에서 습관적으로 성령충만을 구합니다. 그러나 성령충만은 아버지의 바알 제단을 부수고 아세라 상을 찍고 소를 희생제사로 드리는 순종에 따르는 기름부으심이었다는 사실을 기억합시다. 여호와의 기름부으심 후 사람들이 따릅니다. 기드온이 나팔을 불자 "아비에셀이 그의 뒤를 따라 부름을 받는" 현상이 나타납니다. 므낫세, 아셀, 스불론, 납달리도 기드온 주위로 모이기 시작했습니다. 여호와의 기름 부으심이 사람을 이끄는 지도력으로 나타납니다. 따르는 사람들이 너무 많아 오히려 문제가 되었습니다.

그런데 하나님께서 이 많은 사람들을 돌려보내라 하셨습니다. 32000명이 운집하였는데, 이들을 돌려보내라는 것입니다. 이건 또 무슨 현상인가요? 사람들이 너무 많이 따르는 카리스마를 제어하라? 다다익선이 아니던가요? 사사기 7장에 두드러진 문구는 '여호와께서'입니다. 2절, 4절, 7절, 9절에 하나님께서 기드온이 할 일을 진두지휘하십니다. 전시작전권이 강대국이 아닌 하나님께 있습니다. 그런데 하나님의 작전은 다수가 아닌 소수로 하시겠다는 의지가 분명합니다. 이상하지 않습니까? 여기에 두 교회가 있어 출석할 교회를 선택해야 합니다. 한 교회에 2000명이 모이고, 다른 교회에는 20명이 모입니다. 사역지를 선택해야 합니다. 한 교회는 700명이 모이고, 다른 교회는 30명이 모입니다. 어느 교회를 선택하시겠습니까? 우리는 은근히 큰 교회에 출석하고, 큰 교회에서 사역하고 싶어하지 않습니까? 그런데 하나님은 단호하게 31700명을 돌려보내라 하십니다.

135000명의 미디안 대군을 제압하려면 3000명도 부족한데 말입니다. 어떤 주석은 군사들의 용맹과 주도면밀성(courage and caution)을, 혹은 지원자의 강인함과 민첩함(hardy and hasty)을 시험하신 후 300명을 선별했다고 해석합니다. 우수한 자질의 병사를 뽑았다는 것입니

새 시대 새 설교

다. 일당백을 이룰 정예부대를 구성하려는 것입니다. 그렇다면, 이런 전술과 "내가 약할 그때 곧 강함이니라"라는 바울의 원리는 어떤 상관관계가 있을까요? 하나님의 나라는 수적인 우세와 무관한 질적 탁월성으로 작동하는 것일까요? 하나님께 너무 작아서 쓸 수 없는 경우는 없어도, 너무 많아서 쓸 수 없는 경우가 있는 걸까요? 하나님 나라의 법칙은 정녕 세상 법칙과 다를까요?

예수님을 만난 후

그해 겨울이었습니다. 쓸쓸한 마음으로 성경책장을 넘기던 저의 눈에 한 구절이 크게 다가왔습니다.

너희가 전심으로 나를 찾고 찾으면 만나리라. (예레미야 29:13)

이 말씀을 새기고 송구영신 예배로 향했습니다. 앞자리를 금자리로 부르던 시절이라, 강대상과 첫 줄 장의자 사이에 있는 공간 바닥에 방석을 놓고 앉았습니다. 성도들이 "예수 나를 부르시네, 예수 나를 부르시네" 찬송을 부르던 중이었습니다. "너희가 전심으로 나를 찾고 찾으면 만나리라"는 말씀을 입술로 되뇌이며 기억하는데, 말씀을 다 암송하기 전 예수님께서 쏜살같이 다가오셨습니다. 마치 기다리고 계셨다는 듯. 하얀 터번을 쓰신 예수님은 그때까지 그 어떤 액

자에서 보지 못한 모습이었습니다. 예수님은 말없이 네 가지 메시지를 주셨습니다.

첫째, 예수님은 세상을 위해 오신 것이 아니라 바로 나를 위해 오셨습니다. 둘째, 예수님은 완전한 사람으로 십자가를 지셨습니다. 셋째, 예수님은 온유한 분이셨습니다. 넷째, 예수님은 온전히 순종하셨습니다. 예수님을 만나자, 그때까지 제가 가진 예수님께 대한 오해가 즉각 풀어졌습니다. 곧 예수님은 온 세상의 구세주라는 막연한 개념이 바뀌었습니다. 예수님은 하나님이시니 당연히 십자가를 지실 수 있겠다는 생각도 바뀌었습니다. 완전한 사람으로 십자가를 지셨으니 저 역시 그 길을 갈 수 있다는 메시지로 해석되었습니다. 자극을 받으면 속에 감추어진 분노가 자해로 표출되며 순종이라는 단어에 거부감이 있었던 자였습니다. 그런데 예수님은 온유와 순종의 표상이셨습니다.

네 가지 메시지는 저의 가슴을 후벼팠습니다. 신생아처럼 눈물이 쏟아져 바닥을 치며 통곡했습니다. "하나님, 나의 죄를 위해 대신 기도해 주세요." 누가 내 죄를 대신해 법정에 설 변호사일까요? 하얀 터번을 쓰신 대제사장 예수 그리스도는 나의 죄를 가리고 법정에 대신 서실 변호사이셨습니다. 그날 송구영신 예배에서 받은 네 가지 메시지는 세월이 흘러도 변하지 않는 정금과 같이 빛을 발하며 심비(心碑)에 아로새겨졌습니다.

예수님을 만나자 이내 경제적 연단이 시작되었습니다. 당시 고등학생인 동생과 함께 살며 등록금과 월세, 생활비, 잡부금 일체를 벌며 대학을 다녔는데 과외가 유일한 생계 수단이었습니다. 그런데 그해 여름 전두환 신군부가 대학생 과외 금지조치를 내렸습니다. 생활비 조달의 원천이 봉쇄되자 갑자기 등록금, 월세, 양식, 교통비, 심지어 우산도 없는 상황이 겹쳤습니다. 이때 이름도 알 수 없는 까마귀의 공급을 받았습니다. 그릿 시냇가의 까마귀는 한국에도 있습니다. 재정훈련은 세상 마지막에 돈의 종이 되지 않도록 가지 끝을 잘라버리고 행여 돈 욕심이라는 순이 나오지 않도록 역청을 바르시는 하나님의 훈련 방법이었습니다. 30000명을 돌려보내시는 하나님의 사랑입니다.

까마귀 공급으로 3년을 버텨 대학을 졸업하자 공립학교 교사 발령을 받았습니다. 재정문제는 안개처럼 사라졌지만 다른 문제가 등장했습니다. 문교부 지정 영어교육 연구학교에서 근무했는데, 전국의 영어교사, 교감, 장학사들이 참관하는 자리에서 대표수업을 하게 되었습니다. 수업을 마치자 B형 간염이 염증으로 급격히 악화되어 병가를 제출할 수밖에 없는 상황이 되었습니다. GOT/ GPT 수치가 정상치 40을 넘어 1000으로 치달렸습니다. 15분도 책을 읽을 수 없었습니다. 바로 그때 대학시절에 서원한 공산권 선교의 문이 열렸습니다. 고르바초프의 페레스트로이카로 문을 연 러시아가 부르는 것이었습니다. 서울대 병원 의사는 치료약이 없다고 하여 녹즙이 좋다는 간염환자들의 조언에 녹즙기를 사고, 녹즙과 효모에 실낱같은 희망을 걸고 있던 때였습니다.

러시아에는 푸른 채소가 여름 한 철 반짝 나오다가 일 년 내내 비트, 양파, 감자로 살아야 한다는 정보를 얻게 되었습니다. 고민 후 금요 철야기도 시간에 말씀을 드렸습니다. "하나님, 아시지요? 러시아에 푸른 채소가 없답니다. 그러니 남편만 러시아로 가고 저는 매달 백 만 원씩 선교헌금을 보내겠습니다." 스스로 대견했습니다. 그런데 하나님께서 의외의 말씀을 하셨습니다. "나는 너의 돈이 필요 없다. 몸이 필요하다." "아니 제 몸이라니요? 정수리부터 발끝까지 바이러스로 썩은 이 몸이 왜 필요하십니까?" 감격의 눈물이 쏟아졌습니다.

파송 예배를 드리고 병든 몸으로 러시아로 향했습니다. 붉은 화살밤 열차를 타고 모스크바에서 세인트 피터스버그로 향했습니다. 수시로 누워 있던 병든 몸이 어느덧 12월 31일을 맞았습니다. 한국을 그리워하며 홀로 송구영신 예배를 드렸습니다. 그때 이사야 58장을 읽게 되었습니다. "네 치유가 급속할 것이며." 수년간 뿌리를 내린 만성 간염이었기에 치유라는 구절은 건성으로 읽었습니다. 그러나 봄이 되어 혈액검사를 하니 GOT, GPT가 정상수치로 되었습니다. 새털 같은 하나님의 말씀이 내 어깨에 날아와 앉았습니다. 20년 후, 간염은 온데간데 없이 사라졌습니다. "네 몸은 내 것이라" 하시며 인두를 찍으시는 하나님의 방법이었습니다. 몸을 드리니 건강을 주십디다. 2000명을 돌려보내시는 하나님의 사랑입니다.

러시아 선교를 마치고 한국에서 사역을 하는데 보스톤 한 교회로부터 초청이 들어왔습니다. 그것은 사실 지독한 훈련으로의 초청이었습니다. 아마 미리 알았더라면 응하지 않았을 지 모릅니다. 10년 동안 성도들의 배가와 재정의 배가로 세칭 "목회의 성공"이라는 배지를 얻게 되었고 교회 건축을 추진하기 시작했습니다. 그런데 지역 주민의 반대에 부딪혀 급기야 교회가 깨어지게 되었습니다. 이민교회는 미국이라는 나라에 형성된 또 하나의 작은 나라입니다. 미국사회의 비주류로 살아가는 인종적 소외감이 교회 내 주도권 주장으로 표출되어 충돌이 발생했습니다. 재물연단, 건강연단이 끝나는가 싶더니 관계연단이 시작된 것입니다. 가난이나 질병은 개인적 고난이니 기독교인으로 사람들의 공격을 받는 교회분열보다는 상대적으로 괜찮게 보일 정도였습니다. 반면 교회분열은 어른과 청소년 모두 맞물려 예상치 못한 연쇄 핵분열로 이어졌고, 극도의 심적 고통을 가져왔습니다. 성전에서 기도하지 않고는 하루의 아픔을 견딜 수 없었습니다. 이때 그 이전 주마간산으로 읽던 시편과 예수님의 수난기사가 생생히 살아났고, 비교할 수 없으리만치 놀라운 위로로 시린 상처가 어루만져지는 경험을 했습니다. 시편의 구절마다 붉은 줄이 이어졌습니다. 깊은 폐부 속까지 예수 그리스도가 구원의 소망이 되고 삶의 전부가 되도록 불도장을 찍으시는 하나님의 훈련이었습니다. 사람의 인정에 매달리지 않도록 700을 돌려보내시는 하나님의 사랑이었습니다.

교회가 아슬아슬하게 깨질 무렵, 바닥에 내팽개쳐진 심정의 남편은 21일 금식기도에 들어갔습니다. 이때, 그의 곁으로 보스톤의 작은 교회 목사님들이 하나 둘 모이기 시작해 10년이 넘도록 함께 기도하고 돌아가며 설교하는 목회자 기도회가 형성되었습니다. 특이한 사실은 이분들이 조용히 기도만 하고 있는데, 시간이 흐르자 보스톤 목회자 사이 서열의식이 바뀐 것입니다. 큰 교회, 작은 교회 목회자 사이에 존재하던 무언의 서열의식 대신, 함께 격의 없이 고민을 내어놓고 기도하여 에큐메니컬 협력 사역인 보스톤 느헤미야 연구소(Boston Nehemiah Institute)라는 기독교 교육의 장이 세워지고, 보스톤 리뉴(Boston Renew)라는 청년수련회를 가질 수 있게 되었습니다. 무릎 꿇고 함께 기도하는 목회자들이 연합사역의 울타리가 된 것입니다.

32700명을 돌려보내시는 이유

32700명을 돌려보내시는 이유는 아마도 하나님 자신에 집중시키는 전략이 아니었나 싶습니다. 승리하는 그리스도인의 삶을 살아내기 위해서는 그리스도를 만난 경험으로 충분하지 않습니다. 예수님과의 만남은 출발에 불과합니다. 우리의 무의식에 감추어진 구습, 두 마음, 세상가치를 걸러 내고 생명의 원천이신 하나님께 깊이 뿌리 내리도록 훈련하시는 과정이 32700명을 돌려보내는 훈련입니다. 더이상 자본주의의 산술, 힘, 사이즈, 크기, 길이, 용량이 그리스도인의 가치판단을 지배하는 잣대가 되지 않고 오로지 창조주 하나님의 손을 잡고 걷도록 주시는 훈련입니다.

우리의 푯대는 그리스도의 형상입니다. "내가 그리스도와 함께 십자가에 못 박혔나니 이제 내게 사는 것이 그리스도"(갈라디아서 2:20)라는 입술의 고백이 가슴의 고백이 되기까지, 거룩하신 하나님께서 주시는 훈련입니다. 그때에 "내가 약한 그때에 강함이라"(고린도후서 12:10)고 고백하게 됩니다. 폭압과 죄악이 횡행하는 앗시리아와 바빌로니아 앞에 나약한 이스라엘을 탄식하면서도 "나는 여호와를 인하여 즐거워하리라"고 고백한 하박국의 심정으로 하나님 앞에 서는 것입니다. 인간적 조건이 미약해 전세는 불리할지라도 하나님과 함께 민족의 구원을 위해 총력을 기울이는 사람, 그런 사람을 하나님은 찾으시고, 통하여 일하십니다.

> 아무든지 나를 따라오려거든 자기를 부인하고 자기 십자가를 지고 나를 좇을 것이니라. 누구든지 제 목숨을 구원코자 하면 잃을 것이요 누구든지 나를 위하여 제 목숨을 잃으면 찾으리라.(마태복음 16:24-26)

하나님이 생의 전부라는 고백이 말뿐만 아니라 매일의 삶으로 이어지는 사람입니다. 두 마음을 좇으면 아무것도 이루어지지 않기 때문입니다. 아마도 기드온의 300 용사를 생각하며 웨슬리는 그렇게 말했을지 모릅니다.

"죄 외에 그 어떤 것도 두려워하지 않고 하나님 외에 그 어떤 것도 사랑하지 않는 100명을 주십시오 그러면 지옥의 문을 흔들 것입니다."

한민족은 외부의 무력도발과 압제에도 불구하고 인류 역사상 보기 드문 5000년의 역사를 이어온 문화민족입니다. 평범한 대중의 단결로 위기를 극복해 온 민족 유산을 가지고 있습니다. 국가 간 외교를 강화하고 문화와 기술을 교류해야 하지만 아직도 반도의 군사전략을 강대국에 의존하는 정책은 기독교인의 정신에서 바로잡아야 합니다. 이스라엘이 주변 강대국에 의지할 때, 이집트도, 앗수르도, 바빌로니아도 모두 썩은 지팡이 같이 무너졌다는 사실을 잊지 맙시다. 지정학적 숙명론으로 강대국을 사대하는 그릇된 식민사관의 폐해를 떨쳐버려야 합니다. 미니트 맨 정신으로 대영제국에 저항했던 미국에서 시민불복종의 저항정신을 배울 수 있겠습니다. 한민족의 군사적 사대는 외부가 아닌 내부 세력 간의 패권싸움에 기인했다는 사실도 잊지 말아야 합니다.

하나님은 우리 인생의 전부이십니다. 이것이 진실한 삶의 고백이 될 때, 하나님께서 우리를 통해 일하십니다. 평범한 소시민 기드온은 기도하면서 민족구원의 사명을 확인했고, 기도로 사명을 수행할 길을 찾았습니다. 기도의 사람은 하나님이 우리의 전부이시고, 하나님의 전적인 주권을 통해 일하셔야 한다는 확신을 얻습니다. '나의 능력'을 자랑할 여지를 남기지 않도록 32700명을 돌려보내십니다. 오로지 1% 미만의 용사와 일하시는 하나님의 승리를 보여주십니다. 끝없이 역부족을 느끼는 당신은 오로지 하나님께서 일하시도록 힘의 원천이신 그분께 전적으로 주도권을 내어드리라는 하나님의 부르심입니다.

2016년 서울신학대학 대학원 예배 간증설교

다음 세대를 위한 준비:
다윗왕의 자녀교육과 수잔나 웨슬리의
자녀교육

사무엘하 13장 28-33절, 잠언 22장 6절

압살롬이 이미 그의 종들에게 명령하여 이르기를 너희는 이제 암논의 마음이 술로 즐거워할 때를 자세히 보다가 내가 너희에게 암논을 치라 하거든 그를 죽이라 두려워하지 말라 내가 너희에게 명령한 것이 아니냐 너희는 담대히 용기를 내라 한지라 압살롬의 종들이 압살롬의 명령대로 암논에게 행하매 왕의 모든 아들들이 일어나 각기 노새를 타고 도망하니라 그들이 길에 있을 때에 압살롬이 왕의 모든 아들들을 죽이고 하나도 남기지 아니하였다는 소문이 다윗에게 이르매 왕이 곧 일어나서 자기의 옷을 찢고 땅에 드러누웠고 그의 신하들도 다 옷을 찢고 모셔 선지라 다윗의 형 시므아의 아들 요나답이 아뢰어 이르되 내 주여 젊은 왕자들이 다 죽임을 당한 줄로 생각하지 마옵소서 오직 암논만 죽었으리이다 그가 압살롬의 누이 다말을 욕되게 한 날부터 압살롬이 결심한 것이니이다 그러하온즉 내 주 왕이여 왕자들이 다 죽은 줄로 생각하여 상심하

지 마옵소서 오직 암논만 죽었으리이다 하니라.(사무엘하 13:28-33)

마땅히 행할 길을 아이에게 가르치라 그리하면 늙어도 그것을 떠나지 아니하리라.(잠언 22:6)

'아버지 부재'의 시대

한 사람이 가진 신앙가치는 자녀교육과 돈지갑에서 적나라하게 드러난다고 합니다. 한국은 70년대와 80년대에 자녀교육을 어머니의 전적 책임으로 돌리고 남성들은 개발독재의 톱니바퀴에 물려 돈과 성공신화를 쫓았습니다. 그 결과 '아버지 부재'라는 현상을 낳게 되었습니다. 아버지를 본받는 자녀 역시 돈과 최고권력을 향해 질주하고, 공공의 복지에 대한 관심보다 개인 욕망을 채우기에 골몰하니 청년 세대는 각자도생, 무한 경쟁사회를 뚫고 나가기에 급급하게 되었습니다.

하나님은 우리에게 오늘뿐 아니라 내일의 지도자, 다음 세대를 위한 일꾼을 준비하라 말씀하십니다.(열왕기상 19:15-16) 국가이든, 가정이든, 다음 세대를 이끌 지도자를 양성하지 않으면 다른 세대가 일어나 피땀 흘려 세운 터를 파괴하기 때문입니다. 이 시대에 교회는 다음 세대를 양육하기 위해 애정 어린 관심을 기울였는지 돌아봅니다. 동시에 다음 세대를 키울지 다른 세대를 키울지 그 열쇠는 가정의 신앙교육에 있다 해도 과언이 아닙니다. 자녀교육에 대한 부모의 두 가지 접근 방법이 있습니다. 방치와 체계적 경건 훈련입니다.

다윗왕의 자녀교육

아이들은 저들이 알아서 스스로 성장하기에 부모가 의식주 제공 외에 아무것도 관여하지 않아도 된다는 '방치형' 자녀교육이 있습니다. 암몬과 압살롬을 향한 다윗의 태도가 그러했습니다. 아마도 다윗 스스로가 부모의 방치 가운데 성장했기에 이런 태도에 대해 별 문제 의식이 없었을지 모르겠습니다. 다윗의 아버지 이새는 다윗에게 별다른 신앙교육을 시키지 않았습니다. 시대의 지도자 사무엘이 가정에 심방을 왔을 때 일곱 아들이 모두 사무엘에게 인사를 했지만 다윗은 어리다는 이유인지 들에서 가축을 보고 있으라 하고 내버려 두었습니다. 양을 지킬 나이는 찼는데도 말입니다.

다윗은 광야에서 하늘의 별을 보며 신앙을 키웠습니다. 청장년기 다윗은 오로지 신앙에 의지해서 살고 아둘람 굴에서 장군의 무술과 지도력을 연마했습니다. 하나님을 섬기기에는 더할 나위 없이 아름다운 헌신을 보였지만, 자신의 자녀들은 욥처럼 불러서 '성결하게' 되도록 보살피고 일일이 위하여 번제를 드린 기록이 없습니다. 딸 다말에게 끌어 오르는 자기욕망을 발산한 후 손을 털고 대신 증오를 키운 맏아들 암논의 악행을 알게 되었을 때, 다윗은 '심히 분노'(사무엘하 13:21) 하면서 사태를 덮어두고 그에 합당한 처벌을 가하지 않았습니다. 다말의 생명을 유린하고 파괴시킨 잔인한 형제입니다. 그것도 아버지의 권유로 다말은 그런 상황에 처하게 되었습니다.

맏아들의 이중범죄를 무마시킨 왕의 처사

이를 지켜본 압살롬의 참담한 심경은 훗날 재판을 구하고자 온 이스라엘 백성에게 한 그의 말에 함축되어 있습니다. "네 송사를 들을 사람을 왕께서 세우지 아니하셨다. … 송사나 재판할 일이 있어 오는 자에게 내가 정의 베풀기를 원하노라." 압살롬은 암논 사건으로 동생이 은거하던 2년간 '정의'라는 문제에 대해 고심했습니다. 그는 자기 손으로 형제를 암살할 계획을 세웠습니다. 그 기간 다윗은 방치로 일관했습니다. 아들들과 대화를 시도한 기록이 없습니다.

그 당시 다윗은 이스라엘 역사상 처음으로 가나안 족속을 남김없이 정복하며 왕국의 전성기를 이루고 있었습니다. 자만심이 커진 까닭일까요? 화려한 궁의 안락을 향유하며 "이만하면 안심"이라 느꼈을까요? 요압과 부하들, 이스라엘 온 군대가 암몬 족속과 격투 중인데, 다윗은 저녁나절 침상에서 부시시 일어나 왕궁 옥상에서 거닐다가 이성의 유혹을 받았습니다. 이미 가정이 있는 남의 아내임을 알면서도 외도를 서슴지 않았습니다. 그녀의 남편이나 가정을 보호해야 한다는 일말의 양심은 어디로 갔을까요? 손톱만큼도 없었습니다. 그녀의 남편이 자신의 충신이라는 사실도 다윗을 억제하지 못했습니다. 오로지 욕망에 사로잡힌 다윗, 정치 권력을 남용해서 청부살인을 서슴지 않고 감행하는 다윗의 행동은 가히 충격적입니다.

가족과 왕국에 돌이킬 수 없는 화를 불러올 죄를 지음에 그토록 둔감하고 그토록 무분별한 다윗을 보면 가슴이 철렁 내려앉습니다. 영적 불감증에 걸려 그랬을까요? 옴짝달싹 못 하고 자기 자녀의 죽음에 이르는 죄악을 방치하고 "아무 일도 안 한 죄"를 지었습니다. 그결과, 피땀 흘려 세운 왕국은 압살롬의 쿠데타로 여지없이 금이 갔고, 다윗은 가나안 족속 전체를 정복한 승리의 상징, 다윗성으로부터 탈주합니다. 난공불락의 기브온을 함락하여 마침내 건립한 예루살렘, 하나님의 은혜로 이룬 빛나는 전승의 상징 시온성에서 황급히 도주하게 되었습니다.

하나님의 자녀교육과 다윗의 자녀교육은 극명한 대조를 보입니다. "하나님 마음에 합한 자"라 찬사를 들은 다윗을 하나님 아버지는 어떻게 훈육하십니까? 사무엘하 12장 7-12절에 이르는 혹독한 말씀을 보십시오.

> 여호와의 말씀을 업신여기고, 나 보기에 악을 행하였느냐. … 너는 은밀히 행하였으나 나는 온 이스라엘 앞에서 백주에 이 일을 행하리라.(사무엘하 12:9, 11)

당신의 사랑하시는 아들 다윗에게 주시는 책망은 다리가 후들후들 떨리도록 엄한 말씀입니다. 이 하나님이 바로 우리의 아버지이시기에 우리에겐 소망이 있습니다. 하나님의 정의, 하나님의 의로우심, 하나님의 책망은 우리의 산 소망이요 복음의 출발입니다.

수잔나 웨슬리의 자녀교육

성경은 "마땅히 행할 길을 아이에게 가르치라. 그리하면 늙어도 그것을 떠나지 아니하리라"(잠언 22:6)고 명하십니다. 존 웨슬리의 어머니 수잔나 웨슬리(1669-1742)는 마땅히 행할 길을 자녀에게 가르치라는 이 말씀을 순종하고자 혼신의 힘을 기울였습니다. 다행히도 이에 대한 상세한 기록자료가 남겨져 있습니다. 1997년 옥스퍼드대학 출판사가 출간한 수잔나의 글모음입니다. 시대와 맥락은 다르지만 우리의 신앙생활에 실제적 힌트를 주는 내용이라 한 번 보겠습니다.

19세에 사무엘 웨슬리 목사와 결혼한 수잔나는 19명의 자녀를 출산했습니다. 당시 흔히 그렇듯 9명이 어려서 사망하고 10명만 성인이 되었습니다. 상상해보십시오! 아이들 10명이 집안 여기저기 어지럽히는 광경을! 그런데 놀랍게도 웨슬리 목사관에서는 아이들의 고성이나 울음소리가 들리지 않았습니다. 이 아이들은 소리 높여 울고 발을 동동 구르며 막무가내로 생떼를 쓴다고 자신들의 요구가 이루어지지 않는다는 사실을 가정에 흐르는 분위기로, 문화로, 훈련으로 체득했습니다. 사실 큰아이들을 잘 키우면 스스로 동생들을 보살피기에 자녀 10명을 키우는 엄청난 일이 불가능한 것은 아니라고 합니다. 자녀들이 부모의 가르침을 다 순종하지는 않는다 하더라도 말입니다.

수잔나는 경건훈련의 초점을 자기 의지의 복종에 두었습니다. 19세기 북미 기독교에 새물결을 불러온 장로교 찰스 피니(Charles Finney)와 감리교 피비 팔머(Phoebe Palmer) 역시 인간의 의지에 초점을 두었고, 즉각적 헌신의 결단과 약속에의 순종을 통한 성결 부흥운동을 일으켰지요. "육체의 훈련은 약간의 유익이 있지만, 경건훈련은 영생을 약속한다"(디모데전서 4:7-9)는 바울의 말씀 역시 인간의 의지를 사용함을 전제로 하고 있습니다.

수잔나는 지적 영역은 점진적 과정을 거쳐 습득되는 반면 의지의 영역은 하나님의 말씀에 즉각 순종하는 훈련을 통해 유년기에 실천 가능하다고 보았습니다. 가능할 정도뿐 아니라 일차적인 가정교육의 목표로 삼았습니다. 의지를 길들여 하나님의 말씀을 읽는 훈련, 가르침에 순종할 수 있는 온순한 성품을 얻는 훈련은 빠르면 빠를수록 좋다는 것입니다. 어릴 때 자기의지를 바로잡지 않으면 완고하고 고집센 사람으로 굳어버려 교육이 불가능하기 때문입니다.

자녀의 고집과 못된 버릇을 그대로 용인하고 기를 세워 최고 되기만 부추기는 부모를 아이들은 "착하고 친절한 부모"라 부를지 모르겠지만 수잔나는 "잔인한 부모"라 규정했습니다. 이웃을 폭력으로 짓밟고 자기 유익과 권력추구에 골몰하는 인격, 타인과의 공감불능,

소통이 되지 않고 자기중심성에서 벗어나지 못하는 태도, 독버섯처럼 불법을 써서라도 재물 늘리기에 집착하는 행동의 뿌리는 바로 유년기에 형성된다는 것입니다. 때로 학교에서 막무가내로 자기 뜻을 고집하며 생떼를 쓰는 아이들이 있습니다. 그런데 대개 그 아이들의 어머니가 '천사'더라는 한 초등학생의 관찰이 인상적입니다. 즉 자기 의지의 어린싹이 굵은 넝쿨처럼 뻗어가도록 내버려 두는 부모를 '천사'라 부른 것이지요. 이런 식으로 자녀가 성장하면 참을성 없고, 스스로 신이 되어, 교만과 게으름, 정욕과 향락 가리지 않고 온갖 욕망으로 점철된 성인이 되는 것이지요.

수잔나의 가정교육을 잠시 살펴보겠습니다.

아이들은 아침에 시편과 구약 한 장을 읽고, 개인기도를 한 후 함께 조반을 합니다. 9시부터 정오까지, 그리고 2시부터 5시까지 홈스쿨이 진행되는데 이 시간 장난치는 행위는 일체 금지됩니다. 수잔나는 아이들이 3개월 만에 습득하는 교육내용의 막대한 분량에 경탄하였습니다. 여아는 우선 글을 읽기 전에는 절대 바느질을 가르치지 않습니다. 한 아이가 자신이 원하는 시간에 특별히 먹고 싶은 간식이나 원하는 저녁 메뉴가 있다고 합시다. 이것도 허락되지 않습니다. 10자녀가 아니라 다만 몇이라도 개인적인 음식의 취향을 만족시키려면 부엌의 일감이 얼마나 늘어날지 상상해 보면 곧 이해됩니다.

5시에 홈스쿨이 끝나면, 두 명씩 짝지어 시편과 신약성서 한 장을 읽습니다. 곧 6시가 되어 저녁 식사를 합니다. 7시에는 취침을 준비하지요. 8시에 전원 졸리지 않아도 잠자리에 들어야 하거든요. 취침

시간을 꼭 준수합니다. 포스트 코로나 시대에 유투브 시청률이 밤에 폭주한다는 사실이 알려졌습니다. 그러나 새벽 첫 시간을 하나님께 드리기 위해 교회를 찾는 사람들은 자칫 지나치게 율법적으로 보일 수 있는 수잔나 가정의 저녁 취침시간이 얼마나 중요한지 절감합니다.

수잔나의 가정은 공동체에 대한 존중과 남에 대한 배려로 절제와 겸양을 강조했고, 자신의 소유를 남과 나누는 삶을 기본생활 습관으로 익히게 했습니다. 정한 시간에 무릎을 꿇고 시편을 읽으며 함께 기도하고 함께 찬양하는 습관을 몸으로 익혔습니다. 이러한 가정교육은 자기 의지를 부인하도록 훈련합니다. 개성을 강조하는 미국의 개인주의 사회에서는 이런 훈련이 상당히 고루하게 보일 수 있습니다. 개인의 잠재력을 붕어빵 틀에 맞추는 훈련인가 질문이 나올 수 있겠습니다. 그러나 교회에서 자주 인용되는 갈라디아서의 "내가 그리스도와 함께 십자가에 죽었나니 이제는 내가 산 것이 아니오 내 안에 그리스도께서 사신 것이라"(갈라디아서 2:20)는 말씀이 가정에서 어떻게 적용될지 엿볼 수 있습니다. 매사 성령님의 초자연적 역사를 끌어당기지 못한다면 말입니다.

수잔나는 모든 죄와 인간의 비극이 자기 의지에 있다고 보았습니다. 유년기에 의지를 다스리는 훈련을 받지 않으면 장성한 뒤에 가서 부모가 후회하고 규칙을 새로 정하며 본을 보이고 애를 써도 별 효과가 없다고 합니다. 한 번 잘못 형성된 습관을 고치려면 큰 고생하고 대가를 치러야 한다는 것이지요. 대대로 핍박받던 청교도 목회자 가정에서 자란 수잔나는 기독교 신앙이란 결국 하나님의 설계도를 따라가는 것이기에 이를 거스려 의지를 사용하면 자신의 생에 피치 못할 불행을 초래한다고 믿었습니다. 대소사 간 자기 의지를 관철하고 자만과 교만, 정욕을 따라 행동을 취한다면 잠시 만족감을 누릴지 모르지만, 쾌감은 거품처럼 사라지고 이내 불편한 감정이 도사리게 됨을 우리도 경험하지 않습니까?

수잔나는 자녀의 자기 의지를 길들이면 하나님의 뜻에 순종할 삶의 기반을 닦지만, 자기 의지를 제멋대로 사용하도록 방치하면 심지어 그 부모는 사탄과 협력하고 있다고 확신했습니다. 수잔나는 자녀들이 의도적인 고집을 부릴 때면 이를 내버려 두지 않았지만, 그렇다고 매사 참견하고 조언하지는 않았습니다. 대신 자녀 하나 하나에게 눈높이를 맞추고 가르치고 교훈하기보다 그들의 소리를 경청하는 시간을 매주 할애했습니다. 수잔나 자신의 의견은 수많은 편지글로 전해서, 자녀가 글을 읽고 생각할 시간을 갖게 하였습니다. 국가이든, 사회이든, 교회이든, 가정이든, 부부 사이든, 부자 사이든, 약하고 어린 사람의 주장과 사연을 귀담아듣는 시간은 얼마나 아름답고 값진 것일까요?

결국 수잔나의 가정은 신성클럽(Holy Club)과 감리교(Methodism)를 잉태하고 종교개혁의 어린 모종을 키운 온실이 되었습니다. 계획한 것은 아니지만 수잔나의 가정이 18세기 종교개혁자들을 키운 모판이었던 것입니다. 한 지붕 아래에서 함께 공부하고 함께 식사하고 함께 기도하던 자녀들이 세계를 교구로 삼아 줄기차게 확산될 혁신적

개혁운동의 축인 소그룹(ecclesiolae in ecclesia)의 비밀을 어린 시절부터 가정에서 누리고 있던 것입니다.

결손가정의 자녀교육

다음 세대는 갖가지 사유로 "아버지 부재"의 결손가정에서 살아가야만 할 때가 있습니다. 부모가 불신자이거나 일찍 돌아가실 수 있고, 이혼한 가정에서, 혹은 입양되어 성장해야만 할 수 있습니다. 이럴 때는 어떻게 합니까? 아버지 장례식 때 일입니다. 아버지 친구분들이 수십만 원을 모아 제 손에 쥐어 주셨습니다. 경제학 교수이시던 아버지의 연세대학 동문, 손인수 교수님과 서너 분이 새어머니를 중심으로 전개되는 묘한 상황을 재빨리 파악하시고, 저와 제 동생에게 살짝 주신 것입니다. 결국 저희 남매에게 아버지의 유산은 벼루 하나 돌아오지 않았습니다. 당시 대학생이었던 저는 동생과 월세 단칸방에서 과외로 생계를 이어갔는데, 그나마 전두환 정권의 대학생 과외 중지령으로 더욱 궁핍한 처지였습니다. 그런데 교수님께 받은 돈을 그대로 하나님께 드리며 기도를 드렸습니다.

"하나님, 이제부터 저의 아버지가 되어 주세요. '아버지 없는 호로 자식'이라 조롱당하지 않게 해주세요."

하나님은 저의 기도를 받으셨습니다. 그 이후 제 생애에 재정문제로 고생한 기억이 없습니다. 분에 넘치는 은총의 연속이었습니다. 러시아 선교사로 파송 받을 때 후원금이 차고도 넘쳐, 함께 러시아로 향한 선교사님의 부족까지 채울 수 있게 되었습니다. 보스톤대학에서 학위를 받는 10년간, 시댁이나 친정의 아무 도움도 기대할 수 없었지만, 단 1달러도 내지 않고 학위를 얻었습니다. 오히려 조교 월급을 받아 생활비에 보탤 수 있었습니다. 박사학위과정 6년이 되면 장학금 신청 자격을 잃는데 세계 석학 대나 로버트 교수님 추천으로 각종 장학금이 이어졌습니다. 그리고 서울신학대학의 초빙교수, 캔자스시티의 센트럴신학대학원 교수, 보스톤대학의 초빙 연구원 모두 지원 없이 초청을 받았습니다. 문교부와 한국연구재단의 연구비 지원도 계속되어 은퇴까지 가르치는 일과 연구를 할 수 있게 되었습니다.

이렇게 물질적 복이 넘치는 저의 삶을 가리켜 사람들은 '기복신앙'에 기인한다고 할지 모르겠습니다. 그러나 월세방에 동생과 아르바이트로 근근이 생활을 이어가던 고학생이 부친상을 당해 받은 봉투를 고스란히 하나님께 드리며 구한 것은 '복'이 아니었습니다. '아버지'였습니다. 하나님께 저의 아버지가 되어 주십사고 간청한 것입니다. 아버지가 그토록 절실했습니다. 그래서인지 수많은 청소년들이 아버지를 찾는 신음소리가 들립니다.

이어령 교수가 세례를 받은 이유에 대한 질문을 받았습니다. 그의 답은 지상의 아버지가 자녀에게 해줄 수 있는 역할에 대한 한계를 보여줍니다.

"딸 민아는 암과 시력장애, 그리고 아이의 문제를 모두 신앙심으로 극복했습니다. 간단히 말해 피와 살을 물려준 아버지가 아니라 하늘의 하나님이 고쳐주진 것이지요. 그동안 딸에게 해준 것이 없었습니다. 일찍 등단하면서 가족들에게 많이 베풀지 못했고 아이들은 제 사랑을 받지 못했습니다. 그래서 민아에게 죄의식을 가지고 있었습니다. 민아에게 문병을 갔던 하와이의 작은 교회에서 저는 처음으로 기도했습니다. '하나님, 사랑하는 딸에게서 빛을 거두지 않으신다면 남은 삶을 주님의 자녀로 살겠나이다'라고요."

이 세상의 훌륭한 부모 그 누구인들 완벽한 가정교육을 제공할 수 있겠습니까? 우리는 성경의 첫 사람 아담 가정에서 첫 아들이 동생을 살해하는 끔찍한 장면에 경악합니다. 이삭의 첫 아들과 둘째 아들 사이도 한 집안에 있으면 목숨이 위태로울 정도로 악화되었습니다. 야곱의 아들들은 집단 폭력으로 동생에 대한 살해미수의 비극을 낳았습니다. 다윗뿐 아니라 사무엘의 두 아들도 사익을 챙기고 형사재판을 굽게 해 이스라엘의 원성을 샀으니 어쩌면 좋습니까? 누가 하나님의 자녀교육을 제대로 실행하고 있습니까?

이민교회의 한인 부모들은 돈을 벌어 자녀를 명문학교 보내기에 총력을 기울입니다. 신앙생활은 유스그룹에 맡기고 가정은 일터에서의 스트레스 해소와 의식주 문제의 해결에 집중합니다. 십대 자녀들은 한인교회에서 한인친구를 사귀지만, 함께 마약을 배우고, 술을 마시며, 미국사회의 자유분방한 성의식에 따라 이성 관계를 실험합니다. 학교에서는 이런 현상을 부추깁니다. 부모와 자녀 간의 언어장벽으로 인해 소통의 창은 점점 좁아갑니다. 십대의 초미 관심사가 친구라면, 세상의 공중권세 잡은 자는 다른 세대를 구축하고 하나님의 백성을 파괴하도록 삼킬 자를 찾고 있음을 직시해야 합니다.

이민진 작가의 《백만장자를 위한 공짜 음식 *Free Food for Millionaires*》에 미국의 한인이민사회에서 겪는 다음세대의 아픔이 극명하게 묘사되어 있습니다. 우리는 하나님이 일하시도록 자신을 내어드릴 때 강력한 다음 세대의 수호자가 될 수 있습니다. 공중권세 잡은 자를 제압할 하나님의 능력, 하나님의 임재, 하나님의 생명이 흐를 경건훈련을 통해 그리스도의 군사를 세워야 합니다. 하나님이 일하시기에 다음 세대는 다음 세대로 이어갈 수 있습니다.

가장 확실한 가정교육은 하나님 아버지께서 직접 훈육하시는 교육입니다. 청년 요셉도, 어린 사무엘도, 모세도, 다니엘도 하나님 아버지의 손에 친히 양육을 받았습니다. 자녀의 방치나 철저한 경건훈련 모두 불완전한 부모가 시행하기에 때로는 혼신을 다해 쏟아부은 자녀양육에도 불구하고 예기치 못한 사고를 당하기에 우리는 더더욱 하나님 아버지를 의지하게 됩니다. 그래서 자녀 스스로 하나님을 대면하고, 눈물과 피땀 흘리는 훈련과정을 통해 진주와 같은 인격이 빚어지는 원칙으로 돌아갑니다. 하나님의 주권으로 경건훈련을 받아 견고한 하나님의 사람으로 빚어집니다. 다음 세대의 세움은 무엇보다 하나님이 아버지 되심으로 비롯됩니다.

2023년 1월 보스톤 여성 중보기도회 아크합 설교

새 시대 새 설교

이현주

한신대학교 연구교수

진보 교단의 목회자 가정에서 나고 자라 여성이기 이전에 평등한 인권을 가진 인간으로서 스스로를 생각해오다. 해외에서 공부하며 만난 기독교인들의 뿌리 깊은 가부장주의와 성차별적 면모로부터 여성 성서해석자로서의 자신을 재발견했다. 신약성서와 초기 기독교 전승 내 여성들의 다양하고 복잡한 삶의 여건과 경험을 추적하고, 비정상과 비주류로 낙인찍힌 여성들의 삶을 재조명하는 데 관심을 갖고 있다.

한신대학교 신학과와 신학대학원, 미국 맥코믹 신학대학원, 에모리대학교 캔들러 신학대학원을 거쳐 에모리대학교 일반대학원에서 종교학 박사(신약성서 전공)를 받았다. 한국기독교장로회 목사이며, 한신대학교 종교와 과학 센터 소속 연구교수로 일하며 한일장신대학교와 연세대학교에서 강의하고 있다. 역서로 《뵈뵈를 찾아서》가 있다.

지배에서 공생으로

누가복음 16장 1-8절

예수께서 제자들에게도 말씀하셨다. "어떤 부자가 있었는데, 그는 청지기 하나를 두었다. 그는 이 청지기가 자기 재산을 낭비한다고 하는 소문을 듣고서, 그를 불러 놓고 말하였다. '자네를 두고 말하는 것이 들리는데, 어찌 된 일인가? 자네가 맡아보던 청지기 일을 정리하게. 이제부터 자네는 그 일을 볼 수 없네.' 그러자 그 청지기는 속으로 말하였다. '주인이 내게서 청지기 직분을 빼앗으려 하니, 어떻게 하면 좋을까? 땅을 파자니 힘이 없고, 빌어먹자니 낯이 부끄럽구나. 옳지, 내가 무엇을 해야 할지 알겠다. 내가 청지기의 자리에서 떨어날 때에, 사람들이 나를 자기네 집으로 맞아들이도록 조치해 놓아야지.' 그래서 그는 자기 주인에게 빚진 사람들을 하나씩 불러다가, 첫째 사람에게 '당신이 내 주인에게 진 빚이 얼마요?' 하고 물었다. 그 사람이 '기름 백 말이오' 하고 대답하니, 청지기는 그에게 '자, 이것이 당신의 빚문서요. 어서 앉아서, 쉰 말이

라고 적으시오' 하고 말하였다. 그리고 다른 사람에게 묻기를 '당
신의 빚은 얼마요?' 하였다. 그 사람이 '밀 백 섬이오' 하고 대답하
니, 청지기가 그에게 말하기를 '자, 이것이 당신의 빚문서요. 받아
서, 여든 섬이라고 적으시오' 하였다. 주인은 그 불의한 청지기를
칭찬하였다. 그가 슬기롭게 대처하였기 때문이다.

생태계 위기에 직면한 청지기들

지구가 인류세(anthropocene)라는 새로운 시대에 접어들었다고 합니
다. 인간으로 인해 지구 퇴적층에 큰 변화가 생겨 새로운 시대로 분
류하게 된 것인데요, 인류의 경제 활동이 지구 지층과 생태계에 미친
물리적이고 화학적인 영향에 주목해서 제안된 시대입니다. 인류세
의 특징이 몇 가지 있습니다. 학자들은 지역의 동식물 분포가 변화하
고 생물종의 다양성이 상실된 것이라던가, 플라스틱이나 콘크리트,
화석 연료의 연소 부산물이나 핵실험 폐기물 등의 인공 물질들이 퇴
적층에 등장하게 된 것, 혹은 대량 사육과 유통으로 인해 동물뼈, 특
히 닭 뼈의 퇴적양이 크게 증가한 것 등을 꼽습니다. 우리가 가장 가
깝게 느끼기로는 최근 몇 년간 반복적으로 등장하는 지구의 이상 기
후 상황과 폭염 등이 있지요. 이러한 기후 및 자연 환경의 변화는 인
간의 활동이 지구 전체 생태계에 악영향을 미치고 있음을 보여줍니

다. 다행히 지금까지는 지구 생태계의 자체 회복력으로 어느 정도의 항상성을 유지해 왔지만, 학자들은 곧 이 회복력이 다해 인간이 돌이킬 수 없는 상황에 처하게 될 것이라고 경고합니다. 10년, 빠르면 3년 안에 지구 온난화로 인한 기후 재앙을 맞닥뜨리게 될 것이라고도 하지요. 지구 생태계는, 그리고 우리는 위기에 봉착해 있습니다.

우리는 오늘 읽은 비유에서 우리와 비슷한 상황에 처한 사람 하나를 만납니다. 해고 위기에 처한 청지기가 바로 그 사람입니다. 창세기 1장의 하나님께서 인간에게 땅과 모든 생명을 경작하고 지키는 역할(창세기 1:28-30)을 일임하셨듯이, 오늘 본문의 '주인'도 자기 소유의 운용을 청지기에게 일임했습니다. 그리고 지금 본문의 청지기는 주인의 소유를 허비한다는 죄로 쫓겨나기 직전입니다. 맡아보던 일을 정리하라고 주인이 통첩을 보내는 바람에, 청지기는 자신의 자리에서 쫓겨나서 땅을 파먹거나, 빌어먹어야 할 절체절명의 위기에 처하지요. 이 청지기의 처지는, 생태계 위기에 봉착한 우리의 위태한 전망을 생각나게 합니다. 머지않아 창문 너머 화사하게 핀 목련이 반기던 봄의 시간이나, 버드나무가 드리우던 시원한 그늘, 또 황금색 들판이 안겨주던 추수의 풍요와 겨울 눈의 정경이 선사하던 평화를 모두 빼앗기고, 끝을 모르고 뜨거워지기만 하는 행성에서 생존을 도모하게 될 인간의 미래 말이지요.

이 이야기에서 청지기는 불의한 자답게 이 문제를 해결합니다. 본문의 4절에서 청지기는 미리 "조치해 두어야겠다"고 다짐하는데요, 이 말은 그가 '청지기'의 자격이 유지될 때에만 행사할 수 있는 권한을 가지고 문제를 돌파하려 함을 우리에게 암시해줍니다. 그래서 그는 무엇을 할까요? 5-7절에서 청지기는 주인에게 빚진 자들을 만납니다. 그리고 자신이 가진 재량권을 행사하여 마음대로 빚을 조정해주었습니다. 이제 막 회사를 그만두고 떠나기 직전의 직원이, 거래처 거래 잔금을 마음대로 줄여주는 것. 여러분께서는 상상하실 수 있으십니까? 청지기는 그 행동을 합니다. 자기 것이 아닌 재물로 베풀고 그 댓가로 채무자들의 마음을 샀습니다. 이에 대해 기자는 16장 9절에서 청지기가 '불의한 재물'로 친구를 사귀었다고 해석합니다. 누가 기자가 보기에도 청지기의 행동은 불의합니다.

그래서 그가 처벌을 받았습니까? 이 비유가 희한한 이유는 이야기의 결말 때문입니다. 주인은 원래도 청지기를 쫓아내려 했습니다. 가뜩이나 자기 재산을 흩어버려 손해를 끼친 말썽꾼이 그나마 들어올 재산마저도 없애고 있으니, 여러분 같으면 어떻게 하시겠습니까? 화가 나서 당장 그만두기를 요구하거나, 청지기의 행동을 비난하거나, 심하면 손해 배상을 청구하는 것까지도 생각할 것입니다. 그러나 우리가 읽었다시피, 주인은 정반대의 행동을 합니다. 주인은 자기 재산을 이용해 사람들의 마음을 산 청지기를 슬기롭다고 칭찬합니다. 도대체 어떻게 된 일일까요? 이 청지기는 어떤 면에서 불의했고, 또 어떤 면에서 그의 행동은 칭찬을 받은 것일까요? 먼저 청지기가 왜 불의한 사람으로 불렸는지부터 살펴보려 합니다.

왜 '불의한' 청지기였나?

당시 청지기들은 주인의 권한을 대리 행사하는 사람들이었습니다.(누가복음 18:1-2) 즉, 주인으로부터 재량권을 얻어 채무자들에게 땅이나 재산을 빌려주고 원금과 이자, 수수료를 받는 역할을 한 것입니다. 그들은 주인과의 신뢰 관계에 기반해서 경영의 전권을 위임받았는데요, 1세기의 역사가였던 요세푸스는, 유대법상 청지기들이 주인의 재산을 양적이고 질적인 측면에서 늘릴 책임을 갖고 있었다고 언급합니다.(Ant.18.6.3) 본문의 5절에서부터 7절까지 청지기가 빚을 임의로 조정해 주는 것을 보면, 우리는 본문의 청지기 또한 주인의 대리인으로서 재산을 운용할 재량권이 있었음을 짐작할 수 있습니다.

지금 우리가 읽은 본문의 3절에서 청지기는 해고당한 뒤 "땅을 파거나 빌어먹을"(누가복음 16:3) 가능성을 재고합니다. 재미있는 언급이지요. 해고당한 다음 어떤 경제활동을 할지 스스로 선택할 자유가 있었다는 점에서 청지기의 신분은 자유민이었던 것으로 보입니다. 반면, 본문은 청지기의 자산이 없거나 적다는 인상을 남깁니다. 소작농처럼 땅을 파거나 구걸해야 한다는 말이 그렇지요. 청지기 직에서 쫓겨나더라도 자기 명의의 소유가 있을 법한데, 이 청지기에게는 해고된 다음의 생계를 지탱해 줄 만한 소유가 없는 듯합니다. 그가 자유민이고 주인의 소유를 마음껏 사용할 수 있는 권한을 갖고 있지만 동시에 진짜 자기 재산을 갖지 못한 빈곤한 이라는 측면은, 청지기가 지금까지 누려왔던 것이 허상에 불과함을 알려줍니다. 그는 주인이

새 시대 새 설교

허락한다는 전제하에서만 소유를 자기 것인 양 마음대로 사용할 수 있습니다. 그러나 이 재량권은 위태한 힘입니다. 일단 쫓겨나면, 그는 사회경제적 계층의 바닥으로 추락하게 될 것입니다.

그 와중에 누가 기자는 청지기가 '불의한' 사람이라고 언급합니다. 그가 '불의'하다는 것은 무엇을 뜻할까요? '불의한'을 뜻하는 그리스어 단어 아디키아스(ἀδικίας)는 본문 외에도 누가 복음 내에서 총 세 번 나타납니다. 그 중에서도 누가 기자는 18장에서 "하나님을 두려워하지 않고 사람을 무시하는" 재판관(누가복음 18:6)을 묘사하면서 그가 '불의한' 사람이라고 언급하고 있습니다. 이 용례를 청지기 비유에 빗대어 적용해 보면, 우리는 청지기가 어떤 면에서 불의했는지 추측할 수 있습니다. 하나님마저도 무시하는 불의한 재판관 같이, 주인을 무시하는 사람이었는지 모릅니다. 어리석은 사람이지요. 왜냐하면, 앞서 말씀드렸다시피 청지기가 휘두르는 권한이란 주인이 허락한다는 전제하에서만 가능하기 때문입니다. 주인이 쫓아내면 모든 것을 잃게 될 사람이, 심지어 주인의 뜻조차 상관하지 않고 이를 무시한다니 말이 되지 않지요?

그러나 그는 주인의 뜻마저 무시한 사람입니다. 기자는 이 청지기의 '불의함'이 무슨 뜻인지 16장 1절에서 구체적으로 언급합니다. 본문에서 기자는 "청지기가 소유를 허비한다"는 소문이 돌아서 주인이 청지기를 해고하려 했다고 보도합니다. 청지기의 재산 운용 방식이 주인의 원하는 방식에서 어긋났기에 재산을 '허비'하는 것이 된 것이지요. 어떤 면에서 주인이 원하는 방식에 어긋났을까요?

본문 1절에서 쓰인 그리스어 분사 디아스코르피존(διασκορπίζων)의 원형 동사 디아스코르피조(διασκορπίζω)는 '허비한다'는 추상적인 의미 이전에 '양떼나 사람, 곡식 등의 소유, 재산을 흩어버리는' 행위(마태복음 25:24-26, 26:31; 마가복음 14:27; 누가복음 1:51; 요한복음 11:52; 사도행전 5:37; 70인역 에스겔 5:2, 10, 12 참조)를 의미합니다. 이는 딱히 재물이 아니어도, 누군가와 연결된 사람이나 동물 등이 흩어져버리고 관계의 연결고리가 끊어져 버리면 그것은 허비하는 것으로 여겨졌다는 뜻입니다. 마태복음 25장 24절과 26절에서 재산 관리를 위해 한 달란트를 받았던 종이 주인을 두고 "심지 않은 데서 거두고 헤치지 않은 데서 모으는" 사람이라고 언급한 것이 디아스코르피조(διασκορπίζω)를 사용한 대표적인 예입니다. 또, 수난 직전의 예수님께서 제자들을 두고 목자를 잃은 양들처럼 흩어질 것이라고 예언하시는 구절(마태복음 26:31; 마가복음 14:27)에서도 디아스코르피조(διασκορπίζω)가 쓰였습니다.

여기서 이 동사는 제자들이 예수님과의 관계가 끊기고 방향을 잃은 채 갈팡질팡하며 흩어지는 장면을 묘사하고 있죠. 또, 누가 기자는 하나님께서 마음의 생각이 교만한 사람들을 흩어버리셨다고 언급할 때(누가복음 1:51)나 갈릴리 유다가 죽은 후 그의 추종자들이 지도자를 잃고 흩어졌다고 언급할 때(사도행전 5:37) 같은 동사를 사용했습니다. 여기서도 우리는 모여 있던 사람들이 '생각이 교만한 것'이든, '지도자'이든 자신들의 연결고리를 잃고 각지로 흩어지는 모양을 목격합니다.

이러한 동사의 용례로 미루어볼 때 누가 본문의 청지기는 단순히 재산을 없애버린 것이 아닌 듯합니다. 그의 잘못은 주인과 생명들과의 연결고리를 끊어버리고 이 생명들을 흩어버린 것입니다. 즉 이 청지기는 주인의 땅에서 일하던 일꾼들이나 땅에 심긴 작물들, 땅에 살아가던 가축 등등의 생명들과 주인 사이의 연결고리를 제멋대로 끊어버리고 이들이 길을 잃고 흩어지도록 하는 잘못을 저지른 것입니다. 앞서서 청지기의 의무는 주인의 이름 아래 소유들을 한데 '모으는 것'이라고 말씀드렸습니다. 이야기 속의 청지기는 주인이 기대하는 바를 채우지 못하는 수준이 아니라, 주인이 기대한 바와 정반대로 행동하는 사람입니다. 그는 주인의 소유인 땅과 작물들, 거기 깃들어 살아가는 동물들과 사람들을 돌보고 한데 모으기는 커녕 그들의 연결고리를 끊고 각지로 흩어버리는 사람이기 때문입니다. 그는 "불의의 재물로 친구를 사귀기" 전부터 이미 불의합니다. 그렇다면 이 청지기의 행동은 어떤 면에서 칭찬을 받은 것일까요? 그가 취하는 태도의 전환을 두고 살펴보겠습니다.

지배에서 협력과 공생으로

앞서 저는 여러분들께 청지기라는 직분과 그가 악한 이유에 대해 말씀드렸습니다. 청지기는 주인에게 신임을 받아 자기 판단 대로 주인의 소유를 운용할 결정권을 갖고 있었습니다. 그리고 그는 주인과 가솔들 간의 연결고리를 끊어버림으로써 주인의 생명들을 흩어버린 악한 종이었지요. 그 이해를 토대로 5-7절을 함께 살펴보도록 하겠습니다. 천천히 본문을 다시 읽으며 불의한 청지기가 문제를 해결해 가는 과정의 장면을 떠올려 보시길 권합니다.

> 그래서 그는 자기 주인에게 빚진 사람들을 하나씩 불러다가, 첫째 사람에게 '당신이 내 주인에게 진 빚이 얼마요?' 하고 물었다. 그 사람이 '기름 백 말이오' 하고 대답하니, 청지기는 그에게 '자, 이것이 당신의 빚문서요. 어서 앉아서, 쉰 말이라고 적으시오.' 하고 말하였다. 그리고 다른 사람에게 묻기를 '당신의 빚은 얼마요?' 하였다. 그 사람이 '밀 백 섬이오' 하고 대답하니, 청지기가 그에게 말하기를 '자, 이것이 당신의 빚문서요. 받아서, 여든 섬이라고 적으시오' 하였다.(누가복음 16:5-7)

장면을 그려봅시다. 청지기와 주인에게 빚진 사람들이 등장하고, 그리고 그들 사이에 빚문서가 있습니다. 원래 졌던 빚의 양을 적은 문서입니다. 당시 고대 근동의 거래 장부에는 원금 그리고 선이자를 합한 총액을 기록했습니다. 율법에 따르면 고리대금은 엄격하게 금지되었지만(출애굽기 22:25-27; 레위기 25:36-38; 신명기 15:7-11; 23:19-20), 현실적으로는 높은 이자를 매겨 채무자를 착취할 조건이 마련되어 있었습니다. 거래는 돈을 빌려주는 사람 위주로 이루어졌기에, 빌려주는 사람이 선이자를 얼마나 포함시키건 이에 대해 채무자는 감히 이의를 제기할 수 없었기 때문입니다. 청지기가 주인의 재산을 만 원 빌려주고 9만 원을 이자로 붙인대도 빌린 사람은 항의할 수 없는 것이지요. 본문 속 청지기 또한 독단적으로 채무자들을 압박하여 일방적인 이자를 매길 수 있었습니다.

그런데 우리가 읽은 본문에 따르면 우리는 이제 청지기가 사뭇 다른 태도를 취하고 있음을 발견합니다. 5절과 7절을 보시면 청지기는 채무자들에게 일방적으로 빚의 총량을 통보하는 게 아니라, "그들이 생각하는 빚의 총량이 얼마인지"를 물어봅니다. 그리고 나서 어떻게 합니까? 저 같으면 빚진 사람들이 말한 금액이 맞는지 서류를 펼쳐 확인할 텐데요, 그는 사실 여부를 확인하지 않습니다. 오히려, 5절과 7절 후반부에서 청지기는 사람들이 말한 것보다 채무의 규모를 더 줄여주는 것 뿐 아니라, 빚진 사람들 스스로 빚문서에 갚을 돈의 총량을 적도록 합니다. 원금보다 더한 이자를 매겨 주인에게 빚진 자들을 착취할 수 있음에도, 과거의 독단적이고 고압적인 태도에서 벗어난 것입니다.

청지기는 빚진 이들의 의견을 수렴하고, 그들의 말을 믿어 주고, 그들에게 더한 너그러움을 보이고, 그들과 협조합니다. 단순한 재산의 총량을 생각했을 때, 그들의 담합은 주인에게 해를 끼치는 것일지도 모릅니다. 단순히 땅이나 작물, 돈뿐 아니라 빚진 사람들 또한 주인의 소유에 속하는 사람들이라는 점에서 "주인의 소유를 허비하던" 청지기가 이들과의 공생을 추구한 것은 실로 슬기로운 처신이라 할 수 있겠습니다. 흩어졌던 사람들이 돌아올 테니 말입니다. 자신의 권한 남용을 통해 흩어졌던 주인의 소유, 즉 땅뿐만 아닌 그 땅에 연결되어 있는 사람들 그리고 그들에게 연결되어 있던 생명들을 되찾았다는 점에서 청지기는 주인으로부터 슬기롭다는 칭찬을 받을 만합니다.(누가복음 6:8)

이 불의한 청지기의 사례는 우리에게 생태계 보호가 왜 인간의 의무인지, 청지기로서 인간이 어떤 태도를 취해야 하는지를 말해줍니다. 주인이 맡긴 소유 즉 그에게 속한 생명들을 제멋대로 흩어버렸던 청지기가 자신의 지위와 권한을 잃을 뻔했다(누가복음 16:1)는 누가 기자의 보도는 하나님께서 인간에게 맡기신 청지기직 또한 생태계가 보존되는 동안만 유효할 것임을 우리에게 경고합니다. 청지기가 자신의 안정된 삶에서 쫓겨나 "땅을 파거나 빌어먹을"(누가복음 16:3) 위기에 당면하게 되었듯이, 인간 또한 이 위기에 당면해 있습니다. 모든 생명이 "생육하고 번성"(창세기 1:22, 28) 하기 원하셨던 창조주의 뜻을 그르치며, 우리가 자신의 경제적 이익만을 구하는 것은 주인의 자산을 '허비'하는 일이요, 이는 끝내 우리를 생태계의 위기, 생존의 위기에 직면케 할 것입니다.

이 환경 보호 주간, 성도님들께서 본문의 청지기로부터 교훈을 구하시기를 권면합니다. 청지기가 그랬듯이, 우리 또한 그동안 생태계가 궁극적으로 주인의 소유임을 잊고, 착취의 대상으로 치부하고 군림해왔음을 반성해야 합니다. 이 모든 세계는 주님의 소유이니, 생태계의 소중함을 인식하고 이를 보존하게 위해 노력해야 합니다. 자기 욕망을 위해 독선적으로 세계를 지배하고자 했던 태도를 전환하여 이기심을 비우고 서로 복잡하게 얽혀있는 생명들의 필요를 돌보며 공생을 위해 생태계를 보호해야 합니다. 쫓겨나기 직전의 청지기처럼, 아주 찰나의 시간이 우리에게 마지막 기회로 남아있습니다. 생태계와 기후 위기의 시대, 슬기로 주님의 소유이신 이 세계를 지켜내는 진정한 청지기적 사명을 감당하시길 권면하고 기원합니다.

2023년 9월 3일 하안교회 설교

어떤 열매가 될 것인가

레위기 23장 15-19절, 사도행전 2장 39절

안식일 이튿날 곧 너희가 요제로 곡식단을 가져온 날부터 세어서 일곱 안식일의 수효를 채우고 일곱 안식일 이튿날까지 합하여 오십 일을 계수하여 새 소제를 여호와께 드리되 너희의 처소에서 십분의 이 에바로 만든 떡 두 개를 가져다가 흔들지니 이는 고운 가루에 누룩을 넣어서 구운 것이요 이는 첫 요제로 여호와께 드리는 것이며 너희는 또 이 떡과 함께 일 년 된 흠 없는 어린 양 일곱 마리와 어린 수소 한 마리와 숫양 두 마리를 드리되 이것들을 그 소제와 그 전제제물과 함께 여호와께 드려서 번제로 삼을지니 이는 화제라 여호와께 향기로운 냄새며 또 숫염소 하나로 속죄제를 드리며 일 년 된 어린 숫양 두 마리를 화목제물로 드릴 것이요 제사장은 그 첫 이삭의 떡과 함께 그 두 마리 어린 양을 여호와 앞에 흔들어서 요제를 삼을 것이요 이것들은 여호와께 드리는 성물이니 제사장에게 돌릴 것이며 이 날에 너희는 너희 중에 성회를 공포하고 어떤 노동도 하지 말지니 이는 너희가 그 거주하는 각처에서 대대로 지킬 영원한 규례니라 너희 땅의 곡물을 벨 때에 밭 모퉁이까지 다 베지 말며 떨어진 것을 줍지 말고 그것을 가난한 자와 거류민을 위하여 남겨두라 나는 너희의 하나님 여호와이니라.(레위기 23:15-22)

이 약속은 여러분과 여러분의 자녀와 또 멀리 떨어져 있는 모든 사람, 곧 우리 주 하나님께서 부르시는 모든 사람에게 주신 것입니다.(사도행전 2:39)

은혜에 은혜를 더해가는 날

맥추감사절은 흔히 이스라엘이 보리를 추수한 것을 감사드린 날로 알려져 있습니다. 그러나 오늘은, 그저 곡식을 추수했기에 감사드리는 날만은 아닙니다. 오늘은 주님 앞에, 나날이 더욱 열매가 풍성해지는 것을 기뻐하며 감사드리는 날입니다. 왜냐하면 맥추감사주일의 유래 때문에 그렇습니다. 이날은 히브리어로 샤부옷이라 불리는 칠칠절에서 유래하는데요, 이날은 유월절을 지나 바로 이어지는 초실절로부터 50일째 되는 날입니다. 아시다시피 유월절은 출애굽을 기념합니다. 이집트에서 모든 장자들이 죽던 날 밤에, 하나님께서 이스라엘을 지켜주셨던 것을 기념하며 지키는 절기이지요.

출애굽기 12장 8절에 따르면 이스라엘은 이날 고난을 기억하며 누룩이 들어있지 않은 빵과 쓴 나물을 곁들여 먹어야 했습니다. 그렇게 유월절 만찬을 먹은 뒤에 찾아오는 첫 번째 안식일 다음날 새벽이 되면요. 이스라엘은 본격적으로 추수를 시작하기 전에 처음 익은 곡식 한 단과 흠 없는 양 한 마리를 번제로 드리는데요. 이것이 초실절입니다. 초실절 예배를 드리고 나야 수확을 시작할 수 있었기 때문에, 이날은 흔히 수확을 시작하는 날로 여겨졌습니다. 그게 무엇이되었건 1년 농사의 첫 결실을 수확한 것에 대해 하나님께 감사를 드리는 날이었습니다. 이때 초실절 제물로 흔히 드려지던 것은 '보리'였다고 학자들은 주장하는데요, 생태적으로 밀보다 20-30일 빨리 수확할 수 있기 때문에 그랬습니다. 같은 때에 보리와 밀을 동시에 심어도 자연스럽게 먼저 거둘 수밖에 없는 것은 보리가 되기 때문에 언제든지 초실절의 제물은 보리가 되었습니다.

이 초실절에 주님께 번제를 드리고, 본격적으로 추수가 시작된 지 7주가 지난 50일째 되는 날, 오늘 우리가 기념하는 맥추감사주일 혹은 칠칠절이 옵니다. 제가 앞서 이날은 이스라엘에게 있어 하나님께서 더욱 풍성한 은혜를 허락하셨음을 기뻐하는 날이라고 했습니다. 왜냐하면 이 날은 보리뿐만 아니라, 더불어 밀도 수확하게 된 것을 감사드리는 날이기 때문입니다. 출애굽기 34장 22절은 맥추절이 "밀의 첫 열매"를 거두는 시기라고 설명합니다. 종살이 하던 이집트에서 무사히 탈출해 가나안 땅에 무사히 들어가고, 가나안의 땅에 씨앗을 뿌려 보리뿐만 아니라 이제 밀의 첫 열매도 수확하게 된 것을 감사드리는 날이었습니다. 미쉬나는 이 절기를 어떻게 지키는지 잘 설명하고 있는데요. 미쉬나 중 하나인 비쿠림 3장에 따르면 팔레스타인 지역에 사는 사람들은 일단 밭에서 수확한 첫 열매를 가지고 그 지역의 가장 큰 도시로 모였습니다. 거기서 그들은 함께 예루살렘 성전으로 가는데요. 이들이 도착하면 성전에서는 각 지방에서 준비해 온 제물을 받아 하나님께 번제로 드리고 노래로 찬양했습니다.

그래서 출애굽기 23장 16절에서는 칠칠절을 '하그 하 카치르' 즉 '추수 축제'라고 부릅니다. 이때 그냥 곡식을 번제로 드리는 것이 아니구요, 새로 추수한 밀을 곱게 빻은 가루에 누룩을 넣어 반죽한 빵을 두 덩이를 만들어 성전에 제물로 바쳤습니다. 빵만 드리는 것이 아닙니다. 레위기 23장 18절에 따르면 "일 년 된 흠 없는 어린양을 일곱 마리, 소 떼 가운데서 수송아지 한 마리, 숫양 두 마리"를 끌어다가 번제로 바쳤습니다. 거기에 더해, 곡식과 짐승 제물 위에 마지막으로 포도주나 올리브유 등을 부어 드리는 제사로 제물도 함께 바쳤습니다. 제물의 리스트만 봐도 유월절이나 초실절에 비해 훨씬 풍성하지요. 또, 유월절에 이스라엘이 고난을 기억하며 이스트가 들어가지 않은 딱딱한 보리빵을 먹었던 것과 달리, 칠칠절은 유일하게 이스트가 들어간 폭신한 밀빵이 허락되는 절기입니다. 시간이 지나면서 이스라엘은 꿀과 우유 등의 음식을 함께 곁들이며 추수 절기의 풍성함을 기뻐하고 누렸습니다.

이러한 기록에서 우리는 유월절을 지나 초실절을 거쳐 칠칠절로

가는 이 50여 일의 시간이, 이스라엘에게 있어서는 은혜에 은혜를 더해가는 시기로 여겨진다는 것을 이해할 수 있습니다. 특히 이날을 기념하며 주님께서는 추수의 이삭을 남겨두라고 말씀하십니다. "가난한 사람들과 나그네 신세인 외국 사람들"까지도 이삭을 주워 주님께서 주신 은혜에 동참할수 있게끔 허락하신 것입니다. 이스라엘을 생명의 위협으로부터 건지시고, 그들이 새로운 땅에 정착해 열매를 맺게 하실 뿐 아니라, 더 많고 다양한 열매로 더 풍성하게 하신 하나님. 더 나아가 가난한 이들과 이방에 넘치는 은혜를 나눌 수 있도록 하시는 하나님의 한없는 사랑에 감사드리는 절기가 바로 오늘입니다.

그리고 오늘 우리가 읽은 사도행전에 따르면, 바로 이 초실절 날 초대교회의 성도들 또한 은혜 위에 은혜를 더하시는 하나님의 사랑을 체험합니다. 오순절 성령사건을 통해, 이 자리에 모인 이들은 예수님의 제자들이라는 열매에, 디아스포라 유대인들이라는 열매까지 더해지는 은혜를 목격했습니다. 사도행전 2장 1-4절은 예수님의 제자들이 먼저 하나님의 성령을 받았다고 증언합니다. 본문에 따르면 그들이 모두 한곳에 모여 있었는데, 갑자기 하늘에서 세찬 바람이 부는 듯한 소리가 나더니, 그들이 앉아 있는 온 집안을 가득 채웁니다. 뒤이어 제자들은 불의 갈라지는 듯한 모양을 보게 되고 그것이 각 사람 위에 내려오게 되자 모두 성령으로 충만하게 됩니다. 주님의 성령을 받은 제자들은 성령이 시키시는 대로, 각각 방언으로 말하기 시작합니다.

하나님의 추수

기자는 당시 이 자리에 디아스포라 유대인들, 즉 해외동포들이 동석하고 있었다고 증언합니다. 오순절에 모여 있던 제자들이 당시 팔레스타인 유대인들의 말이었던 아람어를 구사하는 것과 달리, 이들은 크레타에서부터 아라비아에 이르기까지 다 각기 다른 지방의 언어를 구사하고 있었습니다. 우리가 아무리 외국어를 많이 공부해도, 그곳에서 나고 자란 사람들만큼 유창하게 구사하기는 쉽지 않은데요. 서로 뿌리를 내린 언어가 다르고, 자라면서 익숙하게 보아 온 언어 이면의 문화가 다르기 때문에 그렇습니다. 그렇기에 아무리 영어가 유창한 한국인이고, 한국어가 유창한 영국인이라도 서로 만나서 대화하다 보면 의사소통이 잘되지 않습니다. 마음의 뜻이 맞지 않는 상황이 종종 발생하게 됩니다. 농담으로 한 말이 공격적이고 모욕적으로 받아들여지기도 하고, 위로하기 위한 진심을 담은 말이 무심하고 차갑게 여겨지기도 합니다.

이날 다락방에 모인 사람들도 그런 어려움에서 자유롭지 못했겠지요. 그런데 성령이 오셔서 제자들에게 각 지역의 방언을 구사하게 하신 것입니다. 의사소통의 문제가 사라지고 서로 오해를 살 일이 사라집니다. 얼마나 좋은 일이고, 또 동시에 얼마나 놀랍고 신기한 일일까요? 그래서 이들은 7절, 8절에서 이렇게 말합니다.

말하고 있는 이 사람들은 모두 갈릴리 사람이 아니오? 그런데 우리 모두가 저마다 태어난 지방의 말로 듣고 있으니, 어찌된 일이오?

서로 언어가 다 통해도 마음이 다 같아지지는 않았는지, 어떤 사람은 제자들이 술 취한 것이라 조롱하기도 합니다.

예루살렘에서 나고 자란 것도 아닌 갈릴리 출신의 촌사람들입니다. 어떻게 하나님의 성령을 받은 첫 사람이 될 수 있었을까요? 갈릴리 출신의 어부들, 배운 것도 짧고 가진 것도 없는 그들이, 어떻게 하나님 권능의 첫 열매가 되었을까요? 본문에 따르면 하나님께서 선택해서 은혜를 주신 것이라고 주장합니다. 사실 사도행전 2장 1절을 다시 찬찬히 살펴보시면 제자들은 그 자리에 모여 있을 뿐 별다른 행동을 하지 않습니다. 그들을 선택하신 것은 하나님이십니다. 성령께서 바람과 같이 나타나신 것도. 불의 혀같이 제자들 앞에 보이신 것도. 방언의 은사를 주신 것도. 갈릴리 출신의 제자들이 외국에서 예루살렘으로 모인 동포들과 말을 통하게 만드신 것도 모두 하나님의 전적인 역사하심입니다.

하나님의 전적인 역사하심은 우리로 하여금 창세기 11장의 바벨탑 사건을 떠올리게 합니다. 창세기 11장에서 인간들은 하늘 끝까지 닿는 탑을 세우려고 했습니다. 그 탑을 건설하는 이유에 대해 본문은 인간이 자신의 "이름을 날리고, 온 땅 위에 흩어지지 않게" 하는 목적을 가졌다고 했습니다. 자기 이름을 높이려고, 애를 써서 탑을 짓고 그 탑을 중심으로 모이려 하자 하나님께서는 어떻게 하실까요? 11장 7절과 9절은 원래 하나였던 인간의 말을 섞어버리셨다고 증언

새 시대 새 설교

합니다. 하나님께서는 사람들의 말을 섞으셔서, 인간들이 서로를 이해하지 못하게 하시고 마지막에는 그들을 흩어버리십니다. 아무리 높은 탑을 지어 자기 이름을 높이려고 애쓰고 노력해도, 주님께서 아주 단순한 개입으로 그 노력을 흩어버리시면. 인간은 그 앞에서 아무런 능력도 행사할 수 없습니다.

이와 정확히 반대의 순서로 사도행전 2장에서 하나님께서는 제자들에게 긍휼을 베푸시고 전적으로 역사하십니다. 모여 있기는 하지만, 말이 달라 서로를 이해할 수 없었던 갈릴리 사람과 각 지역에서 온 동포들을 도우십니다. 성령을 내려주시고 그들의 말을 합쳐주십니다. 서로 의사소통을 할 수 있게 하시구요, 서로를 이해하게 하십니다. 말이 달랐던 동포들마저도 베드로의 긴 연설을 이해하고 알아듣게 하셔서, 46절에 보시면 성도들은 한마음을 갖게 되었습니다. 이수가 얼마나 많은지 2장 마지막에 보면 베드로의 설교를 듣고 교회로 모인 사람들이 3000명이나 되었다고 쓰여 있는데요. 바벨탑의 인간을 간단히 흩어버리셨던 주님께서, 사도행전에서도 전적으로 역사하셔서 사람들이 한마음을 가지도록, 서로에게 향하고 모이도록 하신 것입니다.

특히 14절부터 36절까지 베드로는 긴 설교를 통해 성령강림의 의미를 설명합니다. 베드로는 "지금 당신들이 보고 있는 일은 하나님께서 이스라엘에게 약속하셨던 예언이 우리를 통해 성취된 것"이라고 주장합니다. 그는 이 자리에서 요엘 2장 28-32절의 예언을 인용하면서, 요엘이 예언한 것처럼 예수님의 제자들이 하나님께 성령을 받았고, 이들을 통해 하나님께서는 세계의 '마지막 날' 벌어지는 일들을 보여주신다고 말합니다. 수많은 유대인들. 특히 성전의 제의를 지키는 제사장들과 율법을 기록하고 해석하는 서기관들과 율법학자들이 아니라. 갈릴리에서 온 떠돌이 유대인들이 하나님의 역사하심을 나타내고 있다는 것인데요. 앞서 요엘이 아들들과 딸들, 젊은이와 늙은이들, 남종들과 여종들을 가리지 않고 하나님의 영이 모든 사람에게 임하시면 그들이 하나님의 일을 하게 될 것이라고 예언했듯이. 레위 지파나 예언자로 임명되지 않아도 모든 사람이 하나님의 능력을 얻게 될 수 있고 지금 그 일이 자신들을 통해서 시작되었다고 베드로는 주장하고 있습니다.

베드로는 하나님께서 제자들을 선택하신 이유가 예수님을 향한 믿음 때문이라 주장합니다. 일찍이 선지자 세례 요한이 예수님을 향해서 예언한 바가 있었습니다. 마태복음 3장 11절에 따르면 세례 요한은 예수님에 대해서 "나는 너희에게 세례를 베풀어 물로 죄사함을 주거니와 내 뒤에 오시는 그분은 나보다 능력이 많으시니 나는 그의 신발끈도 풀기에 합당치 않다. 그는 너희에게 성령과 불로 세례를 베풀 것이다"라고 예언했습니다. 사도행전 2장 22절부터 24절까지는 이런 예수님에 대한 베드로의 증언을 짧게 등장시킵니다. 이 초기 기독교의 케리그마 선언에서 베드로는 "예수님께서 하나님의 기적과 표징으로 자신이 아들 됨을 증명하셨고, 십자가에서 죽으셨다가 하나님에 의해 부활하셨다"고 주장합니다. 그 사실을 믿는 자신들을 하나님께서 선택하시고 베푸신 은혜의 결과가 오늘 그들이 보고 있는

새 시대 새 설교

성령사건이라는 것입니다. 예수님께서 부활의 첫 열매이셨듯이, 제자들은 예수님을 믿는 신앙을 통해 그분께서 거두신 교회의 첫 열매가 되었습니다.

어떤 열매가 되어야 하는가?

지금까지 우리는 하나님께서 예수 그리스도를 향한 제자들의 믿음을 보시고, 그들을 전적으로 선택하여 성령을 내리는 은혜를 베풀어주셨다고 이야기했습니다. 이를 통해 제자들은 하나님께서 거두신 열매가 되었습니다. 그렇다면 이 은혜는 몇몇 사람들에게만 허락된 것일까요? 그렇지 않습니다. 잠자는 자들의 첫 열매 되신 예수님을 보고 제자들이 초실절의 열매가 되었듯이, 오늘 우리가 읽은 오순절 사건은 예수님을 만나지 못한 각지의 해외 동포들 그리고 이 자리의 우리까지도 칠칠절의 열매가 되도록 초대합니다.

선지자 요엘은 2장 32절에서 "주님의 이름을 부르는 사람은 구원을 얻을 것"이라고 예언했습니다. 예수 그리스도를 주로 고백하는 모든 이들이 구원을 얻는다는 것입니다. 그리고 오늘 본문인 사도행전 2장 39절에서 베드로는 여기서 한 걸음 더 나아갑니다. 이 말씀을 듣고 있는 '여러분'뿐만 아니라 '자녀'와 "멀리 떨어져 있는 모든 사람," 즉 우리 하나님께서 부르시는 모든 사람에게 성령이 주어진다고 주장합니다. 특히 자녀라는 한국어 성경의 단어는 그리스어로 본래 '테

크니온'인데요, 본래 단어의 뉘앙스는 여러분께서 아직 만나지 못하신 미래의 "자손 혹은 자녀세대"까지 포함하는 개념입니다. 여기에 있는 우리뿐만 아니라, 아직 우리도 만나지 못한 우리의 자녀세대, 그리고 우리와 멀리 떨어져 있는 이방의 나라들에 이르기까지 그게 누구건 하나님의 선물은 이미 모두에게 예비되어 있다는 것입니다.

그러므로 우리에게 요구되는 것은 단 하나, 내 삶을 찬찬히 돌아보고 예수 그리스도의 이름을 내 마음에 간직하는 것입니다. 그 상세한 방법에 대해서 베드로는 38절에서 다음과 같이 대답합니다.

> 회개하십시오, 그리고 예수 그리스도의 이름으로 세례를 받고 죄 용
> 서를 받으십시오.

왜 회개와 죄의 용서인지 앞선 23절은 우리에게 힌트를 주는데요. 23절을 보시면 베드로는 "여러분이 그를 무법자들의 손을 빌어 십자가에서 죽였습니다"라고 대답합니다. 여기서 '무법자' 혹은 '법 없는'으로 번역된 '아 노모스'라는 그리스어는 본래 부정접두사 '아'와 법을 의미하는 '노모스'가 합쳐진 단어입니다. 그래서 이 문장만 읽으면 법 없는, '무법자'라는 뜻으로 해석하게 되는데요. 성서에서 '노모스'라는 단어가 '율법'이라는 뜻으로 주로 쓰인다는 사실을 생각하면 우리는 이 '아 노모스'라는 단어를 율법 없이 사는 자, 율법을 따르지 않는 자 혹은 율법을 믿지 않는, 이방인들로 번역할 수 있겠습니다.

결국 베드로는 23절에서 유대인들에게 우리가 차도살인(借刀殺人)

즉 남의 칼을 빌려 사람을 죽게 한 책임을 피할 수 없다고 지적하고 있습니다. 로마가 처형했다고 해서, 하나님 앞에서 자신들의 손을 더럽히지 않으려고 이방인에게 그를 내맡긴 책임을 피할 수 없다는 것입니다. 유대인들이 로마인에게 내맡겨 죽게 하신 분을 하나님께서 들어 올리시고 그리스도가 되게 하셨기에. 자신들 안에 있는 죄된 마음을 돌아보고 그리스도의 이름 앞에 나아와 세례를 받고 죄를 용서 받아야 한다고 베드로는 주장합니다.

베드로의 이러한 지적은 주님께서 우리에게 어떤 열매를 바라시는지 우리 자신을 돌아보게 합니다. 얼마나 큰 선행을 하느냐, 얼마나 기도를 열심히 하느냐, 얼마나 금식을 열심히 하느냐. 이런 행위를 하는 우리가 아니라 자기반성과 그리스도를 향한 사랑을 간직한 우리를 하나님께서는 참된 열매로 받으십니다. 하나님께서 우리를 위해 성령을 예비하셨고, 예수님을 믿는 자마다 그의 자격에 상관없이 준비하신 선물을 아낌없이 베푸신다는 것을 믿는 마음. 예수님을 내 삶의 중심으로 받아들이는 그 마음. 그 하나의 마음이 여기 앉아있는 우리를 채울 때에 성령께서 임하신 것이라고 초대교회 전승은 주장합니다.

말씀을 정리하려 합니다. 맥추감사절입니다. 주님께서 나날이 더해 가시는 은총에 감사의 제물을 돌려드리는 날입니다. 초실절에 부활하신 예수님을 뵌 제자들이 첫 열매가 되었고, 이제 오순절, 세계의 끝에 있는 우리도 성령의 열매가 되라고 주님께서 초대하신 날입니다. 어떤 열매가 되어야 합니까? 나날이 더욱 더해가는 하나님의 사랑을 기억하고, 그분께서 우리를 위해 보내신 예수 그리스도를 삶의 중심으로 받아들이는 마음. 사도행전은 우리에게 그 하나의 마음을 가진 열매가 되라고 초대하고 있습니다. 그리고 그 하나의 마음을 맺은 초대 교회가 나날이 사랑의 실천을 통해 그 마음을 키워 갔다고 증언하고 있습니다. 초대 교회가 성전에 모이고, 그리스도의 이름 아래 민족과 언어의 경계를 허물고, 순전한 마음으로 서로를 돌보고 필요한 이들에게 사랑을 베풀었던 것처럼. 우리 교우 여러분의 마음에 예수 그리스도를 향한 사랑이 자리잡고, 그 마음이 서로를 향해 흘러 넘치는 사랑으로 드러나길 축원합니다. 그들의 실천이 교회 바깥에서도 호감을 사서 주님께 영광 돌려드렸듯이, 우리 교우 여러분 사랑의 실천도 하나님을 기쁘시게 하는 예물이 되기를 축복하고 또 기원합니다.

2023년 7월 2일 한소망교회 설교

새 시대 새 설교

한 몸 된 자들의 순종

디모데전서 2장 11-12절

> 여자는 조용히, 언제나 순종하는 가운데 배워야 합니다. 여자가 가
> 르치거나 남자를 지배하는 것을 나는 허락하지 않습니다. 여자는
> 조용해야 합니다.

혐오의 시대

가정의 달입니다. 이 표어를 들을 때면 제 마음속에 한 풍경이 떠
오르곤 합니다. 저는 어린 시절부터 서울 근교의 한 집성촌에서 살고
있는데요, 그 동네는 한 집 걸러 한 집이 친척이어서 명절마다 함께
전을 부쳐 먹고 동네 전체가 다같이 김장을 하는 그런 동네였습니다.
안방 문도 열고 사는 동네에 대문 같은 건 의미가 없었지요. 제 친구
중 하나는 집이 산 중턱에 있었는데, 어릴 때 집에 올라가는 게 힘들

다고 꼭 언덕 아래 위치한 동네 집사님 댁에 들르곤 했습니다. 집사님께서 계시든 안 계시든, 그 집 마루에서 낮잠을 자고 숙제도 하고 저녁도 먹고 집에 가곤 했어요. 초등학교 1학년 애가 연락도 없이 매일 밤 9시-10시까지 집사님 댁에서 언니 오빠와 놀다 들어가도, 누구 하나 눈총 주지 않고 그러려니 하던 시절입니다. 요즘은 어떻습니까. 아이와 한 시간만 연락이 안 되어도 불안한 세상입니다. 다 도어락이라 문이 열려 있지도 않지만, 문을 열어주는 게 더 무서운 세상이지요. 집에 가는 길이 멀다고 허구한 날 남의 집 마루에 누워 낮잠을 자고 밥도 얻어먹는 민폐는 상상조차 할 수 없습니다. 매일 아이 저녁까지 먹여 보내도록 연락도 없이 방치하는 것 또한 염치없다 할 것입니다. 그때의 정이 넘쳤는지, 지금이 각박한지 모르지만, 사람과 사람 간의 거리가 참 멀어진 시대를 살고 있다 싶습니다.

사실 단순히 사람 간의 거리가 멀어진 것 뿐만 아니라, 이제는 서로를 싫어하는 지경에까지 이른 것 같기도 합니다. 혹자는 지금을 일컬어 대 혐오의 시대라고 합니다. 사람들은 서로를 벌레에 빗대어 비하하고, 서로를 멸칭으로 구분짓곤 합니다. 어머니들을 '맘충,' 기혼 남성들을 '퐁퐁단,' 노인들을 '틀딱'이라고 부르는 혐오 표현들이 범람하고 있습니다. 자신이 '극혐'한다는 이유로 음식점 같은 업체에 리뷰 별점을 테러하고 악플을 다는 사람들이 있는가 하면, 노 키즈 존, 노 펫존을 넘어, 노 시니어존까지 등장했습니다.

소수 인성 파탄자들이 벌이는 일부의 일이라 치부하기에는 혐오 표현의 파급력이 커져서, 자극적이고 선동적일수록 사람들의 주목을 끌고 이를 통해 돈을 버는 사람들도 늘었습니다. 작게는 연예인들이나 유명인들에 대한 허위 정보나 인신공격을 유튜브에 게시해 돈을 버는 사람들이 생겨났구요. 외국인과 이민자들이 미국의 피를 오염시키고 있다고 주장하며 혐오 정치로 대통령까지 당선된 미국의 도널드 트럼프는 증오 비즈니스로 큰 이득을 얻은 가장 대표적인 예일 것입니다. 이렇게 혐오를 담은 표현들과 사상이 계속해서 재생산된다면 아마 빠른 시간 안에 언젠가, 우리가 사는 세계가 미움과 혐오로 가득찬 것이 당연하다고 믿는 세대가 출현할지도 모르겠습니다. 다른 인종을 향한, 다른 성별을 향한, 다른 세대를 향한, 부자와 빈자를 향한 미움을 두고 "원래 그런 거야"라고 믿는 세대 말입니다.

우리는 오늘 교회가 "원래 그런 거야"라고 오랫동안 가르쳐 온 본문을 읽었습니다. 디모데전서 2장 11-12절은 읽는 사람에 따라 성차별, 혹은 여성 혐오를 하는 것처럼 들릴 수 있습니다. 지금이 어떤 시대인데 '여자'라는 이유로 조용히, 순종하라고 가르친단 말입니까? 이 본문에 대해 교회는 원래 그런거야, 라고 가르쳐왔습니다. 여자는 원래 조용히 해야하는 것이고, 여자는 원래 남성에게 순종해야 하는 것이라고 말입니다. 성경에 그렇게 쓰여있다고 말입니다. 성경이 이렇게 쓰인 건 무엇 때문일까요? 고대 로마 사회가 원래 그렇게 가르친 것일까요? 아니면 원래 디모데전서 기자가 그런 사람인 걸까요? 아니면 정말 기독교 교리가 원래 그런 것일까요? 도대체 우리는 무엇을 근거로 "원래 그렇다"고 가르쳐 온 것일까요? 오늘 여러분께 저는 고대 사회의 전통도, 디모데전서 기자도 아닌, 우리 스스로가 전

통을 빙자해 본문을 수단으로 사용해 거듭해 온 혐오를 돌아보고자
합니다.

원래 그런 것들?

본문의 역사, 문화적 배경을 들여다 보면 '원래 그랬던' 부분이 존
재하기는 합니다. 신약 성서 당시 사회는 가장 연상의 남성, 그러니
까 '아버지'가 가족의 가장으로 역할을 하는 가부장제 사회였습니
다. 파테르 파밀리아(pater familias)라고 불리는 이 남성 가장은 자녀들
과 자신보다 어린 친족들을 책임지는 존재였습니다. 이들은 가문의
일원들의 삶에 경제적이고 사회적인 안정을 보장할 책임을 가지고
있었고, 동시에 가정에서 가장 큰 권위를 가진 결정권자로 여겨졌습
니다.

또, 주 본문에서 바로 이어지는 13절 이하에서 디모데전서 기자는
아담과 하와 이야기를 하고 있는데요. 원래 그런 부분이 있습니다.
초기 기독교 공동체에 유대교 전통이 사회 문화적 배경을 제공한 것,
그리고 그 유대교 전통에 창조 이야기가 이미 주전 5세기경부터 포
함되어 전승되어 왔다는 것입니다. 그러니까 우리가 디모데전서 2장
13절에서부터 보는 아담과 하와 이야기는, 초기 기독교 공동체의 형
성에 지대한 영향을 미친 유대교 전통의 흔적이라 볼 수 있겠습니다.
원래 세상이 이렇게 창조되었다고 주장하는 유대교적 설명을 디모데

전서의 기자가 받아들인 것이지요.

　그러나, 이 '원래 그랬던' 이야기들 중에는 '원래 그렇지 않은' 부분들도 존재합니다. 예를 들어 여성이 자녀의 출산으로 구원을 얻을 것이라는 디모데전서 기자의 언급이 그렇습니다. 원래의 창세기 전승은 하와가 겪을 출산의 고통에 대해 언급하고 있습니다. 이를 유대교 공동체가 수 세기에 걸쳐 전승해 온 것 또한 사실입니다. 그러나, 창세기 본문에서 언급되는 출산의 고통은 처벌적 차원에서 다루어질 뿐, 어디에서도 하와가 자녀를 낳는 대가로 구원을 받게 될 것이라고 예언하지 않습니다. 디모데전서가 낭독될 당시의 청자들에게 이 부분은 '원래 그랬던 문화적 전통이 아니라' 디모데전서 기자의 의견으로 여겨졌을 것입니다.

　또 신약성서 시대의 가부장이 원래 가문 전체의 이익을 위해 결정을 내리고 의사를 대변하는 권한을 갖고 있었다는 분석은 사실입니다. 그렇다고 해서 우리가 흔히 생각하는 것처럼 당시 사회가 남편에게 아내를 지배할 권한을 주었거나, 여성의 재산권이나 의사 결정권을 금지하거나, 여성을 단순히 남편에게 종속된 존재, 남편에게 순종해야 하는 존재로 취급한 것은 아니었습니다. 오히려 신약성서가 기록된 시대인 로마 초기 제정 당시의 여성들은 결혼해서도 남편이 아니라 아버지의 슬하에 있었습니다. 남편들은 자기 가문의 가부장이긴 하지만, 자녀들에게 하듯이 (다른 가문의 일원인) 아내에게 법적 강제력을 행사할 수 없었고, 여성은 아버지가 돌아가시면 자신의 문제에 관한 한 스스로 처리할 수 있는 법적인 주체권을 가졌습니다.

이것만이 아닙니다. 여성이 받은 상속 재산은 자동적으로 남편 재산에 귀속되는 것이 아니라 여성 스스로 관리할 수 있었고, 이혼이라도 하면 남성은 전 부인이 가져온 결혼 지참금을 전액 돌려주어야 했습니다. 여러분이 로마 시대 살았던 20대 남성 시민권자라고 가정해 봅시다. 여러분이 여러분보다 연상이거나 지위가 더 높은 귀족 여성과 동석하는 경우, 그 여성은 여러분에 비해 사회적으로 우월한 지위를 점했습니다. 여러분이 남성이라 할지라도 자신보다 지위가 높거나 재산이 많은, 그리고 연상인 여성을 지배하거나 순종을 강요할 수는 없었던 것입니다.

즉, 우리가 흔히 오해하는 것과 달리, 신약성서가 기록되던 당시 로마 시대의 사회상은 여성들의 주체성과 자주권을 어느 정도 인정했습니다. 동일한 지위를 가진 사람들 간의 성차별과 가부장주의가 분명 존재했고 여성의 사회진출권이 어느 정도 제한되긴 했으나, 원래 로마 사회가 성별을 가장 우선된 가치로 두어서 여성이라는 이유만으로 남성에게 종속되는 것이 당연시하는 사회는 아니었습니다. 그렇다면 디모데전서 기자 탓일까요? 디모데전서 기자가 요즘 말로 하면 여성 혐오론자이자 성차별자였던 것일까요? 함께 본문을 살펴보겠습니다.

새 시대 새 설교

누구에게 순종하는가?

우리가 읽은 대로 11절에서 기자는 "여자는 조용히, 언제나 순종하는 가운데 배워야" 한다고 말합니다. 그리스어 원문 있는 그대로 해석하면, "여성은 침묵하는 가운데, 온전한 순종을 통해 배워야 합니다"라는 뜻이 됩니다. 순종이나 침묵이 주 동사일 것 같지만 그렇지 않습니다. '배운다'는 뜻의 그리스어 '만타네토'(μανθανέτω)라는 단어가 주 동사입니다. 이 명령형 동사는 그리스어 동사 만타노(μανθάνω)에서 유래했는데요, 이 동사는 마태복음 11장 29절에서 예수님께서 "나는 마음이 온유하고 겸손하니 내 멍에를 메고 나에게 배우라"고 말씀하셨을 때 쓰였습니다. 또 에베소서 4장 20절은 "그리스도를 배운 방식"에 대해 말할 때 이 단어를 사용합니다. 히브리서 5장 8절에 따르면 "그리스도께서 고난을 당하심으로써 순종을 배웠다"고 말할 때도 이 동사가 쓰였습니다. 그런가 하면 우리가 읽은 디모데전서 5장 4절과 13절에서는 이 동사를 사용해 여성 과부들이 바람직한 '종교적 의무'가 무엇인지 배우고 게으름 부리는 것을 배우지 말아야 한다고 권고합니다. 요약하면, 신약 성서의 전통은 '배우다'라는 단어를 사용할 때, 그리스도의 품성이나 그리스도를 향한 신앙, 이와 관련된 종교적 의무를 배움의 대상으로 두고 있음을 짐작할수 있습니다. 순종과 침묵은 이 배움을 향한 중간 단계에 놓여 있습니다.

그렇다면 누구에게 순종하고 침묵함으로써 배울 수 있다는 것일까요? 일단 '순종'과 '침묵'의 목적어가 '남성'이라고 해석할 때에, 우리는 흔히 이 본문을 뒤 절인 12절의 빛 아래서 해석하는 경향이 있습니다. "여자가 가르치거나 남자를 지배하는 것을 나는 허락하지 않습니다. 여자는 조용해야" 한다는 구절 말이지요. 그러니까 뒤 절을 근거로 앞 절을 해석하는 것입니다. 쓰인 순서와는 거꾸로 말이지요. 그러나 이 해석은 그리스어 원문을 해석하는 원칙에 어긋납니다. 그리스어 원문에 있어서 동작을 나타내는 단어의 목적어는 가장 가까이 위치한 명사입니다. 이 원칙에 비춰 볼 때, 주동사인 그리스어 만타네토(μανθανέτω)와 가장 가까이 위치한 목적격 명사는 '하나님을 향한 경외'를 뜻하는 테오세베이안(θεοσέβειαν)입니다. 반면 남성 혹은 남편을 뜻하는 그리스어 안드로스(ἀνδρός)는 주 동사인 '배우다'로부터 '하나님 경외'라는 단어보다 더 멀리 위치해 있을 뿐만 아니라 목적격 명사 형태를 취하지도 않지요. '남성' 혹은 '남편'이라는 단어가 연결되는 동사는 "위에 서려 하는, 지배하려고 하는"이라고 해석되는 부정사 아우텐테인(αὐθεντεῖν) 뿐입니다.

저는 이미 '배우다'라는 뜻의 그리스어 동사 만타노의 용법이 그리스도의 품성이나 그리스도를 향한 신앙, 이와 관련된 종교적 의무를 배움의 대상으로 두고 있다고 말씀드렸습니다. 이러한 용법을 유념해 본문을 해석한다면, 11절의 순종과 침묵 또한 하나님을 향한 경외를 배우는 방법으로써 뒷 문장이 아닌 앞 문장에 닻을 내리는 것이 더 적합할 것입니다. 따라서 9절 이하는 다음과 같이 해석될 수 있습니다.

"여자들은 소박하고 정숙하게, 단정한 옷차림으로 몸을 꾸미기 바랍니다. 머리를 어지럽게 꾸미거나 금붙이나 진주나 값비싼 옷으로 치장하지 말고, 착한 행실로 치장하는 것이 하나님을 공경하는 여자에게 적합합니다. 여성은 조용히, 온전한 순종을 통해 '하나님을 향한 경외'를 배워야 합니다. 가르치려 들거나, 남편을 지배하려 하는 것을 허락하는 것이 아닙니다. 여성은 조용해야 합니다."

이 해석에서 11절과 12절은 여성을 종속적인 존재로 여겨서 침묵과 순종을 명령하는 것이 아니라, 하나님을 경외하는 법을 배우기 위한 덕목으로서의 침묵과 순종을 권면하고 있는 듯합니다. 여기서 질문하실 수도 있습니다. 뭐 어쨌든 여자들이 순종하고 침묵하라고 하지 않습니까? 제가 여성 설교자이기 때문에 디모데전서 기자의 뜻을 왜곡시키고 있는 건 아닐까요? 순종과 침묵을 덕목으로 볼 만한 근거들이 존재할까요? 존재합니다. 일단 11-12절을 둘러싼 본문들에 계속 등장하는 스토아 철학의 덕목들은, 기자가 청자들에게 요구하는 바를 알려줍니다. 화를 다스리고 감정적인 중용을 갖추는 것은 스토아적인 현인이 추구하는 이상이었고, 8절의 기자는 남성 청자들에게 화내지도 말다툼 하지도 말라고 하고 있습니다. 9절에 언급된 정숙함과 소박함, 단정함 또한 당시 스토아 철학의 영향을 받은 로마 사회가 이상적인 어머니와 아내상을 묘사할 때 쓰던 표현들이었습니다.

3장으로 넘어가면 우리는 2절부터 13절까지 감독과 집사의 자격을 묘사한 긴 구절을 만나게 되는데요. 절제와 정직성, 너그러움을 바탕으로 감정적이고 이성적인 중용과 안정을 유지하는 것은 스토아 철학이 오랫동안 찬양해 온 미덕이었습니다. 이 미덕을 갖춘 현인이 가문의 모범으로서 가장의 권위와 지위를 지켜내듯이, 디모데전서 기자는 감독과 집사가 공동체에 모범을 보이는 가장과 같은 인물이어야 한다고 3장 4절, 5절, 12절에서 재차 강조하고 있습니다.

그렇다면 스토아 철학의 측면에서 순종과 침묵은 어떻게 이해할 수 있을까요? 로마 사회에서 더 높은 지위를 가진 사람들과 동석하는 경우 침묵이 권유되었습니다. 이때의 침묵은 참석자가 연장자 혹은 귀족의 권위를 존중하는 절제력을 보여준다는 점에서 남성과 여성을 가리지 않고 덕성(virtue)의 증거라 여겨졌습니다.

이와 관련해 주후 2세기 로마 제국의 작가 아풀레이우스는 《황금 당나귀》라는 소설에서 한 남성의 이야기를 들려줍니다. 그는 여행 길에 한 번도 만나지 못했던 이모를 생전 처음으로 마주치게 되었는데요. 묘사에 따르면 이 이모는 남성보다 부유하고 높은 신분을 갖고 있었습니다. 남성을 수행하던 노예가 이 이모에게 가서 말을 걸어보라고 권하는데, 이를 거절하면서 남성은 다음과 같이 말합니다. '나는 내가 잘 모르는 여성에겐 일단 조심스럽네.' 그리고 남성이 땅을 쳐다보며 조용히 기다리자 이모는 다가와서 '순수하고 덕망이 높은 엄마를 닮아서 너도 몸가짐이 예의바르구나'라고 칭찬합니다.(morphoses 2.2)

이 소설의 구절에서 우리는 당시 문화에 대해 여러 가지를 엿볼 수 있습니다. 첫 번째로 우리는 지위를 가진 사람에 대한 겸손을 보여주는 일종의 덕성으로 당시 사회가 침묵과 순종을 높이 샀음을 알 수 있습니다. 또 우리는 당시 사회의 위계 서열이 단순히 남자, 여자의 성별이 아닌 자유민/노예/평민/귀족 등을 가르는 신분과 재산의 크기, 나이 등 복합적인 기준에 의해 결정되었음을 알 수 있습니다. 즉, 남성들도 침묵하고 순종해야 할 때가 있었고, 이 행동들이 오히려 미덕으로 받아들여졌다는 뜻이지요.

심지어 침묵은 대의를 위해서라면 자신보다 연상이거나, 높은 지위를 가졌거나, 부자인 사람 앞에서도 깨질 수 있는 것이었습니다. 기원전 3세기-기원후 1세기 사이에 쓰였다고 전해지는 성서 외경 중하나인 「유딧기」는 여성에게 항상 무조건적인 침묵과 복종만이 강제된 것은 아니었음을 보여줍니다. 유디트서 8장 7절과 8절에 따르면 유디트는 죽은 남편으로부터 많은 재산을 물려받은 부유한 과부였는데요, 기자는 특히 유디트가 '하나님을 경외하는 사람'이었다고 기록합니다. 이 유디트는 자신이 살던 도시 베툴리아가 곧 항복할 것이라는 말을 전해 듣고 우치야를 비롯한 도시의 원로들에게 11절부터 27절에 이르는 긴 질책과 설득을 합니다. 그리고 그의 말에 대해 우치야는 유디트를 책망하기는커녕 "당신의 말이 옳다"(8:28)고 말하며 "우리를 위해 기도해달라"(8:31)고 부탁하지요. 여성이 원로들을 질책하는데도, 이를 막거나 비난하지 않고 그 말의 내용을 인정하는 데서 우리는 당시 사회의 공공선을 위해서라면 여성들의 발언 또한 충분히 받아들여지고 존중받았음을 발견할 수 있습니다.

이러한 사회상을 고려할 때, 우리는 디모데전서 12절의 말씀을 새로운 눈으로 바라볼 수 있습니다. 여성이 침묵하고 순종해야 한다는 말은, 여성을 하찮게 여기기 때문에 한 말이기보다는 남을 정죄하고 가르치려 드는 오만한 태도나 자기 뜻만을 관철시키고 지배하려 드는 독선을 경계하는 말로 보입니다. 공공선이나 대의를 위한 것도 아닌데 사사건건 자기 생각만을 내세우며 타인 위에 올라서서 그를 가르치려 들거나 무시하지 말라는 뜻에서 말입니다.

한 몸 된 우리: 침묵과 순종의 근거

왜, 무엇을 근거로 이런 가르침을 준 것일까요? 로마사회는 신분제 사회가 아니었습니까? 신분의 고하와 재산의 정도에 따라 충분히 다른 사람 위에 올라설 수 있는 것 아니었나요? 앞서 말씀드린 모든 덕목을 나열하기 전, 기자는 8절에서 문장을 '그러므로'라는 단어로 시작합니다. 이 단어는 이후 언급될 덕목들을 갖춰야 할 이유가 8절 이전에 이미 언급되었다는 것을 뜻합니다. 무슨 이유 때문일까요? 2장 1절 이하의 증언 내용 때문입니다.

아시다시피 2장 1절 이하에서 기자는 "모든 사람을 위해서 하나님께 간구와 기도와 중보기도와 감사기도를 드리라고" 가르치면서 자신이 증언자가 되었다고 말합니다. 그리고 증언의 내용은 다음과 같습니다.

하나님은 한 분이시요, 하나님과 사람 사이의 중보자도 한 분이시

니, 곧 사람이신 그리스도 예수이십니다. 그분은 모든 사람을 위해서 자기를 대속물로 주셨습니다.(5절)

여기서 우리는 초대 교회 공동체에서 전승되었던 복음이 가진 세 가지 특징을 배웁니다. 첫 번째는 하나님 한 분을 향한 신앙이요, 두 번째는 중재자 되신 예수 그리스도께서 '모든 사람'을 위해 자신을 바쳐 하나님과 사람 사이를 이으셨다는 신앙입니다. 그리고 이 복음의 두 가지 특징들은 우리로 하여금 한가지를 더 깨닫게 합니다. '모든 사람'이 그리스도를 통해 하나님께로 연결되었다, 즉 내가 주께 연결되어 있듯 다른 사람들도 하나하나 주님께 연결되었다는 신앙입니다.

여기서 우리는 바울이 갈라디아 교회 교인들에게 가르쳤던 것과 같은 신앙을 발견합니다. 바울은 갈라디아서 3장 26절-29절에서 다음과 같이 말했습니다.

여러분은 모두 그 믿음으로 말미암아 그리스도 예수 안에서 하나님의 자녀들입니다. 여러분은 모두 세례를 받아 그리스도와 하나가 되고, 그리스도를 옷으로 입은 사람들이기 때문입니다. 유대 사람도 그리스 사람도 없으며, 종도 자유인도 없으며, 남자와 여자도 없습니다. 여러분 모두가 그리스도 예수 안에서 하나이기 때문입니다. 여러분이 그리스도께 속한 사람이면, 여러분은 아브라함의 후손이요, 약속을 따라 정해진 상속자들입니다.

그리스도 안에서 우리는 하나 된 자녀입니다. 내가 귀한 하나님의 자녀라면, 내 옆 사람 또한 그렇습니다. 내 옆 사람이 귀한 자녀 되었듯이, 나 또한 그리스도를 통해 귀한 자녀 됨을 받았습니다. 우리는 그리스도를 통해 하나 된 몸이기에, 서로를 정죄할 필요도 비난할 필요도 가르칠 필요도 지배할 필요도 없습니다. 서로를 속된 말로 "가르치려 들고" "이겨 먹으려 드는" 일은 무의미합니다. 내가 존중받는 만큼, 내 옆 사람도 존중을 받고, 내가 섬김을 받기를 원하는 만큼 내 옆 사람 또한 섬김을 받아야 합니다. 남을 향해 화살을 돌릴 여유가 없습니다. 오직 그리스도의 죄사함을 통해 나를 만나 주신 하나님을 경배한다는 말이 무슨 의미인지 자신의 삶 속에서 계속 배워나가는 것. 구원받은 자의 삶에 합당하게 사는 것, 그것만이 우리의 할 일이고 그리스도 안에서의 바른 삶이라고 오늘 기자는 우리에게 말하고 있는 것입니다.

말씀을 정리합니다. 철학자 마르타 누스바움은 《혐오와 수치심》이라는 자신의 저작에서 혐오란 불완전하고 취약한 존재로서의 인간이 각자 처한 삶의 불확실성을 해소하기 위해 분출하는 불성숙한 감정이라 진단했습니다. 성경이 원래 그렇다며 말해 온 혐오 감정과 차별은, 성서 뒤의 역사나 기자들이 아니라 사실은 우리가 스스로의 약함을 감추기 위해 불러낸 내면의 감정이 아니었는지 뒤돌아봐야 합니다. 교회가 성차별과 여성 혐오를 정당화하는 대표적 본문으로 꼽아온 디모데전서 2장에서 기자는 오히려 그리스도를 통해 모든 사람이 하나님께 연결되었기에 우리 각자가 이상적인 공동체의 덕성을 실천함으로써 주님을 경배해야 한다고 말합니다. '모든 사람'들에 포함되는 일원으로서 여성들은 자기를 내세우기보다는 타인을 존중하고, 하나님을 경외하는 자의 삶에 걸맞게 자기를 절제하는 의미에서 침묵과 순종을 실천해야 합니다. 이러한 기자의 권면을 따라 우리의 삶이 하나님께 드리는 경배가 되길 소망합니다. 그리스도를 통해 이어진 또 다른 '나'를 향한 상호 존중과 섬김이 우리 교회 공동체 안에서 이루어지길 소망합니다. 이를 통해 우리가 드리는 이 삶의 예배가 더욱 풍성해지고 완전해지길 기원합니다.

2023년 6월 22일 하안교회 설교

최은경

한신대학교 겸임교수

교회 안에서 자라나 신학의 세계에 입문한 지 30년 동안 신학적 관점을 목회 현장에 연결시키기 위해 노력해 왔다. 신학대학원을 졸업한 젊은 여성이 교회에서 사역한다는 것이 극히 어려웠던 시절에 여성 목회의 현장이 교회임을 증언하려고 고군분투했다. 이화여자대학교 기독교학과를 졸업하고, 같은 해 한신대학교 신학대학원에 입학하여 졸업과 동시에 전임전도사 사역을 시작했다. 3년의 전임 사역을 마친 뒤 그 교회에서 목사안수를 받았다. 꾸준히 목회하는 중에도 학문에 대한 사랑을 놓칠 수 없어 이화여자대학교 일반대학원에 진학, 구약신학을 전공했다. 그러나 박사과정을 수료한 뒤 학위논문에 천착하기에는 어려움이 많아 결국 뒤늦게 호서대학교에서 '바리새파 연구'로 박사학위를 받았다.

〈기독교여성평화연구원〉에서 연구원으로 활동하였고, 기장 여신도교육원에서 교단 내 여신도들을 가르쳤다. 지금은 군산한일교회에서 남편과 함께 협동목회를 하고 있으며, 《말씀과 삶》 집필 위원, 기장 군산노회 연합신학원 강사, 한신대학교 겸임교수를 맡고 있다.

교회 세우기

고린도전서 3장 10-15절

나는 하나님께서 나에게 주신 은혜를 따라, 지혜로운 건축가와 같이 기초를 놓았습니다. 그런데 다른 사람이 그 위에다가 집을 짓습니다. 그러나 어떻게 집을 지을지 각각 신중히 생각해야 합니다. 아무도 이미 놓은 기초이신 예수그리스도 밖에 또 다른 기초를 놓을 수 없습니다. 누가 이 기초 위에 금이나 은이나 보석이나 나무나 풀이나 짚으로 집을 지으면, 그에 따라 각 사람의 업적이 드러날 것입니다. 그날이 그것을 환히 보여 줄 것입니다. 그것은 불에 드러날 것이기 때문입니다. 불이 각 사람의 업적이 어떤 것인가를 검증하여 줄 것입니다. 어떤 사람이 만든 작품이 그대로 남으면, 그는 상을 받을 것이요, 어떤 사람의 작품이 타 버리면, 그는 손해를 볼 것입니다. 그러나 그 사람은 구원을 받을 것이지만 불 속을 헤치고 나오듯 할 것입니다.

건축 이야기

오늘 본문은 건축하는 이야기입니다. 오늘날에는 우리 집을 짓는 것도 '건축'한다고 표현하고, 대형 아파트를 지어도 '건축'하는 것이고, 더 큰 건물을 지어도 '건축'한다고 얘기합니다. 그러나 신약성경 시대에 건축한다는 이 단어는 어떻게 쓰였을까요? 그 시대에 건축이라는 말은 많은 경우에 교회를 세우거나 예수의 메시야적 행위를 상징했습니다.(마태복음 16:18, 마가복음 14:58, 사도행전 15:16 비교 아모스 9:11) 즉 유대인들은 '건축하다'라는 단어를 성전 같은 신성한 건축에 적용하는 말로 사용했습니다. 유목민족으로서 텐트 생활에 익숙한 이스라엘 사람들에게 건축다운 것은 성전뿐이었습니다.

이스라엘 사람들은 성전을 건축하는 데 중요한 종교적 체험을 했습니다. 그들이 바빌로니아 포로에서 귀환하여 신앙공동체를 재건하는 데 가장 핵심적인 일이 성전 건축이었습니다. 에스라는 백성에게 이렇게 명했습니다.

> 이 나라 사람 가운데서, 하나님을 섬기는 모든 사람은 유다에 있는 예루살렘에 올라가서, 그곳에 계시는 하나님 곧 주 이스라엘의 하나님의 성전을 지어라. 그 백성에게 하나님이 함께 계시기를 빈다.(에스라 1:3)

건축을 하는 일은 쉬운 일이 아닙니다. 실재로 건물은 무너질 수 있기 때문입니다. 최근에 "철근 절반이 빠져 있었다"는 총체적 부실이 드러난 '검단 주차장 붕괴'라는 제목이 각종 뉴스를 장식하는 사건이 벌어졌습니다. 지난 4월 29일 발생한 인천 검단 아파트 지하주차장 붕괴 사고는 설계·감리·시공 등 사업 진행 과정 전반의 총체적 부실이 사고의 원인이었습니다. 지하 주차장을 받치는 32개 모든 기둥에 전단보강근이 있어야 하지만 설계상 15개 기둥에는 전단보강근이 없었던 것으로 드러났습니다. 시공 과정에서도 전단보강근이 빠진 것으로 드러났습니다.

이 사건은 21세기에 25층의 고층 아파트를 짓는 것도 이렇게 허술할 수 있음을 보여주는 충격적인 사건이었습니다. 그나마 입주하기 전에 드러나서 인명사고가 없어서 다행일 뿐입니다. 이처럼 집을 짓는다는 것은, 이천 년 전이나 지금이나 쉬운 일이 아닙니다. 매 순간 모든 과정에 심혈을 기울여야 합니다. 본문에서는 교회를 세우는 것도 이와 같다고 말씀하십니다.

교회 건축하기

오늘 본문에서 바울은 사도로서의 자신의 직책을 '지혜로운 건축사'라고 부릅니다. 그는 '건축 총감'입니다. 건축사는 건물 전체를 관할하는 도편수입니다. 그는 '기초'를 놓았습니다. 다른 사람들은 건축사가 놓은 기초와 건축의 윤곽을 변경할 수 없습니다. 이 조건 위에 어떻게 건축할지를 고안해야 합니다. 실제로, 바울은 고린도교회의 기초를 세운 사람입니다. 그런데 지금 바울의 고민은, 고린도교회가 파괴될 수도 있다는 불안감입니다. 파괴되는 것이 교회 건물을 말하는 것이 아니라, 고린도교회 공동체의 해체를 말합니다.

> 누구든지 하나님의 성전을 파괴하면, 하나님께서도 그 사람을 멸하실 것입니다. 하나님의 성전은 거룩합니다. 여러분은 하나님의 성전입니다.(17절)

본문에는 고린도교회가 파괴되지 않고 오히려 계속 성장하기를 원하는 사도바울의 절절한 마음이 잘 나타나 있습니다. 사도 바울은 교회를 세우는 데 기여한 사람들 또 기여할 사람들에게 "어떻게 집을 지을지 각각 신중히 생각해야 합니다"(10절)라고 말합니다.

교회를 짓기 위해서는 '터'가 있어야 합니다. 그 터가 바로 예수 그리스도라(11절)라고 분명하게 말씀하십니다. 이 터 위에 교회라는 집을 짓습니다. 우리는 교회를 위해 일할 때 정말 주님이 알아주실까? 이렇게 수고하고 헌신하는데 그 모든 것을 아실까? 눈으로 보이는 헌신과 봉사 또 헌금은 말할 것도 없고 마음의 고생과 기도와 눈물을 다 헤아리고 계실까 반문할 때가 있습니다.

이에 대한 답을 주십니다. 본문에서는 집을 지을 때 "각 사람의 업적이"(13절) 나타난다고 하십니다. 교회를 위해 수고한 모든 업적이 나타난다는 말씀입니다. 우리 눈에는 성도님들의 모든 수고가 너무나 귀한 것입니다. 그러나 주님의 눈으로 보시기에는 모든 공적이 같을 수가 없지요! 모든 것을 다 아시는 주님께서 우리가 교회를 위해서 한 일이라고 생각한 것들이 진정 교회를 위한 것이었나를 평가하신다는 것입니다. 그의 업적이 공정한 평가를 받는다는 것입니다.

> 그날이 그것을 환히 보여 줄 것입니다. 그것은 불에 드러날 것이기 때문입니다. 불이 각 사람의 업적이 어떤 것인가를 검증하여 줄 것입니다.(13절)

건축의 재료들!

본문에서는 건축의 재료를 두 가지로 나눕니다. 한편에는 값진 금이나 은 귀한 돌(보석)까지 열거하고, 다른 한편에는 쉽게 불타 버릴 나무, 풀, 짚을 열거합니다. 이 이야기는 건축이 진행되는 과정의 이야기가 아닙니다. 바울의 이 비유에서는 일이 되어지는 과정보다 결과를 말하기 위함입니다.

21세기 현대에 본문이 기록됐다면, 아마도 이렇게 설명할 것입니다. 겉으로 보기에는 너무나 근사한 건물이라도 저렴하고 쉽게 지을 수 있는 스티로폼 단열재로 적당하게 지은 건물이라면, 불이 났을때, 불에 쉽게 전소할 수 있습니다. 겉으로 멋지게 외장을 꾸며 놓았기에 잘 알아보지 못하고 고급스러운 건물처럼 보이지만, 불이 나면

소재가 무엇인지 금방 알 수가 있습니다. 물론 단열재 중에서도 '아이소핑크'라고 불리는 단열재나 'PF보드'(페놀폼)라는 것이 있지만 가격이 비쌉니다. 이처럼 값이 나가지만 그런 단열재를 사용했다면 불이 나도 그렇게 쉽게 전소되지는 않을 것입니다.

건물을 외벽만으로는 얼마나 정성들여 지은 건축물인지 알 수 없다는 것이지요. 그래서 보이지 않는 부분까지 세밀하게 또 단단하게 잘 지은 건물인지 불로 시험해 본다는 것입니다. 우리는 교회 공동체가 세워져 가는 과정도 이와 같습니다. 우리는 교회 공동체의 그 많은 조직과 관계들을 다 알 수 없습니다. 주님만이 아십니다. 이 교회를 건축한 사람들은 자기의 전체 운명을 걸고 건축한 것으로서 그리스도가 내리는 마지막 판정에서 자신의 수고가 모두 드러날 것입니다. 이는 불로 실행하는 심판의 엄숙성을 말씀하시는 것입니다.

타지 않는 것들이라도, 녹아버리든지, 깨어질 수 있습니다. 그러므로 어떤 설계를 가지고, 어떤 공법을 썼는지, 또 각자가 맡은 부분을 얼마나 설계대로 시행했는지 그 수고로움은 지은 자신만이 알 수 있습니다. 눈이 보이지도 않고, 각각의 부분에 대해서는 비전공자가 알 수도 없습니다. 얼마나 적당히 얼마나 설렁설렁 지었는지는 자신만이 아는 것입니다. 그러므로 잘 지었는지 판단 받는다는 것은 어찌보면 공정하다고 하겠습니다. 이 비유에서는 건축한 '수고'에 대해 상이 있음을 강조합니다. 불로 하는 시험에 견뎌낸다면 하늘의 보상이 있다는 것입니다. 우리는 이 하늘의 면류관을 바라보며 달려가는 사람들입니다.

생명의 말씀을 굳게 잡으십시오. 그리하면 내가 달음질한 것과 수고한 것이 헛되지 아니하여서, 그리스도의 날에 내가 자랑할 것이 있을 것입니다.(빌립보서 2:16)

우리 주 예수께서 오실 때에, 그분 앞에서, 우리의 희망이나 기쁨이나 자랑할 면류관이 무엇이겠습니까? 그것이 여러분이 아니겠습니까?(데살로니가전서 2:19)

이러한 심판을 받으면 분명 우리가 한 일 중에 많은 것이 '불타는 것'을 보게 될 것입니다. 나 자신을 드러내기 위해서 교회 일을 했다면, 그 공적은 불에 타버릴 것입니다. 시기와 질투로 성도들 사이를 이간하거나 교회 공동체를 힘들게 하면서 교회 일을 했다면 그 공적도 불에 소멸될 것입니다. 이 때문에 모든 그리스도인은 자신이 세우는 교회에 대해 더 철저하게 주의를 기울여야 합니다.

그러므로 우리가 하나님의 교회를 세우는 일에 관여한다면, 주의 일을 하는 '동기'가 선해야 합니다. 우리의 '행동'도 믿음에 입각해서 행동해야 할 것입니다. 그리고 내 힘으로 하는 것이 아니라 '하나님의 능력과 은혜'가 부어지도록 기도하고, 그리고 일이 끝났을 때 나의 공이 나타나는 것이 아니라 오로지 예수 그리스도께서 영광을 받으시도록 하려고 기도해야 합니다. 이렇게 섬긴다면 불로 시험해도 그 가치가 소멸되지 않고 오히려 '상을 받을 것'(14절)입이다.

'영생'의 축복과 '공적의 심판' 앞에서!

하지만 분명하게 기억해야 할 것은, 얼마만큼 잃어버리게 되든 간에 그 불의 심판이 우리를 하나님의 사랑이나 그분의 구원에서 떼어놓을 수는 없습니다. 그리스도께서 우리를 위하여 십자가에 달리사 구원하심을 믿는 자들은 거룩하신 하나님으로부터 정죄함을 받을까 봐 두려워할 필요가 없습니다.

> 내가 진정으로 진정으로 너희에게 말한다. 내 말을 듣고 또 나를 보내신 분을 믿는 사람은, 영원한 생명을 가지고 있고, 심판을 받지 않는다. 그는 죽음에서 생명으로 옮겨졌다.(요한복음 5:24)

우리는 요한복음의 말씀에서 주시는 영생의 확실함과 또한 오늘 본문의 말씀 즉 주님이 그리스도인들이 날마다 행하는 섬김을 자세히 조사하시리라는 것 둘 다 아주 진지하게 받아들여야 합니다. 하나님은 그분의 집과 그분의 교회에 열렬한 관심을 가지고 계시기 때문입니다.(9절) 본문은 하나님이 각 사람을 '공적에 따라' 심판하신다는 중요한 가르침을 줍니다.

> 우리는 모두 그리스도의 심판대 앞에 나타나야 합니다. 그리하여 각 사람은 선한 일이든지 악한 일이든지, 몸으로 행한 모든 일에 따라, 마땅한 보응을 받아야 합니다.(고린도후서 5:10)

바울은 우리가 하는 일에 대해 그리스도인으로서 마땅히 져야 할 책임을 진지하게 설명합니다. 우리는 교회 공동체를 올바른 재료로 지혜롭게 잘 지을 수도 있습니다. 아니면 교회 공동체를 엉뚱한 재료로 부실하게 지을 수도 있습니다. 크게 실수하면 즉 꼭 사용해야 할 재료를 쓰지 않거나 적게 써도 실제로 건물이 통째로 무너질 수도 있습니다. 하나님은 이 책임을 꼭 물으신다는 것입니다.

오늘 예배는 4여신도회(60-65세)가 드리는 헌신예배입니다. 4여신도회는 반세기를 넘게 살아왔고 이제 60대 초·중반입니다. 감히 인생의 황금기라고 말씀드립니다. 아이들도 다 커서 품에서 떠나가고 대부분은 다시 신혼을 맞이합니다. 그동안 버거웠던 사회 일들도 한 분 한 분 내려놓는 시기입니다. 그동안에는 아이들 때문에, 또 시간이 없어서 교회 일을 못했다면 이제는 얼마든지 감당할 수 있는 나이입니다. 마음의 중심을 어디에 두느냐에 따라 마음만 먹으면 얼마든지, 무엇이든지 할 수 있는 시기입니다. 4여신도회 회원들은, 1, 2, 3여신도회 회원들을 바라보며 나도 저렇게 멋진 신앙생활을 해야겠다 다짐하고 5, 6, 7, 8, 9여신도 회원들에게 본이 되는 선배님이 될 수 있습니다.

왜냐하면 교회 공동체라는 집을 짓는데, 가장 잘 지을 수 있는 나이이기 때문입니다. 노련미와 절제미를 고루 갖춘 나이입니다. 1, 2, 3여신도 회원들은 잘하고 싶은데, 눈도 안 보이고 귀도 안 들리고 몸이 따라주지 않는 경우도 있고, 5에서 9여신도회까지는 잘하고 싶은데 이런저런 제약이 많이 있기 때문입니다. 직장생활도 해야 하고 아이들과 남편이 있는 가정도 돌봐야 합니다. 물론 모든 나이마다 가장 잘할 수 있는 것이 있기는 하지만 객관적인 상황이 그렇다는 것이지요.

주님께서는 교회를 얼마나 정성껏 세워나가느냐를 아주 소중하게 생각하시는 분이라는 것을 오늘 분문에서 배웠습니다. 또한 교회 공동체를 잘 건축한 사람에게 상급을 주신다고도 분명하게 말씀하십니다. 하늘의 상급을 바라보며 그 공력이 불로 사라지지 않는, 교회라는 신앙공동체를 잘 세워가는 데 가장 큰 역할을 감당하고, 또 중요한 사명을 이루어가는 4여신도회가 되기를 축원합니다.

2023년 7월 9일 군산 한일교회 설교

인간의 죄를 사하는 권세

요한복음 20장 19-23절

그날, 곧 주간의 첫날 저녁에, 제자들은 유대 사람들이 무서워서, 문을 모두 닫아걸고 있었다. 그때에 예수께서 와서, 그들 가운데로 들어서셔서, "너희에게 평화가 있기를!" 하고 인사말을 하셨다. 이 말씀을 하시고 나서, 두 손과 옆구리를 그들에게 보여주셨다. 제자들은 주님을 보고 기뻐하였다. [예수께서] 다시 그들에게 말씀하셨다. "너희에게 평화가 있기를 빈다. 아버지께서 나를 보내신 것 같이, 나도 너희를 보낸다." 이렇게 말씀하신 다음에, 그들에게 숨을 불어넣으시고 말씀하셨다. "성령을 받아라. 너희가 누구의 죄든지 용서해 주면, 그 죄가 용서될 것이요, 용서해 주지 않으면, 그대로 남아있을 것이다."

본문의 말씀은 부활 후 예수님께서 제자들을 만나는 장면으로 요한복음의 20장의 부활 이야기에 속한 내용입니다. 안식 후 첫날 저녁

때에 예수님께서 제자들에게 나타나셨는데. 그때 제자들은 유대인들이 무서워 모인 곳의 문들을 닫고 있었습니다. 예수께서 오사 가운데 서서 인사를 나누십니다. "너희에게 평화가 있기를!"(19절) 그리고 제자들에게 두 손과 옆구리를 보여주시면서 예수께서 또다시 제자들에게 평강이 있기를(20절) 빕니다. 이어서 파송의 말씀을 하시는데 즉 아버지께서 나를 보내신 것 같이 나도 너희를 보낸다는 말씀(21절)입니다. 이 말씀을 하시고 그들을 향하여 숨을 불어넣으시고 "성령을 받아라. 너희가 누구의 죄든지 용서해 주면 그 죄가 용서될 것이요, 용서해 주지 않으면 그대로 남아있을 것이다"(22-23절)라고 말씀하십니다.

요한복음에서 부활 이후에 제자들을 만나 파송하는 이 장면은 우리가 잘 알고 있는 마태복음 28장의 내용과 비교할 때 강조점이 다릅니다.

> 그러므로 너희는 가서, 모든 민족을 제자로 삼아서, 아버지와 아들과 성령의 이름으로 세례를 주고, 내가 너희에게 명령한 모든 것을 그들에게 가르쳐 지키게 하여라. 보아라, 내가 세상 끝날까지 항상 너희와 함께 있을 것이다.(마태복음 28:19-20)

마태복음 28장도 제자들을 파송하는 장면입니다. 제자들이 가서, 제자 삼고, 세례를 베풀고 그들에게 가르쳐 지키게 하라는 내용입니다. 제자들을 파송하는 같은 장면에서 요한복음에서 특별히 강조하는 점은 제자들에게 성령을 받으라는 것과 죄 사함의 능력을 주신 것입니다. 이제 제자들은 죄 사함의 권세를 갖게 되었습니다. 부활하신 예수님이 제자공동체인 교회에 주신 선물입니다. 교회가 가진 권세입니다.

누가 죄를 사할 수 있나요?

죄를 사해 주는 것! 이는 실로 엄청난 일입니다. 있는 죄를 없다고 선언하는 것은 간단한 일이 아닙니다. 또한 아무나 할 수 있는 일도 아닙니다. 오직 하나님만이 하실 수 있는 일입니다. 죄 사함의 문제가 얼마나 예민하고 중차대한 일인가 하는 것을 알 수 있는 사건이 성경에 기록되어 있습니다. 바로 마태복음 9장에서, 예수님께서 중풍병자를 고치시는 사건에서 잘 나타나 있습니다.

예수님께서 중풍병자에게 "기운을 내라 아이야. 네 죄가 용서받았다"(마태복음 9:2)고 말씀하셨습니다. 이때 같은 장소에 있던 율법학자 몇 사람이 "이 사람이 하나님을 모독하는구나"라고 속으로 생각했습니다. 죄사함을 언급하는 것이 바로 하나님을 모독하는 것으로 해석됨을 볼 수 있습니다.

예수님께서 이 생각을 아시고 "'네 죄가 용서받았다' 하고 말하는 것과 '일어나서 걸어가거라' 하고 말하는 것 가운데서 어느 쪽이 더 말하기가 쉬우냐?"라고 말씀하셨습니다. 또한 "인자가 땅에서 죄를 용서하는 권세를 가지고 있음을 너희에게 알게 하겠다"라고 하시면서 중풍병자에게 일어나서 너의 침상을 거두어 가지고 집으로 가라고 명령하십니다. 그러자 곧 그 중풍병자가 일어나서 자기 집으로 돌아갔습니다. 기적이 일어난 것이지요!

그러나 무리들이 그 기적 사건보다 더 주목한 것은 바로 죄 사함의 권세입니다. 그 무리들은 이 죄사함의 권한을 예수님에게 주신 하나님께 영광을 돌렸다고 성경은 기록하고 있습니다. 이 사건은 바로 죄 사함의 권세는 하나님의 권한이며, 그 권한을 이제 하나님께서 예수님에게 주신 것임을 밝히는 내용입니다. 그러므로 죄를 사해 준다는 것은 인간들이 함부로 따라 할 수 없는 것임을 분명하게 말해 주고 있습니다.

죄 사함을 어떻게 받나요?

죄 사함을 받은 것은 매우 어려운 일입니다. 구약의 모든 제사도 죄사함을 받기 위해 드려졌습니다. 죄 사함을 받기 위해서는 자기를 대신해서 죽을 희생제물이 필요했던 것입니다. 그러나 이처럼 구약의 제사를 통해서는 완전하지 않았습니다. 그래서 하나님께서는 죄를 사하시기 위하여 자기의 아들 예수를 보내셨고, 그를 죽이심으로 그 피로 우리의 죄를 사해 주셨습니다. 우리는 예수를 통해 죄 사함을 받았습니다.

그는 다른 대제사장들처럼 날마다 먼저 자기 죄를 위하여 희생제물을 드리고, 그 다음에 백성을 위하여 희생제물을 드릴 필요가 없습니다. 그는 자기 자신을 바치셔서 단 한 번에 이 일을 이루셨기 때문입니다.(히브리서 7:27)

이와 같이 그리스도께서도 많은 사람의 죄를 짊어지시려고, 단 한 번 자기 몸을 제물로 바치셨고, 두 번째로는 죄와는 상관없이, 자기를 기다리고 있는 사람들에게 나타나셔서 구원하실 것입니다.(히브리서 9:28)

　　죄를 사해 준다는 것은 이처럼 엄중한 일이요 어려운 일입니다. 이 죄 사함의 원리를 피부로 체감할 수 있게 해 주는 제도가 있었습니다. 바로 구약성서에서 나오는 도피성 제도입니다. 고의가 아니라 실수로 사람을 죽인 사람들이 도피성으로 도망가면 살 수 있었습니다. 도피성으로 도망가서 사는 죄인들이 언제 고향으로 돌아갈 수 있을까요? 아니면 영원히 도피성에서 가족과 떨어져 살아야 했을까요? 놀랍게도 대제사장이 죽으면 사면(죄 사함)이 되어 각자 살던 곳으로 돌아갈 수 있었습니다.(여호수아 20장) 대제사장의 죽음 즉 대제사장의 목숨값으로 도피성에 있는 사람들이 사면을 받는 것입니다. 대제사장이 도피성에 있는 사람들을 대신하여 죽었다는 의미지요!

　　그 살인자는 그 성읍에 머물러 살다가, 회중 앞에 서서 재판을 받은 다음, 그 당시의 대제사장이 죽은 뒤에야 자기의 성읍 곧 자기가 도

망 나왔던 성읍에 있는 자기의 집으로 돌아갈 수 있다.(여호수아 20:6)

오늘날에도 대사면이 이루어지는 경우가 있습니다. 바로 대통령만이 가지고 있는 사면권입니다. 지난해(2022년) 8월 15일에 소상공인 등 서민생계형 형사범, 주요 경제인, 노사관계자, 특별배려 수형자 등 1693명에 대한 특별사면이 이뤄졌습니다. 모범수 649명에 대한 가석방도 단행되었으며, 운전면허와 생계형 어업면허 등이 취소나 정지된 59만 3509명에 대해서도 행정제재를 특별감면하는 조치를 단행했습니다.

이 특별사면에서 관심을 모았던 주요 인물들인 이명박 전 대통령, 김경수 전 경남지사, 이재용 삼성그룹 부회장의 희비가 엇갈렸습니다. 반면 이재용 부회장은 복권 조치가 단행되었는데, 이 부회장의 형기는 이미 지난 2022년 7월에 만료된 상태였기 때문에 5년 동안의 취업제한으로 인한 경영 활동에 차질이 생겨서 복권 여부가 관심사였는데, 이번 복권을 통해 경영 복귀가 가능해졌습니다. 이처럼 죄를 사해 주는 사면은 한 나라 안에서 유일하게 대통령만이 누릴 수 있는 최고의 특권입니다.

성령을 받으라!

부활하신 예수님은 죄 사함의 권세를 주시기 전에 먼저 성령을 받으라고 명령하십니다. 왜 성령을 받으라고 꼭 꼬집어 말씀하셨을까요? 성령을 받지 않고서는 우리의 능력으로 절대로 죄를 사할 수 없기 때문입니다. 우리의 능력으로는 절대로 용서를 할 수 없기 때문입니다. 죄를 용서한다는 것은 본래 인간의 능력으로는 불가능한 일입니다. 하나님만이 제사를 통해서 인간의 죄를 용서하실 수 있었습니다.

오늘 본문에서는 "그들에게 숨을 불어넣으시고" 말씀하시기를 성령을 받으라고 하셨습니다. 숨을 불어넣은 사건은 구약에서 인간을 창조하실 때 하셨던 행동입니다. 이 말씀은 창세기 2장의 인간 창조의 말씀과 정확히 일치합니다. 요한복음의 '숨을 내쉰다'와 창세기의 '불어넣는다'는 동일한 단어입니다. 하나님의 호흡이 이제는 성령으로 바뀌었을 뿐입니다. 창세기와 구분하자면 창세기가 육적 생명의 탄생이라면, 요한복음은 영적 생명의 탄생입니다. 신적인 인간! 예수를 믿음으로 동일한 성령을 받은 제자들의 공동체 탄생이 이루어졌습니다.

신의 결정이 인간에게로 넘어왔습니다. 교회에 위임되었습니다. 요한 공동체는 그것을 실제로 행사했습니다. "우리가 우리 죄를 자백하면, 하나님은 신실하시고 의로우신 분이셔서, 우리 죄를 용서하시고, 모든 불의에서 우리를 깨끗하게 해주실 것입니다."(요한일서 1:9) 교회에서 자기 죄를 고백하면 교회는 예수의 이름으로 그 죄에 대한 용서를 선언할 수 있습니다. 그 전통이 교회사에서는 고해성사로 계승되었고, 현대 예배에서는 참회의 기도와 용서의 선언 형식에 남아있습니다.

종교개혁의 핵심 주제는 죄 사함의 권세가 사제에게만 있지 않고 믿는 성도들에게 있다는 만인사제주의입니다. 각 사람이 누구의 중재 없이 예수 그리스도의 이름으로 죄 사함을 받을 수 있습니다. 이 땅에서 지은 죄를 죽어서까지 가지고 갈 필요 없습니다. 죄 사함의 권세가 교회에 위임되었고 또 믿는 자들에게 위임되었습니다.

왜 죄 사함의 권세를 주셨을까요?

왜 예수님께서 이 땅에서 이처럼 놀라운 죄 사함의 권능을 제자들에게 주셨을까요? 바로 이 땅에서의 죄사함을 통해 하나님의 나라를 이루기 위함이었습니다. 이 땅에서 이루어지는 하나님의 나라는 죄 사함을 통해 이뤄집니다. 우리가 하나님의 자녀가 되는 것도 하나님의 죄 사함을 통해 이뤄집니다.

이 땅 위에 만들어지는 하나님의 나라는 바로 우리를 통해 이뤄집니다. 하나님 나라의 비밀이자 원리가 바로 죄 사함! 곧 용서입니다. 하나님의 자녀이고 또 하나님의 제자인 우리가 용서하지 않는다면 이제 하나님도 용서하실 수 없습니다. 이 놀랍고도 무서운 사실을 우리는 잘 알고 있습니까!

"나는 절대 '그 사건'을, '그 사람'을 용서하지 못해!" 이는 하나님 나라의 원리를 모르는 사람들이 하는 말입니다. 세상 사람들이 사용하는 단어입니다. 한 예를 들겠습니다. 어느 부부의 이야기입니다. 남편이 젊어서 바람을 피웠습니다. 반대의 경우도 있겠지요! 그 이후에 30여 년 동안 같이 살면서도 절대로 용서할 수 없다고 생각했고 용서하지 않았습니다. 부부 사이에 자그마한 문제만 생기면 다시 남편이 바람을 피웠던 그 젊은 시절로 돌아가서 남편을 원망하고 정죄하기를 반복했습니다. 이 두 사람의 관계는 어떨까요? 아무리 좋은 집에서, 아무리 맛있는 것을 먹어도 바로 그곳이 지옥입니다. 용서하지 않는 사람들이 사는 곳이 바로 지옥입니다.

이 땅 위에서 이뤄지는 하나님의 나라는 용서를 통해서 죄사함을 통해서 만들어가는 것입니다. 용서는 내가 해도 되고 안 해도 되는 그런 일이 아닙니다. 감히 하나님이 하실 일을 우리가 대신해서 하는 것이기 때문입니다. 하나님은 우리를 무조건 용서하시기 위하여 자신의 아들을 십자가에서 죽이셔야만 했습니다. 하나님은 바로 나를 용서하시기 위해 그의 아들을 내어 주신 것입니다.

그 용서함이 내 삶 속에서 이뤄져야 하겠습니다. 어떻게 이런 일이 가능하겠습니까? 내 힘으로는 안 되고 성령을 받아서 새로운 사람, 주님의 사람이 되어야만 가능한 일입니다. 내가 용서함을 받았기에 이제 내가 주님의 이름으로 용서하고 상대방을 받아들여야 하겠습니다. 그 죄 사함이 오늘 우리 가정과 우리 교회 그리고 내가 만나는 모든 사람에게 이뤄지기를 간절히 기도합니다.

2023년 6월 28일 군산한일교회 4여신도회 헌신예배 설교

하나님의 소원

빌립보서 2장 13-14절

> 하나님은 여러분 안에서 활동하셔서, 여러분으로 하여금 하나님을 기쁘시게 해 드릴 것을 염원하게 하시고 실천하게 하시는 분입니다. 무슨 일이든지, 불평과 시비를 하지 말고 하십시오.

무슨 소원이 있나요?

맥시 어워드(Maxy Award) 올해의 책(2020년)에 선정된 《다섯 가지 소원》이라는 책이 있습니다. 심장질환으로 시한부 삶을 살고 있는 10살짜리 소년과 삶을 마감하고 싶은 100살 노인이 만나서 소년의 '다섯 가지 소원'을 이루어가는 과정을 흥미롭게 그려가는 이야기입니다. 소년의 다섯 가지 소원은 무엇일까요? 첫째는 여자애와 키스하기, 둘째는 메이저리그 야구 경기장에서 홈런 치기, 셋째는 슈퍼히어로 되기, 넷째는 엄마에게 멋진 남자친구 찾아 주기, 다섯째는 진짜 마술하기입니다. 이처럼 10살짜리 어린아이의 지극히 평범한 소원이 있는가 하면 거국적인 소원도 있습니다.《김구 백범일지 '나의 소원' 자서전》에는 우리는 김구 선생님의 소원을 알 수 있습니다. "내 소원은 첫째도 독립이요 둘째도 독립이요 셋째도 독립입니다!".

소원은 사람마다 다양합니다. 어린아이의 환타지 같은 소원도 있고 나라를 구하려는 구국의 의지가 담긴 소원도 있습니다. 우리의 소원(所願)은 무엇인가요? 지금 나는 무엇이 이루어지기를 바라고 있습니까? 나이가 들어가면서도 소원이 달라지겠지만 누구나 마음속에 간절히 바라고 원하는 것이 있을 것입니다. 전도서에서는 어떤 사람의 소원을 소개합니다.

> 하나님이 어떤 사람에게는 부와 재산과 명예를 원하는 대로 주시면서도, 그것들을 그 사람이 즐기지 못하게 하시고, 엉뚱한 사람이 즐기게 하시니, 참으로 어처구니가 없는 일이요 통탄할 일이다.(전도서 6:2)

개역개정 성경에서는 "어떤 사람은 그의 영혼이 바라는 모든 소원에 부족함이 없어 재물과 부요와 존귀를 하나님께 받았으나"라고 말씀하십니다. 아마도 우리가 바라는 소원의 대부분은 전도서의 '어떤 사람'처럼 부와 재산과 명예를 원하는 것일지도 모릅니다. 그런데 전도서는 우리가 바라고 원하는 이러한 소원이 막상 이뤄져도 누리지

새 시대 새 설교

못하는 경우를 언급하면서 그 소원의 허망함을 말해 주고 있습니다. 우리 인간들의 소원은 이러한데 혹시 하나님도 소원이 있으실까요?

빌립보 교회의 문제들!

한 해의 끝자락 마지막 한 달 12월이 되었습니다. 지난 몇 년 동안 코로나 팬데믹으로 교회의 예배와 각종 모임이 중단되었습니다. 올해는 코로나 3여 년의 시간이 지난 뒤 맞이하는 첫해였습니다. 교회의 예배 출석이 현저하게 줄어든 상황에서 예배의 회복을 위해 교회마다 몸부림을 쳤습니다. 또한 중단되었던 공동식사와 각종 봉사와 선교 모임들이 다시 시작되었습니다. 유명무실하던 교회 조직들이 올해 들어 움직이기 시작했습니다. 그런데 다시 시작하면서 어떤 문제가 생겼을까요?

오늘 본문에서는 사도 바울이 빌립보 교인들을 향하여 "무슨 일이든지 불평과 시비가 없게 하십시오"라고 권면합니다. 왜 사도 바울은 빌립보 교인들에게 이런 말씀을 해야 했을까요? 사도 바울에게 있어서 빌립보교회는 기쁨의 교회입니다.

> 나는 여러분을 생각할 때마다 나의 하나님께 감사를 드립니다. 내가 기도할 때마다 여러분 모두를 위하여 늘 기쁜 마음으로 간구합니다.(빌립보서 1:3-4)

빌립보교회는 2차 전도여행 중에 바울에 의해서 세워진 교회입니다. 자주색 비단장사 루디아와 간수장이 전도를 받아 교회의 일꾼들이 된 저력 있는 교회입니다. 그런데 바울은 지금 옥중에서 빌립보교회에 불평이 있다는 것과 시비를 가려야 하는 상황들이 있다는 것을 전해 들었습니다.

교회 일을 하면서 어떤 경우에 불평하게 됩니까? 교회 일을 하면서 왜 시비를 가려야 합니까? 지난 펜데믹 기간 동안 서로 만나지 못했던 교인들이 이제 얼굴을 맞대고 예배드리며 교회를 다시 세워가고 있습니다. 그러한 몸짓들이 부딪치면서 상처가 나고 교회 생활에서 불평이 생겨났습니다. 우리는 흔히 그리스도의 몸인 교회를 위해 일한다고 고백합니다. 늘 그렇게 열심히 하지는 못하지만 그래도 때로는 열심히 합니다. 이렇게 12월이 되면 주로 열심히 일한 분들에게서 불평과 원망 그리고 성도들 간의 시비를 가리는 불편한 관계가 만들어집니다. 사도 바울은 이 불평과 원망에 대하여 어떻게 극복하라고 말씀하십니까?

나에게 심겨진 소원!

오늘 본문 13절을 개역개정 성경은 이렇게 표현하고 있습니다.

너희 안에 행하시는 이는 하나님이시니 자기의 기쁘신 뜻을 위하여 너희에게 소원을 두고 행하게 하시나니.

하나님께서 소원을 우리 안에 두신다고 하십니다. 그런데 왠지 '하나님'과 '소원'이라는 단어는 어울리지 않습니다. 하나님은 그냥 이루시면 되니까요! 천지를 만드신 분이시고 전지전능하신 분이 특별히 바라고 원하는 소원이 있다는 것이 어색하게 들립니다. 그것도 하나님이 직접 소원을 이루시겠다는 것이 아니라 우리를 통해서 하시기를 원하시는 것입니다.

본문에서는 하나님의 소원을 이루기 위한 전제가 있습니다. "너희 안에서 행하시는 이는 하나님이시니."(13절) 하나님이 내 안에서 활동하십니다. 이는 하나님이 내 안에서 행하심을 인정하는 것입니다. 내 주장대로 살아가는 것이 아니라 하나님이 내 안에서 나를 이끌어 가신다고 믿는 고백입니다. 이 고백을 전제하면서 하나님은 우리에게 자신의 소원을 주신다고 말씀하십니다.

하나님이 내 안에서 활동하시면서 소원을 주시는 이유는 무엇일까요? 다름 아니라 "자기의 기쁘신 뜻을 위하여", 즉 우리가 하나님을 기쁘시게 해 드리기 위함입니다. 그런데 그 소원은 내 소원이 아니라 분명 하나님의 소원입니다. "너희에게 소원을 두고"라는 말씀은 하나님이 자신의 소원을 우리에게 두신다는 뜻이지요! 이뿐인가요? 하나님께서 그 소원을 우리가 이룰 수 있도록 힘을 주신다고 하십니다.

나에게 심겨진 하나님의 소원이 있다니요! 실로 놀라운 일이 아닐 수 없습니다. 내 속에는 나의 소원만 있는 것이 아니라 하나님의 소원이 함께 있다는 것을 알려주시는 것입니다. 우리가 하나님의 일을 하는 것은 내가 하는 것이 아니라는 말씀입니다. 연초에 교회 일을 맡게 됩니다. 교회나 목사님을 통해서 강권적으로 주어진 일도 있지만, 내가 꼭 해보고 싶은 교회 일도 있었습니다. 억지로 주어지든 자발적으로 선택했든 주의 일은 특히 주님의 몸된 교회 일을 한다는 것은 '나의 일'이 아닌 것입니다. 하나님이 나에게 심어 주신 하나님의 소원입니다. 하나님의 소원이 나를 통해 이루어지는 것이었습니다. 내가 열심히 한 것 같은데 이제 말씀에 비추어 보니 하나님이 행하게 하신 것입니다.

그리스도의 몸을 세우는 사람들!

디모데전서 1장 12절에서 바울의 감사 제목을 발견합니다.

> 나는 나에게 능력을 주신 우리 주 그리스도 예수께 감사를 드립니다. 주님께서 나를 신실하게 여기셔서, 나에게 이 직분을 맡겨 주셨습니다.

바울의 그 많은 사역을 어떤 마음으로 감당했나를 알 수 있는 신앙 고백입니다. 아! 나를 신실하게 여겨 주셔서 주의 일을 맡겨 주셨구나! 나를 충성되이 여겨 내게 직분을 맡겨 주셨구나! 이 놀라운 고백이 바울을 바울 되게 한 것입니다. 우리는 나의 직분을 누가 주신 것이라고 고백하나요? 예수님이 주셨나요? 아니면 목사님이나 장로님이 주셨나요? 너무나 단순하고 유치한 질문 같지만 이 질문의 답이 분명하지 않거나 또는 잘못 알고 있다면 심각한 문제가 발생합니다. 목사님이나 장로님으로 알고 있다면 우리는 눈에 보이는 목사님과 장로님을 원망하게 됩니다. 왜냐하면 내가 감당했던 그 일이 목사님의 일이요 장로님의 일로 여겨지기 때문이지요!

또 다른 불평의 원인이 있습니다. 다른 성도들과 나를 비교하는 것입니다. 우리는 2023년 한 해 동안 주님이 맡겨 주신 주의 일을 하였습니까? 아니면 내 능력으로 나의 일을 했습니까? 교회 일이 주님의 일이 아닌 나의 일이 될 때 우리는 함께 했던 성도님들을 평가하게 되고 내 기준에 맞지 않으면 원망하게 됩니다. 나는 열심히 했는데 저 집사님은 때론 권사님 장로님까지 저분들은 나만큼 열심히 하지도 않았고 문제만 일으켰습니다. "나는 열심히 했는데!" 바로 이 생각에서부터 모든 문제가 발생하는 것입니다. 내 힘으로! 내 능력으로! 내 열심으로! 모든 일을 '내'가 한 것입니다.

그러므로 이어서 주시는 말씀의 의미가 비로소 이해가 됩니다. 일 년을 열심히 일하고 나서 결국 남는 것은 '원망'과 '시비'입니다. 허탈하고 허무합니다. 그래서 "차라리 내년에는 교회 일을 하지 말아야지" 결심합니다. 교회 일을 열심히 한 일꾼들이 결국 시험에 들어 교회 일에 소원해집니다. 그러나 하나님이 소원을 나에게 심어 주어서 나로 하여금 결단하여 일하게 하시고, 또 그 일을 하게 할 힘도 주심을 고백할 때 우리는 비로소 겸손해질 수 있습니다. 주님의 일이라면, 주님이 나를 포함하여 다른 성도님들도 불러서 주님의 일을 맡기신 것이라면 상황은 달라집니다. 주님의 일을 한다는 것! 그리고 교회의 일을 한다는 것은 무엇을 의미할까요?

> 그분이 어떤 사람은 교사로, 어떤 사람은 예언자로, 어떤 사람은 복음 전도자로, 또 어떤 사람은 목사와 교사로 삼으셨습니다. 그것은 성도들을 준비시켜서, 봉사의 일을 하게 하고, 그리스도의 몸을 세우게 하려고 하는 것입니다. (에베소서 4:12)

사도 바울은 그 모든 일을 그리스도의 몸을 세우는 것이라고 정의합니다. 그리스도의 몸을 세우기 위하여 주님이 우리 한 사람 한 사람을 불러서 주의 일을 맡기신 것입니다. 즉 주님이 우리를 통해 주님의 소원을 이루어 가시는 것입니다. 주의 일을 하는 목적이 분명해야 합니다. 우리는 모두 "그리스도의 몸을 세우는 자들"입니다. 각자의 직분과 역할을 달라고 모두 그리스도의 몸의 어느 한 부분을 맡아서 세워 나가는 것입니다.

하나님께서 우리 교회를 바라보시며 꼭 하기를 바라는 것이 있을까요? 그 일을 누구를 통해서 이루어 가실까요? 바로 교회 안에 있는 우리 한 사람 한 사람을 통해서 이루어 가십니다. 그래서 하나님의 간절한 소원이 되는 것입니다. 내가 안 하면 하나님도 하실 수 없게 되지요!

새 시대 새 설교

2024년 새해를 맞이하면서 우리는 어떤 소원을 갖고 있습니까? 그 소원 안에 하나님 소원도 담겨 있습니까? 주님이 나를 통해서 이루고자 하는 소원이 나의 소원이 되었나요? 이 얼마나 흥분되는 일입니까!

하나님의 소원을 이루어 드린 2023년이었기에 우리에게는 원망이나 불평이나 시비가 있을 수 없습니다. 하나님께서 알아서 각각 정산하시기 때문입니다. 또다시 2024년 새해를 맞이합니다. 우리는 나를 통해 이루시고자 하는 하나님의 소원에 예민하게 반응하시고 아멘으로 응답하시길 바랍니다. 나의 소원이 하나님의 소원이 되기를 간절히 소망합니다.

2023년 11월 29일 군산 한일교회 설교

최은영

한국여신학자협의회 사무총장

구약의 여성들에 대한 관심과 주제로 계명대학교 대학원에서 구약학을 공부했다(Ph.D.). 계명대학교, 배재대학교, 한남대학교, 대전신학대학교, 기독연구원 느헤미야 등 여러 곳에서 강의했으며 실천여성회 판(구 대전여신협)과 성서대전 등에서 여성신학적 관점으로 공적 복음의 역할과 사회적 책임을 다하고자 노력했다. 한국연구재단 시간강사연구지원사업(2012, 2017)을 통해 다문화사회에 필요한 성서해석과 비기독교인들과 소통하는 성서인문학에 대한 연구를 확장해 왔다. 현재 한국여신학자협의회 사무총장과 현암교회 협동목사로 서울과 대전을 오가며 주어진 일을 감당하고 있다.

저서 및 공저로는 《주변을 살피며 경계를 넘다—상생을 꿈꾸는 탈식민주의 여성신학적 성서해석》《자본주의시대, 여성의 눈으로 성서를 읽다》《성서에서 만나는 다문화이야기》《다문화사회에서 성경읽기》《여성신학의 새로운 지평》《두란노HOW주석 열왕기하》와 여러 논문이 있다.

중재할 수 있는 용기

출애굽기 32장 11-14절

모세는 주 하나님께 애원하였다. "주님, 어찌하여 주께서 큰 권능과 강한 손으로 이집트 땅에서 이끌어 내주신 주의 백성에게 이와 같이 노하십니까? 어찌하여 이집트 사람이 '주가 자기 백성에게 재앙을 내리려고, 그들을 이끌어 내어, 산에서 죽게 하고, 땅 위에서 완전히 없애 버렸구나' 하고 말하게 하려 하십니까? 제발, 진노를 거두시고, 뜻을 돌이키시어, 주의 백성에게서 이 재앙을 거두어 주십시오. 주의 종 아브라함과 이삭과 이스라엘을 기억하여 주십시오. 주께서 그들에게 맹세하시며 이르시기를 '내가 너희의 자손을 하늘의 별처럼 많게 하고, 내가 약속한 이 모든 땅을 너희 자손에게 주어서, 영원한 유산으로 삼게 하겠다.'고 하셨습니다." 모세가 이렇게 간구하니, 주께서는 뜻을 돌이키시고, 주의 백성에게 내리시겠다던 재앙을 거두셨다.

새 시대 새 설교

코로나 상황에서의 예배와 용기

주님의 평화가 이 자리에 계신 분들과 영상으로 예배드리는 모든 분에게 함께 하시길 바랍니다. 코로나가 시작되어 봄과 여름, 두 계절이 지나 어느덧 가을입니다. 특별히 오늘은 추수감사주일로 지키고 있습니다. 우리가 하나님께 드릴 수 있는 어떤 열매가 있을까요? 어쩌면 빠른 시간의 흐름 속에서, 긴 코로나의 여파로 자기 몸 하나 지키기에도 힘든 시기였을지도 모르겠습니다. 그럼에도 이 시간 성령 하나님께서 친히 우리와 함께하시며 예수님께서 우리의 중재자가 되어 주셨음을 고백하고 감사하고, 그 감사를 올려 드리는 예배가 되었으면 합니다.

지금 우리에게 가장 큰 어려움은 무엇인가요? 코로나 팬데믹 상황이지 않을까 싶은데요. 기독교인으로서 드리는 예배가, 예배 드리기 위해 모인 교회가 나와 내 이웃의 삶을 살리기보다 해를 끼치고 죽게도 한다는 것을 알게 되었습니다. 눈에 보이지 않는 바이러스의 위험성을 온몸으로, 온 지구가 경험하고 있습니다. 곳곳에서 일어나는 자연의 재난 앞에 인간의 이기심을 고백하기보다 더 편리한 것을 쫓고 있는 모습을 봅니다. 서로 만나지 못하는 상황에서 내 이웃의 아픔, 고통을 더 외면하고 있으면서요.

우리는 이러한 때에 용기가 필요합니다. 그것도 중재할 수 있는 용기입니다. 함께 읽은 성경의 본문은 교회일치운동 즉 에큐메니컬 정신에 의거한 성서일과를 따른 것입니다. 개인적으로 목사 안수를 받은 후 첫 설교입니다. 주신 성경의 본문들을 묵상하며 "중재할 수 있는 용기"란 제목으로 함께 나누고자 합니다.

금송아지 사건과 이스라엘 백성들

출애굽기 32장 본문은 소위 "아론의 금송아지 사건"으로 잘 알려진 말씀이지요. 계속 성서일과에 따라 출애굽기 본문을 읽으셨을 텐데요. 당시 애굽이라는 제국의 압제에서 해방된 작은 이스라엘 민족이 하나님께서 약속하신 땅으로 이동하던 중에 일어난 일입니다. 금송아지를 만든 사건을 십계명의 둘째 계명을 위반한 것에 주목하고 이를 뉘우치고 다시 하나님께로 돌아가야 한다고 주로 듣고 알고 계실 것입니다. 하지만 오늘은 조금 다른 관점으로 보고자 합니다. 즉 하나님이 이스라엘 백성들의 행동을 보고 심하게 분노하셨을 때, 이를 막고 중재한 모세의 모습입니다. 모세의 용기입니다. 여기서 두 가지에 주목하고자 합니다. 역사적으로 송아지 사건이 주는 의미를 새롭게 하고 남성 모세의 중재를 넘어 여성이 한 중재의 역할입니다.

이스라엘 민족은 어떤 이들입니까? 출애굽 전에 애굽에서 하나님의 백성이었지만, 지독한 노예살이를 한 사람들입니다. 모세가 지도자로 나타나 10가지의 재앙을 경험하며, 여러 자연재해뿐 아니라 애굽의 장자, 맏아들이 죽어가는 재앙 속에서 살아난 사람들입니다. 홍해의 기적도 보았고, 그 속에서 통쾌하게 자신들을 억압해 온 제국의 병사들이 죽는 모습을 보면서 하나님의 전지전능한 능력을 확인한 이들입니다. 애굽의 압제와 억압에서 탈출할 수 있었지만 여전히 불안해하고 노예근성이 남아 있는 이들이었는지도 모르겠습니다.

산으로 들어간 모세가 금방 돌아오지 않자, 백성들은 그의 형 아론에게 금송아지를 요구했습니다. 소는 농사를 짓는 이들에게 아주 유용한 동물입니다. 그렇다고 우리는 소를 숭배하지는 않습니다. 하지만, 고대 중동지역에서 소는 다산, 풍요와 연결된 신의 형태였습니다. 따라서 금송아지를 요구하는 이스라엘 사람들을 향해 아론은 단호하게 이를 제지해야 했습니다. 백성들이 다시 이러한 말을 하지 못하도록 설득해야 했습니다. 아론은 그런 레위 가문 제사장 계열의 사람이었기에 더욱 그러합니다. 하지만, 그러지 못했습니다.

아론은 백성들에게 금을 요구했습니다. 여기서 백성은 2절에서 "여러분의 아내와 아들, 딸들"을 지칭하는 것으로 보아 남성만 해당되지요. 대표성을 가진 남성이라고 해도 그 공동체 모든 사람들은 어떤 의심이나 반항 없이 자신의 귀의 금고리와 많지 않았을 금붙이들을 아론에게 갖다 바쳤습니다. 이 금들을 모아 뜨거운 불에 녹이고 거푸집에 넣어 황금송아지 상을 만들었습니다. 성경 구절의 전개상 자세한 묘사가 없기에 하루아침에 뚝딱 만든 느낌 마저 듭니다. 4절, "이스라엘아! 이 신이 너희를 이집트 땅에서 이끌어 낸 너희의 신이다"라고 백성들은 외칩니다. 가만히 보면 백성들은 보이지 않는 하나님보다 보이는 금송아지 상에서 위로를 얻는 것 같습니다. 아론은 주님의 절기를 지키자고 권하며 다음날 온 백성과 함께 두 가지의 제사, 번제와 화목제를 같이 드리기도 합니다. 하나님과 금송아지가 분리되지 않고 있는 모습입니다. 마치 오늘날 교회가 신이 되어 교회를 가지 않으면 예배드릴 수 없다는 일부 기독교인들의 생각과 연결되어 보입니다. 어쩌면 교회만이 유일하게 하나님을 만나는 장소라고 생각한 것처럼, 그러한 장소로서의 금송아지를 만들었다고 생각할 수도 있습니다.

비슷한 이야기가 열왕기상 12장에 나옵니다. 즉 이스라엘이 남과 북으로 분열되어 북이스라엘을 세운 여로보암 시대의 '금송아지 신상'입니다. 그동안 남유다에 있는 예루살렘 성전으로 가서 예배드렸던 북이스라엘 사람들을 위해 여로보암 왕은 고민했을 것입니다. 그 고민의 결과로 만든 것이 금송아지 상이었습니다. 즉 북쪽 끝에 위치한 단과 남쪽 끝에 위치한 벧엘에 신상을 만들어 하나님을 경배하게 했습니다. 출애굽기와 동일하게 열왕기상 12장 28절은 "이스라엘 백성들아, 너희를 이집트에서 구해 주신 신이 여기 벧엘과 단에 계신다"라고 여로보암은 말합니다. 하지만, 이는 상당한 비판을 받았습니다. 남유다의 관점에서 기록한 신명기 사가의 입장에서는 당연한 것이었겠지요. 열왕기상하에서는 서른 번 가까이나 여로보암의 죄, 여로보암의 길에서 떠나지 않았다고 기록했으며 그것이 북이스라엘의 멸망 원인으로 보기도 합니다.

역사적으로 금송아지 신상은 마치 예루살렘 법궤와 같이 하나님이 그곳에 함께 하신다는 의미와 연결되어 하나님을 받치고 있는 발등상으로 여긴 것으로 보는 학자들이 많습니다.* 따라서 예루살렘 법궤가 없었던 북이스라엘 백성들은 법궤에 상응하는 송아지 상을 통해 하나님의 임재를 경험하고자 했을 것입니다. 출애굽한 백성들이 하나님과 금송아지 상을 동일시하며 제사를 드린 것과 마찬가지로요. 하지만, 출애굽기 본문에서는 모세보다 하나님께서 이를 먼저 아셨고 크게 노하셨다고 전합니다. 하나님은 이스라엘 사람들이 다른 신상을 만든다고 질투하시고 화를 참지 못하는 분으로 본문에 나옵니다. 아무것도 모르는 모세는 그 말을 듣고 하나님의 마음을 움직이고자 용기를 냅니다. 출애굽기 4장에서 하나님의 능력을 체험하고서도 그를 부르셨을 때 "제발 보낼 만한 사람을 보내시라"(13절)고 거절했던 모세의 모습과 다릅니다.

중재할 수 있는 용기를 낸 이들

모세는 산 위에서 금송아지 상도, 백성들도 만나지 않은 상태에서 하나님께 애원했습니다. 간절히 요청했습니다. 거룩하신 하나님으로

• 애버바하(M. Aberbach)와 스몰라(I.Smolar)는 두 사건을 비교하면서 '금송아지'를 만든 것, 형상을 만든 후, 그 형상을 향해 외친 동일한 문구(출애굽기 32:4, 열왕기상 12:28), 제의의 시행, 제의에 레위인이 소외되어 있는 것, 이들의 죄악이 이스라엘 전체의 죄로 영향을 미친 점, 그럼에도 불구하고 자연적인 죽음을 맞이한 점, 이들을 위한 중보자가 있었던 것, 금송아지 상이 동일한 방식으로 파괴된 점, 아론의 첫 두 아들(나답과 아비후)이 여로보암의 아들들(나답과 아비야)과 이름이 유사한 것 또한 한결같이 이른 나이에 죽었다는 점 등 13가지의 유사성에 대해서 말하고 있다.

인해 그 앞에서 신발을 벗고 두려워 얼굴을 가리던 모세가 여기서는 아닙니다. 용기를 냅니다. 그 용기로 멸하시려는 하나님을 중재합니다. 그대로 이스라엘 백성들을 완전히 없애버리려는 하나님을 중재합니다. 모세는 그렇게 되면 이집트 사람들이 하나님을 어떻게 생각하겠느냐고, 결국 이스라엘 백성을 광야로 데려와 죽게 했다고 여길 것이라는 합리적인 말로 설득합니다. 모세는 그들의 조상 아브라함과 이삭과 이스라엘까지 가져옵니다. 그들에게 많은 자손을 약속하신 하나님의 말씀을 생각나게 합니다. 결국 하나님의 마음은 바뀌었지요. 14절에서 "주님께서는 뜻을 돌이키시고 주님의 백성에게 내리시겠다던 재앙을 거두셨다"고 말씀합니다. 여러분은 어떤 생각이 드시나요? 영웅적인 지도자, 모세의 모습만 보이시나요?

저는 80이 훨씬 넘은 모세가 두려운 하나님 앞에 중재하는 모습 너머로 그의 누나 미리암이 보입니다. 아기 모세가 갈대 상자에 넣어져 강에 떠내려 가던중 이집트 공주의 눈에 발견되었을 때였지요. 그 상황을 가만히 보지 않고 그 아이의 유모가 필요하지 않느냐고 공주에게 다가가 말하는 미리암입니다. 한낱 노예 소녀에 불과했던 미리암은 참 당차고 용기있는 행동을 했습니다. 바로 공주는 어쩌면 그 아기가 이스라엘 출신이라는 것을, 아버지 바로가 히브리 남자아기를 죽이라는 정책을 시행하고 있는 것을 알았을 것입니다. 하지만 그녀는 모세를 양자, 즉 이집트의 왕자로 받아들이고 친어머니가 유모로서 왕궁에서 정당한 임금을 받으며 모세를 키우게 했지요. 어머니 요게벳, 누나 미리암이 없었다면, 양어머니 바로공주가 없었다면 아내 십보라가 없었다면 지금의 모세가 가능했을까요? 이와 같이 모세 한 명의 위대한 모습 뒤에 숨은 여성 공로자들을 같이 기억해야 합니다.

소녀 미리암과 같이 우리나라 여성으로, 10대 청소년으로, 학생으로, 지방(충남 병천) 출신으로, 당시 인구의 1.3%에 해당한 기독교인으로 비주류이며 변방에 있었던 한 사람은 누구인지 아시나요? 맞습니다. 유관순 열사이십니다. 아시는 대로 유관순 열사의 용기 있는 행동은 일제치하에 있던 우리나라 독립의 물결을 만들어냈습니다. 자주독립을 외치며 비폭력저항운동을 전개했으며, 세계 어느 곳에서도 유례 없는 전 국가적으로 일어난 일본 제국주의에 대한 항거였습니다. 이는 봉건제로의 회귀가 아니었으며, 남성 중심의 지도력에만도 의존하지 않았음을 보여줍니다. 그러나 2018년 기준, 독립운동가의 성 비율은 98 대 2로 남성에 비해 현저히 적은 숫자입니다. 사실 한 남성 독립운동가를 위해 그의 어머니, 아내, 딸 등 가족의 헌신과 여성들의 여러 공로가 묻혀진 모습이지요.• 꾸준히 여성 지도력을 위해

• 2018년 8월 15일 기준, 독립유공자 서훈을 받은 15052명 중 여성은 전체의 2.1%인 325명. 유관순 열사는 국가유공자 3등급(건국훈장 독립장)에서 1등급(건국훈장 대한민국장)으로 인정. 남성으로 대표되는 항일 투사나 독립군 한 명 혹은 여러 명 뒤에서 이들의 생계를 마련하고 남은 가족을 돌보고, 때때로 이들의 식사를 제공하고 군복을 만들며 여러 노동으로 지지하며 후원한 이들은 누구였을까요? 맞습니다. 여성입니다. 여성들의 목소리와 행적이 지금보다 더 많이 알려져야 할 것입니다. 국가기록원이 펴낸《여성독립운동사 자료 총서》(2016)에서 서대문형무소 수감자 중 확인되는 여성 수감자 180명의 연령을 살펴보면 10-20대가 75.5%에 달했다고 합니다. 이 가운데 수형 카드에 직업이 기재된 96명 중 48.9%(47명)는 학생이었습니다.

여성독립운동가를 더 발굴할 필요가 있고 최근 더 많이 발굴하고 있다고 들었습니다.

빌립보서 4장에는 두 여성의 이름이 등장합니다. 누구였을까요? 유오디아와 순두게입니다. 이들은 선택받은 자였겠지요. 빌립보교회에서 그들의 존재감은 분명했던 것 같습니다. 바울이 그들을 '복음을 전하는 일에 나와 함께 힘쓴 사람들'이라고 소개합니다. 하지만 이들에게서 일어난 갈등은 빌립보교회에 문제가 되었기에 바울은 2절 "주님 안에서 같은 마음을 품으라"(2절)고 말하면서 "이 여인들을 도와주라"(3절)고 부탁합니다. 이후의 변화에 대해서는 더 이상 알 수 없습니다. 다만, 바울이 공적인 편지에까지 언급하며 이들을 중재한 용기를 찾을 수 있습니다. 바울은 이렇게 말합니다. 빌립보서 4장 9절, 다같이 읽겠습니다.

나에게서 배운 것과 받은 것과 듣고 본 것을 실천하십시오. 그리하면 평화의 하나님께서 여러분과 함께 하실 것입니다.

그만큼 바울에게서 배운 것과 받은 것과 듣고 본 것을 실천하기 위해 빌립보교회 교인들은 용기를 냈을 것입니다. 그 중 한 여성인 루디아는 빌립보교회를 세우는데 자신의 집까지 내주며 실천했습니다. 대단한 용기입니다. 사도행전 16장에서 자주장사, 즉 자주색 옷감 장수 루디아로 소개하지만, 오늘날로 말하면 직물산업의 CEO(최고경영자)라고 할 수 있겠지요. 자신의 재력을 과시하거나 남을 억압하는데

새 시대 새 설교

쓴 것이 아니라 사람들이 모여 예배드릴 수 있는 장소로 제공한 것입니다. 이와 같이 그리스도인들은 세상의 이익을 쫓지 않고, 관행을 깨며 새날을 기대한 사람들이 아니었을까요?

선택받은 자로서의 용기

그렇다면, 이 시간 우리를 돌아보았으면 합니다. 하나님의 그 부르심에 힘입어 나온 우리는 선택받은 사람들입니다. 선택받은 자로서 용기를 내어야 합니다. 그것은 우리 스스로는 할 수 없습니다. 이미 용기를 내어 우리와 하나님 사이의 중재자가 되어 주신 예수 그리스도가 계십니다. 모세와 같이, 미리암과 같이, 바울과 같이 중재할 수 있는 용기를 낸 신앙의 선배들이 있습니다. 그 아름다운 이야기를 계속 이어가야겠습니다. 먼저 저에게 도전이 됩니다. 저와 여러분이 속한 곳에서 그 용기를 내셨으면 좋겠습니다. 그것이 불편하고 어렵다 해도 그 과정을 기쁘게 받으시고 도우실 하나님을 기대하면서요. 이 자리에 혹은 각자의 자리에서 예배하는 모든 분들께서 내신 용기로 연약하고 힘없던 이들이 더 편안하고 살맛 나는 교회와 사회가 되기를 축복하며 기도합니다.

2020년 10월 11일 연세대학교회 설교

몸, 살림을 위한 연대체

에스더 1장 9-12절, 고린도전서 12장 12-13절

와스디 왕후도 부인들을 초대하여, 아하수에로 왕의 그 궁궐 안에서 잔치를 베풀었다. 이레가 되는 날에, 왕은 술을 마시고, 기분이 좋아지자, 자기를 받드는 일곱 궁전 내시 곧 므후만과 비스다와 하르보나와 빅다와 아박다와 세달과 가르가스에게 이르기를, 와스디 왕후가 왕후의 관을 쓰고, 왕 앞으로 나오게 하라고 명령하였다. 왕후가 미인이므로, 왕은 왕후의 아름다움을 백성과 대신들 앞에서 자랑하고 싶었던 것이다. 그러나 와스디 왕후는 내시들에게 왕의 명령을 전하여 듣고도, 왕 앞에 나오기를 거절하였다. 이 소식을 들은 왕은, 화가 몹시 났다. 마음속에서 분노가 불같이 치밀어 올랐다.(에스더 1:9-12)

몸은 하나이지만 많은 지체가 있고, 몸의 지체는 많지만 그들이 모두 한 몸이듯이, 그리스도도 그러하십니다. 우리는 유대 사람이든

세계여성의 날과 몸

세계여성의 날을 기억하시죠? 몇 년 전 여성주일을 맞이하여 이곳 새벽교회에서 설교했던 기억이 있습니다. 또 불러 주시고 말씀을 나누게 되어 기쁩니다. 오늘 함께 나눌 말씀을 고민하다가 몸에 대해 정했습니다. 모두 자신의 몸을 긍정하십니까? 여성해방을 외친 것은 여성의 몸의 해방이 아닐까 싶습니다. 그동안 몸을 터부시하고 경시했던 문화가 있지만, 이 시간 본문을 통해 새롭게 다가가고 싶습니다.

사순절 기간을 지나고 있습니다. 예수님의 몸에 대해 생각해 봅니다. 아기 예수로 인간의 몸을 입고 이 땅에 오신 주님, 연약한 이들을 직접 찾아가 그 몸에 난 상처를, 아픔을 아시고 고치신 예수님, 심지어 죽은 나사로를 위해 눈물 흘리기도 하시며 살려 내신 모습을 보여 주십니다. 정작 어떤 것도 우리 육체, 몸과 대신할 수는 없습니다. 예수님 자신은 죄 없는 분이 우리를 위해 채찍에 맞으며 조롱의 대상이 되며 십자가에 달리셨습니다. 그 옆구리는 창에 찔렸는가 하면, 손과 발에는 대못으로 구멍이 났고 머리에는 가시면류관을 쓰시며 고통스럽게 돌아가셨다는 것을 기억합니다. 물론 이렇게 상처 입은 예수님은 부활을 통해 새로운 몸으로 마리아를 비롯한 여성들에게, 제자들에게 그리고 우리에게 나타나시어 우리 역시 새롭게 살아가도록 인도하십니다.

예수께서 몸(육체)의 부활이 없으셨다면 지금의 우리도, 우리의 신앙도 없었을 것입니다. 그렇게 중요한 몸, 과연 우리는 몸을 어떻게 생각하시나요? 어쩌면 키가 작아서, 아니면 너무 작거나 커서, 말라서, 뚱뚱해서 불만을 가지지는 않는지요? 좀 더 상세히 가 볼까요? 눈에 쌍까풀이 없어서 혹은 있어서, 턱선이 분명하지 않아서, 코가 낮아서 등 세상에 완벽한 인간이 없듯이 자신의 몸을 긍정하는 사람들 역시 많지 않습니다. 여러 이유로 우리의 몸은 늘 비교와 평가를 당하고 스스로 그렇게 하면서 긍정적이기보다 부정적인 결과를 내면화하게 됩니다. 이는 특히 여성에게 많이 적용되는데요. 캐서린 하킴이라는 학자는 외모가 하나의 자본의 역할을 한다는 '매력자본'(cf: 사회자본, 문화자본, 경제자본)을 이야기하기도 했습니다.(외모, 성적인 매력, 사회적인 요소, 활력, 사회적 표현력, 섹슈얼리티)

미용산업에 쓰이는 경제규모가 한 자료에 의하면 한 해 40조라고 합니다. 이는 한류와 연결되어 K뷰티산업으로 다이어트, 성형, 피부, 미용 등 그 범위가 넓고 계속 성장할 것이라는 예상도 하게 됩니다. 이처럼 여성의 몸이 끊임없이 대상화되고 상업화되며 소비되고 있음을 보여주기도 합니다. 비단 여성뿐만이 아니겠지요. 인간의 몸을 채

새 시대 새 설교

우기 위해 사용되는 일회용품들을 보며 코로나 시기를 거치며 환경위기에 대한 경각심을 높였지만, 주위를 보면 아직도 먼 것 같습니다.

그 근원을 가만히 보면 몸에 필요한 것이라는 결론에 도달하게 되지요. 인간의 몸을 위해 지구는, 동물은 희생당해도 되고, 신음해도 괜찮은지 묻게 됩니다. 동물실험은 1930년대에 시작하여 많은 실험에 동물이 사용되었습니다. 경치 좋은 곳의 개발은 피할 수 없습니다. 우리나라도 설악산 관광개발을 위해 케이블카를 설치한다, 제주 비자림 도시사업을 위해 수십, 수백 년을 함께 한 나무가 잘리고, 우리가 살고 있는 대전도 예외가 아니죠. 보문산에 도시여행 인프라 조성사업의 일환으로 모노레일, 케이블카 등을 설치한다고 해 이를 반대하는 시민들이 목소리를 높이고 있습니다. 얼마 전 자신의 몸을 부지하기 위해 개 한 마리당 만 원씩 받아 집에다 방치함으로써 천마리 가까이 되는 개를 그대로 아사, 죽게 한 기사를 보며 경악했습니다. 이다지도 이기적이며 탐욕적인 인간에게 어떤 희망을 가지시고 예수님은 이 땅에 오셨는지 감격스럽고 감사할 따름입니다.

여성의 몸은 상품의 대상이 아니다

구약성서 에스더서 본문에는 이기적인 한 인간을 보여줍니다. 자신의 눈을 만족시키기 위해 다른 사람에게 과시하기 위해 한 여성을, 구체적으로는 여성의 몸을 이용한 한 사례입니다. 이를 거절 당하자

가정의 질서를 위한다는 명목으로 나라의 법까지 바꿔 놓은 인물입니다.

누구일까요? 맞습니다. 아하수에로 왕이지요. 술 좋아하고, 사람 좋아하고 현재 권력의 중심에 있는 한 사람이 떠오르기도 합니다. 에스더는 구약성경의 구조상 성문서(Kethubim)에 해당되는 문학작품입니다. 페르시아를 배경으로 이스라엘은 나라를 잃은 상태를 반영하지만, 실제로 이 내용은 단순히 유대인의 정통성을 지키기 위한 예언서와는 다릅니다. 프랑스 신학자 앙드레 라콕(A. LaCocque)은 저항문학, 체제전복문학으로 에스더, 룻뿐 아니라 수산나 유딧서를 《히브리 문학의 성 정치학》이라는 책에서 풀어내고 있습니다. 하나님과 이스라엘 백성의 관계가 회복되며 자유와 평등한 공동체를 만드는 쪽으로 이끌어 갑니다. 이스라엘 사회를 반영하는 듯하지만, 에스더에는 유대인의 법령이나 절기 등 심지어 하나님의 이름조차도 등장하지 않습니다. 에스더는 구약성경, 아니 성경 전체에서 여성의 이름을 따른 책 두 권(룻, 에스더) 중 하나로 많은 교회 여성들의 모범이 되기도 하지요. 하지만 에스더가 나올 수 있었던 배경에 이 여성, 와스디를 빼놓을 수가 없습니다.

왕의 명령, 남편의 명령은 아내이자 왕후인 와스디를 불러내어 잔치에 온 이들 앞에 선보이는 것이었습니다. 철저히 여성의 몸을 상품화한 전형적인 예라고 할 수 있습니다.

새 시대 새 설교

와스디의 거절이 가져온 결과

에스더서에 나오는 와스디와 하만의 아내 세레스와 에스더까지 각자의 역할에 대해 좀 더 관찰하고 알아보면 좋겠지만, 오늘 이 시간에는 와스디에게만 집중할까 합니다. 궁극적으로 와스디의 거절, '아니오'는 에스더의 등장과 나아가 이스라엘의 구원을 가져왔기 때문이지요.

1장 초반을 보면 아하수에로왕의 지배영역과 위엄을 보여줍니다. 인도에서 구스까지, 127지방을 다스리고 수산궁에 즉위했다는 것은 페르시아를 의미합니다. 3년이 지나 모든 지방관과 신하들을 위해 잔치를 베풀었다고 나옵니다. 이 잔치는 187일간 계속되었고요. 이후 수산궁이 있는 도시 백성을 위해 7일간 잔치를 하며 마음껏 술을 마셨다고 기록되어 있습니다. 비교적 상세한 설명이 이어지고 있어 그 자리가 얼마나 화려하고 사치스러웠는지 상상할 수 있습니다. 6개월 이상 잔치를 지속하기 위해 이들을 뒷바라지하는 종들과 일반 시민들의 고통의 소리가 들리시나요? 우리는 성경에서 놓치는 소리와 장면을 듣고 볼 수 있었으면 합니다.

남성들만의 잔치처럼 보이지만, 1장 9절 왕비 와스디가 여성들을 위해 연 잔치에 대해서도 언급합니다. 7일 동안 이어지고 있었던 상황이었습니다. 아하수에로가 왕비로 하여금 스스로 그 모습을 드러내기를 바라던 때는 정확하게 이 시기였습니다. 왕은 그 자신의 값진 재산을 자랑하고 싶었을 것인데, 이미 잔치의 기간과 보여지는 모든 것에 의해 그의 부유함은 증명되었을 것입니다. 이제 아하수에로는 그 자신이 소유하고 있는 모든 재산중의 재산인 왕비를 불러내 그 미모를 자랑하고 과시하고 싶었을지도 모르겠습니다. 실제로 궁전 내시 7명에게 명령을 내려 수행하게 할 정도로 여러 명을 동원했습니다. 그렇지만, 와스디는 거절합니다. 사실 목소리나 말이 나오지는 않습니다. 하지만 그녀의 행동은 크고 분명하게 '아니오'라고 말하고 있지요. 그녀는 결코 술취한 남자들의 눈요깃감이나 성적 노리개가 되고 싶지 않았을 것입니다. 자신도 이미 여성들과의 잔치의 주인공으로 그 자리가 소중했을지도 모릅니다.

탈굼역(히브리어의 아람어 역본)에 따르면, 왕이 왕후 와스디에게 나체로 사람들 앞에 나오라고 했기에 거절했을 것으로 봅니다. 와스디는 가부장사회에서 그녀의 거절이 어떤 후폭풍을 가져올지 모를리 없었을 것입니다. 그럼에도 여성의 몸을 대상화하고 소비시키는 당시 문화를 거부한 어쩌면, 와스디는 현대 여성상에 좀 더 부합해 보이기도 합니다. 요즘 같으면 더 당당하고 강인한 여성의 모습으로 비쳐지기 때문입니다. 하지만 왕의 요구를 거절했다는 이유로 돌아온 것은 단순히 왕후의 폐위에 그치지 않았습니다.

단순히 와스디 한 개인의 불순종이 문제가 아니라 그로 인한 잠정적인 결과들을 염려한 이들이 있었습니다. 다른 여성들이 모범을 삼아 앞으로 자신들의 남편의 지배에 반기를 들 수 있으리라는 염려이지요.(17절) 실제로 일어나지도 않은 것에 대한 염려가 와스디를 더 이상 왕 앞에 나오지 않게 했고 전국적으로 "남편이 자기의 집을 주관하게 하는" 왕의 명령이 전해집니다.

　페르시아의 왕들이 신은 아니었지만, 왕과 신의 뜻은 동일한 것으로 여겨졌습니다. 따라서 왕의 무한 권력은 법 집행을 원활하게 만들었습니다. 법을 자문하는 일곱 명의 참모들 역시 옳은 목소리를 내지 않았습니다. 와스디가 왕에게만 잘못한 것이 아니라 왕이 다스리는 각 도의 모든 귀족들과 백성들에게 잘못했다는 이상한 논리를 폅니다. 그래서 와스디가 행동한 이 내용이 전해지면 제국 안의 모든 아내들이 자기 남편을 무시하고 멸시할 것이라고 말입니다. 그렇게 의식이 없는 이들이라고 생각한 것이 이상합니다.

　현대인의 성경은 22절을 이렇게 번역하고 있습니다.

> 각 민족의 언어로 모든 도에 칙령을 내려 모든 남편은 가장으로서의 권위를 가지고 자기 집안을 다스리라고 하였다.

　"남자는 자기 집을 주관하는 주인이다." 이러한 어처구니없고 우스꽝스러워 보이는 법을 따라야 하다니 말입니다. 하지만 이를 옹호하고 아부하는 참모들이 있을 뿐입니다.

와스디와 같이 용기 내어 살리는 이들

　당시 왕은 신과 동격으로 왕의 말이 곧 법이 되었습니다. 상식이 통하지 않는, 그러나 이를 모든 백성이 따라야 하는 사회를 반영하기도 합니다. 여성들의 형편이 더 나아졌겠습니까? 그렇기에 와스디가 남편인 왕에게 불순종했다는 것은 오래도록 그녀를 평가절하하고 부정적인 모습으로 그리고 있습니다. 하지만, 여성신학자들은 와스디의 불순종보다는 그녀의 용기를 칭송합니다. 에스더는 어찌 보면 사촌 오빠인 모르드개의 계획하에 움직이는 수동적인 인물처럼 보이는 것과 대조됩니다. 그 근원에는 몸에 대한 사회적 통념, 특히 남성들이 여성을 대하는 방식과 연결되어 있습니다. 자신의 몸이 중요하기에 다른 사람의 몸도 중요하다는 인식이 필요합니다. 성경에는 따로 떨어진 몸이 아닌 그리스도 안에서 연결되어 있는 한 몸으로 말씀하십니다. 여러 지체가 모여 한 몸이 되었다는 것입니다. 하나되어 성령을 받아 마실 수 있는 존재가 우리입니다. 새벽교회 공동체입니다. 나아가 우리 사회이고 지구공동체라고 할 수 있습니다.

일본에서는 후쿠시마 원전 오염수를 방출한다고 합니다. 계속되는 전쟁은 참혹한 죽음을 낳으며, 또한 알 수 없는 기후재해는 이미 예측한 대로 더 다양해지고 걷잡을 수 없을 정도가 되어 우리의 몸과 생명을 위협하고 있습니다. 목마른 사람은 예수께 와서 마시라(요한복음 7:37)고 하시며 성령의 선물이 이방 사람들에게까지 내린다, 부어주신다.(사도행전 10:45)고 기록되어 있습니다. 오늘 본문인 고린도전서 12장 12절에서는 모두 같은 한 성령을 마신다고 나옵니다. 다른 번역으로는 한 성령님을 모신다고 되어 있습니다만, 원어를 생각할 때, 우리 몸에 그대로 마신다는 성령이 더 와 닿습니다. 무엇인가를 마신다는 것은 수분을 섭취한다는 것이고 우리 몸의 50% 이상 차지하는 물의 중요성과 나아가 물 부족으로 생기는 어려움을 극복하게 합니다. 즉 살리는 행위입니다.

여성신학은 오래전부터 '살림'의 신학으로 명명되었습니다. 가정주부가 많아 살림인가요? 집에서 살림한다는 말로 가치가 주부와 연결시켜 가치가 절하된 단어이지만, 살림은 '살리다'에서 온 말로 매우 중요한 의미를 지닙니다. 죽임이 아닌 살림, 살려내는 것이지요. 여성들의 역할이 가정 안에 머물지 않고 더 살리고 연대하는 일에 앞장서야 하겠습니다. 성경 본문을 통해 몸에 대해 생각해 보면 다음과 같습니다.

첫째, 몸에 대해 함부로 생각하는 태도나, 비교 평가하는 것에 대해 '아니오' 할 수 있는 용기입니다. 불공정하고 불의한 모든 것에 대해 '아니오'를 확장해야겠습니다.

둘째, 몸을 긍정하며 소중히 여기는 자세입니다. 이는 나를 비롯하여 타인에게까지 확장해야겠습니다. 어느 누구도 차별받을 대상으로 이 땅에 오지 않았고 하나님 역시 세상을 이처럼 사랑하셨다는 요한복음 3장 16절의 말씀을 상기합니다.

셋째, 몸이 하나로 연결되어 있기에 다양성을 인정하는 것입니다. 궁극적으로 살리는 일에 연합하고 연대해야 할 것입니다. 그것을 살림의 연대체라고 할 수 있습니다.

우리는 몸이 없으면 아무것도 할 수 없지요. 누군가의 몸을 사용한 노동이 우리를 있게 했고 살게 했습니다. 이것을 잘 알아야겠습니다.

몸은 여러 지체들이 연결되어 하나를 이룹니다. 약한 곳을 더 챙겨야 몸 전체가 같이 살게 됩니다.

올해 2023년 세계여성의 날은 105주년이 되었고 그 주제를 'Embrace Eqity'로 정했다고 합니다. 즉 "공정을 포용하라"는 것입니다. 평등하기 위해 n분의 1로 나눠주는 것이 아니라 형평성에 맞게 행동하는 것이지요. 예수님께서 자신을 비우시지 않으셨다면 우리의 구원이 없는 것과 마찬가지 아닐까요? 가진 자가 기꺼이 덜 가진 자와 나누는 것, 사회적으로 구조적으로 약자에게 더 많은 기회를 제공하기 위해 노력하는 것이 필요합니다. 여성들의 지위가 많이 올랐다고는 하지만, 세계경제포럼지수에 의하면 아직도 형편없는 하위에 머물고 있습니다. 이를 그대로 감내하는 여성들 탓으로 돌리는 사회 분위기가 아닌 제도를 바꾸고 여성들이 더 많은 공적 자리에 진출하고 지도력을 발휘하는 것이 이상하지 않은 교회와 사회가 되었으면 합니다. 이를 위해 같은 마음으로 불의에 '아니오' 할 수 있는 용기와 살림의 힘을 우리 모두에게 허락하시기를 기도합니다.

2023년 3월 12일 여성인권주일 대전새벽감리교회 설교

다시 살아난, 기적에 동역한 여성들

열왕기하 4장 30-37절, 사도행전 9장 36-42절

그러나 아이의 어머니는 말하였다. "주님의 살아 계심과 예언자님의 목숨이 살아 계심을 두고 맹세합니다. 저는 어떤 일이 있어도 예언자님을 떠나지 않겠습니다." 엘리사는 하는 수 없이 일어나서, 그 부인을 따라나섰다. 게하시가 그들보다 먼저 가서, 그 아이의 얼굴에 지팡이를 올려놓아 보았으나, 아무런 소리도 없었고, 아무런 기척도 없었다. 게하시가 엘리사를 맞으려고 되돌아와서, 그에게 말하였다. "아이가 깨어나지 않습니다." 엘리사가 집 안에 들어가서 보니, 그 아이는 죽어 있었고, 그 죽은 아이는 엘리사가 눕던 침대 위에 뉘어 있었다. 엘리사는 방 안으로 들어가서 문을 닫았다. 방 안에는 엘리사와 그 죽은 아이 둘뿐이었다. 엘리사는 주님께 기도를 드린 다음에, 침대 위로 올라가서, 그 아이 위에 몸을 포개어 엎드렸다. 자기 입을 그 아이의 입 위에 두고, 자기 눈을 그 아이의 눈 위에 두고, 자기의 손을 그 아이의 손 위에 놓고, 그 아

이 위에 엎드리니, 아, 아이의 몸이 따뜻해지기 시작하는 것이 아닌가! 엘리사가 잠시 내려앉았다가, 집 안 이곳저곳을 한 번 거닌 뒤에 다시 올라가서, 그 아이의 몸 위에 몸을 포개어 엎드리니, 마침내 그 아이가 일곱 번이나 재채기를 한 다음에 눈을 떴다. 엘리사가 게하시를 불러서, 수넴 여인을 불러오게 하였다. 게하시가 그 여인을 불렀다. 그 여인이 들어오니, 엘리사가 그 여인에게 아들을 데리고 가라고 하였다. 그 여인은 들어와서, 예언자의 발에 얼굴을 대고, 땅에 엎드려 큰 절을 하고, 아들을 데리고 나갔다.(열왕기하 4:30-37)

그런데 욥바에 다비다라는 여제자가 있었다. 그 이름은 그리스 말로 번역하면 도르가인데, 이 여자는 착한 일과 구제사업을 많이 하는 사람이었다. 그 무렵에 이 여자가 병이 들어서 죽었다. 그래서 사람들이 그의 [시신을] 씻겨서 다락방에 두었다. 룻다는 욥바에서 가까운 곳이다. 제자들이 베드로가 룻다에 있다는 말을 듣고, 두 사람을 그에게로 보내서, 지체하지 말고 와 달라고 간청하였다. 그래서 베드로는 일어나서, 심부름꾼과 함께 갔다. 베드로가 그 곳에 이르니, 사람들이 그를 다락방으로 데리고 올라갔다. 과부들이 모두 베드로 곁에 서서 울며, 도르가가 그들과 함께 지낼 때에 만들어 둔 속옷과 겉옷을 다 내보여 주었다. 베드로는 모든 사람을 바깥으로 내보내고 나서, 무릎을 꿇고 기도를 하였다. 그리고 시신

쪽으로 몸을 돌려서, "다비다여, 일어나시오!" 하고 말하였다. 그 여자는 눈을 떠서, 베드로를 보고, 일어나서 앉았다. 베드로가 손을 내밀어서, 그 여자를 일으켜 세웠다. 그리고 성도들과 과부들을 불러서, 그 여자가 살아있음을 보여주었다. 그 일이 온 욥바에 알려지니, 많은 사람이 주님을 믿게 되었다. (사도행전 9:36-42)

예수님의 부활을 증언한 여성

부활주일입니다. 부활의 첫 열매가 되신 예수님으로 인해 함께 기뻐하고 은혜를 누리는 날이 되시길 기도합니다. 죽음을 이기신 사건이며, 우리에게 새로운 소망이 되는 예수님의 부활! 과연 그런 감동이나 두근거림이 있나요? 물론 그런 분도 계시겠지만, 매해 4월 이 시기, 교회에서는 사순절을 보내고 부활주일을 맞게 되는데요. 1년에 한 번 있는 연례행사로 어떤 큰 감흥 없이 맞이하고 넘어가기도 합니다. 우리에게 코로나19 팬데믹이 계속되고 있는 상황에서 보이지 않는 먼지와도 같은 바이러스 앞에 생과 사를 넘나든 지도 1년이 넘었습니다. 이 시간 예수님의 죽음과 부활 너머의 다른 의미를 되짚어 보고 싶습니다.

예수님의 부활을 목격한 여성들을 우리는 알고 있습니다. 막달라 마리아, 야고보의 어머니, 살로메 등 조금 전에도 기도 속에서 그들의 이름을 상기시켜 주셔서 감사합니다. 그들은 복음서마다 조금씩 차이가 있습니다. 하지만 일관되게 남성 제자가 아닌 먼저 부활 사건을 증언한 여성들입니다. 과연 그 여성들이 빈 무덤에서 부활의 현장에만 있었겠습니까? 여성들이 예수님의 죽음과 장례, 빈 무덤에 갑자기 등장하는 것 같이 보이지만, 그들은 예수의 초기 사역부터 이미 시간과 정성을 들여 함께해 왔기에 그 자리에도 있었을 것입니다. 그들의 역할은 초기기독교 공동체 형성 세력의 핵심, 또는 기반이 되었을 가능성을 시사해 줍니다.

하지만, 후에 여성의 증언은 효력이 없다는 당시의 관례에 따라 그들의 이름은 사라지고 맙니다. 부활장으로 잘 알려진 고린도전서 15장에서 5절을 보시면, 예수 부활의 첫 목격자를 베드로의 이름으로 시작하고 있지요. 어느 순간 여성의 이름이나 증언은 보이지 않습니다. 이상하지요? 분명히 있었던 일들이 없던 일이 되기도 합니다. 세상을 살다 보면 이와 같은 억울한 일은 일어나고 우리 일상에서 많이 겪기도 합니다. 하지만 덮어졌고 수천 년을 지나며 잊혀졌을 이야기를 들추어 내고 증언하는 사람들에 의해 우리는 그 중요성을 인식하게 됩니다. 지금 여기 계신 여러분과 저에게 말입니다.

슬픈 죽음을 뒤로 하고

부활은 죽음 이후에도 희망이 있음을 알려줍니다. 물론 맞습니다.

그러나 모두가 부활을 기대하지는 않습니다. 모든 인간은 죽기에 죽음을 숙명으로 받아들입니다. 더 이상 어찌해 볼 생각도 하지 않지요. 코로나 상황에서 장례를 치른다는 것이 더 어려운 일이 되었지만, 살려 내야 한다고 감히 생각도 못하죠.

성경에는 예수님의 부활만이 유일할까요? 여러 부활의 흔적들이 성경에 있습니다. 예수의 부활을 포함해 죽었던 사람이 다시 살아난 기적 사건이 성경에 7번에 걸쳐 있다는 것을 아시나요? 열왕기서의 사르밧 과부의 아들, 수넴 여성의 아들, 나인성 과부의 아들, 야이로의 딸, 나사로, 예수, 다비다, 어떠세요? 한 번쯤 들어보셨지요? 기록된 것만 그렇습니다. 지금은 의학의 기술로 많은 경우, 죽어가는 사람을 살리는 예는 훨씬 더 많아졌습니다. 하지만 당시에는 죽어간 사람이 더 많았습니다.

고고학 연구의 결과들을 이용해 구약시대 여성들의 삶을 재건한 캐롤 마이어스(Carol Meyers)에 의하면 여성들의 평균 생존 나이는 30대 후반으로 추산합니다. 당시 피임기술이 없었기에 여성의 생애 주기 동안 출산은 꽤 여러 번 있었을 것이고 물론 상당히 고통스럽고 아기를 낳다가 죽은 여성도 많았을 겁니다. 창세기 35장에 라헬도 야곱의 막내아들인 베냐민을 낳던중 사망했습니다. 이와 같이 생명을 낳고 키우는 일은 상대적으로 죽음과 직면해야 하는 힘들고 어려운 일이었을 것입니다. 그 중심에 여성이 있습니다.

오늘 설교에서는 예수님의 부활을 유일한 사건으로 지키고 있는 부활주일에 구약과 신약에서 각각 한 예를 통해 다시 살아난 기적에 동역한 여성들을 살피며 우리의 신앙을 되새기고 싶습니다. 성경에는 사람을 지칭할 때 이름이 아닌 지역을 붙여 소개하기도 합니다. 열왕기하 4장 8절을 보시면 수넴 지역에 살았던 여성으로 수넴 여성이라고 알려져 있죠. 사마리아 여성, 나인성 과부 등입니다. 하지만 그녀는 히브리어 '그돌라 잇샤'로 지칭되며 그돌라에는 '크다, 위대하다, 훌륭하다' 등의 뜻이 있으며 개역개정 성경에는 '귀한 여성'으로, 새번역에는 '부유한 여성'으로 소개하고 있습니다. 그래서 수넴에 사는 귀한 여성은 비록 이름은 소개되지 않았지만, 그의 삶이 범상치 않았다는 것을 알 수 있습니다. 후에 열왕기하 8장에서 한 번 더 등장하고 있습니다. 엘리사의 지시를 통해 기근을 피해 블레셋으로 피했다는 이야기인데요. 남성 가장이 가족의 중심이었던 사회에서 남편이 아닌 아내였던 여성이 주도적인 역할을 했다는 사실에 주목하고 싶습니다. 8장 5절에 따르면, 이 여성은 다시 돌아와서 자신의 집과 땅을 되찾기 위해 왕을 찾아가 호소했고 실제로 다시 재산을 찾기도 한 위대한 여성입니다.

열왕기하 4장에 대해 좀 더 설명을 드리면 이 여성에게는 아이가 없었지만 부유했습니다. 그의 집을 지나가던 엘리사를 대접하고 그가 머물 방(오늘날로 말하면 게스트룸이지요)을 마련했고 섬겼지만, 어떤 대가를 바란 것이 아니었습니다. 심지어 종 게하시를 통해 무엇이 필요하냐고 구체적으로 묻는 질문 앞에 "내가 내 백성 중에 거한다." 즉 "내가 잘 지내고 있다"고 답합니다. 그럼에도 굳이 답례를 생각하고 있는 엘리사입니다. 5장에서 나아만 장군이 병이 낫게 되었을 때 그에게 그 어떤 답례를 받지 않으려는 엘리사와 비교가 됩니다.

사실 많은 학자들과 설교가들은 수넴 여성이 아이가 없는 것에 주목했고 아이를 기다렸을 것이라고 생각합니다. 그녀의 의지와 상관없이 불임 여성으로 소개하는 종 게하시의 말을 통해 엘리사는 다음 해 아기를 안고 있을 것이라고 여성에게 수태고지를 선포하지요.(열왕기하 4:16) 이와 같이 수태고지의 예는 예수(누가복음 1:30-31)뿐 아니라, 이스마엘(창세기 16:11), 이삭(창세기 18:10), 삼손(사사기 13:3-5), 사무엘(사무엘상 1:17), 세례요한(누가복음 1:13) 등에게서 찾을 수 있습니다. 그것은 중요한 인물이 태어날 때 미리 받았던 것으로 늘 아들이기도 했습니다. 이 아기 역시 정말 기적적으로 태어나게 됩니다. 그러나 그곳에는 하나님의 말씀도, 무엇을 위해 한 것인지도 분명해 보이지 않습니다.

엘리사의 예언의 성취로 이야기가 끝나는 것 같지만, 그렇지 않았습니다. 그 아이는 어느 날 죽게 된 것입니다. 여기서 아버지의 역할은 보이지 않습니다. 오랜 시간 아이가 없는 집안에서 태어난 아이를 위해 어떤 축하의 내용도 없습니다. 어느덧 아이가 자라 머리가 아프다고 아버지를 찾아갔지만, 바로 어머니에게 보내버립니다. 물론 엘리사를 위한 게스트룸에 대한 아이디어나 실행에서도 상당히 소극적이었음을 확인할 수 있습니다. 이후 이 여성은 죽은 아이를 다락방에 올려놓은 후, 엘리사를 찾아갑니다. 상황을 알게 된 엘리사는 그의 종 게하시를 보내보지만, 아이를 살리는 데는 실패합니다. 오늘 읽으신 30절 엘리사가 직접 가야한다는 그녀의 의지가 그를 움직입니다.

열왕기하 2장에서 세 번이나 반복해 엘리야를 떠나지 않겠다는 엘리사의 말이 생각납니다.(열왕기하 2:2, 4, 6) 결국 여성을 따라 엘리사는 죽은 아이가 있는 곳으로 가게 됩니다. 그리고 34-35절에서 구체적으로 살려 내는 행동을 합니다. 같이 읽겠습니다.

자신의 몸을 아이의 몸 위에 포개고 입과 입을 맞추고 눈과 눈을 맞추고 손 위에 손을 놓는 등 마치 신비적인 행위를 했고 결국 살아납니다. 바로 다음 장인 5장에서 나아만 장군이 병을 낫고자 엘리사를 찾아왔을 때와는 크게 비교가 됩니다. 내다 보지도 않고 요단강에 가서 일곱 번 몸을 씻으라는 말만 전할 뿐이지요.

하지만 여기서 엘리사의 기적 이야기로 한정 짓기에는 부족해 보입니다. 여성의 역할, 행동이 없었다면 그런 일이 가능했을까요? 기적, 그것도 아이가 죽었다가 다시 살아나는 기적입니다. 그 여성은 후에 8장에 다시 등장하는데, 이 이야기가 왕에게까지 알려지면서 7년간 기근으로 떠나 있었던 자신의 땅과 소유를 되찾는 데도 큰 역할을 합니다. 우리는 이렇게 생각할 수 있습니다. 역으로 엘리사 예언자에 의해 태어난 아이가 허망하게 죽었다면, 하나님의 사람인 엘리사에 대해 우리는 어떻게 생각했을까요? 어쩌면 이 모든 것을 만족시켜 주기 위해 여성은 행동했고 기적을 이끌어 냈는지도 모르겠습니다. 사실 성서의 여성들은 대체로 민중과 동일시되며 가난하고 힘없는 이들을 지칭할 때가 많은데요. 이 여성은 다른 역할 모델을 보여주기도 합니다. 하나님의 사람인 엘리사를 보았고 적극적인 신앙으로 자신이 가진 것으로 그를 위해 방을 마련했고 대가 없는 선을 행하였다고 할 수 있습니다.

애도에 그치지 않은 연대와 소망

그렇다면 신약에서는 어떤 여성이 있을까요?

혹시 다시 살아난 기적을 경험한 여성을 아시나요? 야이로의 딸도 있지만, 이미 성경 본문을 읽으셨기에 잘 알고 계시리라 생각합니다. 앞선 여성에게는 수넴 지역 이름을 붙여 소개했다면 이 여성은 아람어 '다비다', 그리스어 '도르가'로 두 개의 이름과 신약성경에서 유일하게 여제자 '마테트리아'(mathētria)로 소개되고 있는 특별한 여성입니다. 이와 같이 여성제자로 소개된 다비다는 12명으로 제한되어 있는 남성제자들에 대항하는 중요단어라 할 수 있습니다. 사도행전에는 크게 베드로(2-12장)와 바울(13-28장) 두 인물 중심으로 구조를 나눠볼 수 있습니다. 제자들의 모델로서의 예수의 내용을 찾을 수도 있는데, 베드로의 기적 이야기가 이에 속합니다.

예수의 기적 이야기가 생각나듯 반복적인 부분으로 소개가 되는데요. 예를 들어 잘 알고 계시듯 사도행전 3장 6절에서 "내게 은과 금은 없지만 주 예수 이름으로 일어나 걸으라"고 했고 실제 지체 장애인이 일어서서 걷기고 하고 뛰기도 했던 기적이 있는가 하면, 예수께서 '달리다굼'(마가복음 5:41, 마태복음 9:25, 누가복음 9:54) 하시며 야이로의 딸을 살리신, 또 죽은 나사로(요한복음 11:44)를 살리신 내용입니다. 즉 죽은 다비다를 살려낸 베드로는 예수의 제자됨과 사도성을 인정받기도 하죠. 하지만, 민수기 19장 11-13절에 의하면, 죽은 자와의 접촉은 정결법에 위배되는 행위였습니다. 그들은 제한성을 넘어서는 행위를 기꺼이 하셨고 그것을 지켜보는 사람들도 다른 의견이 없습니다. 오늘날 성경의 자구를 들어 여성목사는 안 된다, 동성애는 안 된다고 반대하는 이들을 향해 예수님은 어떻게 말씀하고 행동하실지 궁금합니다.

본문에 들어가 보면 베드로가 죽은 다비다를 살려 낸 중심에 이웃 여성들이 있습니다. 베드로가 죽은 것을 미리 알고 단숨에 달려가 살려 내지 않았다는 것입니다. 제자로 불리는 다비다는 죽었다가 살아난 여성입니다. 그것은 홀로 할 수 없었고 어쩌면 이웃 여성들의 간절함이 있었기에 가능했습니다. 이 시간에는 베드로의 중요성보다 주변 여성들의 행동에 주목하셨으면 좋겠습니다. 39절에 따르면 베드로가 오자 여성들은 다비다가 지어준 속옷과 겉옷을 내어 보이며 살려달라고 합니다. 그들은 과부였습니다. 당시 소외되고 약자 중에 약자였던 이들이지요. 하지만 이들을 외면하지 않은 다비다, 심지어 이웃 여성들의 옷을 만들어주며 선한 일을 행하였기에 그가 죽었지만, 그를 장사 지내지 못하고, 떠나지 못하고 그의 부활을 기대한 것인지도 모르겠습니다. 정말 바라는 대로 기적은 일어났습니다.

그렇게 다비다는 다시 살아났지만, 주목해야 할 것이 있습니다. 이를 지켜본 많은 사람들은 주를 믿게 되었습니다.(사도행전 9:42) 그렇습니다. 신앙이 강화된 사건입니다. 기적 사건으로 누군가가 교주가

새 시대 새 설교

되지 않았습니다. 베드로가 우쭐하지도 않습니다. 다비다가 어떤 힘을 행사하지 않습니다. 오히려 그를 보며 하나님을 찬양했을 것이고, 박해 상황 중에도 복음을 증거하는 일에 주저하지 않았을 것입니다. 주님을 믿고 그 믿음으로 어떻게 살아가야 할 것인지를 분명히 알게 되었으리라고 생각합니다. 부활을 믿는 우리에게 전해 주는 메시지입니다.

부활의 기적에 동참하며 동역하는 신앙

예수님은 누군가가 살려내지 않았습니다. 예언하신 대로 주체적으로 예수님은 살아나셨습니다. 부활의 첫 열매가 되셨습니다. 예수님의 부활을 통해 우리도 부활할 수 있다는 믿음을 확인하고 소망을 가지고 지키는데 이 절기의 의미가 있겠지요. 하지만 다른 한편으로 우리에게는 부활에 동역해야 하는 역할이 있다는 뜻이기도 합니다. 당장 누군가를 살릴 수 있다고요? 반문하실지 모르겠습니다.

그렇게 살아 내기가 어려운 시대에 살고 있습니다. 생존의 나이는 그 어느 시대보다 길어졌지만, 한국 상황에서 젊은이나 여성, 노인, 어린이 할 것 없이 폭력이나 자살 등에 내몰리는 일을 목격하기는 어렵지 않습니다. 예수님은 기꺼이 죽음을 통해 그 존재 자체가 되셨지만, 우리는 부활 신앙을 믿는다고 바로 죽는 것을 권장해야 한다는 것은 아니지요. 어쩌면 더 죽어가는 이 세상에서 죽음에 홀로 맞닿은 이들을 향해, 아니 그러한 구조를 만드는 사회를 향해 목소리를 내야겠습니다. 이렇게 동역하는 것이 우리 모두의 살림이 되고 주께서 원하시는 하나님 나라에 동참하는 운동이 되는 것은 아닐까요? 물론 쉽지 않습니다. 하지만 이 두 여성의 이야기를 통해 한 여성은 최선을 다해 자신의 죽은 아들을 살리는 일을 도왔는가 하면 이미 죽었지만, 그의 주변 여성들의 지지를 받으며 다시 살아난 여성이 있습니다. 엘리사, 베드로, 예수와 같이 살리는 능력은 우리에게 없다 해도, 그 능력이 오히려 걸림돌이 되기에 어쩌면 살려 내는 조력자로서, 삶으로 그것을 위해 노력하라고 우리를 부르고 계신 것은 아닌가요? 살려 낼 능력이 있었지만 스스로 무력하게 죽음을 맞으신 예수님은 오늘날에도 그렇게 무력하게 죽어가고 있는 이들이 있음을 알려 주십니다. 우리에게 많은 이들을 통해 다시 살려 내는 일에 열심을 내라고 요청하십니다.

이제 우리는 결단해야 할 것입니다. 여러 죽음 앞에 어쩌면 이미 할 도리를 다했다고 생각하는지도 모르겠습니다. 하지만 가만히 생각해 보면 우리 주변에는 죽은 자를 그대로 내버려두지 않는 예도 있습니다. 예를 들면 세월호 7주기가 다가오고 304명의 억울한 희생이 있었지만, 아무도 분명하게 그들의 죽음을 해명하지 않기에 부모들이 나서고, 세월호를 기억하는 기독연대가 나서고, 그들과 함께 하는 이들이 목소리를 내어 지난 11월, 세월호 참사법 10만 인의 동의를 끌어내기도 했습니다. 비록 그들이 다시 살아나지 않는다 해도 그 지난한 노력을 우리는 기억할 것이고 세월호 전과 후는 분명 다르리라

새 시대 새 설교

고 기대합니다. 그것 뿐일까요? 최근 성소수자들의 죽음, 죽어간 택배직원들, 산업재해로 죽은 노동자들, 억울한 폭력에 희생되고 감춰진 아이, 군부독재 하에서 지금도 고통받고 죽어가는 미얀마의 무고한 시민 등 성서대전에서 사회적 책임을 가지고 여러 어려운 현장에 함께 하시는 소식을 접하며 참 뭉클할 때가 있습니다. 어쩌면 우리는 할 수 있는 일이 없고, 너무 적다고 느껴질지 모릅니다.

그러나 기억합시다. 우리의 부활 신앙은 현재 여기에 있습니다. 예수의 무덤을 찾아간 여성들, 어쩌면 수넴의 귀한 여성, 다비다의 죽음을 애통해했던 이웃 여성들입니다. 그러한 행동은 다시 살아나는 기적을 경험했습니다. 공교롭게도 모두 여성들이네요. 혹시 여성들이 그 자리를 차지하는 것이 불편하신 분 계십니까? 어쩌면 늘 남성이 대표성을 가지고 그 자리를 당연하게 받아들인 것에 다시 생각해볼 여지를 전해줍니다. 이들의 목소리는 오늘날 우리에게 어떤 울림을 줄까요? 이들이 경험한 부활은 그들의 평생을 통해 전해지고 전해졌을 것입니다. 지금 우리에게까지요. 이 자리에 모이신 분들, 한 분 한 분 부활 신앙을 마음에 새기고 죽어가는 많은 곳에, 어쩌면 아무 희망이 없다고 하는 그곳에 생명을 심고 부활을 꿈꾸게 하는 것은 어떨까요? 자신을 내어주시며 죽기까지 사랑하신 예수님의 사랑을 받은 우리입니다. 그것을 깨닫는 데 그치지 않고 어쩌면 우리가 더 많은 것을 요청받는 부활주일이었으면 좋겠습니다. 예수님께서 자신의 몸을 우리의 몸에 포개면서 흔들어 깨우시는 이날을 통해 부활 사건이 저와 여러분의 삶에 새로운 빛이 되고 길이 되길 진심으로 축복하며 기도합니다.

2021년 4월 4일 성서대전 부활절 연합예배, 꿈이 있는 교회 설교

새 시대 새 설교

민영진/전 대한성서공회 총무, 구약학자, 시인

나는 흔히들 말하는 모태신앙 가정에서 태어나서 예수를 섬기는 대열에 서긴 했지만 나를 예수 사람으로 기른 사람은 목사인 나의 아버지가 아니라 그의 아내인 나의 어머니였다. 어머니가 내게 성경 이야기를 해주었고, 내가 성경을 직접 읽도록 가르쳤고, 예수를 내게 소개했고, 하나님을 경외하게 하는 믿음을 갖게 했고, 성령의 인도를 받아 살도록 이끌어 주었고, 기도할 수 있게 했고, 끝내 나를 목사가 되도록 안내하였다. 내가 비록 목사인 나의 아버지가 목회하는 교회에 출석하기는 했지만 나는 아버지의 교인이 아니라 어머니의 교인이었던 셈이다. 나의 아버지 목사에게 심한 꾸중을 듣고 교회를 떠났던 교인들이 나의 어머니의 위로와 격려에 설득되어 다시 교회 출석을 하게 되었다면, 그리고 목사 아버지가 친가 친척을 전도하지는 못했는데, 그것에 반해, 어머니가 외가의 이모들 외삼촌들과 그 가족들을 모두 기독교로 전도했다면 목사보다는 목사 부인의 능력을 더 평가해야 할 것이다.

나는 설교를 들을 때, 혹은 읽을 때, 그것이 심판의 메시지든, 구원의 메시지든, 격려와 위로의 메시지든, 책망의 메시지든, 내가 더 가혹한 벌을 받아도 싸다고 생각되고, 칭찬을 받아도 황송하다고 생각되는 체험을 하곤 했다. 보혜사 성령님 덕분에 다양한 형태의 성경 말씀을 늘 새롭게 만나게 되고, 내가 참고한 주석이나 해설과는 다른 자료를 설교자를 통해 들을 때는 성경 말씀의 또 다른 심오한 세계로 황홀한 진입을 하곤 했다. 설교를 들으면서, 혹은 읽으면서, 성경 말씀에 관해 몰랐던 것을 알게 되는 기쁨, 회개할 용기를 갖게 되는 감동이, 대오각성하여 거듭나는 희열과 함께 오곤 했다.

꽃자리 발행인은 나에게 세 여성 설교자의 설교 세 편씩 모두 아홉 편의 설교를 보내왔다. 나는 아홉 편의 설교를 정독하면서 큰 기쁨, 미처 몰랐던 것에 관한 큰 배움, 내가 너무나도 안이하게 신앙생활을 하고 있다는 큰 뉘우침, 여기에 더하여, 지금 한창 활동하고 있는 여성 설교자들이, 암담한 교회의 미래를 어떻게 설계하려고 하는지, 이 시대에 회개와 구원과 성도의 실천적인 삶이 구체적으로 어떠해야 할 것인지를 깨우치기도 했다. 무엇보다도 여성 설교자들이 젊은 날에 내가 했던 것과는 전혀 다른 방식과 내용으로 설교하고 있다는 사실이 기뻤다.

나는 설교에 실패했다. 설교자로 부름을 받은 나 자신의 자화상이

새 시대 새 설교

보일 때가 있다. 나는 햇볕 내리쬐이는 한낮에 마른 뼈들이 널려 있는 적막한 곳에 홀로 서 있다. 사방이 조용하다. 이곳 이름이 처음부터 킬링필드는 아니었다. 비옥한 계곡이 사망의 골짜기로 바뀌는 동안 나는 귀먹고 눈먼 짐승 흉내를 내고 있었다. 광야의 마른 뼈들이 내게는 아무 말도 하지 않는다. 왜 이렇게 조용한가? 그 절규의 메아리마저 오래전에 사라지고 밤마다 나를 괴롭히던 이명(耳鳴)마저 어디론가 가버렸다. 말씀을 전해야 하는데, 아무 소리도 안 들린다. 뼈들이 하는 말도, 뼈를 향해서 전해야 할 말도 들려오지 않는다. 여전히 귀먹고 눈먼 짐승은 무덤에서 돋는 연한 풀, 그것이나 뜯어먹으려고 아무 데나 주둥이를 내민다. 어쩌면 나는 희생되기로 예비 된 양이었는데, 애잔한 목소리로 태어났어도 들려온 메시지를 전달해야 하는 광야의 소리였어야 했는데, 스스로 실성(失聲)하여 침묵(沈默)한 덕분에 운 좋게도 도살만은 피했는데 직무를 유기한 희생양이 그 세상에서 환대까지 받으며 목숨을 부지했다. 군사독재 시절, 유신독재 시절에 설교자는 이렇게 목숨을 부지했다.

나는 거부당하는 설교자였다. 사람들은 나를 설교하라고 초청해 놓고, 자기들 듣고 싶은 말이 아니다 싶으면, 눈 감고 자는 척 외면하거나, "목사님이 신도들에게 그런 말씀 하시면 안 되지요" 하며 화를 내거나, 더 험악한 말을 하며 달려드는 이들도 있었다. 이런 경우를 포함해서 나는 내 평생에 세 번, 설교하다가 제지당한 적이 있다.

어느 해 5월 "이스라엘의 가정교육"이라는 제목까지 주면서 두 주 연속 주일 오후 예배 설교에 초청해 놓고 한 주 들어보더니 예정된 다음 주일 오후 예배 설교를 그날로 당장 취소해 버리는 교회, 어느 신학대학교 학생회 주최 채플에 설교 강사로 초청받았는데, 학교 당국이 나의 출입을 허락하지 않는다고 하여, 학생들이 예배 장소를 서울 변두리 어느 기도원으로 옮겨, 예정에도 없던 1일 부흥회를 한 적도 있다.

또 한 번은 감리교재단에 속한 어느 고등학교 교사 예배 설교자로 초청받았는데, 교목을 통해서 설교원고를 미리 달라고 하는 학교도 있었다. 언짢았지만 미리 제출했다. 교장과 교감이 원고를 검열했는지 안 했는지는 모르겠지만, 오라고 허락이 나서 갔는데, 50여 명, 교사들은 설교자가 교장의 안내를 받아 예배실에 들어서도 눈길 한 번 안 주고, 다들 눈 감고 팔짱을 끼고 앉아 있다. 억지로 끌려온 청중이다. 설교가 시작되자마자 기다렸다는 듯이 어느 열성 교사가 나 대신 설교를 시작한다. "목사님, 그런 소리 하려거든 그만두세요. 여기 오셨으면 복음만 전하세요!" 하며 소리치자, 그때까지 팔짱 끼고 눈 감고 있던 50여 명 교사들이 모두 눈을 뜨고 자세를 고쳐 앉고, 20분 동안 설교를 경청하더니, 설교가 끝나자 모두 일어서서 기립 박수를 하는 것 아닌가! 나는 교사들이 학교 채플을 거부하는 것이지 강사를 배척하는 것이 아니라는 것을 금방 알 수 있었다. 기독교 학교의 반기독교 정서가 더 심각한 문제였다. 아이러니하게도 70년대, 80년대 교회들은 이런 나를 왜 설교에 초청했는가? 당시 TV나 라디오나 강단이 나 같은 설교자를 초청했던 것을 보면 내가 말씀에 순종하기보다 여론에 굴종한다는 것을 알았기 때문이리라. 평생 이렇게 살아왔으니, 내 혀가 입천장에 달라붙어 여생을 말 못 하고 지낸다 해도 이 죄 용서받지 못할 것이다. 아홉 편의 설교, 새 시대의 새 설교를 읽으면서, 설교자들이 자신들의 설교를 윤색(潤色)하지 않는 용기를 감지할 수 있었다.

여성, 생명과 살림의 힘

송진순 목사의 "우리의 권리를 찾아서, 슬로브핫의 딸들"은, 지금의 한국 사회에서 사는 "국민의 삶의 질"이 어떠한지를 묻는다. 이것은 곧 한국 사회가 과연 공동체 정의가 실현되는 인권이 보장되는 나라인지를 확인하려는 예비적 질문이기도 하다. 왜냐하면, 노동자와 이민자와 임시 체류자 등이 사람대접을 받고 사는지가 하나님의 주요 관심 대상이 되기 때문이라고 한다. 이 말을 들으면서 나는 얼핏 사람을 향한 하나님의 주요 관심사가 나열된 시편 146편 7-9절을 떠올렸다. 설교자는 재산분배에서 제외된 딸들의 인권을 문제 삼는 민수기의 슬로브핫의 딸들의 항의를 소개하고, 모세가 그 딸들의 항의를 받아들여, 이스라엘의 딸들도 재산상속권을 인정받게 되는 과정을 살핀다. 설교 대부분이 슬로브핫의 딸들 이야기에 할애된다. 그러면서 설교자는 이 사건을, 힘없는 자들을 돌보시는 하나님의 공의(시편 146:7-9), 그 나라와 의를 구하는 예수의 교훈(마태복음 6:33), 그리스도의 겸손(빌립보서 2:1-8) 등과 연관시키는 신학화 작업의 기초를 놓는다.

"복음의 마중물"이라는 설교 역시 베드로의 장모인 여성을 주인공으로 다룬다. 그 여성이 예수에게 치료를 받은 다음에 예수의 사역에 동참하는 역할을 언급하고, 이어서 지난 4년 동안의 팬데믹으로 인한 거리 두기 체험이 지구 위에 사는 사람들에게 미친 영향을 분석하고, 이 시대를 분별할 것을 강조한 예수의 말(누가복음 12:56)을 지금 우리 시대에 소환하고, 프란치스코 교황의 저서《더 나은 미래로 가는 길》을 군데군데 인용하면서, 그의 청중이 그리스도의 사랑과 섬김에 동참하기 위해 주변부로 나아가 새로운 미래를 발견할 것을 촉구한다.

"제자 다비다와 돌봄의 공동체: 초대교회를 일으킨 여성들"에서도 주연급의 인물들은 예수의 여성 제자 다비다와 그의 동료, 홀로 사는 부인들이다. 욥바의 다비다, 그를 살려 낸 룻다의 베드로, 두 사람을 연결하는 욥바의 여인들은 다비다가 착한 일과 구제사업에 헌신한 것을 증언하는 증인으로 등장한다. 설교의 중심에는, 다시 살아난 여성 제자 다비다를 중심으로 욥바에 여성 중심의 돌봄 공동체가 형성된 사건이 있다. 가정에 모여 예배를 드리는 "가정 중심의 교회"가 유대교의 성전이나 회당을 대체하는 초대교회의 집회 장소가 되고, 그 교회는 돌봄연대의 중심이 된다. 다비다가 활동한 '욥바'는 지금의 텔아비브의 일부이고, 베드로가 머물던 '룻다'는 지금의 텔아비브 로드 벤구리온 공항이 있는 곳이다. 지근거리다. 두 곳 다 예루살렘에서 50킬로 안팎에 있다.

하나님의 섭리를 보는 신앙의 길

이은경 목사의 "하나님의 사자, 의심"은 도마의 의심을 의인화하여, 그 의심이 하나님의 사자(使者) 구실을 할 수 있었던 것을 증언하는 설교다. 설교자는 부활한 예수를 직접 만나지 못한 도마가 예수의 부활 목격자들의 증언을 의심하는 것(요한복음 20:24-25), 유대인의 위협 때문에 나사로 문상을 말리는 다른 제자와는 달리, 유대인에 의한 살해 위험을 무릅쓰고라도 나사로 문상 길에 오른 예수와 동행하려 한 도마의 굳은 의리 표명(요한복음 11:16), 후에 부활한 예수를 직접 목격한 자리에서는 도마가 예수를 향해 "나의 주, 나의 하나님"이라고(요 20:28) 하는 위대한 신앙고백을 한 것 등을 종합적으로 언급한다.

설교자는 이밖에도 도마에 관한 성경 밖의 전설도 소개한다. 오늘날 한국의 "가나안 신자를 위한 예배"와 맞먹는 유럽 교회의 "도마예배"와 "요나 예배"도 소개하고, 드디어 자기 설교의 제목이 마틴 슐레스케의 《가문비 나무의 노래》에 나오는 "의심은 하나님이 보내신 사자"에서 온 것임을 밝히고, "의심과 불안이 오히려 우리를 깨어 있게 한다."(우나무노), "의심과 신앙은 적대자가 아니라 형제 관계"(꿋브리트 비터, 가브리엘 밀러)임을 인용하면서, "하나님께서 보내신 의심과 불안이 우리를 하나님께로 더 가까이 이끌어 줄 것"이라는 말로 설교를 끝맺는다.

"하늘의 문을 여는 자선"은 기도와 금식과 자선이 경건에 이르는 세 가지 길임을 설교한 것이다. 설교자는 이슬람에서 말하는 자선에 이르는 세 가지 길, 유대교의 경건운동인 하시디즘에 속한 한 랍비가 보여준 자선 행위, 유진 피터슨의 메시지 성경 빌립보서 2장 1-4절 번역에 반영된 자선 본문, 지거 쾨더 신부의 "너희가 나에게 먹을 것을 주었다"(마태복음 25:31-40)라는 제목의 성경 유화에 나타난 구체적 자선을 예로 들어가면서 세 종교가 강조하는 자선의 중요성, 자선과 위선의 구분 등을 밝힌다.

나는 이 설교를 읽는 내내 지금까지 12년 동안 인도의 빈민 지역에서 아내와 두 아들과 함께 빈민에게 식사를 제공하는 빈민 식탁 선교사의 애환을 떠올린다. 선교사는 자기 통장에 들어온 빈민 식사 헌금을 가지고 한 식당을 정해 놓고 가서 빈민들이 식사를 하는 만큼 그 값을 식당에 지불한다. 마태복음 25장 31-40절에 나오는 주린 이들, 목마른 이들, 나그네, 헐벗은 이들, 병든 이들이 얼마나 얌전한 수혜자들인가를 잠시 생각한다. 인도 빈민 지역의 식사를 제공하는 현장은 수혜자들의 예상할 수 없는 폭력, 1인 1식 원칙을 어기고 계속 반복해서 줄을 서서 두 번, 세 번, 심지어는 열 번까지 식사를 받아먹는 이들이 있다. 식당 봉사자들이 일일이 그런 사람까지 다 찾아내지 못한다. 집에 있는 사람 몫까지 가져가겠다고 2인분 3인분을 요구하는 사람도 있다. 봉사자들을 긴장시키는 현장이다. 고맙다는 말을 들으려는 것은 아니지만, 그런 말은 꽤 인색하다고 한다.

"기후 위기 시대의 보속(補贖)"은 청중에게는 조금은 난해한 설교일 수 있다. 설상가상, 설교자도 '사순절'이라는 교회력과 '보속'이라는 신학 용어의 관계를 장황하게 설명해야 하는 부담을 느꼈을지 모르지만, 이 둘을 함께 말해 주는 것은 청중에게 필요하다. 제한된 시간에 쫓기는 것 말고는 설명이 명확하고, 내용은 교회가 지향해야 하는 방향, 교회의 현대적 과제가 무엇인지를 명쾌하게 설명한다. 사순절 기간의 기도, 금식, 자선으로 보속의 방법을 설명하는 것은 교회사에 나타난 회개 행위의 오랜 역사를 보여주기도 한다.

이 설교의 신선한 요소는 지금과 같은 기후 위기 시대에 성도가 수행해야 할 보속을 말하는 것이다. 지구의 건강이 위험수위에 이르렀음을 말한다. 지구 온난화, 기후 변화, 기후 위기, 기후 붕괴, 프레온 가스, 폭한, 폭염, 폭우 등 이상 기후는 이미 체험하는 현실이다. 기후 변화의 주범으로 인류세(人類世)를 지목한다. 교회의 설교 강단에서 인류세의 출현에 대한 인문학 강의를 겸하여 듣는다. 드디어 "기독교인의 최대 과제가 탄소중립과 녹색전환"이라는 설교의 결론을 듣는다. 듣는 이들에 따라 조금은 낯설다. 설교자는 이제 우리가 "지구상에 존재하는 모든 피조물의 이야기에 귀를 기울이고 그것에 응답하는 존재가 되어야 한다"라는 말로 설교를 끝맺는다. 이 설교를 정독, 경청하면서 나는 다음과 같은 기도를 드렸다.

"창조는 당신의 삶이지요. 당신이 지혜로 빚은 피조물은 이 세상에 우리와 함께 계시는 당신의 임재지요. 오세요, 성령님! 짐승과 새와 물고기에게 오세요. 하늘에 땅에, 산에 들에, 바다에 강에 오세요. 나무에도, 꽃에도 오세요. 학대받는 가축에게도 오세요. 피조물이 공장형 계사(鷄舍), 돈사(豚舍), 축사(畜舍)에 갇혀 살지 않고, 당신 품에 안겨 살도록, 오세요, 성령님! 천수를 못 누리고 고깃덩이로 팔리는 닭에게, 돼지에게, 젖소에게 오세요. 사룟값이 뛰면 굶어 죽는 소들에게로 오세요. 암수가 서로 만나는 기쁨을 빼앗기고 암컷이 정액 주사로 새끼를 임신하는 젖소 목장으로 오세요. 돌림병 돌 때마다 살(殺) 처분되는 가축의 매장지로 오세요. 화염 속에서 마지막 날갯짓을 하는 닭 처형장으로 오세요. 억지로 먹은 시신으로 배앓이를 하고 구토하는 더럽혀진 땅으로 오세요. 가축에게 당신의 영을 불어넣어 그것들이 새 피조물이 되게 해주세요. 우리 육신의 질료인 이 땅에 당신의 영을 불어넣어 그 모습 새로워지게 해 주세요."

이 기도문이 교단의 한 간행물 (2022년 여선교회 월례공과, 72-73쪽)에 발표되자 이 기도문 작성자를 처벌하라는 다수의 요청이 한 교단의 이단 대책위원회에 올라오기도 했다. 뭔가 우리 성도 사이에도 소통이 막힌 것을 확인했다.

사랑과 우정의 연대

조은하 교수의 "고귀함과 우정"은 하나님 사랑과 사람 사랑이 하나임을 말한다. 강도 만난 사람의 이웃이 되는 것이 곧 "네 마음을 다하고 네 목숨을 다하고 네 힘을 다하고 네 뜻을 다하여, 주 너의 하나님을 사랑하고, 네 이웃을 네 몸같이 사랑하라"(누가복음 10:27)는 말씀의 실천임을 강조한다. 설교자는 헨리 나우웬이 그의 저서《긍휼》에서 "우리 시대의 가장 비극적 현상을 무관심과 분노"로 이야기했음을 인용하고, 이 시대에 강도 만난 이웃에 대한 현대인의 무관심, 무감각, 긍휼 없음, 염려 없음은 고사하고, 분노, 짜증, 격노로 반응하는 경우가 많음을 지적한다. 설교자는 인간의 고귀함은 우정을 통해 비로소 꽃피운다고 하면서 "기뻐하는 사람들과 함께 기뻐하고, 우는 사람들과 함께 우는"(로마서 12:15 새번역) 참 모습을 회복할 것을 요청한다.

"사랑과 지식"은 "더불어 함께 사는" 신앙공동체의 삶을 강조한다. 설교자는 탈무드에 나오는 더불어 함께 사는 것을 강조한 한 랍비의 경우와 흑사병 유행 때 시민을 대피시키고 교회와 마을을 지키며 병든 사람과 죽어가는 사람을 돌보기 위하여 자신의 집과 수도원을 임시 치료소로 개조하여 환자들을 돌보았던 루터의 경우를 예로 든다. 특히 루터가 "(흑사병을) 그리스도인에게 주어진 참된 믿음과 이웃 사랑의 시험 무대"라고 말하면서 기독교인을 더불어 함께 사는 사람들로 규정한 것은 감동적이다.

설교자는 바울 당시 고린도교회 안에서, 우상에게 받쳐졌던 고기를 먹어도 되는지 먹어서는 안 되는지, 고린도 교회 성도 간에 의견이 갈라진 것을 지적한다. 설교자는 고전 8장 1-13절 본문을 해설하면서, 이 본문이 우상 제물에 대한 고린도 교회의 '아디아포라'라고 설명한다. '아디아포라'는 "해도 되고, 안 해도 되는 것, 하나님께서 명령하시지도, 그렇다고 금하시지도 않은 행동을 말하는 것"이라고 설명한다. 우상에게 받쳐졌던 제물을 먹을 수 있느냐, 먹어서는 안 되느냐는, 자유롭게 스스로 판단하여 결정할 문제다. 그러나 설교자는 이 자유를 감당하지 못하는 믿음의 약자들이 있을 때는 믿음의 강자들은 그들을 배려하여 자신들의 자유를 자제해야 한다는 것이 바울의 논리라고 설명한다.

근거 구절은 "여러분에게 있는 이 자유가 약한 사람들에게 걸림돌이 되지 않도록 조심하십시오"(고린도전서 8:9)다. 교회 안에서 의견이 갈라지는 다른 여러 신학적 주제가 있을 때마다, 그 신학적 주제 앞에서 수용이든 거부든 어떤 결정을 해야 할 때마다, 수용을 감당할 수 있는 강자가 그것을 감당하지 못하는 약자를 배려하여 그 자유를 스스로 자제해야 한다는 것은 얼마나 아름다운가! 공동체가 이렇게 해서 유지되고 결속되는 것이다. 설교자를 통해 '아디아포라'를 소개받은 청중은 마스터키와 같은 이 열쇠 하나로 많은 문을 열 수 있을 것이다.

"학자의 혀와 학자의 귀"를 주목한다. 혀와 귀는 설교자의 필수 도구다. 그는 이사야 50장 4절의 본문을 바로 설교자 자신에게 주어진 말로 받아들인다.

"주 하나님께서 설교자인 나를 학자처럼 말할 수 있게 하셔서, 지친 사람을 말로 격려할 수 있게 하신다. 아침마다 설교자인 나를 깨우쳐 주신다. 설교자인 내 귀를 깨우치시어 학자처럼 알아듣게 하신다."(이사야 50:4 패러디)

새 시대 새 설교

그리하여 설교자는 고난의 역사 가운데서 하나님이 주시는 지혜와 용기로 새로운 희망을 선포한다.

조은하는 이 설교에서 본래 아무런 관련도 없었던 몇 가지 개별적 사안을 한데 엮어서 이야기를 만든다. 하나는 안토니 기든스의 저서 《현대성과 자아정체성》에서 현대인이 다양한 지식체계 속에서 살면서 자신의 존재에 대해서는 확신을 갖지 못하는 상황에서 현대인의 자아정체성 확립의 과제를 중요한 화두로 꺼낸 것이다. 다음으로는 1890년 후반 강화도 북단 홍의마을이 기독교 복음을 만났을 때 마을 전체가 다 집단적으로 세례를 받고, 한 자매 형제가 되었다고, 모두가 한 일(一)자를 돌림자로 이름을 바꾼 사건을 소개한다. 우리 문화에서 돌림자를 공유한다는 것은 그리스도 안에서 한 형제자매가 되는 결연이면서, 신앙적으로는 "믿는 것과 사는 것"을 일치시키려 했던 노력과 의식이었다.

또 다른 하나는 세월호 참사 당시(2014년 4월 16일) 그해 6월 자원봉사 팀을 이끌고 진도 팽목항을 방문하여 유족들을 위로하고, 그리스도인 50명의 공동 저작 《포기할 수 없는 약속》 북토크를 수원성교회에서 했을 때 안광수 목사가 세월호 참사 희생자들을 기억하면서 "기뻐하는 사람들과 함께 기뻐하고, 우는 사람들과 함께 우는"(로마서 12:15) 교회 공동체가 되자고 했던 말을 상기한다. 이 세 가지 이야기가 하나로 엮일 때, 청중은 현대 사회 속에서 살아가는 자신을 발견하고 예수를 따르는 이로서의 자아정체성 확립의 길을 택할 수 있다. 세례받고 기독교인이 되었다고, 그 마을 공동체가 하나님의 자녀로서 한 형제자매가 되었다고, 교인들이 다 그들의 이름을 개명하여, 한 일(一) 자를 돌림자로 쓰기로 한 것은, 믿음의 공동체라고 하는 자아정체성 확립의 상징행위다. 기독교인 50명의 공동 저작《포기할 수 없는 약속》의 출판과 북토크는 세월호 참사자를 기억하고 그 유족을 위로한 것으로서 자아정체성이 확립된 신앙공동체의 실천의 시작이다.

송진순

이화여자대학교 강사

이화여자대학교에서 기독교학과 국문학을 전공하고 동대학원에서 성서신학으로 학위를 받았다. 인문학적 관점에서 성서를 중심으로 생태, 여성, 사회 현상들을 연구하는 한편, 종교의 역할이 축소되고 신학적 가치가 폄하되는 신자유주의 체제에서 세속화되는 기독교에 대해 비판적으로 사유하고 교회를 넘어 대중과 소통할 수 있는 기독교적 가치와 윤리에 대해서도 연구하고 있다.

현재 이화여자대학교에서 강의하고, 동대학교 대학교회에서 부교역자로 섬기고 있다. 연구활동으로는 〈한국교회환경연구소〉 연구원으로 기후위기 및 생물다양성에 관심을 갖고 대안적 성서 읽기 및 워크샵을 진행중에 있고, 〈한국기독교사회문제연구원〉에서 매해 진행하는 "주요 현안에 대한 개신교인의 인식조사" 프로젝트 연구원으로 활동하면서 그 지평을 확장하고 있다.

관련 연구로는 (2018년 이후 공저들) 《혐오와 여성신학》 《하나님의 형상, 우리 여성》 《성폭력, 성경, 교회》 《기후위기 한국교회에 묻는다》 《한국기독교의 보수화, 어느 지점에 있나》 《코로나 펜데믹과 기후위기 시대, 생물다양성에 주목하다》 《전쟁 넘어 평화》 외 다수의 역서와 논문이 있다.

우리의 권리를 찾아서, 슬로브핫의 딸들

민수기 27장 2-4절, 36장 5-8절

슬로브핫의 딸들이 나아왔다. 그들은 회막 어귀에서 모세와 제사장 엘르아살과 지도자들과 온 회중 앞에 서서 호소하였다. "우리의 아버지는 광야에서 돌아가셨습니다. 그러나 주님을 거역하여 모였던 고라의 무리 속에 끼지는 않으셨습니다. 아버지께서는 다만 자신의 죄로 돌아가셨습니다. 그런데 아버지께는 아들이 없습니다. 그러나 아들이 없다는 이유로 아버지의 가족 가운데서 아버지의 이름이 없어져야 한다니, 어찌 이럴 수가 있습니까? 우리 아버지의 남자 친족들이 유산을 물려받을 때에, 우리에게도 유산을 주시기 바랍니다."(민수기 27:2-4)

주님의 명을 받들어, 모세가 이스라엘 자손에게 명령하였다. "요셉 자손 지파의 말이 옳소. 주님께서는 슬로브핫 딸들의 경우를 두고 이렇게 명하셨소. 그 딸들은 자기들의 마음에 드는 남자가 있으면 누구하고든지 결혼할 수는 있소. 그러나 그들이 속한 조상 지파의 가족에게만 시집갈 수 있소. 이스라엘 자손의 지파 유산이 이 지파에서 저 지파로 옮겨지는 일이 없어야, 이스라엘 자손이 제각기 자기 조상으로부터 물려받은 지파의 유산을 그대로 간직할 수 있을 것이오. 이스라엘 자손의 지파 가운데서 유산을 받은 딸들은 누구나, 자기 조상 지파의 가족에게로 시집가야 하오. 그래야만 이스라엘 자손이 지파마다 조상으로부터 물려받은 유산을 간직할 수 있을 것이오.(민수기 36:5-8)

더 나은 삶

뉴스의 경제란에서 종종 GDP(Gross Domestic Product, 국민총생산)라는 용어를 듣게 됩니다. GDP는 한 나라에서 가계, 기업, 정부 등 모든 경제 주체가 생산한 재화와 서비스의 가치를 시장 가격으로 평가한 것으로, 그 나라의 경제 규모나 발전 정도를 가늠하는 지표입니다. 세계적으로 유용한 사회지표이기도 합니다. 하지만 우리 삶의 행복과 만족이 반드시 부의 정도나 경제 발전과 비례하지는 않습니다. 생존에 필요한 기본적인 욕구가 충족되면, 가족이나 공동체의 유대나 신뢰라든가, 치안과 같은 사회적 안전, 건강, 교육 정도, 환경 등 수많은 조건들이 삶에 더 중요한 영향을 미칩니다. 그래서 일찍이 세계적으로 GDP와 별개로 삶을 평가하는 지표로 '더 나은 삶에 대한 조사'(Better Life Index)가 진행되어 왔습니다.

우리나라의 경우 2011년부터 해마다 "국민 삶의 질"을 조사하고 있습니다. 가족/공동체, 건강, 교육, 고용/임금, 소득/소비/자산, 여가, 주거, 환경, 안전, 시민참여, 주관적 웰빙의 11개 영역에서 사람들이 자기 삶에 얼마나 만족하는지를 확인합니다.(https://www.index.go.kr) 그 결과 2023년 12월을 기준으로 한국인들은 수명과 건강 상태는 개선되었지만 비만율은 높아졌고, 전체 중위 소득은 좋아졌지만 가구 순자산이나 상대적 빈곤율은 악화된 것으로 나타났습니다. 또한 시민의식은 높아졌지만, 기관이나 타인에 대한 신뢰도는 낮아지고, 기후변화에 대한 불안도는 증가한 것으로 나타났습니다. 이렇듯이 경제발전과 자산이 행복의 기준이 아니라 다양한 삶의 영역이 행복이나 만족도에 더 큰 영향을 미친다는 것입니다. 그러니 경제 가치를 따지는 GDP 이상으로 중요한 것이 삶의 질인 것입니다. 경제적 차원에서 제공할 수 없는 영역, 예를 들어 자신에 대한 만족과 자존감, 타인에 대한 신뢰, 상식이 통하는 사회, 건강한 시민의식이 한 사회의 건강함을 확인하는 척도가 됩니다.

코비드19 팬데믹 이후 우리는 더 스마트해지고 더 지능적인(AI의 등장) 세계에서 살고 있습니다. 공동체보다는 개인이 우선이 되면서 개인의 자유의지와 의사는 중요해지고, 물질적으로 더 풍요로워졌습니다. 거리를 뛰어넘어 언제든 원하는 정보를 얻고, 사람들과 교류하며, 세계 어디든 여행할 수 있습니다. 그런데 정말 모두의 존엄이 지켜지고, 인간다운 삶을 누리고 있는가, 나의 이익과 권리를 주장하며 안전하게 살고 있는가, 묻는다면 전적으로 동의할 수는 없을 것입니다. 여전히 우리 안에는 인권, 안전, 권리의 사각지대가 너무 많기 때문입니다. 사실 나의 권리와 이익을 존중받는다는 것은 역으로 타인의 이익과 권리가 보장되는 사회적 체계가 마련되어야 한다는 것입니다. 나의 권리가 중요한 만큼 타인의 권리도 중요하기 때문입니다. 다른 사람이 나에게 타인이듯, 나도 다른 사람에게 타인이기 때문에, 한 사회에서 모두의 권리와 이익이 보장되고 안전할 때 삶이 풍요로울 것입니다. 그것은 경제적으로 얼마나 부유하고 얼마나 누리고 있는가와는 다른 문제입니다.

그런데 모든 사람의 삶을 존중하고 권리를 지키는 삶, 공동체의 정의가 실현되는 것은 비교적 최근의 근대적 개념이나 사상은 아닙니다. 이것은 성경에서도, 고대 유대인들의 세계에서도 분명하게 나타납니다. 이집트에서 학대받고 노예 생활을 하던 사회적으로 하층민이었던 이스라엘 민족은 하나님으로 인해 해방되었습니다. 이스라엘 민족이 고백하는 하나님은 권력자의 하나님이나 기득권자의 하나님이 아니었습니다. 노예와 이민자와 나그네의 하나님이시고, 나라를 빼앗기고 남편과 자식을 잃고 우는 자들의 하나님이며 가난한 자의 탄식에 응답하시는 하나님이셨습니다. 구약성경에는 이스라엘 왕정의 역사에서 왕들 이상으로 중요한 이들이 있었습니다. 바로 하나님의 부르심을 받은 예언자들입니다. 예언자들은 정의를 외면하는 권력자와 종교 지도자를 비판하고, 가난하고 소외된 자들을 통해 하나님이 공의를 실천하시고 민족을 회복하신다고 외쳤습니다. 고대 팔레스타인 사회에서 누군가의 권리가 짓밟히거나 억눌려 있다면 가장 먼저 이들의 소리를 듣고 소외되지 않도록 배려하는 것이 이스라엘 역사를 통해 이루어져 왔습니다.

슬로브핫의 딸들

오늘 읽은 본문은 이러한 맥락에서 통찰을 주는 말씀입니다. 민수기 27장은 남성중심적 유대 사회에서 여성들이 어떻게 기업을 받을 수 있었는지 보도합니다. 지금의 시각으로 당연한 이야기라 생각하겠지만, 본문은 여성들이 당시 엄격한 가부장제의 유산 상속 제도에 도전하여 가문의 권리를 찾은 것을 보도합니다. 민수기는 모세 오경의 네 번째 책으로 출애굽 이후 이스라엘 백성이 시내 산을 떠나 모압 광야에 이르기까지의 광야 생활을 기록합니다. 27장에서 이스라엘 민족은 가나안 땅으로 입성하기 전 두 차례의 인구조사를 시행하며 새로운 세대를 준비합니다. 그 과정에서 므낫세 자손인 슬로브핫의 딸들이 땅을 기업으로 분배 받게 됩니다. 본문에 대한 대부분의 설교 말씀은 아들 없이 작고한 슬로브핫을 대신하여 딸들이 여호와에게 믿음으로 청하여 기업을 받고 가문에서 아버지의 이름을 유지한 것을 강조하곤 합니다.

그렇다면 슬로브핫의 딸들이 "아버지의 이름을 위하여"라는 주장의 이면에서는 어떤 이야기가 펼쳐지고 있을까요. 민수기 27장 1절의 원문을 보면, "슬로브핫의 딸들이 앞으로 나왔다"는 도전적인 문구로 시작됩니다. 슬로브핫은 말라, 노아, 호글라, 밀가, 디르사라는 이름의 다섯 딸을 두었습니다. 그들의 이름은 민수기에서 세 곳(26:33, 27:1, 36:11), 여호수아에서 한 곳(17:3) 총 네 번에 걸쳐 소개됩니다. 성서에서는 아주 특별한 경우를 제외하고 여성의 이름이 이렇게 반복되어 나타나는 경우는 거의 드문데요, 민수기 저자는 딸들이 땅을 기업으로 분배 받는 사건을 비중 있게 보도합니다. 왜 그랬을까요? 슬로브핫은 기업을 상속할 아들을 남기지 못하고 광야에서 죽게 됩니다. 가부장 사회에서 아버지의 부재는 큰 영향을 미쳤고, 다섯 자매는 가문과 자신들의 미래에 희망이 없을 것이라고 직감합니다. "어찌하여 아들이 없다고 우리 아버지의 이름이 그의 종족 중에서 삭제되겠습니까?" 그들은 현실의 문제에 직면하여 슬로브핫의 이름을 지키고 자신들의 권리가 지속되기를 간절히 바라며 질문합니다.

사실 앞서 민수기 26장에서는 두 번째 인구 조사와 토지 분배 상황을 전합니다. 모든 지파는 계수함을 입은 수대로 조상 지파의 이름을 따라 땅을 기업으로 받게 되는데요(민 26:52~23), 토지 분배는 지파의 경제적 생존뿐만 아니라 이스라엘 가문의 명맥을 유지하는 중요한 지표가 됩니다. 그러니 혈통을 계승할 아들이 없어 토지를 분배받지 못한다는 것은 슬로브핫 가문의 삶의 터전이 사라지고, 동시에 므낫세 지파에서 아버지의 이름이 삭제되는 것을 의미했습니다. 그러니 땅은 이스라엘 백성에게 있어서 단순히 삶의 터전 그 이상이었습니다. 그것은 가문의 생존과 함께 이스라엘 백성을 향한 하나님의 신실하신 약속의 증거이자 자기 정체성의 근거라는 의미를 갖게 됩니다. 이런 이유로 슬로브핫의 다섯 딸들은 가문의 존속과 권리를 찾기 위해 모세와 제사장 엘르아살, 지휘관들과 온 회중 앞에 섭니다.

슬로브핫의 딸들은 가문의 상황을 설명하고 상속법의 부당함에 이의를 제기합니다. "비록 슬로브핫이 광야에서 작고했지만, 여호와를 거스른 고라인과는 달랐으며 다만 아들을 남기지 못 한 것"이라고 말입니다. 모세가 하나님에게 사정을 아뢰니 하나님은 "슬로브핫의 딸들의 말이 옳다. 그들의 아버지가 받을 유산을 딸들에게 돌아가게 하라"고 답변합니다. 이후 이스라엘 자손 중에서 아들이 없이 죽게 된 경우, 유산을 딸에게 상속하되 만일 딸이 없으면 고인의 형제나 친족에게 줄 것을 확정합니다. 이렇게 볼 때 민수기 27장은 이스라엘의 상속 규례를 새롭게 제정하는 사건으로 특정한 상황에 대한 상속법의 형성과정을 설명한 본문입니다. 가부장 제도가 남성에게 특별한 권리와 경제적 이권을 부여한 것이라는 점에서, 그동안 본문은 아버지의 이름을 명예롭게 유지한 용기 있는 딸들의 이야기로 회자되곤 했습니다.

그러나 주목할 것이 있습니다. 첫째, 슬로브핫의 딸들은 약속의 땅 가나안에 입성하기 전에 므낫세 지파에 슬로브핫 가문을 보존하면서 동시에 딸도 아들과 마찬가지로 동동한 자격을 가진 존재라는 점을 주장합니다. 이것은 당시 남성중심적 상속제도의 부당함을 드러내고, 여성도 가문을 계승할 자격 있는 사람이라는 점을 강조한 것입니다.

둘째, 모세를 비롯한 당대 지도부는 남성과 여성을 막론하고 비합리적이거나 부당한 제도에 반론을 제기할 수 있는 최소한의 과정, 자신의 의견을 자유롭게 말할 수 있는 장이 허용되었다는 점입니다. 다섯 딸들은 문제를 해결하기 위해 남성 친족의 입을 빌어 말하지 않았습니다. 그들은 슬로브핫의 딸이자 자신의 이름들을 들고 나와 모세와 하나님 앞에 서서 자기 권리를 요청했습니다. 이들의 항변은 정당했고, 이로써 여성에게 막혀 있던 상속법이 새롭게 제정될 수 있었습니다. 그것은 모세나 지도부의 합의가 아니라 하나님께서 승인하신 것이라는 점이 확증됩니다. 민수기 기자는 딸의 권리가 사람이 아니라 하나님이 보증하셨다는 것을 강조합니다.

셋째, 슬로브핫의 딸들은 자신의 권리를 확증하고 상속 규례를 실천하기 위해, 권리가 인정될 때까지 거듭하여 요청하고 그 뜻을 관철합니다. 여호수아 17장에 따르면, 므낫세 지파는 제비를 뽑아 요단강 서쪽 땅 일부를 나눕니다. 현장에서 다섯 명의 딸들은 소외된 듯 보입니다. 만약 모세 시대에 제정된 규례들이 여호수아 시대에서 그대로 잘 적용되었다면 딸들이 유업을 다시 요청할 일은 없었을 것입니다. 자매는 제비 뽑는 상황에서 제사장과 여호수아에게 자신들이 받을 기업을 다시 상기시켜 주어야만 했습니다.(여호수아 17:1-4) 여성의 상속권이 이미 규례에 명시되었다 해도, 여성은 자신의 권리를 재차 요청해야 하는 상황을 맞게 된 것입니다. 이를 통해 본문은 가나안 땅에서 여성이 어떻게 기업을 받을 수 있었는지를 원인론적으로 설명하고 있습니다. 이스라엘 민족에게 상속법이 새로 제정된 이유를 설명할 필요가 있었던 것입니다.(민수기 27:8-11)

하지만 상속법의 제정과 별개로, 여성이 자신의 권리를 주장하고 실천하는 것은 한 번에 해결된 것은 아니었습니다. 개혁법을 이행하는 과정은 녹록하지 않았습니다. 민수기 36장에 따르면, 이스라엘 사람들은 여성의 상속분에 대해 모세에게 이의를 제기합니다.(민수기 36:3) 상속받은 딸이 다른 지파 남성과 결혼할 경우, 조상 지파의 기업을 잃게 될 것이니 상속받은 여성은 반드시 같은 지파 사람과 결혼해야 한다는 것입니다. 여성에게 상속권은 주었지만, 이스라엘 민족의 자산이 유실되지 않게 결혼제도를 통해 제한해야 했던 것입니다. 그리하여 슬로브핫의 딸들은 혈통 계승을 중시하는 당대 규례를 준수하면서 새로운 상속법에 따라 사촌들과 결혼하여 아버지의 이름을 유지하고 기업을 받게 됩니다.

모두의 권리를 위하여

기업 분배를 둘러싼 상속 과정은 고대 이스라엘이나 오늘날이나 별반 다르지 않습니다. 우리나라도 1990년 상속법이 개정되기 전까지 장자에게 더 많은 상속을 받았고, 아들과 딸의 상속에는 차등을 두었습니다. 심지어 출가한 딸에게는 현저히 적은 상속분은 정당하다고 여겨졌습니다. 그런데 수천 년 전 팔레스타인의 지파 공동체에

새 시대 새 설교

서 딸의 재산 상속이 하나님이 확증하신 규례라고 천명하는 것은 정말 획기적인 사건입니다. 이스라엘 민족이 남성 중심의 사회였지만, 그들은 인간의 생존과 가문의 존속을 위해 합리적이고 실용적 해결책에 동의하고 이를 하나님의 보증이자 규례로 수용했습니다.

이 과정에서 다섯 딸의 이름이 민수기와 여호수아에 걸쳐 네 차례나 반복되고, 상속법이 세 번이나 보도되었다는 사실은, 이 본문이 단지 새로운 상속법을 소개하기 위함은 아니었다는 것입니다. 이것은 상속법을 개혁하고, 남성과 여성의 권리를 정당하게 행사할 수 있는 이스라엘 지파 공동체의 평등의식을 반영하는 것이고, 나아가서는 므낫세 지파에서 여성들이 주도적인 영향력을 발휘한 역사를 기록하기 위함이었을 것으로 추정할 수 있습니다. 딸들의 상속권 투쟁의 이야기는 아버지, 남편, 형제의 부재라는 다반사로 일어나는 당시 삶의 경험에서 여성이 자신의 권리를 찾아가는 과정을 보여주는 것이었습니다. 하나님은 여성들의 질문과 도전을 들으시고 응답하시며 보증하셨다는 것입니다. 이를 통해 사회의 가장 약한 자들의 눈물을 씻기시고, 생존의 위협에서 생명의 안전과 삶의 풍요로 나아갈 수 있는 근거를 만들어 주셨다는 것입니다.

하지만 민수기 27장을 여성의 권리를 찾는 이야기로 축소할 이유는 없습니다. 나의 권리를 지키고 돌보는 과정은 타인의 권리를 지키고 돌보는 과정이라는 점을 상기할 필요가 있습니다. 비근한 예로 19세기 유럽에서는 치열한 여성 참정권을 위한 투쟁의 역사가 있었습니다. 당시 영국에서는 여성 참정권 운동을 이끈 이들을 '서프

러제트'(suffragette)라고 불렸는데요, 이는 참정권을 뜻하는 서프러지 (suffrage)에 여성을 뜻하는 접미사 '-ette'를 붙인 말입니다. 1차 세계 대전이라는 전쟁의 와중에서 여성 참정권 투쟁이 중단되기도 했지만, 결국 1918년 2월 6일 영국 의회는 30세 이상 여성에게 참정권을 부여한 국민투표법을 통과시킵니다.

보수적인 영국 사회에 맞서는 과정에서 여성들은 합법적 과정으로 자신의 권리를 획득하는 것은 불가능하다고 판단하여 과격한 방식의 운동을 감행하였고, 이 과정에서 1000여 명이 넘는 여성들이 수감되거나 폭력에 노출되었습니다. 2차 세계전쟁의 한복판에서 남성과 동등하게 전쟁과 무기 공장에 참여한 여성의 공로를 인정하는 과정에서 영국은 30세 이상의 여성에게 참정권을 부여합니다. 흥미로운 것은 이 결과가 여성만을 위한 운동이 아니라는 것입니다. 1918년 이전 부동산을 소유하지 못한 남성 근로자 역시 투표권이 없었습니다. 다시 말해 여성뿐만 아니라 가난한 남성도 자신의 권리를 주장할 수 없는 사람들, 다시 말해 경제적 취약층은 사회에서 목소리를 낼 수 없는 자들이었고, 권리 없는 자들이었다는 것입니다. 여성 참정권 운동은 참정권이 여성으로 확대되는 과정에서 '모든' 남성에게 투표권을 주는 방향으로 전개됩니다. 누군가의 권리를 위한 운동이 모두의 권리 신장에 기여한 것입니다.

아무리 개인화된 삶이라 해도, 인간은 모두 취약한 존재입니다. 하나님이 만드신 창조된 존재이고, 서로가 서로의 이름을 부르며 관계 맺는 존재들입니다. 예수 그리스도가 하나님과 하나 되심을 버리고 낮은 곳으로 오셔서 죽기까지 자기를 내어 주심으로 하나님 나라를 이루실 수 있었습니다. 바울이 "겸손한 마음으로 자기보다 남을 낫게 여기고, 자기 일을 돌볼뿐더러 또한 다른 사람들의 일을 돌보아 나의 기쁨을 충만하게 하라"(빌립보서 2:4-5)는 권면은 이 땅에서 권리 없는 자들을 돌봄으로 하나님의 공의를 실천하고 그 나라와 의를 구하라는 급진적인 명령이었습니다.

슬로브핫의 딸들이 생계와 가문의 생존을 위해 모세와 제사장 앞에 나가기까지 그들의 한 걸음이 쉽지는 않았습니다. 그러나 그 걸음과 도전을 하나님이 인정하셨고, 모세와 제사장과 그 자리에 있는 사람들이 이를 기꺼이 수용하였습니다. 누군가의 삶을 살리고 권리를 지켜주는 노력이 결국 모두의 안전과 삶을 보장하는 것이라는 것을 알았기 때문입니다. 하나님의 사랑과 선교는 교회 안에 있는 것이 아니라 고통 가운데 있는 피조물, 가난과 아픔 가운데 있는 사람들, 전쟁과 폭력 가운데 있는 세상 한복판에서 일어납니다. 그들이 신음과 질문과 소리를 들어주려는 노력이 구원받은 그리스도인의 책무이자 세상으로 파송 받은 그리스도인의 사랑의 실천입니다.

복음의 마중물

마가복음 1장 29-34절

회당에서 나와 곧 야고보와 요한과 함께 시몬과 안드레의 집에 들어가시니 시몬의 장모가 열병으로 누워 있는지라 사람들이 곧 그 여자에 대하여 예수께 여짜온대 나아가사 그 손을 잡아 일으키시니 열병이 떠나고 여자가 그들에게 수종드니라 저물어 해 질 때에 모든 병자와 귀신 들린 자를 예수께 데려오니 온 동네가 그 문 앞에 모였더라 예수께서 각종 병이 든 많은 사람을 고치시며 많은 귀신을 내쫓으시되 귀신이 자기를 알므로 그 말하는 것을 허락하지 아니하시니라.

삶의 거리두기

전 세계를 휩쓴 코로나19 팬데믹은 우리의 삶을 바꾸어 놓았습니다. 지금은 팬데믹의 광풍이 종식되고 코로나와 함께 사는 것이 익숙하지만, 불과 몇 년 전만 해도 불안의 삶을 살아야 했습니다. 매일 마스크를 쓰고 사회적 거리 두기를 지켰습니다. 식사를 하고 주일 예배를 위해서 백신접종을 확인하는 QR코드가 있어야 입장이 가능했습니다. 인류 문명사에서 최고의 과학 기술 시스템과 의료체계를 갖추고 있음에도 불구하고, 우리는 눈에 보이지도 않는 바이러스조차 통제할 수 없는 상황이었습니다. 인간은 하나님의 대리자이자 청지기로서 피조세계를 지키고 관리하라는 명을 받았습니다. 하지만 인간은 끝없는 욕망으로 다른 사람 앞에서 자신의 우월함을 증명하고자 했고, 물질이나 권력을 최고의 행복으로 삼아왔습니다. 자연은 더불어 살아가는 존재, 서로 돌보는 존재가 아니라 인간의 필요를 위해 언제든 쓰고 버리는 대상, 말 그대로 착취의 대상이었습니다. 기후를 비롯하여 피조세계가 파괴되는 것을 보면서도 피조물의 신음을 외면했습니다.

　기독교인들이 한편으로는 예수 그리스도의 복음과 사랑을 이야기하면서도 다른 한편으로는 나와 내 가족의 안위와 세상의 성공을 우선시하면서 신앙과 욕망을 끊임없이 저울질합니다. 사실, 삶에서 시련과 위기는 할 수만 있다면 피하는 것이 상책입니다. 그러나 누구도 피할 수 없는 지금의 '위기'는 우리 삶의 가치와 세속이 욕망에 안주해 온 우리에게 "이 세상을 다른 방식"으로 보라고 호소하고 있습니다. 사람을 만나고 관계 맺는 생활 방식이나 이 시대 예배와 신앙의 의미, 그리고 사회 곳곳에 있는 취약한 사람들에 대한 관심, 나에게 가치 있다고 여겨지는 것들, 삶의 우선순위 등, 이 모든 것에 대해 거리를 두고 다시 한번 생각하라고 말하고 있습니다.

코로나로 인한 사회적 거리두기가 단순히 나의 안전을 지키기 위한 거리두기가 아니었습니다. 그것은 타인의 안전을 위한 거리두기였고, 그동안 당연하게 여겼던 나의 삶과 우리의 일상이 이제 더 이상 지속가능하지 않다는 깨달음을 주는 거리두기였습니다. 나아가서 그리스도인으로서 우리가 발 딛고 있는 내 삶에 대한 거리두기이기도 했습니다. 여러분은 팬데믹이 주는 거리두기를 통해 무엇을 배우고 깨달으셨습니까?

인간은 일상에서 의미를 발견하고, 위기 앞에 떨리고 두려워도 그 순간조차 다음 단계로 나아가는 도약대로 삼는 존재입니다. 우리는 그렇게 각자의 자리에서 존재의 의미를 찾아가는 사람들입니다. 그렇다면 그리스도인으로서 여러분의 소망과 비전은 어디를 향해 있습니까. 그것은 여러분만이 알고 계실 것입니다. 중요한 것은, 우리의 생각과 삶을 전적으로 변화시키는 위기 앞에서 그리스도인의 소망과 비전이 바로 복음에 닻을 내리고 있어야 한다는 사실입니다. 시류에 몸을 맡기듯, 누구나 욕망하는 대로 욕망하고 즐기는 대로 즐기기보다는, 일단 멈춰 서서 현실을 제대로 보고 선택하며 행동해야 합니다.

위기를 뜻하는 영어 단어 'crisis'는 그리스어 '크리시스'(Krisis)에서 왔습니다. 그리스어의 어원은 '체로 거른다'라는 것으로 "구별하고 선택하여 결정한다"는 의미를 갖습니다. 누가복음 12장 56절은 예수

새 시대 새 설교

님이 이 시대를 분별하지 못하는 사람들을 꾸짖는 장면이 나옵니다. 시대를 분별하여 옳은 것을 스스로 판단하는 것, 이것이 지금 우리에게도 여전히 유효한 말씀입니다.

얼마 전에 프란치스코 교황이 팬데믹 상황에서 저술한 책 *Let us Dream*을 감동 있게 읽었습니다. 우리말 번역으로는《더 나은 미래로 가는 길》이란 제목의 책입니다. 언뜻 생각한다면, 가장 암울한 상황에서 종교가 제 역할을 하지 못하고 모두가 멈춰야 하는 때에 더 나은 미래에 대한 희망을 말하는 것이 '참 순진하다'고 생각할 수도 있습니다. 그러나 프란치스코 교황은 매우 간결하고 분명하게 말합니다. "위험에 있을 때 우리는 행동해야 합니다. 그때 새로운 문이 열립니다." 그는 자본주의 사회에서 갖는 사람들의 무관심과 개인주의, 그리고 이기성에 대해 부드럽지만 단호하게 지적합니다. 우리가 마주하는 이 위기는 다음의 세 부분으로 나누어 설명합니다.

첫째는 현실을 직시하는 것입니다. 거북하더라도 사회의 주변부가 고통받고 있다는 사실을 외면하지 않고 똑바로 봐야 한다는 것입니다. 한 사회가 건강한가를 가늠하는 시금석은 바로 주변부를 살피는 것입니다. 가난하고 소외되고 약한 사람들이 그대로 방치되고 있다면, 그것은 불안전하고 건강하지 못한 사회라는 것입니다.

둘째는 사회에 어떤 힘이 작용하고 있는지를 분별하는 것입니다. 사람들이 추구하는 가치와 방향이 인간의 존엄을 최우선으로 하고 있는지, 혹은 다른 인간이나 생명 있는 존재를 힘으로 억압하거나 착취하지 않는지, 분별하는 것입니다. 대부분 "나는 아니야"라고 생각하실지 모릅니다. 우리는 아무렇지 않게 많이 소비하고, 많이 먹고, 많이 버리면서 살아갑니다. 누구도 이 질문을 피해갈 수 없습니다. 이 시대의 위기가 무엇인지 제대로 분별한다면, 우리는 하나님에게 속한 것을 선택하고 그 반대의 것을 거부하게 된다는 사실입니다.

셋째는 지금까지와는 다르게 행동하는 것입니다. 예수 그리스도는 자신을 낮추고 섬김으로써 구원의 역사를 열어 보이셨습니다. 구원은 하나님이 나를 사랑하셨고, 나를 위해 자신을 내어 주셨다는 것을 의미합니다. 그것은 예수 그리스도의 십자가와 부활이 모든 사람과 생명을 차별 없이 초대하신다는 것이며, 그 부르심에 응한 우리가 "그리스도 안에서, 그리스도와 같이" 그 사랑과 섬김에 동참한다는 것을 뜻합니다. 따라서 새로운 미래를 발견하고 싶다면 우리는 주변부로 가야 합니다. 하나님이 그러하셨듯이, 죄와 고난, 배척과 고통, 질병과 외로움이 있는 곳에 은총이 가득하고, 무한한 가능성으로 충만하다고 본문은 말합니다.

프란치스코 교황은 지금이야말로 현실을 직시하고 하나님의 뜻을 분별하고 선택해야 하는 시간이라고 합니다. 그리고 선택은 연대와 섬김으로 나타납니다. 인간의 존엄성과 하나님의 창조세계를 향한 우리의 노력과 행보는 순진한 꿈이 아닙니다. 더 나은 미래로 가는 길입니다. 무한 경쟁에서 낙담하고 실패한 사람들, 마음의 평화를 잃은 젊은이들, 불평등, 기후위기, 가난을 넘어 하나님 나라를 실천해가는 가능성의 토대. 바로 이 시대 우리가 바라고 지향해야 하는 복음의 의미와 실천을 재해석한 것이라 생각합니다.

복음을 향한 섬김

점차 그리스도인이 감소하고 특정 제도 종교를 거부하는 시대입니다. 그런데 이러한 시대이기 때문에 진정한 복음의 역할, 즉 사랑의 토대 위에서 생명과 평화 그리고 정의라는 푯대를 향해 가는 복음이 더욱 절실한 때이기도 합니다. 이런 의미에서 한국 교회는 한국 근현대사에서 일찍이 여성과 남성이 동등하게 하나님의 부르심을 받아 복음과 선교 사역에서 그 책임을 감당해왔습니다. 하나님의 사랑과 구원이 이 세상에서 활동하실 수 있게 말입니다. 특별히 복음을 향한 여성들의 섬김과 신앙의 경험은 마가복음에서 적확하게 증언하고 있습니다.

오늘 읽은 마가복음 1장 29-34절은 성경에서 "많은 사람들을 고치시다"는 제목으로 소개되어 있습니다. 그런데 저는 이 본문을 여성의 섬김과 헌신이라는 점에서 예수님의 첫 번째 여성 제자직을 수행한 베드로 장모 이야기로 보고자 합니다. 이 사건은 마태복음(8:14-17)과 누가복음(4:38-41)에서 모두 기록되었습니다. 사실 그간 교회는 이 사건에 크게 주목하지는 않았고, 신학적으로 큰 흥미를 끌지도 못했습니다. 다만 마가만이 이 사건을 복음서의 1장에 두고 예수님이 행하신 처음의 치유 사건으로 보도합니다.

사실 마가복음에는 그리스도의 탄생 이야기나 장엄한 시작에 대한 예고조차 없습니다. 1장 1절은 "하나님의 아들 예수 그리스도의 복음의 시작"이라고 매우 간명하게 소개합니다. 곧이어 ① 세례를 받은 예수님은 시몬과 안드레, 야고보와 요한을 제자로 부르시고, ② 회당에서 사람들을 가르치며 더러운 귀신을 쫓습니다. 헬라어로 '쉬나고게'(συναγωγή)라 불리는 회당은 주로 사람들이 예배하고 율법을 읽고 해석하는 종교적 기능과 교육적 기능을 담당하는 공간입니다. 하지만 때로는 마을의 중요한 사안을 논의하고 해결하는 사회적이고 정치적인 공간이기도 했습니다. 그곳에서 예수님은 하나님 나라에 대한 새로운 해석으로 사람들을 가르치고, 그날 오후 시몬 베드로와 안드레의 집에 들어갑니다. 마침 베드로의 장모가 심한 열병으로 누운 것을 보고 사람들이 예수에게 그 병에 대해 고합니다. 그러자 예수님은 즉시 그녀의 손을 잡아 일으켰습니다.

공관복음서는 동일한 사건을 조금은 달리 기록합니다. 누가는 예수가 장모의 병을 꾸짖어 떠나게 했다고 보도하고, 마태와 마가는 그가 장모의 손을 잡아 일으켰다고 보도합니다. 유대 사회의 관행상 남자가 병든 여인을 직접 만지며 치유하는 행위는 일반적이지 않습니다. 그럼에도 예수는 그의 손을 잡아 일으켰습니다. 그런데 베드로의 장모가 보여 준 행동 역시 관습적이지는 않습니다. 여성은 가정이라는 사적 공간에 머물며 남성의 보호 아래 있어야 했습니다. 게다가 그녀는 오랜 기간 병석에 있던 것으로 생각되는데, 그런 그녀가 병치레에 대한 정결의식도 없이 일어나 예수와 제자들을 '수종 들었다'라는 보도도 통상적인 일은 아니었습니다.

여기서 '수종들다'라는 동사는 표준새번역에는 '시중들다'로 번역되었습니다. 이 단어는 헬라어로 '디아코네오'(διακονέω)로 공관복음

새 시대 새 설교

서에서 마귀에게 시험받은 후 천사가 예수를 돌볼 때(마태복음 4:11, 마가복음 1:13), 인자의 섬김을 언급할 때(마태복음 20:28, 마가복음 10:45, 누가복음 22:26, 27), 그리고 여성이 예수를 따르며 섬길 때(마태복음 27:55, 마가복음 15:41, 누가복음 8:3, 요한복음 12:2) 여러 차례 사용됩니다.

서신서에서는 사도의 자세나 집사의 직분을 나타낼 때도 사용되었습니다. 동일한 단어가 번역되는 과정에서 천사나 여성일 때에는 '수종 들다'라고 번역되지만, 예수에게는 '섬기다'라는 뜻으로 번역됩니다. 이는 원문과는 달리 사회적 관습에 기대어 교회 내 여성의 지위와 역할을 격하시킨 것으로 보입니다. 하지만 여성의 섬김은 천사가 하나님의 명을 받아서 하는 행위 그리고 인자 예수가 행하는 섬김과 동일한 맥락에서 수행된 행위입니다. 그렇다면, 병 고침을 받은 베드로의 장모는 예수님의 치유에 응답하여 하나님의 아들, 예수 그리스도의 낮아지심과 섬김을 몸소 보여준 첫 번째 인물이었습니다. 만약 그녀가 교회 조직과 관련되었다면, 최초의 집사라고도 부를 수 있을 것입니다.

그런데 흥미로운 것은, 예수 옆에서 그토록 오랫동안 가르침을 받았던 열두 제자는 복음서에서 섬김을 나타내는 행위가 구체적으로 보도되지 않았다는 것입니다. 아이러니하게도 '디아코네오'라는 단어는 남성 제자에게 사용되지 않았습니다. 물론 베드로의 장모의 섬김에 대해 "가부장적 사회 구조에서 여성들이 마땅히 행할 가사 노동으로 봐야 하는가" 아니면 "돌봄의 리더십을 보여 주신 예수의 섬김과 같은 선상에서 봐야 하는가"에 대해서는 의견이 나뉘기도 합니다.

사도행전 6장 1-6절에 따르면 마치 말씀 선포와 식사 봉사라는 섬김인 '디아코니아'(διακονία) 사이에 위계적 차이가 있는 것처럼 보입니다. 마치 남성의 일과 여성의 일이 다르고, 권위자의 직무와 일반 교인의 직무가 구별되어 위계적 질서가 있는 것처럼 말입니다. 그러나 본문은 식사 봉사를 한 이들이 말씀 선포에 참여한 이들이었다는 점에서 그 둘을 분리하여 볼 필요는 없다는 것입니다. 다시 마가의 본문으로 돌아가 치유 받은 베드로의 장모는 당시 사회 제도적 관습을 넘어 자신이 행할 수 있는 최선의 감사 표현으로, 거리낌 없이 자발적으로 예수와 제자들을 돌보고 섬겼다는 것입니다. 천사가 시험을 마치고 지친 예수를 거두고 섬긴 것처럼, 이름조차 언급되지 않는 이 여인은 병석에서 일어나자마자 예수와 그 일행을 기꺼이 섬겼습니다.

복음의 마중물

치유사건은 그것으로 일단락될 수 있을 것입니다. 그런데 본문은 그날 저녁 그 집은 마을의 병자와 귀신 들린 자들로 가득했다고 보도합니다. 이들은 그 집 문 앞에 와서 예수에게 치유를 받습니다. 우리가 행간을 통해 유추할 수 있는 것은 베드로의 장모가 행한 섬김이야말로 다른 병자들에게 또 다른 치유의 마중물이 되었다는 사실입니다. 일반적으로 치유 기적 사건은 예수님의 신성함을 묘사하거나 감사 인사로 끝이 나는 데 반해, 베드로 장모의 치유사건은 모든 병자들을 위한 치유, 나아가서 이 사회의 가장 주변부에서 고통받는 이들이 나오는 것으로 끝이 납니다. 육적 고통과 심적 고난 그리고 사회적 소외를 겪는 이들이 복음을 접하고 몸이 회복되는 사건을 통해 복음이 시작되었다는 것입니다.

아마도 마가가 베드로의 장모의 치유 사건을 복음서에 가장 먼저 기록한 것은 이 사회의 취약한 곳에 복음이 가 닿는 놀라운 역사를 경험했기 때문이 아닐까 생각합니다. 이에 대해 엘리자베스 피오렌자와 같은 여성신학자는 예수를 만난 여성들의 섬김은 남성 제자들의 활동과 동등한 것으로 보았고 그들 역시 예수의 제자들이라고 말합니다. 그렇다면 베드로의 장모는 첫 번째 여성 제자일 것입니다. 예수를 만나 치유 받은 나이 지긋한 여성은 자신의 집 앞에서 많은 이들이 치유 받고 돌아가는 것을 보면서 무엇을 경험했을까요? 바로 예수가 말한 하나님 나라의 선취, 복음의 역사가 실현되는 기쁨과 감동을 경험하지 않았을까요? 누구도 돌보지 않았던 이들, 고통 속에 버려진 이들, 소외된 이들이 육의 치유와 정신적 평안을 얻고 돌아가는 것을 보면서, 여인의 섬김은 그날 하루의 사건으로 끝나지 않았을 것입니다. 진정한 복음은 가장 낮은 곳, 어두운 곳, 여성의 섬김에서 시작되었을 것입니다.

우리가 현실에서 무엇을 보는가에 따라 우리의 미래가 달라집니다. 팬데믹이라는 어두운 터널, 예상치 못한 삶의 실패와 절망을 지나면서 우리가 지금의 현실을, 왜곡된 신앙의 모습을, 인간의 존엄성이 무너져 가는 사회를 직시하지 못한다면 우리는 변하지 못할 것입니다. 하나님은 지금 우리에게 무엇을 바라보고 선택하고 행동할 것인가를 묻고 계십니다. 초대교회에서 예수 곁에서 바울과 함께 여성들이 이름도 없이 빛도 없이 교회를 세울 수 있었던 것은 예수라는 복음에 대한 기대와 희망을 발견했기 때문입니다. 그들은 의미없는 일상에 예수 그리스도라는 의미를 발견하면서 섬김을 실천하는 순간, 시대의 끝에서 복음의 빛이 사람을 살리고 미래를 꿈꿀 수 있다는 벅찬 희망을 가졌기 때문입니다. 한국 기독교의 시작에서도, 지금 우리가 사는 시대에서도 마찬가지입니다.

그리스도가 보여준 사랑과 구원은 빛이 된 시대의 풍요와 안락을 가리키지 않았습니다. 기도하고 성찰하면서 어두운 시대를 분별하고, 자기를 비움으로써 나의 구원이 다른 이의 구원과 맞닿아 있음을 보이셨습니다. 복음은 가장 낮고 가장 어두운 곳에서 이뤄지는 가능성이자 시작입니다. 우리의 미래는 복음을 꿈꾸는 자들이 무엇을 보고 선택하며 행동하는가에 달려 있습니다. 여러분은 지금 이 자리에서 어떠한 희망을 보고 걸어가고 계십니까? 어떤 희망으로 내 삶을 추동해 내고 계십니까? 여성들이 보여 준 섬김의 자세와 고통받는 이들에 대한 관심 그리고 구원을 위한 연대는 복음의 마중물입니다. 이 시대에 교회를 건져내는 희망의 빛입니다. 그것은 자기를 내어 주신 예수 그리스도가 걸었던 고귀한 걸음이고 우리가 걸어가야 하는 돌봄과 섬김의 구원입니다. 그리스도가 보여준 사랑의 구원의 빛을

새 시대 새 설교

경험한 사람은 신앙과 욕망 사이에서 저울질하지 않습니다. 피조세계가 무너져 가는 것에 대해 무관심하거나 외면하지 않습니다. 나의 삶에 하나님이 개입하시듯이 이웃과 창조세계 가운데 개입하시는 하나님의 역사를 믿으며 복음의 마중물이 되는 것을 기뻐합니다. 구원은 그렇게 함께 이루어 가는 것입니다.

2022년 1월 16일 효동교회 설교

제자 다비다와 돌봄의 공동체:
초대교회를 일으킨 여성들

사도행전 9장 36-42절

그런데 욥바에 다비다라는 여제자가 있었다. 그 이름은 그리스 말로 번역하면 도르가인데, 이 여자는 착한 일과 구제 사업을 많이 하는 사람이었다. 이 무렵에 이 여자가 병이 들어서 죽었다. 그래서 사람들이 그의 시신을 씻어서 다락방에 두었다. 룻다는 욥바에서 가까운 곳이다. 제자들이 베드로가 룻다에 있다는 말을 듣고, 두 사람을 그에게로 보내서, 지체하지 말고 와 달라고 간청하였다. 그래서 베드로는 일어나서, 심부름꾼과 함께 갔다. 베드로가 그 곳에 이르니, 사람들이 그를 다락방으로 데리고 올라갔다. 과부들이 모두 베드로 곁에 서서 울며, 도르가가 그들과 같이 지낼 때에 만들어 둔 속옷과 겉옷을 다 내보여 주었다. 베드로는 모든 사람을 바깥으로 내보내고 나서, 무릎을 꿇고 기도를 하였다. 그리고 시신 쪽으로 몸을 돌려서 "다비다, 일어나시오!" 하고 말하였다. 그 여자는 눈을 떠서 베드로를 보고, 일어나서 앉았다. 베드로가 손을 내밀어서, 그 여자를 일으켜 세웠다. 그리고 성도들과 과부들을 불러서, 그 여자가 살아 있음을 보여 주었다. 그 일이 온 욥바에 알려지니, 많은 사람이 주를 믿게 되었다.

우리들의 블루스

2022년 tvN에서 〈우리들의 블루스〉라는 드라마가 방영되었습니다. 작가는 "이 드라마는 인생의 끝자락 혹은 절정, 시작에 서 있는 모든 삶에 대한 응원이다"라고 말하며, 제주의 '푸릉'이라는 가상의 마을에서 일어나는 다양한 삶의 이야기를 옴니버스 형식으로 보여 주었습니다. 사실 우리가 하나님에게 구원받아 은혜로운 삶을 산다 해도, 매일 감사하고 찬양하며 산다 해도, 일상은 한없이 권태롭거나 버겁고 때로는 힘겨울 때가 더 많습니다. 그래서 하나님이 이러한 우리에게 찾아오시는 것이 은혜이고 축복이라 고백할 수 있을 것입니다. 아마도 이 드라마는 하나님 없이 사는 삶이 축복이 아니라 해도, 지금 이 순간 살아 있는 것만으로 응원 받아 마땅하고, 행복해야 마땅하다고, 그러니 모든 이들이여 제발 "행복하라"고 명령하고 있는 것 같습니다.

현자들은 삶이 불행으로 치달을수록, 척박하고 고될수록, 오히려 고고한 꽃 한 송이 마음에 품으라 말하지 않던가요? 〈우리들의 블루스)는 평생 남의 집 후처로 아들과 담쌓고 살다 늘그막에 말기 암 환자가 된 옥동(김혜자)과 평생 그런 엄마를 보며 분노와 상처로 비뚤어진 떠돌이 만물상 동석(이병헌)의 마지막 여행기를 그려 내는가 하면, 현대판 로미오와 줄리엣이 된 고등학생 영주와 현의 풋내와 짠내가 가득한 임신과 출산 이야기를 눈물겹게 그리기도 합니다. 또는 남편과 세 아들을 제주 바다에 먼저 보내고, 하나 남은 막내아들조차 교통사고로 보내야 하는 춘희(고두심)의 박복한 인생 여정이나, 비린내 뒤집어쓰고 생선 팔아 동생들 뒷바라지하며 씩씩하게 사는 노처녀 은희(이정은)의 실패투성이 로맨스를 그리기도 합니다. 하지만 어느 구석에서도 놀라운 반전이나 해피엔딩, 또는 그럴듯한 보상이 기다리고 있지는 않습니다. 우리 삶이 그렇듯 말입니다.

그저 애잔하고 억척스럽고 상처투성이인 인간들이 서로 부둥켜안고, 서로 악다구니 쓰며, 서로에 대한 애증과 미움 속에서도, 그저 숨 쉬고 있으니 살아 내라고, 그게 인생이라고 말하는 듯합니다. 아마도 생의 기쁨은 바로 그 척박하고 메마른 곳에서 비집고 나온다고 말하는 것 같습니다. 그런데 신기하게도 이렇게 안쓰럽고, 억척스럽고, 이해할 수 없는 삶인데도, 보는 이들은 어느새 드라마에 몰입하여 같이 울고, 같이 웃으며 그들의 이웃이 되어 가는 자신을 발견하게 됩니다. 그 속에는 너무나 따뜻하고, 너무나 공감되고, 가슴 뭉클한 재미와 감동을 경험하게 됩니다. 거기에는 인간-다움이 살아 있습니다. 나-다움이 아니라 우리-다움이 있습니다. 오로지 나를 위한 생활이 아니라 갈등하고 상처받아도 나를 내어 주며 포기해도 너를 위한 삶

새 시대 새 설교

이 있고, 우리를 위한 마을과 공동체가 있다는 것을 알게 됩니다. 그게 가족이고 이웃이라고 말합니다. "우리가 있으니, 힘내어 살아가자." 이렇게 말하는 듯합니다.

제자 다비다

오늘 읽은 사도행전 9장 다비다의 이야기에서도 이러한 아름다운 공동체의 이야기를 엿볼 수 있습니다. 욥바, 예루살렘에서 북서쪽으로 56km 떨어진 곳에 위치한 아름다운 항구 도시, 그곳에 다비다라는 이름의 여인이 있었습니다. 그녀의 헬라어 이름은 도르가. 누가는 여인의 이름을 상세히 소개하면서 이 사건을 유대인과 헬라인에게 설명합니다. 아마도 다비다가 꽤 이름난 여인이기에 설명할 필요가 있을 수도 있겠지요. 사실 다비다와 도르가는 모두 사슴 혹은 영양(Gazelle)이라는 뜻입니다. 구약성경에서 '암사슴이 시냇물을 그리워하듯이'(시편 42:1)라는 표현에 착안하여, 학자들은 그녀의 이름과 삶의 터전을 근거로 다비다를 구원받아 개종한 여인이라고 생각합니다.

또한 그녀에게는 누군가의 아내나 어머니 혹은 딸이라는 수식어가 없는 것으로 보아 과부일 것으로 추정하기도 합니다. 사실 과부는 '없는 사람'이라는 의미로 남편과 사별하여 홀로 있는 여인을 생각하는데요, 당시에는 보다 넓은 의미에서 과부를 생각해 볼 수 있습니다. 사별 이외에도 이혼을 했거나 아버지의 보호 없이 결혼하지 않은 여성이나 전쟁이나 여러 이유로 오랫동안 홀로 지낸 여성도 과부로 여겼다고 합니다. 그들은 남성의 보호나 지지를 받지 못한다는 점에서 자선의 대상이었지만, 모든 과부가 경제적으로 어려운 것은 아니었습니다. 다비다가 나름 경제 활동을 하면서 선행과 구제를 하는 여인으로 나타나는 것만 봐도 알 수 있습니다.

그런데 다비다가 병들어 죽자 도움을 받았던 과부들은 애통하며 베드로에게 그녀가 지어준 속옷과 겉옷을 보여 줍니다. 이 장면은 다비다가 재단사가 아닐까도 생각하게 합니다. 물론 그녀의 실제 직업과 계급에 대해서는 아무도 모릅니다. 그럼에도 다비다는 여제자(마쎄트리아, μαθήτρια)로 언급될 정도로 신앙을 갖고 선행과 구제에 힘쓴 것은 분명합니다. 그녀는 교회와 지역 공동체에서 과부와 가난한 사람을 돌볼 만큼 경제적으로 여유 있고 하나님과 다른 이들에게 헌신적인 사람이었습니다. 많은 사람이 다비다가 행한 신앙과 사랑에 의지했고, 그녀는 교회 공동체에서 존경과 사랑을 받았던 것 같습니다.

그런데 누가가 사도행전 9장을 기록하면서 강조하고 싶었던 것은 다비다의 행적은 아니었습니다. 그보다는 이적 사건들을 통해 당시 이방 선교가 얼마나 활발했는지를 보여 주는 것이었습니다. 그것은 본문의 위치, 즉 애니아의 중풍 병을 치유하고(사도행전 9:32-35), 죽은 다비다를 일으켰던 사도 베드로의 행적과 사람들의 믿음의 고백에서 확인됩니다. 다소 상세하게 묘사된 다비다 사건은 누가복음에 있는 회당장의 딸 야이로를 살리는 사건(누가복음 8:49~56)과 유사한 구조로 진행됩니다. 죽음에서 일어난 다비다는 한마디 말도 하지 않고, 베드로의 행위와 성도의 놀람과 고백이 강조되고 있습니다. 누가는 이러한 서술을 통해 예수 그리스도가 죽은 자를 살린 것처럼 성령의 권능을 받은 베드로가 예수의 사역을 계승하고, 이를 통해 구원과 복음이 유대인과 이방인에게 전파되었다는 점을 강조하고 싶었을 것입니다.

그러나 우리는 누가의 시선이 아니라 사건을 가득 채운 여성들의 이야기에 주목할 필요가 있습니다. 특히 눈여겨볼 것은 제자 다비다입니다. 사도행전은 바울 서신에 비해 여성의 역할과 활동을 제한적으로 보도하거나 익명으로 처리하는 경향이 있습니다. 그럼에도 불구하고 다비다의 사건은 구체적이고 상세합니다. 그녀의 부활은 초대교회에서는 놀라운 이적과 구원 사건을 의미하겠지만, 생전에 그녀의 활동과 위치가 교회 공동체뿐만 아니라 지역 공동체에 널리 알려졌다는 것을 시사하기도 합니다. 당시 지중해 사회에서 공적 영역과 사적 영역에서 성 역할이 구별되었다 해도 다비다와 같은 여성 지도자들의 행적을 확인할 수 있습니다. 가령 고대 유대 회당에 있는 비문에는 재정 후원자 명단이 새겨져 있습니다. 그 중에는 종종 여성의 이름이 발견되기도 합니다. 심지어 여성 회당장이나 여성 원로원에 대한 언급도 있습니다. 이렇게 볼 때 다비다 역시 욥바에서는 초대교회의 재정 후원자이자 혹은 지도력을 가진 인물로 사람들의 신망을 얻은 여인이라고 추정할 수도 있습니다.

그렇지만 누가는 신약성경에서 유일하게 '제자'로 불린 다비다의 활동을 선행과 구제라는 한정적 표현으로 서술합니다. 그는 사도행전에서 남성 제자의 직무에서는 섬김을 의미하는 '디아코네오'(διακονία, 사도행전 6:1)를 사용한 반면, 다비다에게는 문자 그대로 선한 일을 의미하는 '아가손 에르곤'(ἀγαθῶν ἔργων, good works)을 사용합니다. 그녀는 과부에게 옷을 지어주며 선한 일과 자선을 베풀었습니다. 그러나 이러한 이유로 제자의 칭호를 받지는 않았을 것입니다. 그것은 주변의 과부들도 할 수 있는 일이기 때문입니다. 다비다에게 붙여진 '제자'라는 칭호, 그녀의 부고 소식에 베드로가 즉시 달려왔다는 사실, 모든 과부들의 애도와 그녀의 업적에 경의를 표한 점 등을 미뤄 짐작한다면, 지역 공동체 혹은 적어도 교회 공동체에서 다비다의 영향력은 결코 작지 않았을 것입니다. 그녀는 자신의 지위와 능력 그리고 재정적 지원을 통해 가난한 과부와 어려운 사람들을 구제했고 이를 통해 복음을 실천한 사람이었을 것입니다.

누가는 다비다에게 최초로 제자라는 칭호를 부여하여 설명했지만, 그만큼 다비다는 제자였다는 것이 널리 알려졌을 테지요. 그런데 여성에게는 '섬김'이라는 제자직의 의미보다는 '선행과 구제'라는 행위에 초점을 둠으로써 여성 제자나 여성 지도자보다는 교회 내 여성의 역할을 강조하는 것으로 보입니다. 이는 교회가 제도화되는 과정에서 여성에게 주어지는 역할과 상응합니다. 하지만 초대교회에서 과부는 단순히 여성의 결혼 상태를 나타내는 용어가 아닙니다. 디모데전서에 따르면, 과부는 특정 임무와 기능을 담당한 직제였음을 상기할 필요가 있습니다.(디모데전서 5:3-10) 목회서신과 4세기 〈사도 규정〉에서 과부는 남성의 보호와 지지를 받지 않는 60세 이상의 홀로된 원숙한 자로서 경제적 지원을 받으며 젊은 여인을 교육하고 권고와 위로의

새 시대 새 설교

목회적 의무를 행하는 자들이라고 규정합니다. 초대 교부 폴리캅이 필라델피아 교회에 보내는 서신에서 과부는 집사, 동정, 장로와 같은 직제로 소개하면서 과부를 "하나님의 제단"(an altar of God)에 비유하기도 합니다. 당시 초대교회에는 과부를 위한 특별석이 있을 정도로 과부는 존경 받고 영예로운 자리였습니다.

이후 교회 역사에서 과부의 역할이 집사의 역할로 넘어갔습니다만, 우리는 다비다를 통해 초대교회에서 활동한 여성의 모습을 추적해 볼 수 있습니다. 교회 공동체에서 신망 받는 지도자로서 구제와 선행이라는 목회를 수행하고, 가난하고 어려운 이들을 보살피는 성직자이자 예수를 따르는 제자의 삶을 감당한 사람들이 초대교회의 여성들이었다는 사실입니다. 특별히 신약성서 최초로 제자 칭호를 받은 다비다는 교회와 지역 사회에서 여성들의 삶의 공동체를 복음으로 이끌고 돌보았던 여성이었습니다. 과부들과 생계를 이어가며 '우리가 있으니 너도 함께 살아'라는 이야기를 삶으로 살아 냈을 것입니다.

여성 중심의 돌봄 공동체

드라마 〈우리들의 블루스〉에는 주인공이 없습니다. 두 남녀 주인공의 애틋한 사랑이 극을 주도하거나, 특별한 능력의 소유자가 해결사로 등장하는 것도 아니고, 비운의 주인공이 역경을 넘어 성공을 이뤄 내는 것으로 끝나지도 않습니다. 마을 사람 모두가 주인공이고, 그들의 삶이 우리가 경험하는 삶의 단면들입니다. 이렇게 마을 이야기는 하나의 동심원을 그리며 수평적 관계로 이어지고 돌봄의 공동체를 이뤄 갑니다. 극 중 다섯 살 꼬마 기소유가 제주도 할머니 집에 맡겨집니다. 아빠가 교통사고로 생사를 넘나들며 중환자실에 있기 때문입니다. 간만에 할머니 집에 온 손녀 딸은 시장통에 있는 할머니 친구들, 아빠의 옛 친구들의 귀여움을 독차지합니다. 시장으로, 해변으로, 마을 골목을 실컷 뛰어놀아도 즐겁고 안전합니다. 그들이 나의 할머니고, 나의 삼촌들이고 이모이기 때문입니다. 모랫가에서 실컷 놀다 "아무나 보고 만수 똘(딸)이라 해라, 그럼 느그 집에 데려다 준다." 모두가 가족이 되고 친척이 되어 아이를 돌보는 것이 자연스러운 풍경, 아마 오래전 우리도 마을 문화가 있고, 동네 정이 살아 있었을 그때도 그랬겠지요.

초대교회의 시작도 그러했습니다. 가정에 모여 예배를 드리고 함께 식사하며 누구 집에 우환이 없는지 살피며 말입니다. 그래서인지 유독 사도 바울의 편지에는 집(가정, 가족)과 관련된 말이 많이 등장합니다. 집은 헬라어 '오이코스'(οἶκος)로 거주 공간으로서의 '집'과 사회적 관계로서의 '가정'이라는 의미를 모두 포함합니다. 이때 오이코스의 개념은 우리가 생각하는 가족의 개념보다 훨씬 큽니다. 그것은 혈족으로 구성된 직계 가족 이외에도 친척과 노예, 자유인들과 고용인들, 소작인들까지 포함하는 개념으로도 사용되었습니다. 성경에서 '믿음의 가정들'(갈라디아서 6:10) 혹은 '하나님의 집'(디모데전서 3:15)이

새 시대 새 설교

라는 표현에서 알 수 있듯이, 바울의 교회는 성전이나 회당이 아니라 가정을 중심으로 세워졌습니다. 가정에서 복음을 전하고 예배하며 그리스도인의 가르침과 삶의 태도에 대해 배웠습니다.

가정이라는 공간적 특성으로 인해 가부장제 사회의 남성 중심적 지배 문화, 즉 가장의 권위와 질서, 구성원들의 사회적 책임과 관계성이 교회 생활에 그대로 반영되기도 했습니다. 하지만, 역으로 여성들이 가정교회의 지도자와 동역자로 활동할 수 있는 계기를 형성하기도 했습니다. 가정을 교회로 제공하고, 경제적 후원과 지원을 통해 여성은 바울 선교의 중요한 동역자이자 지도자로 등장하기도 했으니 말입니다. 특히 오늘 다비다의 이야기처럼 경제적으로 심리적으로 의지할 곳이 없는 여성들이 서로가 서로를 돌보며 생계를 이어가며 공동체를 만들어 간 것입니다. 초대교회에서 여성들은 교회의 식사나 취약한 자를 돌보는 일을 포함하여 구제와 선교 그리고 여성 교육과 양육이라는 적극적이고 포괄적 방식으로 진행되었습니다. 그리스도의 사랑으로 자신을 일깨우는 여성의 자기 인식, 삶을 스스로 가꾸고 일으키며 나의 돌봄을 넘어 너의 돌봄으로 이어지는 돌봄의 연대를 만들어 가는 삶, 이러한 공동체가 초대교회를 이끌었던 것입니다.

다비다가 다락방에 홀로 누웠을 때, 과부들은 베드로에게 가서 그녀가 만든 속옷과 겉옷을 보여 주며 깊은 애도를 표합니다. 베드로는 과부들의 증언을 통해 살아생전 다비다의 행적과 신실한 믿음을 들으며 욥바의 뜨거운 그리스도의 살아계심과 복음의 현장을 경험했을 것입니다. 본문은 성령의 역사가 베드로에게만 임한 것이 아니라, 이미 욥바의 여성들의 삶 속에 임하고 있음을 보여 주고 있습니다. 그것은 서로를 살리고 기쁨으로 삶을 영위할 수 있는 삶의 공동체, 서로 돌봄으로 생명을 살리는 공동체의 모습입니다. 이를 증명하듯 다비다는 일어나고, 더 많은 이들이 믿음을 갖는 계기가 됩니다.

기적의 사역은 초대교회의 전유물은 아닙니다. 복음을 받아들이고, 주변으로 밀려났던 이들이 모두가 삶의 주인공이 되어 서로를 살리는 가운데 이루어 가는 순간, 삶의 새로운 희망의 이야기가 시작되기 때문입니다. 초대교회는 그렇게 아무것도 아닌 이들이 자신을 내어주며 내 옆에 있는 이를 돌보며 삶을 이어갔기에 복음의 기적이 이어진 것입니다.

우리 주변에도 여전히 내몰린 이들이 많습니다. 실업과 취업 실패로 경제적 어려움에 처한 이들, 가족을 잃고 상심한 이들, 오랜 시간 마음의 병을 안고 살아가는 이들, 미래에 대한 불안과 생의 불안정성으로 고통받는 이들이 우리 공동체에 있습니다. 믿음이 고통의 마취제나 도피처가 아니라 고통을 마주하고 삶을 일구어 가는 힘이 되기 위해서는 혼자가 아니라 공동체의 연대와 믿음의 돌봄이 필요합니다. 욥바라는 항구 도시는 아름다운 곳이었지만 다시 말해 기회가 많은 만큼 삶의 역경이나 유혹도 많은 곳이었을 것입니다. 그곳에서 복음의 토대 위에 안전한 항해를 할 수 있었던 것은 다비다와 과부들이 서로를 믿고 지지했던 믿음의 공동체가 있었기 때문입니다. 그들 모두가 예수의 제자들이었습니다.

이은경

감리교신학대학교 학술연구교수

교회 안과 밖에서 이루어지는 신앙교육과 종교교육 그리고 예전에 관심하며 기독교교육의 길에 들어섰다. 최근에는 오늘날과 같은 포스트휴머니즘 시대, 과학기술 시대에 신앙은 무엇이며, 인간은 무엇인지 그리고 포스트휴먼에게도 교육은 여전히 필요한지에 대해 고민하면서, 기후위기 시대 생태교육에도 관심하고 있다. 감리교신학대학교와 동 대학원을 졸업하고, 독일 로이틀링엔 감리교신학교를 거쳐 튀빙엔대학교에서 교육학 박사 학위(Dr. rer. soc.)를 받았다. 지금은 감리교신학대학교 학술연구교수로 있으면서, 감리교생태목회연구소 소장을 맡고 있다.

공저로 《포스트휴머니즘과 교육학》 《생태사물신학》 《기술신학》 《흩어진 MZ세대와 접속하는 교회》 《기후 위기, 한국교회에 묻는다》 《철학, 중독을 이야기하다》 《교육사상가의 삶과 사랑-서양편 2》 *Suffering and Evil in Nature* 외 다수가 있으며 《영성심리학》을 번역하였다.

하나님의 사자, 의심

요한복음 20장 19-31절

그날, 곧 주간의 첫날 저녁에, 제자들은 유대 사람들이 무서워서, 문을 모두 닫아걸고 있었다. 그때에 예수께서 와서, 그들 가운데로 들어서서서, "너희에게 평화가 있기를!" 하고 인사말을 하셨다. 이 말씀을 하시고 나서, 두 손과 옆구리를 그들에게 보여 주셨다. 제자들은 주님을 보고 기뻐하였다. 예수께서 다시 그들에게 말씀하셨다. "너희에게 평화가 있기를 빈다. 아버지께서 나를 보내신 것 같이, 나도 너희를 보낸다." 이렇게 말씀하신 다음에, 그들에게 숨을 불어넣으시고 말씀하셨다. "성령을 받아라. 너희가 누구의 죄든지 용서해 주면, 그 죄가 용서될 것이요, 용서해 주지 않으면, 그대로 남아 있을 것이다." 열두 제자 가운데 하나로서 쌍둥이라고 불리는 도마는, 예수께서 오셨을 때에 그들과 함께 있지 않았다. 다른 제자들이 그에게 "우리는 주님을 보았소" 하고 말하였으나, 도마는 그들에게 "나는 내 눈으로 그의 손에 있는 못 자국을 보고, 내 손가락을 그 못 자국에 넣어 보고, 또 내 손을 그의 옆구리에 넣어 보지 않고서는 믿지 못하겠소!"하고 말하였다. 여드레 뒤에 제자들이 다시 집 안에 모여 있었는데 도마도 함께 있었다. 문이 잠겨 있었으나, 예수께서 와서 그들 가운데로 들어서서 "너희에게 평화가 있기를!"하고 인사말을 하셨다. 그리고 나서 도마에게 말씀하셨다. "네 손가락을 이리 내밀어서 내 손을 만져 보고, 네 손을 내 옆구리에 넣어 보아라. 그래서 의심을 떨쳐버리고 믿음을 가져라." 도마가 예수께 대답하기를 "나의 주님, 나의 하나님!" 하니, 예수께서 도마에게 말씀하셨다. "너는 나를 보았기 때문에 믿느냐? 나를 보지 않고도 믿는 사람은 복이 있다." 예수께서는 제자들 앞에서 이 책에 기록하지 않은 다른 표징도 많이 행하셨다. 그런데 여기에 이것이나마 기록한 목적은, 여러분으로 하여금 예수가 그리스도요 하나님의 아들이심을 믿게 하고, 또 그렇게 믿어서 그의 이름으로 생명을 얻게 하려는 것이다.

의심을 떨쳐버리고, 믿음을 가져라

의심에 대해 어떻게 생각하시나요? 일반적으로 의심은 부정적인 이미지가 많습니다. 사전적으로 "확실히 알 수 없어서 믿지 못하는 상태나 그런 마음"을 뜻하는 의심은 내가 의심을 받을 때도 그렇지만, 무엇에 대한 의심이 생겼을 때도 그리 달갑지 않은 마음입니다. 그래서 마태복음 14장 31절에는 예수님께서 "믿음이 적은 사람아, 왜 의심하였느냐?"라고 책망하는 이야기가 등장하고, 의심의 대표적 인물로는 예수께서 부활하셨다는 이야기를 믿지 못했던 도마가 있습니다.

오늘 본문은 우리에게 너무나 익숙한 내용이며, 부활하신 예수님께서 두 번이나 제자들에게 나타나셨던 날의 이야기입니다. 요한복음에 따르면, 예수님께서는 부활하신 날 저녁에 처음으로 제자들에게 나타나셨고, 그로부터 일주일이 지난 부활 후 8일째 되는 날 제자들에게 또 나타나셨습니다. 그리고 오늘의 주인공인 도마는 예수님께서 부활하고 처음으로 제자들에게 오셨을 때는 그곳에 없었지만, 8일 후 두 번째 오셨을 때 그 자리에 있었습니다.

이날 벌어진 일에 대해서는 우리가 이미 잘 알고 있으며, 그 사건으로 인해 도마는 '의심쟁이'라는 별명을 갖게 되었습니다. 오늘날까지도 소위 '의심 많은 도마'로 알려져 있습니다. 그러나 도마가 원래 이런 인물은 아니었습니다.

요한복음 11장 1-16절에 보면, 도마는 예수님의 편에 서서 어떠한 위험도 감수하는 인물로 소개되어 있습니다. 마르다와 마리아의 오라비 나사로가 죽었다는 소식을 듣고 예수님께서 예루살렘으로 올라가기로 결심했을 때, 제자들은 예수님을 말렸습니다. 왜냐하면, 유대인들이 스승 예수의 목숨을 노리고 있다는 것을 알고 있었기 때문입니다. 그러나 도마는 다른 제자들에게 "우리도 그와 함께 죽으러 가자"(16절)라고 말하면서, 의연한 태도를 보입니다.

그러나 요한복음 20장에서 도마는 (이전의 도마에 대한 인상과는 달리) 운도 없고, 믿음도 부족한 혼란스러운 사람으로 묘사되어 있습니다. 왜냐하면, 예수님께서 부활하신 날 아침에 제자들에게 나타나셨을 때도 그리고 그날 저녁 제자들에게 오셨을 때도 도마는 그 자리에 없었기 때문입니다. 그래서 다른 제자들이 "우리는 주님을 보았소"라고 말하는 것을 도마는 받아들일 수 없었습니다. 심지어 25절에 보면, "나는 내 눈으로 그의 손에 있는 못자국을 보고, 내 손가락을 그 못자국에 넣어 보고, 또 내 손을 그의 옆구리에 넣어 보지 않고서는 믿지 못하겠소!"라고 말하기까지 했습니다.

이것은 도마가 스승 예수의 부활을 믿기 위한 어떤 조건을 제시했다기보다는 이런 일은 결코 일어날 수 없다는 것을 강하게 표현한 것이라고 할 수 있습니다. 그래서 제자들은 말로는 도마를 납득 시킬 수도, 지금 자신들이 누리고 있는 부활하신 예수로 인한 평화와 기쁨의 경험도 전할 길이 없었을 것입니다. 그러나 부활하신 주님이 도마 앞에 나타났을 때, 도마의 불신은 순식간에 눈 녹듯이 사라졌습니다. 그때 예수님께서는 도마가 자신의 부활을 믿을 수 없다고 하면서 했던 말들을 그대로 사용하면서, 도마의 의심 벽을 허물어 주셨습니다. 27절에 보면, 예수님께서는 "네 손가락을 이리 내밀어서 내 손을 만져 보고, 네 손을 내 옆구리에 넣어 보아라. 그래서 의심을 떨쳐버리고 믿음을 가져라"라고 말씀하셨다.

도마가 부활하신 주님을 만나는 이 드라마틱한 장면은 오랫동안 성화의 단골 주제였으며, 성화 중에는 도마가 예수님의 상처를 직접 만지는 그림도 있습니다. 특히 바로크의 대표적 화가인 이탈리아의 카라바조가 그린 〈의심하는 도마〉라는 작품에는 예수님께서 자신의 부활을 믿지 못했던 도마의 손을 끌어 자신의 옆구리 상처에 넣는 장면이 생생히 묘사되어 있습니다. 그리고 그 옆에서는 다른 제자들이 그 상처를 열중해서 함께 들여다보고 있는 모습이 그려져 있습니다.

그러나 복음서 어디를 보아도 도마가 예수님의 상처를 만지려고 손을 뻗었다는 기록은 없으며, 저는 도마가 실제로 예수님의 상처를 만졌다고는 생각하지 않습니다. 주님의 부활을 믿을 수 없었던 도마의 의심을 사르르 녹인 것은 예수님의 상처를 눈으로 직접 보고, 손으로 만지는 것을 통해서가 아니라, "너희에게 평화가 있기를"(26절)이라는 예수님의 인사와 함께 그리고 그와 함께 일어난 성령의 역사와 더불어 이미 시작되었기 때문입니다. 그리고 바로 그 성령께서 "나의 주님, 나의 하나님"이라는 놀라운 고백을 도마의 입에 넣어 주셨습니다.

인도의 첸나이 남쪽 도마산

이 고백을 한 도마 사도는 전승에 따르면, 여러 나라에 복음을 전했고, 목숨을 걸고 인도까지 갔습니다. 그리고 그곳에서 20여 년간 선교하다, 72년경에 순교한 것으로 전해지고 있습니다. 지금도 인도

새 시대 새 설교

서남부 첸나이 지역의 말라바르에는 "사도 도마를 통해 복음을 받았다"라고 전해지는 '도마기념교회'가 있으며, 첸나이 남쪽에 '도마산'이라 불리는 곳이 있는데, 도마가 이곳에서 순교한 것으로 알려져 있습니다.

이렇게 부활하신 주님을 만난 경험은 이후 우리가 세상을 위한 하나님의 계획에 기쁘게 순종하도록 만듭니다. 하지만, 부활하신 주님을 만났다고 해서 결코 흔들리지 않는 믿음을 영원히 갖게 된다는 뜻은 아닙니다. 모든 그리스도인의 삶에는 가혹한 시련의 순간 혹은 의심의 순간이 있기 마련입니다. 예수님께서 베드로에게 호수의 물 위로 걸어오라 하셨을 때, 베드로는 예수님의 말씀을 믿고, 배에서 나와 호수 위를 걸었습니다. 그러나 예수님으로부터 눈을 돌려 자신을 덮쳐 오는 파도를 의식하자마자, 베드로는 두려운 마음이 들었고 "내가 정말 물 위를 걸을 수 있을까" 하는 의심이 들었습니다. 그리고 바로 그 순간 베드로는 가라앉기 시작했습니다. 그때 베드로에게 일어났던 일은 오늘날 그리스도인으로 살아가는 우리에게도 흔히 일어나는 일입니다. 세례 받고 그리스도인이 되었을 때, 우리 마음을 가득 채우던 충만함을 기억합니다. 그때 우리는 우리 안에 계시는 성령의 능력을 힘입어 그리스도를 위해서라면 어떠한 것도 감당할 각오가 되어 있었습니다.

그러나 시간이 갈수록 자신의 인간적인 약함이 드러나기 시작하고, 시련이 꼬리에 꼬리를 물고 이어지면서 우리는 의심하기 시작합니다. 그럴 때는 기도를 해도, 하나님께서 우리의 기도에 귀를 닫으신 것만 같고, 한때는 그토록 단단했던 믿음마저도 바람 앞의 촛불처럼 흔들리는 것을 보게 됩니다. 그러나 너무 절망할 필요는 없습니다. 전승에 따르면, 부활하신 주님을 직접 만났던 도마 사도 역시 또다시 흔들렸기 때문입니다. 주님께서 도마 사도를 인도에 보내려고 했는데, 도마는 가지 않으려고 했습니다. 그래서 주님께서는 도마가 모든 재산을 잃고, 결국에는 목수 노비가 되어 인도에 갈 수밖에 없도록 만들었다고 합니다.

어느 날, 인도의 첸나이 왕이 궁전을 짓기 위한 목수를 구하기 위해서 예루살렘으로 신하를 보냈는데, 그때 노예시장에서 왕의 신하가 은 30냥에 도마를 샀습니다. 그렇게 해서 도마는 인도에 오게 되었지만, 왕이 궁전을 지으라고 준 돈을 전부 가난한 이들에게 나누어 주고서는, "이것은 임금님이 주시는 돈이다"라고 말했다고 합니다. 그리고 얼마 후, 첸나이 왕이 왕궁 공사가 잘 되고 있는지를 도마에게 물었을 때, 도마는 "당신이 죽는 날에야 궁전을 보게 될 것"이라고 말했고, 이 말에 화가 난 첸나이 왕은 도마를 감옥에 가두고, 다음 날 처형하기로 했습니다.

그런데, 갑자기 왕의 동생이 죽었습니다. 죽어서 하늘에 간 왕의 동생은 아주 화려하고 아름다운 궁전을 보았는데, 그때 천사가 "이 궁전은 그리스도인들이 당신 형님인 첸나이 왕을 위해 지은 궁전"이라고 알려 주었습니다. 왕의 동생은 이 사실을 첸나이 왕에게 알려 주게 해 달라고 천사에게 부탁했고, 그 부탁을 들은 천사는 왕의 동생을 다시 살려 보냈습니다. 그리고 첸나이 왕이 동생을 조문하러 왔을 때, 다시 살아난 동생은 하늘에서 보았던 궁전 이야기를 왕에게 전해 주었습니다. 동생의 이야기를 들은 첸나이 왕은 그 즉시 도마에게 세례를 받고, 그리스도인이 되었다고 합니다.

이 전승 이야기를 통해, 우리는 부활하신 주님을 직접 만났던 도마의 믿음도 또다시 흔들렸음을 보게 됩니다. 그러나 동시에 우리는 도마를 이끌어 주시는 성령이 언제나 그와 '함께 하셨다'라는 사실도 알게 됩니다.

세상에 많은 도마와 요나를 위한 예배

유럽에는 '토마스 메쎄'(Thomas Messe), 즉 도마의 예배라는 독특한 이름을 가진 예배가 있습니다. 우리말로 하면, '가나안 신자를 위한 예배'쯤 될 것입니다. 이 예배는 핀란드 헬싱키의 올리 발토넨(Oli Valtonen)이라는 목사에 의해서 처음 시작되었습니다. 발토넨 목사는 당시 교회에는 관심이 없었지만, 신앙적 물음과 기대를 가지고 있던 이들을 모아 모임을 만들었습니다. 40여 명의 사람들이 정기적으로 만나서 신앙에 대해 이야기 하고, 기도하는 모임이 생겨났습니다. 그 결과로 만들어진 것이 도마의 예배이며, 1989년부터 매주 주일 저녁에 헬싱키의 아그리콜라 교회에서 모였습니다. 이처럼 도마의 예배는 신앙에 대해 질문하는 이들, 믿음에 의심이 생긴 이들, 교회에 실망한 이들을 위한 예배입니다. 그리고 1993년부터는 독일의 약 50

여 개 도시에서도 우리 시대의 도마들을 위한 예배가 행해지고 있습니다.

이 예배에 왜 '토마스 메쎄'(Thomas Messe)라는 이름이 붙었는지 짐작하시겠지요? 도마의 영어식 표현이 토마스(Thomas)이고, 도마의 별명이 바로 '의심쟁이'이기 때문입니다. 그리고 가톨릭교회에도 이와 유사한 예배가 있는데, 가톨릭에서는 이 예배를 '요나의 예배'(Jona-Gottesdienst)라고 부릅니다.

의심, 하나님이 보낸 사자

지금도 여전히 의심쟁이라는 별명으로 불리고 있는 도마 사도의 이야기를 듣고 어떤 생각이 드셨나요? 그동안 우리는, 의심은 하나님께 큰 죄를 짓는 것이라 여겼습니다. 그래서 신앙인이라면 절대로 해서는 안 되는 것 중의 하나가 의심이라고 생각했습니다. 그러나《바이올린과 순례자》의 저자로 잘 알려진 마틴 슐레스케는《가문비 나무의 노래》에서 이렇게 말합니다. '의심'은 하나님이 보낸 사자다. 계속해서 슐레스케는 이러한 의심은 생각이나 감정으로 극복할 수 있는 대상이 아니라, 자신의 소명을 받아들이고 봉사하는 삶을 통해 극복할 수 있다고 말합니다. 전승 속 사도 도마처럼 말입니다.

에스파냐의 철학자 우나무노도 "하느님을 믿는다고 생각하지만, 가슴에는 열정도 없고, 정신적 고통도 없고, 의심도 불안도 절망도

새 시대 새 설교

없이 (그저) 자족하는 사람은 하느님에 대한 생각을 믿을 뿐, 하느님 자체를 믿는 것이 아니다"라고 하면서, 의심과 불안이 오히려 우리를 깨어 있게 한다고 말합니다. 또한 독일의 곳프리트 비터와 가브리엘레 밀러는《그리스도인 되어 가기》라는 책에서 의심과 신앙은 절대 함께할 수 없는 적대자가 아니라, '형제 관계'라고까지 말합니다. 우리는 '의심 없는 확신'이 얼마나 쉽게 맹신으로 전락할 수 있는지, 그리고 얼마나 무모하고 편협할 수 있는지를 공동체 안에서, 사회에서 그리고 우리의 일상에서 자주 경험합니다.

우리는 스승 예수의 부활을 믿지 않았던, 그래서 의심쟁이라는 낙인을 받았던 사도 도마의 이야기를 살펴보았습니다. 그리고 부활하신 예수를 직접 만난 후에 도마가 어떤 삶을 살았는지 전승을 통해 들었습니다. 이처럼 신약성서에 등장하는 제자들과 바울, 그리고 많은 그리스도인이 저마다의 자리에서 자기만의 방식으로 부활하신 예수님을 만났고, 그 만남의 사건 이후 변화된 삶을 살았습니다.

이제 시선을 우리에게로 돌려, 내가 속한 교회 공동체와 나의 모습을 돌아보며 묻습니다. 여러분은 주님의 부활을 믿나요? 그리고 부활하신 주님을 만났나요? 아마 여러분들은 주님의 부활을 믿으며, 이미 한 번쯤은 부활하신 주님을 만났을 것입니다. 그렇다면, 우리는 달라져야 합니다. 부활하신 주님을 만나기 전과 만난 이후의 나는 분명히 달라야 합니다. 물론 주님을 만났음에도 불구하고, 우리의 믿음은 또다시 흔들리고, 때로는 넘어지고 또 때로는 의심이 들기도 할 것입니다. 그러나 너무 걱정하지 마십시오. 부활하신 주님을 만났던 그 가슴 뜨거웠던 경험은 결단코 사라지지 않을 것이고, 하나님께서 보내신 의심과 불안이 오히려 우리를 다시 깨어나게 할 것이고, 하나님께로 더 가까이 이끌어 줄 것입니다.

2020년 10월 20일 감리교신학대학교 화요채플 설교

하늘의 문을 여는 자선

마태복음 6장 1-4절, 25장 31-40절

너희는 남에게 보이려고 의로운 일을 사람들 앞에서 하지 않도록 조심하여라. 그렇지 않으면, 너희는 하늘에 계신 너희 아버지에게서 상을 받지 못한다. 그러므로 네가 자선을 베풀 때에는, 위선자들이 사람들에게 칭찬을 받으려고 회당과 거리에서 그렇게 하듯이, 네 앞에 나팔을 불지 말아라. 내가 진정으로 너희에게 말한다. 그들은 자기네 상을 이미 다 받았다. 너는 자선을 베풀 때에는, 오른손이 하는 일을 왼손이 모르게 하여, 네 자선 행위를 숨겨 두어라. 그리하면, 남모르게 숨어서 보시는 네 아버지께서 너에게 갚아 주실 것이다.(마태복음 6:1-4)

인자가 모든 천사와 더불어 영광에 둘러싸여서 올 때에, 그는 자기의 영광의 보좌에 앉을 것이다. 그는 모든 민족을 그의 앞에 불러 모아, 목자가 양과 염소를 가르듯이 그들을 갈라서, 양은 그의 오른쪽에, 염소는 그의 왼쪽에 세울 것이다. 그때에 임금은 자기 오른쪽에 있는 사람들에게 말하기를 '내 아버지께 복을 받은 사람들아, 와서, 창세 때로부터 너희를 위하여 준비한 이 나라를 차지하여라. 너희는, 내가 주릴 때에 내게 먹을 것을 주었고, 목마를 때에 마실 것을 주었으며, 나그네로 있을 때에 영접하였고, 헐벗었을 때에 입을 것을 주었고, 병들어 있을 때에 돌보아 주었고, 감옥에 갇혀 있을 때에 찾아 주었다' 할 것이다. 그때에 의인들은 그에게 대답하기를 '주님, 우리가 언제, 주님께서 주리신 것을 보고 잡수실 것을 드리고, 목마르신 것을 보고 마실 것을 드리고, 나그네 되신 것을 보고 영접하고, 헐벗으신 것을 보고 입을 것을 드리고, 언제 병드시거나 감옥에 갇히신 것을 보고 찾아갔습니까?' 하고 말할 것이다. 임금이 그들에게 말하기를 '내가 진정으로 너희에게 말한다. 너희가 여기 내 형제자매 가운데, 지극히 보잘것없는 사람 하나에게 한 것이 곧 내게 한 것이다' 할 것이다.(마태복음 25:31-40)

경건에 이르는 세 가지 길: 기도, 금식, 자선

마태복음 5-7장은 잘 알고 있듯이, '산상설교'라 불리는 것으로, 예수님께서는 이 산상설교를 통해 믿는 자들이 어떻게 살아야 하는지에 대해 가르치셨습니다. 첫 번째 말씀은 이 산상설교의 내용 중

새 시대 새 설교

일부이며, 그 중에서도 마태복음 6장 1-18절은 믿는 자들이 행해야 할 '세 가지 실천 덕목'에 대한 내용을 담고 있습니다. 1-4절은 첫 번째 실천 덕목인 '자선'에 대한 것이고, 이어지는 5-15절은 '기도'로, 여기에 주님께서 가르쳐 주신 기도, 즉 '주기도문'이 들어 있습니다. 그리고 마지막으로 16-18절에는 '금식'에 대한 내용이 기록되어 있습니다.

자선과 기도와 금식은 우리 삶의 중요한 세 가지 영역, 즉 나와 이웃과 하나님과 관련된 것을 다루고 있습니다. 첫 번째 덕목인 '자선'이 이웃에 관한 관심이라면, 두 번째 덕목인 '기도'는 하나님을 향한 관심이고, 세 번째 덕목인 '금식'은 자기 자신을 향한 관심입니다. 물론 이 세 가지는 나누어 생각할 수 없으며, 이 세 가지 덕목을 모두 합하여 '경건에 이르는 길'이라고 할 수 있습니다.

왜냐하면, 하나님과의 관계가 바로 선 사람은 이웃과의 관계도 바로 서 있을 것이며, 반대로 이웃과의 관계가 온전치 못하다면, 하나님과의 관계에서 온전하기를 기대할 수는 없기 때문입니다. 그러므로 나 자신과 이웃과 하나님과의 관계가 올바른 사람을 의로운 사람, 즉 성서가 말하는 '경건한 사람'이라 부를 수 있을 것입니다.

이슬람에서는 경건에 이르는 이 세 가지 길에 대해 이렇게 말하고 있습니다.

"기도는 (우리를) 하나님께로 가는 길의 절반까지 이끌어주고, 금식은 하늘의 입구에 데려다 주며, 그 문을 여는 것은 자선이다."(Beten führt auf Halbem zu Gott, Fasten bringt an den Eingang zum Himmel,

Almosen öffnet die Tür.)

오늘은 경건에 이르는 세 가지 길 중 하나인 '자선', 즉 우리에게 하늘의 문을 열어 주는 자선에 대해 이야기 하려고 합니다.

아니, 그보다 더 높이 올라갔소

유대공동체에 전해지는 어느 랍비의 이야기입니다. 동유럽에 있는 유대공동체에 랍비 한 사람이 있었는데, 그 공동체에서는 언제부터 인가 이런 소문이 퍼졌습니다. 하시디즘이라고 하는 유대 경건운동에 속해 있는 한 랍비가 매일 아침 새벽기도 전에 하늘로 올라간다는 소문이었습니다. 그 랍비를 시기하던 적대자들은 이게 도대체 어떻게 된 일인지 밝혀내려 했습니다. 그래서 그들 중 한 사람이 어느 날, 이른 새벽부터 몸을 숨기고 랍비를 관찰하기 시작했습니다. 아직 동이 트지 않은 이른 새벽에 랍비는 나무꾼처럼 변장하고 집을 나서더니, 숲으로 들어갔습니다. 그리고 나무를 한 짐 해서는 늙고 병든 어느 여인의 오두막으로 갔습니다. 랍비를 미행하던 사람이 조심스럽게 그 뒤를 따라갔습니다. 그리고 창문을 통해 오두막 안을 들여다보았습니다. 랍비는 아궁이 앞에 무릎을 꿇고 앉아 불을 붙이고 있었습니다.

새 시대 새 설교

랍비를 뒤쫓던 그 사람이 자신을 보낸 이들에게 돌아왔을 때, 그들이 조롱하듯이 물었습니다. "그래, 그 랍비가 정말 하늘로 올라갔소?" 그러자 랍비를 뒤쫓던 사람이 이렇게 대답했습니다. "아니, 그보다 더 높이 올라갔소이다."(Sogar noch höher.) 그것은 랍비가 피운 아궁이의 연기가 하늘로 올라가는 것을 보고서 한 말이었습니다.

빌립보서 2장 4절의 "다른 사람들의 일을 돌보는 것"을 유진 피터슨의 메시지 성경에서는 "자신을 잊어버릴 정도로 다른 사람에게 손을 내밀라"고 쓰고 있습니다. 도대체 어떻게 돌보아야 자기 자신을 잊을 수 있을까요? 그리고 그렇게 돌보아야 할 다른 사람이란 대체 누구일까요? 여기서 말하는 다른 사람은 당연히 나와 비슷한 부류의 사람이나 내가 좋아하는 사람 혹은 나를 좋아하는 사람은 아닐 것입니다. 당시에는 약자, 소수자, 소외된 자, 어린아이, 여인들을 지칭했을 것이며, 성서를 통해 우리는 예수님이 이들에게 특별한 관심을 두고 있었다는 것을 알고 있습니다.

새번역 성경에서는 첫 번째 말씀에 '올바른 자선행위'라는 제목을 붙였는데, 여기서 말하는 올바른 자선은 다음의 두 가지 의미를 갖고 있습니다. 첫 번째는 남에게 보여 주기 위한 자선은 올바른 자선이 아니라는 사실입니다. 그래야 우리의 의가 사람들에게 보이기 위해서 행하는 바리새인들이나 위선자들의 의보다 나은 의가 될 수 있기 때문입니다. 두 번째로 올바른 자선행위는 믿는 자들이 해야 할 당연한 일이라는 사실입니다.

이런 의미에서 보자면, 예수님이 산상설교를 통해 가르치려고 했던 것은 자선 행위 자체가 아니라, 자발적으로 자선에 참여하는 것입니다. 다시 말해 스스로 자선에 참여해야지 마치 '쇼'를 하듯 누군가에게 보이기 위해서 또는 자신의 의를 드러내기 위해서 행동하는 것을 경계하라는 가르침입니다. 그렇다면, 이제 우리는 누구에게 자기자신을 잊을 정도로 자선을 행해야 할까요? 대체 누구에게 손을 내밀어야 할까요?

너희가 나에게 먹을 것을 주었다

두 번째 읽은 마태복음 25장 31-40절에는 최후의 심판 때 하나님의 나라를 차지할 사람과 영원한 불 속으로 들어갈 사람을 가르는 이야기가 나옵니다. 이 본문을 아주 적절하게 표현한 그림이 있는데, 독일 예수회 소속 지거 쾨더(Sieger Köder) 신부의 작품으로 〈너희가 나에게 먹을 것을 주었다〉라는 제목이 붙어있습니다. 그림을 자세히 살펴보면서, 오늘 읽은 성서에 나타난 인물들을 찾아보도록 하겠습니다.

새 시대 새 설교

먼저 가장 아래쪽에 빵을 쪼개어 나누어 주는 모습이 보입니다. 이것은 "내가 주릴 때에 내게 먹을 것을 주었고"를 표현한 것으로, 이 손의 주인은 우리 사회의 독거노인이나 노숙자와 같은 사람일 수도 있습니다. 사람들의 관심 밖에 있는, 우리가 생각하기에는 구차하고 보잘것없는 사람으로 보이는 이들입니다.

그림 속의 검은 손을 보고 가장 먼저 누가 떠오르나요? 아마도 아프리카계 사람을 떠올렸을 것입니다. 그런데 지거 쾨더 신부는 그 사람이 바로 예수님일 수 있다고 말합니다. 검은 두 손바닥에 새겨진 붉은 상처가 그것을 말해줍니다. 그러므로 우리가 누군가에게 빵을 나누는 것은 사실 예수님에게 하는 자선인 셈입니다.

다음으로 이 그림 바로 위에서는 어떤 일이 벌어지고 있나요? 물을 따라주는 모습이 보이는데, 이것은 "내가 목마를 때에 마실 것을 주었으며"를 그린 것입니다. 그리고 왼쪽에는 붉은 옷을 입은 여자가 있고, 오른쪽에는 보라색 옷을 입고 검은 수염을 기른 남자가 있습니다. 목이 말라 지쳐 보이는 그 남자는 두 손으로 작은 물컵을 쥐고 맞은편에 있는 여자를 바라보며, 물 한 잔을 청하고 있습니다. 여자는 자비와 연민이 가득한 눈으로 남자를 바라보면서 물을 따라 주려 합니다. 자세히 보면, 그녀가 들고 있는 물병의 물이 절반도 채 남지 않은 것을 알 수 있습니다. 이것은 가진 것이 많아야 혹은 넉넉해야만 무언가를 나눌 수 있는 것은 아니라는 사실을 우리에게 알려 줍니다.

세 번째로 그림의 맨 위쪽 가운데서는 어떤 일이 일어나고 있나요? 이것은 문 앞에서 손님을 맞이하는 장면으로 "내가 나그네로 있을 때에 영접하였고"를 그린 것입니다. 문은 활짝 열려 있고, 파란색 옷을 입은 여자가 길 가던 나그네를 맞이하고 있습니다. 나그네는 어떤 모습을 하고 있나요? 두꺼운 옷을 입고, 모자를 쓰고, 오른손에는 커다란 보따리를 들고 문간에 서 있습니다. 긴 여행 때문에 피곤한 모습이 역력합니다. 문밖의 풍경은 어떠한가요? 노을이 지고 있는 붉은 하늘은 이미 날이 저물고 있음을 알려 줍니다. 그리고 한 젊은 여자가 늙고 지친 나그네를 향해 두 손을 활짝 펴고 친절하게 집 안으로 맞이하고 있습니다. 낯선 타인을 환대하기는 결코 쉬운 일이 아닙니다. 특히 요즘 같은 때에 말이죠. 그러나 그림 속의 활짝 열린 문과 높이 올린 두 팔처럼, '열린 마음'을 가진 사람은 그러한 행동을 할 수 있을 것입니다.

그리고 그 바로 왼쪽 벽에 그려져 있는 검은 그림은 무엇을 말하는 것일까요? 알몸의 남자가 그려진 포스터는 "내가 헐벗을 때에 입을 것을 주었고"를 그린 것입니다. 포스터 위에 희미하게 보이는 글자는 "Kleider für die dritte Welt"로 '제3세계를 위한 옷'이라는 독일어입니다. 제3세계란, 전쟁이나 환경 위기 등으로 인해 경제적 어려움에 처해 있는 나라들을 가리킵니다. 그들을 도와주는 것이 곧 헐벗은 예수님을 도와주는 것임을 말하고 있습니다.

방금 살펴본 검은 포스터 아래에서는 어떤 상황이 벌어지고 있나요? 포스터 아래에는 수도복을 입은 수녀가 작은 컵을 들고, 침대에 누워 있는 병자를 정성껏 간호하고 있습니다. 이것은 "내가 병들어 있을 때에 돌보아 주었고"를 그린 것입니다. 예수님을 닮은 병자는 오랜 병고에 지친 표정으로 눈을 지그시 감고 있고, 수녀는 웃음을 머금은 모습으로 밝게 그려져 있습니다. 이 그림은 우리가 만나는 모든 아픈 이들이 바로 예수님일 수 있다는 것을 표현하고 있습니다.

마지막으로 뒤쪽의 문 오른편에서는 어떤 일이 일어나고 있나요? 그림의 가장 위쪽 오른편에 쇠창살이 그려진 작은 창문은 감옥임을 암시하듯 밖을 내다보기 힘들 정도로 높은 곳에 위치해 있습니다. 이것은 "내가 감옥에 갇혀 있을 때에 찾아 주었다"라는 구절을 그린 것입니다. 그리고 창문 아래에는 줄무늬 옷을 입은 한 남자가 손목에는 수갑을 차고 앉아 있습니다. 줄무늬 옷과 수갑을 통해 그 사람이 죄수인 것을 알 수 있습니다. 중세 문헌이나 성화(聖畵) 등에 등장하는 줄무늬 옷을 입은 사람들은 모두 사회에서 버림받고 배척 받은 사람들로 징계 대상, 즉 벌을 받고 있는 사람이라는 뜻이었습니다. 그러나 그림 속 죄수는 감방에서 홀로 고독과 싸우는 것이 아니라, 방문객의 따뜻한 위로를 받고 있습니다.

이 그림 속의 나그네, 누군가의 방문을 받거나 혹은 도움을 받고 있는 사람은 지금도 우리가 일상에서, 거리에서 흔히 마주치는 사람들입니다. 지거 쾨더는 그들을 예수님과 비슷하게 표현함으로써, 우리가 만나는 모든 사람이 예수님일 수 있다는 사실을 암시하고 있습니다. 그리고 이 그림을 통해서도 알 수 있듯이, 선한 행위를 할 때 중요한 것은 내가 아닙니다. 그것을 바라보는 다른 사람의 시선은 더더욱 아닙니다. 바로 도움이 필요한 그 사람이 가장 중요합니다. 그러나 안타깝게도 다른 사람을 도와준다고 할 때, 우리가 흔히 잊게 되는 것이 바로 이것이기도 합니다. 그러므로 내게서 남는 것이 무엇인가, 필요치 않은 것이 무엇인가를 살펴서 그것을 나누는 것이 아니라, 그에게 필요한 것이 무엇인가를 묻고 살피는 것, 이것이 예수님께서 우리에게 원하는 올바른 자선일 것입니다.

자선에서 연습과 훈련이 필요하다

또한 첫 번째 본문에 쓰인 '위선자'라는 말 속에서 오늘날 우리는 부정직하거나 속임수를 쓰는 사람이라는 느낌을 받습니다. 그러나 6장 2절에 쓰인 '위선자'는 그런 뜻은 아닙니다. 여기서 위선자는 마치 배우처럼 자신의 자선 행위를 통해 다른 사람들의 관심을 끌려는 혹은 인정을 받으려는 사람들을 가리킵니다. 왜냐하면 배우에게는 관객이 필요하고, 관객들이 보내 주는 박수갈채가 그들에게는 보상이 되는 것처럼, 본문 속 위선자들은 나팔을 불어 사람들을 모으고, 보이는 곳에서 자선을 행하고, 그들의 박수갈채를 기다리기 때문입니다.

사람들로부터 주목받고 싶어 하는 것, 이것은 비단 인기를 먹고 사는 배우만의 일은 아닙니다. 이것이 부도덕한 일은 더더욱 아닙니다. 인간의 본성에는 인정받고 싶은 욕구가 있습니다. 그래서 우리는 자랑(질)을 하죠. 보고, 보여 주는 것은 자연스러운 인간의 욕구이자, 욕망입니다. 그래서 몰려 훔쳐보는 '관음증'과 자신을 드러내는 '노출증'은 동전의 양면과 같은 것으로, 사람들은 누군가의 감추어진 것을 엿보고자 하는 만큼 또한 은근히 자신을 드러내기를 원합니다. 그러므로 공동체 안에서 선행과 자선은 정당하게 인정되어야 합니다. 그리고 그때, 인정받고자 하는 우리의 욕망이 채워지기도 합니다.

그래서 마태복음 5장 16절에는 "이와 같이, 너희 빛을 사람에게 비추어서, 그들이 너희의 착한 행실을 보고, 하늘에 계신 너희 아버지께 영광을 돌리게 하여라"라고 기록되어 있고, 6장 1절에는 "너희는 남에게 보이려고 의로운 일을 사람들 앞에서 하지 않도록 조심하여라. 그렇지 않으면, 너희는 하늘에 계신 너희 아버지에게서 상을 받지 못한다"라고 기록되어 있습니다. 언뜻 보기에 이 두 구절은 상반되는 말씀처럼 보입니다. 그러나 두 구절 사이에 근본적인 차이는 없습니다. 여기에서 결정적인 것은 그 행실을 하는 사람의 마음가짐이기 때문입니다. 선행을 했느냐, 하지 않았느냐보다도 '어떤 의도를 가지고 그 일을 했느냐' 하는 것이 더 중요하다는 말입니다. 그래서 그것이 알려졌을 때 선행을 한 사람을 높이는 것이 아니라, 그 일을 하게 하신 하나님께 영광을 돌리고, 시기하기보다는 그것을 교훈 삼아 자극을 받아야 한다는 것입니다. 그렇지 않고 만일 도움을 주는 사람, 그것을 통해 박수갈채를 받고자 하는 사람이 주인공이 될 때, 그것은 위선적인 행동이 될 수 있습니다.

예수님께서는 자기를 과장되게 드러내거나 혹은 자신의 신앙에 대해 끊임없이 인정받으려 하고, 존경 받으려고 하는 행위를 경고한 것입니다. 한마디로, 자화자찬하지 말고, 자신의 행동을 관찰하고, 성찰하라는 것입니다. 그러므로 자선을 베풀었을 때, 다른 사람의 박수갈채는 우리에게 상급이 될 수 없습니다. 선한 일을 했을 때 느끼는 기분 좋은 감정 혹은 그 느낌이 바로 우리의 상급입니다. 주는 자와 받는 자 사이에서 이루어지는 친밀한 관계의 경험 그리고 그곳에 함께 계신 하나님과 그 일에 참여한 모든 이들 사이에서 생겨나는 하늘나라의 경험이 우리에게는 보상입니다.

예수님께서는 우리에게 이렇게 경건에 이르는 길을 가르쳐 주셨고, 그 길을 먼저 가셨습니다. 그리고 자신의 모범을 따라 경건에 이르는 길로 함께 가자고, 가서 하늘의 문을 열자고 우리를 초대하고 계십니다. 그러나 선을 베푸는 데에도, 그것을 실행에 옮기는 데에도 훈련, 즉 연습이 필요합니다. 저절로 되지 않습니다. 기도와 금식에도 훈련이 필요하듯, 자선에도 연습과 훈련이 필요합니다.

디모데전서 4장 7-8절에, "저속하고 헛된 꾸며낸 이야기들을 물리치십시오. 경건함에 이르도록 몸을 훈련하십시오. 몸의 훈련은 약간의 유익이 있으나, 경건 훈련은 모든 면에 유익하니, 이 세상과 장차 올 세상의 생명을 약속해 줍니다"라고 기록되어 있습니다. 약간의 유익을 주는 육체의 운동을 위해서도 우리는 얼마나 많은 시간과 노력을 투자하고, 연습하는지 모릅니다. 심지어는 많은 돈을 투자하기도 합니다. 그러므로 모든 면에서 유익을 주고, 우리의 생명을 약속해 주는 경건의 훈련을 게을리하는 것은 있을 수 없는 일입니다. 물질을 드리듯 시간을 드리고, 자선을 행하는 일, 이 모두가 연습과 훈련이 필요한 일입니다.

쇠귀 신영복 선생의 말을 인용하면서 설교를 마치고자 합니다.

"[세상에서] 가장 먼 길은 머리에서 가슴까지라 합니다. 사상이 애정으로 성숙하기까지의 여정입니다. 그러나 또 하나의 여정이 남아 있습니다. 가슴에서 발까지의 여행입니다. 발은 실천이며, 현장이며, 숲입니다."

2020년 5월 31일 중곡감리교회 설교

기후위기 시대의 보속

요엘 2장12-15절, 로마서 8장 18-22절

"지금이라도 너희는 진심으로 회개하여라. 나 주가 말한다. 금식하고 통곡하고 슬퍼하면서, 나에게로 돌아오너라. 옷을 찢지 말고, 마음을 찢어라." 주 너희의 하나님께로 돌아오너라. 주님께서는 은혜롭고 자비로우시며, 오래 참으시며, 한결같은 사랑을 늘 베푸시고, 불쌍히 여기는 마음이 많으셔서, 뜻을 돌이켜 재앙을 거두기도 하신다. 행여 주님께서 마음과 뜻을 돌이키시고 오히려 복까지 베푸셔서, 너희가 주 하나님께 곡식제물과 부어 드리는 제물을 바칠 수 있게까지 하실는지 누가 아느냐? 너희는 시온에서 뿔나팔을 불어라. 거룩한 금식을 선포하고, 성회를 열어라.(요엘 2:12-15)

현재 우리가 겪는 고난은, 장차 우리에게 나타날 영광에 견주면, 아무것도 아니라고 나는 생각합니다. 피조물은 하나님의 자녀들이 나타나기를 간절히 기다리고 있습니다. 피조물이 허무에 굴복했지만, 그것은 자의로 그렇게 한 것이 아니라, 굴복하게 하신 그분이 그렇게 하신 것입니다. 그러나 소망은 남아 있습니다. 그것은 곧 피조물도 썩어짐의 종살이에서 해방되어서, 하나님의 자녀가 누릴 영광된 자유를 얻으리라는 것입니다. 모든 피조물이 이제까지 함께 신음하며, 함께 해산의 고통을 겪고 있다는 것을, 우리는 압니다.(로마서 8:18-22)

사순절과 보속(補贖)

올해도 어김없이 사순절이 시작되었습니다. 초대교회 시절 사순절기는 본래 세례를 준비하는 시간이었습니다. 그러나 기독교가 로마를 중심으로 점점 퍼져 나가서 유럽을 지배하는 종교가 되고, 또 많은 세대가 지나면서 성인이 되어 세례를 받는 이들은 점점 줄어들고, 그리스도인 부모에게서 태어나 어린 시절에 유아세례를 받는 사람들이 늘어나기 시작했습니다. 그때부터 사순절에는 이미 세례받은 이들이 '세례 후에 지은 죄를 뉘우치는 때'라는 의미가 강해졌고, 부활절을 자신들이 받은 세례에 대한 '영적 쇄신'의 기회로 삼게 되었습니다.

그래서 사순절 동안 교회는 모든 이들이 알게 된 공적이고 심각한 죄를 저지른 이들에게 '회개하라'고 호소하였고, 죄를 지은 이들 뿐만 아니라, 모든 신자들이 함께 회개하기를 권유했습니다. 초기 교회에서 특별히 심각하게 생각했던 세 가지 죄는, 신앙을 부정하는 배교 행위와 간음 그리고 살인이었습니다. 배교, 간음, 살인이라는 이 세 가지를 중대한 죄로 여겼던 까닭은, 이것들이 '나 외에 다른 신을 섬기지 말라'는 하나님의 계명을 거스를 뿐 아니라, 그리스도인 공동체 전체에 '커다란 해악'을 끼치는 악행이었기 때문이었습니다. 그래서 이러한 큰 죄를 지은 사람은 사순절기 동안 성만찬에 참여할 수 없었을 뿐만 아니라, 공동체 예배에도 참여할 수 없었습니다. 그들은 보속을 하며 사순절을 보낸 뒤, 부활절 전 목요일인 '세족목요일'에야 다시 성만찬에 참여할 수 있었습니다.

'보속'이라는 말이 익숙하지 않은 이도 있을 것입니다. 보속(補贖)의 한자는 기울 '보'에 속죄할 '속'을 써서 사전적으로는 '손해를 보상하다'라는 뜻이며, 교회적으로는 자신이 지은 죄를 적절한 방법으로 보상하거나 대가를 치르는 것으로, 참회 또는 속죄의 의미를 담고 있습니다.

초대교회에서 일반적으로 행했던 보속의 방법에는 기도, 금식, 자선의 세 가지가 있습니다. 물론, 이 세 가지는 조금 전에 언급한 중대한 죄를 지은 이들 뿐만 아니라, 모든 신자들이 사순절 동안 지켜야 했던 것이기도 했습니다. 교회는 신자들에게 먼저 사순절 동안에는 다른 어느 때보다 더 많이, 더 잘 기도할 것, 두 번째는 금식할 것, 그리고 세 번째는 궁핍한 형제자매를 너그럽게 도와줄 것을 권고했습니다.

지금도 사순절에는 많은 교회들이 '사순절 특별새벽기도회' 등의 이름으로 기도하면서, 금식을 하기도 합니다. 초대교회 당시 금식의 규칙은 매우 엄격했지만, 오늘날에는 하루 종일 음식을 먹지 않거나 시간을 정해 먹지 않기도 하고, 또는 절제를 하기도 합니다. 절제는 특정한 종류의 음식, 예컨대 주로 고기나 기호식품을 먹지 않는 것을 말합니다.

그렇다면, 오늘날과 같은 기후 위기 시대에 해야 할 보속에는 어떤 것이 있을까요? 즉 무엇을 위해 기도해야 할까요? 금식하며 절제해야 할 것은 무엇일까요? 익숙하고, 좋아하지만 그만두어야 할 것은 무엇일까요? 그리고 마지막으로 누구에게 자선을 베풀어야 할까요? 오늘 읽은 로마서 8장에 따르면, 우리가 기도하고, 절제하고, 자선을 베풀어야 할 대상은 인간뿐 아니라, 자연 즉 피조물 전체인 것을 알 수 있습니다.

그러므로, 기후 위기 시대에 요구되는 보속은 한마디로, 그동안 무분별하게 자연을 개발하고 남용했던 것을 회개하며 기도하는 것입니다. 그리고 익숙하게 사용해 오던 일회용품, 플라스틱 제품 등의 사용을 멈추는 것입니다. 지구의 건강을 위협하는 것들을 더 이상 하지 않는 모든 행위가 기후 위기 시대의 보속일 것입니다.

지구의 건강이 위험하다

오늘날 기후위기에 직면해서, 어떤 이들은 '지구의 건강이 위험하다'라고 말합니다. '지구 건강'이라는 말은 2015년 록펠러 재단과 의

학잡지 「랜싯」 공동위원회가 함께 제안한 개념으로, 환경이 변하고 생태계의 손상이 일어나면 결과적으로 인간의 건강도 영향을 받는다는 것입니다. 한마디로, "우리의 건강과 자연 시스템의 상태가 서로 의존적"이라는 말입니다.

오늘날 우리는 일상에서도 지구의 건강에 이상이 생겼다는 징후를 체감하고 있습니다. 가장 먼저는 이상 기후입니다. 코로나19가 시작되던 2020년 여름에는 장마가 무려 54일 동안 지속되었는데, 그것은 1973년 이후 최장기간 지속된 장마였습니다. 그때 인터넷을 뜨겁게 달구던 해시태그(#)는 "이 비의 이름은 장마가 아니라, 기후 위기입니다"였습니다. 2021년 여름은 어땠을까요? 2021년에는 33°C 이상 되는 폭염이 무려 31. 2일간 지속되었고, 10월에도 30°C가 넘는 한여름 날씨가 이어졌습니다. 2022년에는 80년 만의 기록적인 폭우가 내려서 서울 강남 일대가 침수되고, 인명 피해까지 발생했습니다. 한반도 전역에서 비로 인해 큰 피해가 발생했고, 폭염이 기승을 부렸습니다.

그 뿐만이 아닙니다. 우리나라에서도 아열대 작물의 재배가 해마다 증가하고 있습니다. 그래서 어느 과학자는 애국가의 한 구절이 '남산 위에 저 귤나무~~'로 바뀔 수도 있다고 말합니다. 이렇게 아열대 작물 재배 증가에 큰 영향을 준 것은 무엇일까요? 그것은 바로 기후변화, 특히 지구 온난화입니다. 인류가 남극을 제외한 모든 대륙에 정착해 살기 시작한 것은 14000년 전으로, 그때부터 인류는 계속해서 지구의 환경을 조금씩 바꿔 왔습니다. 지구 환경이 바뀌는 것은 자연스러운 일이었고, 다행히도 지구의 자정능력을 통해 원래의 모습을 회복하면서, 균형을 유지해 왔습니다. 그러나 최근 100~200년 사이 기후와 환경이 너무 급격히 바뀌는 탓에 지구의 자정능력이 그 변화 속도를 따라가지 못할 정도가 되었습니다. 지구 스스로 균형을 유지할 수 없을 지경, 즉 위험 수위에 도달했습니다.

기후변화의 주범인 인간 그리고 인류세

그렇다면, 이러한 기후와 환경의 변화를 일으키는 원인은 무엇일까요? 기후변화의 가장 주된 원인은 기후 온난화입니다. 그리고 기후 온난화가 일어나는 대표적 원인은 대기 중 이산화탄소량의 증가 때문이며, 지구에 사는 생물 중에 이산화탄소 배출을 가장 많이 하는 생물 종은 바로 '인간'입니다. 그래서 어떤 이들은 지금을 '인류세'라고 부르기도 합니다.

많은 학자들은 18세기 산업혁명 이후 인류세가 시작되었다고 보지만, 1945년 7월 16일부터 인류세는 시작되었다고 그 정확한 시작을 말하는 이들도 있습니다. 대체 1945년 7월 16일에 지구에서는 무슨 일이 있었던 것일까요? 그때는 2차 세계대전이 한창이던 때로, 그날 미국 뉴멕시코주 사막에서 인류 최초의 핵실험이 진행되었고, 1달 후인 8월 6일 일본 히로시마에 원자폭탄이 투하되었습니다. 그로 인해 2차 세계대전은 막을 내렸지만, 이때의 핵반응, 핵폭발 등으로 인해 이제까지 자연에는 한 번도 존재한 적이 없었던 물질, 즉 세슘, 플루토늄 같은 인공 방사성 물질이 발생했고, 그것들이 지상에 퍼지기 시작했습니다. 특히 1950년대 이후 인간의 활동이 지구에 뚜렷한 흔적을 남기기 시작했고, 그것이 지구의 지질 시대에까지 영향을 미치기 시작하면서 오늘날 시대를 '인류세'라 부르게 된 것입니다.

'인류세'라는 말은 2000년에 파울 크뤼첸과 유진 스토머가 제안한 용어로, 이제까지 안정적으로 유지되어 오던 지구 환경이 인류의 무분별한 개발과 훼손으로 인해 회복 불가능할 정도로 파괴되고 있으며, 이로 인해 이상기후, 기후온난화 등의 기후변화가 일어나는 시대를 '인류세'라고 지칭하고 있습니다. 그러나 기후변화의 속도가 느리고 단시간에 파악하기 쉽지 않아서, 그동안 우리는 그 영향을 과소평가해 왔으며, 심지어 지금도 기후변화는 가짜라고 우기는 이들도 있습니다.

그래서 성공회대학교의 조효제 교수는 현재의 기후변화가 얼마나 심각한 상황인지 현대인들이 제대로 인식하려면, 먼저 기후변화와 관련해서 이제까지 우리가 사용해 왔던 용어들부터 다시 정의해야 한다고 말합니다. 산업혁명 이후 석유, 석탄 등의 화석연료를 많이 사용하고, 산의 나무를 벌목하는 과정에서 배출한 온실가스의 영향으로 1970년대 이후 지구의 평균기온이 끊임없이 올라가고 있으며, 이러한 현상을 '지구 온난화'라 불러왔습니다. 그러나 이제는 이것을 '지구 고온화'라 불러야 한다는 말입니다. 또한 지금은 단순히 기후변화의 시대가 아니라, '기후 위기' 또는 '기후 붕괴' 상태 혹은 '기후 비상사태'라는 것입니다.

지구 온난화의 원인은 아직 명확하게 규명되지 않았지만, 온실효과를 일으키는 온실가스가 유력한 원인으로 꼽힙니다. 온실가스로는 이산화탄소가 가장 대표적인데, 산업화와 함께 그 양은 계속 증가해 오고 있습니다. 특히 현대에 사용하기 시작한 프레온가스는 한 분자당 온실효과를 가장 크게 일으켰으며, 다행히도 현재는 사용이 금지된 상태입니다. 그러므로 오늘날 급격한 기후변화와 그로 인한 피해를 줄이기 위해서 우리가 가장 먼저 멈춰야 할 것은 당연히 지구 고온화의 주범인 이산화탄소 배출량을 줄이는 것입니다.

이산화탄소로 인한 지구의 온도 상승을 막기 위해서 앞으로 지구의 온도가 1.5°C 이상 올라가지 않도록 하자며, 2015년 파리에서 '기후변화에 관한 정부간 협의체' 일명 IPCC '1.5°C 특별보고서'가 채택되었습니다. 그러나 안타깝게도 '파리기후협약'은 의무행동 조항이나 구속력 있는 약속이 포함되지 않아서 이것을 이행하지 않아도 어떠한 강제력이 없습니다. 그래서 약속을 제대로 이행하지 않는 국가들이 상당히 많으며, 부끄럽게도 우리나라도 그중 하나입니다.

2018년 1인당 이산화탄소 배출량 순위를 보면, 우리나라는 사우디아라비아, 미국, 캐나다에 이어 4위를 차지했습니다. 1인당 이산화탄소 배출량의 세계 평균이 4.8톤인데, 우리나라는 12.4톤으로 평균보다 무려 2.5배나 많은 수치입니다. 또한 연간 이산화탄소 배출 총량에서도 중국, 미국, 유럽연합, 인도 등에 이어 7위에 이름을 올렸습니다. 그리고 우리나라 수도 서울은 세계에서 이산화탄소를 가장 많이 배출하는 도시이며, 세계에서 이산화탄소를 가장 많이 배출하는 상위 500개 도시 중에 서울 이외에도 부산, 대구, 대전, 광주, 울산 등 무려 12개 도시가 포함되어 있습니다.

기독교인의 최대 과제, 탄소중립과 녹색 전환

이제 탄소중립은 더 이상 미룰 수 없는 기독교인의 최대 과제가 되었습니다. 기후 위기 시대의 보속 중 가장 우선시 해야 할 것은 '탄소중립'이라는 말입니다. 탄소중립이란, 인간의 활동에 의한 온실가스 배출은 최대한 줄이고, 남은 온실가스는 산림 등을 통해 흡수하거나 이산화탄소 포집, 저장, 활용 기술을 통해 제거해서 실질적으로 온실가스 배출량을 0(Zero)으로 만든다는 개념입니다. 다시 말하면, 사회 안에서 우리가 이산화탄소를 배출하는 만큼 그에 상응하는 조치를 해서, 실질적인 탄소 배출량을 '0'으로 만드는 것입니다.

이제는 교회들이 먼저 우리의 자연을 무분별하게 개발하고 파괴한 죄악을 고백하고 뉘우치는 보속의 기도를 해야 할 때이며, 이를 통해 하나님의 창조세계를 지키는 청지기로 나서야 합니다. 그리고 그것을 실천하는 방법의 하나는 녹색전환입니다. 녹색전환이란, 자본주의의 경제성장 우선주의와 이러한 성장 위주의 발전 패러다임에 문제를 제기하고, 성장의 방향을 바꾸는 것입니다. 한마디로, 우리의 이기적인 욕망을 제한하는 것, 즉 절제하는 것입니다. 또 다른 실천 방안은 탈성장 혹은 성장지상주의에 맞서는 것입니다.

그렇다면, 성장지상주의에 맞서기 위해 교회는 무엇을 해야 할까요? 예수회 신부였던 이반 일리치는 지구를 살리는 세 가지 방법으로 시와 자전거와 동네 책방을 말했습니다. 기독교적으로 표현하면, 시는 영성이고, 자전거는 생태 그리고 동네 책방은 집단지성을 의미합니다. 그리고 우리 사회에서 영성과 생태와 집단지성, 이 세 가지가 모두 이루어지는 공동체가 있다면 그것은 바로 교회 공동체일 것입니다. 그러므로, 교회는 자본주의적 성장지상주의와 과학기술의 결과론적 정당화에 대항하면서, 창조 영성을 회복하고, 생태적 삶을 실천해야 합니다. 그리고 집단지성을 통해 이 시대의 풍조에 대항해서 기독교적 규범근거를 제시하는 생태적 신앙교육을 실시해야 합니다. 그 실천을 위한 구체적 제안으로는 창조세계의 자원을 적절하게 사용하기, 낭비하지 않는 삶을 살기, 자족하는 삶을 살기, 더 많이 혹은 더 새로운 상품을 사고 싶은 압박을 거부하면서 습관을 바꾸기 등입니다.

또한 오늘날 같은 기후위기 시대에 우리에게 필요한 자세는 성실과 겸손으로, '우리가 곧 자연'이라고 생각하면서 당연시 했던 것 중에서 문제가 될 만한 것들을 과감히 내려놓는 것입니다. 오늘날 인간은 자연으로부터 자신을 보호하던 존재에서 자연을 보호해야 하는 존재 그리고 보호할 수 있는 존재로 변화되었습니다. 그러므로 이제 인간의 역할은 단순히 책임을 지는 존재가 아니라, 동식물을 포함하여 지구상에 존재하는 모든 피조물의 이야기에 귀를 기울이고, 그것에 응답하는 존재가 되어야 합니다. 기후 위기 시대에 우리가 해야 할 보속은 하나님의 창조세계를 회복하기 위해 기도하면서, 탄소중립을 실천하는 절제의 삶을 살고, 기후변화로 신음하는 피조물들의 목소리를 대변하는 일일 것입니다.

2023년 3월 19일 매원감리교회 설교

조은하

목원대학교 교수

우리가 살아내는 지금의 삶에 관심이 많다. 시대의 고민과 아픔을 품고 기꺼이 세상 속에서 사람들과 함께 울어주는 영성가이다. 그리고 다음 세대를 포함한 다양한 세대들과 함께 그 마음을 나누고자 하는 소통가이다. 동시에 글과 강의를 통하여 시대를 향한 날카로운 그러나 희망적인 메시지를 전달하는 설교자이기도 하다. 연세대학교 신과대학에서 공부하고 연세대학교 본대학원에서 기독교교육학 석사, 박사를 하였다. 이론과 현장을 아우르며 생명이 넘치는 교육생태계를 만들어가는 기독교 교육을 실천하는 학자로서 목원대학교 교수로 재직하고 있다. 가정교회마을연구소 공동소장, 기독교자살예방센터 교육위원장, 기독교환경교육센터 살림 교육위원으로도 활동하고 있다.

저서로 《통전적 영성과 기독교육》《사회통합과 기독교교육》공저로 《마을목회의 유형별 사례와 신학적 성찰》《참스승》《사회적 신앙인의 발자취》《지구정원사 가치사전》 *Maeul Ministry: The missional church in Urban Korea* 외 다수가 있다.

고귀함과 우정

누가복음 10장 25-37절

어떤 율법교사가 일어나서, 예수를 시험하여 말하였다. "선생님, 내가 무엇을 해야 영생을 얻겠습니까?" 예수께서 그에게 말씀하셨다. "율법에 무엇이라고 기록하였으며, 너는 그것을 어떻게 읽고 있느냐?" 그가 대답하였다. "네 마음을 다하고 네 목숨을 다하고 네 힘을 다하고 네 뜻을 다하여, 주 너의 하나님을 사랑하여라" 하였고, 또 '네 이웃을 네 몸같이 사랑하여라' 하였습니다." 예수께서 그에게 말씀하셨다. "네 대답이 옳다. 그대로 행하여라. 그리하면 살 것이다." 그런데 그 율법 교사는 자기를 옳게 보이고 싶어서 예수께 말하였다. "그러면, 내 이웃이 누구입니까?" 예수께서 대답하셨다. "어떤 사람이 예루살렘에서 여리고로 내려가다가 강도들을 만났다. 강도들이 그 옷을 벗기고 때려서, 거의 죽게 된 채로 내버려두고 갔다. 마침 어떤 제사장이 그 길로 내려가다가 그 사람을 보고 피하여 지나갔다. 이와 같이, 레위 사람도 그곳에 이르러 그

새 시대 새 설교

사람을 보고, 피하여 지나갔다. 그러나 어떤 사마리아 사람은 길을 가다가, 그 사람이 있는 곳에 이르러, 그를 보고 측은한 마음이 들어서, 가까이 가서, 그 상처에 올리브 기름과 포도주를 붓고 싸맨 다음에, 자기 짐승에 태워서, 여관으로 데리고 가서 돌보아 주었다. 다음날, 그는 두 데나리온을 꺼내어서, 여관 주인에게 주고, 말하기를 '이 사람을 돌보아 주십시오. 비용이 더 들면, 내가 돌아오는 길에 갚겠습니다' 하였다. 너는 이 세 사람 가운데서 누가 강도 만난 사람에게 이웃이 되어 주었다고 생각하느냐?" 그가 대답하였다. "자비를 베푼 사람입니다." 예수께서 그에게 말씀하셨다. "가서, 너도 이와 같이 하여라."

인간의 고귀함을 지키고자 한 사람

지난해 가을, 알지 못하는 사람의 우편을 한 통 받았습니다. 전남 도립미술관에서 개최되고 있는 "인간의 고귀함을 지킨 화가 조르주 루오" 작품전 초대 포스터였습니다. 포스터를 보는 순간, 마음에 큰 울림이 오며 위안을 받았습니다. 바로 "인간의 고귀함을 지킨 화가 조르주 루오"라는 전시 제목 때문이었습니다.

조르주 루오(Georges Henri Rouault, 1871-1958)는 20세기 전반 마티스와 피카소와 같은 시대에 활동한 화가입니다. 그의 삶 전체를 관통하는 2번의 세계대전을 겪으면서 전쟁이 남긴 상처와 소외 가운데 사회적 약자에 대한 깊은 애정을 작품 속에 담아낸 화가입니다.

전쟁과 죽음, 가난과 소외라는 거시적 상황 속에서 그는 인간의 생존 방식을 돌봄과 관심, 긍휼과 사랑 속에서 찾고자 합니다. 그리하여 사회적 불의함과 인간 소외의 시대에 인간의 고귀함을 화폭에 담아내며 인간의 본질에 대하여 질문을 던졌던 것입니다.

포스터에 사용된 이 그림의 제목은 '베로니카'입니다. 전승에 따르면 베로니카는 고난받는 골고다 언덕에서 피와 땀으로 얼룩진 그리스도의 얼굴을 자신의 머릿수건을 풀어 닦았고 그때 그 수건에 그리스도의 얼굴이 찍혔다고 합니다. 그후 성인으로 추앙받게 됩니다.

새 시대 새 설교

"베로니카"라는 이름은 '참'이라는 뜻을 지닌 '베라'(VERA), '모습'의 뜻을 지닌 '이콘'(ICON)의 합성어로서 '참 모습'의 뜻을 의미합니다.

인간의 존엄을 질문하며 고난받는 자와 함께 하며 그의 피와 땀을 닦아 주었던 용기의 여인이 바로 인간 존재의 '참 모습'이라는 것이 겠지요. 10월의 이태원 참사의 비통함을 겪고 있는 그 시간에 누군가가 보내 준 "인간의 고귀함"이라는 글귀가 담긴 그림은 우리 시대의 모습을 다시금 생각해 보게 하였습니다.

질문을 바꾸신 예수

24시간 접속의 시대를 살아가지만 접촉이 가장 어려운 현실입니다. 그 어느 때보다 많은 인적 네트워크를 이루어 가고 있지만 외로움과 무관심의 시대입니다. 피리를 불어도 춤추지 않고, 슬피 울어도 가슴을 치지 않는(마태복음 11:16-17) 세대 바로 우리 모습 같지 않습니까? 오늘 본문 누가복음 10장에는 한 율법 교사가 예수님에게 질문하는 장면이 나옵니다.

율법 교사가 예수에게 "어떻게 하여야 영생을 얻냐"고 질문합니다. 예수님은 "율법에 무엇이라고 기록하였으며, 너는 그것을 어떻게 읽고 있느냐?" 질문하시자 율법 교사는 "네 마음을 다하고 네 목숨을 다하고 네 힘을 다하고 네 뜻을 다하여 주 너의 하나님을 사랑하여라 그리고 네 이웃을 네 몸과 같이 사랑하여라"라고 대답합니다.

이어 예수님께서 그에게 "네 대답이 옳다. 그대로 행하여라. 그리하면 살 것이다"라고 말씀하시자 율법 교사는 "그러면 내 이웃이 누구입니까?" 또 묻습니다. 이제 예수님이 응답하여 말씀하십니다.

예루살렘에서 여리고로 내려가다 강도 만난 사람이 있다. 강도들이 그 옷을 벗기고 때려서 거의 죽게 된 채로 내버려두고 갔다. 제사장도 그 길로 내려갔으나 피하여 내려갔고 레위 사람도 피하여 지나갔다. 그러나 어떤 사마리아 사람은 그 사람이 있는 곳에 이르러 그를 보고 측은한 마음이 들어서 가까이 가서 그를 치료해 주고 여관에 가서 돌봐 주고 여관 주인에게 두 데나리온을 맡기고 돌봐 줄 것을 부탁하고 돈이 더 들면 돌아오는 길에 갚겠다고 하였다. 누가 그 강도 만난 사람의 이웃이 되어 주었느냐?

율법 교사가 "그에게 자비를 베푼 사람입니다"라고 대답하자 예수님은 "너도 가서 그 같이 하라"고 말씀하십니다.

우리는 모두가 삶의 불안과 외로움, 위기를 경험합니다. 그래서 묻습니다. 누가 나의 친구이며 이웃인가? 그러나 예수님은 질문을 바꾸셨습니다. "누가 그 강도 만난 사람의 이웃이 되어 주었느냐?" 우리는 지금 누구의 이웃이 되어 주고 있으며 누구의 친구가 되고 있습니까?

새 시대 새 설교

고귀함과 우정

80년대에 대학을 다닐 때 잊지 못할 모임이 있습니다. 여학우들이 함께 모여 여성신학 공부를 했고 그 당시 구약학 교수이셨던 김찬국 교수님은 그 모임을 격려해 주고 지지해 주며 많은 사랑을 부어 주셨습니다. 당시 교수식당이었던 한경관으로 여학생들을 초대해 주시고 저녁 식사를 함께 한 적이 있습니다. 그 당시는 교수 식당에 학생들은 거의 가지 않았습니다. 교수님의 초대 덕분에 아늑한 룸에서 파인애플이 올라간 함박스테이크를 먹으며 즐겁게 대화한 기억이 생생합니다. 교수님께서는 "왜 스테이크를 먹을 때 파인애플을 먹는가?"와 같이 일상적이고 소소한 이야기들을 하시며 분위기를 편안하고 유쾌하게 이끌어 주셨습니다. 시퍼런 군사독재시절 민주화 운동을 하시며 해직 교수가 되셨다가 복직하신 교수님은 불의와 폭력 앞에서는 누구보다도 단호하게 '아니오'를 말씀하신 분이지만 늘 소년처럼 해맑고 수줍은 웃음으로 제자들을 대하셨고 존중해 주시고 격려해 주시던 분이셨습니다. 식사를 마치고 나오며 어스름하게 해가 넘어가는 시간 그날의 불빛, 교수님의 인자한 미소, 선후배의 대화 속에 우리는 서로 친구가 되어가고 있었던 경험을 잊을 수가 없습니다. 교수님은 친히 우리의 친구가 되어 주시며 제자들이 또 다른 이들의 친구가 되어 살아야 하는 것을 말씀 한마디 없이 본으로 보여 주셨던 것입니다.

본문의 말씀을 다시 생각해 봅니다. "네 마음을 다하고 네 목숨을 다하고 네 힘을 다하고 네 뜻을 다하여 주 너의 하나님을 사랑하여라. 그리고 네 이웃을 네 몸과 같이 사랑하여라." 우리의 새로운 계명은 하나님을 사랑하고 우리의 이웃을 우리의 몸처럼 사랑하는 것입니다. 헨리 나우웬은 《긍휼》에서 그는 우리 시대의 가장 비극적인 현상을 무관심과 분노로 이야기하고 있습니다. 무관심이란 우리가 이전 어느 때보다도 세계의 고난과 고통에 대해서는 많이 알고 있으나 그것에 반응하는 비율은 점점 더 낮아지고 있다는 것입니다. SNS로 전 세계가 연결되어 있고 우리는 세계에서 일어나는 일들을 그 어느 때보다 많이 알고 있으며 인간 고통에 관한 소식들을 원근 각지에서 듣고 있습니다. 그러나 그러한 현실에 심리적 무감각 반응을 보인다는 것입니다. 즉, 세상의 고난과 고통을 늘 목격하면서도 긍휼함을 갖지 않는 것이지요. 또한 마음이 불편한 정보를 대하는 인간의 반응을 좀 더 세밀히 들여다보면, 인간이 고통을 직면할 때 염려보다는 분노가, 동정심보다는 짜증이, 심지어 긍휼보다는 격노로 반응하는 경우가 많다는 것입니다.

이러한 심리적 무감각과 분노로 반응하는 사람들은 이렇게 말합니다. "어차피 그것에 대해 내가 아무것도 할 수 없는데 도대체 왜 날 못살게 구는 거요?" 인간의 고통에 직면하는 동시에 우리의 무력함을 상기할 때, 우리는 우리 존재의 핵심을 공격당한 느낌을 받고 뒤로 주춤하면서 무감각과 분노로 자신을 방어한다는 것입니다.

왜 이런 현상들이 우리 사회 속에 만연되어 있는 걸까요? 신학자 하비 콕스는 인간의 죄는 하나님과 같이 되려고 한 것보다도 오히려

새 시대 새 설교

인간의 인간됨을 버린 것이라고 이야기합니다. 인간의 존엄을 포기하고 욕망과 바꾼 것, 인간의 자리에 물질, 명예, 권력 이러한 것들을 앉혀 놓는 것이 바로 죄라는 것입니다. 인간이 하나님의 형상으로 지음 받은 존재임에도 불구하고 스스로 고귀함을 탐욕에 내어버린 순간 하나님과 이웃을 사랑할 수 없는 존재가 되어 버린 것입니다.

회심을 통하여 탐욕으로부터 하나님께로 눈을 돌리고 삶의 방향을 전환하는 것이 필요합니다. 그리하여 인간의 고귀함을 회복해야 합니다. 그리고 우리와 더불어 사는 사람들의 고귀함을 지키고자 하는 것이 바로 우정입니다. 또한 인간의 고귀함은 우정을 통해 비로소 꽃피웁니다. 우는 자와 함께 울고 웃는 자와 함께 웃고, 우리는 비로소 참 모습을 회복하게 되는 것입니다. 전쟁과 폭력과 소외와 질병의 소식들이 횡횡하며 약하고 소외된 이들의 탄식이 곳곳에서 들려오는 이때 우리는 예수가 던지신 질문 앞에 다시금 서게 됩니다.

"너는 이 세 사람 가운데서 누가 강도 만난 사람에게 이웃이 되어 주었다고 생각하느냐?"

이제는 우리가 답해야 하는 때입니다.

2023년 9월 20일 연세대학교회 설교

사랑과 지식

고린도전서 8장 1-13절

우상에게 바친 고기에 대하여 말하겠습니다. 우리는 우리 모두가 지식이 있는 줄로 알고 있습니다. 지식은 사람을 교만하게 하지만, 사랑은 덕을 세웁니다. 자기가 무엇을 안다고 생각하는 사람은, 아직도 그가 마땅히 알아야 할 방식대로 알지 못하는 사람입니다. 그러나 하나님을 사랑하는 사람은 하나님께서 그를 알아 주십니다. 그런데 우상에게 바친 고기를 먹는 일을 두고 말하면, 우리가 알기로는, 세상에 우상이란 것은 아무것도 아니고, 오직 하나님 한 분밖에는 신이 없습니다. 이른바 신이라는 것들이 하늘에든 땅에든 있다고 칩시다. 그러면 많은 신과 많은 주가 있는 것 같습니다. 그러나 우리에게는 아버지가 되시는 하나님 한 분이 계실 뿐입니다. 만물은 그분에게서 났고, 우리는 그분을 위하여 있습니다. 그리고 한 분 주님이신 예수 그리스도가 계십니다. 만물이 그분으로 말미암아 있고, 우리도 그분으로 말미암아 있습니다. 그러나 누구에게

새 시대 새 설교

나 다 지식이 있는 것은 아닙니다. 어떤 사람들은 지금까지 우상을 섬기던 관습에 젖어 있어서, 그들이 먹는 고기가 우상의 것인 줄로 여기면서 먹습니다. 그들의 양심이 약하므로 더럽혀지는 것입니다. 그러나 우리를 하나님 앞에 내세우는 것은 음식이 아닙니다. 음식을 먹지 않는다고 해서 손해 볼 것도 없고, 먹는다고 해서 이로울 것도 없습니다. 그러나 여러분에게 있는 이 자유가 약한 사람들에게 걸림돌이 되지 않도록 조심하십시오. 지식이 있는 당신이 우상의 신당에 앉아서 먹고 있는 것을 어떤 사람이 보면, 그가 약한 사람일지라도, 그 양심에 용기가 생겨서, 우상에게 바친 고기를 먹게 되지 않겠습니까? 그러면 그 약한 사람은 당신의 지식 때문에 망하는 것입니다. 그리스도께서는 그 약한 신도를 위하여 죽으셨습니다. 이렇게 여러분이 형제자매들에게 죄를 짓고, 그들의 약한 양심을 상하게 하는 것은 그리스도께 죄를 짓는 것입니다. 그러므로 음식이 내 형제를 걸어서 넘어지게 하는 것이라면, 그가 걸려서 넘어지지 않게 하기 위해서, 나는 평생 고기를 먹지 않겠습니다.

더불어 산다는 것은

탈무드에 다음과 같은 이야기가 나옵니다. 한 랍비가 있었습니다.

그는 행실이 고결하고 학식이 높아 많은 사람의 존경을 받았습니다. 세월이 흘러 죽음의 시간이 되어 제자들이 모였습니다. 그는 제자들이 머리맡에 모이자 갑자기 울기 시작했습니다. "선생님, 왜 우십니까? 선생님은 제자들을 가르치지 않은 날이 없으셨고 자선을 베풀지 않은 날이 없으셨습니다. 존경받는 삶을 사셨습니다." 그는 대답했습니다. "하나님이 나에게 '공부를 했느냐? 자선을 베풀었느냐? 율법을 행하였느냐?'라고 물으시면 한결같이 '네'라고 대답할 수 있네. 그러나 '남들과 같이 더불어 함께 살았느냐?'라고 물으시면 '아니오'라고 대답할 수밖에 없네. 그래서 나는 울고 있네."

지난 2020년부터 시작하여 팬데믹 현상이 된 코로나는 우리에게 더불어 사는 삶에 대하여 다시금 생각하게 합니다. 전염병의 역사는 비단 오늘의 이야기만은 아니었습니다. 14-18세기까지 10년에 한 번씩 전염병이 돌았고 그 당시의 치사율은 60-80%였다고 합니다. 1527년 대학도시인 비텐베르크는 전염병에 시달렸고, 대학 강의는 전염병의 영향을 받지 않은 다른 도시로 옮겨졌습니다. 이러한 와중에 루터는 자신의 친구와 비텐베르그교회 목사와 다른 시민들을 대피시키고 자신이 교회와 마을을 지키며 병든 사람과 죽어가는 사람을 돌보기 위하여 자신의 집과 수도원을 임시 치료소로 개조하고 병든 사람들을 돌보는 일에 함께 합니다.

"하나님께서 치명적인 전염병을 주셨을 때, 나는 이 병을 막아 달라고 주님께 자비를 구하며 간절히 기도할 수밖에 없었습니다. 그런 다음, 집에 연기를 피우고 환기를 시키면서 약을 받아먹어야 했습니다. 나를 꼭 필요로 하지 않는 곳이라면 가지 않고 피했습니다. 그렇게 하지 않으면 내가 다른 사람에게 전염시킬 수도 있고, 나의 사소한 부주의가 이웃을 죽이는 원인이 될 수도 있기 때문입니다. 그러나 나를 필요로 하는 곳이라면, 어디든 가리지 않고 달려갈 것입니다. 이웃에게 도움이 될 수 있다면, 사람과 장소를 가리지 않고 달려가 어떤 일이든 해야 합니다. 보십시오. 이것이야말로 하나님을 참으로 경외하는 신앙입니다. 그 신앙은 어리석거나 뻔뻔하지 않으며, 사람을 선동하거나 미혹하지 않습니다."

거기서 루터는 가족과 친구, 심지어 자신의 자녀가 흑사병에 걸리는 상황을 목격했고, 자신도 질병에 시달렸습니다. 루터는 이러한 상황에서 흑사병을 "그리스도인에게 주어진 참된 믿음과 이웃 사랑의 시험 무대"라고 설명하였습니다.

우상 제물에 대한 아디아포라(adiaphora, ἀδιάφορα)

오늘 봉독한 말씀은 고린도 교회의 우상 제물에 대한 '아디아포라'입니다. '아디아포라'는 '대수롭지 않은' 해도 되고 안 해도 되는 것이며 하나님께서 명령하시지도 그렇다고 금지하시지도 않은 행동들을 가리키는 말입니다. 그렇기에 신앙의 정체성을 현실의 적합성으로 연결시키고자 할 때 각 개인의 판단과 양심의 자유가 중요한 것이었습니다. 아디아포라의 대상이 되는 것은 주로 의식이나 행위에 관련된 문제들입니다. "본질적인 것에는 일치를, 비본질적인 것에는 자유를, 모든 것에 사랑을"이라는 이야기의 관점에서 바라볼 수 있는 사안들입니다.

고린도 도시를 비롯하여 로마 제국의 여러 도시마다, 그리고 작은 동네에도 아폴로, 비너스, 그리고 지역 신들을 포함한 다양한 신들에게 바쳐진 여러 종류의 사당이 많았고 바울 시대에는 로마 황제와 그의 가족들에게 바쳐진 사당들도 늘고 있었습니다. 신전에서 바쳐진 희생 제물을 요리로 해서 나누어 먹기도 하고 남은 것은 신전 관리들이 시장으로 통상적인 절차에 따라 판매하기도 했습니다. 그런 이유로 고대 세계에서 도살업자를 고용하지 않은 유대인들은 고기를 먹지 않겠다고 거부했고 이를 통하여 우상을 숭배하는 행위에 간접적으로라도 연루되지 않고자 했던 것입니다.

이런 환경은 이교 세계에서 살아가는 교회에 늘 문제를 안겨 주었고, 오늘 본문의 말씀처럼 우상의 제물에 대한 질문이 나왔던 것입니다. 일부 교사들은 그리스도인들에게 제물로 바쳐진 고기를 먹을 수 있다고 허락했습니다. 교사들은 "우리 모두 자기 안에 신비한 참 진리의 지식"을 지니고 있고 우상은 참된 실체를 지닌 것이 아니기 때문에 우상의 신전에 들어가거나 제물을 먹는 것은 대수로운 일이 아니라는 것입니다.

바울은 이 문제에 대하여 차분하게 정리하여 줍니다. 4절에서 바울은 지식만을 기준으로 보면, 우상이 아무것도 아니기 때문에 먹을 수 있다고 말하지만, 12절에서는 그러한 행위가 그리스도에게 죄를 짓는 것이라고 경고하면서 지식 있는 자들에게 경고합니다. 즉, 지식은 교만하게 하나 사랑은 덕을 세운다는 것입니다.

바울이 직면한 문제는 고린도 교인 중 '강자'로 언급된 일부 지식 있는 사람이 우상 제물을 자유롭게 먹었던 일입니다. 이들이 단순히 우상 제물을 먹기만 한 것인지, 아니면 크리스천이라는 자의식에도 거리낌 없이 제사에 참여했는지는 확실하지 않습니다. 다만 고린도전서 10장에서 우상숭배를 강력하게 경계하는 말씀이 나온 것으로 보아, 바울이 보기에 도를 넘은 사람이 있었던 것이 분명해 보입니다. 문제는 이러한 강자들의 자유로운 태도 때문에 약자들도 그런 행동에 휩쓸리면서 신앙의 양심이 흔들렸다는 사실입니다. 약자로 표현되는 일부 사람들은 그곳에서 일어난 음침한 신비감과 두려움, 신의 연회에 참여하여 신의 생명을 자신의 것으로 취한다는 느낌, 그러한 기억들을 떼어내기 어려운 사람들도 있었을 것입니다. 그런 배경에서 자라나지 않은 사람들은 그런 것을 이해하기 어려웠겠지만 그런 경험을 했던 사람들은 제물로 바쳐진 고기를 먹는다는 것이 과거의 힘든 경험의 소환이고 신앙 양심의 고통이었다는 것입니다.

바울은 이야기합니다. "여러분에게 있는 자유가 약한 사람들에게 걸림이 되지 않도록 조심하십시오."

우리가 가지고 있는 지식의 자유로움과 권리가 연약한 자들을 유혹하고 시험에 들게 한다면 권리는 절제되어야 하며 약한 자들은 존중받고 배려받아야 한다는 것입니다.

"지식은 교만하게 하나 사랑은 덕을 세웁니다." 바울의 권면이었습니다. 사랑이 덕을 세운다는 것은 곧 공동체를 세운다는 것입니다.

사랑이 없는 지식

기도를 누구보다도 열심히 하는 사람을 본 적이 있습니다. 그는 봉사도 열심히 하고, 철야를 하며 교회와 나라를 위해 열심히 기도하였습니다. 누구보다도 기도, 봉사, 전도에 열심히 있었던 사람이었습니다. 그런데 그 사람으로 인해 다른 이들은 너무도 많은 상처를 받았습니다. 철야를 열심히 하고 난 후 사람들을 만나면 어깨를 두드리며 이렇게 이야기합니다.

"내가 당신을 위해 하나님께 기도를 열심히 하는데, 하나님이 당신 기도 좀 하라고 하시던데." 자신의 열정을 잣대 삼아 사람들을 평가하고 비난하고 상처 주는 말을 하는 것을 예사롭게 생각했던 것입니다. 성경에 대한 지식은 누구보다 많았고 열심도 있었으나 그렇게 하지 못하는 사람에 대한 배려는 없었던 것입니다. 구제도 봉사도 예언의 능력도 산을 옮길 수 있는 믿음도 사랑이 없으면 아무것도 아닙니다. 타인들의 약함과 상황들을 고려하지 않는 것은 자신의 만족과 허세에 지나지 않습니다.

사랑의 구원

코로나 시절, 신문에 실린 한 장의 사진이 지치고 각박한 우리의 마음을 녹여 주었습니다. 눈이 펑펑 내리며 앞도 잘 보이지 않던 아침 출근길의 한 남자가 노숙자에게 자신의 외투와 장갑을 벗어주고 돈 5만 원을 주고 떠난 사진이 서울역 앞에서 찍힌 것입니다. 노숙자는 너무도 추워서 커피 한 잔 사 달라고 그 남자에게 다가갔는데 뜻밖에 패딩과 장갑까지 벗어 주고 떠난 것입니다. 출근길의 바쁜 시간 속에 나도 추운데 그리고 늘 있는 노숙자였고 상관없이 떠날 수 있는 일이었습니다. 그러나 그는 자신이 입고 있던 옷을 벗어 주고 말없이 사라짐으로써 사랑의 온기를 건네 주었고 피폐한 지식의 사회를 살아가는 우리에게 따뜻한 사랑의 덕을 보여 주었습니다.

사랑은 나와 다른 사람과 함께 가면서 그들을 신뢰하고 어깨를 짓눌렀던 죄책감을 없애 주고 그들의 가치를 발견하도록 도와주는 것입니다. 서로를 지지해 주고 기운을 북돋아 주고 확인시켜 주며 새로운 동행의 가능성을 열어주는 것입니다. 판단하거나 할 일을 말하는 것이 아니라 타인에게 숨겨진 가장 아름답고 가치 있는 것을 밖으로 드러내 주는 것입니다. 고린도전서 13장은 사랑과 지식에 대하여 알려줍니다.

내가 사람의 모든 말과 천사의 말을 할 수 있을지라도, 내게 사랑이 없으면, 울리는 징이나 요란한 꽹과리가 될 뿐입니다. 내가 예언하는 능력을 가지고 있을지라도, 또 모든 비밀과 모든 지식을 가지고 있을지라도, 또 산을 옮길 만한 모든 믿음을 가지고 있을지라도, 사랑이 없으면, 아무것도 아닙니다. 내가 내 모든 소유를 나누어줄지라도, 내가 자랑삼아 내 몸을 넘겨줄지라도, 사랑이 없으면, 내게는 아무런 이로움이 없습니다. 사랑은 오래 참고, 친절합니다. 사랑은 시기하지 않으며, 뽐내지 않으며, 교만하지 않습니다. 사랑은 무례하지 않으며, 자기의 이익을 구하지 않으며, 성을 내지 않으며, 원한을 품지 않습니다. 사랑은 불의를 기뻐하지 않으며, 진리와 함께 기뻐합니다. 사랑은 모든 것을 덮어 주며, 모든 것을 믿으며, 모든 것을 바라며, 모든 것을 견딥니다. 사랑은 없어지지 않습니다. 그러나 예언도 사라지고, 방언도 그치고, 지식도 사라집니다.(고린도전서 13:1-8)

사랑이 우리를 구원했고, 구원하고 있고, 또 구원할 것입니다. 사랑은 영원합니다.

2021년 1월 31일 연세대학교회 설교

새 시대 새 설교

학자의 혀와 학자의 귀

이사야 50장 4-11절

주 하나님께서 나를 학자처럼 말할 수 있게 하셔서, 지친 사람을 말로 격려할 수 있게 하신다. 아침마다 나를 깨우쳐 주신다. 내 귀를 깨우치시어 학자처럼 알아듣게 하신다. 주 하나님께서 내 귀를 열어 주셨으므로, 나는 주님께 거역하지도 않았고, 등을 돌리지도 않았다. 나는 나를 때리는 자들에게 등을 맡겼고, 내 수염을 뽑는 자들에게 뺨을 맡겼다. 내게 침을 뱉고 나를 모욕하여도 내가 그것을 피하려고 얼굴을 가리지도 않았다. 주 하나님께서 나를 도우시니, 그들이 나를 모욕하여도 마음 상하지 않았고, 오히려 내가 각오하고 모든 어려움을 견디어 냈다. 내가 부끄러움을 당하지 않겠다는 것을 내가 아는 까닭은, 나를 의롭다 하신 분이 가까이에 계시기 때문이다. 누가 감히 나와 다투겠는가! 함께 법정에 나서 보자. 나를 고소할 자가 누구냐? 나를 고발할 자가 있으면 하게 하여라. 주 하나님께서 나를 도와주실 것이니, 그 누가 나에게 죄가 있다 하겠느냐? 그들이 모두 옷처럼 해어지고, 좀에게 먹힐 것이다. 너희 가운데 누가 주님을 경외하며, 누가 그의 종에게 순종하느냐? 어둠 속을 걷는, 빛을 모르는 사람이라도, 주님의 이름을 신뢰하며, 하나님께 의지하여라. 너희가 모두 불을 피우고, 횃불을 들고 나섰지만, 너희가 피운 그 불에 너희가 탈 것이며, 너희가 들고 나선 그 횃불에 너희가 소멸될 것이다. 내가 직접 이 형벌을 너희에게 내리고, 너희는 이 고문을 견디어야 할 것이다.

믿는 것과 사는 것

사회학자 앤서니 기든스는 그의 저서 《현대성과 자아정체성》에서 후기 현대 사회에서 핵심적인 문제로 떠오르는 것은 자아정체성이라고 이야기합니다. 자아정체성을 확립하지 못하고 방황하고 많은 지식 체계 속에 살아가지만 정작 자신의 존재에 대하여 확신하지 못하는 것은 다음과 같은 이유에서 기인한다고 합니다.

첫째, 탈전통적 질서로 살아가면서 사회의 다원적 가치 속에 자신이 추구해야 하는 가치에 대한 혼란이 있다는 것입니다. 둘째, 생활세계의 다원화는 노동의 시간과 공간이 여가의 시간과 공간과 완전히 분리되어 버리는 것처럼 생활세계의 다원화는 자신의 역할 및 행동의 다원화를 가져오게 했다는 것입니다. 또한 간접경험이 직접경험을 지배하는 시대입니다. 이러한 다양성 속에서 무엇을 삶의 기준으로 삼고 살아야 할지를 고민하는 자아정체성의 문제를 지니게 되었다는 것입니다. 이러한 현상은 삶의 파편화라는 결과를 가져오게 되고 지식의 폭발 시대를 살아가면서 정작 참 지식은 무엇인지에 대한 식별은 어려워지는 시대를 우리는 살아가고 있습니다.

1890년 후반 강화도 북단 홍의 마을에 복음이 들어왔습니다. 그 마을 훈장으로 있던 박능일이 먼저 복음을 받아들이고 서당을 예배당으로 삼아 교회를 시작하자 그 마을 사람들이 훈장님 말씀 따라 예수를 믿기 시작했습니다. 그때 처음 믿은 사람들이 세례를 받으면서 이름을 바꾸었습니다. 예수 믿고 새롭게 거듭났으니 새 이름을 갖는 것이 당연하다고 생각하였고 그 마을의 사람들은 예수를 처음 믿고 모두 한 형제가 되었으니 모두 한 '일(一)'자를 돌림자로 하여 이름을 바꾸자 하여 이름을 통일합니다.

제비 뽑기를 하여 '능'자가 뽑히면 '권능일' '신'자가 뽑히면 '김신일' 이런 식으로 이름을 지었습니다. 그리하여 홍의교회의 박능일, 권신일, 김경일, 종순일, 주광일 이러한 이름이 만들어지게 됩니다. 이들은 그들이 믿는 것과 사는 것을 일치시키기 위하여 이름을 바꾸고 그들이 들은 성경의 말씀대로 살아가기 위해 노력하였던 것입니다. 싱경을 듣되 머리로만 들은 것이 아니고 그들은 성경을 삶으로 듣고, 삶으로 고백하였던 것입니다.

희망의 이유

오늘 본문 이사야서 50장은 제2 이사야(이사야 40-55장)로서 바벨로니아 포로기를 배경으로 하고 있습니다. 이사야 50장의 역사적 배경은 주전 540년경으로 추정하는데 이때는 바벨로니아의 세력이 약해지면서 포로로 있던 유대인들이 본국으로 돌아가고자 하는 희망을 품을 때였습니다. 위기와 격동의 시기에 이스라엘에게 이사야는 하나님이 주시는 말씀의 뜻을 분별하고 확신하며 위기와 고난 속에서 희망을 잃지 말 것을 선포합니다.

주 하나님께서 나에게 학자의 혀를 주셔서 학자처럼 말하게 하시고 지친 사람들을 격려할 수 있도록 해 주신다고 합니다. 여기서 학자라는 것은 히브리어 '림무드'를 옮긴 것으로 배우는 사람이라는 의미를 지니고 있습니다. 하나님 앞에 배우고자 하여 그 말씀 앞에 서는 자에게 하나님은 학자처럼 말할 수 있게 하시고 곤고한 사람을 도울 수 있도록 하신다는 것입니다. 그리고 학자의 귀를 주셔서 아침마다 깨우치사 학자와 같이 알아들을 수 있도록 하십니다. 고난의 역사 가운데서 하나님의 종은 하나님이 주시는 지혜와 용기로 새로운 희망을 선포할 수 있도록 하신다는 것입니다.

하나님께서 귀를 열어 주셔서 하나님의 말씀을 깨닫게 하시기 때문에 주님께 거역하거나 등을 돌리지 않고 자신을 모욕하고 해하는 자들 앞에서도 마음 상하지 않고 당당하게 모든 어려움을 이기고 견디어 낼 수 있다고 합니다.

나를 의롭다 하신 주 하나님이 가까이 계시기 때문에 나를 고소하고 고발하는 자가 오히려 옷처럼 해지고 좀에게 먹힐 것이라고 합니다. 어둠 속을 걷는다 하여도 빛을 모르는 사람이라 할지라도 주님의 이름을 신뢰하고 하나님께 의지하라고 선포합니다. 절망과 암울한 역사의 터널을 걷는 이스라엘 사람들에게 결코 좌절하지 말고 당당하고 용기 있게 담대하게 살아갈 것을 격려하고 있습니다. 하나님의 종이기에 고난받는다 하여도 하나님을 믿고 신뢰하며 그 말씀에 서서 이겨 나갈 것이라는 희망을 선포하는 것입니다. 우리의 희망의 이유는 하나님의 사랑이 우리와 함께하시기 때문입니다.

학자의 혀와 학자의 귀

오늘의 본문 가운데 특별히 50장 4절의 말씀에 주목하고자 합니다. 하나님께서 주의 종에게 학자의 혀를 주셔서 학자처럼 말하게 하시고 지친 사람을 어떻게 도울지를 알게 하신다고 합니다.

인간은 언어의 존재입니다. 성경도 이야기의 책입니다. 성경의 창조 사건도 하나님이 언어로 이 세상을 만드셨음을 보여주고 있습니다. 철학자 하이데거가 이야기했듯이 언어는 존재의 집입니다. 우리가 무슨 말을 하는가는 우리의 생각을 만들어 가고 우리의 행동을 규정하며 또한 우리의 삶의 방향을 이끌어 갑니다. 사람의 언어가 모두 기록되고 표현되고 발표되고 전달될 수 있는 시대를 살아가면서 우리는 살리는 말보다 죽이는 말들이 난무하고 있음을 성찰해야 합니다.

세월호 참사 당시 자원봉사를 하러 간 진도 팽목항의 6월은 여전히 춥고 바람이 거세었습니다. 함께 간 학생들과 여전히 바다에서 올라오지 못한 팽목항에서 아이들의 이름을 부르며 애도하고 기도했습니다. 그들의 이름을 부르며 기억하고 기도하는 것은 다시는 이러한 참사가 일어나지 않도록 해야 한다는 결단이며 동시에 희생자들에 대한 사과이고 유가족에 대한 위로였습니다. 기억(Remember)한다는 것은 Re-member 즉, 다시 멤버가 되는 것입니다. 사라지거나 없어지는 것이 아니라 살아서 그 영향력을 갖게 한다는 것입니다. 다시는 이러한 일이 일어나지 않게 하겠다는 약속입니다.

《포기할 수 없는 약속》은 세월호 참사 유가족들과 함께 예배해 온 4·16생명안전공원 예배팀의 기획으로 사회적 참사 앞에서 그리스도인들은 어떤 자세를 갖고 교회는 어떠한 역할을 해야 하는가에 대한 그리스도인 50명의 기록이자 고백입니다. 첫 번째 북토크가 2023년 5월 수원성교회에서 열렸고 그날 수원성교회의 안광수 목사는 다음과 같이 이야기합니다.

"세월호 유족들의 마음에 상처와 어려움을 준 교회가 많다. 한국교회 대표는 아니지만, 목회자로서 대신 사과의 말씀을 드리고 싶다. 세월호 사건은 정치적으로 접근할 게 아니다. 우는 자들과 함께 울라고 하시는 주님의 말씀을 붙들고 이 사건을 대하면 어려울 것이 하나도 없다. 그런데 왜 사람들이 자꾸 정치적인 상황을 생각하면서 오히려 세월호 유족들에게 아픔과 상처를 드리는지 안타깝다."(뉴스 앤조이, 2023년 5월 25일 기사 참고)

안광수 목사는 그의 이야기대로 세월호 참사 이후 교회에 추모공간을 만들고 유가족들을 위로하기 위하여 노력해 왔고 북토크에서 그의 진정성 있는 사과와 고백은 치유와 희망의 메시지였습니다.

또한 하나님은 그의 종에게 학자의 귀를 주셔서 아침마다 말씀을 깨우쳐 주신다고 합니다. 말하는 것에 앞서 우리는 경청하는 자세를 가져야 합니다. 하나님 앞에 겸손히 나아와 하나님의 뜻을 분별하는 시간을 갖는 것이 필요하고 우리 공동체의 소리에 귀를 기울여야 합니다.

기도는 하나님의 음성을 듣는 것입니다. 아침마다 나의 귀를 깨우치신다는 것은 우리의 삶의 자리에서 하나님의 뜻을 알려 주신다는 것입니다. 기도는 하나님께 우리를 강요하는 것이 아니라 우리 자신에게 하나님의 뜻을 강요하는 것입니다. 소음으로 가득 찬 세상에서 고요히 하나님의 뜻이 무엇인가를 분별하는 시간을 갖는 것이 필요합니다.

영성가 헨리 나우웬은 그의 저서 《두려움에서 사랑으로》에서 하나님을 알아가는 것은 신에 대한 교만한 지식이 아니라 "유식한 무지"(docta ignorantia)로 변해 가는 것을 의미한다고 했습니다. "유식한 무지"의 상태로 가는 것은 삶이 나 혼자의 삶보다 크고, 역사가 우리

가정의 역사보다 크고, 경험이 나 자신의 경험보다 크고, 하나님이 나의 신(神)보다 크다는 것을 인식하는 것입니다. 그러기 위해서는 나 자신의 잔을 비워야 하고 사람들을 대할 때 내 경험을 기준으로 삼는 태도를 버려야 한다고 합니다. 하나님 앞에, 사람들 앞에 겸손하게 경청하는 지혜를 갖는 것이 필요합니다.

우리를 깨우치시는 하나님

우리의 입술로, 우리의 언어로 생명의 노래를 부르기 바랍니다. 고난 가운데도 예언자의 비전과 상상의 이야기를 나누기 바랍니다. 하나님의 약속이 희망이 되고 구원이 되어 많은 사람에게 하나님의 충만한 생명을 전할 수 있기 바랍니다. 이사야 예언자가 꿈꾸는 하나님의 나라는 어린아이가 사자들과 뛰어놀 수 있는 세상, 독사굴에 손을 넣어도 물지 않는 세상이었습니다. 우리의 사랑이 헛되지 않으려면 사랑이 정의를 완성해야 하는 것입니다.

또한 우리의 귀를 늘 열어 놓아 깨우치시는 하나님의 뜻을 들을 수 있어야 합니다. 동시에 우리 사회에서 함께 살아가는 사람들의 이야기에 귀를 기울여야 합니다. 약한 자, 가난한 자, 억울한 자, 상처 입은 자들의 소리에 겸허하게 귀를 기울이는 것이 필요합니다.

우리의 믿음이 헛되지 않으려면 들은 대로 살아가기 위해 노력하고, 죽음의 문화 속에 생명의 언어를 선포하고, 아무도 돌아보지 않

새 시대 새 설교

는 자들의 이야기에 귀를 기울여 하나님의 사랑으로 아픔과 상처들
이 치유되는 모습으로 용기 있게 나아가야 합니다. 하나님은 포로된
이스라엘에게 이사야를 통하여 말씀하셨습니다.

주 하나님께서 나를 학자처럼 말할 수 있게 하셔서, 지친 사람을 말
로 격려할 수 있게 하신다. 아침마다 나를 깨우쳐 주신다. 내 귀를
깨우치시어 학자처럼 알아듣게 하신다.(이사야 50:4)

오늘도 하나님은 우리를 깨우치고 계십니다.

2023년 5월 24일 수원성교회 설교

파니 멘델스존이란 여성 작곡가가
떠오른 건 왜일까?

지강유철/작가, 전 양화진문화원 선임연구원

2020년 1월 전 세계를 급습한 코로나 팬데믹은 3년 7개월간 우리 삶의 질서를 근본에서부터 흔들었다. 그에 더해 코로나 말기에 집권한 윤석열 정부는 공정과 상식을 조롱하며 사회 모든 분야를 21세기 이전으로 후퇴시켰다. 팬데믹 시기에 여성 신학자 세 분이 선포한 설교문 9편을 정독했다. 읽는 내내 파니 멘델스존(1805-1847)이란 여성 작곡가가 떠올랐다.

파니는 우리나라에서도 꽤 알려진 펠릭스 멘델스존(1809-1847)의 친누나이다. 파니는 동생 펠릭스 멘델스존에 못지않은 피아니스트였고 숙련된 작곡가였다. 그러나 음악을 직업으로 선택할 수 없었다. 당시 부르주아 귀족 여성의 공개 연주나 작품 출판은 금기였다. 부르주아 여성이 연주와 악보 출판으로 돈을 버는 직업 음악가가 되면 가문의 명예를 크게 실추시킨다는 통념 때문이었다. 그래서 파니의 아버지와 동생 펠릭스는 파니가 취미로 피아노를 치고 작곡을 하고 지휘를 하는 일에는 아무런 간섭을 하지 않았으나 공개 연주나 악보 출판은 끝까지 반대했다.

파니가 살던 베를린은 1831년 8월에 콜레라 대유행이 시작됐다. 24만 8000명이 살던 베를린은 6개월 사이에 콜레라로 1426명이 사망했다. 콜레라는 파니의 고모 헨리에테, 작곡 스승 첼터, 철학자 프리드리히 헤겔, 그녀의 절친인 소프라노 가수 울리케 페터스의 목숨을 빼앗았다. 영국에 머물고 있던 남동생 멘델스존도 콜레라에 걸렸으나 목숨을 부지했다. 콜레라 여파 때문인지는 알 수 없지만 파니는 둘째 아이를 유산하고 산후 우울증에 시달렸다.

10여 년 동안 콜레라로 인해 유럽은 쑥대밭으로 변했어도 유독 클래식 작곡가의 작품은 쉽게 눈에 띄지 않는다. 이런 상황에서 공식적으로 아마추어 작곡가인 파니는 〈1831년 콜레라로 사망한 이들을 위한 칸타타〉(이하, 콜레라 칸타타)를 작곡했다. 더군다나 파니는 직업 음악가가 아니었기에 악보를 출판하고, 그 작품으로 공개 연주회를 개최하는 건 상상도 못했다고 보는 게 합리적이다. 그랬기에 '콜레라 칸타타'는 150년 이상 멘델스존 아카이브에서 잠을 자고 있다가 1990년대 후반에 와서야 출판됐다. 이 작품을 세상에 알린 일등 공신은 1980년대에 전 세계를 강타한 페미니즘이다. 이 운동에 동의하는 이들이 가부장적 문화에 희생을 당해 역사의 뒤안길로 사라진 여성 작곡가나 연주자를 발굴하는 과정에서 '콜레라 칸타타'를 찾아낸 것이다.

콜레라가 언제 끝날지 모르고 자신 또한 언제 죽어도 이상하지 않을 상황에서, 더군다나 작곡을 하더라도 공연될 가능성이 거의 제로에 가까운 상황에서 파니가 작품을 완성했다는 사실은 생각할수록 놀랍다. 여성 목사 세 분의 설교문을 읽으며 파니를 떠올린 건 21세기에도 여성 안수를 거부하는 강고한 가부장 신학이 한국교회를 좌지우지하고 있기 때문이다. 자신의 일천함을 되돌아보지 않고 원고청탁을 수락한 것은 아직도 여성 목회자와 신학자가 이 땅에서 목회하는 것이 얼마나 어려운지 알기에 응원과 연대의 손길을 내밀기 위함이다.

설교문에서 들리는 소리

생태신학자 구미정 목사의 설교문에서는 '목소리'가 들린다. 그 목소리는 어린 시절 재미있었던 구수한 옛날이야기를 다시 듣는 기분에 휩싸이게 만든다. 때로는 음악으로도 들린다. 논리가 정연하고 새로운 지식과 사례가 풍부한 설교문이라고 해서 모두 '목소리'로 변하지는 않는다. 리듬감이 좋다고 곧바로 음악이 된다고 생각하면 오산이다. "하나님의 날개"란 제목의 설교를 읽고 나니 직접 설교를 들은 분들이 부러워 배가 아팠다. 저 설교를 들었다면 얼마나 행복할까 싶었다. 빼어난 예술적 감각은 고된 훈련과 노력으로 얻을 수 있는 게 아니다. 예술 하는 사람들은 모두 안다. 그 달란트가 선물임을 말이다. 설교문이 '목소리'를 내는 것 역시 은사가 아닐까 싶다. 그러나 구미정 목사가 타고난 이야기꾼이기에 설교문에서 소리가 들린다는 설명은 충분하지 않다. 뭔가 빠진 느낌이다. 그것은 어느 대목에서 텍스트가 소리로 변했는지를 역추적해 보면 알 수 있다. 사람들이 연주자의 빼어난 기교를 보며 발을 구르고 탄성을 지르는 것은 맞다. 그러나 깊은 전율과 깊은 감동의 눈물을 건드리는 실체는 따로 있다. 구미정 목사의 설교문을 예로 들자면, "예수님이 손수 밥상을 차려 놓으셨습니다. 무려 '숯불 생선구이'입니다. 제자들의 마음이 살살 녹아내렸겠지요."라거나, 기후 재앙의 시대가 절기마저 병들게 했지만 "그래도 어김없이 보슬보슬 내리는 봄비에 감사 인사를 건네 봅니다. 봄비 속을 거닐며 잠시 지구별의 안녕을 빌어봅니다"라는 문장에 이상하게 끌린다. 아니 그 이상의 정서를 느낀다. 저 쉽고 누구나 아는 문장 속에서 세대와 성별과 지역을 뛰어넘는 마음과 마음이 만난다고 느끼기 때문이다.

육군사관학교 교내에 있던 홍범도 장군 흉상 철거와 건군 75주년 국군의 날에 대대적인 시가행진을 할 예정이라는 뉴스 이후에 구미정 목사는 "비록 그렇게 되지 않더라도"라는 제목으로 설교했다. 윤석열 정부의 위험천만한 국정 운영에서 주전 2세기 중엽 희대의 악당 안티오코스 4세의 폭정이 떠올랐던 것일까. 유대 포로들이 율법을 읽거나 소지하는 일을 금하고, 안식일과 할례를 못하게 만들고,

새 시대 새 설교

돼지 피로 성전을 모독했던 거대 금 신상 우상화가 담긴 내용을 본문으로 정한 걸 보니 그런 생각이 들었다. 구미정 목사는 거기서 그치지 않고 일제강점기 치하의 신사참배와 다니엘과 세 친구들이 감내해야 했던 창씨개명까지 묵상의 폭을 넓힌다. 2023년이 간토대진재 100주기란 사실도 잊지 않는다. 일제의 신사참배 강요든 바빌로니아 제국의 금 신상 숭배든 그것들이 모두 단순한 종교 행위가 아니라 국가의례였기에 목숨으로 그걸 거부한 것은 종교 행위인 동시에 민족 행위였다는 사실도 거듭 확인한다. 여기까지는 역사의식을 가진 설교자라면 누구나 할 법한 설교다. 구미정 목사는 여기서 한 걸음 더 나아간다. 바빌로니아 제국과 일본 제국주의가 신사참배와 금 신상 낙성식을 통해 달성하려던 것의 실체를 오늘의 언어로 이렇게 번역한다.

"차이가 존중되지 않습니다. 개성이 인정될 수 없습니다. 개인의 양심이나 자유는 반역으로 치부될 터입니다. 오직 하나의 정체성만 존재합니다. 제국의 신민으로서, 언제든 국가가 부르면 달려나가야 합니다. 이것이 금 신상 낙성식의 실체입니다."

한순간 삶과 죽음이 뒤바뀌는 바빌로니아 제국과 일제강점기의 결정적 순간을 설교하면서 구미정 목사는 믿음과 신앙의 차이를 교인들 앞에 세운다. 믿음은 주어가 나이기에 '성경에 그렇게 적혀 있다, "교리로 배웠다." "우리 목사님이 그렇게 말씀하셨기에 그렇게 믿는

다"고 말한다. 그러나 주어가 바뀌면 하나님은 다니엘의 세 친구를 불가마에서 구하실 수도 있고, 그대로 타서 재가 되도록 놔둘 수도 있음을 받아들인다. 하나님이 어떻게 하시든 그분을 향한 신뢰에 요지부동인 것이 '신앙'이다. 그랬기에 이 설교 끝은 이렇다.

"올해는 간토대진재 100주기의 해입니다. 한반도는 여전히 역사의 십자가를 지고 있습니다. 십자가를 피해 달라고 간구하는 게 신앙이 아닙니다. 시인 윤동주의 고백처럼, 우리 앞에 놓인 십자가를 은총으로 받아들여야 합니다. 하나님께서 우리와 함께 하십니다. 하나님께서 우리에게 화덕 속으로 뛰어드는 용기를 허락하실 것입니다. 주님의 십자가를 그렇게 문신처럼 삶에 새기는 우리가 되기를 기원합니다."

예수님이 차린 생선구이 밥상

"곡우에 비가 오면 풍년이 든다"는데 기후 재앙 속에서도 비 내리는 소리에 감사 인사를 건네고, 봄비 속을 거닐며 잠시 지구별의 안녕을 비는 걸로 "세상에 없던 사랑"이란 제목의 설교가 시작된다. 신기하다. 그게 가능한 설교자이니 하늘에서 내리는 빗소리가 지붕, 창문, 우산, 호수, 나뭇잎, 땅, 무엇에 닿았는지에 따라 달라지고, 불협화음 같으나 실상은 우주의 음악이라고 느껴지나 보다. 이 음악관은 온 세상 소리를 자기 교향곡 안에 담아내는 것을 목표로 평생을 작곡했던 구스타프 말러를 생각나게 만든다. 그는 제자와 숲 속을 거닐다가 멀리서 들려오는 장터 소리며 군인들의 사격연습장 소리, 군악대 소리를 듣더니 제자에게 이렇게 말한다.

"저 소리 들리나? … 이처럼 시끄러운 소리, 수천 마리 새의 노랫소리, 휘몰아치는 폭풍우 소리, 파도가 철썩이는 소리와 불이 타들어가는 소리가 말일세. 이렇게 여러 방향에서 주제가 떠오르는 거지. 서로 리듬과 선율을 달리하는 주제가 말이야 … 예술가의 일이란 이러한 혼돈에 질서를 부여하고 하나의 조화로운 전체로 통일하는 것일세."

구미정 목사의 모성적 상상력은 부활 후 디베랴 바닷가로 낙담한 제자들을 찾아 온 요한복음 21장 후반부를 '생선구이 밥상을 차리시다.'란 소제목으로 풀어내는 장면에서 또 한 번 찬란하다. '생선구이 밥상'이란 이 소박한 표현은 지금 여기 살고 있는 한국 사람들을 일순간 하나의 경험 공동체로 묶어 준다. 예수님이 차려주는 생선구이 밥상이란 이야기를 들으며 우리는 단체로 타임머신을 타고 2천 년 전 디베랴 바닷가로 달려간다. 그런데 그게 다라면 구미정이 아니다. 예수님과 제자들이 나눈 조반 식사는 "또 하나의 '오병이어' 사건이란 이름을 얻는다. 그 자리에서 나눈 빵과 생선은 복음의 은유로 승화된다. 추상명사가 아니라 아주 구체적이며 감각적인 적용이 뒤따른다.

"기독교인마다 사랑을 입에 달고 삽니다. … 육체가 머리를 따라가지 못합니다. 몸 따로, 머리 따로입니다. 주님의 사랑이 베드로의 삶을 통해 구체적으로 번역되듯이, 나를 통해서도 새롭게, 독자적으로 번역되어야 하지만, 우리는 자신의 한계를 정직하게 대면할 줄 모릅니다. 자기가 이루어야 할 사랑의 내용을 채워 넣을 능력은 더더욱 없습니다. 속은 위선자요 무능자이면서 겉은 믿음 좋은 척 살아갑니다. 그래서 오늘도 '주여, 우리를 불쌍히 여기소서' 기도가 절로 나옵니다. 아니 그래야 합니다. 복음의 능력을 사모합시다. 그 능력에 힘입어 변화된 삶을 추구합시다. 주님이 가르치시고, 몸소 보여주신 사랑을 우리도 따라 해 봅시다."

현장에서 듣고 싶은 설교

롯의 스토리가 구미정 목사를 만나면서 룻기는 고대 사회의 재난 이야기가 된다. 그러다 보니 엘리멜렉이라는 유다 남자가 아내와 두 아들을 데리고 모압 지방으로 내려간 룻기 초반부 이야기도 유민이란 개념어로 서술된다. 그렇기에 설명을 추가하지 않더라도 저들의 모압 여정은 곧 끝나게 될 것이라 예상이 가능해진다. 구미정 목사는 유다 사람들에게 모압은 소돔과 고모라 성의 멸망과 그 이후 롯이 두 딸과 교합해 모압과 암몬을 낳은 부끄러운 땅이었음을 상기시킨다. 이 모든 것이 "하나님의 날개"란 제목으로 한 편의 설교에 들어 있다. 교인들에게 3500명이 사망한 후쿠시마 원전사고에서 시작하여 세월호 사건으로 죽은 학생들, 만성절 축제를 즐기러 나갔다가 떼죽음을 당한 이태원 참사를 떠올리게 하는 것만으로 교인들은 이 설교에 마음으로 반응할 준비를 끝냈을 듯하다. 구미정 목사는 좀처럼 원어나 신학적 개념을 동원한 현학에 자리를 내어주지 않는다. 신학자나 인문학자의 말이 아니라 맘씨 착하고 입담이 구수한 이웃이나 가족의 말에 더 가깝다. 이 설교에서도 히브리어로 헤세드 뜻풀이를 하지 않는다. 그냥 하던 이야기를 계속할 뿐이다.

"나오미의 인생이 나락으로 내동댕이쳐졌습니다. 그런 나오미에게 룻이 손을 내밉니다. 당신은 홀로 남겨지지 않았다고, 말을 겁니다. 룻도 남편을 여의었습니다. 슬픔에 빠져 허우적대려면 얼마든지 그럴 수 있습니다. 하지만 룻은 나오미를 바라봅니다. 자기는 남편을 잃었을 뿐이지만, 나오미는 자식들까지 잃었습니다. 자기가 남편을 잃고 보니, 남편을 여읜 데다가 자식마저 앞세운 나오미의 슬픔이 더 잘 이해됩니다. '홀로' 남은 나오미 곁에서 뭐라도 해 주고 싶습니다. 이 마음이 '헤세드'입니다."

그래서 구미정 목사 설교는 쉽다. 재미있다. 룻이 시어머니랑 모압을 떠나 베들레헴에 도착했을 때 그의 처지를 불법 체류자나 다름없는 신분이었다고 말한다. 교인 모두가 대번에 알아듣지 않을까.
이 설교에서 돌봄의 가치를 과도하게 강조하다 보면 설교가 식상할
수 있다. 요즘음 어디서든 너무 자주 듣는 이야기가 돼 버렸기 때문
이다. 그래서였을까. 구미정 목사는 믿음의 선조가 되어 복의 근원이
된 아브라함보다 어떤 면에서 룻이 더 큰 믿음을 보여 준 것일 수 있
음을 생각하게 한다. 이 설교는 끝까지 긴장과 감동을 잃지 않는다.
텍스트가 아니라 현장에서 들었다면 더 행복했을 것이라 생각한 이
유다.

"흔히 아브라함을 '믿음의 선조'라 말합니다.(창세기 12:1) 이렇게 과
감히 떠날 수 있었던 데는 하나님의 약속이 큰 몫을 했습니다. "내가
너로 큰 민족이 되게 하고, 너에게 복을 주어서, 네가 크게 이름을 떨
치게 하겠다. 너는 복의 근원이 될 것이다."(창세기 12:2) 이에 반해 룻은
하나님의 부르심을 받아 떠난 게 아닙니다. 굳은 약속도 없었습니다.
심지어 룻이 버려야 했던 것의 목록은 아브라함의 경우보다 더 깁니
다. 그녀는 '살고 있던 땅과 태어난 곳과 아버지의 집'에 더해 '자기
겨레와 자기가 믿던 신'까지 버려야 했습니다."

성서 읽는 안목을 길러주는 설교

기독연구원 느헤미야 연구원 김성희 목사의 설교는 교인들에게 성

서 읽는 안목을 길러 준다. 예를 들어보자. 우리나라 절대다수의 기독교인은 4복음서에 모두 나온 '향유를 붓는 여인'을 창녀로 알고 있다. 교회가 그렇게 가르쳤고, 2천 년 전 여성이 창녀든 아니든 우리에겐 아무런 불이익이 주어지지 않았다. 그래서 아무렴 어때의 심정으로 이 이야기에서 내 교훈만 챙겼다. 그런데 김성희 목사는 이런 우리 통념에 이의를 제기한다.

"이것은 너무나 큰 역사적 왜곡입니다. 막달라 마리아가 창녀였다거나 향유를 부었다는 성서적 전승은 어디에도 없기 때문입니다. 그러면 왜 이런 전승이 생겨났을까요? 일단 여성이 죄를 지으면, 어떠한 종류의 죄를 지어도, 창녀라고 생각하는 여성 혐오 문화의 영향이고, 결정적인 것은 591년 그레고리 교황의 설교가 그렇게 선언을 해버렸기 때문입니다. 그리하여 기독교 역사에서 막달라 마리아는 창녀로, 예수께 용서받고 향유를 부은 것으로 전승이 굳어졌습니다."

여기서 그치지 않는다. 이 설교자는 4복음서에 모두 나오는 예수님의 기적이나 비유 등의 차이와 공통점을 친절하게 알려준다. 수십 년 큐티를 한 신자도 보통은 '향유를 붓는 여인'이 나오면 그 본문에 집중할 뿐 다른 복음서의 동일 이야기에 별 관심이 없다. "마태복음에서 봤는데 누가복음에 또 나왔네" 하며 넘어가지, 멈추어 그 차이를 따져보지 않는다. 이 설교 본문에 나오는 '향유를 붓는 여인'은 4복음서에 모두 기록됐지만 사실 관계에서 좀 차이가 난다. 아니 그 정도를 넘어 메시지까지 다르다.

"간단히 말씀드리면, 마태와 마가의 향유 붓는 여인은 모두 익명이고, 유월절 이틀 전 나병환자였던 베다니 시몬의 집에서 식사할 때에 여인이 등장하여 예수님의 머리에 향유를 붓습니다. 요한복음에서는 유월절 엿새 전에 베다니에 살고 있는 마르다, 마리아, 나사로네 집에서 이 사건이 발생하고, 마르다의 동생 마리아가 향유를 예수님의 발에 붓는 것으로 등장합니다. 그리고 발생시기가 유월절 이틀 전과 엿새 전, 시기가 좀 다르고 예수님의 향유 부음 받은 몸도 예수님의 머리와 발이라는 것이 다르지만, 그래도 모두 갈릴리 베다니에서 발생한 사건이라는 것은 같습니다. 그런데, 오늘 누가복음에 나오는 이 여인은 마가, 마태, 요한복음과는 큰 틀은 같은데, 세부내용들이 다릅니다. 일단 발생한 장소가 달라요. 남쪽 유다지역, 예루살렘 옆의 베다니가 아닌, 이곳은 북쪽 갈릴리에서 발생합니다. 그리고 향유사건은 나병환자 시몬도, 나사로네 집도 아닌, 시몬은 시몬인데, 바리새인 시몬의 집에서 발생하죠. 그리고 이 여인은 이름은 없지만 대신에 이 여인을 꾸며주는 형용사가 붙는데, 바로 '죄 많은 여인'이라는 것입니다."

이쯤 되면 설교를 읽거나 듣는 눈 밝은 교인은 고민에 빠지게 된다. 과연 이 이야기를 하나의 스토리라 말해도 될까 싶어 입이 근질거린다. 김성희 목사 설교가 성서 읽는 안목을 길러준다고 말한 건 바로 그 때문이다.

상호 간의 추앙

"지금은 사랑하고 환대할 때"라는 설교문에는 여성이기 때문에 이런 적용이 가능하겠구나 싶은 대목이 눈에 띈다. 설교 도입부에서 2022년 방영된 드라마 〈나의 해방일지〉의 여자 주인공은 하루하루를 술로 버티며 힘겹게 살아가는 남자 주인공에게 요구한다. 공허한 자기 삶은 사랑만으로 부족하니 추앙하라고 말이다. 남자 주인공은 여자 주인공을 추앙하면서 자기 삶에도 한 줄기 희망이 생겼음을 느낀다. 여주인공 역시 웃음을 회복하지만 이들의 삶은 여전히 밑바닥을 기고 있음을 보여주며 드라마는 끝난다. 설교자는 본문에 등장한 향유를 쏟아붓는 여인의 예수님을 향한 추앙이 바리새인의 경멸과 덫으로부터 예수님만 구한 게 아니라 예수님 역시 추앙함으로 그녀를 구했다고 말한다. 예수님과 그 여인의 상호 추앙이 바리새인의 위선을 폭로했다는 것이다. 설교는 러시아의 우크라이나 침공에서 이스라엘과 하마스 전쟁, 포스트 코비드 시대의 후폭풍, 양질의 일자리 부족, 고령화시대, 세대와 젠더갈등, 기후변화와 생태계의 문제와 교인 개개인의 아픈 삶에 공감하며 이렇게 끝낸다.

"이러할 때일수록 우리에게 정답은 하나뿐입니다. 하나님께로 나아가서 우리의 마음을 토로하고 일단 기도하는 것입니다. 그것이 아마 우리가 예수님께 쏟아부어야 할 첫 번째 향유일 것입니다. 그러면 하나님께서 우리가 처한 상황에서 어찌하라는 방향의 말씀을 주실 터인데, 그것을 듣고 그 말씀을 믿음으로 붙잡고 나아가는 것입니다. 그것이 내 자신에게 쏟아붓는 영적인 향유일 것입니다. 또한 우리는 서로가 서로에게 사랑과 환대의 향유를 마구 쏟아 부어 주어야 합니다. 그래서 서로의 아픔을 그 향유로 발라 주고, 다시금 일어날 수 있도록, 그들을 응원하는 추앙을 해야 할 것입니다.”

그리스도인이라는 별칭을 갖게 만든 사도행전 11장의 안디옥교회 이야기를 음악으로 풀어낸 “21세기를 위한 안디옥의 랩소디”란 설교는 반갑고 신선하다. 설교자는 15세기부터 시작하여 19세기까지 역사를 훑으며 랩소디와 보헤미안의 유래를 추적한다. 더 멀리 호메로스와 일리아스의 랩소디(이야기)까지 기웃거린다. 드디어 몽환적이고 격렬한 감정을 장착한 퀸의 보컬 프레드 머큐리의 '보헤미안 랩소디'를 등장시킨다. 설교자는 주류가 아닌 비주류의 사정을 전달하고, 관행을 뛰어넘는 방랑자의 자유로움, 그리고 잘못된 구조와 불의한 제도로 구성된 현시대를 따갑게 비판하는 사회비평적인 노래인 보헤미안 랩소디의 또 다른 버전인 안디옥교회의 랩소디가 오늘의 한국교회가 불러야 할 노래라고 주장한다. 그렇게 다양성을 인정하고 수용하며, 지역적, 사회적 배경이 다양한 리더를 적재적소에 세우고, 선교사를 파송할 뿐 아니라 어려운 교회를 물심양면으로 후원하는 한국

새 시대 새 설교

교회가 되어야 한다며 말이다.

"가이오 vs 디오드레베 vs 데메드리오"란 설교에서도 김성희 목사는 이 서신서가 기록될 1세기 말에서 2세기 초까지의 상황을 일러준다. 믿는 사람들이 교회란 이름으로 모여 조직화되고 체제화되는 시점에 타민족 선교에는 열심을 내고, 그 와중에 이단 등으로 공동체가 사분오열되고 있을 때 이 편지가 보내졌다는 이야기다. 꼬집어 말하자면 개인의 문제 해결이 아니라 극심한 박해와 이단이 창궐하는 상황의 타개책으로 요한은 '사랑'의 메시지를 강조했다는 설명이다. 오직 사랑을 통해서 복음의 본질로 돌아가 공동체를 하나로 묶기 위한 목적을 잊지 말아야 한다는 의미로 읽혔다. 사랑은 분열과 박해와 이단으로 뿌리까지 흔들리던 1세기 교회만이 아니라 오늘 우리 시대 교회 문제를 해결할 수 있는 근본적 처방이다.

당시 요한3서를 받아 읽은 공동체는 늘 "여분의 이불과, 불을 밝히는 초와, 먹을 수 있는 빵을 항시 준비해 놓고 순회 복음 전도자를 접대하고", 경제적으로 어려운 교회를 도왔다. 그런 아름다운 교회에도 문제를 일으키는 사람이 있었고, 옳은 일에 침묵하지 않는 사람이 있었다. 김성희 목사의 희망대로 선을 추구하고 진리와 함께 행동하며 복음 전하는 일에 앞장서면서도 나그네 환대를 잊지 않았던 가이오, 옳은 일을 지지하며 불의에 침묵하지 않는 데메드리오처럼 단순하고 미련해 보이기까지 한 바로 그 사랑을 실천하는 교인들을 하나님께서 이 민족에게 더 많이 보내 주시기를 위해 마음을 모아 본다.

오페라 서곡 같은 도입부

김순영 교수 설교문의 도입부는 오페라 서곡을 닮았다. 막이 열리기 전 오케스트라 피트(Pit)에서 시작되는 서곡은 아름답고, 어떤 스토리가 전개될 지를 극적으로 암시한다. 김순영 교수의 설교 도입부는 두 번째 문장에서부터 반전이 이루어지기도 한다. 불과 몇 문장에서 그날 설교가 어떻게 전개될지 예측이 가능하다. "모든 생명은 한 집 한 식구"란 제목의 설교는 이렇게 시작된다.

"세상은 온통 아름다운 가을로 물들고 있습니다. 그러나 기후 변화로 인해 아름다운 지구가 얼마나 더 버틸 수 있을지 의문입니다. 최근 몇 년 동안 지구 곳곳이 기후 재앙으로 몸살을 앓고 있습니다. 홍수로, 극심한 무더위로 사람들이 죽고, 산불로 지표면 온도는 점점 더 상승하고 있습니다. 지구온난화는 옛말이 되었고, 펄펄 끓는 지구가 되고 말았습니다. 지구온난화가 아니라 '지구 열대화'를 걱정하는 현실입니다."

설교 준비를 끝내고 공들여 도입부 문장을 쓰는 것으로 설교 마무리가 되는 게 아닐까 싶다. 그래서 설교 도입부는 읽는 이로 하여금 기대를 갖게 만든다. 아름다운 서곡을 듣는 기분이다.

새 시대 새 설교

신앙에서 질문의 중요성

김순영 교수는 욥을 주제로 한 설교 "약함과 부서짐의 아름다움과 신비"에서 신앙에서 질문이 얼마나 중요한지를 담담하게 서술한다. "까닭 없이 하나님을 경외하겠습니까?"라는 사탄의 문제 제기에 하나님은 욥의 모든 재산을 빼앗고 아들과 딸 모두가 죽는 것을 허용하였다. 욥기를 읽거나 설교를 듣는 이들은 "하나님이 어떻게 그럴 수 있느냐?"는 질문을 던질 수밖에 없다. 그분이 의롭다면 무고한 욥에게 어떻게 그토록 가혹한 고통을 허용할 수 있느냐는 것이다. 그러나 이 설교자는 하나님이 의로운가를 묻기 전에 먼저 그분을 믿고 사랑하는 자기 내면의 동기 성찰을 제안한다. 많은 설교자가 욥의 인내를 강조하고 배우자고 역설하는데 반해 김순영 교수는 욥이 가슴에 묻은 자녀들이나 육체의 고통보다 더 중요하게 여겼던 문제에 우리 시선을 고정시킨다. 답을 얻을 때까지 하나님을 향한 욥의 멈추지 않는 질문 공세는 그래서 더 주목하게 된다. 그가 그토록 집요하게 하나님과 대면하려 했던 것은 질문 때문이었다. 기어이 하나님으로부터 속시원한 답을 듣고 싶었다는 이야기다. "욥은 따지고, 묻고, 집요할 정도로 하나님과 대면"을 원했음을 이렇게 말한다.

"욥은 자녀들과 재산을 잃은 고통보다 더 큰 문제는 하나님의 침묵입니다. 하나님과의 관계입니다. 기도해도 대답하지 않는 하나님, 들은 체도 하지 않는 하나님, 욥에게 하나님은 너무도 잔인하신 하나님이었습니다.(30:20-21) 욥은 이전의 삶을 되돌려 달라는 것도 아닙니

다. 그저 욥은 하나님의 대답을 기다릴 뿐입니다."(31:35)

김순영 교수에 의하면 우리가 하나님께 욥처럼 질문한다면 우리 신앙의 의미를 새롭게 정의할 수 있다. 그런 질문을 통해 "신앙은, 천상의 세계를 열망하는 것이 아니라 이 땅의 울퉁불퉁하고 거칠고 부서질 듯한 연약함을 받아들이는 것"임을 배우게 된다. 설교자는 "수수께끼 같은 삶에서 오늘 나의 연약함을 받아들이는 것"이 "그리스도인의 사명 중 하나"라는 놀라운 발언까지 서슴지 않는다.

김순영 교수는 21세기가 직면한 전 세계적 기후 재난을 묵시록적인 위기라고 판단한다. 새로운 삶의 대전환이 필요한 긴박한 상황으로 인지한다. 코로나19 바이러스는 "인류를 향해 착취를 멈추라는 지구 생태계의 경고이며 역습"이라 설교한 건 바로 그 때문인 듯하다. 시편 104편을 주해하기 전에 시애틀 추장의 입을 통해 "길가의 달팽이가 먼 은하계와 연결되듯, 우리는 존재하는 모든 것과 상호작용하며 살아가는 존재임을 역설"한 1854년 시애틀 추장의 연설, 1960년대 초반에 "인간은 자연을 지배하는 존재가 아니라 자연의 한 부분임을 강조"한 레이첼 카슨의《침묵의 봄》, 코로나19 발생의 가장 큰 원인으로 인간 경작지를 지구 면적의 77%까지 확장한 것을 꼬집은 제러미 리프킨을 소개한 것도 같은 이유 때문이었으리라.

김순영은 "생육하고 번성하라"는 하나님의 지상 명령(창세기 1:26-28)을 인간 중심적으로 해석했던 신학의 극복을 시편 104편에서 시작할 수밖에 없다고 확신하는 듯하다. 시편 104편을 설교한다는 것은 창조 세계에 대한 인류의 역할 재정립 운동에 동참선언으로 해석해도 되지 않을까 싶다.

"시편 104편을 통해 우리가 잊지 말아야 할 것은 분명합니다. 모든 살아 있는 생명체는 모두 하나님의 지혜로 창조된 한 뿌리에서 난 자매이며 형제입니다. 한 집안에서 하나님의 돌봄을 받으며 먹고사는 가족입니다. 이것은 인간과 동식물이 서로의 경계를 지키며 인간이 동물의 영역을 침범하지 않고 자기 자리를 지킬 때 가능합니다."

요한 제바스티안 바흐는 시편 104편을 주요 텍스트로 〈이 모두가 당신을 기다리나이다〉라는 제목의 교회 칸타타 BWV. 187를 1726년에 작곡했다. 삼위일체축일 후 제7주일을 위해 작곡한 이 곡은 시편 104편과 함께 "그리하여 무엇을 먹을까 무엇을 마실까 염려하지 말라"는 마태복음 6장 31-32절을 노래한다. 유쾌한 선율과 축제의 리듬이 도드라지는 밝고 아름다운 작품이다. 바흐는 하나님이 땅과 바다, 심지어 바다의 리워야단까지 먹이신다(27-28)는 시편 104편 가사로 첫 곡을 쓰고 이어서 하나님이 모든 창조물의 필요를 채워 주고(2곡), 숨 쉬는 모든 생명을 돌보시는 하나님이 나에게만 안 주실 리 없으니 근심 걱정은 물러가라(4곡)고 노래한다. 바흐가 이 엄청난 시편 104편의 신학적 함의를 어디까지 파악했는지는 자세히 알 수 없으나 이런 작품을 남겼다는 사실만으로도 고맙고 반갑다.

예언자와 전도자(코헬렛)의 차이

김순영 교수의 설교는 구약성서의 시가서(욥기부터 아가서까지)의 진정한 가치를 교인 손에 쥐어준다. 미래와 관련이 더 깊은 선지자와 지혜 선생 코헬렛(전도자)의 차이를 알기 쉽게 풀어준다. "삶의 지표를 찾는 그대에게"라는 제목의 설교는 '현실 그대로 말하길 좋아하는 사람'이 바로 코헬렛이라고 말한다. 구약의 전도자는 인간의 고통, 슬픔, 불평등, 미움, 죽음 같은 부정적인 삶의 문제들을 이야기하는 데 거침이 없다. 예언자가 환상을 보고 하나님을 대리하여 말씀을 세상에 전해 미래를 대비하게 한다면, 전도자는 일상에서 경험과 관찰을 통해 얻은 통찰로 우리를 일깨운다. 코헬렛은 논쟁적일 때도 없지 않지만 더 많은 경우 계절에 따라 변화하는 들판의 공기 속에서 하나님의 구원과 아름다움을 노래한다. 그들의 말이 시가 되거나 예술로 승화되는 이유이다. 김순영 교수는 이 설교를 통해 우리 신앙의 어떤 점이 교정받기를 기대한다.

"지혜서의 공통된 가르침이 있다면 모든 삶의 문제를 무조건 "하나님의 뜻이야"라는 말로 단순화하지 않는다는 점입니다. 우리는 어쩌면 신앙을 가졌다는 이유로 세상에 던져진 모든 삶에 관한 질문에 정답을 가진 것처럼 행동하며 자신을 속였을지도 모릅니다. 그러나 코헬렛은 하나님이 좋은 일과 나쁜 일을 병행하게 하셔서 사람이 장래 일을 알지 못하게 하셨다고 말합니다.(7:14) 이렇게 지혜자는 간결한 문장으로 내 앞에 닥친 현실을 해석하도록 돕습니다."

전도자도 선지자처럼 부조리한 사회의 억압적인 현실 문제에 개입한다. 시가서라고 현실의 질서와 무질서 사이에서 야기되는 불편한 현실을 목격하고 물러서거나 침묵하라고 가르치지 않는다. 코헬렛은 '부조리한'(헤벨) 세상에서 '오늘을 붙잡으라', 즉 오늘을 즐기라고 요구한다.

지혜문학은 일관되게 인생의 내일이 '가려진 시간'이라고 가르친다. 내일 무슨 일이 일어날지 누구도 알 수 없다. 하나님은 물리학자들과 비교할 수 없을 정도로 오래전에 삶의 불확실성을 말씀하셨다. 굳이 "내일 일은 내일 염려할 것이요. 한 날의 괴로움은 그날에 족하다"(마태복음 6:34)는 예수님 말씀을 꺼낼 필요도 없다. 내일에 대한 과도한 염려나 지나친 환상은 하나님 자리를 넘보는 행위란 사실을 내 마음에 꾹꾹 눌러 써 본다.

다시 근원으로

설교 몇 편을 읽고 어떤 목회자의 설교 세계를 이렇게 저렇게 규정하는 것은 지양해야 할 일이다. 세 분 여성 신학자의 설교를 좀 더 읽을 때까지, 그러니까 지금 떠오른 이런저런 생각일랑은 잠시 반추의 시간을 가질 참이다. 그보다는 오래전부터 궁금했던 질문을 던지는 것으로 이 글을 마무리하고자 한다.

예수는 하나님이시니 논외로 치더라도, 베드로나 바울과 같은 초대교회 사도나 교부들은 설교 준비를 어떻게 했는지가 늘 궁금했다. 20대에 품기 시작한 질문이라서 기회가 될 때마다 설교 관련 서적을 뒤적였지만 그 문제를 궁금해하거나 답을 제시하는 책은 아직도 읽지 못했다. 저들도 현대 설교자들처럼 주석과 원어 사전을 곁에 두고, 관련 서적을 참고하고, 완벽한 설교문을 쓰는 방식으로 설교 준비를 했을 것 같지는 않다. 바울이 그러했듯 저들은 정착이 아니라 끊임없이 길에서 복음을 전했기 때문이다.

그렇다면 초대 교회는 설교 준비를 어떻게 했을까? 그들과 현대 설교자들이 생각한 설교 준비의 차이와 공통점은 무엇일까? 커다란 차이가 존재한다면 그 차이는 언제 누구로부터 비롯된 것일까? 설교 한 편에 목숨을 걸어야 한다고 했을 때 현대 설교자들은 '준비'에 최선을 다해야 한다는 의미로 받아들이지만 사도나 교부들도 그렇게 생각했을까? 그보다는 '십자가를 밟으면 살려 주고 그렇지 않으면 죽이겠다'는 회유나 압박 앞에서 어떤 '선택'을 할 것이냐의 문제로 받아들이지 않았을까?

에드 본테스(Ad Fontes), 즉 '근원으로'는 종교개혁의 모토였다. 종교개혁자들은 문제가 어디서 비롯됐는지를 밝혀내기 위해 앞을 다퉈 왜곡되지 않은 본래의 예수, 원초적인 초대 교회로 달려 갔다. 그렇다면 복음 증거에 가장 중요한 설교 준비도 '근원으로' 되돌아갔던 가? 그렇지 않아 보인다. 실제로 바울이나 베드로가 어떻게 설교 준비를 했는지 밝혀 낼 수 없다는 판단이 진작에 서서 포기를 한 것인지, 아니면 모든 여건이 비교할 수 없을 정도로 개선된 21세기에 굳이 허허벌판과 같던 초대 교회 시대의 설교 준비를 차용할 필요가 없다고 생각한 것인지는 잘 모르겠다.

그런데도 웬만한 설교학 책에선 찾을 수 없는 원초적 질문 쪽으로 자꾸 고개를 돌리게 된다. 21세기 이전처럼 설교의 권위를 최고로 올려놓은 것이 정답이었는지, 그와는 정반대로 찬양에 밀리고 불신자 문턱을 낮추기 위한 소위 복음 전도라는 명목하에 설교 권위를 거의 부정하는 듯한 주장에는 문제가 없는지 점검하고 싶기 때문이다. 예수, 바울, 베드로, 요한 사도가 설교를 어떻게 이해했고, 그 준비를 어떻게 했는지를 상상한다. 같은 이유에서 팬데믹과 묵시록적 기후 위기, 상식과 원칙이 매일 파괴되는 현실을 보며 세 분 여성 목회자의 설교 준비는 어디에 방점을 찍었을지를 궁금해한다. 전자든 후자든 답을 얻을 가능성은 그리 커 보이지 않지만 그런데도 아직 이 질문을 포기할 생각은 없다. 설교 준비의 처음과 오늘, 그때와 지금의 설교 가치와 기준을 비교하는 것만으로도 머리가 훨씬 더 맑아지기 때문이다.

구미정

여성과 자연, 생명과 평화를 화두로 삼고 기독교 안팎의 대중과 소통하는 일에 힘쓴다. 시, 소설, 그림, 음악, 영화 등 동시대의 문화예술과 깊이 교감하며 신학의 진폭을 확장하려고 시도한다. 이화여자대학교 학부에서 철학을, 일반대학원에서 기독교윤리학을 공부했다. 생태여성주의에 바탕을 두고 신학과 윤리를 재구성한 논문으로 박사학위를 받았다. 현재 숭실대학교에서 강의하는 한편, 경기도 화성에 자리한 이은교회 목사이자 '화성으로 간 책방' 대표로도 활동한다.

저서로 《교회 옆 미술관》《한 글자로 신학하기》《두 글자로 신학하기》《그림으로 신학하기》《야이로, 원숭이를 만나다》《호모 심비우스》《핑크 리더십》《구약 성서, 마르지 않는 삶의 지혜》《교회 밖 인문학 수업》《십자가의 역사학》 등이 있으며, 역서로 《교회 다시 살리기》《아웅 산 수지, 희망을 말하다》《작은 교회가 답이다》《낯선 덕, 다문화 시대의 윤리》 등이 있다.

비록 그렇게 되지 않더라도

다니엘서 3장 14-18절

느부갓네살 왕이 그들에게 물었다. "사드락과 메삭과 아벳느고는 들어라. 너희가 참으로 나의 신을 섬기지 않고, 내가 세운 금 신상에게 절을 하지 않았느냐? 지금이라도 너희가 나팔과 피리와 거문고와 사현금과 칠현금과 풍수 등 갖가지 악기 소리가 날 때에, 내가 만든 신상에게 엎드려 절을 할 마음이 되어 있으면 괜찮다. 그러나 그렇지 않으면, 즉시 불타는 용광로 속에 던져 넣을 것이다. 어느 신이 너희를 내 손에서 구해 낼 수 있겠느냐?" 사드락과 메삭과 아벳느고가 왕에게 대답하여 아뢰었다. "굽어살펴 주십시오. 이 일을 두고서는, 우리가 임금님께 대답할 필요가 없는 줄 압니다. 불 속에 던져져도, 임금님, 우리를 지키시는 우리 하나님이 우리를 활활 타는 화덕 속에서 구해 주시고, 임금님의 손에서도 구해 주실 것입니다. 비록 그렇게 되지 않더라도, 우리는 임금님의 신들은 섬기지도 않고, 임금님이 세우신 금 신상에게 절을 하지도 않을 것입

겨울왕국 속으로

시절이 몹시 수상합니다. 이 땅의 역사 시계가 거꾸로 도는 것 같습니다. 육군사관학교 교내에 있던 홍범도 장군의 흉상이 철거될 예정이라고 합니다. 이 소식이 들려온 지 한 달 만에 윤석열 정부는 건군 75주년 국군의 날을 기념한다며 대대적인 시가행진을 벌였습니다. TV를 통해 보던 평양의 열병식과 똑같은 장면이 서울 한복판에서 펼쳐졌습니다. 숭례문에서 광화문까지 육·해·공군 4천여 병력이 일제히 열을 맞추어 행진했습니다. 탱크와 장갑차, 각종 미사일과 군사 장비들이 전투력을 과시하며 줄지어 뒤따랐습니다. 사상 처음으로 주한미군도 참가했습니다.

이 자리에서 윤석열 대통령은 “북한이 핵을 사용할 경우 한미동맹의 압도적 대응을 통해 북한 정권을 종식시킬 것”이라고 경고했습니다. 지난 정부에서 기껏 피워낸 평화의 꽃이 속절없이 시들고야 말았습니다. 2018년 남북정상회담으로 한껏 물이 올랐던 평화의 바람은 어디로 흘러가 버렸나요? 한반도가 다시 얼어붙었습니다. 이쯤 되면 언제든지 한반도에서 전면전이 벌어진들 전혀 이상하지 않습니다.

저는 지금 북한의 핵무기를 두둔하려는 게 아닙니다. 영화 〈오펜하

이머〉가 충분히 교훈하듯이, 핵무기는 인류 최악의 발명품입니다. 북한 정권도 이 좁은 한반도를 핵 전쟁터로 만드는 악수(惡手)를 두지는 않겠지요. 다만 저는 코로나 이후 다시 등장한 호전적인 전체주의가 무섭다는 말씀을 드리고 싶습니다. '겨울왕국'처럼 얼어붙은 남북한의 싸늘한 분위기가 두렵습니다. 넷플릭스 드라마 〈오징어 게임〉에 등장했던 노인의 말을 저도 모르게 따라 하게 됩니다.

"제발 그만해, 나 무서워, 이러다가는 다 죽어."

신상(神像)참배, 신사(神社)참배

우리처럼 공포와 불안에 떨던 사람들이 있습니다. 때는 바야흐로 주전 2세기 중엽, 이스라엘이 셀레우코스 왕조의 지배를 받던 시절입니다. 임금 안티오코스 4세 에피파네스가 희대의 악당 노릇을 했습니다. 유대인들이 일상에서 쓰는 주화에 자기 얼굴을 새겨넣고 그 옆에 '신'이라고 적는 경거망동을 벌인 겁니다. 십계명 가운데 야웨 하나님과 관련된 첫째, 둘째, 셋째 계명을 모조리 무시하는 짓이지요. 그 뿐만이 아닙니다. 율법을 읽는 행위는 물론 소지하는 것조차 불허했습니다. 안식일도 지키지 못하게 하고, 할례도 금하고, 성전에서 돼지를 잡아 제우스에게 바치는 종교모독과 탄압을 자행했습니다.

그런 엄혹한 시대를 위로하는 책이 다니엘서입니다. 셀레우코스 왕조 아래서 죽지 못해 살아가는 유대인들에게 희망을 주기 위해 기록되었습니다. 배경은 바빌로니아 포로기입니다. 바빌로니아 제국의 느부갓네살 왕이 거대한 신상을 만들었습니다. 무려 금으로 제작된 이 신앙은 "높이가 예순 자, 너비가 여섯 자"(3:1)나 되었답니다. 옛 성경은 히브리어 그대로 '규빗'이라는 단위를 사용했습니다. 팔꿈치에서 가운뎃손가락 끝까지를 잰 길이입니다. 대략 45센티미터라 치면, '높이가 27미터, 너비가 2.7미터'쯤 되겠습니다.

제국의 너른 평지에 거대한 금 신상이 우뚝 섰습니다. 그 자체가 기괴한데, 금 신상에 절까지 하라는 해괴한 명령이 떨어집니다. 아마도 바빌로니아의 수호신 마르둑의 형상을 띠었겠지요. 아니면 느부갓네살 왕 자신의 얼굴을 새겨놓았을지도 모를 일입니다. 중요한 건 어떤 형상이든 거기에 절하는 행위가 유대인들에게는 십계명의 위반이라는 사실입니다.

이 광경은 우리의 기억을 일제강점기로 끌고 갑니다. 1930년대로 접어들면서 일제의 군국주의가 더욱 강화됩니다. 그에 발맞추어 신사참배가 강요되었습니다. 신사는 일본의 국가종교인 신도(神道)의 사원입니다. 메이지 유신 이후에 일본 정부는 모든 권력을 천황 중심으로 재편하면서 각지에 신사를 세웠습니다. 그러니까 신사참배는 단순한 종교 행위가 아니라 국가의례인 셈입니다. 아니 국가의례인 동시에 종교 행위라고 해야 맞겠습니다. 천황을 신도의 최고 신인 천조대신(天照大神)의 후예로, 다시 말해 인격화된 신으로 인정하고 숭배합니다.

당시 수많은 기독교인이 신사참배를 거부해 순교한 까닭은 이런 신사참배의 속내를 꿰뚫어 알았기 때문이지요. 그래서 신사참배 거부사건 역시 종교 행위인 동시에 민족운동이라고 보아야 옳습니다. 그 와중에 일본 식민당국은 조선인들에게 일본식 성씨를 새로 만들어 쓰도록 강요했습니다. 성씨를 바꾼다는 건 뿌리를 부정한다는 의미입니다. 당연히 조선인들이 환영했을 리 없지요. 대표적인 친일파 윤치호조차도 자신의 일기에 '이 정책은 미나미 총독의 실책'이라고 한 줄 평을 남겼을 정도니까요.

다니엘과 세 친구도 이름갈이를 당했습니다. 느부갓네살 왕의 환관장에 의해 다니엘은 벨드사살, 하나냐는 사드락, 미사엘은 메삭, 이사랴는 아벳느고로 이름이 바뀌었습니다.(1:7) '신실한' 유대식 이름이 죄다 '신실한' 바빌론식 이름으로 불리게 된 겁니다. 나라 잃은 슬픔이 절절하게 겹쳐집니다.

포로로 끌려간 이 유대 청년들은 그런 모욕을 겪으면서도 인간의 존엄과 명예를 포기하지 않았습니다. 환관장이 주는 '왕의 음식과 포도주'(1:8)를 거부하고 '채식과 물'로(1:12) 연명했습니다. 화려한 밥상 대신에 소박한 밥상을 고집했습니다. 특권과 욕망 대신에 신앙의 지조를 지켰습니다. 그럴수록 "그들의 얼굴빛은 왕이 내린 음식을 먹은 젊은이들의 얼굴빛보다 좋고 건강해 보였"(1:15)답니다. 그뿐인가요? 학문 능력도 특출해 타의 추종을 불허했습니다. 그래서 다니엘은 왕궁 관리로, 세 친구는 지방관리로 발탁되었습니다.(1:49)

새 시대 새 설교

제국의 정체성 정치

느부갓네살 왕의 관점에서는 관대한 처사라고 칭송받고 싶었겠지요. "식민지 포로에게 관직까지 하사하시다니, 과연 임금님이야말로 세상에 둘도 없는, 하늘이 내리신 분입니다." 입에 발린 말을 듣고 싶었을 겁니다. 문제의 금 신상 낙성식 날입니다. 느부갓네살 왕은 전령들을 보내서 "지방장관들과 대신들과 총독들과 고문관들과 재무관들과 판사들과 법률가들과 지방 모든 관리들"(3:2)을 참석하라 이릅니다. '모든'입니다. 바빌로니아 제국이 식민지로 삼은, 그 식민지에서 포로로 데려와 제국의 언어와 문화와 학문과 습속을 가르쳐 지방관리로 임명한 모든 사람이 빠짐없이 참석해야 합니다. 이 얼마나 관대한 조처입니까? 과연 이민족을 차별하지 않는, 포용력 있는 왕이 아닙니까?

다니엘의 세 친구도 낙성식에 참석했습니다. 그러나 절은 하지 않았습니다. "누구든지, 엎드려서 절을 하지 않는 사람은, 그 즉시 불타는 화덕 속에 던져 넣을 것"(3:6)이라는 왕의 겁박도 소용없었습니다. 만약 신고하는 사람이 없었더라면, 은근슬쩍 지나갔을 수도 있었겠지요. 하지만 이 유대 청년들이 누리는 '관대한 특혜'가 마음에 들지 않은 사람들이 있기 마련입니다. 토박이들이 그렇습니다. '갈대아 사람들'(3:8, 개역개정), 그러니까 바빌로니아 제국의 원주민들, 그 중에서도 제국 종교에 신실한 '점성가들'(3:8, 새번역)이 고자질을 합니다.

> 임금님께서는 유다 사람인 사드락과 메삭과 아벳느고를 임명하여,
> 바빌론 지방의 행정을 관리하도록 하셨습니다. 임금님, 그런데 그들
> 은 임금님께 경의를 표하지 않으며, 임금님의 신들을 섬기지도 않
> 고, 임금님이 세우신 그 신상에게 절을 하지도 않습니다.(3:12)

배은망덕하다는 겁니다. 일제가 고분고분하지 않은 조선인들을
'불령선인'으로 부른 것과 똑같은 맥락입니다. 그러면 다니엘의 세
친구는 왜 절을 하지 않았을까요? 느부갓네살 왕의 속이 빤히 들여
다보이기 때문입니다. "민족과 언어가 다른 뭇 백성들"(3:4)을 바빌로
니아 제국의 신민으로 빚고자 합니다. 마치 일제강점기 내선일체 논
리처럼 말입니다. 차이가 존중되지 않습니다. 개성이 인정될 수 없습
니다. 개인의 양심이나 자유는 반역으로 치부될 터입니다. 오직 하나
의 정체성만 존재합니다. 제국의 신민으로서, 언제든 국가가 부르면
달려나가야 합니다. 이것이 금 신상 낙성식의 실체입니다.

왕이 화가 나서 사드락과 메삭과 아벳느고를 데려오라고 명령합니
다. 그들이 왕 앞에 붙들려 왔습니다. 왕이 그들에게 묻습니다.

> 사드락과 메삭과 아벳느고는 들어라. 너희가 참으로 나의 신을 섬기
> 지 않고, 내가 세운 금 신상에게 절을 하지 않았느냐?(3:14)

신상에 절하는 행위가 단순히 국가의례가 아니라는 사실이 왕의
입을 통해 확인됩니다. 야웨 하나님을 유일신으로 믿는 유다 사람으

새 시대 새 설교

로서 차마 왕의 신을 섬길 수는 없는 노릇이지요.

왕의 다음 발언이 흥미롭습니다.

> 지금이라도 너희가 … 내가 만든 신상에게 엎드려 절을 할 마음이
> 되어 있으면 괜찮다. 그러나 그렇지 않으면, 즉시 불타는 용광로 속
> 에 던져 넣을 것이다. 어느 신이 너희를 내 손에서 구해 낼 수 있겠
> 느냐?(3:15)

보통은 끌려간 사람이 이렇게 타협안을 제시해야 합니다. "지금이
라도 저희가 … 왕이 만든 신상에게 엎드려 절을 하면 용서해 주시렵
니까?" 한데 왕이 오히려 비굴하게 애원하는 것처럼 보입니다. 사드
락과 메삭과 아벳느고는 당당하기 그지없습니다.

> 이 일을 두고서는 우리가 임금님께 대답할 필요가 없는 줄 압니
> 다.(3:16)

왈가왈부할 거리조차 되지 않는다고 딱 잘라 말합니다.
그 까닭이 곧바로 이어집니다.

> 불 속에 던져져도, 임금님, 우리를 지키시는 우리 하나님이 우리를
> 활활 타는 화덕 속에서 구해 주시고, 임금님의 손에서도 구해 주실
> 것입니다.(3:17)

여러분께도 이 믿음이 있으십니까? 같은 상황이라면 우리가 이처럼 확신 있게 믿을 수 있을까요? 우리는 이런 믿음이 참 신앙이요 굳센 신앙이라고 여기는 경향이 있습니다. 어떤 고난이 닥쳐도 하나님께서 우리를 구해 주시리라는 믿음으로 고난을 견뎌 내는 성도의 모습은 경이롭기까지 합니다.

유일신 신앙을 지렛대 삼아

그런데 만약 하나님이 구해 주시지 않으면 어떻게 되나요? 활활 타는 화덕 속에 그냥 놔두시면요? 인생을 살다 보면 원치 않는 질병을 만납니다. 다니던 회사가 갑자기 부도날 수도 있고요. 아침에 멀쩡히 나간 자식이 끝내 돌아오지 않는 일도 일어납니다. 그러면 나으리라는 믿음, 일자리를 잃지 않으리라는 믿음, 자식이 반드시 돌아오리라는 믿음은 어찌 되나요?

믿음과 신앙은 다르다는 고루한 이야기를 반복할 수밖에 없습니다. 믿음은 주어가 나입니다. 내가 그렇게 믿는 것입니다. 그렇게 믿는 근거를 대라면 얼마든지 댈 수도 있습니다. 성경에 그렇게 적혀 있다, 기독교 전통이나 교리가 그렇게 말한다, 우리 목사님이 그렇다고 하더라…. 반면에 신앙은 주어가 하나님입니다. 하나님은 그렇게 하실 수도 있지만, 이렇게 또는 저렇게 하실 수도 있습니다. 내가 아무리 믿음이 세다고 하여, 리모콘으로 티브이 채널을 바꾸듯이 하나님의 뜻을 조종할 수는 없는 노릇이지요. 그건 믿음을 주술로 끌어내리는 행위입니다. 하나님은 우리를 화덕에서 구하실 수도 있고, 화덕 속에 그냥 놔두실 수도 있습니다. 어떻게 행하시든 그분을 신뢰하는 게 신앙입니다.

그래서 다음 구절에 밑줄을 긋게 됩니다.

> 비록 그렇게 되지 않더라도, 우리는 임금님의 신들은 섬기지도 않고, 임금님이 세우신 금 신상에게 절을 하지도 않을 것입니다.(3:18)

"비록 자신들의 믿음대로 되지 않더라도", "비록 화덕 속에서 흔적 없이 산화되더라도" 여전히 느부갓네살 왕의 요구에 응하지 않겠다고 선언합니다. 이 단단한 발언 속에서 저는 인문정신의 위대함을 봅니다. 국가주의, 전체주의가 야만과 광기의 얼굴을 들이밀 때, 다니엘의 세 친구처럼 담대하게 저항하는 사람들을 보고 싶습니다.

그들의 저항은 유일신 신앙에서 나왔습니다. 유일신 신앙은 세상의 헛된 신들에게 눈길을 주지 않습니다. 세상의 지배자 노릇을 하는, 공중 권세 잡은 세력을 좇지도 않습니다. 한마디로, 현존질서를 초월합니다. 초연해지라는 말이 아닙니다. 현실에서 무슨 일이 벌어지든 먼발치에서 관망하는 태도는 초월과 무관합니다. 그와 정반대입니다. 초월은 현존질서의 문법을 뿌리에서부터 뒤집어엎습니다. 느부갓네살 왕의 어리숙함을 보십시오. 현존질서의 수호자이자 제정자인 최고 권력자가 아무리 힘이 세 보여도 하나님 앞에서는 아무것도 아니지 않습니까?

이 이야기를 듣는 다니엘서의 청중들은 아마도 배를 잡고 웃었을지도 모르겠습니다. 바빌로니아 제국의 느부갓네살 왕이 셀레우코스 왕조의 안티오코스 4세를 빗대고 있다는 걸 모두 아는 터에, 느부갓네살이 저토록 지질하게 구는 모습이 얼마나 우스웠겠습니까? 느부갓네살의 입에서 마르둑 대신에 야웨 하나님을 찬양하는 말들이 줄줄이 흘러나오는 걸 들으며, 서로 은밀히 눈길을 주고받았겠지요. 우리 하나님이 어떤 분이신지 보라고요.

> 그는 그 팔로 권능을 행하시고 마음이 교만한 사람들을 흩으셨으니, 제왕들을 왕좌에서 끌어내리시고 비천한 사람을 높이셨습니다.(누가복음 1:51-52)

마리아의 노래 한 대목을 듣는 것 같기도 합니다.

넷플릭스 드라마 〈도적: 칼의 소리〉가 인기입니다. 굳이 장르를 구분하면 '만주 판타지'쯤 되겠습니다. 어쩌다 독립운동을 하게 된 민초들의 이야기가 주요 얼개입니다. 다른 축에는 나라를 팔아먹은 매국노들이 있습니다. 대표 인물이 안광일(이현욱 역)입니다. 조선의 양반가 자제로, 조선이 일본에 '합병'되자, 발 빠르게 충성 노선을 갈아탑니다. 일본 육사를 나와 만주에서 독립군 때려잡는 일로 말이지요. 그러다 독립운동하는 숙부를 만나게 됩니다. 3화의 한 대목입니다. 안광일이 숙부를 고문하며 다그칩니다.

"숙부님, 시대의 흐름을 읽으십시오. 조선의 운명은 끝났습니다."
숙부가 힘겹게 입을 엽니다. "광일아, 시대의 흐름만 좇다가 역사의
흐름을 놓치지 마라. 시대는 잘못된 선택을 해도 역사는 그렇지 않
아. 역사는 지금의 네 행동을 반드시 제대로 평가할 거다."

올해는 간토대진재 100주기의 해입니다. 한반도는 여전히 역사의
십자가를 지고 있습니다. 십자가를 피해 달라고 간구하는 게 신앙이
아닙니다.

> "괴로왔든 사나이,/ 幸福한 예수·그리스도에게/처럼/十字架가 許
> 諾된다면/목아지를 드리우고/꽃처럼 피여나는 피를/어두가는 하늘
> 밑에/조용이 흘리겠읍니다."(1941. 5. 31)

시인 윤동주의 고백처럼, 우리 앞에 놓인 십자가를 은총으로 받아
들여야 합니다. 하나님께서 우리와 함께하십니다. 하나님께서 우리
에게 화덕 속으로 뛰어드는 용기를 허락하실 것입니다. 주님의 십자
가를 그렇게 문신처럼 삶에 새기는 우리가 되기를 기원합니다.

2023년 9월 24일 이은교회 설교

세상에 없던 사랑

요한복음 21장 15−18절

그들이 아침을 먹은 뒤에, 예수께서 시몬 베드로에게 물으셨다.
"요한의 아들 시몬아, 네가 이 사람들보다 나를 더 사랑하느냐?"
베드로가 대답하였다. "주님, 그렇습니다. 내가 주님을 사랑하는
줄을 주님께서 아십니다." 예수께서 그에게 말씀하셨다. "내 어린
양 떼를 먹여라." 예수께서 두 번째로 그에게 물으셨다. "요한의 아
들 시몬아, 네가 나를 사랑하느냐?" 베드로가 대답하였다. "주님,
그렇습니다. 내가 주님을 사랑하는 줄을 주님께서 아십니다." 예수
께서 그에게 말씀하셨다. "내 양 떼를 쳐라." 예수께서 세 번째로
물으셨다. "요한의 아들 시몬아, 네가 나를 사랑하느냐?" 그 때에
베드로는, [예수께서] "네가 나를 사랑하느냐?" 하고 세 번이나 물
으시므로, 불안해서 "주님, 주님께서는 모든 것을 아십니다. 그러
므로 내가 주님을 사랑하는 줄을 주님께서 아십니다." 하고 대답하
였다. 예수께서 그에게 말씀하셨다. "내 양 떼를 먹여라. 내가 진정

> 으로 진정으로 네게 말한다. 네가 젊어서는 스스로 띠를 띠고 네가 가고 싶은 곳을 다녔으나, 네가 늙어서는 남들이 네 팔을 벌릴 것이고, 너를 묶어서 네가 바라지 않는 곳으로 너를 끌고 갈 것이다."

봄비가 내리시네

절기는 '마디' 절(節), '기운' 기(氣)가 합쳐진 말입니다. 계단을 오르다 보면 기운이 다하는 순간이 옵니다. 다리가 아프고 숨이 찹니다. 그럴 때 층계참이 나타나면 여간 고마울 수가 없습니다. 계단 오르기가 만만치 않은 사람에게는 더욱 그러합니다. 평평한 곳을 몇 걸음 걸으면서 잠시 숨을 고릅니다. 다음 계단을 올라갈 기운을 얻습니다.

세상 절기로 우리는 지금 청명과 입하 사이를 지나고 있습니다. 봄의 마지막 절기인 곡우가 엊그제였습니다. "봄비가 내리는 날"입니다. 본격적인 농사철을 앞두고 하늘에서 봄비가 내리면 논의 볍씨들이 쑥쑥 자라겠지요. 그래서였을까요? 저희 할머니는 봄비를 존대하셨습니다. 툇마루에 앉아 하늘을 바라보며 "봄비가 내리시네" 중얼거리시곤 했지요. 자연물마저 존대하는 그 마음이 하늘을 품고 사는 그리스도인의 참 마음이 아닐는지요?

곡우에 비가 오면 풍년이 든다고 했는데, 요즘은 절기가 고장 나서 큰일입니다. 기후 재앙의 시대가 절기마저 병들게 한 걸 생각하면,

죄스러운 마음을 금할 길이 없습니다. 그래도 어김없이 보슬보슬 내리는 봄비에 감사 인사를 건네 봅니다. 봄비 속을 거닐며 잠시 지구별의 안녕을 빌어봅니다.

봄비 내리는 소리, 들어보셨는지요? 비가 내리면 당연히 소리가 들리기는 하는데, 막상 표현해 보라고 하면 적당한 단어가 떠오르지 않습니다. 그나저나 이 소리는 비의 소리가 맞을까요? 비에 소리가 있나요?

갑자기 머릿속이 하얘지셨다면, 죄송합니다. 흔하게 접하는 현상인데, 평소에는 별로 생각해보지 않으셨을 겁니다. 한 가지는 분명합니다. 빗소리는 하나가 아니라는 사실입니다. 하늘에서 내리는 비는 땅의 무언가와 만나서 여러 가지 소리를 냅니다. 지붕, 창문, 우산, 호수, 나뭇잎, 땅, 무엇에 닿았는지에 따라 소리가 다 다릅니다. 불협화음 같지만, 우주의 음악입니다.

우리가 아직 죄인이었을 때에

저는 지금 사랑 이야기를 하려는 것입니다. 예수님이 온 생애를 통해 가르치신 건 사랑입니다. 이걸 모르는 그리스도인은 없습니다. 예수님이 보여주신 사랑, 궁극적으로 십자가에서 완성된 사랑은 크고 높고 깊습니다. 어쩌면 그 때문에 우리에게 못된 버릇이 생겼는지도 모르겠습니다. 사랑을 예수님께 떠넘기는 버릇입니다. 워낙 크고 높고 깊은 사랑이니까, 우리는 그렇게까지 사랑할 수 없다고 지레 겁을 먹습니다. 하지만 성경은 이렇게 증언합니다.

> 우리가 아직 죄인이었을 때에 그리스도께서 우리를 위하여 죽으셨습니다. 이리하여 하나님께서는 우리들에 대한 자기의 사랑을 실증하셨습니다.(로마서 5:8)

예수님의 사랑은 하나님께로부터 온 사랑입니다. 예수님의 십자가는 우리를 향한 하나님의 사랑을 실제로 보여주는 증거입니다. 그러기에 우리에게도 소망이 있습니다. 예수님을 믿고 따르는 그리스도인 역시 하나님의 사랑이 우리를 통해 다양한 방식으로 나타날 수 있다는 소망입니다.

방금 인용한 로마서는 바울 사도가 로마 교회에 보낸 편지입니다. 그리스-로마 사람들의 상식으로는 신이 인간을 사랑한다는 게 도저히 있을 수가 없는 일입니다. 아니, 제우스 신이 뭐가 아쉽고 부족해서 인간을 사랑합니까? 신은 신을 사랑합니다. 혹시 인간을 사랑하더라도 초인적인 능력을 지닌 영웅을 사랑하는 법이지요. 그런데 바울 사도는 말합니다. '우리가 아직 죄인이었을 때에' 하나님이 우리를 사랑하셨다고요. 도대체 이런 일이 어떻게 가능합니까? 당시 상식에 비추어 도무지 이해되지 않는 일이지요.

복음서와 바울서신이 기록된 시대에, 그러니까 그리스어를 공용어로 사용하던 문화에서 타자 간의 '사랑'이라고 하면 주로 두 가지 단어가 유명했습니다. 하나는 '에로스'(eros)이고, 다른 하나는 '필리아'(philia)입니다. 전자는 남녀 사이에, 후자는 친구 사이에 적용됩니다. 에로스가 두 사람 사이의 사랑이라면, 필리아는 그보다 좀 더 넓은 범위를 포괄합니다.

철학사에서 이 두 단어는 매우 융숭한 대접을 받았습니다. 에로스는 플라톤에 의해 '진리에 대한 사랑'으로 승화되었습니다. 불완전한 현실 세계에 몸담고 사는 인간이 자신의 결핍을 인식하고 이를 채우려는 신성한 욕망이 에로스입니다. 반면에 플라톤의 제자인 아리스토텔레스는 필리아를 믿었습니다. 인간관계에 관심이 많던 그는 초월에 기대지 않고도 윤리적 탁월성을 발휘하려면 필리아가 더 중요하다고 보았습니다.

한데 신약성서에는 에로스가 전혀 등장하지 않습니다. 필리아는 가끔 나오지만, 성서 저자들이 더 많이, 더 즐겨 사용하던 단어는 따로 있었습니다. 바로 '아가페'(agape)입니다. 당대 문화에서, 당대 철학자들이 전혀 관심 없던 단어를 가져다 예수 그리스도에게서 드러난 하나님의 사랑을 표현하는 핵심용어로 사용했습니다. 언어학계의 신데렐라라고나 할까요?

이 사랑은 '아무나 사랑', '무조건 사랑'입니다. 흔히 박애(博愛)라는 말로 옮길 수 있다고 하지만, 그걸로는 충분하지 않습니다. "우리가 아직 죄인이었을 때에 그리스도께서 우리를 위하여 죽으신" 사랑입니다. 인간이 박애 정신 가지고 이 정도 사랑을 할 수 있을지, 저로서는 의문입니다.

새 시대 새 설교

생선구이 밥상을 차리시다

오늘 본문은 저의 의구심을 어느 정도 해소해 주는 이야기를 담고 있습니다. 부활하신 예수님이 제자들에게 나타나신 장면입니다. 한 무리의 제자들이 디베랴 바다에서 밤새 고기잡이를 했습니다. 그러나 동틀 무렵까지 한 마리도 잡지 못했습니다. 낙심한 제자들 앞에 한 사내가 나타납니다. 그가 그물을 배 오른쪽에 던지라고 조언합니다. 그의 말대로 하니, 그물에 고기가 한가득 잡혔습니다. 너무 많아서 끌어올릴 수 없을 정도입니다.

"예수가 사랑하시는 제자", 곧 요한이 그 사내의 정체를 먼저 알아보고 베드로에게 말합니다. "저분은 주님이시다!" 그 말에 베드로는 황급히 "벗었던 몸에다가 겉옷을 두르고, 바다로 뛰어"내립니다.(요한복음 21:7) 성격 급한 베드로가 그래도 본능적으로 스승에 대한 예를 갖추는 모습이 어린아이처럼 순수해 보입니다. 나머지 제자들도 고기가 든 그물을 질질 끌면서 해안으로 나옵니다.

밤새 지친 그들 눈에 믿기지 않은 풍경이 펼쳐집니다. 예수님이 손수 밥상을 차려 놓으셨습니다. 무려 '숯불 생선구이'입니다. 제자들의 마음이 살살 녹아내렸겠지요. 예수님이 주신 빵과 생선을 먹는 순간, 제자들의 눈이 밝아집니다.

> 제자들 가운데서 아무도 감히 '선생님은 누구십니까?' 하고 묻는 사람이 없었다. 그가 주님이신 것을 알았기 때문이다.(요한복음 21:12)

또 하나의 '오병이어' 사건입니다. 빵과 생선은 복음의 은유입니다. 복음은 하늘 위의 뜬구름이 아닙니다. 추상명사가 아닙니다. 아주 구체적이며 감각적입니다. 복음은 '안다'는 말보다 '먹는다'는 말과 더 연관성이 높습니다. 먹어서 우리의 피와 살이 되어야 합니다. 그것으로 우리의 존재가 새롭게 다시 빚어지고, 그 힘으로 우리가 살아갑니다. 복음의 능력입니다.

드디어 베드로가 이 진리를 깨우칠 차례입니다. "그들이 아침을 먹은 뒤에" 예수께서 베드로에게 물으십니다.

> 요한의 아들 시몬아, 네가 이 사람들보다 나를 더 사랑하느냐?(요한복음 21:15)

'이 사람들'이란 곁에 있던 다른 제자들입니다. 베드로가 대답합니다.

> 주님, 그렇습니다. 내가 주님을 사랑하는 줄을 주님께서 아십니다.(요한복음 21:15)

우리말 성경은 똑같이 '사랑'이라는 단어로 적고 있어서, 원문의 맛이 잘 살아나지 않습니다. 하지만 원문을 보면 예수님이 물으실 때는 아가페, 베드로가 대답할 때는 필리아로 구분되어 있답니다. 두 번째 상황도 똑같습니다. "네가 나에게 아가페 사랑을 줄 수 있느

새 시대 새 설교

냐?" "주님, 필리아 사랑밖에는 드릴 수 없습니다." 두 번이나 대답이 엇갈립니다. 이쯤 되자 예수님이 두 손을 듭니다. "그러면 네가 나를 위해 필리아 사랑을 할 수는 있겠구나?"

베드로는 필리아의 의미를 곰곰 생각해 봅니다. 예수님이 가르치신 필리아는 아리스토텔레스의 수준을 뛰어넘는 것입니다.

> 사람이 자기 친구를 위하여 자기 목숨을 내놓는 것보다 더 큰 사랑은 없다.(요한복음 15:13)

이런 필리아라면, 이미 아가페입니다. 둘 사이에 구분이 무의미합니다. 그런 사랑을 감당할 자신이 있을까, 여전히 불안하지만, 그는 용기를 내기로 합니다. 세 번째 필리아를 입에 올리는 순간, 그의 목소리에는 떨림과 울음이 뒤섞이지 않았을까요? 자기가 대제사장의 뜰에서 예수님을 세 번 부인한 기억이 떠올라서요.

나는 내 숨을 쉰다

스승을 배반했다는 트라우마를 안고 고향에 돌아가 고기잡이를 하며 숨어 지내던 베드로에게 예수님이 부활신앙을 회복시켜 주셨습니다.

네가 늙어서는 남들이 네 팔을 벌릴 것이고, 너를 묶어서 네가 바라지 않는 곳으로 너를 끌고 갈 것이다.(요한복음 21:18)

부활신앙을 가지면, 죽음이 더 이상 두렵지 않게 됩니다. 베드로는 십자가를 거꾸로 지기까지 예수님의 사랑을 따르고자 몸부림쳤습니다.

우리가 이미 죽음에서 생명으로 옮겨갔다는 것을 우리는 압니다. 이것을 아는 것은 우리가 형제자매를 사랑하기 때문입니다.(요한1서 3:14)

기독교인마다 사랑을 입에 달고 삽니다. 교회 좀 다녔다는 사람일수록 기독교의 사랑은 '아가페'라는 정보쯤은 상식입니다. 또 주님의 유언이 '서로 사랑하라'는 말씀으로 압축된다는 것도 잘 압니다. 하지만 육체가 머리를 따라가지 못합니다. 몸 따로, 머리 따로입니다. 주님의 사랑이 베드로의 삶을 통해 구체적으로 번역되듯이, 나를 통해서도 새롭게, 독자적으로 번역되어야 하지만, 우리는 자신의 한계를 정직하게 대면할 줄 모릅니다. 자기가 이루어야 할 사랑의 내용을 채워 넣을 능력은 더더욱 없습니다. 속은 위선자요 무능자이면서 겉은 믿음 좋은 척 살아갑니다.

그래서 오늘도 "주여, 우리를 불쌍히 여기소서." 기도가 절로 나옵니다. 아니 그래야 합니다. 복음의 능력을 사모합시다. 그 능력에 힘입어 변화된 삶을 추구합시다. 주님이 가르치시고, 몸소 보여주신 사랑을 우리도 따라 해 봅시다.

톨스토이가 통찰했듯이, 인간은 사랑 없이는 살 수 없는 존재입니다. 인생의 굽이굽이마다 다양한 사랑을 주고받으며 성장합니다. 부모와 자식 간의 '스톨게'(storge)는 말할 것도 없습니다. 필리아도, 에로스도 다 중요합니다. 그러나 타락한 세상에서는 인생의 어느 단계, 어느 시점에서든 우리의 모든 사랑이 주님의 아가페로 구원받아야 합니다. 아래에서 위로 올라가는 사랑이 아니라 위에서 아래로 내려오는 사랑, 인간의 성취로 도달할 수 있는 사랑이 아니라 오직 은혜로 주어지는 사랑입니다.

그 사랑을 우리는 이미 받았습니다. 이제 우리가 응답할 차례입니다. 우리를 통해 하나님이 써 나가시는 사랑의 이야기는 한 사람 한 사람 모두 다릅니다. 어느 인생도 판박이일 수 없습니다. 쌍둥이끼리도 차이를 욕망하는 게 인간의 개성입니다. 마치 하늘에서 내리는 비가 땅의 무엇과 만나느냐에 따라 다른 소리를 내듯이 말입니다.

다른 사람의 인생을 복제하면서 살 필요가 없습니다. 가수 홍순관은 "나는 내 숨을 쉰다"고 노래합니다. 자기 숨은 자기가 쉬어야 합니다. 그것이 사랑의 기초입니다. 우리를 이 모습으로 지으신 주님은 오늘도 우리 각자의 이야기를 궁금해하십니다. 오늘 우리는 주님과 어떤 사랑의 이야기를 써 나가고 있나요? 우리를 통해 제각각 다른 버전으로 번역된 주님의 사랑은 지금 여기 내가 머무는 세상에 어떤 소리를 만들어 내고 있나요? 하나님의 사랑은 온 우주에 편만합니다.

우주에 깃들어 사는 뭇 생명이 하나님을 노래합니다. 이 아름다운 우주의 음악에 참여하는 우리가 되기를 기원합니다.

2021년 4월 25일 이은교회 설교

하나님의 날개

룻기 2장 8-12절

보아스가 룻에게 말하였다. "여보시오, 새댁, 내가 하는 말을 잘 들으시오. 이삭을 주우려고 다른 밭으로 가지 마시오. 여기를 떠나지 말고, 우리 밭에서 일하는 여자들을 바싹 따라다니도록 하시오. 우리 일꾼들이 곡식을 거두는 밭에서 눈길을 돌리지 말고, 여자들의 뒤를 따라다니면서 이삭을 줍도록 하시오. 젊은 남자 일꾼들에게는 댁을 건드리지 말라고 단단히 일러두겠소. 목이 마르거든 주저하지 말고 물단지에 가서, 젊은 남자 일꾼들이 길어다가 둔 물을 마시도록 하시오." 그러자 룻은 엎드려 이마를 땅에 대고 절을 하면서, 보아스에게 말하였다. "저는 한낱 이방 여자일 뿐인데, 어찌하여 저같은 것을 이렇게까지 잘 보살피시고 생각하여 주십니까?" 보아스가 룻에게 대답하였다. "남편을 잃은 뒤에 댁이 시어머니에게 어떻게 하였는지를, 자세히 들어서 다 알고 있소. 댁은 친정 아버지와 어머니를 떠나고, 태어난 땅을 떠나서, 엊그제까지만 해도

> 알지 못하던 다른 백성에게로 오지 않았소? 댁이 한 일은 주님께서 갚아 주실 것이오. 이제 댁이 주 이스라엘의 하나님의 날개 밑으로 보호를 받으러 왔으니, 그분께서 댁에게 넉넉히 갚아 주실 것이오."

재난의 얼굴

구순을 바라보는 저희 어머니가 종종 하시는 말씀이 있습니다. 세상 좋아졌다고요. 어느 대목에서 그런 감탄사가 나오는지 관찰해 보면, 주로 기술과 관련이 있어 보입니다. 어머니의 기억 속에서 열차란 '비둘기호'로 대표됩니다. 모든 역에 정차하는 느린 열차! 서울에서 부산까지 열두 시간 걸렸습니다. 그런데 요즘 고속열차 '케이티엑스'(KTX)를 타면 두 시간 반 만에 너끈히 주파합니다. 그뿐인가요? 손전화 하나로 금융거래는 물론 음식배달이니 쇼핑이니 게임이니 못하는 게 없습니다. 세상 좋아졌다는 말이 나올 만도 합니다.

그런데 정말 좋아졌을까요? 기술이 우리 삶을 편리하게 해 준 만큼, 위태롭게도 만든 것 같습니다. 첨단기술이 빚어내는 사고가 단순 기술로 인한 사고보다 훨씬 무섭습니다. 전쟁을 보기로 들어보지요. 옛날에는 병사들끼리 전쟁터에서 칼을 휘두르며 싸웠습니다. 요즘은 그렇게 '무식하게' 싸우지 않습니다. 대륙간 탄도미사일이 '우아하

새 시대 새 설교

게' 날아다니는 세상입니다. 컴퓨터와 인공위성이 동원됩니다. 그래서 전쟁이 더 문명화되었을까요? 제 눈에는 더 야만스럽고 잔인하게 보입니다. 미사일이 엉뚱한 데 떨어져 민간인이 다치는 경우가 비일비재합니다.

독일 사회학자 울리히 벡은 우리가 몸담은 사회의 정체를 '위험사회'라고 폭로합니다.(울리히 벡, 《위험사회》, 홍성태 옮김, 새물결, 1997) 근대 이전 사람들은 배고픔이 가장 큰 걱정거리였습니다. 삼시 세끼는 왕족이나 귀족만 누리는 특권이었습니다. 지금은 없어서 못 먹는 세상이 아닙니다. 오히려 너무 많이 먹어서 문제입니다. 기술문명이 발전하며 물질은 더 풍요로워졌지만, 정작 삶은 빈곤하기 그지없습니다. 기술문명이 자아낸 생명위기, 생태위기가 우리 삶을 끝 모를 불안으로 내몰고 있습니다. '스모그는 민주적'이라는 그의 말은 곱씹을 가치가 충분합니다.

대량 죽음이 너무 잦습니다. 후쿠시마 원전사고로 사망한 사람의 수가 3500명에 달합니다. 대형여객선을 타고 제주도로 가던 멀쩡한 고등학생들이 살아 돌아오지 못했습니다. 만성절 축제를 즐기러 이태원에 갔던 청춘들이 좁은 골목에서 떼죽음을 당했습니다. 일상 곳곳에 재난이 널려 있습니다. 재난은 언제든 얼굴을 바꾸어 우리 삶에 출몰합니다.

두 여자에게 몰아닥친 재난

룻기는 고대 사회의 재난 이야기입니다. 사사 시대 말기 유다 땅 베들레헴에 기근이 닥쳤습니다. 기근은 흉년보다 센 단어입니다. 굶주리는 고통이 집요하게 오래갑니다. 유리걸식하는 이들이 늘어나는 건 당연한 일입니다. 명나라 화가 주신(周臣)이 〈유민도〉(流民圖)를 그렸습니다. 그것도 한 작품이 아니라 여러 작품을 연달아 남겼습니다. 화가가 몸담고 살던 시대가 얼마나 힘들었는지 한눈에 보입니다. 기근으로 인해 고향을 등지고 떠도는 사람들의 모습이 참혹하기 이를 데 없습니다.

룻기 앞머리에도 유민이 등장합니다. 엘리멜렉이라는 유다 남자가 아내와 두 아들을 데리고 모압 지방으로 떠납니다. '임시로'(1:1) 가서 살 작정입니다. 유다 사람에게 모압은 '영원히' 살고 싶은 땅이 아닙니다. 소돔과 고모라 성의 멸망 기억이 보태진 까닭입니다. 간신히 살아남은 롯이 자신의 두 딸과 교합해 모압과 암몬을 낳았습니다. 아브라함의 후예라는 '선민의식'으로 뭉친 사람들 눈에 '모압'이 어떻게 비쳤을지는 너끈히 짐작하고도 남습니다.

한데 인생이 마음먹은 대로 풀려야 말이지요. 임시로 가서 살려던 엘리멜렉의 계획은 이내 물거품이 되고 맙니다. 그는 고향으로 돌아가지 못한 채 모압 땅에 묻혔습니다. 그 뿐만이 아닙니다. 그의 두 아들 말론과 기룐마저 아버지의 뒤를 따릅니다. '왜'라고 묻지 마십시오. 성경은 이들의 죽음을 시시콜콜 묘사하지 않습니다. 그저 남은 자에게 시선을 돌립니다.

"나오미는 남편에 이어 두 아들마저 잃고 홀로 남았다."(1:5)

이상한 일입니다. 앞 구절에 보면 나오미의 두 아들은 이미 모압 여자를 아내로 맞이했습니다. 한 여자의 이름은 룻이고, 또 한 여자의 이름은 오르바입니다. 그런데도 화자는 나오미가 '홀로' 남았다고 보도합니다. 버젓이 존재하는 두 며느리를 의도적으로 배제하는 느낌입니다. 어쩌면 나오미의 심리상태를 반영하는 말인지도 모르겠습니다. 모압 며느리들에게 몸을 의탁할 마음이 조금도 없습니다. 나오미는 홀로 남겨졌다고 생각합니다.

고대 가부장제 사회에서 여성이 남편을 잃는다는 건 재앙이지요. 그나마 아들이라도 있으면 '노후보험'이라도 들어놓은 듯 든든하겠지만, 아들까지 죽고 없습니다. 완경기가 지났기에 더 이상 자식을 낳을 가망성이 전혀 없는 과부! 이쯤 되면 정신 줄을 놓지 않겠습니까? 베들레헴에 풍년이 들었다는 소식에 나오미가 모압 지방을 떠날 채비를 합니다.(1:6) 살러 가는 길이겠습니까? 무슨 낙이 있다고 살겠습니까?

나오미의 인생이 나락으로 내동댕이쳐졌습니다. 그냥 두면 미쳐버릴지도 모릅니다. 마음 상태가 정상일 수 없습니다. 신앙에도 빨간불이 켜졌습니다. "주님께서 손으로 나를 치신 것이 분명하다."(1:13) "전능하신 분께서 나를 몹시도 괴롭게 하셨다."(1:20) "가득 찬 채로 이곳을 떠났"으나 "주님께서는 나를 텅 비어서 돌아오게 하셨다"(1:21)고 하나님을 원망합니다. 그만큼 힘들다는 뜻입니다.

그런 나오미에게 룻이 손을 내밉니다. 당신은 홀로 남겨지지 않았다고, 말을 겁니다. 룻도 남편을 여의었습니다. 슬픔에 빠져 허우적대려면 얼마든지 그럴 수 있습니다. 하지만 룻은 나오미를 바라봅니다. 자기는 남편을 잃었을 뿐이지만, 나오미는 자식들까지 잃었습니다. 자기가 남편을 잃고 보니, 남편을 여읜 데다가 자식마저 앞세운 나오미의 슬픔이 더 잘 이해됩니다. '홀로' 남은 나오미 곁에서 뭐라도 해주고 싶습니다. 이 마음이 '헤세드'입니다.

돌봄의 열쇳말 헤세드

여기에 두 사람이 있습니다. 한 사람은 극도로 피폐한 처지입니다. 삶을 스스로 추스를 힘이 손톱만큼도 남아 있지 않습니다. 또 한 사람은 그나마 낫습니다. 상황을 변화시킬 힘이 여전히 남아 있습니다. 헤세드는 이때 작동하는 사랑입니다. 나부터 살고 보자는 인간적인 생각을 넘어섭니다. 함께 살기 위해 애쓰는 쪽을 택합니다.

룻은 아직 젊다는 게 자산입니다. 나오미를 따라 베들레헴에 가서 같이 살 작정입니다. 나오미의 남은 생을 돌봐줄 겁니다. 모압 출신이라는 꼬리표가 계속 따라다니겠지요. 그래도 견뎌 내야지요. 원래 사람은 누군가를 돌볼 때 없던 힘도 생기는 법이니까요. 룻은 나오미를 돌보기 위해 자기에게 있는 힘을 최대한 끌어내겠다 다짐합니다. 나오미가 요구한 적 없습니다. 기대하지도 않았습니다. 룻의 자발적인 선택입니다. 헤세드가 작동하면 누가 말린다고 멈출 수 없습니다.

> 나더러, 어머님 곁을 떠나라거나, 어머님을 뒤따르지 말고 돌아가라
> 고는 강요하지 마십시오. 어머님이 가시는 곳에 나도 가고, 어머님
> 이 머무르시는 곳에 나도 머무르겠습니다. 어머님의 겨레가 내 겨
> 레이고, 어머님의 하나님이 내 하나님입니다. 어머님이 숨을 거두시
> 는 곳에서 나도 죽고, 그곳에 나도 묻히겠습니다. 죽음이 어머님과
> 나를 떼어놓기 전에 내가 어머님을 떠난다면, 주님께서 나에게 벌을
> 내리시고 또 더 내리신다 하여도 달게 받겠습니다.(1:16-17)

흔히 아브라함을 '믿음의 선조'라 말합니다. 아브라함이 하나님의
부르심에 따라 "살고 있던 땅과 태어난 곳과 아버지의 집"을 떠났기
때문입니다.(창세기 12:1) 이렇게 과감히 떠날 수 있었던 데는 하나님의
약속이 큰 몫을 했습니다. "내가 너로 큰 민족이 되게 하고, 너에게
복을 주어서, 네가 크게 이름을 떨치게 하겠다. 너는 복의 근원이 될
것이다."(창세기 12:2) 이에 반해 룻은 하나님의 부르심을 받아 떠난 게
아닙니다. 굳은 약속도 없었습니다. 심지어 룻이 버려야 했던 것의
목록은 아브라함의 경우보다 더 깁니다. 그녀는 '살고 있던 땅과 태
어난 곳과 아버지의 집'에 디해 '자기 겨레와 자기가 믿던 신'까지 버
려야 했습니다.

나오미가 누누이 설명했듯이 베들레헴에 간다고 무슨 뾰족한 수가
있는 게 아닙니다. 아무리 계산기를 두드려 본대도 룻에게 이익될 게

하나도 없습니다. 무조건 손해 보는 장사입니다. 그래도 룻은 '사서 고생'하기로 마음먹습니다. 룻의 마음 깊이 심어 있던 헤세드가 드디어 자라나기 시작했습니다.

돌봄이 중심이 되는 사회

베들레헴에 도착한 룻은 불법 체류자나 다름없는 신분입니다. 이방인, 여자, 그것도 남편 없는 젊은 과부는 성적 노리갯감이 되기 쉽습니다. 그렇다고 두 손 놓고 가만히 있다가는 굶어 죽기 딱 좋지요. 룻의 마음에 불이 붙습니다. 밭에 나가서 뭐라도 주워다 나오미를 먹일 생각입니다. 마침 보리 추수가 시작되었잖아요?

> 밭에 나가 볼까 합니다. 혹시 나에게 잘 대하여 주는 사람을 만나면, 그를 따라다니면서 떨어진 이삭을 주울까 합니다.(2:2)

룻이 나오미에게 말했을 때, 나오미가 친절히 가르쳤으면 좋았겠지요. "애야, 아직은 이르단다. 추수가 끝날 때까지 기다리렴. 베들레헴에 왔으면 이스라엘 법을 따라야지. 일꾼들이 추수할 때 밭 모퉁이는 손대지 않는단다. 땅에 떨어진 이삭도 줍지 않지. 그것들은 외국인과 나그네, 과부와 고아의 몫이거든."(레위기 19:9-10 참고)

그런데도 룻이 고집을 부리면서 '추수가 끝날 때까지 기다리다가는 굶어 죽어요, 나갈래요' 한다면 이렇게 당부해야 옳겠지요.

"부디 조심하렴. 잘 대해 준다고 아무 남자나 따라가서는 안 된단다. 사람 사는 데는 다 똑같애. 혹시 나쁜 남자들이 너를 욕보이면 어쩌니? 반드시 여자들 뒤를 따라다니면서, 떨어진 이삭을 줍도록 해라."

그런데 성경에 보면 나오미의 말이 짧습니다. "그래, 나가 보아라."(2:2) 그만큼 나오미의 마음 상태는 건강하지 못합니다. 외상 후 스트레스 장애를 겪는 사람의 전형적인 반응입니다. 타인을 품을 마음의 공간이 협소합니다. 룻이 어지간한 사람이었다면 이 대목에서 시험에 들지도 모르겠습니다. 내가 당신을 위해 얼마나 희생하는데 안 알아주냐며 섭섭해할 수 있습니다. 하지만 룻이 누굽니까? 저항할 수 없는 헤세드에 사로잡혀 위로부터 오는 힘으로 현실을 뚫고 나가는 여성이 아닙니까?

이 대책 없는 헤세드가 보아스에게도 전염됩니다. 보아스의 눈에 룻이 들어옵니다. 아니 정확히 말하면 룻의 헤세드가 보아스의 헤세드를 건드렸다고 해야 맞겠지요. 보아스가 룻에게 말합니다.

남편을 잃은 뒤에 댁이 시어머니에게 어떻게 하였는지를, 자세히 들어서 다 알고 있소. 댁은 친정 아버지와 어머니를 떠나고, 태어난 땅을 떠나서, 엊그제까지만 해도 알지 못하던 다른 백성에게로 오지 않았소? 댁이 한 일은 주님께서 갚아 주실 것이오. 이제 댁이 주 이스라엘의 하나님의 날개 밑으로 보호를 받으러 왔으니, 그분께서 댁

에게 넉넉히 갚아 주실 것이오.(2:10-11)

여기까지는 우리도 할 수 있겠지요. "당신이 얼마나 힘들게 살아왔는지 안다, 당신을 위해 기도하겠다, 주님께서 보상해 주실 거다", 어쩌면 그리스도인들이 가장 흔하게 하는 위로가 이런 종류의 말이 아닐까 싶습니다. 위로한답시고 괜스레 날 선 말로 상처만 덧나게 하는 경우도 많은 터에, "당신을 위해 기도하겠다"는 따뜻한 말 한마디가 위안이 되기는 하겠지요. 하지만 말로 그쳐서는 안 됩니다. 주님께 전부 떠넘기는 건 신앙의 표현이기보다는 게으른 변명이기 쉽습니다. 우리의 말은 몸을 입어야 합니다. 말씀이 육신이 되는 사건은 우리를 통해서도 일어나야 합니다. "하나님 나라는 말에 있지 아니하고, 능력에 있"(고린도전서 4:20)기 때문입니다.

보아스를 눈여겨보십시오. "댁이 주 이스라엘의 하나님의 날개 밑으로 보호를 받으러 왔으니, 그분께서 댁에게 넉넉히 갚아 주실 것이오." 말만 하지 않았습니다. 스스로 '하나님의 날개'가 되어 룻을 보호해 줍니다.

> 여보시오, 새댁, 내가 하는 말을 잘 들으시오. 이삭을 주우려고 다른 밭으로 가지 마시오. 여기를 떠나지 말고, 우리 밭에서 일하는 여자들을 바싹 따라다니도록 하시오. 우리 일꾼들이 곡식을 거두는 밭에서 눈길을 돌리지 말고, 여자들의 뒤를 따라다니면서 이삭을 줍도록 하시오. 젊은 남자 일꾼들에게는 댁을 건드리지 말라고 단단히 일러

두겠소. 목이 마르거든 주저하지 말고 물단지에 가서, 젊은 남자 일꾼들이 길어다가 둔 물을 마시도록 하시오.(2:8-9)

베들레헴의 '유력자'(有力者)인 보아스가 자기에게 있는 힘을 이런 식으로 사용하는 모습이 무척 감동적입니다. 상대방보다 힘이 조금 더 있어도 '갑질'을 하는 게 인간의 본성이지만, 보아스는 그렇지 않습니다. 룻이 자기에게 남은 힘을 다해 나오미를 살렸듯이, 보아스 역시 자신의 힘을 최대한 활용해서 룻과 연대합니다. 율법의 자구(字句)에 얽매이기보다는 정신을 실현하기 위해 융통성을 발휘합니다. 이른바 '살림의 해석학'입니다. "문자는 사람을 죽이고, 영은 사람을 살립니다"(고후 3:6)는 말을 보아스가 실천하고 있습니다.

'위드 코로나'(With-Corona) 시대에 접어들었습니다. 코로나 팬데믹이 창궐했던 지난 3년간 인류는 값비싼 교훈을 얻었습니다. 강자독식 사회는 모두를 죽인다는 사실 말입니다. 약자돌봄 사회로 나아가야 합니다. 다른 길은 없습니다. 룻기는 그렇게 '돌봄이 중심이 되는 사회'를 상상해 보라고 도전합니다. 한 가정의 위기와 회복과정을 담담히 보여주면서, 하나님이 세상에서 일하시는 방식을 돌아보게 합니다. 우리 서로 '하나님의 날개'가 되어 줍시다. 그렇게 서로를 보듬는 시간과 공간 속으로 '하나님 나라'가 달보드레 임합니다.

2023년 4월 30일 서로교회 그리고

2023년 7월 4일 해운대 여성인력개발센터 창립 30주년 기념예배 설교를 합침

김성희

기독연구원 느헤미야 연구위원

미국에서 신약학으로 박사학위를 받은 후 귀국하여 학자로, 목사로 활동하는 중, 학계와 교계의 보수성 및 남성선호성의 구조와 역학적 관계에 매우 실망하고, 다음 세대가 지금보다 한 걸음 더 나아졌으면 좋겠다는 마음으로 활동하고 있다. 이화여자대학교 학부와 대학원, 미국의 듀크대학교(M. Div.)와 드류대학교(Ph. D.)에서 수학하였고, 기독연구원 느헤미야의 연구위원으로 재직중이며 감리교 목사이다.

저서로 Mark, Women and Empire, 《생각을 깨우는 헬라어 365》《예수와 여성제자들》공저로 Korean Feminists in Conversation with the Bible, Church and Society, Asian Feminist Biblical Studies, 《21세기 세계 여성신학의 동향》《연대하는 여성신학》 등이 있다. 대표 학술 논문으로는 "하나님 나라를 위한 과부의 랩소디"(누가복음 18:1-8) 〈신약논단〉, "십자가, (빈)무덤, 부활장면의 여인들 비교연구" 〈대학과 선교〉, "지혜는 그 행한 일로 인하여 옳다함을 얻는다(마가복음 11:19b)에 대한 해석학적 고찰" 〈신약논단〉 "3·1정신과 마가신학을 통해 바라본 한국 교회의 길" 〈신약논단〉, "마태의 침노당하는 천국(마태복음 11:12)에 대한 소고" 〈성경원문연구〉 외 여러 다수의 논문이 있다.

지금은 사랑하고 환대할 때

누가복음 7장 47절-8장 3절

그러므로 내가 네게 말한다. 이 여자는 그 많은 죄를 용서받았다. 그것은 그가 많이 사랑하였기 때문이다. 용서받는 것이 적은 사람은 적게 사랑한다. 그리고 그 여자에게 말씀하셨다. "네 죄가 용서받았다." 그러자 상에 함께 앉아 있는 사람들이 속으로 수군거리기를 "이 사람이 누구이기에 죄까지도 용서하여 준다는 말인가?" 하였다. 그러나 예수께서는 그 여자에게 말씀하셨다. "네 믿음이 너를 구원하였다. 평안히 가거라." 그 뒤에 예수께서 고을과 마을을 두루 다니시면서, 하나님의 나라를 선포하며 그 기쁜 소식을 전하셨다. 열두 제자가 예수와 동행하였다. 그리고 악령과 질병에서 고침을 받은 몇몇 여자들도 동행하였는데, 일곱 귀신이 떨어져 나간 막달라라고 하는 마리아와 헤롯의 청지기인 구사의 아내 요안나와 수산나와 그 밖에 여러 다른 여자들이었다. 그들은 자기들의 재산으로 예수의 일행을 섬겼다.

해방을 위한 추앙

얼마 전, 모 방송국에서 큰 인기와 함께 종영된, '나의 해방일지'라는 드라마가 있었습니다. 경기도의 한 시골에서 버스와 4호선으로 추정되는 전철을 타고 서울로 출퇴근하며 힘겨운 인생살이를 헤쳐나가는 세 남매의 고군분투와 그 속에서 나름대로 삶의 해방통로를 찾아가는 지극히 인간적인, 우리들의 이야기였습니다. 저도 4호선이 지나가는 경기도에 살고 있는데요, 드라마에서 경기도와 서울의 관계를 표현하길, 서울은 노른자이고 경기도는 그 노른자를 감싸고 있는 계란 흰자와 같다는 표현에 공감하며 재미있게 보았습니다.

그 드라마를 통해 요즘 사회에서 유행하고 있는 단어가 있습니다. 바로 '추앙'이라는 단어인데, 삶의 벼랑 끝에서 근근이 하루하루를 술로 버티며 힘겹게 살아가는 남자 주인공에게, 여자 주인공은 그렇게 하릴없이 무의미하게 사느니 자신이 할 일을 주겠다며 자신을 추앙하라고 합니다. 한 번도 채워진 적이 없는 공허하고 헛헛한 구멍이 크게 뚫려 있는 자신의 삶에, 사랑으로는 치료가 안 된다고, 사랑을 넘어서는 추앙을 받아야겠다고, 자신을 추앙하라고 당당하게 요구하죠. 그리고 남자주인공은 그 여성을 추앙하는 과정을 통해 시궁창에 빠질 것 같은 자신의 삶에도 한 줄기 희망이 있음을 발견하고, 추앙받는 여성 역시 얼굴에 웃음을 회복하며 삶의 환경은 여전히 그대로이지만 내면은 사랑할 것밖에 없다고 독백하면서 드라마는 끝납니다.

이 '추앙'이라는 단어는 우리가 일상에서 잘 쓰지 않고, 보통 신이나, 성인들, 공경하는 역사의 인물들에게 사용하는 표현입니다. 오히려 그래서 저에게는 굉장히 신선하고 강력했습니다. 여자 주인공은 '추앙'을 '응원'하는 것이라고 정의합니다. "너는 할 수 있다", "모든 것이 잘 될 거다"라고 하는 응원. 그 사람이 모든 삶의 장애와 상처를 딛고 일어나 당당하게 자신의 목소리를 낼 수 있도록, 마치 많이 사랑받고 자라온 아이들의 자연스럽게 튀어나오는 밝음과 당당함을 표출할 수 있는 원동력이 추앙이라고 설명합니다. 그래서 '추앙'이라는 단어는 기본적으로 사랑을 의미하지만, 사랑 이상의 치유능력으로 저에게는 읽혀졌습니다. 인생의 어려움, 실망감, 절망스러움, 지긋지긋함을 밟고 일어서서 해방의 탈출구를 뚫을 수 있는 원동력으로 들렸습니다.

우리에게도 이러한 강력한 추앙의 힘, 삶의 상처를 치유하고, 나를 위축시키고 억누르는 온갖 종류의 장애들을 걷어내고 다시 일어설 수 있는 동력이 필요합니다. 그 동력은 어디에서 찾을 수 있을까요? 그 힘은 우리가 하나님께로 돌아갈 때, 하나님이 우리에게 주시는 말씀과 힘으로만이 그 헛헛한 내면의 구멍을 채워, 다시 치유 받을 수 있고, 내가 처한 상황을 믿음으로 해석하게 합니다. 아무것도 보이지 않더라도 다시금 일어나 한 걸음을 띨 수 있게 합니다. 저는 그러한 사랑의 파워와 치유의 예시를 오늘 본문인 누가복음 7장의 한 이름 없는 여인에게서 발견합니다.

새 시대 새 설교

추앙하는 여인

4복음서에 공통으로 나오는 대표적인 몇몇 이야기들이 있습니다. 먼저 오병이어가 있죠, 네 개 복음서에 모두 등장합니다. 그리고 예수님의 성전정화사건, 최후의 만찬 사건 역시 모두 4복음서에 등장합니다. 반면에, 복음서에 다 나올 것 같지만, 그렇지 않은 사건들도 있습니다. 예수님의 탄생 이야기, 마태와 누가에만 나오고, 예수님의 광야시험 이야기, 산상수훈, 평지수훈, 모두 마가와 요한복음에는 나오지 않습니다. 예수님의 세례 받는 이야기는 요한복음에는 나오지 않습니다. 그런데, 오늘 본문의 주인공인 '향유를 붓는 여인'의 사건은 4복음서에 모두 나옵니다. 모든 복음서에 동시에 나온다는 것은 그만큼 중요한 사건이라는 뜻이겠죠.

4복음서에 나오는 여인의 사건을 자세히 비교해 보면, 세부내용이 상당히 다릅니다. 간단히 말씀드리면, 마태와 마가의 향유 붓는 여인은 모두 익명이고, 유월절 이틀 전 나병환자였던 베다니 시몬의 집에서 식사할 때에 여인이 등장하여 예수님의 머리에 향유를 붓습니다. 요한복음에서는 유월절 엿새 전에 베다니에 살고 있는 마르다, 마리아, 나사로네 집에서 이 사건이 발생하고, 마르다의 동생 마리아가 향유를 예수님의 발에 붓는 것으로 등장합니다. 그리고 발생시기가 유월절 이틀 전과 엿새 전, 시기가 좀 다르고 예수님의 향유 부음 받은 몸도 예수님의 머리와 발이라는 것이 다르지만, 그래도 모두 갈릴리 베다니에서 발생한 사건이라는 것은 같습니다.

그런데, 오늘 누가복음에 나오는 이 여인은 마가, 마태, 요한복음과는 큰 틀은 같은데, 세부내용들이 다릅니다. 일단 발생한 장소가 달라요. 남쪽 유다 지역, 예루살렘 옆의 베다니가 아닌, 이곳은 북쪽 갈릴리에서 발생합니다. 그리고 향유사건은 나병환자 시몬도, 나사로네 집도 아닌, 시몬은 시몬인데, 바리새인 시몬의 집에서 발생하죠. 그리고 이 여인은 이름은 없지만 대신에 이 여인을 꾸며주는 형용사가 붙는데, 바로 '죄 많은 여인'이라는 것입니다. 이것은 누가복음에만 독특하게 묘사됩니다. 왜냐면 마태나 마가에서는 그냥 익명의 여인이고, 요한복음에서는 마르다의 동생 마리아였으니까요. 이 죄 많은 여인이 갑작스레 등장해서 향유를 예수님의 발에 퍼붓고, 눈물을 흘리며 머리카락으로 닦아냅니다. 이 여인의 갑작스러운 행동에, 주인인 바리새인 시몬은 예수님을 힐난합니다. "예수님이 정말 예언자라면, 이 여인이 죄인인줄 알았을 텐데…"라고 이야기합니다.

여러분, 이 여인의 죄는 무엇이었을까요? 기독교 전승은 선입견과 편견으로 이 여인은 창녀였을 것이라고 이야기해 왔습니다. 심지어 이 여인은 창녀 막달라 마리아라고까지 이야기하기도 합니다. 저도 어렸을 때, 예수님의 영화나, '막달라 마리아'라는 뮤지컬을 보면 막달라 마리아가 창녀로 나오고, 그 막달라 마리아가 값비싼 향유를 부은 줄 알았습니다. 왜냐면 우리 찬송가, '값비싼 향유를 주께 드린'의 가사에서도 막달라 마리아가 예수님께 향유를 부었다고 되어있으니까요. 그런데, 이것은 너무나 큰 역사적 왜곡입니다. 막달라 마리아가 창녀였다거나 향유를 부었다는 성서적 전승은 어디에도 없기 때문입

새 시대 새 설교

니다. 그러면 왜 이런 전승이 생겨났을까요? 일단 여성이 죄를 지으면, 어떠한 종류의 죄를 지어도, 창녀라고 생각하는 여성 혐오 문화의 영향이고, 결정적인 것은 591년 그레고리 교황의 설교가 그렇게 선언을 해 버렸기 때문입니다. 그리하여 기독교 역사에서 막달라 마리아는 창녀로, 예수께 용서받고 향유를 부은 것으로 전승이 굳어졌습니다. 어쨌든, 막달라 마리아가 아닌, 익명의 죄가 많이 있었던 여인은 어떤 죄를 지었는지는 모르겠지만, 우리도 모두 죄 많은 사람들이니까, 이 여인과 우리를 동일화해서 읽어도 괜찮을 것 같습니다. 이 여인은 예수님을 만나 회개하고 용서의 은혜를 입은 새로운 사람으로 변화된 것 같습니다. 그리고 그 감사함을 어떻게든 표시하고 싶었던 것 같습니다. 감사함의 표시로, 여인은 바리새인 시몬의 집에 들어가서 옥합의 향유를 왕창 예수님께 부어드립니다. 타 복음서에서 예수님은 이 여인의 기름 붓는 행위를 메시아 사역으로, 또 장례를 준비하는 것으로 해석하십니다. 그런데 누가복음에서는 이 여인의 행위를 달리 해석하십니다.

그 여자에게 돌아서서, 시몬에게 말씀하셨다. 너는 이 여자를 보고 있느냐? 내가 네 집에 들어왔을 때에, 너는 내게 발 씻을 물도 주지 않았다. 그러나 이 여자는 눈물로 내 발을 적시고, 자기 머리털로 닦았다. 너는 내게 입을 맞추지 않았으나, 이 여자는 들어와서부터 줄곧 내 발에 입을 맞추었다. 너는 내 머리에 기름을 발라 주지 않았으나, 이 여자는 내 발에 향유를 발랐다. 그러므로 내가 네게 말한다.

이 여자는 그 많은 죄를 용서받았다. 그것은 그가 많이 사랑하였기 때문이다. (누가복음 7:44)

예수님께서는 이 여인의 행위를 예수님에 대한 '사랑과 환대'로 해석하셨습니다. 고대 지중해 유대문화에서 손님을 초청할 때, 손님이 오시면 원래 주인은 먼저, 먼지 묻은 발을 씻기 위한 물을 제공하고, 볼이나 손에 환영의 입맞춤을 인사로 하며, 머리에 올리브 기름을 발라주는 것이 그 당시 식사 자리에서의 '환대 예의'였습니다. 이러한 기본적인 대접을 하지 않았다는 것은 초대한 손님을 무시하는 행위입니다. 그런데 바리새인 시몬은 손님을 맞이하고 환대해야 하는 주인으로 이러한 기본적인 예의를 지키지 않았고, 이것은 간접적으로 예수님을 경멸하는 행위였습니다. 반면, 이 여인의 행위는 주인이 제공해야할 기본적인 환대를 넘어, 존경과 사랑이 넘치는 과도한 추앙의 환대라고 하겠습니다.

지혜의 자녀들의 사랑과 환대

이 죄 많은 여인의 향유 붓는 행위는 예수 그리스도께서 구원자이고, 메시아임을 선포하는 행위입니다. 사실 누가의 본문을 문학적으로 이해할 때, 이 본문의 서론은 바로 누가복음 7장 35절입니다. 이 여인의 스토리가 시작되는 7장 36절 이전에, 7장 31-35절에는 이 세대 사람들에 대한 예수님의 한탄이 나옵니다. 이 세대 사람을 무엇에 비길까, 예수님은 이 세대 사람들이 피리를 불어도 춤추지 않고 곡을 하여도 울지 않는, 마음이 굳은, 강퍅한 사람들이라고 합니다. 그래서 금식하는 세례자 요한에게는 귀신이 들렸다고 평가하고, 먹고 마시는 예수님에게는 "마구 먹어대고, 포도주를 즐기는, 세리와 죄인의 친구다"라고 평가합니다. 이러한 사람들을 질책하시면서, 예수님은 7장 35절에서 "지혜의 자녀들은 지혜가 옳다는 것을 드러낸다"라고 말씀하시죠. 그리고 그 뒤를 이어 나오는 이야기가 바로 "향유 붓는 여인의 이야기"입니다. 다시 말하면, 지혜, 히브리어로는 호크마, 그리스어로는 소피아, 영어로는 위즈덤, 지혜의 자녀들은 하나님의 지혜, 즉 예수 그리스도께서 옳다는 것을 '행함'으로 증명한다는 것입니다. 우리 모두, 호크마, 소피아, 위즈덤, 지혜의 자녀들입니다.

우리가 어떻게 예수 그리스도의 복음을 증명할 수 있을까요? 바로 우리들의 모습과 믿음과 행위가 예수 그리스도의 옳음을 증명할 수 있습니다. 누가는 지혜의 자녀들의 옳은 행위를 그 다음의 본문에서 설명하고 있습니다. 그 첫 번째 예가, 바로 향유 붓는 여인의 이야기입니다. 이 여인의 죄가 무엇이었는지 우리는 모르지만, 바리새인의 경멸을 받았을 정도의 괴로움이었고, 그녀의 삶은 고통과 좌절로 넘어졌을 것이라 추정되지만, 예수님을 만남으로 참된 치유와, 구원, 문제 해결을 경험하였고, 그러한 구원의 감사가 문화적, 상황적 경계선을 무너뜨리고 향유를 쏟아붓는 과감한 행위로 표현되고 있는 것입니다.

이 여인은 향유를 쏟아붓는 것으로 예수님을 추앙했습니다. 그리고 그녀의 추앙은 예수님에 대한 바리새인의 경멸과 덫으로부터 예수님을 구했습니다. 그리고 예수님 역시 그녀의 행동이 비난받지 않도록 그녀를 구했습니다. 이러한 예수님과 여인의 상호적 추앙은 서로를 살리며, 잘못을 저지르고 있는 바리새인의 위선을 밝히 드러나게 하였습니다. 지혜의 자녀로써 이 여인의 행위는 예수님의 귀하심과 그분의 행위가 옳다는 것을 드러내며, 바리새인의 위선을 부끄럽게 하는 지혜의 행동이었다는 것입니다.

지혜의 자녀의 옳은 행위 두 번째 예시는 누가복음 8장 1-3절에 나옵니다. 제가 개인적으로 가장 좋아하는 본문 중의 하나입니다. 왜냐하면 이 구절을 통해서, 예수님의 갈릴리에서부터 예루살렘으로의 여행 제자 그룹에는 여성들이 있었다는 것을 확실하게 말해 주고 있고, 이 여인들이 대단하였다는 것을 알려주고 있기 때문입니다.

누가복음 8장 2절에는 악령과 질병에서 고침을 받은 몇몇 여자들이 예수님과 동행하고 있었다고 나오면서, 막달라 마리아가 처음 소개됩니다. 학자들은 왜 향유 붓는 여인이 막달라 마리아로 연결되었을까, 아마도 향유 붓는 사건 바로 뒤에 막달라 마리아가 소개되어서 그런 것 같다는 이야기를 합니다. 그러나 역사적인 개연성은 전혀 없습니다. 두 번째로 누가복음 8장 2절에서 묘사되는 요안나는 헤롯 가문과 연관된 귀족 집안의 여인으로 남편의 이름은 구사이고, 정치, 경제적 계급의 부를 가지고 있었던 것으로 예수님을 따르는 여성 제자들이 사회, 경제, 정치적으로 다양했음을 보여주고 있습니다. 리차

드 보쿰이라는 유명한 성서학자는 이 여인이 사도행전 16장에 나오는 유니아라는 여성사도였다고 연결하여 설명하기도 합니다. 세 번째로 명명되는 수산나는 안타깝지만 다른 특별한 자료가 없습니다. 중요한 것은 이 막달라 마리아, 요안나, 수산나, 그밖에 다른 여인들이 예수님과 갈릴리에서부터 동행하고 있었고, 자신의 소유물로 예수의 선교를 돕고 있는 '후견인들'이었다는 것입니다.

우리는 최근 러시아의 우크라이나 침공. 이스라엘과 하마스전쟁, 포스트 코비드 시대의 후폭풍을 지나고 있습니다. 물가상승과 주가 불안정, 노사 간의 갈등, 양질의 일자리 부족, 고령화시대, 세대와 젠더갈등, 기후변화와 생태계의 문제 등으로 지구촌은 몸살을 앓고 있습니다. 그뿐 아니라 열거할 수 없는, 여러분이 겪고 계신 삶의 현장에서 얼마나 아프고 힘든 일이 많으시겠습니까? 이러할 때일수록 우리에게 정답은 하나뿐입니다. 하나님께로 나아가서 우리의 마음을 토로하고 일단 기도하는 것입니다. 그것이 아마 우리가 예수님께 쏟아부어야 할 첫 번째 향유일 것입니다. 그러면 하나님께서 우리가 처한 상황에서 어찌하라는 방향의 말씀을 주실 터인데, 그것을 듣고 그 말씀을 믿음으로 붙잡고 나아가는 것입니다. 그것이 내 자신에게 쏟아붓는 영적인 향유일 것입니다. 또한 우리는 서로가 서로에게 사랑과 환대의 향유를 마구 쏟아 부어주어야 합니다. 그래서 서로의 아픔을 그 향유로 발라주고, 다시금 일어날 수 있도록, 그들을 응원하는 추앙을 해야 할 것입니다.

저에게도 물론 개인적인 아픔이 있습니다. 제가 일하고 있는 곳에서 상식적으로 너무 말이 안 된다고 생각되는 일을 겪어서 실망했고, 지금도 하나님께 계속 기도하며 뜻을 구하고 있습니다. 그런데, 얼마 전, 저와 함께 일했던 예전의 동료들이 전화를 해서 같이 밥을 먹자고 했습니다. 저의 상황을 잘 알고 있는 그분들이 여러 말은 하지 않았습니다. 다만 함께 모여 밥 한번 같이 먹겠다는 거였습니다. 저는 그 전화 한 통에, 그들의 사랑과 위로, 환대가 전해졌고, 그 전화 한 통에 눈물이 왈칵 쏟아지면서, 어려웠던 마음의 상처에 반창고를 붙인 것 같은 느낌이 들었습니다. 우리는 이러한 사랑과 환대의 향유를 하나님께 쏟아붓고, 서로에게 쏟아부어야 합니다. 그래서 서로를 일으키고 삶의 구원의 방향으로 함께 나아가야 합니다. 그러할 때 예수님께서는 여인에게 말씀하신 것처럼, 우리에게 말씀하실 것입니다. "네 믿음이 너를 구원하였다. 평안히 가라." 이것이 바로 지혜의 자녀들이 증명해야 할 올바른 삶의 자세인 것입니다. 서로에게 추앙!!

2022년 6월 26일 백향나무교회 설교

21세기를 위한 안디옥의 랩소디

사도행전 11장 21-26절

주님의 손이 그들과 함께하시니, 수많은 사람이 믿고 주님께로 돌아왔다. 예루살렘 교회가 이 소식을 듣고서, 바나바를 안디옥으로 보냈다. 바나바가 가서, 하나님의 은혜가 내린 것을 보고 기뻐하였고, 모든 사람에게 굳센 마음으로 주님을 의지하라고 권하였다. 바나바는 착한 사람이요, 성령과 믿음이 충만한 사람이었다. 그래서 많은 사람이 주님께로 나아왔다. 바나바는 사울을 찾으려고 다소로 가서 그를 만나 안디옥으로 데려왔다. 두 사람은 일 년 동안 줄곧 거기에 머물면서, 교회에서 모임을 가지고, 많은 사람을 가르쳤다. 제자들은 안디옥에서 처음으로 '그리스도인'이라고 불리었다.

랩소디의 유래

　20세기 중반, 음악을 사랑하는 전 세계인들의 마음을 사로잡았던 밴드, 퀸의 '보헤미안 랩소디'란 노래가 있습니다. 보헤미안이란 말의 어원은 체코의 보헤미아 지방에 유랑민족인 집시가 많이 살고 있어서 15세기경 프랑스인들이 이들을 보헤미안이라고 불렀고, 19세기 후반에는 사회의 관습에 구애되지 않고 자유로운 생활을 하는 예술가 문학가, 배우, 지식인들을 가리키는 말이 되었습니다. '랩소디'란 용어 역시, '보헤미안'이란 뜻과 결이 유사합니다.

　랩소디는 고대 그리스의 서사시 모음을 지칭하는 단어로 시작되었다고 합니다. 구체적으로는 호메로스의 오디세이아, 일리아스를 모아 놓은 것을 랩소디라고 불렀다고 하죠. 이후 서사시의 뜻에 '격렬한 감정'이라는 뜻이 더해지게 되어 18세기에 이르면서 랩소디라는 제목이 붙여진 음악들이 작곡되기 시작하는데, 이 음악들의 공통점은 때로는 몽환적이기도 하고, 격하고 강렬한 감정을 나타내기도 하면서 듣는 사람들의 마음을 사로잡았다는 것입니다.

　한국어로는 랩소디를 광시곡이라고 부르는데, 한자어 '광'(狂) 자는 열정적인, 기세가 센, 진취적인 사람이라는 뜻을 가지고 있어서, 광시곡 하면, "진취적인 영웅의 모습을 담은 서사적 음악," 또는 "열정적인 감정을 기록한 음악"의 의미라고 하겠습니다. 우리에게 잘 알려진 클래식의 랩소디는 리스트의 '헝가리 랩소디', 드보르작의 '슬라브 랩소디', 현대 음악으로는 조지 거슈윈의 '랩소디 인 블루'

등이 있습니다.

'보헤미안 랩소디'는 1975년에 퀸의 보컬인 프레드 머큐리가 만든 곡으로 이 곡 안에는 다양한 음악적 장르, 즉 아카펠라, 오페라, 발라드 등 여러 장르가 복합적이고 서사적으로 구성되어 있고, 가사 역시 보헤미안 랩소디란 이름답게, 주류가 아닌 비주류의 사정을 전달하고, 관행을 뛰어넘는 방랑자의 자유로움과 잘못된 구조와 불의한 제도로 구성된 현시대를 따갑게 비판하는 사회비평적인 내용을 담고 있습니다. 저는 오늘 한국교회가 불러야 할 랩소디의 원형을 안디옥교회에서 발견하게 됩니다. 그래서 이 시간 안디옥교회의 랩소디는 무엇이었는지 살펴보면서 한국교회가 지향해야 할 서사를 꿈꿀 수 있었으면 합니다.

안디옥교회의 기원

먼저, 안디옥은 신약성서에 두 군데가 나옵니다. 수리아 지역의 안디옥과 비시디아 지역의 안디옥으로 지금은 모두 튀르키예 지역이지요. 안디옥이란 이름은 헬레니즘 왕조의 셀류커스 1세가 그의 부친 안티오쿠스를 기념하기 위해 16개의 안디오쿠스란 이름으로 도시들을 세웁니다. 그중 비시디아의 안디옥온 튀르키예의 중앙에 위치하고, 바울과 바나바가 1차 선교여행에서 이고니온, 루스드라와 함께 들렸던 곳이고, 2,3차 선교여행에서도 이곳을 방문하였습니다. 오늘 우리가 주목해 보려는 소위 '안디옥교회'는 수리아 또는 시리아 안디옥인데요. 16개의 안디옥 가운데 가장 크고 번성했던 곳으로, 로마제국 전체에서는 로마, 알렉산드리아 다음으로 가장 번성했던 도시였습니다. 그러나 이 지역은 예전부터 지진이 자주 발생하던 곳이었고, 최근에 발생했던 튀르키예 지진도 역시 안디옥 근처 지역이었습니다.

안디옥 출신의 교인이 처음으로 소개가 된 곳은 사도행전 6장 5절인데, 일곱 집사 중의 한 사람이 바로 안디옥 사람, '니골라'입니다. 니골라는 헬라인으로 유대교에 입교했었던 고넬료와 같이 '하나님을 두려워하던 사람'이었던 것으로 보입니다. 그다음에 소개되는 안디옥에 대하여는 오늘 본문에서 소개되는데, 스데반의 순교 이후, 기독교의 박해는 더 심해지고, 예루살렘 교회에 모여 있던 사도들과 믿는 자들이 흩어져서 베니게와 구브로와 안디옥까지 이르러 유대인에게만 말씀을 전합니다.(사도행전 11:19) 그 중, 구브로와 구레네 몇 사람이 안디옥에 이르러 헬라인에게도 주 예수를 전파하니 주님의 손이 그들과 함께하셔서 수많은 사람들이 믿고 주께 돌아왔다고 전하고 있죠.

구브로는 오늘날 '키프로스', 또는 '사이프러스' 섬, 바나바의 고향으로 알려져 있습니다. 구레네는 예수님의 십자가를 대신 짊어 드렸던 구레네 시몬에게서 들어보셨고, 오늘날 북아프리카의 리비아입니다. 이 구레네 지역에서도 좋은 믿음의 사람들이 나왔던 것 같습니다. 구레네 시몬의 가족이 모두 예수님을 믿는 신앙의 가족이 되었는데, 마가복음 15장 21절에 보면 "알렉산더와 루포의 아버지 구레네 사람 시몬"이라고 소개됩니다. 이것은 구레네 시몬의 아들, 알렉산더

새 시대 새 설교

와 루포가 마가공동체에 잘 알려져 있던 인물로 소개되고, 바울은 로마서 16장 13절에서 루포의 어머니가 바로 내 어머니라고 하며 그에게 친절한 대접을 받았음을 나타냅니다. 그렇다면, 구레네 시몬의 가족은 아버지 시몬, 익명의 어머니, 두 아들 알렉산더와 루포가 모두 신실한 주님을 따르는 자들이었음을 알 수 있고, 그 가족에 의해 영향을 받은 구레네 사람들이 또는 그 가족들이 안디옥에 와서 전도를 한 것으로 보입니다. 그때 하나님께서는 역사하시고, 안디옥의 많은 이방인들이 주님을 믿게 되고 교회가 자연스럽게 세워지게 되었는데, 그것이 바로 안디옥교회의 기원이라는 것입니다.

안디옥 랩소디

안디옥교회가 주님의 놀라운 은혜로 형성되자, 이곳에 대한 소식을 그 당시의 선교센터인 예루살렘교회가 듣게 되고, 바나바를 안디옥으로 파견합니다. 왜 바나바였을까, 바나바는 일단 착하고 의로운 레위 집안 사람으로 자기의 밭을 팔아서 초대교회가 희년의 삶을 시행하도록 초석을 다진 사람이었습니다. 바나바의 집안도 상당히 신실한, 초대교회에 많은 헌신을 한 사람들입니다. 성경에 나온 바나바 집안 사람들은, 일단 바나바의 조카 마가 요한이 나옵니다. 처음에는 성숙하지 못하여 바울과 바나바와 함께 한 1차 선교여행에서 중간에 돌아가게 되지만, 나중에는 바울과 베드로의 선교에 동역한 사람으로 기록되어 있습니다. 그리고 이 사람이 바로 마가복음의 대표자로 이름을 남겼죠. 그리고 그 마가 요한의 어머니 마리아는 예루살렘에서 자신의 집을 열어 가정교회로 삼았고, 수감된 베드로를 위하여 열심히 기도에 동참했던 신실한 여인이었습니다. 예루살렘교회가 착하고 의로운, 위로의 아들이라는 닉네임을 가진 바나바를 파송한 이유는 그의 신실함과 헌신이 바탕이 되었겠지만, 안디옥교회의 부흥을 이끄는 것에 주역이 된 사람들이 바로, 바나바의 고향 사람들, 구브로의 사람들이었기 때문이지 않았을까 생각됩니다.

바나바가 안디옥교회를 방문해서 보니, 하나님의 은혜가 충만한 것을 발견하고 기뻐합니다. 그곳에서 교인들을 권고하며 함께 지내는데, 예루살렘교회에서 바나바가 헌신했던 것을 상기하면, 똑같이 안디옥에서도 헌신하였을 것이고, 바나바의 사역 때문에 더 많은 무리가 주님께 돌아왔다는 것입니다.

바나바가 안디옥교회를 부흥시키는데 공헌한 또 하나의 중요한 점은 혼자 사역하지 않고, 안디옥교회를 섬기기에 적합한 일꾼을 찾았다는 것에 있습니다. 바나바는 바울이란 인물을 제대로 알아보았습니다. 바울이 예수님을 만나고 다메섹에서 예루살렘으로 돌아왔을 때, 예루살렘의 제자들은 그를 두려워하여 바울의 회심을 믿지 않지만, 바나바는 바울을 믿어 주고, 사도들에게 가서 바울 편을 들어 줍니다. 또한 바울이 예루살렘교회에서 헬라파 유대인들을 향해 복음을 잘 전하는 것을 기억해 두죠. 예루살렘교회의 지도자들은 신실한 바나바가 바울을 방어해 주니 바울을 동역자로 인정해 줍니다. 그러나 예루살렘교회는 예루살렘 지역의 사람들이 바울을 싫어하고 죽이려고 하는 것을 목도하고, 바울을 그의 고향 다소로 보냅니다. 그런데 바나바는 안디옥에 가서 사역하는중, 이 바울을 기억해 냅니다. 그리고 바나바가 바울을 찾으러 다소로 갑니다. 왜냐하면 안디옥에 있는 이방 교인들을 위해 사역하기에는 헬라교육을 잘 받은 바울이 적임자라고 생각했기 때문입니다. 그래서 바나바는 안디옥교회의 부흥을 도와줄 바울을 찾아서 안디옥으로 데려옵니다. 아마도 사역지를 찾고 있었을 바울의 사정을 바나바가 잘 알았고, 안디옥에서 사역하기에 적절한 인물이라 파악했기에 데려온 것이라 봅니다. 그렇게 바나바와 바울은 안디옥에서 일 년을 함께 동역합니다. 결과는 큰 무리가 모이게 되었고, 그 구성원들은 유대인뿐 아니라, 다양한 배경의 이방인들이 모이게 되었다는 것입니다. 그리고 안디옥교회는 이 다양한 믿음의 자녀들을 하나로 통일해서 부르기 시작했는데, 그 이름이 바로 '그리스도인'(kristianos)이라는 명칭이었습니다.

지금 우리가 쉽게 우리의 정체성을 드러내는 '그리스도인', '크리스천', '기독교인'이란 말은 안디옥교회에서 처음 사용하기 시작한 말인데, 다양한 배경, 다양한 인종, 다양한 계급의 사람들로부터 공통성을 찾아서 하나로 일컫는 말이 바로 '그리스도인'이었다는 것입니다. 그러므로 '그리스도인'이라는 말에는 "우리는 다양하지만, 하나다"라는 뜻을 품고 있습니다. 다양성 중의 통일성을 일컫는 말이 '그리스도인'이라는 것이죠. 그리스도인이라는 말 안에 다양성이 있고, 통일성이 있습니다. 안디옥교회가 다양성을 표방하며 하나가 되었다는 것을 알 수 있는 것은 그 구성원들을 명명하는 사도행전 13장 1절에서 볼 수 있는데, 선지자들과 교사들, 즉 리더십을 가진 사람들의 배경이 다양하다는 것이죠. 구브로 사람 바나바, 안디옥 사람 니게르, 구레네 사람 루기오, 이두매 사람 헤롯 가문의 마나엔, 다소의 바울. 그리고 갈릴리의 베드로까지. 이렇게 지역적으로 또, 사회 계층적으로 다양한 리더십이 함께 존재하고 있었던 이들이 '그리스도인'이라는 대명사로 하나의 정체성을 얻게 된 것입니다. 안디옥교회의 공헌은 다양한 계층의 신자들을 '그리스도인'이라는 명칭으로 가족화한 것 외에도, 바나바와 바울을 유럽 지역으로 파송한 것입니다. 또한 안디옥교회는 그 당시 선교의 구심점이었던 예루살렘 교회가 기근과 가난에 고통받고 있을 때 구제 헌금을 모아서 보내어 물질적으로 도왔다는 것입니다.

물론 안디옥교회 안에 문제가 없지는 않았습니다. 사람 사는 곳에는 항상 문제가 발생합니다. 바울이 쓴 편지 가운데, 갈라디아서 2장을 보면, 안디옥교회에서는 유대인과 이방인이 함께 그리스도인이라는 하나의 대표 정체성을 가지고 공동식사를 실행하였습니다. 사실 그 당시 문화에서 유대인이 이방인과 함께 식사를 나눈다는 것은 유대인의 입장에서는 쉬운 일은 아니었습니다. 그러나 안디옥교회에서는 이러한 공동식사, 성찬을 함께 나누고 있었죠. 그 자리에는 베드로도, 바나바도, 바울도 모두 함께 참여했던 것으로 보입니다. 그런데 선교 중심이라고 할 수 있는 예루살렘교회에서 온 시찰자들이 방문을 하게 됩니다. 예수님의 동생 야고보가 수장으로 있는 예루살렘교회의 신학은 그 당시도 아직 유대 중심적인 신학을 고수하고 있었던 것으로 보입니다. 야고보가 보낸 시찰자들이 예루살렘으로부터 안디옥교회에 도착한 순간, 베드로와 바나바는 유대인과 이방인이 함께 식사하고 있었던 자리에서 몰래 빠져나갑니다. 오해 사는 것을 피하기 위함이었던 것 같습니다. 그러나 바울은 매우 화가 나서 그들의 행동을 비난하죠. 또한 2차 선교여행을 떠날 때 이 사건의 영향으로 바울은 바나바와 헤어져 따로 선교여행을 가게 됩니다. 갈등은 있었지만, 그들은 결국 문제의 상황을 하나님의 선교를 위한 기회로 역전시켜 나갑니다. 갈등을 발전의 기회로 삼는 성숙한 영적인 삶의 자세입니다.

또한 안디옥교회가 공헌한 일로는 안디옥교회의 신학이 마태복음에 영향을 주었다는 것입니다. 많은 학자들은 마태복음 신학의 삶의 자리가 안디옥이었을 것으로 추정합니다. 그렇다면 마태복음에서 강조하고 있는 신학들은 안디옥교회의 모습을 상정할 수 있다는 것입니다. 마태복음은 이스라엘의 구약 전통을 새롭게 기독교적으로 재해석하는 신학을 펼칩니다. 교회가 하나님 나라의 새로운 백성으로 하나님의 구원의 역사를 이루어가기 위해 쓰임 받는 자녀들이라고 생각했으며, 하나님이 우리와 영원히 함께하신다는 임마누엘의 신학을 발전시켰습니다. 또한 지극히 작은 자의 모습으로 오셔서 이 땅의 굶주리고 헐벗고, 소외되고 애통하고 슬퍼하는 자들과 본인을 동일시하시고, 그들을 대접하고 환대하는 것이 바로 예수를 섬기는 일이라는 가르침을 전해 주었습니다. 우리는 이러한 안디옥교회의 랩소디가 있었기에 오늘날 아름다운 예수 그리스도의 전통을 이어받을 수 있게 되었고, 예수님을 통해 시작된 그리고 제자들을 통해 지속되고 있는 하나님 나라의 사역에 초대된 것입니다.

한국교회의 랩소디

이제 오늘날 한국교회의 랩소디는 어떠해야 할까 안디옥교회에서 배웠으면 합니다. 첫째로, 안디옥교회는 다양성을 인정하고 수용하는 교회였습니다. 그것은 안디옥교회의 구성원들을 보면 알 수 있습니다. 한국교회 역시 사회의 다양한 계층을 하나님의 자녀로 받아들일 수 있는 포괄적 공동체가 되었으면 합니다. 누가 와도 불편하지 않는, 그리스도의 사랑이 풍성한 교회가 되었으면 합니다. 또한 안디옥교회는, 그 교회를 섬기기에 적합한 리더십들을 세웠습니다. 안디옥교회의 리더십은 그 구성원들을 고려하여 지역적, 사회적 배경들이 다양한 리더십들을 적재적소에 세웠던 것으로 보입니다. 다양성이 공존하는 공동체이어야 건강하게 자라갈 수 있습니다.

두 번째로, 안디옥교회는 선교하는 교회였습니다. 바나바와 바울을 파송하여 유럽 지역에 선교가 성공적으로 이루어지도록 물심양면으로 기도와 후원을 아끼지 않았습니다. 세 번째로, 안디옥교회는 약한 교회들을 도왔고, 서로의 짐을 함께 져주는 협력을 보여주었습니다. 예루살렘교회에서 파송된 지도자들이 안디옥교회에서 리더십을 발휘하고 있었으나 파송교회가 물질적으로 어려울 때 안디옥교회는 역으로 예루살렘교회를 도왔습니다. 그리하여 서로 협력하여 상생할 수 있는 교회의 좋은 협동 사역을 보여주었습니다. 네 번째로, 안디옥교회는 예수님의 말씀을 붙들고 씨름하면서 자신의 상황에서 말씀하시는 말씀과 신학을 구성하고 가르쳐서 전통과 연결된 현재와 미래를 향한 하나님의 뜻을 서사적으로 구성해 냈습니다. 한국교회들도 지속적으로 말씀을 붙들고 씨름하고, 자신의 교회에 적합한 신학들을 만들어 내고 실천함으로, 교회의 본을 만들어갔으면 좋겠습니다.

지금까지 소개해드린 안디옥교회의 멋진 서사들, 다양한 구성원들을 그리스도인이라는 대명사로 '가족화'하였다는 것, 선교사를 파송하는 교회였다는 것, 교회들끼리 영적으로, 물심양면으로 서로 교제하고 돕는 교회들이었다는 것, 그 시대에 말씀하시는 하나님의 음성을 영적으로 예민하고 성숙한 자들이 신학화하여 하나님의 뜻이 실현되도록 하나님 나라의 기초를 세웠다는 것. 이러한 안디옥교회의 서사가, 21세기를 위한 우리의 전통으로 이어져 한국교회의 랩소디로 발전될 수 있기를 주님의 이름으로 축원합니다. 아멘.

2023년 7월 23일 느헤미야교회협의회 수련회 설교

가이오 vs 디오드레베 vs 데메드리오

요한3서 5-8절

사랑하는 이여, 그대가 신도들을 더욱이 낯선 신도들을 섬기는 일은 무엇이나 충성스럽게 하고 있습니다. 그들은 교회의 회중 앞에서 그대의 사랑을 증언하였습니다. 그대가 하나님이 보시기에 합당하게, 그들을 잘 보살펴서 보내는 것은 잘 하는 일입니다. 그들은 그리스도의 이름을 전하기 위하여 나선 사람들인데, 이방 사람에게서는 아무것도 받지 않았습니다. 그러므로 우리는 그런 사람들을 돌보아주어야 마땅합니다. 그래야만 우리가 진리에 협력하는 사람이 될 것입니다.

태 속에 있는 두 아가의 대화

한 엄마의 자궁에 두 명의 아기, A와 B가 있었습니다. 이들의 대화를 들어보시기 바랍니다.

A가 B에게 물었습니다. "출산 이후의 삶을 믿어?" B가 대답했습니다. "왜? 당연하지 출산 이후에는 분명히 무언가가 있어. 아마 우리는 이곳에서 그 후의 삶을 준비하고 있는 게 아닐까?" 다시 A가 말했습니다. "헛소리 마, 출산 이후의 삶 따위 없어. 대체 어떤 종류의 인생이 있을 수 있단 말이야?" B가 말했습니다. "잘은 몰라. 하지만 여기보단 꽤 밝을 거야. 어쩌면 우린 두 다리로 직접 걷고 입으로 음식을 먹을지도 몰라. 아마 우리가 지금 이해하지 못하는 다른 감각들을 얻을 수도 있겠지." A가 대답했습니다. "어리석은 생각이야. 걷는다는 건 불가능해. 입으로 음식을 먹는다고? 웃기는 소리! 탯줄이 우리에게 필요한 모든 영양분을 공급해주잖아. 그렇지만 탯줄은 너무 짧아. 그러니까 출산 이후의 삶이란 논리적으로 불가능하다고!" B가 다시 주장했습니다. "흠… 내 생각엔 여기와는 전혀 다른 것이 존재하지 않을까? 아마 탯줄이 필요하지 않게 될지도 몰라…" A가 대답했습니다. "헛소리!, 그리고 출산 이후의 삶이 있다고 치자. 왜 아무도 거기로부터 돌아오질 않는 거지? 출산이 결국 인생의 끝이야. 출산 이후에는 그저 어둠과 침묵, 그리고 잊혀짐만이 존재한다고. 출산은 우릴 어디로도 데려가지 않아." "음.. 나도 잘 모르겠어" B가 말했습니다. "하지만 우린 분명히 엄마를 만나게 될 거고, 엄마가 우릴 돌보실거야." A가 대답했습니다. "엄마? 너 진짜 엄마를 믿어? 웃기는 소리야, 만약 엄마가 존재한다면 지금 어디에 있는데?"

B가 말했습니다. "엄마는 항상 우리 주변에 있어. 우리는 엄마에게 둘러 쌓여있지, 우리는 엄마의 일부야. 엄마 안에 우리가 살아간다고. 엄마 없이 이 세상은 존재하지도, 존재할 수도 없었어." 다시 A가 말합니다. "나한텐 엄마가 안 보이는 걸? 그러므로 논리적인 단 하나의 결론은 엄마가 존재하지 않는다는 거야." B가 침묵 후에 조용히 대답했습니다. "네가 만일 조용히 집중해서 들으려고만 한다면 엄마의 존재를 느낄 수 있을 거야. 그리고 위로부터 우릴 부르는 엄마의 사랑스러운 목소리도 들을 수 있어."

이야기는 여기서 끝납니다. 재미있고, 그럴듯한, 짧지만, 강한 임팩트가 들어있습니다. 여러분은 엄마 뱃속에서 알 수 없는 것을 믿지 않고 논리적으로만 살아가는 첫째 아이 A타입이십니까? 아니면, 앞으로 다가올 세계를 꿈꾸며, 현재 엄마의 사랑을 느끼고 살아가는 B타입이십니까? 여기서의 인생이 전부가 아니라 앞으로 더 멋진 하나님 나라가 있다는 것을 소망으로 믿으며, 지금 여기서 느낄 수 있는 하나님의 사랑의 음성을 듣고 느끼며 살아갈 수 있기를 기도합니다.

본격적으로, 오늘 말씀으로 들어가 보겠습니다. 많은 기독교인들이 좋아하는 말씀들이 있습니다. 가게들, 또는 사무실에 가 보면, 가장 많이 걸려 있는 말씀은 아마도 "네 시작은 미약하였으나 네 나중은 심히 창대하리라"(욥기 8:7)가 아닐까 생각합니다. 두 번째로 또 많이 인용되는 말씀, 이것은 보통 가정집에서 많이 볼 수 있는데요, 저도 어렸을 때부터 이 말씀이 저희 집 거실에 걸려 있어서 이 말씀을

새 시대 새 설교

보면서 자라왔습니다. 오늘 본문이 속한 요한3서에 나와 있죠.

> 사랑하는 자여, 네 영혼이 잘됨 같이 네가 범사에 잘되고 강건하기
> 를 내가 간구하노라.(요한3서 2절)

우리의 영혼이 잘되고, 범사가 형통하고, 또 건강하게 지낼 수 있다면 참 좋겠죠. 최고의 축복이라고 생각합니다. 오늘 저는 많은 기독교인들이 사랑하는 요한3서 2절 말씀이, 어떤 맥락에서 누구에게 사용되고 있는지, 그리고 딱 한 장으로 구성된 요한3서가 전하는 메시지는 무엇인지 살펴보겠습니다.

조금은 생소한 인물들

오늘 설교 제목이 "가이오 vs 디오드레베 vs 데메드리오"인데요. 좀 생소하시죠. 우리가 베드로, 야고보, 요한, 마태, 누가, 바울, 이런 사람들은 그래도 잘 알고 있는데, 가이오, 디오드레베, 데메드리오는 잘 못 들어봤습니다. 요한3서에 등장하는 인물들이고요, 어떤 사람들이었는지, 우리들의 상상력을 동원해서 요한3서의 세계로 한번 저와 함께 가 보시겠습니다. 먼저, 신약 27권 중에 요한의 이름으로 쓰인 책은 모두 5권으로, 요한복음, 요한1, 2, 3서, 요한계시록입니다. 그런데 요한계시록은 굉장히 성격이 다른 글이기 때문에 학자들이 좀

독립적으로 연구하는 편이고요. 요한의 신학이라고 일반적으로 부를 때는 일반적으로 요한복음, 요한 1, 2, 3서를 묶어서 봅니다. 요한이 전하는 가장 핵심적인 메시지, 또는 단어는 무엇일까요? 네. 바로 '사랑'입니다. 주일학교에서 가장 많이 들어왔던 구절, "하나님이 세상을 이처럼 사랑하사, 독생자를 주셨으니 이는 그를 믿는 자마다 멸망하지 않고 영생을 얻게 하려 하심이라."(요한복음 3:16) 요한1서로 가 보면, "사랑하는 자들아 우리가 서로 사랑하자 사랑은 하나님께 속한 것이니 사랑하는 자마다 하나님으로부터 나서 하나님을 알고 사랑하지 아니하는 자는 하나님을 알지 못하나니 이는 하나님은 사랑이심이라."(요한1서 4:7-8) 요한2서로 가 볼까요?

사랑은 이것이니 우리가 그 계명을 따라 행하는 것이요 계명은 이것이니 너희가 처음부터 들은 바와 같이 그 가운데서 행하라 하심이라.(요한2서 6절)

여기서도 사랑을 강조하고 있습니다. 그럼 오늘 본문인 요한3서는 어떨까요? 요한3서 역시 우리를 실망시키지 않고 사랑의 메시지를 전합니다. 그런데 전하는 방식은 상황을 바탕으로 매우 구체적입니다. 즉, 사랑을 실천한다는 것이 무엇인지의 예를 들어서 설명하고 있다는 것입니다.

새 시대 새 설교

요한3서의 세계로

저자 요한 장로가 이 서신을 쓸 때, 그 시기는 약 1세기 말에서 2세기 초였을 것으로 추정됩니다. 이때 요한의 교회가 겪은 일들은, 외부적으로 내부적으로 상당히 어려운 일들이 많이 있었습니다. 먼저, 외부적으로는 유대교인들에게 '이단' 정죄를 받고 회당에서 쫓겨나서 박해를 받는 것이었습니다. 제가 재미있는 기도문을 하나 소개해 드리겠습니다. 이것은 1세기 말에 유대인들이 작성한 기도문 중의 하나인데요. 인용해보겠습니다.

> "하나님, 변절자들에게는 희망이 없게 하소서. 거만한 왕국이 우리가 살아 있는 동안 하루빨리 사라지게 하소서. 나사렛 사람들과 이교도들이 하루빨리 사라지고 생명의 책에서 지워지기를 기원합니다. 그들이 의인들과 함께 기록되지 못하도록 하소서. 거만한 자를 낮추시는 주님, 당신께 축복이 있으시기를."

이렇게 유대인들이 매일 기도를 드렸는데, 여기서 유대인들이 말하는 생명책에서 지워달라는 '나사렛 사람들과 이교도들'이 기독교인들을 의미하고요. 이들을 거침없이 저주하고 있습니다. 당시 유대인들에 의한 기독교인들의 박해상황이 어떠했는지 알 수 있습니다. 또한 요한교회는 그 당시 식민 지배를 하고 있었던 로마제국에 의해서도 박해를 받고 있었는데요, 성만찬에 대한 소문이 왜곡되어서 사람의 살과 피를 먹고 마시는 이교 집단으로, 또 정치적으로는 로마제국에 저항하는 반(反)로마세력으로 정죄 받고 박해를 받고 있었습니다.

내부적으로는 '교회'라는 이름으로 예수를 그리스도라고 믿는 사람들이 모이게 되고, 교회가 점점 조직화되고 체제화되어 가면서, 다른 민족들을 상대로 선교가 활발히 이루어지고 있는 상황이었습니다. 또한 '예수님이 누구신가'에 대한 교리가 확정되지 않은 상태에서 기독교 공동체가 사분오열되고 있는 상황이었습니다. 이러한 상황에서 요한은 '사랑'의 메시지를 강조하는 것이 기독교의 복음의 본질로 돌아가는 것이며 분열되어가고 있는 공동체를 하나로 모으기 위한 구심력이 된다고 믿었던 것 같습니다. 사실 성경에서 사랑을 가장 많이 강조하는 고린도전서 13장이나 요한의 책들 이면에는 가장 갈등이 많았고, 사랑이 요구되고 있는 상황이었기에 사랑의 메시지가 강조되었던 것으로 보입니다.

요한3서의 구체적 상황은 다음과 같습니다. 요한 장로는 교회공동체의 지도자로, 복음전도자들을 파송하고 있었습니다. 그리고 오늘 제목에 등장하는 가이오와 디오드레베가 속해 있는 교회 공동체에게도 순회선교사들을 파송합니다. 그 교회를 거점으로 선교하기 위함이었습니다. 아마도 가이오와 디오드레베는 같은 공동체의 일원이었을 것으로 추측됩니다. 초기 기독교인들은 예수님이 곧 재림하신다는 믿음 아래 복음 전하는 일을 사명으로 생각하고 살았고, 사도들을 비롯한 일종의 선교를 업으로 삼는 사람들은 그 지역의 교회를 중심으로 선교를 했습니다. 즉, 지역교회가 이 순회선교사들을 먹여 살렸고, 이 선교사들은 교회의 도움과 환대를 받아 복음 전하는 일을 하였습니다. 그래서 항상 초대교인들은 여분의 이불과, 불을 밝히는 초와, 먹을 수 있는 빵을 항상 준비해 두었다고 합니다. 언제든지, 복음을 전하는 사람들이 여행하다가 쉬어갈 수 있도록 말이죠. 그렇게 서로 협력하여 복음을 전하는 일이 그 당시 초대기독교 문화였습니다.

당신의 선택은? : 가이오 vs 디오드레베 vs 데메드리오

1절에서 요한은 가이오를 '참으로 사랑하는 자'라고 칭합니다. 그리고 2절에서, 우리가 좋아하는 말씀이 바로 가이오를 향한 축복이었다는 것을 문맥상 보게 됩니다. 왜 그렇게 장로 요한이 가이오를 축복했는가 하면, 3절에 그가 행한 일이 나오는데, 바로 진리 안에서 그가 옳은 일을 행하고 있었기 때문입니다. 그리고 요한은 가이오교회의 신도들이 진리 안에서 행하고 있다는 것을 듣고 너무나 기뻐합니다. 그렇다면, 가이오를 비롯한 교회의 신도들은 왜 칭찬을 받았을까요? 그것은 바로 5절에서 설명됩니다. 가이오는 그리스도 안에서 형제된 자들, 특히 나그네 된 자들을 잘 돌보았던 것으로 보입니다. 아마도 이 사람들은 일차적으로 복음을 전하기 위해 다녔던 전도자들이었을 것입니다. 가이오는 이들을 지극히 환대하였고, 이들을 위해 기도하였으며, 하나님의 사랑을 그들에게 나타내서 이들이 더욱 힘을 얻어 사역을 할 수 있게 도왔던 것 같습니다.

6절에서 가이오로부터 환대와 사랑을 받은 전도자들은 요한의 교회에 돌아와서 가이오의 사역을 증언하고 있는 것으로 보여집니다, 요한은 하나님 보시기에 합당하게 행하였다고 칭찬합니다. 그리고 요한 장로는 8절에서 복음을 위해 사역하는 사람들과 이 땅의 나그네와 같은 사람들을 영접하는 것이 마땅하고, 이것은 진리를 위해 함께 일하는 자가 되는 것이라고 이야기합니다.

그런데 가이오와 다른 모습을 보여서 요한의 책망을 받고 있는 사람이 있습니다. 그의 이름은 디오드레베입니다. 9절에 등장하는데요. 살펴보니 디오드레베는 '으뜸되기를 좋아하는 사람'이었다고 묘사됩니다. 즉, 외형적인 지위를 가짐으로 자신의 이득을 취하고, 다른 사람으로부터 존경받기를 원하고, 자신의 권력 밑으로 사람을 모으고 편을 갈라 자기의 위세를 보이고 싶어 했던 것으로 보입니다. 그런데 디오드레베는 주님을 위해 일하는 자들을 잘 돌보기는커녕 심지어 내쫓기까지 합니다. 10절에 보니까 악한 말로, 주를 위해 일하는 자들을 비방하고, 형제들을 받아들이지도 아니하고 맞아들이고자 하는 자까지도 금하여서 교회에서 내쫓는다고 나와 있습니다.

디오드레베는 왜 주를 위해 일하는 자들을 받아들이지 않고 악한 말을 만들어 비방하고 내쫓기까지 했을까. 디오드레베는 자신의 권력을 가진 입지가 불안했던 것으로 보입니다. 일반적으로 실력으로 그 자리를 지키지 못하거나 자신의 입지가 불안할 때, 또한 자신의 잘못을 감추고자 할 때, 지도자는 엄격한 원칙이나 권위를 강조하거나, 폭력을 사용하거나 상대방을 인신공격하거나 적으로 몰아서 자

새 시대 새 설교

신의 입지를 굳히고자 하는 것이 일반적이죠. 디오드레베 역시 교회 공동체의 지도자였던 것으로 보이고, 정확한 이유인지는 모르지만, 순회전도자들을 돕지 않았고, 돕는 자들까지도 돕지 못하도록 금하였습니다. 이에 요한은 11절에서 다음과 같이 이야기합니다. "사랑하는 자여 악한 것을 본받지 말고 선한 것을 본받으라 선을 행하는 자는 하나님께 속하고 악을 행하는 자는 하나님을 뵈옵지 못하였느니라."

세 번째로, 우리는 12절에서 '데메드리오'라는 제 3의 인물을 만나게 됩니다. 데메드리오는 아마도 장로 요한의 편지를 전달하고 있는 전달자로 가이오와 디오드레베가 갈등 시점에 있을 때 가이오에게 힘을 실어줄 인물로 예상됩니다. 장로는 가이오가 디오드레베와 같은 공동체에 속하면서 다른 입장을 취하고 있었기에 가이오가 곤란한 입장에 있었을 텐데, 요한은 데메드리오를 보냄으로 가이오가 행한 일이 선한 일이었고 옳은 일임을 확증해 주도록 합니다.

다시 요한의 메시지로 돌아가 보겠습니다. 요한의 가장 강력한 메시지는 '사랑'입니다. 하나님이 사랑이시고, 하나님의 사랑의 표현으로 찾아오신 것이 예수 그리스도이고, 그분은 우리를 죽기까지 사랑하셔서 자신의 목숨을 내놓음으로 우리에 대한 사랑을 확증하셨습니다. 그리고 우리도 그렇게 사랑할 것을 요청하셨습니다. 우리는 모든 삶의 사건과 상황에서 일반적으로 가이오, 디오드레베, 또는 데메드리오의 입장에 서게 됩니다. 즉, 가이오와 같이 공동체 내에서 공공의 선을 위한, 또는 하나님의 뜻을 위한 일을 시행하고 진행할 것이냐, 아니면 디오드레베와 같이 개인의 이득을 우선시하고 개인의 감정에 집착하여, 공공의 일을 회피하거나 파괴할 것이냐, 아니면 가만히 침묵하여 자신의 입지를 지키고 남 일에 상관하지 않는 중립의 입장을 벗어나, 데메드리오와 같이 선을 지지하고 대치되는 상황을 적극적으로 중재할 것이냐 하는 입장에 서게 됩니다. 우리는 어쩌면 모든 일에 이러한 삼각구도의 상황에 임하게 될지 모르겠습니다. 여러분의 선택은 무엇이겠습니까? 디오드레베의 삶이 아닌, 가이오와 데메드리오의 삶을 선택하였으면 좋겠습니다. 그러할 때, 우리의 영혼이 잘됨같이 범사가 형통하고, 우리가 강건해지리라 믿습니다.

"사랑하는 자여 네 영혼이 잘됨 같이 네가 범사에 잘되고 강건하기를 내가 간구하노라"는 말씀을 대할 때마다 이 말씀의 주인공인 선한 일을 선택했던 가이오를 생각했으면 좋겠습니다. 하나님이 좋아하시는 선을 추구하고 진리와 함께 행동하였던 가이오. 복음 전하는 일에 앞장서고, 나그네와 같은 자들을 환대하고 대접했던 가이오. 그래서 요한의 축복과 사랑을 듬뿍 받았던 그런 가이오처럼, 그리고 옳은 일을 지지하며 침묵하지 않고 선한 일에 목소리를 내고 동참하는 데메드리오처럼, 우리도 진리 안에서 하나님의 사랑을 실천하므로, 우리의 영혼이 잘되고 범사가 형통하며 건강한 삶을 살 수 있기를 주님의 이름으로 축원합니다. 아멘.

2019년 11월 4일 안산대학교 교직원예배 설교

새 시대 새 설교

김순영

미주장로회신학대학교 강사

삶의 상황성과 일상을 신학의 자료 삼는 구약성서 연구자다. 백석대학교에서 전도서의 모호성에 관한 연구로 구약학 박사학위를 받은 후 백석대학교 신학대학원과 평생 교육원, 안양대학교 신학대학원에서 구약학 강사로, 서울한영대에서 초빙 교수로 히브리어와 구약 배경사 및 구약성서 관련 과목들을 오랜 시간 강의해 왔다. 현재는 미주장로회신학대학교 구약학 강사로 일하면서 한국연구재단의 지원을 받아 욥의 저항과 하나님의 침묵에 나타난 은닉에 대한 미학적 신학적 탐구를 진행 중이다. 구약의 지혜문학과 영성, 여성과 생태학 분야와 다양한 방법론을 활용한 융합적인 해석이 주된 관심사다.

저서로 《어찌하여 그 여자와 이야기하십니까》《일상의 신학, 전도서》, 공저로 《성서, 생태 위기에 답하다》《현대사회와 그리스도인의 경제윤리》《연대하는 여성신학》 등이 있다. 역서로 《IVP 성경 주석》(공역)《구약의 율법, 어떻게 해석할 것인가?》《성서비평 방법론과 그 적용》(공역) 등이 있다.

모든 생명은 한 집 한 식구

시편 104편 10-24절

여호와께서 샘을 골짜기에서 솟아나게 하시고 산 사이에 흐르게 하사 각종 들짐승에게 마시게 하시니 들나귀들도 해갈하며 공중의 새들도 그 가에서 깃들이며 나뭇가지 사이에서 지저귀는도다 그가 그의 누각에서부터 산에 물을 부어 주시니 주께서 하시는 일의 결실이 땅을 만족시켜 주는도다 그가 가축을 위한 풀과 사람을 위한 채소를 자라게 하시며 땅에서 먹을 것이 나게 하셔서 사람의 마음을 기쁘게 하는 포도주와 사람의 얼굴을 윤택하게 하는 기름과 사람의 마음을 힘 있게 하는 양식을 주셨도다 여호와의 나무에는 물이 흡족함이여 곧 그가 심으신 레바논 백향목들이로다 새들이 그 속에 깃들임이여 학은 잣나무로 집을 삼는도다 높은 산들은 산양을 위함이여/바위는 너구리의 피난처로다 여호와께서 달로 절기를 정하심이여 해는 그 지는 때를 알도다 주께서 흑암을 지어 밤이 되게 하시니 삼림의 모든 짐승이 기어나오나이다 젊은 사자들은 그들의 먹이를 쫓아 부르짖으며/그들의 먹이를 하나님께 구하다가 해가 돋으면 물러가서 그들의 굴속에 눕고 사람은 나와서 일하며 저녁까지 수고하는도다 여호와여 주께서 하신 일이 어찌 그리 많은지요 주께서 지혜로 그들을 다 지으셨으니 주께서 지으신 것들이 땅에 가득하니이다

지구, 안녕한가요?

세상은 온통 아름다운 가을로 물들고 있습니다. 그러나 기후 변화로 인해 아름다운 지구가 얼마나 더 버틸 수 있을지 의문입니다. 최근 몇 년 동안 지구 곳곳이 기후 재앙으로 몸살을 앓고 있습니다. 홍수로, 극심한 무더위로 사람들이 죽고, 산불로 지표면 온도는 점점 더 상승하고 있습니다. 지구온난화는 옛말이 되었고, 펄펄 끓는 지구가 되고 말았습니다. 지구온난화가 아니라 '지구 열대화'를 걱정하는 현실입니다. 과학자들은, 기후 변화로 인해 기후 위기와 붕괴로 재앙을 겪게 된 모든 원인과 책임이 인간에게 있다고 말합니다.

기후 위기는 지구의 위기를 뜻합니다. 지구의 위기는 생존 공간에 대한 문제라고 합니다. 생물학자 레이첼 카슨은 이미 오래전(1962년) 그녀의 책,《침묵의 봄》에서 인간은 자연을 지배하는 존재가 아니라 자연의 한 부분임을 강조했습니다. 그러나 정작 창조 세계의 변화에

섬세하게 자각해야 하는 그리스도인들은 재앙 수준의 생태 위기에 둔감한 것은 아닌지 걱정됩니다.

그런데 불행 중 다행일까요? 우리나라도 2019년에 시민들 5천여 명이 기후 위기의 심각성을 알리려고 행진하며 외쳤습니다. 기독교 환경연합이 주최한 행사였습니다. "지금이 아니면 내일은 없다. 지금 말하고, 당장 행동하라!" 그 행진은 기후 위기와 생물 멸종 상황을 인식하고, 창조 세계의 온전성을 지키는 일에 앞장서 실천 방안을 모색하자는 취지였습니다.

최근 전례 없는 기후 위기를 보며 신학자 산드라 리히터(Sandra Richter)도 "지구는 하나님의 소유지 인간의 소유가 아니다"라고 말했습니다. 이 말은 모든 생명체의 복잡한 연결망 속에서 오만한 인간을 꾸짖고, 그 위치성을 자각시킵니다. 태초부터 인류는 하나님의 창조 능력을 물려받은 존재로서 창조 세계의 청지기라는 사실을 수도 없이 들어왔습니다.(창세기 1:27-28) 그러나 인간은 청지기가 아니라 어느 틈엔가 주인 노릇을 하기 시작했습니다. 그런 점에서 시편 104편은 창조 세계에 대한 인류의 역할을 다시 생각하도록 우리를 일깨웁니다.

모든 생명체의 집, 지구

지구는 하나님이 지으신 모든 생명체의 집입니다. 시편 104편은 지구라는 집에 거주하는 사람과 온갖 동식물에 대한 노래입니다. 히브리 시인의 언어가 우리의 잠자던 의식을 흔들어 깨우고, 지독하게 인간 중심적인 생각을 깨뜨립니다. 시인은, 지구라는 푸른 집이 인간만을 위한 집이 아니라 모든 생명체를 위한 보금자리임을, 동식물과 인류가 똑같이 창조자 하나님의 돌봄을 받는 존재라는 사실을 노래합니다.

이 시는 우리에게 매우 익숙한 시편 8편과 33편, 그리고 145편과 함께 창조의 노래로 분류됩니다. 구약 신학자들은 창세기의 창조 본문을 보충한 노래가 104편이라고 말하곤 합니다. 특히 104편은 8편과 함께 하나님 창조에 대한 경외감과 안전한 지구 생태계의 활기찬 묘사로 충만합니다. 그러나 두 시편은 같은 듯 다른 측면이 있습니다.

시편 8편은 하나님이 만드신 세계에 대한 인간의 다스림과 존엄성을 노래하는 반면, 하나님의 손으로 지음을 받은 존재요, 다른 피조물들처럼 돌봄을 받는 인류를 노래합니다.(시편 8:5-6) 그런데 104편은 좀 더 분명하게 인류가 숲의 동물, 공기, 물, 나무들 위에 군림하는 존재가 아니라 동반자인 것을 강조합니다. 시인은 인류에게 부여된 왕적인 다스림의 권한보다 다른 동식물처럼 하나님의 돌봄 아래 함께 먹고 마시며 즐거워하는 존재라는 것을 기어이 알리려는 듯합니다.

그러니 104편은 모든 생명체의 공생 원리를 일깨우는 시입니다. 창조 때에 하나님이 인류에게 다스림의 권한을 부여했지만(창세기 1:28), 그 다스림은 인류의 배타적 주권을 뜻하지 않습니다. 다른 피조물들을 향한 그 어떤 착취나 파괴를 정당화하지 않습니다. 그래서 104편은 하나님의 지상 명령, 곧 창조 명령이(창세기 1:26-28) 인간 중심적인 신학이나 신앙으로 경도될 위험을 차단합니다. 히브리 시인은 모든 피조물이 동반자로서 평화롭게 공존하는 지구를 생각하도록 우리 시선을 교정해 줍니다.(5-26절) 시인은 가장 먼저 땅의 기초를 놓으신 하나님을 상상하며 이렇게 노래합니다.

> 당신은 땅에 기초를 놓으시고 영원히 흔들리지 않게 하셨습니다.(104:5)

시인은 '땅'을 일곱 번이나 반복합니다.(5, 9, 13, 14, 23, 24, 32, 35절) 땅은 하늘과 마주 보는 지면입니다. 창조 서사에서 땅은 땅의 깊은 곳과 지하 세계를 망라하는 총체성을 일컫는 말이기도 합니다.(창세기 2:1) 따라서 우주적 차원에서 땅은 지구입니다.(참고. 93:1-2) 전도서의 저자 코헬렛(전도자)도 히브리 시인처럼 땅의 영구성을 노래했습니다. 한 세대는 가고 한 세대는 오되 땅은 영원히 있다고 합니다.(전도서 1:4)

시인은 창조 세계에 명령하시는 하나님을 묘사하면서 우주의 왕이신 하나님과 그의 위엄찬 존재감을 드러냅니다. 마치 시인이 그곳에 있었던 것처럼, 태곳적 창조 사건을 회고하듯 노래합니다. 사물을 인격화한 시인의 묘사가 흥미롭습니다. 하나님이 깊은 바다로 땅을 덮으신 것과 하나님의 꾸짖음으로 물이 도망하고, 하나님의 우렛소리로 깊은 바다가 서둘러 물러간다고 합니다.(6-7절) 하나님이 명령하자 산들과 골짜기들이 올라가고 내려가고, 그것들이 하나님이 정하신 곳으로 이동하고, 하나님이 물의 경계를 나누셔서 물이 넘치지 못합니다.(9절) 시인의 언어가 지혜자 욥에게 하셨던 하나님 말씀을 생각나게 합니다.

> 바닷물이 땅속 모태에서 터져 나올 때에, 누가 문을 닫아 바다를 가두었느냐? 구름으로 바다를 덮고, 흑암으로 바다를 감싼 것은, 바로 나다. 바다가 넘지 못하게 금을 그어 놓고, 바다를 가두고 문빗장을 지른 것은, 바로 나다. "여기까지는 와도 된다. 그러나 더 넘어서지는 말아라! 도도한 물결을 여기에서 멈추어라!" 하고 바다에게 명한 것이 바로 나다.(욥기 38:8-11, 새번역)

이처럼 하나님은 사람과 소통하듯 자연의 물질과 대화하고 명령합니다.

인간과 동물을 돌보는 '어머니 자연'

이제 시인은 사람과 숲의 짐승들을 돌보시는 하나님을 찬양합니다. 시인은 산과 물과 들짐승과 새들(10-13절), 그리고 동물과 사람(14-15절), 또다시 산과 물과 새들과 들짐승들(16-18절) 순서로 노래합니다. 그 묘사가 마치 한 폭의 멋진 산수화를 보는 듯 아름답습니다. 시인의 눈에 닿는 풍경은(10-13절) 문명이 일궈낸 복잡한 도시와 다릅니다. 시인의 묘사를 마음속으로 상상해 보십시오.

골짜기에서 샘들이 솟아나고 산들 사이에 흐릅니다.(10절) 하나님은 골짜기의 샘들이 들판에 살아 있는 모든 생명체에게 물을 주어 마시게 하고, 들나귀들도 해갈합니다.(11절) 하늘의 새들은 골짜기와 산들 위에 깃들며, 무성한 나뭇잎들 사이에서 지저귑니다.(12절) 하나님은 사방이 트인 높은 집에서 비를 내리시고, 비는 숲을 흠뻑 적십니다. 땅은 하나님이 일하심으로 흡족해합니다.(13절) 땅도 사람처럼 인격화되고 땅은 생명의 활기로 넘쳐납니다. 그리고 시인은 가축과 사람이 먹고 즐기도록 베푸시는 은총을 노래했습니다.

> 그가 가축을 위한 풀과 사람을 위한 채소를 자라게 하시며 땅에서 먹을 것이 나게 하셔서 사람의 마음을 기쁘게 하는 포도주와 사람의 얼굴을 윤택하게 하는 기름과 사람의 마음을 힘 있게 하는 양식을 주셨도다.(14-15절)

태초부터 하나님은 동물과 사람에게 땅의 식물들을 먹거리로 주셨습니다.(창세기 1:29; 2:15-16; 3:18) 다시 말해 인간과 동물의 먹거리는 식물로 충분했다는 뜻입니다. 에덴에서 동물은 인간의 먹거리가 아니었습니다. 인간에 의한 동물착취는 일어나지 않았습니다. 동물은 인간의 동반자였으니까요. 그러나 지금은 어떤가요? 현대 인간의 탐욕을 보여주는 대표적인 사례입니다. 하나님은 동물의 먹거리를 위해 푸른 풀들이 자라게 하시고, '사람의 노동으로' 자라난 채소는 땅으로부터 나오는 음식입니다.(14절) 또 사람이 땅을 경작하여 얻은 포도주로 '사람의 마음'이 즐겁도록 하셨습니다. 기름은 얼굴을 빛나게 하고, 빵은 '사람의 마음'을 기운 넘치게 합니다.(15절) 고대 근동 사회에서 포도주, 기름, 빵은 기본적인 먹거리 3종 세트였습니다.(전도서 9:7-8; 신명기 7:13; 8:8) 시인의 언어에서 동물과 사람의 일상을 유지하는 기본적인 돌봄의 체계가 창조자 하나님에 의해 수립된 것은 물론 사람과 동물이 모두 땅이 내준 먹거리로 살아가는 '땅에 기반한' 존재임을 일깨웁니다.

시인은 산과 물과 들짐승이 살아가는 평화로운 세상을 노래합니다.(16-18절) 여호와의 나무들은 마실 물이 충분하여 새들이 둥지를 틀고, 학은 잣나무를 자기 집으로 삼습니다.(17절) 높은 산들은 산양의 피난처이고, 바위는 너구리의 피난처입니다.(18절) 팔레스타인 전역에서 가장 아름답기로 유명한 나무가 레바논의 백향목입니다.(열왕기상 4:33; 시편 92:12) 그렇게 하나님이 심으신 나무로 조성된 숲은 새와 짐승들의 안전과 생존을 위한 공간입니다.(16절) 숲을 가로지르는 갖가지 짐승들과 새들의 풍경은 하나님이 욥에게 차근차근 해설하신 신비로운 창조 세계를 상상하게 합니다.(욥기 38:25-39:40)

그런데 인류가 잊지 말아야 할 분명한 것이 있습니다. 아름답고 생명의 활기로 충만한 야생의 세계는 사람의 손길 너머에 있다는 사실입니다. 즉 사람의 발길이 닿지 않고 사람의 통제와 관리가 필요 없는 야생의 숲이야말로 창조자의 보호 아래 활기찬 아름다움으로 충만합니다. 우리는 아름다움과 생명으로 충만한 세계를 대자연이라고 부릅니다. 대자연은 영어로 'Mother Nature'입니다. 말 그대로 '어머니 자연'입니다. 시인이 묘사한 아름다운 풍경은 온갖 생명체가 '어머니 지구' 품에서 착취 없이 사랑받고, 자양분을 얻는 광경입니다. 이제 시인은 어머니 자연 속에서 모든 인간과 동식물이 어떻게 서로 연결된 채 살아가는지 아름답게 노래합니다.

인류와 동식물, 함께 거주하는 생태 시민

모두가 연결된 존재로 살아가는 것, 이것이 창조의 조화이고 아름다움입니다. 시인은 창조의 아름다움을 지구와 해와 달의 운동에서 발견했습니다. 해와 달은 날들과 계절을 만들며 생명의 주기를 제어합니다. 하나님은, 달이 계절을 정하고, 해가 낮과 밤의 변화를 주관하게 하셨습니다.(창세기 1:14) 시인은 여호와가 달로 절기를 정하고, 해는 그 지는 때를 안다고 노래합니다.(19절) 고대 지혜자도 시인처럼 물질세계를 인격화하여 해가 사람처럼 오고 움직임을 노래했습니다.(전도서 1:5). 해와 달이 오고 가는 운동으로 시간의 질서가 정해졌듯 해와 달은 살아 있는 모든 생명체를 위한 시계이자 달력입니다.

또 하나님이 흑암을 지어 밤이 되게 하시면 숲의 모든 짐승이 기어 나온다고 합니다.(20절) 말하자면 인간이 잠든 어두운 밤, 숲에서 온갖 생물들의 역동적인 활동이 시작되는 것이지요. 인간과 동물이 지구라는 집을 나눠 공존하면서 하나님이 정하신 시간의 경계에 따라 활동한다는 뜻입니다. 밤은 숲의 짐승들을 위한 시간입니다. 시인은 밤 동안 먹이를 위해 부르짖는 젊은 사자들의 으르렁거림을 하나님으로부터 먹잇감들을 얻기 위함이라고 말합니다.(21절: 욥기 38:39) 사자의 으르렁거림이 하나님과 주고받는 신호인 셈이지요. 시인의 언어가 시들어 버린 상상력을 자극합니다. 인간은 알아듣지 못하는 하나님과 사자 사이의 소통은 하나님 없이 어떤 생명체도 시시각각 생존할 수 없음을 각성시킵니다.

해가 떠오르면 사자들은 무엇을 할까요? 시인은 사자들이 물러가 자기들의 동굴에 눕는다고 합니다.(22절) 반대로 다시 해가 뜨면 사람은 일을 시작하고, 저녁까지 노동한다고 합니다.(23절) 시인이 노동으로 먹고사는 인류의 원초적 운명을 말하고 싶은 것일까요?(창세기 2:15) 그보다는 밤은 동물을 위한 시간이고 낮은 사람을 위한 시간임을 밝힌 것입니다. 밤과 낮의 경계는 인간과 동물이 서로 평화롭게 집을 나눠 갖기 위한 질서인 셈입니다. 만일 인간이 야생의 짐승을 포획하려고 시간과 공간의 경계를 허물어 버리면, 생태계는 교란됩니다. 자연 생태계 교란의 대표적 사례가 코로나19 바이러스였습니다. 사회생물학자들이 '코로나19'를 인수공통감염의 원인으로 공표했습니다. 야생동물들이 서식지를 잃고 바이러스가 택한 숙주가 인간이었다는 뜻입니다. 미래학자 제러미 리프킨(Jeremy Rifkin)은 코로나19 발생의 가장 큰 원인을 인간의 경작지 확대라고 지적했습니다. 1900년 인간이 차지하는 땅은 지구 전체면적의 14%였지만, 지금은 지구 면적의 약 77%가 인간의 거주지라고 합니다. 한마디로 무분별한 벌목과 도시건설, 공장식 축산 등 인간의 이기심을 충족하기 위한 끝없는 탐욕을 제어하지 않은 것이 원인이었습니다. 따라서 코로나19 대유행은 인류를 향해 착취를 멈추라는 지구 생태계의 경고이며 생태계 역습이었습니다. 하나님의 돌봄을 받는 야생의 세계를 침범한 무분별한 개발과 폭력적인 착취는 '생태학살'입니다. 우리는 '인간 중심적인' 삶이 인류를 풍요롭게 하는 것이 아니라 인류 스스로 고립시키고 소외시킨다는 것을 뒤늦게야 깨달았습니다.

시편 104편은 동식물과 인류가 거주지를 함께 공유하는 '생태시민'(이 표현은 이나미,《생태시민으로 살아가기: 에코크러시를 향하여》에서 따옴) 의식을 지니게 합니다. 시인은 '모두' 하나님 돌봄 안에서 서로 연결되어 있기 때문입니다.(24, 27절) 말하자면 동식물과 인간은 지구라는 집에 사는 한 집안, 한 식구입니다. 인간은 들판의 동물들과 공기와 물과 나무들, 모든 피조물을 관리하고 통제하는 자가 아니라 동반자입니다. 따라서 인류는 다른 생명체를 무참히 없애거나 동식물이 살아가는 환경을 인위적으로 축소할 수 없습니다.

인류가 동물과 별 차이 없다고 하면 매우 불쾌하게 생각하는 이들이 있습니다. 그러나 평생 침팬지를 연구한 동물학자 제인 구달은 침팬지와 인간의 유전적 차이는 1.6%라고 합니다. 다시 말해 침팬지와 인간의 유전자가 98.4% 일치한다는 뜻입니다. 그 작은 차이와 동일성이 어마어마한 문명의 차이를 만들었지만, 인간의 오만함은 그동안 '어머니 자연' 속에 거주하는 가족을 마음대로 착취하고 이용했습니다. 우리는 그 결과를 최근 몇 년 기후 재앙을 통해 똑똑히 목격하고 있습니다.

지구 공동체의 평화로운 공존을 위해

시인은 하나님이 하신 일에 감격하며 하나님의 지혜를 찬미합니다.

> 하나님, 당신의 행하신 일이 얼마나 많은지요, 하나님이 만드신 모든
> 것이 지혜로 만들어졌고, 그 땅이 하나님의 소유로 충만합니다.(24절)

하나님의 창조 활동에 지혜가 동역했듯(잠언 8:22-31) "모든 창조는
하나님 지혜에 대한 증언"입니다.(J. Clinton McCann) 시인이 노래하듯
하나님 지혜의 완결은 누구도 착취당하지 않고 함께 어울리는 충만
함으로 드러날 때입니다.

시편 104편을 통해 우리가 잊지 말아야 할 것은 분명합니다. 모든
살아 있는 생명체는 모두 하나님의 지혜로 창조된 한 뿌리에서 난 자
매이며 형제입니다. 한 집안에서 하나님의 돌봄을 받으며 먹고사는
가족입니다. 이것은 인간과 동식물이 서로의 경계를 지키며 인간이
동물의 영역을 침범하지 않고 제 지킬 때 가능합니다.

지금 우리는 묵시록적인 위기처럼 기후 재난이 발생하는 긴박한
상태에 있습니다. 삶의 새로운 대전환이 필요한 이 시점에 1854년
시애틀 추장의 연설문 일부가 마음을 일렁이게 합니다. 당시 미국 정
부가 인디언들과 협상할 때, 시애틀 추장은 "모든 것은 연결되어 있
다"라고 말했습니다. 그는 길가의 달팽이가 먼 은하계와 연결되듯,
우리는 존재하는 모든 것과 상호 작용하며 살아가는 존재라고 역설

했습니다. 그는 당시 백인들에게 자기 부족과 삶의 일부인 자연을 존중해 달라고 요구하면서 이렇게 말했습니다.

"수면 위의 반짝이는 물결, 형형색색의 아름다운 새, 이 모든 것들을 기억하고 사랑한다. 우리는 이 땅의 일부이고, 이 땅은 우리의 일부이다. 향기로운 꽃은 우리의 자매이고, 사슴, 말, 위대한 독수리는 우리의 형제다. 바위산 산마루, 풀밭에 맺힌 이슬, 조랑말의 체온, 그리고 인간까지 우리 모두는 가족이다."

히브리 시인의 노래처럼 시애틀 추장의 연설처럼 인류와 동식물은 모두 거대한 우주의 한 부분입니다. 우리는 모두 서로 필요한 존재입니다. 자연은 인간 없이 살 수 있지만, 인간은 자연 없이 살 수 없습니다. 인류가 그동안 자연을 마음대로 착취하고 파괴하고 이용하던 과도한 활동을 당장 멈춰야 합니다. 지구 공동체의 평화로운 공존을 위해 내가 그리고 교회가 먼저 어머니 자연의 아름다운 질서에서 신적인 아름다움을 맛보며 경외감에 휩싸여 보는 건 어떤가요? 생태 시민으로서 우주적인 가족의 의미를 새겨보며 사색의 시간을 가져보는 것은 어떤가요?

2020년 7월 6일 청주 다리놓는 교회 설교

새 시대 새 설교

삶의 지표를 찾는 그대에게

전도서 7장 13-14절

하나님께서 행하시는 일을 보라 하나님께서 굽게 하신 것을 누가 능히 곧게 하겠느냐 형통한 날에는 기뻐하고 곤고한 날에는 되돌아보아라 이 두 가지를 하나님이 병행하게 하사 사람이 그의 장래 일을 능히 헤아려 알지 못하게 하셨느니라.

인생의 무게와 삶의 주름

우리 인생은 많은 주름과 짐으로 복잡하게 얽혀 있습니다. 사람은 누구나 지고 가야 할 삶의 짐이 있지요. 생의 무게에서 달아날 수 있는 사람은 아무도 없습니다. 그리고 그 생의 무거움이 만드는 주름을 누구도 비껴갈 수 없습니다. 이것은 삶의 진실이고 진리입니다.

그러나 신앙인 중에는 더러 예수 믿고 하나님 자녀가 되어 만사형통하는 것이 신앙의 목표인 양 살아갑니다. 불편하게 들리겠지만 무슨 일을 하든 만사형통하길 바라는 것은 유아적이고 초보적인 신앙의 태도입니다. 예수님도 "수고하고 무거운 짐 진 자들아, 다 내게로 오라 내가 너희를 편히 쉬게 하리라"(마태복음 11:28) 말씀하셨지, 내게 오는 모든 자들이 만사형통할 것이라 말씀하지 않으셨습니다. 예수님은 삶의 짐을 가볍게 해주시겠다고 하셨지, 삶의 짐을 없애주겠다고 말씀하지 않으셨습니다.(마태복음 11:30) 예수님도 지혜 선생 '코헬렛'(개역개정, "전도자", 1:1; 12:9-10)이 말한 것처럼, 해 아래 사는 모든 인생이 감당해야 할 삶의 짐을 전제하고 말씀하셨습니다.

예수님이 이 땅에 오시기 전, 코헬렛(1:1)은 갈래갈래 얽히고설킨 삶의 짐을 담담하게 풀어낸 지혜자였습니다. 코헬렛은 현실 그대로 말하기를 좋아했던 사람입니다. 그는 인간의 고통, 슬픔, 불평등, 미움, 죽음 같은 부정적인 삶의 문제들을 주저하지 않고 거침없이 말할 줄 아는 지식인이었습니다. 이는 인생살이가 본래 매끄럽지 않고 거칠다는 것을 반증합니다. 그런데도 우리가 만약 삶이 매끄럽게 술술 풀리는 만사형통만을 원한다면 하나님을 욕망의 도구로 생각하기 때문입니다. 그래서 어른이 된다는 것은 매끄럽지 않고 껄끄러운 현실을 인식하고 수용할 줄 아는 존재로 거듭난다는 뜻입니다. 그때 비로소 사람은 삶의 가치를 제대로 알게 됩니다.

그러면 코헬렛은 왜 삶의 부정성을 피하지 않고 있는 그대로 말하기를 좋아할까요? 코헬렛은 히브리 문학에 뛰어난 문인입니다. 그는 은유와 상징을 능숙하게 활용할 줄 알았고 동시에 직설의 매력을 즐겼던 지혜자였습니다. 전도서 끄트머리에서 코헬렛이 누군지, 독자의 이해를 돕기 위해 약간의 정보를 줍니다.(전도서 12:9-10)

> 전도자는 지혜자이어서 여전히 백성에게 지식을 가르쳤고 또 깊이 생각하고 연구하여 잠언을 많이 지었으며 전도자는 힘써 아름다운 말들을 구하였나니 진리의 말씀들을 정직하게 기록하였느니라.(12:9-10, 개역개정)

전도자(코헬렛)는 진리의 말씀을 정직하게, 다시 말해서 가감 없이 '올곧게' 있는 그대로 말했다고 합니다. 복잡한 현실에서 '진실'은 그 자체로 힘입니다. 현대인은 무수한 정보들이 난립하는 세계에 살지만, 정보의 바다에서 휘둘림 당하지 않으려면 무엇이 진실이고 거짓인지 가려낼 줄 알아야 합니다. 그렇지 않으면 가짜 정보의 희생자가 않습니다. 코헬렛은 주옥같은 잠언들을 짓고 생산하는 일을 했던 지혜자입니다. 진리의 말을 왜곡하지 않고 올바르게 정확하게 기록하고 수집하는 일에 헌신했던 사람입니다.

한글 성경 제목 '전도서'를 풀이하면 "도를 전하는 책"입니다. 한자 '도'(道)는 말 그대로 '길'입니다. 말하자면 전도서는 길에 대한 책입니다. 고대 지혜문학은 인생을 여정 또는 여행으로 인식했고, 삶을 '길'이라는 은유로 표현했습니다. 실제로 사람은 누구나 길 위에 있고, 그 길은 여러 갈래지요. 우리는 여러 갈래 길에서 어떤 선택을 해야 할지 고민합니다. 그때 하나님이 옛적 예언자들에게 하셨듯 우리에게 말씀하시면 좋겠지만 그렇지 않습니다. 예언자들은 하나님이 보여주신 환상이나 들려주신 말씀을 하나님 백성에게 전달하는 자였습니다. 그러나 예언자나 제사장처럼 전문가 집단에 속했던 이스라엘의 지혜자들은 하나님이 보여주신 환상이나 계시의 말씀을 전달하는 자는 아니었습니다. 지혜자는 세상에서 경험한 것과 관찰한 것에서 얻은 통찰과 지혜를 언어로 교훈할 줄 아는 사람입니다.

지혜자들의 언어는 뻔하지 않습니다. 때로는 논쟁적이고, 때로는 시적이고, 때로는 예술적입니다. 그래서 구약의 지혜서로 분류되는 욥기, 잠언, 전도서는 사색적인 성격이 강합니다. 예컨대 지혜자들은 계절에 따라 변화하는 들판의 공기 속에서 하나님의 구원과 아름다움을 발견합니다. 푸르름과 태양의 뜨거운 열기가 공존하는 여름, 추수가 끝난 들녘의 고즈넉함, 겨울 들판의 매서운 바람, 봄철의 활기를 보고 환희를 느낄 수 있는 것 모두 지혜와 사색의 영역입니다. 만약 우리가 하나님이 창조하신 무한한 우주를 상상한다면, 인간과 모든 동식물이 안전하게 거주하는 '지구'라는 집에서 날마다 하나님의 숨결을 느낀다면, 존재하는 이 순간도 생명의 활기로 충만한 겁니다.

삶의 부정성과 불확실성

그런데 지혜자는 생명으로 충만한 세상에 감격하다가도 삶의 부정성을 볼 줄 압니다. 코헬렛이 그런 지혜자를 대표합니다. 전도서가 매력적인 것은 삶의 부정성을 피하지 않고, 거기서 삶의 의미를 발견하는 법을 가르쳐주기 때문입니다. 코헬렛은 독자에게 생각의 짐을 얹어 주기를 좋아합니다. 그래서 그는 주저하지 않고 이런 말을 했습니다.

> 하나님께서 행하시는 일을 보라 하나님께서 굽게 하신 것을 누가 능히 곧게 하겠느냐.(7:13, 개역개정)

하나님이 구부린 것을 누구도 곧게 펼 수 없다는 사실을 질문 형식으로 말했습니다. 이런 수사학적인 질문은 몰라서 묻는 것이 아니라, "누구도 곧게 할 수 없다"라는 부정의 답을 끌어내기 위함입니다. 지혜자도 철학자나 마찬가지입니다. 질문을 좋아합니다. 더 나아가 사회학자는 질문을 하지 않는 사회를 '위험사회'라고 말합니다. 왜냐하면 모든 탐구는 질문에서 출발하기 때문입니다. 사람은 질문할 때, 자기 자리에서 안주하지 않고 성장할 수 있습니다. 안타깝게도 우리 교육은 질문하는 능력을 키워주는 것이 아니라 정답을 찾기에 열을 올리는 교육입니다. 그러나 고대 이스라엘의 지혜 선생 코헬렛은 청중이나 독자에게 깊이 생각하기를 바라며 질문한 것입니다. 물론 코헬렛은 이와 비슷한 말을 평서문으로도 표현했습니다.

> …하나님이 하시는 일을 더하거나 뺄 수 없다…(3:14)

하나님이 구부리신 것을 곧게 펼 수 없다는 것은 무슨 뜻일까요? 인간의 한계와 하나님의 주권적인 능력의 차이를 똑똑히 보라는 의미입니다. 물론 인류 역사는 끊임없이 인간의 한계에 도전하며 문명을 일구어 왔습니다. 그러나 만족을 모르는 인류는 욕망의 탑을 쌓았습니다. 그 대표적인 출발점이 하나님처럼 되고자 했던 하나님의 자리를 탐했던 인류 최초의 커플, 아담과 하와였습니다.(창세기 3장) 이후로 인류는 바벨탑을 쌓으며 하나님의 영역을 침범하려고 부단히 시도했습니다.(창세기 11장) 그리고 마침내 최근 인류는 과학기술 분야에서 엄청난 능력을 드러내고 있습니다. 빠른 속도로 발전하는 과학기술은 인간을 닮은 인공지능의 세계를 구축하고 있고, 거대 자본을 가진 기업은 이 산업을 위해 어마어마한 자본을 쏟아붓는 중입니다.

챗GPT의 활약이 우리 모두를 놀라게 하고 있습니다. 과학기술의 혁명적인 발전이 인간을 이롭게 할 것을 기대하고 있지만, 그 이면의 어두운 측면을 심각하게 걱정하는 과학자들도 많습니다. 어쩌면 과학기술 신봉자들은 하나님이 굽게 하신 것을 인간이 곧게 펼 수 있다고 말할지 모릅니다. 그러나 과학적인 기술혁명이 인류의 미래 세대에게 어떤 결과를 가져올지 누구도 정확한 예측을 하지 못합니다. 과학자들조차도 정확한 예측을 유보합니다.

형통한 날과 곤고한 날들 사이에서

그러면 지금 우리가 할 수 있는 일은 무엇일까요? 지금으로부터 2500년 전 어쩌면 3000년 전쯤 팔레스타인 땅에 살았던 코헬렛이 우리에게 지혜를 줍니다.

> 형통한 날에는 기뻐하고 곤고한 날에는 되돌아보라. 이 두 가지를 하나님이 병행하게 하사 그 장래 일을 사람이 능히 알지 못하게 하셨다.(7:14)

코헬렛은 성공적이고 행복한 삶을 위해 미래를 설계하라고 말하지 않습니다. 그저 예측 불가능한 세계가 기다리고 있을 뿐이라는 사실을 담담히 전할 뿐입니다.

사람은 누구나 24시간이라는 하루를 공평하게 선물로 받았습니다. 다만 어떻게 살 것인가, 삶의 방식에 따라 삶의 질적 차이가 발생합니다. 그 질적 차이는 외적인 환경이나 변수들에 의해 작용하기도 하지만, 결정적 차이를 만드는 것은 나 자신입니다. 삶이 풍요롭고 안전하고 별로 불편하지 않을 때 삶은 비슷비슷하다고 합니다. 그러나 위기가 닥쳤을 때, 어떤 선택과 결정을 하느냐에 따라 한 사람의 가치관과 면모가 적나라하게 드러납니다. 일반적으로 사람은 안락하고 평온할 때, 자기 확신에 차 있거나 자기를 지나치게 신봉합니다. 자만심에 넘쳐 있기 쉽습니다. 그 위대했던 다윗 왕도 자신이 평온할

때 어떠했는지 고백했습니다. 다윗이 자만했던 자신을 회개하는 고
백이 시편에 남아 있습니다.

> 내가 형통할 때에 말하기를 영원히 흔들리지 아니하리라 하였도
> 다.(시편 30:6, 개역개정)

그래서 다윗은 하나님께 당신이 당신의 얼굴을 가리실 때, 내가 근
심했다고 고백합니다.(시편 30:7) 어쩌면 우리는 성난 파도처럼 삶을 압
도하는 문제들을 만날지 모릅니다. 이 때문에 오르락내리락 갈피를
잡을 수 없는 순간으로 내던져지기도 합니다. 혹시 마음속으로 저 사
람은 뭘 해도 잘되는데 나는 뭘 해도 안 되는 사람이라고 생각한 적
이 단 한 번이라도 있었나요? 절망을 거듭하다 보면 그런 생각이 찾
아들기도 합니다. 그런데 코헬렛은 형통한 날과 곤고한 날이 병행된
다고 합니다. 인생은 평탄하다가도 굴곡이 있게 마련이니까요. 다행
히 이 땅의 삶은 바다의 밀물과 썰물처럼 왔다 갔다를 반복합니다.
성난 파도가 어느새 잔잔해지고 고요히 빛을 펼쳐내듯 우리 인생도
그렇습니다.

해석하는 삶, 지혜로운 삶

고된 현실은 누구에게나 닥쳐오지만, 어떻게 해석하느냐에 따라

삶은 달라질 수 있습니다. 양귀자 작가는 《모순》이라는 소설의 작가 노트에서 "인간이란 누구나 각자 해석한 만큼의 생을 살아낸다"라고 말했습니다. 지혜서의 공통된 가르침이 있다면 모든 삶의 문제를 무조건 "하나님의 뜻이야"라는 말로 단순화하지 않는다는 점입니다. 우리는 어쩌면 신앙을 가졌다는 이유로 세상에 던져진 모든 삶에 관한 질문에 정답을 가진 것처럼 행동하며 자신을 속였을지도 모릅니다. 그러나 코헬렛은 하나님이 좋은 일과 나쁜 일을 병행하게 하셔서 사람이 장래 일을 알지 못하게 하셨다고 말합니다.(7:14) 이렇게 지혜자는 간결한 문장으로 내 앞에 닥친 현실을 해석하도록 돕습니다. 코헬렛은 보이는 현실을 관찰했지만, 보이지 않는 세계와 보이는 세계의 상호 작용을 깊이 파고들었던 것이지요.

코헬렛은 부조리한 사회의 억압적인 현실을 향해서도 비판합니다. 그리고 억압당하는 자의 눈물과 위로자 없는 현실을 한탄하기도 합니다.(4:1) 코헬렛은 삶의 질서와 무질서 사이에서 불편한 현실을 목격하고 뒤로 물러서지 않았습니다. 왜냐하면 모든 순간이 중요하기 때문입니다. 그래서 그는 '부조리한'(헤벨) 세상에서 '오늘을 붙잡으라'고 조언한 것입니다. 다시 말해 '오늘을 즐기라'고 여러 번 반복하며 말했습니다. 지금 발을 딛고 있는 여기서 먹고, 마시고, 노동하며, 그 노동의 몫으로 하루하루 즐겁게 사는 것보다 더 좋은 것은 없다고 강조했습니다.(2:24; 3:12-13; 3:22; 5:17-18; 8:15; 9:7-9; 11:7-10) 왜일까요? 누구도 장래 일을 알 수 없기 때문입니다. 어제는 지나갔고, 우리 손을 떠났습니다. 그래서 지금, 이 순간이 가장 중요합니다. 왜냐하면 생애

주기에서 죽음은 단 한 번의 경험으로 끝나지만, 삶은 매일 매일 순간순간 계속되기 때문이지요.

내일은 사람에게 가려진 시간입니다. 내일 무슨 일이 일어날지 누구도 알 수 없습니다. 물리학자들도 이미 삶의 불확실성에 대해 오랜 세월 동안 말했습니다. 내일은 시간을 초월해서 존재하는 하나님만 아는 영역입니다. 시간에 갇혀 사는 '흙'(아다마)에 속한 '사람'(아담)은 지금, 이 순간을 살아갈 뿐입니다. 따라서 내일에 대한 과도한 염려나 반대로 내일에 대한 지나친 환상은 하나님 자리를 넘보는 행위입니다.

예수님도 내일 일을 위해 염려하지 말라고, 내일 일은 내일 염려하라고, 한 날의 괴로움은 그날에 족하다고 하셨습니다.(마태복음 6:34) 사도 바울도 빌립보교회에게 이렇게 고백했습니다.

> 내가 궁핍해서 이렇게 말하는 것이 아닙니다. 나는 어떤 처지에도 스스로 만족하는 법을 배웠습니다. 나는 비천하게 살 줄도 알고 풍족하게 살 줄도 압니다. 배부르거나, 굶주리거나, 풍족하거나, 궁핍하거나, 그 어떤 경우도 적응할 수 있는 비결을 배웠습니다. 나에게 능력을 주시는 분 안에서 모든 것을 할 수 있습니다.(빌립보서 4:11-14, 새번역)

이와 같은 사도 바울의 고백은 역경을 만난 모든 신자에게 삶이 무너지지 않도록 격려합니다. 혹독한 겨울바람 뒤에 따뜻한 봄바람이

새 시대 새 설교

어김없이 찾아오듯 코헬렛은 우리 인생이 늘 한 가지로 고정되어 있지 않음을 말했습니다. 전도서에서 가장 잘 알려진 '때'(시간)에 관한 노래를 들어보세요.

모든 일에는 다 때가 있다.

세상에서 일어나는 일마다 알맞은 때가 있다.

태어날 때가 있고, 죽을 때가 있다.

심을 때가 있고, 뽑을 때가 있다.

죽일 때가 있고, 살릴 때가 있다.

허물 때가 있고, 세울 때가 있다.

울 때가 있고, 웃을 때가 있다.

통곡할 때가 있고, 기뻐 춤출 때가 있다.

돌을 흩어버릴 때가 있고, 모아들일 때가 있다.

찾아 나설 때가 있고, 포기할 때가 있다.

간직할 때가 있고, 버릴 때가 있다.

찢을 때가 있고, 꿰맬 때가 있다.

말하지 않을 때가 있고, 말할 때가 있다.

사랑할 때가 있고, 미워할 때가 있다.

전쟁을 치를 때가 있고, 평화를 누릴 때가 있다.

사람이 애쓴다고 해서, 이런 일에 무엇을 더 보탤 수 있겠는가?

(전도서 3:1-9, 새번역)

파니 멘델스존이란 여성 작곡가가 떠오른 건 왜일까?

우리는 모두 생의 어느 한 시점을 통과합니다. 그대는 지금 형통한 때인가요, 곤고한 때인가요, 울 때인가요, 웃을 때인가요, 말할 때인가요, 침묵할 때인가요. 우리 삶은 고정되어 있지 않고 양극의 때를 오갑니다. 그러니 코헬렛은 형통한 날에는 기뻐하고, 곤고한 날에는 깊이 생각하라고 말한 것이지요. 결국 삶의 양극적이고 대립적인 상황을 그때그때 받아들일 줄 아는 것이 지혜입니다.

과학의 세계에서도 마찬가지입니다. 몇 년 전 어느 날 오후였습니다. 아들과 점심 식사 후 설거지를 하고 있는데, 물리학에 관심 많은 중학생 아들이 이런 말을 했습니다. "엄마, 대립적인 것은 상보적이래요!" 그때 나의 귀와 눈이 번쩍 뜨였습니다. 아들이 《떨림과 울림》이라는 책을 읽고 양자역학에서 논하는 대립과 상보성에 대한 이론을 툭 던진 말이었습니다. 코헬렛이 말하는 양극의 질서가 더 명확해지는 순간이었습니다. 우주적 차원에서 내 삶에서 일어나는 대립적인 상황은 내 삶을 보완하는 질서라는 깨달음을 주었습니다.

물질세계든 인간의 삶이든 양극의 현실을 있는 그대로 받아들인다면, 지금 살아 있는 이 순간보다 더 가치 있는 것은 없습니다. 지금, 이 순간 이곳에 앉아 있는 것 자체가 살아 있음의 증거입니다. 살아 있다는 것보다 더 장엄한 가치는 없습니다. 독일의 유명 시인 라이너 마리아 릴케는 "이곳에 있다는 것은 장엄하다"라고 말했습니다. 시인 릴케도 고대 이스라엘의 지혜자 코헬렛으로부터 지금 여기 살아 있음에 대한 가치를 배웠을까요?

고통과 환희 모든 반대의 순간에 하나님은 우리와 함께 계십니다.

새 시대 새 설교

우리가 하나님이 행하시는 일의 뜻을 일목요연하게 전부 알 수는 없지만, 지금 나의 곤고함은 형통함을 보완하기 위한 순간일지 모릅니다. 나의 행복과 타인의 불행이 교차하는 지점이 있듯 반대로 나의 불행과 타인의 행복이 교차하는 지점이 있겠지요. 혹시 지금 곤고함이 나를 뒤흔든다면, 반대로 형통함이 나를 들뜨게 한다면, 코헬렛의 권고가 삶의 지표가 되면 좋겠습니다. 살다가 밤처럼 어두운 날이 기숙할지라도, 희망이 옅어지거나 꺼져간다고 생각될지라도, 반드시 희망의 불씨는 기회를 엿보다가 등대처럼 반짝반짝 우리에게 도착할 것입니다.

2020년 1월 30일 도림교회에서 열린 〈어노인팅 목요예배〉 설교

약함과 부서짐의 아름다움과 신비

욥기 7장 1-6절

> 인생이 땅 위에 산다는 것이, 고된 종살이와 다른 것이 무엇이냐?
> 그의 평생이 품꾼의 나날과 같지 않으냐? 저물기를 몹시 기다리는
> 종과도 같고, 수고한 삯을 애타게 바라는 품꾼과도 같다. 내가 그
> 렇게 여러 달을 허탈 속에 보냈다. 괴로운 밤은 꼬리를 물고 이어
> 갔다. 눕기만 하면 언제 깰까, 언제 날이 샐까 마음 졸이며, 새벽까
> 지 내내 뒤척거렸구나. 내 몸은 온통 구더기와 먼지로 뒤덮였구나.
> 피부는 아물었다가도 터져 버리는구나. 내 날이 베틀의 북보다 빠
> 르게 지나가니, 아무런 소망도 없이 종말을 맞는구나.

고통, 낯선 방문객

삶의 고통은 예고 없이 찾아옵니다. 적절한 대비책도 없는데, 무방

비 상태일 때 불쑥 내게 도착합니다. 그래서 고통은 마주할 때마다 낯선 방문객입니다. 어제까지 아무렇지 않았던 일상을 뒤죽박죽 마구 헝클어 놓습니다. 다시 어제로 돌아갈 수 없을까, 불가능한 생각도 해봅니다. 복잡한 감정이 약해진 마음을 더 격렬하게 밀어붙이고, 삶이 산산이 부서진 것처럼 느껴집니다. 누구나 이런 경험을 한 번쯤 해보았을 겁니다.

문제는 내가 고통을 통제할 수 없다고 느낄 때 고통은 나를 더 압도합니다. 어쩌면 이것이 고통의 본질인지도 모릅니다. 더군다나 고통의 의미를 알지 못할 때는 더 견딜 수 없습니다. 그런데 이러한 고통의 본질 앞에서 하나님을 향해 거칠게 질문하면서 친구들과 격렬하게 토론한 사람이 있습니다. 욥입니다.

우리는 욥을 생각하면, 흔히 한 가지 주제를 떠올리곤 합니다. 욥의 인내입니다. 그렇습니다. 욥은 야고보 사도의 말처럼 인내의 사람이었습니다.(야고보서 5:11) 그런데 여기에 한 가지 더 추가하면 욥은 흔들림 없는 확고부동한 사람입니다. 욥기 1-2장의 서사를 보면, 욥은 갑자기 닥친 재앙 앞에서 조금도 흔들림 없이 말하고 행동합니다. 한편으로 확고한 욥의 모습이 신앙적인 강박증에 시달리는 사람처럼 보이기도 합니다.

그러나 위대한 욥도 끝내 흔들렸습니다. 욥이 그를 위로하려고 먼 길을 달려와 애통했던 친구들과 7일 동안 침묵의 시간을 보낸 이후였습니다. 그는 친구들 앞에서 자신의 내적 갈등을 숨김없이 쏟아냈습니다. 욥의 거침 없는 언어는 왜 의인이 고통당하는가에 대한 문제

였습니다. 욥은 친구들이 자신이 겪고 있는 고통의 의미를 설명해 주
길 바랐습니다. 왜냐하면 적어도 고통의 의미를 알면 견딜 수 있기
때문일 겁니다. 욥의 친구들은 하나님 말씀과 지혜 전통에 익숙한 자
들이었지만, 자기들의 경험과 인과응보 논리로만 대답할 뿐이었습니
다. 욥은 그 뻔한 설명으로는 위로를 얻을 수 없었습니다. 갑자기 들
이닥친 낯선 방문객, 고통은 그 이유와 의미를 드러내지 않았습니다.

그래서 고통은 삶의 수수께끼입니다. 사람은 누구나 자기만의 삶
의 짐과 무게를 안고 살아갑니다. 사람들은 대체로 이 사실을 받아들
이지만, 이유를 알 수 없는 고통 앞에서 절망하고 무너집니다. 의인
욥도 깊고 깊은 어둠의 심연 속에서 고통의 시간을 견뎠습니다. 그런
데 하나님은 왜 충실한 종을 고통의 한복판으로 밀어 넣으셨을까요?
의인에게 고통을 짊어지게 하시는 하나님은 대체 어떤 하나님인가
요? 예나 지금이나 신앙인들은 갑자기 닥친 재앙이나 무서운 질병으
로 인한 고통을 죄의 결과라고 생각하곤 합니다. 정말 그럴까요? 의
인 욥의 고통도 죄의 결과일까요? 아니었습니다. 아니라면 설명할 길
없는 인간의 고통에서 우리는 무엇을 배우고 깨달아야 하나요?

착실한 신앙인에게 닥친 시련의 무대

욥은 착실한 신앙인이고 어마어마한 부자였습니다.(1:1-5) 욥기는
욥이 어떤 집안에서 태어났는지 욥의 출생 신분에 대해서는 밝히지

않습니다. 중요하지 않다는 뜻입니다. 처음부터 욥의 됨됨이만 말할 뿐입니다. 이야기 해설자가 "그 사람은 온전하고 정직하여 하나님을 경외하며 악에서 떠난 자"(1:1)라고 소개합니다. 거기다 엄청난 재산가 욥은 일곱 아들과 딸 셋을 두었습니다. 아들딸 모두 열 명입니다. 히브리 문학에서 7과 10이라는 숫자는 완전함을 뜻하는 상징적인 숫자입니다. 한마디로 남 부러울 것 하나 없는 완벽한 집안 그 자체입니다.

그러나 어느 날이었습니다. 하늘에서 하나님이 주재하시는 하늘 회의가 열립니다. 하늘 회의 회원은 사탄과 하나님의 아들들, 곧 천사들입니다. 이 회의에서 느닷없이 하나님과 사탄의 대담한 내기가 시작됩니다.(1:6-12) 욥기에서 '사탄'은 신약에서 말하는 마귀나 악마 같은 존재가 아닙니다. 히브리어 '사탄'은 '고발자', '대적자'라는 뜻이지만, 사탄은 천상 회의 일원입니다. 사탄은 하나님의 심부름꾼으로서 일종의 지방 검찰청 검사 같은 역할을 하며 하늘과 땅을 오가는 천상의 존재입니다. 사탄은 임무를 수행하려고 땅을 두루 돌아다녔습니다.(1:7)

하나님은 사탄에게 욥을 잘 살펴보았느냐고 묻습니다. 이때 하나님은 "그와 같은 사람이 세상에 없다"(1:8; 2:3)라고 욥의 의로움을 칭찬하고 사탄에게 자랑합니다. 욥의 의로움에 대한 하나님의 완벽한 승인이었습니다. 그러자 사탄은 욥의 신실함에 대한 동기를 끄집어내어 문제 삼습니다. 욥은 하나님 앞에서 무엄하게 이런 질문을 합니다. "욥이 까닭 없이 하나님을 경외하겠습니까?"(1:9) 그리고서 사탄은 하나님께 대담하게 요청합니다.

> 욥이 가진 모든 소유물을 쳐서 빼앗아 보십시오. 그러면 욥이 주님
> 을 저주할 것입니다.(1:11)

사탄은 욥을 향한 하나님의 무한 신뢰가 못마땅했던 것일까요? 그런데 놀랍게도 하나님은 사탄의 제안을 수락합니다. 하나님은 욥의 몸에 손을 대지 말라는 조건을 주시고 욥의 소유를 사탄의 손에 맡겼습니다.(1:12) 결국 하나님의 허락 아래 욥의 모든 재산은 삽시간에 사라졌고, 욥의 아들과 딸들마저 모두 죽었습니다. 순식간에 일어난 일이었습니다.(1:13-19) 세상에 그와 같은 자가 없었지만, 하나님은 욥을 재난의 한복판으로 밀어 넣으셨습니다. 충실한 종을 고통받게 하는 하나님은 대체 어떤 하나님인가요? 지금까지 욥기를 읽은 수많은 독자가 하나님은 신뢰할 만한가? 이래도 하나님은 의로운가? 질문했습니다.

그런데 하나님이 어떤 분인가를 묻기 전에 사탄이 제기한 신실함의 동기에 대해 우리는 대답할 준비가 되어 있나요? 우리가 하나님을 사랑한다고 할 때, '까닭 없이', 즉 하나님께 바라는 것 없이 하나님을 사랑하나요? 나는 아무것도 바라는 것 없이 하나님께 예배하고 있나요? 사탄은 영리하게 하나님을 향한 신실함이라는 마음의 동기를 끄집어냈습니다. 이 때문에 충실한 종을 고통받게 하는 하나님이 의로운가를 질문하기 전에 하나님을 예배하는 인간은 하나님 앞에

신실한가를 질문할 수 있어야 합니다.

그리고 우리는 하나님이 사탄의 내기를 수용한 것에서 하나님의 위대함을 발견합니다. 어떤 위대함일까요? 우주를 창조하신 하나님이 자기가 만든 피조물에게 보여준 완벽한 신뢰입니다. 욥만 홀로 하나님을 신뢰한 것이 아니었습니다. 하나님이 욥을 신뢰하지 않았다면 하나님은 사탄의 무엄한 도전과 내기를 허용하지 않았을 겁니다. 물론 욥은 하늘에서 어떤 일이 벌어졌는지 전혀 알지 못합니다. 욥기를 읽는 우리는 욥에게 닥친 무서운 현실이 어떻게 시작되었는지 알지만, 욥은 모릅니다. 그래서 욥은 땅에 살면서 하늘 위의 일을 모르는 모든 인간의 전형입니다.

죽음을 압도하는 슬픔

욥은 하나님 칭찬에 걸맞게 엄청난 재앙 앞에서 흔들리지 않았습니다. 그는 자기 옷을 찢고, 머리를 밀고서 슬픔의 의식을 치를 뿐입니다.(1:20) 이런 의식은 자신이 죽은 사람이나 다름없고, 죽은 자들과 함께하겠다는 의미입니다. 얼마나 시간이 지났는지 알 수 없지만, 욥은 머리를 땅에 대고 엎드려 말합니다.

모태에서 빈손으로 나왔으니, 죽을 때도 빈손으로 돌아갈 것입니다. 주신 분도 주님이요, 가져가신 분도 주님이시니 주님의 이름을 찬양

할 뿐입니다.(1:21, 새번역)

믿기 어려울 정도로 정돈된 태도입니다. 그런데 사탄은 그런 욥을 보며 견딜 수 없었던 것일까요? 사탄은 기세를 떨치며 욥을 공격합니다. 사탄의 두 번째 공격도 하나님 허락 아래 진행됩니다. 하늘 회의가 또 열리고, 하나님은 욥의 경건을 다시 칭찬합니다. 하나님은 사탄이 했던 말, '까닭 없이'라는 말을 그대로 받아서 사탄이 제기한 욥의 동기가 순수함을 다시 승인하셨습니다. 하나님이 사탄에게 이렇게 말씀합니다.

> 네가 나를 충동하여 까닭 없이 그를 치게 했어도 그는 여전히 자신의 온전함을 지켰다.(2:3)

그러자 사탄은 하나님께 대담한 요구를 합니다.

> 당신의 손을 펴서 그의 뼈와 살을 치소서. 그러면 틀림없이 그가 당신을 향해 욕할 것입니다.(2:5)

하나님과 사탄의 대화에서 드러나듯 사탄은 욥과 하나님의 돈독한 신뢰 관계를 무너뜨리고 싶어 합니다. 하나님은 처음처럼 욥을 사탄의 손에 넘기시고 그의 생명만은 해하지 말라고 명령합니다.(2:6) 사탄은 신속하게 움직였습니다. 욥은 발바닥부터 정수리까지 끔찍한 피부병으로 극심한 괴로움에 휩싸입니다. 욥은 질그릇 조각이 나뒹구는 성문 바깥에서 온몸을 긁고 있습니다.(2:7-8) 욥이 사회적으로 인정받고 존중받았지만, 그런 삶은 더 이상 존재하지 않습니다. 사람들은 욥을 조롱하며 비웃습니다. 얼굴에 침을 뱉기도 합니다.(30:8-9) 밤이 되면 뼈가 쑤시고(30:17), 피부는 시커멓게 변하고, 뼈는 열기로 불타오릅니다.(30:30) 피부와 살이 뼈에 달라붙어 남은 것이라곤 잇몸뿐입니다.(19:20) 친구들조차 욥을 멀리합니다.(19:19-20) 욥은 성문 밖 쓰레기처럼 버려졌고 욥의 아내만 그의 곁을 지키고 있을 뿐입니다.(2:9) 그런데 놀랍게도 욥은 모든 어려움을 당하고서 말로도 죄를 짓지 않았습니다.(2:10)

욥의 친구들조차 욥의 상태가 너무 처참하여 말을 잇지 못할 정도였습니다. 욥의 친구들은 마치 죽음 의식을 치르듯 자기들의 겉옷을 찢고 티끌을 날리고 머리에 뿌리며 슬픔을 표시합니다. 그리고 친구들은 7일 동안 침묵의 깊은 심연의 시간을 욥과 함께 보냅니다.(2:12-13) 이제 더 이상 하늘도 말이 없습니다.

산산이 부서지는 욥

욥은 하늘의 일을 모르니 재앙의 이유도 모릅니다.(3장) 욥은 고통의 시간을 견디며 인간 실존의 문제를 깊이 파고들어 갑니다. 욥은 자신을 '억압적인 노동'에 시달리는 노예 같은 인생이라고 합니다.

'하루 벌어 하루 먹는 고용된 노동자' 같은 삶, 이것이 욥이 느낀 인생입니다. 고용된 일용직 노동자는 착취당하기 쉽고, 어떤 안전도 보장받지 못합니다. 낮의 열기를 피할 수 있는 저녁 그늘과 임금을 받을 수 있는 때를 간절하게 기다리는 노동자처럼 자신을 바라봅니다.

이제 욥에게 인생이란, 강요된 고통일 뿐입니다. 욥에게 밤과 새벽의 불면증은 더없는 고통입니다. 새벽까지 뒤척이며 잠 못 이루는 밤을 보낸 사람은 압니다. 불면증은 심각한 신경쇠약증에 걸린 사람처럼 불안한 영혼으로 만듭니다. 극도로 연약한 존재가 됩니다. 의인 욥이 불면의 밤을 보내며 흔들렸고, 소리쳤고, 신경증 환자처럼 울부짖었습니다.

'까닭 없이' 괴롭히는 하나님?

욥의 친구들은 욥의 불안과 저항과 불평의 언어를 듣고 논쟁을 벌입니다. 친구들은 욥의 편이 아니라 하나님 편에 서겠다고 안간힘을 씁니다. 욥이 분통을 터트리며 울부짖을수록 대화는 뜨거운 열기를 더해 갑니다. 욥의 친구들 말에는 공통적인 원칙이 있습니다. 그들은 온 힘을 다해 욥의 고통을 죄 때문이라고 추론합니다. 이들은 한 치의 양보도 없이 의인의 번성과 죄인의 멸망이라는 원칙을 고수합니다. 여기에 예외란 있을 수 없습니다. 욥을 동정했던 친구들의 태도는(4:1-11) 온데간데없이 사라지고 대화가 길어질수록 정죄의 언어만

난무합니다.

욥은 하나님이 자기를 '까닭 없이' 괴롭힌다고 호소합니다.(9:17) 하나님과 사탄도 '까닭 없이'라는 말을 사용했습니다.(1:9; 2:3) 욥은 하나님이 사자처럼 자기를 막다른 골목으로 몰아넣는다고 불평합니다. 그렇게 욥은 절망과 불같은 신앙 사이에서 갈등하지만, 욥은 끝까지 하나님과 대면하기를 갈망합니다.(19:32-35; 13:3, 16, 22; 16:18-22; 31:35-37) 그렇게 욥은 끝 모를 영혼의 어두운 밤을 보냅니다. 욥은 따지고, 묻고, 집요하게 하나님과 대면하기를 갈망합니다. 그러나 하나님은 여전히 대답하지 않습니다. 욥은 침묵하는 하나님 앞에서 말합니다.

> 그러나 동쪽으로 가서 찾아보아도, 하나님은 거기 안 계시고, 서쪽으로 가서 찾아보아도, 하나님을 뵐 수가 없구나…. 하나님은 내가 발 한 번 옮기는 것을 다 알고 계실 터이니, 나를 시험해 보시면 내게 흠이 없다는 것을 아실 수 있으련만! 내 발은 오직 그분의 자취를 따르며, 하나님이 정하신 길로만 성실하게 걸으며, 길을 벗어나서 방황하지 않았건만!(23:8-11, 새번역)

욥은 자녀들과 재산을 잃은 고통보다 더 큰 문제는 하나님의 침묵입니다. 하나님과의 관계입니다. 기도해도 대답하지 않는 하나님, 들은 체도 하지 않는 하나님, 욥에게 하나님은 너무도 잔인하신 하나님이었습니다.(30:20-21) 욥은 이전의 삶을 되돌려달라는 것도 아닙니다. 그저 욥은 하나님의 대답을 기다릴 뿐입니다.(31:35) 욥은 대답 없는 하나님을 추구하며 절망과 두려움 사이에서 자기를 변호해 주실 '변호인'(고엘), 곧 '구속자'를 절망 속에서 상상합니다.

> 그러나 나는 확신한다. 내 구원자가 살아 계신다. 나를 돌보시는 그
> 가 땅 위에 우뚝 서실 날이 반드시 오고야 말 것이다. 내 살갗이 다
> 썩은 다음에라도, 내 육체가 다 썩은 다음에라도, 나는 하나님을 뵈
> 올 것이다. 내가 그를 직접 뵙겠다. 이 눈으로 직접 뵐 때에, 하나님
> 이 낯설지 않을 것이다. 내 간장이 다 녹는구나!(19:25-27, 새번역)

욥은 자기를 변호해 주실 하나님을 기대하며, 인간은 고통의 신비
를 풀 수 있는 지혜가 없다고 고백합니다. 그래서 욥은 하나님을 두
려워할 뿐이라고 말할 뿐입니다.(28:28; 참고. 전5:6) 그렇게 욥은 대답 없
는 하나님 앞에서 고통의 신비를 깊이 새겼습니다. 그리고서 마침내
하나님은 욥의 절망 한복판으로 들어오셨습니다. 마침내 욥은 하나
님을 뵈옵고 자신의 무지를 인정하며 고백합니다.

> 주님이 어떤 분이심을 지금까지는 귀로만 들었는데, 그러나 이제 제
> 가 눈으로 주님을 뵙습니다.(42:5)

욥은 하나님으로부터 무엇을 받아서가 아니라 하나님을 대면하는
것으로 투신할 수 있었습니다.

그러나 여전히 수수께끼 같은 삶과 연약함의 기적

하나님은 욥의 반항적인 말들을 '무지한 말'이라고 했지만, 그렇다고 욥을 공격했던 친구들의 말이 옳다고 하지도 않았습니다.(38:2) 도리어 하나님을 편들려고 무던히 애썼던 친구들을 책망하셨지요.(42:7) 욥은 전에 가졌던 것보다 두 배로 많은 복을 받고, 그의 이야기는 해피 엔딩으로 마무리됩니다. 그러나 이것이 욥기의 목적은 아닙니다. 이것이 목적이라면, 3장에서 37장에 걸친 욥의 신앙적인 내적 투쟁과 친구들의 길고 긴 논쟁이 왜 기록되었겠습니까.

욥의 이야기에서 펼쳐진 고통의 문제는 우주의 비밀을 하나씩 하나씩 발견해 가는 인류의 수고처럼 쉽게 답을 내주지 않습니다. 그러니 모질고 어려운 시련을 만난 모든 신실한 신앙인들에게 욥기는 큰 위로입니다. 위로받을 길이 없어 소리치고 울부짖으며 격랑의 시간을 통과하는 이들에게 욥의 언어는 어두운 터널을 걸어 나올 수 있게 하는 위로입니다.

무엇보다 욥은 죄 없이 고통받는 인간의 본보기입니다. 그렇다고 우리가 욥의 고통과 고난을 완벽하게 이해할 수 있을까요? 죄 없는 예수님의 참혹한 십자가 고통을 우리가 완전히 이해할 수 없듯, 때때로 우리에게 닥친 고통의 의미를 온전히 이해할 수 없어 몸부림칩니다.

욥의 고통은 하나님과 사탄의 내기로 시작되었습니다. 하나님을 향한 욥의 사랑과 충성이 이기적 욕망을 채우기 위한 것이 아니었다는 것도 증명되었습니다. 그러나 꼭 짚어야 할 것이 있습니다. 사탄과 하나님 사이의 내기를 비난하지 못하는 이유입니다. 왜냐하면 하나님의 자유와 인간의 자유 때문입니다. 인간의 자유와 하나님 자유 사이에 오가는 팽팽한 긴장감이 존재합니다. 구약 신학자 크리스토퍼 세이츠(Christopher R. Seitz)의 말처럼, 하나님의 전능하심에도 불구하고 전능하신 분께서 할 수 없는 것이 하나 있습니다. 하나님의 종 욥의 신앙이 세상에서 가장 훌륭하지만, 하나님은 욥에게 억지로 당신을 섬기게 할 수 없습니다. 하나님은 죽을 인간의 사랑과 봉사를 강요할 수 없습니다. 우리의 순종도 하나님의 강요가 아니라 자발적인 태도에서 시작되는 것처럼 마찬가지입니다.

지금 우리가 사는 곳은 무한 경쟁을 부추기고, 승자를 칭송하다 못해 숭배하는 세상입니다. 그런 세상에서 나는 가차 없이 무너지고, 때로는 아무런 소망 없이 부서질 듯 연약해 보일지 모릅니다. 그러나 그 연약함으로 절망할 것이 아니라 연약함이 도리어 승자와 강함을 숭배하는 세상을 향한 저항이라고 생각하면 어떨까요. 그럴 수 있다면, 그 연약함은 기적입니다.

무력하게 십자가를 지신 예수님처럼, 약함은 강하고 높음을 갈망하는 세계를 향한 저항입니다. 철학자 한병철은 악마의 최고 업적이 약함을 부정적으로 느끼게 하는 것이라고 했습니다. 강함을 추구하는 세상은 약함을 부정적인 것으로 최면을 겁니다. 그러나 철학자의 언어를 빌려서 말하면 숭고함에는 부정성이 내재합니다. 약함을 부정적으로 보는 세계에서 약함은 놀라운 아름다움입니다. 예수님의 십자가가 그러하듯 연약함은 신적인 아름다움입니다.

예수님의 십자가에서 우리가 경외와 경악에 휩싸이듯 우리는 욥의 고통에 경악하지만 숭고한 아름다움의 의미를 발견합니다. 고통은 매끄럽지 않고 울퉁불퉁한 연약함이라는 부정성 앞에 우리를 세워 놓습니다. 그래서 우리는 욥기를 통해 신앙의 의미를 새롭게 정의할 수 있습니다. 신앙은, 천상의 세계를 열망하는 것이 아니라 이 땅의 울퉁불퉁하고 거칠고 부서질 듯한 연약함을 받아들이는 것입니다. 따라서 수수께끼 같은 삶에서 오늘 나의 연약함을 받아들이는 것은 그리스도인의 사명 중 하나입니다.

2018년 7월 13일 IVF 경인, 경기남, 남서울 연합수련회 설교

왜 여성에 대한 여성의 설교인가

차정식/한일장신대학교 교수

성경에 다양한 인물들에 의한 다양한 사건이 나오고 그 모든 이야기에 다 일리 있는 교훈이 있을 텐데 왜 굳이 그 인물의 성별을 갈라 남자와 따로 여성 이야기를 주제로 여성 설교자가 거기에 초점을 맞춰 설교하는 것일까. 물론 그런 규정은 설교학 교본에도 없고 설교의 관행에도 필수적인 게 아닐 것이다. 그럼에도 불구하고 여성에 의한 여성의 이야기, 여성에 대한 여성 설교가 필요한 맥락이 있다면 무엇일까. 두 가지 이유를 살펴볼 수 있다. 역사비평적 상식이 있는 사람이라면 누구나 인정할 수 있듯이, 성경의 저자들이 전부 남성들이었기 때문이다. 대부분도 아니고 66권 전부에 해당된다면 문제가 될 수 있다. 더구나 그들이 하나님을 경험하고 인식하던 3천 년, 2천 년 전 당시는 철저히 가부장적 규범 일변도로 가정과 국가, 공동체가 다스려지던 시대였다. 당연히 남성 위주의 이해관계와 이를 뒷받침하는 관점에서 하나님 신앙이 서술되고 세계관과 가치관이 형성되었을 터이다. 거기서 여성들은 예외적인 극소수 사례를 빼면 대체로 수동적이거나 소극적인 존재, 별 존재감 없이 남자 가부장을 따르며 종속된 반려자나 가족의 일부 구성원에 지나지 않았다. 따라서 그 틈바구니에서 동결된 여성의 인물상을 활성화하고 그 가운데 억압과 차별, 편견과 오류를 찾아내 교정하며 재구성하는 것은 해석의 필수적 전제가 되어야 할 것이다.

둘째, 성경 66권이 기독교의 권위 있는 정경으로 구성된 이래 서구 2천 년의 교회사를 통틀어 백인 남성 위주로 교권주의 성직자, 신학자들이 주도한 성경 해석의 관점에서 여성들에게 할당된 참여의 몫은 매우 인색하였고 그 결과는 당연히 심히 편향적이었다. 심지어 위대한 신학자의 관점에서도 여성들은 영혼 없는 존재쯤으로 격하되어 하나님의 형상을 지닌 고귀한 존재로 대접받지 못했다. 그들의 관점에 틀어박힌 그들의 이야기가 너무 압도적이어서 그녀들의 이야기가 소외되었고 그녀들의 관점은 수면 아래 잠잠하길 강요당했다. 그것은 공의로운 하나님의 뜻도 아니었거니와, 구원자로 오신 예수 그리스도의 지상 사역에 나타난 만민 구원의 개방적이고 보편적인 은혜와도 거리가 멀었다. 보혜사이신 성령의 위로하심도 남성 여성을 차별해 강약의 템포로 나타날 리 없었다.

오늘날 설교는 성경을 해석하고 그 교훈과 의미를 조명하면서 교회 안팎의 청중에게 신앙과 삶의 진리를 선포하는 구연 행위다. 따라서 어떤 해석학적 지침 위에서 어떤 관점으로 성경을 재해석하고 그 청중의 삶의 자리에 적실하게 적용하는지가 중요하다. 설교란 그 기독 신앙인들을 독려하고 기독공동체를 세워 이 세상의 빛과 소금으로 선교적 기관으로 나아가도록 동기를 부여하는 중요한 기제이기 때문이다. 개신교 전통에서 기록된 성경 말씀뿐 아니라 공동체 회중을 향해 선포되는 말씀의 권위도 예나 지금이나 존중받는다. 그러므로 이 세상의 인구 절반 또는 그 이상인 여성들에게 불리하거나 성경의 권위를 앞세워 그녀들을 억압하고 차별하는 메시지는 치우치거나 왜곡된 그동안의 교회사적 전통에 대한 충분한 비판적 성찰에 입각하여 새롭게 도출되어야 한다. 이러한 연고로 여성들에 의한 여성 설교, 여성을 주제로 한 여성적 관점의 설교가 필요하다. 기울어진 설교 마당을 균형 있게 다시 구축하고 구태의연한 설교의 폐습에서 환골탈태하기 위하여 이 과제는 절박하기까지 하다. 특히 "여성들은 교회에서 잠잠하라"는 고답적인 이데올로기로 여성이란 이유로 2등급 신자, 2등급 성직자로 깎아내리려는 풍조가 여전한 차별의 현실 속에 여성 설교의 투쟁적 기조는 시대정신의 요청에 부응하고도 남는다.

주변부 여성들의 진실 발견하기

강호숙 박사의 설교는 셋 다 여성 캐릭터가 등장하는 성경 본문을 택하여 다룬다. 수로보니게 여인, 우물가 사마리아 여인, 아브라함의 후처 하갈 등이 그들인데 모두가 존재감이 약한 변두리 여성들이다. 먼저 수로보니게 여인과 예수의 만남을 다룬 마가복음의 본문을 강 박사는 '대화'라는 관점에서 접근하며 분석한다. 대화는 만남을 전제로 이루어지는데, 유대인 예수와 이방 여인의 만남이 수월치 않은 예외적인 경우를 강 박사는 예사롭지 않게 파헤친다. 이 본문이 해석하기 난감한 것은 스스로 온유하고 겸손함을 피력한 예수님, 많은 불쌍한 병자들을 고쳐주신 그 예수님이 왜 병든 딸을 고쳐달라고 하소연하는 수로보니게 여인에게는 그렇게 개 취급하듯이 냉정하게 대했는지 의아하기 때문이다.

이 지점에서 강 박사는 이 여인의 출신지인 페니키아 사람들과 유대인 사이의 씁쓸한 역사적 경험을 배경으로 제시하면서 그 시대적 정황을 그처럼 시큰둥한 예수님의 반응 저변에 깔린 그럴 만한 사유로 이해한다. 그러나 강 박사의 초점은 이러한 시대적 배경보다 이들 사이에 오간 짧은 대화와 그 과정을 통해 서로를 향해 더 다가서면서 마음이 열리고 생각과 언어가 바뀌어 간 변화의 모습에 맞추어지는데 여기에다 '복음적 대화'란 이름을 붙여준다. 말 한마디와 그 언어 선택의 문자주의적 미망에 갇히지 않고 그 대화의 과정을 주목한 것은 이 본문에 대한 참신한 관점으로 보인다. 이러한 통찰은 이미경 박사의 신약학 논문에서 영향을 받은 것이다. 가령 "예수님의 말씀은 최종적이고 고정된 것이 아니라, 미결정되고 미완성된 것으로서 수로보니게 여자의 대화적 참여를 통해, 그리고 독자인 우리의 참여를 통해 완성되기를 기다리며 열려 있음을 보여준 거"라는 인용 진술이 그렇다. 그 가운데서 이끌어 낸 중요한 논지는 곧 대화의 핵심으로 "수치심과 고통의 경험을 '외면'하는 게 아니라, '대면'"하는 데 있다는 것이다. 그러므로 이러한 열린 대화를 통해 어떤 "차가운 말, 저주의 말조차도 '나의 말의 참여'를 통해 새로운 말로 변형되고 재창조될 수 있는 희망의 페이지"라는 참신한 인식이 가능해진다.

이어지는 설교에 등장하는 사마리아 여인의 경우도 여성실천신학자답게 강 박사는 그녀에게 덮어 씌워진 온갖 부정적인 선입견을 차분히 짚어가며 그녀가 여러 번 이혼하고 여러 명의 남편을 두었던 이면의 속사정, 즉 당시 정황 속에 이혼권을 남편만이 행사할 수 있었던 남성가부장체제 아래 희생된 이 여인의 삶의 자리를 공정하게 조명한다. 이 설교 역시 요한복음 본문의 행간을 따라 이 여인과 예수님의 대화를 세심하게 따라가면서 변화되어간 은총의 의미를 해석한다. 세상의 기준으로, 당대 유대인과 유대교의 잣대로, 너무 연약하고 수치스러운 한 여인이 메시아를 만나는 데서 끝나지 않고 예수님의 복음을 전파하는 전도자로 변신한 이 사건을 메신저가 메시지가 된 지점에 주목하여 그 행간의 교훈을 풀어낸 것이다. 그 가운데 이 이야기의 의미는 사마리아 여자의 복음 전파를 통해 "시대의 편견과 통념, 한계와 차별에 대한 도전"이라는 새로운 맥락에서 자리매김된다.

세 번째 설교는 아브라함이 하갈과 동침해 이스마엘을 낳은 뒤 13년이 지나서야 하나님이 그 앞에 다시 나타나 언약을 상기시켜준 창세기의 본문에 근거하여 그 오랜 침묵의 행간에 담긴 의미를 추적한다. 그 기간을 통틀어 하나님은 아브라함의 잘못된 선택을 질타하거나 그 결과로 생긴 하갈/이스마엘 모자를 타박하는 등의 부정적 언행을 하지 않으셨다는 데서 이 행간의 상상적 추론은 시작된다. 하나님은 아브라함이 부족함에도 불구하고, 실수했음에도 불구하고, 그것을 일일이 지적하면서 그 오류를 교정하는 분이 아니었다. 오히려 그 하나님은 미래의 시간을 향해 새로운 희망을 선사함으로 각자의 행로에 나름의 유의미한 역사를 일구어가시는 전향적인 신으로 부각된다. 그 은총의 장막 아래 한 가족의 신산한 내분과 갈등을 딛고 각자 자기 삶의 주체가 되어 꿋꿋이 앞길을 개척해 나감으로 하나님의 뜻을 장기적으로 실현해간 셈이다. 그 가운데 하갈 또한 어찌 보면 가장 큰 피해자로 깊은 설움을 딛고 하나님의 은총을 입어 풍성한 복을 약속받았다는 점이 중요하다. 따라서 하나님의 침묵은 부재 가운데 은밀히 역사하는 은총의 지속성을 암시한다고 볼 수 있다는 것이다. 그것이 아브라함의 그늘에 가려진 사라와 하갈의 경우에도 적용되어 그들 또한 언약의 주체로 재조명되어야 한다는 메시지가 결론이다.

지적인 각성과 영적인 성찰의 때

"영원한 현재"라는 폴 틸리히의 설교 제목이 붙은 김정숙 박사의 첫 번째 설교는 모세의 시편과 바울의 서신 한마디를 근거로 인간이 살아가는 시간의 역행 불가능성이란 엄연한 실존의 위기상황에 청중을 붙들어 맨다. 한 살 나이라도 죽기에 충분한 시간이라는 그의 스승 말마따나 영원한 시간, 무한한 시간의 관점에서 보면 우리 인생은 밤의 한 경점 같이 사소하고 짧은, 날아가는 듯한 쾌속 질주로 흐르는 덧없고 허무한 단 일회적 기회일 수밖에 없다. 이 설교는 이러한 관점에서 모세의 시편을 인용, 분석하고 그것이 오늘날 현대인에게도 피할 수 없는 모든 인생의 보편적 한계상황임을 역설한다. 그러나 그 크로노스적 시간의 틈새로 끼어들어 개입하는 하나님의 카이로스적 시간은 그 짧고 유한한 시간 속에 균열을 만들어 지금이 바로 구원의 때요 은혜받을 만한 기회를 제공한다. 이 복음의 약속으로 '수고와 슬픔'뿐인 인생은 비로소 해방구를 만날 수 있다. 이러한 실존적인 조건을 타고난 인간이 문학작품 속의 파우스트처럼 자기 영혼을 팔아 세상의 쾌락을 추구할 수도 있지만, 역사적 인물 어거스틴처럼 방탕한 젊은 시절을 참회하고 영원한 현재의 사건으로 구원을 선취할 수도 있으리라는 것이다. 이 설교는 시간 속에 풍화해갈 수밖에 없는 인생의 허무주의를 극복하기 위해 '카르페 디엠'이라는 에피쿠로스적 쾌락을 넘어 기독교 복음이 지향하는 구원의 영원성을 잘 조명한다.

두 번째와 세 번째 설교는 지적인 성찰과 영적인 각성을 촉구하는 메시지를 담고 있다. 먼저 두 번째 설교에서 김 박사는 오늘날 기독교 신앙을 "천동설에 갇힌 신앙"이라고 규정한다. 오래전 창세기의 야곱은 하나님을 자기 씨족을 보호해 주는 씨족신 정도로 이해하다가 벧엘에 이르러 하나님에 대한 인식의 지평이 확장되는 깨달음을 얻었다. 그런데 이 각성의 사건은 여전히 중세적인 세계관 속에 갇혀 시대의 흐름을 따라잡지 못한 채 그 변화에 둔감한 오늘날의 신앙인들에게 경종을 울린다. 이러한 지체 현상은 자기 동족 유대인을 향한 사도 바울의 진단과 정확히 일치한다. 곧 열심은 있으되 그 열심이 합리적인 지식으로 적절하게 계몽되지 않았기 때문에 생기는 인식의 지체 현상이다. 이처럼 유대인 동족을 비판한 바울 또한 다메섹 도상에서 극적인 회심과 전향의 경험 이전에는 오로지 자기의 울타리 안에 갇혀 섣부르게 판단하고 행동하면서 마찬가지의 오류를 범하였다. 스스로 각성하고 성찰하지 않으면 코페르니쿠스, 부르노, 갈릴레이의 과학적 지식을 정죄했던 교권의 폭력이 여전히 반복될 여지가 크고, 실제로 이 땅에 틈틈이 횡행하기도 한다. 그런 까닭에 설교자의 다음과 같은 호소는 큰 울림을 동반하며 설득력을 얻는다.

"21세기를 살아가는 한국교회의 기독교인들, 특히 종교지도자들 그리고 신학생들, 우리가 믿고 섬기는 그 하나님은 얼마나 큰 하나님입니까? 내가 고백하는 창조주 하나님이 혹여 너무 너무 작은 하나님, 나의 좁은 신앙의 틀에 가둔 내가 만든 아주 조그만 하나님은 아닐까 그저 두렵기만 합니다. 밴댕이 속만 한 신앙에는 밴댕이 크기만 한 하나님을 섬길 수밖에 없지 않겠습니까?"

하나님을 하나님 되게 하라는 종교개혁자의 외침이 지금도 여전히 유효한 것은 이러한 하나님에 대한 편협하고 왜곡된 인식뿐 아니라 하나님 신앙으로 사람을 죽이고 억압하며 역사의 범죄를 자행하고도 그것이 왜 잘못인지 깨닫지 못하는 영적인 불감증의 현실이 여전하기 때문이다.

세 번째 설교에서 김 박사는 이러한 현실에 "21세기의 아이히만"이란 꼬리표를 붙여 그 적나라한 현실을 고발한다. 영적인 민감성의 부재는 수많은 사람의 생명을 가스실에서 대량 살육하고 나서도 전혀 문제라 생각하지 못하는 '악의 진부함' 또는 '악의 평범성'(한나 아렌트)의 포로로 살게 만든다. 이러한 끔찍한 현실이 오늘날 종교지도자들, 신앙인들에게도 적용된다면 큰일이 아닌가. 그런데 실제로 이러한 마녀사냥식 억압과 폭력이 종교적 신앙의 이름으로 기독교계 내에서도 비일비재하다는 게 이 설교의 예언자적 비판의 메시지다. 자신의 죄과에 대한 성찰적 의식 없이 목사로 변신하여 활동하던 고문기술자 이근안 씨, 시대의 주류세력에 빌붙어 기생하는 영혼 없는 행정관료 등이 그 대표적 사례다. 이 설교에서 김 박사는 이러한 신앙적 무지의 어두운 장막을 걷어내고 부활의 새 아침 맞기를 고대하는 염원이 간절하다.

주체적 단독자로서의 여성 신앙인

박유미 박사의 설교는 강호숙 박사의 경우처럼 여성을 셋 다 주인공으로 내세운다. 이로써 박 박사는 오늘날 남성의 관심사 위주로 성경을 해석하는 습관을 비판하며, 또 "여성의 적은 여성"이라는 통속적 주장과 여성은 신앙의 주체적 단독자가 될 수 없다는 식의 편견과 맞서 싸운다. 첫 설교에서 드보라와 야엘이 여성의 적은 여성이라는 편견을 일소할 주요 인물로 등장한다. 그들은 비록 종족적 배경과 직위가 달랐지만 멋진 콤비 플레이로 전쟁 영웅이 된 여성들이다. 가나안 땅 특히 하솔 지역은 철병거 900승으로 무장한 시스라의 군대가 워낙 강력하여 청동기 무기로 싸우던 이스라엘 측에서 보면 가공할 만한 대상이었다. 그러나 사사이자 선지자인 드보라와 겐 족속 하벨의 아내였던 야엘이 우연한 기회에 공조하여 하나님의 기적적인 도우심 가운데 별 힘을 들이지 않고 그들을 무찔렀다는 이야기다. 드보라가 발탁한 군대 지휘관은 바락이었지만 그는 겁이 많고 강력한 적들을 두려워하였다. 그러나 드보라의 독려로 적을 몰아세운 이스라엘군은 승기를 잡았고 쫓기던 시스라를 이방 여인 야엘이 몰래 유인하여 관자놀이에 장막 말뚝을 박아 살해함으로 완전한 승리를 거둔 것이다.

여기서 바락이 승리에도 불구하고 그 영광을 취하지 못했지만 드보라의 예언대로 야엘이 그 영광을 취하였다. 여성의 적은 여성이라는 편견은 이 두 명의 연대 및 공조 작전으로 명쾌하게 박살 난다. 세세한 지점의 해석에서도 박 박사는 이 두 여인의 용맹과 공헌을 깎아내리려는 보수적인 남성 가부장주의자들의 관점에 대응해 그것이 얼마나 잘못된 해석인지 성서학자의 관점에서 논박한다. 섬세한 성경 해석과 여성들의 단합을 촉구하는 연대의 메시지가 선명한 설교다.

이어지는 왕후 와스디 이야기는 에스더서의 주인공 에스더의 그늘에 가려진 비운의 여성인데 박 박사는 그녀에게 드리워진 침묵의 장막을 걷어낸다. 왕후 와스디는 당시 페르시아 시대 왕궁의 잔치 관습과 왕후라는 높은 직위에도 불구하고 여성이라는 이유로 술 취한 남성 신하들의 눈요깃거리로 함부로 호출되어 성적으로 소비되는 가부장체제의 폐단에 대한 맹렬한 비판과 함께 재조명된다. 그녀는 이 호출을 거부한 일로 인해 폐위되지만 단 한 마디의 항변조차 남기지 못한 채 쫓겨나는 무기력한 꼭두각시처럼 묘사된다. 그러나 아하수에로 왕은 그녀에게 왜 거절했는지 묻지도 않았다. 설상가상으로 페르시아 궁정의 남성들은 그녀의 그 거절 사유에 대한 일말의 이해도 없이 그 사실 자체만으로 마치 페르시아 모든 남성들이 자기 아내에게 박대를 당하리라는 쓸데없는 피해의식에 젖어 가혹한 처결을 주문했다.

이러한 배경 아래 에스더가 왜 민족 구원을 위한 결단을 거부했는지가 적절히 이해된다. 통상 남성 설교자들은 "죽으면 죽으리라"는 에스더의 영웅적 행위를 강조할 뿐, 그 그늘 아래 가부장의 폭압에 의해 스러져간 와스디 왕후에 대한 무도하고 억울한 처벌은 언급조차 하지 않는다. 설교자로서 박 박사는 에스더의 그늘 아래 불우하게 스러져간 말 없는 왕후 와스디의 박탈된 말을 대변하면서 오늘날 한국교회가 와스디의 경우처럼 여성들의 침묵을 강요하는 억압적 가부장체제의 교권 구조에 대한 비판을 서슴지 않는다. 이는 구원자 예수님이 당시 사회적 약자들을 대하면서 보여준 자세와 너무 동떨어진 타락한 교회의 문화로 고착되어 여전히 기승을 부리는 현실이기에 발본적인 사고의 전환이 필요하다는 메시지다.

　마지막으로 박 박사는 수넴 여인의 이야기를 재구연하여 들려준다. 얼핏 엘리사 선지자 이야기의 무대에서 사소한 조연 역할에 불과할지도 모르는 그녀에게 몇 가지 근거를 들어 신앙적 주체성의 옷을 입혀준 것이다. 그녀가 엘리사 선지자를 조건 없이 환대했다는 점, 이에 대한 보답으로 무언가를 베풀어주려 할 적에도 그녀는 아무 보상도 필요 없다며 기복주의 신앙을 벗어난 답변을 했다는 점, 그럼에도 불구하고 선지자의 축복으로 아들을 얻게 되자 그녀가 이를 은혜로 여겨 기쁘게 수용했다는 점, 그러나 그 아들이 죽게 되자 남편에게 하소연하거나 그와 상의하지 않고 하나님의 선지자인 엘리사에게 달려가 자신이 구하지도 않은 아들을 주고 또 데려간 것에 대해 진솔한 내면의 감정을 토로하면서 냉철하고 단호하게 엘리사의 직접적인 왕림을 통해 하나님의 도우심을 청했다는 점 등에서 수넴 여인의 담대하고 특별한 신앙이 의미 있게 조명된다. 더구나 그녀는 아들의 죽음을 자신의 죄 탓으로 돌린 사르밧 과부와도 달랐음이 밝혀진다. 이렇듯, 박 박사는 성경 본문에 상상적 추론을 더하여 세밀한 독법으로 본문을 다시 읽으면서 고난을 당하더라도 그 고난을 하나님께 직접 하소연하며 도움을 요청하는 담대한 신앙적 용기의 교훈을 수넴 여인 이야기에서 도출해낸 것이다.

여성 설교의 현주소와 미래 전망

세 명의 여성 설교자가 한 설교를 일별하면서 드러나는 공통된 특징은 이 시대의 부조리에 대한 통렬한 진단이다. 각기 실천신학자, 조직신학자, 성서신학자인 강호숙, 김정숙, 박유미 세 분 박사가 보는 이 세상, 특히 한국사회와 한국교회는 여전히 남성가부장체제 아래 시대의 병통에 대한 성찰이 결여되었고 그 신앙이 편벽되며, 특히 여성의 위상에 대한 사회적 존중이 지극히 결핍된 공간이다. 공공연히 여성 침묵을 강요하면서 목사 등 특정한 교회 내 직분에 대한 안수를 허용하지 않는 것이 그 대표적 징후라 할 수 있다. 그 와중에 이들의 설교는 그것이 잘못되었고 하나님의 뜻이 전혀 아니며, 예수의 구원사역에 역행하는 반시대적인 인습이라고 정직하게 고발하며 절규하듯 외친다.

강호숙 박사의 설교는 실천신학자답게 신약의 본문에 집중하여 두 소외된 여인의 슬픔과 아픔을 어루만진다. 특히 그녀들을 기꺼이 만나 대화하면서 삶의 변화를 이끌어간 예수의 열린 복음에 주목한다. 요컨대 그녀들이 복음에 적극적 대화의 의지로 참여하여 서로 간의 감응이 극적인 반전으로 귀결된 하나님 나라의 역동성에 초점을 맞춰 오늘날 이러한 '복음적 대화'가 결여된 우리 사회와 교회의 폐쇄와 배타의 문화, 그 관계적 구조의 해체를 역설한다. 동시에 강 박사는 결핍과 부족을 탓하기보다 침묵하면서 멀리 응원하는 하나님의 은혜를 아브라함과 하갈의 관계 이후 13년 세월의 행간을 조명하여 탐구할 정도로 상상력의 개입을 통한 해석적 확장을 기획한다.

그런가 하면 조직신학자인 김정숙 박사는 시대정신의 흐름에 뒤처진 한국교회의 인식론적 퇴행과 신학적 아노미 현상에 주목하여 "중세적 천동설"의 아류에 사로잡힌 "21세기 아이히만" 군상들을 고발하며 신에 대한 인식론적 지평의 확장과 심화를 향해 예언자적 일성을 발한다. 특히 과도한 열정에 휘둘리는 신앙에 합리적 지식이 결핍된 유형, 곧 바울 당시 유대인 상이 오늘날 되먹임되는 현실에 대한 성찰은 서늘하게 메아리친다.

성서신학자인 박유미 박사는 구약성경에서 거의 망각되다시피 한 세 여인상(드보라와 야엘, 수넴 여인, 왕후 와스디)의 찬양과 결기와 침묵에 생생한 육성을 덧입혀 자세히 읽기 독법을 따라 그 신앙과 실존의 현장을 현재화하는 기지를 발휘한다. 특히 당대의 역사적 배경과 그 시대의 관습에 대한 친절한 설명은 성경 구절에 대한 피상적인 인식을 배격하고 심층적인 이해를 유도하는 장점이 돋보인다.

여성 신학자, 여성 목사들이 설교자로 나서서 성경 속의 여성들을 끊임없이 소환하여 그들의 억울하고 서글픈 사연을 거듭 구연해야 하는 시대는 불행하며 그 시대의 교회는 미성숙하다. 더구나 그들 세대를 넘어 다음 세대까지 계속하여 그 한풀이 설교의 살풀이춤을 추어야 한다면 이는 너무 딱한 현실이다. 더구나 기독교 신학과 설교가 이러한 현실을 외면한 채 여전히 우물 안 개구리의 신세를 자처하며 자부까지 한다면 이는 다분히 병리적이다. 그러한 기형적 형국을 언제까지 이어갈 것인가. 그동안 여성들이 성경 안과 밖에서 흘린 희생

새 시대 새 설교

의 피에 대한 발본적 성찰이 있어야 하고, 그러한 왜곡된 구조를 방관한 남성 가부장주의자들의 대대적인 참회와 함께 설교 강단은 이제 쇄신되어야 한다. 역사의 주연으로 남성 캐릭터의 메가 내러티브 위주로 꾸려왔던 설교 서사는 아기자기한 동시에 미세한 목소리 속에 감춰진 여성들의 실어증을 보듬고 그녀들이 잃어버린 말을 돌려주어야 한다. 병리적인 증상은 고쳐져야 하고, 상실과 망각의 고통은 위로받아야 하며, 상실되거나 뒤틀린 구원사의 반쪽은 신속히 회복되어야 한다. 여성 설교자들이 거친 예언의 호흡을 멈추고 차분한 안식을 누리며 발랄한 예배의 제사를 드릴 수 있을 때까지!

강호숙

복음주의 교회연합회 공동대표

보수 교단의 차별적이며 종속적인 여성관에 문제의식을 느껴, 2040 기독 여성을 생각하면서 성경적 페미니즘과 남녀 파트너십, 그리고 생태 실천신학과 젠더 교회법 모색을 위해 연구하고 있다. 총신대학교 대학원에서 〈교회 여성 리더십〉으로 실천신학(Ph.D.)을 전공한 후, 총신대학교에서 '현대사회와 여성'을, 총신대학교 신학대학원에서 '교회 여성의 이해와 사역'을 강의하였고, 웨스트민스터신학대학원대학교에서 '성경과 여성', '기독 신앙과 성', '여성과 설교'를 강의하였다. 현재 복음주의 교회연합회 공동대표를 맡고 있으며, 2024년에 출범한 '여성안수 추진 공동행동'에 참여하고 있다.

저서로 《개혁주의 여성 리더십의 이론과 실천》《여성이 만난 하나님》《성경적 페미니즘과 여성 리더십》공저로 《너는 주의 완전한 딸이라》《세월호, 희망을 묻다》《혐오를 부르는 이름, 차별》《생태 위기와 기독교》《샬롬 페미니즘입니다》 등이 있으며, 〈개혁교회 내 성차별적 설교에 대한 여성 신학적 고찰〉 등 다수의 논문이 있다.

대화가 필요해!
–신앙에서 대화의 중요성

마가복음 7장 24–30절

예수께서 일어나사 거리를 떠나 두로 지방으로 가서 한 집에 들어가 아무도 모르게 하시려 하나 숨길 수 없더라 이에 더러운 귀신 들린 어린 딸을 둔 한 여자가 예수의 소문을 듣고 곧 와서 그 발아래에 엎드리니 그 여자는 헬라인이요 수로보니게 족속이라 자기 딸에게서 귀신 쫓아내 주시기를 간구하거늘 예수께서 이르시되 자녀로 먼저 배불리 먹게 할지니 자녀의 떡을 취하여 개들에게 던짐이 마땅치 아니하니라 여자가 대답하여 이르되 주여 옳소이다 마는 상아래 개들도 아이들이 먹던 부스러기를 먹나이다 예수께서 이르시되 이 말을 하였으니 돌아가라 귀신이 네 딸에게서 나갔느니라 하시매 여자가 집에 돌아가 본즉 아이가 침상에 누웠고 귀신이 나갔더라.

여러분! 만나 뵙게 되어 반갑습니다. 몇 년 전에 특강으로 만났었는데, 오늘 설교자로 여러분을 만나게 되네요. 지금 하마스와 이스라엘 간 전쟁이 벌어져 전 세계가 불안과 안타까움으로 지켜보고 있습니다. 국내외 정세를 볼 때, 우리는 지금 "불통과 불화의 시대"를 살아가고 있는 거 같습니다. 국가 간 전쟁, 종교 간 갈등, 세대 간 갈등, 젠더 간 갈등이 일어나는 건 인간의 탐욕과 힘의 논리에 따른 무시와 혐오, 폭력과 차별 때문이겠죠. 저는 교회도 별로 다르지 않다는 문제의식으로 여성의 주체적 성경 읽기와 교회 내 남녀 파트너십 실현을 위해 소리를 내며 글을 쓰고 강의하고 있습니다.

오늘 설교 제목, 어디서 많이 들어보셨죠? 네. '개그콘서트'에서 나온 겁니다. 가정에서 남편과 아내, 엄마와 아들, 남편과 아들 간 대화 없음을 풍자해 재미를 선사해준 개그여서 참 인상 깊게 봤습니다.

20세기 말 서구 인문학계에 가장 큰 영향을 끼친 사상가 바흐친(Michail M. Bakhtin)은 "인간은 소통하는 대화적 존재다. … 동등한 권리를 가지고 참여하는 대화가 '커다란 대화'요, 이러한 대화적 교류야말로 언어의 삶의 진정한 영역이다"라고 말했습니다.

그래서 질문하게 되는데, 교회에서 대화가 잘 이뤄지고 있을까요? 저는 심각할 정도로 대화가 안 되고 있다고 보고 있어요. 더불어숲동산교회는 이 목사님이 워낙 열려계시지만, 보수교회는 특히, "교회에서 여자는 잠잠하라"(고린도전서 14:34)는 문자적 해석으로 남녀 간 대화가 전혀 이뤄지지 않고 있습니다. 이러한 불통은 우리의 신앙을 편협하고 불화하게 만들고 있어요.

학자들은 본문을 '원거리 축사'의 기적 이야기로 보거나 구속사적 관점에서 유대인과 이방인의 경계가 허물어졌다고 해석합니다. 저도 이 해석에 동의합니다만, 하나님의 구속 경륜과 유대인의 우선권, 그리고 선교 차원의 교리적인 내용을 굳이 다루지 않더라도, 예수님이 수로보니게 여자와 대화했다는 것만으로도, 그리고 예수님이 대화 과정에서 여자의 말에 설득당하시면서 신앙을 말씀하고 있기에, 우리의 신앙에서 대화가 얼마나 중요한지에 집중하려 합니다.

예나 지금이나 위계적인 구조에선 '대화'라는 게 어렵습니다. 하물며 여자는 "대화가 안 되는 우둔하고 열등한 존재"로 인식했으며, 게다가 여자는 남자를 "유혹하는 존재"라 인식하여 집 밖에서 자기 아내와 대화하는 걸 금했던 유대 가부장 신분 사회에서 유대 남자가 그것도 이방 여자와 대화하는 건 '하나님의 나타나심(神現)'처럼 기적적인 사건이라 할 수 있어요. 실제로 요한복음 4장 27절을 보면, 제자들은 예수님이 사마리아 여자와 대화하는 모습을 보고 '이상히 여겼다'라는 반응을 보였습니다. 이때 사용된 '따우마조'(qauma,zw)라는 헬라어 동사는 '깜짝 놀라다', '기이하게 여기다'라는 뜻의 단어로서, 주로 신적 권위를 감지한 제자들이 예수께서 바다를 잔잔케 하거나, 귀신을 내쫓는 초자연적인 기적을 베풀 때 보였던 반응입니다.

이로 볼 때, 예수님은 유대 민족의 질서, 가부장의 질서, 랍비 전통의 질서까지 깨시면서, 이방 여자를 동등한 주체자로 여겨 대화를 이어나가신 매우 급진적이며 인격적이신 분이심을 알 수 있습니다.

특히, 29절 "이 말을 하였으니 돌아가라 귀신이 네 딸에게서 나갔느니라"는 예수님의 이 말씀은 27절에 "자녀의 떡을 취하여 개들에

새 시대 새 설교

게 던짐이 마땅치 아니하니라"는 예수님의 말에 대한 수로보니게 여자의 대답 후에 나온 최고의 찬사요, 본문을 이해하는 열쇠라고 할 수 있겠습니다. 헬라어 문법이나 영어 성경으로 보면, "네가 이 말을 했기 때문에"로 나와 있는데, 수로보니게 여자의 말이 대화의 완성을 이룬 것임을 주목시키고 있으니까요. 우리가 예수님과 수로보니게 여자의 대화 과정을 살펴봐야 하는 이유는 예수님의 말에 대한 수로보니게 여자의 대답은 인간이 하나님과 관계를 맺는 궁극적인 조건이라는 걸 보여주고 있기 때문입니다.

마태복음 15장 28절에서는 예수님이 "여자여 네 믿음이 크도다 네 소원대로 되리라"고 하면서 수로보니게 여자의 말을 듣고, 큰 믿음이라 칭찬하셨음을 보게 돼요. 즉, 처음엔 수로보니게 여자의 청원을 무시하며 수모를 주었던 예수님이 오히려 여자의 말에 설득당하여 여자의 믿음을 칭찬하며 소원을 들어주셨으니까요. 이처럼 본문은 대화와 기적이 상호의존적 관계에 있다는 것과 예수님의 '복음적인 대화법'을 보여주고 있습니다.

주체성 없었던 시대

본문의 배경을 잠깐 살펴볼게요. 수로보니게는 '수리아'(시리아)와 '베니게'(페니키아)를 합친 합성어입니다. 두로는 페니키아의 항구로서 가버나움 서북쪽 30km 지점에 자리 잡은 도시인데요. 솔로몬 왕 때,

두로 왕 히람이 레바논 백향목을 보낸 일이 있습니다. 그런데 역사가 요세푸스에 따르면, 페니키아인들은 식량을 앗아간 부유한 이방인으로서 유대인에 대한 강한 적개심이 있었고, 유대인 역시 페니키아인들에 대해 적개심이 있었죠. 유대민족의 입장으로 보면, 예수님이 수로보니게 여자의 간청을 무시하며 심지어 '개 취급'을 한 건 충분히 이해되는 부분입니다. 마치 우리나라와 일본 관계처럼 말이에요.

25절에 수로보니게 여자를 "더러운 귀신 들린 어린 딸을 둔 여자"라고 소개하고 있습니다. 예수님 당시에는 유대인이든 이방인이든 왜 이렇게 귀신 들린 사람이 많았을까요? 아마도 그 당시는 신분적 차별, 인종차별, 성차별이 당연시되는 시대여서 사람들이 눌리거나 억압받는 일이 많았기 때문으로 추측됩니다. 예수님도 "눌린 자를 자유롭게 하려" 오셨다고 말씀하고 계시니까요.(누가복음 4:18) 1세기 당시는 오늘날처럼 인권과 자유, 그리고 평등의 개념은 찾아볼 수 없는 이른바, '주체성 없었던 시대'였을 테고, 정신분석학과 심리학이 발달하지 않았기 때문이 아니었나 싶습니다.

주석에 따르면, 27절에 예수님이 "자녀의 떡을 취하여 개들에게 던짐이 마땅치 아니하니라"고 거절할 때, 수로보니게 여자가 "주여 옳소이다마는 상아래 개들도 아이들의 먹던 부스러기를 먹나이다"라고 응수한 걸 보아, 수로보니게 여자는 집에서 키우는 개를 이해할 정도로 부유했다고 해석합니다.

아무튼 수로보니게 여자는 부유할 순 있어도, 이방인 여자요 심지어 귀신 들린 딸을 뒀기에 엄청난 핸디캡을 지닌 엄마로서, 지독한 소외와 단절 속에 사회적, 종교적, 그리고 심적으로 극한의 시간을 보냈을 거라 짐작할 수 있어요.

예수님의 대화법 이해하기

예수님과 수로보니게 여자의 대화 과정을 살펴려니까 두 가지 질문이 떠오르게 되더군요. 첫 번째는 "예수님과 수로보니게 여자가 어떤 언어로 대화했을까?"였어요. 26절에 수로보니게 여자는 시리아의 페니키아 지역에 사는 '헬라인'이라고 설명하는 걸 봐서 헬라어로 대화했을 가능성이 커 보여요. 유대인이셨던 예수님이 수로보니게 여자 모국어인 헬라 언어로 대화하셨다는 건 뭘 의미할까요? 만약에 어떤 유력한 미국인이 여러분에게 다가와 한국어로 대화한다면, 어떤 생각이 들겠습니까? 이처럼 예수님의 언어 배려로 수로보니게 여자는 감동하여 대화를 더 잘 이어갈 수 있었을 거라 짐작할 수 있겠습니다.

두 번째 궁금증은 "예수님의 충돌 대화법을 어떻게 이해할 수 있을까?"였어요. 예수님은 처음엔 철저히 유대인 남자로서 행세하며 수로보니게 여자의 간청을 단칼에 거절하며 '개 취급'으로 무시하더니, 돌연 여자의 말에 담긴 믿음을 보시고 칭찬하는 위배적인 대화법을 보이셨으니까요.

27절에 대한 독일 성서공회 해설에서는 "유대인들이 비유대인들에 대한 자기 평가가 반영되어 있어서, 예수도 아브라함의 소명 이래로 이스라엘이 하나님 본래의 '대화 상대자'라는 사실을 고려한 거라고 보고 있으나, 그럼에도 수로보니게 여자의 겸손하고 집요한 간청이 바로 하나님의 백성과 이방 사람의 경계선을 무너뜨리는 신앙"이라고 해석하고 있습니다. 이 외에도 몇 개의 주석을 살펴봤더니, 한편으론 하나님 구속 경륜의 우선권이 유대인에게 있다는 걸 강조하면서도, 다른 한편으론 수로보니게 여자의 겸손과 끈질긴 믿음이 구원에 이르렀다고 해석하고 있더군요.

하지만 구원의 우선권을 따지는 교리적 해석과 수로보니게 여자의 끈질긴 믿음이 이방 선교를 가능하게 했다는 이러한 해석은 대화가 신앙에서 왜 중요한지, 그리고 결렬과 충돌, 그리고 설득과 믿음의 칭찬으로 이어지는 대화 과정에서 간파되는 예수님의 대화법을 간파하기 어렵습니다. 오히려 예수님은 자신의 말이 위배가 되더라도, 수로보니게 여자에게 "이 말을 하였으니 돌아가라 귀신이 네 딸에게서 나갔느니라"며 자기의 처음 입장을 포기할 정도로 대화의 개방성과 하나님 나라 복음의 포괄성을 보여줬으니까요.

제가 예수님과 수로보니게 여자의 대화가 신앙적이며 복음적이라고 생각하게 된 계기는 신약학자 이미경 박사가 쓴 "수로보니게 여인과 예수 이야기에 나타난 이중적 담론, 개-되기, 모성성 탐구"(「한국여성신학」 89(2019))라는 논문 때문입니다. 이 논문이 저를 설득시킨 셈이죠. 이미경 박사는 예수님이 수로보니게 여자를 개 취급한 발언은 여자를 '시험'(test)한 게 아니라, '무시와 배제'라는 그 당시 일그러진 시대를 예수님이 친히 '육화'(성육신)했다고 해석해요. 아울러 예수님의 말씀은 최종적이고 고정된 것이 아니라, 미결정되고 미완성된 것으로써 수로보니게 여자의 대화적 참여를 통해, 그리고 독자인 우리의 참여를 통해 완성되기를 기다리며 열려 있음을 보여준 거라 해석해요.

따라서 예수님의 대화법은 유대 가부장 신분 사회에서도 신분이 낮은 자들과 이방 여자를 동등한 대화의 주체로 여기신 인격적인 대화법이요, 당대의 일그러진 질서와 한계를 뛰어넘어 대화를 통해 놀라운 하나님의 지혜를 선사하는 '복음적 대화법'이라고 말할 수 있겠습니다.

수로보니게 여자의 말에 담긴 신앙 엿보기:
자존감과 겸손함, 그리고 간절함

우리는 "유대인이나 헬라인이나 그리스도 예수 안에서 '하나'"라는 말씀(갈라디아서 3:16)을 잘 알고 있기에, 본문을 읽을 때 당연하게 읽는 경향이 있어요. 그런데 이것은 어디까지나 신학적이며 교리적인 이해일 뿐이에요. 저는 본문을 통해 우리가 실제로 누군가로부터 수모와 모멸감에 직면하면서도 대화를 이어간 적이 있는지, 결과적으로 대화의 기쁨을 맛본 적이 있는가를 도전하고 싶은 것입니다. 수로보니게 여자의 입장으로 보면, 지독한 소외와 차별, 그리고 귀신 들린 어린 딸로 인해 사람들과 단절되어 살아온 어미의 간청에 마지막 희망인 예수님에게조차 '개 취급'을 받아 수치와 모멸감을 느꼈으니 치명적이고 절망적인 고통이었겠다 싶어요.

교회에서는 성경 인물을 남성 위주로 살피다 보니, 오늘 본문처럼 여성이 등장할 때도 여성의 입장과 경험을 무시한 채, 남성적 신앙 위에다 '간절한 신앙'이 중요하다는 식의 정도로 가볍게 해석하는 경향이 있어요. 하지만 여성 특히 엄마로서의 경험과 심리는 남성과는 다른 신앙적 세계와 지혜를 가져온다는 걸 생각할 필요가 있습니다.

그렇다면 수로보니게 여자가 "주여 옳습니다만 상아래 개들도 아이들의 먹던 부스러기를 먹나이다"라고 응수하면서, 멸시와 수모를 받아내면서까지 자신의 소원을 포기하지 않고 당당히 말할 수 있었던 원동력이 무엇일까요? 여기엔 더러운 귀신 들린 딸을 무조건적 사랑으로 품는 '모성성'도 중요한 요소로 작동했겠지만, 저는 주체성을 잃지 않는 '자존감'이라고 보고 싶습니다. 수로보니게 여자는 예수님의 적대와 멸시에도 무너지지 않고 오히려 직면할 정도로 자존감과 겸손을 지녔기 때문이에요. 여기서 한 걸음 나아가 소원을 포기하지 않는 집요함까지! 예수님의 차갑고 냉정한 말을 받아내었던 수로보니게 여자의 자존감과 겸손, 그리고 간절함은 우리에게 신앙의 새로운 차원과 대화의 중요성을 알려줍니다.

저는 신앙생활에서 자존감이 중요하다고 생각해요. 자존감은 "하나님의 자비하심에 기대어 자신을 존중하는 자기 이해"로서, 신앙생활에서 끝까지 포기해선 안 될 중요한 감정입니다. 반면에, 자존심은

새 시대 새 설교

소유, 성취, 외모, 지적 능력 등 비교 대상을 취하면서 우월감과 열등감을 유발하는 해로운 감정입니다.

안타깝게도 자존감을 자존심으로 착각하는 분들이 종종 있다는 겁니다. 그리고 자존감과 겸손이 서로 충돌한다고 보는 분들도 많아요. 이는 마가복음 8장 34절 "누구든지 나를 따라오려거든 자기를 부인하고 자기 십자가를 지고 나를 따를 것이니라"라는 말씀에서, '자기 부인'을 '자기비하' 또는 '자기 없음'으로 오해하고, 이것을 겸손이라고 착각하는 거 같아요. 하지만 자기 부인은 자기 중심성을 부인하라는 것이지, 주체성과 자존감마저 포기하라는 게 아니거든요. 수로보니게 여자가 이를 잘 보여주고 있으니까요. 자존감을 지닌 사람이야말로 겸손할 수 있다고 봅니다. 수로보니게 여자가 보여준 대로, 큰 신앙이란 '자존감'과 '겸손', 그리고 '포기하지 않는 간절함'을 겸비한 모습이 아닐까요!

대화가 필요해!

결론을 말씀드리겠습니다. 예수님과 수로보니게 여자의 대화는 일방적인 훈계나 결정된 교리를 나눈 게 아닙니다. 예수님의 대화법은 그 당시 율법처럼 고정되고 결정된 말이 아니라, 오히려 수로보니게 여자를 대화의 주체로 참여시켜 소통을 이어가는 과정에서 놀라운 신앙적 세계로 안내한 복음적 대화였어요. 게다가 예수님이 여자의 말에 의도적으로 설득당하심으로써 하나님 나라 구원의 포괄성과 평등성을 보여주셨다는 건 불통과 불화를 경험하며 살아가는 오늘날에 우리가 깨닫고 실천해야 할 신앙의 지혜입니다.

골로새서 3장 16절에서는 "그리스도의 말씀이 너희 속에 풍성히 거하여 모든 지혜로 피차 가르치며 권면하고 시와 찬미와 신령한 노래를 부르며 마음에 감사함으로 하나님을 찬양하고"라고 말씀하고 있어요. 여기서 "피차 가르치며 권면한다"는 건 동등한 대화 주체가 되어 설득하기도 하며 때론 설득당하기도 하면서 신앙의 지혜와 풍성함을 나누라는 뜻일 겁니다.

아브라함이 의인 수를 여섯 번이나 번복하면서 소돔과 고모라를 멸하지 말아 달라고 간청한 말씀 기억하시죠? 창세기 18장에서 드러난 하나님은 아브라함을 대화의 주체로 참여시키시면서 원하는 바를 모두 들어주는 인격적인 분이십니다. 하나님은 우리가 기도 중에 투정이나 변덕을 부릴 때조차도 다 받아주시며 우리의 소원에 응답하는 분이시니까요. 해서 저는 하나님과 기도로 대화를 잘하는 사람은 대화의 달인이 되어야 한다고 생각해요.

하지만 현실은 전혀 그렇지 않아요. 특히, 저를 포함해서 신학을 공부했다는 목사와 신학자들, 그리고 교인들조차도 상대방의 말을 들으려 하지 않고, 자신이 아는 정답만 읊어대는 경향이 강해요. 우리의 말이 차가운 언어나 무시의 언어, 편견에 사로잡힌 단정적인 언어가 아닌지 성찰해야겠습니다. 이런 불통의 언어들은 자기의 신앙에 갇혀 타인이 가져오는 신앙의 세계와 지혜를 차단하면서, 불화와

새 시대 새 설교

다툼, 혐오와 정죄를 유발하게 되니까요.

신앙생활에서 대화가 왜 중요한 걸까요? 이는 신앙은 무엇보다도 말로 시작하고 말로 표현되기 때문입니다. 예를 들어, 설교자와 청중의 만남도 대화이며, 전도자와 전도 대상자의 만남도 대화이며, 성경공부와 교육, 심방과 상담, 그리고 성도 간의 교제와 이웃과의 소통도 대화의 형식으로 이뤄지니까요. 심지어 예수님의 '서로 사랑하라'는 새 계명도 '사랑의 대화'에서 시작되는 거잖습니까! 어느 때나 하나님을 본 사람이 없으나 우리가 '서로 사랑으로 대화'하면 하나님이 우리 안에 거하실 것입니다.(요한1서 4:12) 비록 대화 중에 갈등과 결렬이 있더라도 어떻게 대화하며 풀어나가느냐에 따라, 우리는 일상에서 신앙의 용기와 기쁨, 그리고 하나님의 임재를 경험할 수 있으리라 생각합니다.

이제 남편과 아내 간, 부모와 자녀 간, 목사와 교인 간, 남성과 여성 간, 선생과 학생 간, 교인 간에서도 상대방을 인격적 주체로 여기는 예수님의 복음적 대화법을 기억하여, 현재의 난간과 불통을 지혜롭게 잘 헤쳐 나가면 좋겠습니다. 우리의 언어가 개방적이며 좀 더 따뜻하고 친절하면 좋겠고, 타인과 함께 이뤄나가는 대화 속에서 기쁨과 신앙적 지혜를 맛보게 되길 바랍니다. 마지막으로 이미경 박사의 말을 나누며 마치려 해요.

"빛이 보이는 세계의 아름다움을 드러내듯이, '대화'는 보이지 않는 내적인 세계의 깊이를 밝힌다. 대화를 새롭게 읽어내는 지혜는 매우 중요하다. 여기서 핵심은 수치심과 고통의 경험을 '외면'하는 게 아니라, '대면'하라는 것이다. 어떤 존재나 어떤 말도 최종적이고 고정된 게 아니다. 예수와 수로보니게 여자의 놀라운 대화가 이를 보여준다. 차가운 말, 저주의 말조차도 '나의 말의 참여'를 통해 새로운 말로 변형되고 재창조될 수 있는 희망의 페이지다"

2023년 10월 22일 더불어숲 동산교회 설교

메신저가 메시지다!

요한복음 4장 3-9절, 16-21절, 28-30절

유대를 떠나사 다시 갈릴리로 가실새 사마리아를 통과하여야 하겠
는지라 사마리아에 있는 수가라 하는 동네에 이르시니 야곱이 그
아들 요셉에게 준 땅이 가깝고 거기 또 야곱의 우물이 있더라 예수
께서 길 가시다가 피곤하여 우물 곁에 그대로 앉으시니 때가 여섯
시쯤 되었더라 사마리아 여자 한 사람이 물을 길으러 왔으매 예수
께서 물을 좀 달라 하시니 이는 제자들이 먹을 것을 사러 그 동네
에 들어갔음이러라 사마리아 여자가 이르되 당신은 유대인으로서
어찌하여 사마리아 여자인 나에게 물을 달라 하나이까 하니 이는
유대인이 사마리아인과 상종하지 아니함이러라.(요한복음 4:3-9)

이르시되 가서 네 남편을 불러오라 여자가 대답하여 이르되 나는
남편이 없나이다 예수께서 이르시되 네가 남편이 없다 하는 말이
옳도다 너에게 남편 다섯이 있었고 지금 있는 자도 네 남편이 아니

니 네 말이 참 되도다 여자가 이르되 주여 내가 보니 선지자로소이다 우리 조상들은 이 산에서 예배하였는데 당신들의 말은 예배할 곳이 예루살렘에 있다 하더이다 예수께서 이르시되 여자여 내 말을 믿으라 이 산에서도 말고 예루살렘에서도 말고 너희가 아버지께 예배할 때가 이르리라.(요한복음 4:6-21)

이때에 제자들이 돌아와서 예수께서 여자와 말씀하시는 것을 이상히 여겼으나 무엇을 구하시나이까 어찌하여 저와 말씀하시나이까 묻는 이가 없더라 여자가 물동이를 버려두고 동네로 들어가서 사람들에게 이르되 내가 행한 모든 일을 내게 말한 사람을 와서 보라 이는 그리스도가 아니냐 하니 그들이 동네에서 나와 예수께로 오더라.(요한복음 4:28-30)

여러분! 만나 뵙게 되어 반갑습니다. 중학교 때부터 예수를 믿으면서 아버지의 핍박과 내부적으론 의심, 대학에 들어가서는 신앙과 학문 사이의 갈등을 심하게 겪기도 했지만, 신학 후로 "교회 여성으로서 나는 누구이며, 무엇을 하며 살아야 하는가?"라는 정체성과 역할을 고민하게 되었습니다. 이런 고민은 가부장이 심한 아버지로부터 연유되었죠. 저는 딸이라서 차별받고 양보해야 했어요. 그런데 신앙생활을 하고 신학을 한 결과, 교회가 가르치는 신앙이 너무 남성적이라는 걸 깨닫게 되었습니다.

누가복음 10장 25절을 보면 어떤 율법사가 예수를 시험하고자 "내가 무엇을 하여야 영생을 얻으리이까?"라고 묻자, 26절에서 예수님은 그 질문에 답하지 않고 "율법에 무엇이라 기록되었으며 네가 어떻게 읽느냐?"라고 질문을 하십니다. 저는 여기서 '율법'을 '성경'으로 바꿔서 "성경에 무엇이라 기록되었고, 너는 성경을 어떻게 읽느냐?"로 바꿔 적용해 보았어요.

특히, 성경을 어떻게 읽느냐는 해석의 문제요, 입장과 관점의 문제, 성경관, 가치관, 세계관의 문제라는 걸 깨닫게 되었습니다. 복음서가 마태, 마가, 누가, 요한이라는 저자에 의해 자신의 관점에 따라 다르게 기술되었듯이, 한 사물을 바라보더라도 정면과 측면, 위와 아래 등의 시야가 다르듯, 남성과 여성의 성경 읽기도 자라온 환경과 신학적 지식, 신앙관과 성경관, 세계관에 따라 다르게 해석될 수 있다는 인식의 변화가 생겼어요. "성경은 주름 잡힌 텍스트"라는 말도 있으니까요.

"하나님은 왜 남성과 여성을 만드셨을까?" "성을 만드신 뜻과 목적은 무엇일까?" "하나님께서 여성으로 만드셨다면, 나는 어떻게 살아가야 할까?"를 여성의 입장으로 질문하기 시작했습니다. 저는 여성의 성경 읽기는 같음과 다름을 찾아 나서는 도전이라고 생각해요. 우리는 다름을 틀림으로 보는 이분법적이고 획일적인 사고에 사로잡힐 때가 많습니다. 하지만 같음은 공유하되, 다름은 존중한다면, 하나님과 인간에 대한 인식과 이해를 좀 더 균형 잡히고 풍성하게 만들

수 있다고 봅니다.

예수님의 복음 사역에서 남성 열두 사도와 제자들의 역할은 실로 크다고 할 수 있어요. 우선 성경은 모두 남성이 기록했으니까요. 하지만 자세히 살펴보면, 그리스도의 복음 사역에서 남성 제자들이 부재한 상태에서 여성들에 의해 전달되어 복음서에 기록되었다는 것을 알 수 있습니다. 대표적인 예로, 예수의 성육신 탄생, 예수의 유아, 유년에서 청년 시절의 생애, 십자가와 부활 사건에서 여성들이 직접적 증인이 되었으니까요. 그리고 오늘 살펴보게 될 본문도 남성 제자들이 먹을 걸 사러 동네에 들어갔기에(요한복음 4:8), 예수님과 단둘이 나눈 대화가 사마리아 여자에 의해 전달된 복음이라는 측면에서 볼 때, 매우 의미가 있다고 봅니다.

경계를 허무시다

우리는 예배 시작 때마다 본문에 나오는 매우 익숙한 말씀을 낭송합니다. 어떤 말씀일까요? 네, 24절에 "하나님은 영이시니 예배하는 자가 신령과 진정으로 예배할찌니라"입니다. 또한, 본문 내용으로 만든 복음성가가 있는데, 바로 "우물가의 여인처럼"이죠. 제 중고등 시절에 많이 불렀던 복음성가였어요. 이 찬송의 가사는 "우물가의 여인처럼 난 구했네/ 헛되고 헛된 것들을/ 그때에 주님이 하신 말씀/ 내게로 와서 생수를 마셔라/ 오! 주님 채우소서/ 나의 잔을 높이 듭니다/ 하늘 양식 내게 채워주소서/ 넘치도록 채워주소서"입니다. 이 찬송은 메시아를 만나 영생의 생수를 마시며 구원의 기쁨으로 이웃에게 전도하는 메시지로 알려져 있죠.

그리고 본문은 예배, 메시아, 영생과 같은 기독론적이고 신학적인 접근뿐만 아니라, 목회 상담에서도 많이 적용하는 본문이기도 합니다. 하지만 저는 오늘 앞의 관점들과 달리하여, 여성 신학자 쉬슬러 피오렌자(Schüssler Fiorenza)가 "메신저가 곧 메시지다"라고 한 말에 따라, 사마리아 여자가 전한 그리스도 복음의 메시지가 무엇인지 초점을 맞추고자 해요. 왜 예수님은 그 당시 바리새인들이나 제사장 같은 종교지도자들과 달리, 사마리아인이면서 여성, 여성 중에서도 소외되고 외면당한 이름이 없는 사마리아 여자를 만나주셔서, 자신을 메시아로 계시하신 메시지는 무엇인지에 대한 것을 나누려 합니다.

본문을 잘 이해하기 위해서 몇 가지 사회문화적 배경을 간단히 살펴볼게요. 첫째, 본문에서도 명시하고 있지만, 유대인들은 사마리아인과 절대 상종을 하지 않았다는 것입니다. 남쪽 유다는 바빌로니아에 침략당했어도 단일민족을 유지했으나, 북쪽 이스라엘은 주전 722년에 앗수르에 의해 함락당하면서 혼혈족이 되었어요. 유대인들은 이런 사마리아인들을 개 취급하며 멸시하여, 유대로부터 갈릴리에 도달하려면 사마리아로 지나가지 않고 6일이나 걸려도 요단 계곡을 통해 갔을 정도였으니까요. 아이러니한 건, 유대인들은 예수를 인정하지 않았지만, 이방인들은 인정했다는 점이죠.

둘째, 유대 사회에서 여성은 열등한 존재로 취급을 받았고, 종교,

사회, 정치적으로 종속적인 위치에 있었다는 점입니다. 여성들은 회당에 들어가지 못하고 '여성의 뜰'에서 예배를 드려야만 했으며, 사유재산권이나 증인도 될 수 없었거든요. 여자는 거룩한 후손을 낳는 존재로 치부되었고, 이혼할 수 있는 권리는 철저히 남성에게만 있었으니까요.

셋째, 유대 사회는 집 밖이나 공적인 모임에서 여성과 대화하는 걸 부정하게 여겨 금했다는 점입니다. 유대 전통이나 탈무드에 보면, 여성이 사악하다고 여겨 순진한 남성이 그 꼬임에 넘어가지 못하도록 밖에서 여성과의 만남을 제한했으며, 심지어 랍비들은 자기 아내를 포함하여 어떤 여자와도 집 밖에서 대화하는 일을 매우 부정한 일로 여겼다는 겁니다.

전통과 질서를 깨시고 사마리아 여자를 만난 예수님

몇 가지 중요 구절을 살펴보겠습니다. 3절을 보면, 예수님은 유대에서 갈릴리로 가실 때에, 다른 유대인들과 달리, 의도적으로 사마리아를 통행했다고 볼 수 있어요. 그 근거는 헬라어 원문과 영어 성경으로 보면 "반드시 통행해야 하겠는지라", 또는 "통행해야 할 필요가 있었는지라"는 의미가 내포되어 있기 때문입니다.

6절을 보면, 제 육시가 되었다고 시간을 명시하고 있는데, 이는 유대 시간으로 정오 12시입니다. 성경 이야기에 나오는 여성들은 주로 저녁에 물을 길으러 나왔는데(창세기 24:11), 사마리아 여자가 아무도 나오지 않는 뜨거운 정오의 시간에 물을 길으러 나왔다는 건, 수가마을 사람들로부터 왕따 당한 삶을 살거나 죄인처럼 숨어지내는 떳떳하지 못한 처지에 있는 여성이라는 걸 알 수 있게 합니다.

9절에서 사마리아 여자가 "당신은 유대인으로서 어찌하여 사마리아 여자인 나에게 물을 달라 하나이까 하니 이는 유대인이 사마리아인과 상종치 아니함이러라"라는 말씀에서도 알 수 있듯, 예수님은 사마리아인과 상종하지 않았던 유대민족의 질서와 여자와 집 밖에서 대화해선 안 되는 랍비의 전통과 가부장적 질서를 깨시면서까지 사마리아 여자와 대화하셨음을 볼 수 있어요.

27절을 함께 읽어보겠습니다. 먹을 것을 사러 갔던 제자들이 "돌아와서 예수께서 여자와 말씀하시는 것을 이상히 여겼으나 무엇을 구하시나이까 어찌하여 저와 말씀하시나이까 묻는 이가 없더라"라는 말씀이 있는데, 여기서 '이상하게 여기다'(따우마조)라는 동사는 '깜짝 놀라다'(wonder, marvel, be astonished)의 뜻을 지닌 단어에요. 그런데 복음서에서 이 단어의 대부분은 예수님이 이적과 기사를 베풀 때, 제자들이 놀라는 반응에 주로 사용되었습니다. 예를 들어, 바람과 바다를 잔잔케 하거나(마태복음 8:27, 누가복음 8:22-25), 말하지 못하는 귀신을 쫓으실 때 보였던 제자들의 반응(마태복음 9:32-33, 마가복음 1:27)과 똑같아요. 따라서 주님이 사마리아 여자와 대화한 사건은 기적과 초자연적인 사건을 통한 하나님 현현의 사건이라고 볼 수 있습니다.

16절에서 18절을 보면, 사마리아 여인에게 남편이 다섯이 있었고,

지금 있는 자도 남편이 아니라고 나옵니다. 제가 들어온 설교에 의하면, 목사들은 사마리아 여자를 '창녀'나 성적으로 문란한 죄 많은 여자로 설교했어요. 이는 칼빈이 "이 여자는 바람을 피우고 행실이 좋지 않아 남편으로부터 이혼을 당할 수밖에 없었기 때문에, 여러 번 이혼으로 음탕한 여자로 낙인찍히자, 결국 창기로 전락하고 말았다"라고 해석한 영향이지 싶어요.

하지만 신약학자 차정식 교수는 그리스-로마 사회에서 대부분의 경우 이혼은 경제력을 주도한 가부장이 여성을 버리는 방편으로 오용되었고, 그 과정에서 희생당하는 대상은 연약한 아내들이었다고 하였습니다. 사마리아 여자가 결혼을 반복한 건 생존권 때문이었고, 이혼을 반복한 건 그 당시 이혼권이 남자들에게만 있었기에, 계속 남편들에게 버려진 여자로서, 극심한 상처와 지독한 소외를 경험한 여자로 보는 게 더 적절하다는 겁니다.

그 근거는 예수님이 사마리아 여자에게 남편을 데려오라고 말씀했고 그녀가 남편이 없다고 대답하자, "남편이 없다는 말이 옳도다"라고 여자의 형편에 공감하시는 모습에서도 알 수 있겠습니다.

예수님은 그 당시 종교지도자들처럼 율법과 가부장 시대의 편견에 따라 사마리아 여자를 정죄하려 하기보다는, 오히려 그녀의 고달픔과 상처, 고립과 암울한 삶을 동정하신 따뜻하신 분이셨음을 알 수 있어요. 예수님은 그 당시 종교인들이 여성을 함부로 대하면서 가차 없는 정죄와 심판의 율법을 들이댄 것과 반대로, 동정과 연민을 통해 인간의 부르짖음과 고통에 응답하며 구원하는 신의 현실을 보여주신 것입니다. 이것이 예수가 이 땅에 오신 목적이지 않습니까! 인간의 절망과 고통의 현실 속에 찾아오신 예수 그리스도는 마침내 십자가에서 인간의 죄를 위해 희생양이 되셔서 우리에 대한 하나님의 사랑을 확증한 분이시니까요. 이에 대해 바클레이 주석가는 "모든 진실한 권위는 동정에 기초한다. 복음서는 모든 인생이 하나님 앞에 서기까지 끝난 게 아님을 보여주는 끝나지 않은 이야기"라고 말했습니다.

'여자여!'와 '아버지'

21절에 예수님은 "여자여 내 말을 믿으라 이 산에서도 말고, 예루살렘에서도 말고, 너희가 아버지께 예배할 때가 이르리라"라고 말씀하는데, 여기서 '여자여'라는 호칭은 요한복음에서만 6번이 나옵니다. 본문 21절, 2장 4절의 '가나의 혼인 잔치'("여자여 나와 무슨 상관이 있나이까"), 8장 10절("여자여 너를 고소하던 자들이 어디 있느냐?"), 19장 26절("여자여 보소서 아들이니이다"), 20장 13절과 15절("여자여 어찌하여 우느냐 누구를 찾느냐") 이죠. 요한복음의 저자 요한이 '여자여'라는 호칭을 의도적으로 많이 사용한 이유가 있다고 연구한 논문이 있습니다. 1장 12절 "영접하는 자 곧 그 이름을 믿는 자에게는 하나님의 자녀가 되는 권세를 주셨으니"라는 선포처럼, 여성들도 하나님 나라의 가족에 포함된다는 구속적 관점을 의도적으로 부각하기 위해서라고 해석하더군요.

또한, 예수님이 사마리아 여자에게 하나님을 '아버지'로 밝히신 것은 매우 특이한 것입니다. 왜냐면 원래 구약에서는 '아버지'라는 용어가 희귀하였는데(다윗이 시편 89:26에서 '아버지'), 주님이 가르친 기도에서도 알 수 있듯, 예수로 말미암아 하나님을 '아버지'로 부르게 되었기 때문입니다.

요한복음 20장 17절을 보면, 부활하신 예수는 막달라 마리아에게 처음 나타나서, "너는 내 형제들에게 가서 이르되 내가 내 아버지 곧 너희 아버지, 내 하나님 곧 너희 하나님께로 올라간다 하라 하신대"라고 말씀했어요. 요한복음의 저자 요한은 제자들에게나 사마리아 여자, 그리고 막달라 마리아에게도 똑같이 "내 아버지가 바로 너희 아버지요, 내 하나님이 곧 너희 하나님"임을 드러내려는 의도가 있었음을 볼 수 있습니다. 이는 유대인 특히 바리새인 같은 종교 지도자의 입장으로 보면 받아들일 수 없는 신관이지만, 예수님은 사마리아 여자에게 하나님을 아버지로 계시해 주신 것이니까요.

28절에서 30절을 보면, 여자가 물동이를 버려두고 동네에 들어가서 사람들에게 "와 보라 그리스도가 아니냐 하니 저희가 동네에서 나와 예수께로 오더라"라고 되어있어요. 여기서 어떻게 동네 사람들과 소외되어 살았던 왕따 당한 사마리아 여자가 전한 메시아의 소식을 동네 사람들은 아무 거리낌 없이 받아들일 수 있었을까를 질문해 볼 수 있습니다. 이에 대한 답은 사마리아 여자를 비롯한 사마리아 사람들의 최대 관심사는 유대인에 대한 열등감 속에 예배 장소의 정통성 문제와 "메시야 대망 사상"이었기 때문이죠. 사마리아인들은 그리심산에서 하나님께 예배를 드리며 나름 자신들의 정통성을 찾으려는 열등감 속에서 이를 보증하고 해결해 줄 오실 메시아를 간절히 기다려 왔는데, 예수께서 그리심산도 예루살렘도 아니라고 말한 것은 사마리아인들에겐 기쁜 소식이 아닐 수 없었기에 '그리스도가 오셨다'라는 사마리아 여자의 외침에 곧바로 응답한 것이라 유추해 볼 수 있겠습니다.

사마리아 여자가 전한 복음의 의미

사마리아 여자가 전한 복음의 의미가 무엇인지 말씀드리면서 결론을 맺고자 합니다.

첫째, 사마리아 여자가 전한 복음은 하나님 나라의 새 질서를 드러낸 복음입니다. 예수님은 유대민족의 질서와 남성의 질서, 랍비 전통의 장벽을 깨고(일명 옛 질서), 상처 있는 여자, 왕따를 당한 여자, 하자 있는 여자를 만나주셔서 하나님 나라의 새 질서를 드러내셨어요. 여기서 옛 질서를 깼다는 의미는 달리 표현하면, 종교적, 사회적, 도덕적으로 퍼져있는 차별적 질서를 타파하고 하나님의 형상을 입은 존재로서 회복되는 구속의 질서를 요구한다는 의미이기도 합니다. 따라서 사마리아 여자가 전한 복음은 갈라디아서 3장 28절처럼, 민족, 성별, 신분 차별의 옛 질서를 깨고, 낮고 이름이 없는 여자 메신저를 통해 하나님 나라의 새 질서를 드러내신 것입니다.

둘째, 사마리아 여자가 전한 복음은 인격적인 복음입니다. 사마리아 여자에게 있어 예수님은 선지자이며 구주이기도 했지만, 그녀가 지금껏 만나본 적 없는 친절하고 따뜻한 분이셨어요. 예수님은 사마리아 여자를 당시의 바리새인과 종교지도자들처럼 율법과 윤리로 판단하지 않고 공감과 친절함을 보여주신 분이셨습니다. 상처 많은 여자를 만나주신 것은 남성에게 상처받은 그녀에겐 치유의 사건이요, 사랑과 구원을 주신 하나님의 선물의 시간이었어요.(10절) 또한, 예수가 사마리아 여인의 질문을 허용하면서 대화하셨다는 건 여성을 '생각하는 존재'라는 걸 인정하신 것이며, 예수를 믿음에 있어 맹신이 아니라, 의심과 질문을 통해 인격적인 믿음으로 나아감을 말해주는 것이라 볼 수 있습니다.

사마리아 여자 입장으로 볼 때, 메시아를 만난 것도 중요하지만, 낮고 천한 자신을 만나주신 은혜와 사랑에 얼마나 감격하였을지 상상하게 됩니다. 예수는 길가면서 피곤한 몸이셨지만, 사마리아 여자를 대하는 동정과 연민은 각 사람을 외모로 보지 않고 사랑하는 인격적인 복음입니다. 무한하신 인격이신 하나님은 사람의 외모가 아니라 진실한 마음을 보시는 분이시며, 우리 모두를 인격적으로 대우하시는 분이시니까요. 해서 사마리아 여자가 예수를 만난 우리에게 전한 내용은 "대체 불가하고 독특한 사건"이며 복음의 메시지입니다. 현재 교회에서 여성 개개인으로 보지 않고 집단으로 치부하여 여성의 하나님 체험과 은사를 인정하지 않는 건 잘못이에요.

셋째, 사마리아 여자가 전한 메시지는 하나님 나라 전파자의 범주가 확장된다는 걸 알려줍니다. 주님은 여성이라 할지라도 복음의 메신저로 삼아 하나님 나라 증인의 포괄성을 보여주셨어요. 남성 제자들이 전하면 중대하고, 사마리아 여자가 전하면 하찮은 게 아니거든요. 고린도전서 1장 27-28절을 보면, 예수의 복음은 미련한 자를 통해 지혜로운 자를 부끄럽게 하시며, 약한 자들을 통해 강한 자를 부끄럽게 하시며, 멸시받고 천한 자들을 통해 있는 자들을 폐하는 하나님 나라의 역설을 보여줍니다. 여자들과 밖에서 대화도 하지 않았던 시대에도, 사마리아지역에서조차도 왕따요 죄인으로 낙인찍힌 여자임에도 불구하고, 수가 동네 사람들이 사마리아 여자의 증언을 듣고 예수를 믿게 되었다는 건 복음이 아닐 수 없으니까요.

오늘 사마리아 여자가 전해준 복음은 시대의 편견과 통념, 한계와 차별에 대한 도전이라고 생각합니다. 사마리아 여자라는 메신저가 전해준 복음적 도전과 예수에 대한 헌신이 우리 모두에게 넘쳐나길 바랍니다.

2017년 7월 23일 일산은혜교회 설교

침묵하시는 하나님,
나타나시는 하나님, 그때 우리의 삶

창세기 16장 16절-17장 3절

> 하갈이 아브람에게 이스마엘을 낳았을 때에 아브람이 팔십육 세였
> 더라. 아브람이 구십 구세 때에 여호와께서 아브람에게 나타나서
> 그에게 이르시되 나는 전능한 하나님이라 너는 내 앞에서 행하여
> 완전하라 내가 내 언약을 나와 너 사이에 두어 너를 심히 번성하게
> 하리라 하시니 아브람이 엎드렸더니 하나님이 또 그에게 말씀하여
> 이르시되.

여러분! 만나 뵙게 되어 반갑습니다. 제가 창세기 1장부터 50장
을 쉬지 않고 3시간 40분 동안 읽은 적이 있었는데, 오늘 나눌 본문
이 유독 눈에 띄었습니다. 성경의 장과 절이 후대에 삽입되었음을 볼
때, 아브람의 나이를 언급하고 훌쩍 뛰어넘은 게 좀 특이하다고 생각
했어요. 아울러 13년간 하나님께서 침묵하신 이유가 뭘까, 그리고 그

기간에 아브람의 삶이 어떠했을지 궁금했습니다.

학자들은 이 침묵의 기간은 아브람이 하나님의 약속을 믿지 않고 하갈을 취해 이스마엘을 낳은 잘못을 회개하는 시간이요 절망하는 기간이라고 해석합니다. 그리고 13년의 기간은 이스마엘이 성년이 되기까지 아브람 밑에서 양육 받기 위한 하나님의 배려라고 말하기도 합니다.

하지만 아브람이 사라를 누이라 속여 애굽 왕 바로에게 아내로 준 죄를 저질렀을 땐, 하나님이 오히려 먼저 나타나 사태를 수습하셨기에, 하갈을 취한 죄만을 특정하여 회개하는 시간을 가졌다고 보긴 어렵겠죠.

저는 하나님의 13년 침묵의 원인이 아브람의 죄 때문이라고 보는 해석은 다층적이고 복잡한 삶의 고뇌와 신앙적 깊이를 다 아우르지 못한다고 생각합니다. 이는 마치 동방의 부자인 욥이 하루아침에 모든 걸 잃고 몸에 악창이 난 걸 본 세 친구의 정죄하는 모습과 유사해요.

코로나19 팬데믹 상황에서 사람들을 위로하며 생명과 안전 돌봄에 솔선수범해야 할 기독교가 섣부르게 '신정론'을 들이대며 소수자를 정죄하기에 급급한 모습을 보면서 참으로 안타까웠습니다. 예를 들어 보수기독교 내 영향을 미치는 인물인 존 파이퍼 목사는 "코로나19는 하나님의 계획 속에 일부 사람이 저지른 죄악 때문에 하나님의 특별 심판이다"라고 했고, 어떤 대형교회 목사가 '마귀의 짓'이라고 설교했잖아요.

주석을 보니, 학자들은 아브람의 개명과 할례 언약으로 인해 창세기 17장을 중요하게 보더군요. 하지만 저는 실천신학자로서 신앙은 신정론과 교리적 이론에 있는 게 아니라, 삶과 실천에 보고 있어요. 해서 하나님의 침묵 13년 동안 아브라함의 삶이 어떠했으며, 그가 신앙적으로 어떤 변화가 일어났는지 관심이 쏠리게 됩니다. 성경에서도 "오직 의인은 믿음으로 살리라"(로마서 1:17)고 말씀하고 있으니까요.

저는 아브라함에게서 하나님의 침묵 13년이라는 시간은 그가 하나님의 임재를 갈망하도록 신앙적 내공을 길러준 시간이었다고 해석하고 싶습니다. 해서 오늘 침묵하시는 하나님 앞에서, 그리고 나타나시는 하나님 앞에서 아브라함의 삶을 헤아려 본 후, 우리의 삶이 어떠해야 할지 나눠보려 합니다.

침묵 13년 이전은?

침묵 13년 동안 아브라함의 삶을 더듬어 보기 위해 관련 본문들을 훑어보니, 아브람이 하나님을 찾기도 전에, 하나님은 아브람에게 항상 먼저 찾아오셨음을 보게 됩니다. 이를 다른 말로 하면, 아브람은 하나님을 먼저 간절히 찾아본 적이 없었다고 볼 수 있겠습니다. 몇 가지 사례를 살펴볼게요.

첫째, 창세기 12장 1-4절을 보면, 하나님이 아브람에게 나타나 본토 친척 아비 집을 떠나 하나님이 지시할 땅으로 가라고 명령할 때, 아브람은 그대로 따르게 됩니다.

둘째, 창세기 12장 10-20절을 보면, 아브람이 아내 사래(65세)를 누이라 속여 애굽 왕에게 떠넘기는 잘못을 저지를 때, 하나님은 오히려 바로에게 나타나 수습하는 것을 보게 됩니다. 하나님은 무고한 애굽 왕에게 큰 재앙을 내리시면서(17절) 아브람은 꾸짖지 않으십니다.

셋째, 창세기 13장 1-18절을 보면, 아브람의 목자들과 롯의 목자들이 다툴 때, 물질에 대한 욕심을 버리고 조카 롯에게 먼저 좋은 땅을 선택하라고 양보한 아브라함에게 하나님은 곧바로 찾아오셔서 땅과 후손을 약속해 주십니다.

넷째, 창세기 14장을 보면, 조카 롯을 구하기 위해 318명을 거느려 그돌라오멜과 함께한 왕들을 파하면서 살렘 왕 멜기세덱에게 십일조를 바쳤고, 소돔 왕이 치부케 하였다는 말이 듣기 싫어 전리품을 취하지 않습니다.

다섯째, 창세기 15장을 보면, 하나님은 아브람에게 임하여 "아브람아 두려워 말라 나는 너의 방패요 너의 지극히 큰 상급이니라"고 하시면서 하늘의 별을 보여주시며 "네 몸에서 후사가 날 것"이라고 말씀해주십니다.

여기까지 보면, 하나님은 잘하든, 못하든 항상 아브람에게 찾아오셨습니다. 아브람이 잘못할 때 하나님이 직접 개입하셔서 해결해 주셨으며, 아브람이 기득권을 포기하고 양보하며 물질 욕심을 버릴 때, 하나님은 찾아오셔서 전에 약속했던 땅과 후사를 재차 약속하셨음을 보게 됩니다.

침묵 13년 동안 아브람의 삶은

이처럼 잘하든, 못하든 늘 삶에 항상 먼저 찾아오셨던 하나님이 13년 동안 나타나지 않으셨다면, 아브람은 얼마나 힘들었을까요? 그리고 아브람은 그 기간을 어떻게 보냈을까요?

우선, 16장에서부터 사래와 하갈 간 갈등을 자세히 언급하고 있음에 주목하게 됩니다. 사실, 이것은 사래와 하갈 간 갈등이 아니라, 서로 얽히고설킨 인간관계의 갈등과 미움, 그리고 질투로 뒤범벅된 가정불화의 시간이 13년 동안 이어졌다고 봐야 할 것입니다. 즉, 아브람과 사래의 갈등이요, 아브람과 하갈의 갈등이며, 사래와 하갈의 갈등이요, 사래와 이스마엘의 갈등 말입니다. 그런데 이런 복잡한 인간관계의 갈등 속에서 하나님도 자신에게 전혀 나타나시지 않으니, 그런 답답하고 메마른 상황에서 한창 자라고 있는 이스마엘을 보는 아브람의 심정이 꽤 괴로웠을 듯합니다.

16장 2절을 보면, 아브람은 하갈을 취하라는 사래의 말에 따릅니다. 그런데, 하갈이 임신하여 사래를 멸시하자, "사래가 아브람에게 이르되 나의 받는 욕은 당신이 받아야 옳도다 내가 나의 여종을 당신의 품에 두었거늘 그가 자기의 잉태함을 깨닫고 나를 멸시하니 당신과 나 사이에 여호와께서 판단하시기를 원하노라"(창세기 16:5)라고 하는데, 이때 아브람은 여종을 네 좋을 대로 대하라고 말합니다. 이에 사래의 학대가 심해지자, 하갈이 도망하게 된 것이죠.

이로 볼 때, 아브람은 줏대 없으며 무책임하고 비겁한 남자 주인이고, 사래는 질투에 휩싸여 갑질하는 여주인으로 보입니다. 어찌 보면 여성의 몸과 성을 도구화하는 가부장제와 신분제가 뚜렷했던 고대 근동에서 하갈은 아브람과 사래에 끼어 가장 피해를 본 억울한 약자인 셈이죠. 그런데 본문에 대해 칼빈은 사래의 행동을 경솔, 성급함, 비천한 행동으로 보는 대신에, 아브라함을 위대한 겸손과 겸허함을 갖췄다고 해석하더군요. 칼빈의 주석은 대체로 남성의 헤드십을 지키기 위해 성경 속 남성 인물을 무조건 높이는 대신에, 여성을 비하하며 정죄하는 경향이 많은 거 같습니다.

그러나 하나님은 학대받은 피해자 하갈이 광야로 도망할 때, 하갈에게 나타나서 아브람에게 후손과 번성을 약속하셨듯, 그녀에게 태어날 아이의 이름과 미래를 약속해 주셨습니다. 저는 하갈에게 나타난 하나님을 보면서 비천한 자, 가난한 자, 억압받은 자를 위해 오신 "낮은 자의 예수님"이 연상되더군요.

이 모든 걸 종합해 볼 때, 아브람은 13년 동안 출구가 없는 후회와 갈등, 번민과 인간관계의 갈등 속에서 참 답답한 삶을 살았을 테니, 후사를 기다리는 건 고사하고 분명 지금까지 찾아본 적 없던 하나님의 나타나심을 간절히 원했다는 겁니다. 이는 17장 3절에 아브람이 '엎드렸다'는 반응에서 볼 수 있는데요. 아브라함이 13년의 침묵을 깨고 나타나신 하나님 앞에 엎드린 행위는 이전 아브람의 모습에선 전혀 볼 수 없었던, 하나님의 말씀을 듣겠다는 겸손함과 간절함, 그리고 경외심이 간파되는 모습이니까요.

나타나시는 하나님

마침내 하나님은 13년의 침묵을 깨고 아브람에게 나타나셨습니다. 저는 17장 1절 '나타나서'(라아)라는 말씀을 읽을 때 전율이 느껴지더군요. 아마도 제가 우울증과 절망의 골짜기를 헤맬 때, 주님께서 저를 찾아와 주셔서 힘을 주셨던 체험이 생각났나 봅니다. 기독교는 하나님이 먼저 우리를 찾아오는 은혜의 종교요, 우리는 하나님의 찾아오심이 없다면 살아갈 수 없음을 깨닫게 해주는 말씀입니다.

여기서 13년의 침묵을 깨고 "나는 전능한 하나님이라(엘 샤다이) 너는 내 앞에서 완전하라"라고 하신 말씀에 주목하게 됩니다. 지금까지 후손과 땅을 주겠노라고 늘 먼저 찾아와 약속하셨던 하나님이셨으나, 13년의 침묵 후에 나타나신 하나님은 자신을 '전능한 하나님'으로 계시해 주셨으니까요. 그리고 "내 앞에서 행하여 완전하라"(walk before me, be perfect)고 말씀하십니다. "내 앞에서 행하여 완전하라"가 무슨 뜻일까요? 이는 하나님을 닮아가려는 '이마고 데이'(Imago Dei)의 삶을 요구하시는 거겠죠.

주석을 보니까 학자들은 아브람의 개명과 할례 언약을 위해, 아브람을 언약 당사자로서 세우기 위해 흠 없이 살라고 명령하신 거라고 해석합니다. 하지만 창세기 20장을 보면, 아브라함은 하나님의 임재를 경험한 후에도 또다시 그랄 왕 아비멜렉에게 사라를 누이라고 속이는 범죄를 저지르게 되는데요.

저는 하나님의 나타나심을 경험한 이후에도 여전히 인간의 연약함을 드러내며 죄를 저지르는 아브라함과 언약을 체결하시는 모습을 보면서, 비록 인간에게 흠이 있다손 할지라도 하나님은 한 번 택한 자녀를 끝까지 사랑하시는 신실하시고 인격적인 분이시라는 걸 깨닫게 됩니다. 이는 고린도후서 4장 7절 "우리가 이 보배를 질그릇에 가졌으니 이는 능력의 심히 큰 것이 하나님께 있고 우리에게 있지 아니함을 알게 하려 함이라"라는 말씀에서도 알 수 있어요.

아브람에게 13년의 침묵의 의미

우리도 마찬가지입니다. 하나님의 침묵을 경험할 때, 우리는 하나님의 음성을 듣고자 더욱 겸손하며 성숙해질 것입니다. 도로테 죌레는 "우리의 가장 위대한 완전성은 하나님을 필요로 하는 것이다. 하나님은 자신의 힘의 기반에 지배와 명령을 두지 않는 분이시다"라고 말했어요. 정말 명언입니다. 하나님의 침묵 13년이라는 시간이 없었다면, 아브람은 하나님이 어떤 분이신지 생각하지 않았을 것이며 하나님이 필요하다고 생각하지도 않았을 겁니다.

따라서 아브라함에게서 침묵 13년의 의미란 첫째, 아브람이 능력,

재물, 후손에 대한 욕심과 조바심보다는, 하나님이 얼마나 삶에서 필요한 분이신지 하나님에게 집중하는 시간이었겠다 싶습니다. 우리도 그렇지 않나요? 우리 삶에서 무언가 필요하거나 다급할 땐 주님을 찾다가도, 막상 문제가 해결되면 주님을 쉽게 잊어버리게 되니까요. 반대로, 하나님이 침묵하실 땐 우리에게 필요한 것들보다는 하나님에게 집중하게 되니 말입니다.

둘째, 13년의 침묵 기간은 아브라함이 '믿음의 조상'이 될 수 있도록 신앙적 내공을 갖게 해준 은혜의 시간이었다고 해석하고 싶습니다. 창 22장에서 하나님은 100세에 얻은 아들 이삭을 모리아 산에서 번제로 바치라고 명령하시는데요. 이는 아브라함에겐 너무나 엄청난 시험입니다. 저라면 "100세 때 기적적으로 아들 이삭을 줄 때는 언제고, 또 번제물로 바치라는 겁니까? 하나님! 장난하시나요?"라고 반문할 거 같아요. 금이야 옥이야 키웠던 자식을, 그것도 100세에 얻은 자식을 하나님께 바치려 칼을 대는 행위는 아무나 할 수 있는 게 아니니까요.

하지만 아브라함은 곧바로 하나님의 명령을 이행하게 됩니다. 이해할 수 없는 건 한 몸인 사라에게 한마디도 하지 않았다는 겁니다. 오늘날에도 교회의 남성들은 중요한 결정을 내릴 때, 아내와 상의하는 걸 믿음이 없다고 생각하는 것 같아 안타까워요.

어쨌든 아브라함이 아들 이삭을 죽이려 하자, 여호와의 사자가 하늘에서 급하게 아브라함을 두 번 부르시면서, "그 아이에게 아무 일도 하지 말라 네가 네 아들 독자라도 내게 아끼지 아니하였으니 내가

새 시대 새 설교

이제야 네가 하나님을 경외하는 줄을 아노라"(창세기 22:12)라고 말씀하시죠. 하나님을 위해 100세에 얻은 귀한 아들 이삭을 번제물로 바치려 한 아브라함의 행위를 보고, 마침내 "네가 이제야 하나님을 경외하는 줄 안다"라고 하나님의 인정을 받게 됩니다. 이은교회 담임목사인 구미정 박사님이 쓴 《그림으로 신학하기》라는 책에 이삭을 제물로 바치는 아브라함을 그린 렘브란트 등 여러 화가의 그림이 소개되어 있더군요.

저는 아브라함이 '믿음의 조상'이 될 수 있었던 건 아들 이삭을 아끼지 않고 하나님을 위해 바침으로 마침내 하나님의 시험에 합격했기 때문이라고 봅니다. 그리고 아브라함이 이 시험에 합격한 데는 침묵 13년이라는 시간이 있었기 때문이라고 보고요. 침묵 13년을 거친 아브라함의 신앙에 어떤 변화가 일어났을까를 생각해 보면, 아브라함이 이전에는 땅과 후손 등 '무엇을 주시는' 하나님으로 여기며 수동적이며 소극적인 신앙이었다고 한다면, 침묵 13년을 뚫고 나온 아브라함의 신앙은 하나님 없이는 자신도 없음을 뼈저리게 깨달은 자발적이고 인격적인 신앙으로 변화했다고 해석하게 됩니다. 왜냐면 하나님에 대한 전적인 신뢰와 인격적인 믿음이 아니고서야 어떻게 100세에 얻은 아들 이삭을 바치라는 하나님의 명령을 준행할 수 있었겠습니까!

그럼에도 하나님은 아브라함의 행위가 온전해서 택하시고 사랑하신 게 아니라, 오로지 아브라함의 존재만으로 끝까지 사랑하셨기 때문이라는 걸 알게 됩니다. 그러니 "아브라함처럼 살자"는 식의 남성

족장 중심의 신앙을 강조하기보다는, 흠이 많은 아브라함을 언약의
주체로 여겨 '민음의 조상'으로 세운 그 하나님 앞에서 살도록 우리
의 신앙을 독려해야 할 것입니다.

하나님이 침묵하실 때…

여러분은 어떨 때, 하나님이 침묵하신다고 생각하나요? 간절하게
하나님을 찾았으나 응답이 없어 마음이 낙심될 때입니까? 인간관계
가 잘 안 풀리거나 간절한 소원이 이뤄지지 않을 때인가요? 아니면
친일 행각, 그리고 역사 왜곡과 국민의 생명과 안전을 외면한 채, 검
찰 공화국으로 국민을 겁박하는 대한민국의 현 정국에 대해 하나님
이 침묵한다고 생각하여 낙담하고 계시나요? 사실, 20대 대선 이후,
심한 우울증이 다시 찾아왔습니다. 입맛도 없고 아무런 희망도 없어
졌어요. 지나온 저의 삶의 여정에서 억울했던 기억이 줄줄이 떠오르
면서 또다시 하나님을 원망하게 되었습니다. 그러다가 문득, 제 마음
에 이런 생각이 스치더군요. "네가 좌절하고 절망했던 순간들을 뚫고
지나올 수 있었던 건 내가 너와 함께했기 때문이잖니?, 지금도 마찬
가지야. 이 낙망의 시간도 나와 함께 할 때, 헤쳐나갈 수 있단다!" 그
때, 정말 기적처럼 바로 제 마음을 다잡을 수 있었습니다.

또 어떤 때는 하나님을 믿으면 믿을수록 하나님의 뜻을 잘 모르겠
다는 생각이 들더군요. 그러던 중, 브래드피트 주연의 '흐르는 강물처

럼'이라는 영화의 마지막 대사인 "온전히 이해할 순 없어도, 사랑할 수는 있다"라는 말에 눈이 번쩍 뜨였습니다. '그래! 내가 하나님의 뜻을 헤아릴 순 없어도, 나를 아무 조건 없이 사랑하시는 하나님의 자비하심에 기대어 하루하루 살자!'라고 마음을 다잡으니 평안이 깃들기도 합니다. 저는 그때 깨달았습니다. 우리의 신앙도 해석한 만큼의 삶을 살아낸다는 걸요.

저는 여성 실천신학자로서 기독교의 구속사와 성(sexuality)에 대한 성경 해석이 너무 가부장적으로 치우쳐 있음에 비판적인 시각을 가지고 있어요. 특히, 보수 교단은 '남성 헤드십'을 지나치게 강조함으로, 신앙의 균형과 견제, 하나님의 사랑과 은혜에서 흘러나오는 신비와 은혜, 자유와 정의, 성(sexuality)의 유익과 아름다움, 그리고 하나님 나라 공동체 윤리를 놓쳐버렸습니다. "아브라함의 하나님, 이삭의 하나님, 야곱의 하나님"이 아니라, "아브라함과 사라의 하나님, 이삭과 리브가의 하나님, 야곱과 레아 및 라헬의 하나님" 즉, 남녀파트너십 구속사로 봐야 한다고 생각하거든요. 왜냐하면 신앙은 업적과 성취가 아니라, 관계적이며 인격적인 삶이니까요. 또한, 성은 생명과 사랑과 관련되기에 성적 권리와 성 정체성, 성 윤리와 젠더 문제는 신앙과 분리될 수 없기 때문이죠. 우리의 신앙적 삶에서도 인간관계와 부부관계, 그리고 남녀관계의 얽히고설킨 문제들을 들여다볼 수 있어야 '서로 사랑하라'는 예수님의 새 계명과 거룩한 삶을 실천할 수 있는 게 아니겠습니까! '사랑 장'으로 일컫는 고린도전서 13장을 보더라도, 사랑은 추상적이거나 교리적인 게 아니라, 현실적이고 인간 관계적이며, 심리적이고 교양적이며 정의로움을 말씀하고 있으니까요.

또한, 우리는 하나님 나라 백성이기도 하지만, 시민으로서 사회적 책임도 감당해야 하겠습니다. 저는 코로나 팬데믹은 우리 기독인들에게 하나님과 인간, 그리고 자연은 모두 연결되어 있다는 공존과 상생, 그리고 생명 돌봄의 가치를 가르쳐주었다고 봅니다. 지구가 아프면 우리도 아프니까요. 교회가 이전에는 교회 중심의 '종교적 열정 페이'에만 몰두했다면, 포스트 코로나 시대에서는 각 사람의 인격적 공간을 존중하고 자유를 줌으로써, 세상 속에 흩어진 기독 시민으로서 빛과 소금의 역할을 감당해야 할 것입니다.

하나님의 침묵이 하나님의 부재는 아닐 것입니다. 본문은 암울한 오늘을 살아가는 우리에게 하나님이 침묵하시더라도 너무 낙심하지 말고, 나타나시는 하나님을 기대하며 소망 가운데 살라고 독려하시는 것만 같습니다. 히브리서 기자는 믿음은 바라는 것의 실상이요, 보지 못하는 것의 증거라고 말합니다.(히브리서 11:1) 믿음에서 소망이 중요한 이유는 남아있는 삶을 견디게 하는 영양제이기 때문이니까요. 저는 찬송가 "하늘에 가득 찬 영광의 하나님"의 4절 가사 중 "고난도 슬픔도 이기게 하옵시고 영원에 잇대어 살아가게 하소서"라는 가사가 참 좋습니다. 우리 모두 하나님이 침묵하시든, 나타나시든, 하나님의 영원한 자비하심과 신실하심에 기대어 하루하루를 착하고 의롭고 진실하게 살아가기를 기원합니다. 아멘!

2023년 9월 17일 이은교회 설교

김정숙

감리교신학대학교 교수

신학을 통해 교회 안과 교회 밖을 연결하고, 신학의 심층적이고 포괄적인 지평으로 문학과 철학을 연결하여 신학의 지평을 넓히는 학문을 시도하고 있다. 감리교신학대학교 학부와 대학원에서 조직신학과 기독교 사상사, 여성해방신학과 정치사회 신학을 강의하고 있으며 한나 아렌트와 시몬 베이유, 르네 지라르, 정신분석학 페미니즘, 중세 여성신비가들 관련한 세미나 강의와 글을 쓰고 있다. 감리교신학대학교와 대학원에서 조직신학을 전공하고 미국 버클리연합신학대학원 소석 PSR에서 M.Div.를 수학한 후 에반스톤에 있는 게렛신학교에서 여성정치신학과 철학신학을 전공하고 박사 학위(Ph. D.)를 받았다. 현재 감리교 목사로 감리교신학대학교 조직신학 교수이며 한국여신학회 27기 회장, 변선환 아카이브 소장직을 맡았다.

저서로 《13세기 베긴 여성신비가들과 젠더 신비주의》 역서로 《여성 목회와 권위》 공저로 《자본주의 시대, 여성의 눈으로 성서를 읽다》 《소비문명에서 생태문명으로의 전환》 외 다수가 있다.

영원한 현재

고린도후서 6장 1-2절, 시편 90편 1-12절

우리가 하나님과 함께 일하는 자로서 너희를 권하노니 하나님의 은혜를 헛되이 받지 말라. 이르시되, 내가 은혜 베풀 때에 너에게 듣고 구원의 날에 너를 도왔다 하셨으니 보라 지금은 은혜 받을 만한 때요 보라 지금은 구원의 날이로다.(고린도후서 6:1-2)

주여 주는 대대에 우리의 거처가 되셨나이다. 산이 생기기 전, 땅과 세계도 주께서 조성하시기 전 곧 영원부터 영원까지 주는 하나님이시니 이다. 주께서 사람을 티끌로 돌아가게 하시고 말씀하시기를 너희 인생들은 돌아가라 하였사오니, 주의 목전에는 천 년이 지나간 어제 같으며 밤의 한 순간 같을 뿐임이니 이다. 주께서 그들을 홍수처럼 쓸어가시나이다. 그들은 잠깐 자는 것 같으며 아침에 돋는 풀 같으니이다. 풀은 아침에 꽃이 피어 자라다가 저녁에는 시들어 마르나이다. 우리는 주의 노에 소멸되며 주의 분내심에 놀라나이다. 주께서 우리의 죄악을 주의 앞에 놓으시며 우리의 은밀한 죄를 주의 얼굴 빛 가운데에 두셨사오니 우리의 모든 날이 주의 분노 중에 지나가며 우리의 평생이 순식간에 다하였나이다. 우리의 연수가 칠십이요 강건하면 팔십이라도 그 연수의 자랑은 수고와 슬픔뿐이요 신속히 가니 우리가 날아가나이다. 누가 주의 노여움의 능력을 알며 누가 주의 진노의 두려움을 알리이까. 우리에게 우리 날 계수함을 가르치사 지혜로운 마음을 얻게 하소서.(시편 90:1-12)

인생의 시편

몇 해 전 봄 학기 학부 4학년 기독교사상사 수업시간이었습니다. 진도를 따라 수업하던 중, 마침 서방신학의 아버지라고 불리는 성 어거스틴의 사상을 강의하는 차례가 되어 제가 학교 다닐 때 저희를 가르치시던 선한용 교수님을 특별히 모시기로 했습니다. 선한용 교수님은 어거스틴 연구 분야에서는 우리나라 신학계에서 최고의 권위를 가진 신학자시지요. 저는 저희 학생들에게도 성 어거스틴의 심오한 신학 사상을 권위자이신 교수님께 들을 수 있는 특별한 기회를 주고 싶었습니다. 연세가 많으신 관계로 웬만한 강의 초청이 있어도 못한다고 거절하시지만, 그때만큼은 제자의 간곡한 청을 거절하지 못하셔서 수업에 오셨습니다. 노장의 교수님께서 교단에 서시자 학생들은 선생님의 존재 앞에 숙연한 자세로 숨을 죽이고 귀를 기울이는 모습을 보였습니다. 선생님은 학생들에게 이렇게 말씀하시며 수업을 시작하셨습니다.

"여러분, 우리 인생은 시편을 읽는 것과 같습니다. 누구나 인생을 시작할 때는 똑같이 시편의 첫 장을 읽기 시작하지요. 그리고 세상을 살아감에 따라 시편이 한장 한장 넘어가고 그래서 각자 사람마다 시편의 다른 장수를 읽고 있다고 할 수 있지요. 그러면 여러분, 나는 시편의 어디쯤을 읽고 있겠습니까?" 하고 교수님께서 학생들에게 질문하셨고 이에 나는 당황할 수밖에 없었습니다. 아, 선생님은 도대체 무슨 대답을 기대하셨던 것일까요? 80에서도 중반을 훌쩍 넘어 90을 바라보시는 노 교수님께서 던진 예상치 않은 질문에 학생들은 선뜻 대답할 수 없었던지 잠시 침묵이 흘렀습니다. 학생들의 대답이 없자, 선생님께서는 꼭 대답을 듣고야 마시겠다는 듯이, 재차 묻습니다. 이번에는 말을 바꿔 질문을 하십니다. "여러분 내가 읽고 있는 시편은 몇 장이나 남았겠습니까?" 포기할 것 같지 않은 교수님의 질문에 한 학생이 마지못한 듯 머뭇거리며 어렵게 대답을 합니다. "이제, 거반 다 읽으신 것 같습니다." 시편을 거의 다 읽고, 이제는 몇 장 안 남은 것 같다는 학생의 답변에 교수님은 강하게 손사래까지 치시며 이렇게 말씀하십니다.

"아니오, 그런 소리하지 말아요. 한 살 먹은 아기라 할지라도, 죽기에는 충분한 나이입니다."

70명이 넘는 학생들 사이에서 순간적으로 정적이 흘렀습니다. 내 인생의 연수가 내게 속한 것이 아니요, 기적 같이 주어진 은총의 하루가 내 시간의 전부이거늘 인생을 만드시고 그 날을 이어가시는 하나님 외에 그 누가 인생의 연수를 정할 수 있을까요. 젊음은 젊은이에게 주기는 너무도 아까운 선물이라고 하지요. 자신들이 누리고 있는 그 청춘의 시간이 무한하다고 느낄법한, 이제 20대 중반의 젊은이들이 노 교수님이 전하는 엄연한 인간 실존의 의미를 이해했을까요. 한동안 침묵이 이어졌고 그날의 성 어거스틴 수업은 상당히 진지한 분위기에 진행되었던 것을 기억합니다.

시간과 인생

오늘 본문 시편에서 하나님의 사람 모세의 기도에는 "우리의 연수가 칠십이요 강건하면 팔십이라도 그 연수의 자랑은 수고와 슬픔뿐이요, 신속히 가니 우리가 날아가나이다"라고 기록하고 있습니다. 시간이 얼마나 속절없이 신속하게 지나가는지 '우리가 날아간다'고 시편기자는 말하고 있습니다. 시간이 화살 같이 흐른다고 하지요. 정말 그런 것 같습니다. 빨리 어른이 되고 싶었던 어린 시절에는 그렇게도 시간이 안 가더니 이제 나이가 드니 시간의 흐름이 너무도 빠르다는 것을 새삼 느낍니다.

인류는 문명의 발전을 이루며 공간의 문제를 해결하는 데 괄목할 만한 성과를 얻었다고 할 수 있습니다. 비행기를 만들어 먼 거리를 단축해 일일생활권으로 만들고 아직은 전문 우주인에게만 해당되지만 우주선을 만들어 우주여행에 나서기도 하며, 미디어 등 다양한 복합매체를 이용해 세계인이 동시에 사건을 공유하고 의견을 나누기도 하는 등, '거리'라고 하는 공간의 장벽을 넘어 세계인을 하나로 묶어낼 수 있는 시대를 만들어가고 있습니다. 반면에 시간의 문제는 좀 다르지요. "back to the future" "about time" "벤저민의 시계는 거꾸로 간다" 등 시간 여행을 주제로 한 영화들, 공상과학 소설들이 꽤 있는 편이나 현실의 우리는 여전히 시간에 종속되어 살아가고 있습니다. 우리는 타임캡슐을 타고 과거와 미래를 자유로이 여행할 수 없으며, 우리에게 주어진 인생의 연한을 우리가 원하는 만큼 무한정으로 늘릴 수도 없다는 것이지요.

끝없이 생성하고 소멸하는 순환적 우주관을 가지고 죽음과 환생을 반복하는 윤회적인 인생관을 가진 종교도 있지만 우리가 믿는 기독교 신앙은 직선적 역사관을 가지고 있습니다. 시작과 끝이 분명하다는 것입니다. 하나님의 창조가 시작된 태초가 있으며, 우주의 마지막 종말이 있으며, 인생에도 시작하는 출생과 마지막인 죽음이 있다는 것입니다. 하나님께서 세계 창조와 더불어 시간도 창조하셨다는 것이 기독교의 역사관이며 시간관입니다. 시간과 더불어 창조된 인간은 시간적인 존재요 그래서 사람이 한 번 태어났으면 언젠가 죽는다는 것이 하나님의 정한 이치라는 것이지요.

오늘 읽은 본문 시편의 기도문에는 "주여, 주는 대대에 우리의 거

새 시대 새 설교

처가 되셨나이다. 산이 생기기 전, 땅과 세계도 주께서 조성하시기 전 곧 영원부터 영원까지 주는 하나님이시니이다. 주께서 사람을 티끌로 돌아가게 하시고 말씀하시기를 너희 인생들은 돌아가라 하셨사오니"라고 고백하고 있습니다. 시편 기자는 "주여, 나의 때가 얼마나 짧은지 기억하소서. 주께서 모든 사람을 어찌 그리 허무하게 창조하셨는지요"(시편 89:47)라면서 사람을 티끌로 돌아가게 명하신 하나님께 인생의 허무함을 호소합니다.

이 두 시편의 기자들 모두 하나님의 시간은 홀로 완성된 충만이며 영원인 반면 티끌과 같은 인간은 유한한 시간적 존재로 태어남과 동시에 죽음을 향한 존재라는 것이지요. 선한용 교수님께서 학생들에게 하신 비록 "한 살 먹은 아기라고 할지라도 죽기에는 충분한 나이"라는 의미와 두 시편 기자들의 호소는 서로 맞닿아 있다는 것을 알 수 있습니다. 공간과 시간에 갇힌 티끌 같은 인생에게 시간은 가장 큰 적이자, 우리의 힘으로 어찌할 수 없는 버거운 숙명이요 운명입니다. 우리는 스스로의 힘으로 지나간 시간을 되돌릴 수 없으며 아직 오지 않은 미래를 끌어당겨 올 수 없습니다. 과거는 지나간 것이라 더 이상은 없는 것이며, 미래는 오지 않은 것이라 아직 없는 것입니다. 현재를 잡으려고 하나 현재를 잡으려는 순간 현재는 이미 과거로 흘러가 버리고 맙니다.

인간의 영혼은 언제나 시공을 초월한 영원을 갈망하고 하나님을 사모하지만 시간의 흐름에 따라 쇠퇴하고 병들어가는 육체와 시간의 무상함과 허무함의 덫에 갇힌 인간의 욕망은 세속적 가치와 세상적인 쾌락을 통해 삶의 공허함과 육체적 욕망을 채우려고 합니다. 누군가 그랬다지요. 인간의 비극은 육체와 마음이 동시에 늙어가지 않은데에 있다고요. 인간의 육체와 욕망은 정비례가 아닌 반비례한다는 의미이지요. 괴테의 소설 《파우스트》에는 모든 학문을 섭렵한 노학자 파우스트가 마침내 학문의 무상함, 인간이 갖는 능력의 한계를 뼈저리게 느끼고 절망하는 모습이 나옵니다. 이때를 간파한 악마 메피스토펠레스가 와서 파우스트를 유혹을 합니다. 파우스트는 메피스토펠레스와 피의 계약을 맺고 자신의 영혼을 파는 대신에 20대의 젊음을 다시 얻어 온갖 쾌락과 죄악을 저지르는 모습이 그려집니다.

많은 사람들이 파우스트처럼 하나님을 향하고 영원을 향한 영혼의 깊은 갈망을 저버리고 인생의 공허함, 시간의 허망함을 세속적 욕망으로 채우려 하는 것을 볼 수 있습니다. 더 좋고 더 새로운 차로 계속 바꾸는 사람이 있는가 하면, 명예와 권력에 대한 탐욕으로 때로 투기와 도박과 중독 등 속절없는 물질적 가치로 인생의 가치를 맞바꾸는 사람들도 우리 주변에서 어렵지 않게 볼 수 있습니다. 하나님을 만나기 전 젊은 시절의 어거스틴도 그랬습니다. 그는 참으로 방탕했고 타락한 생활을 했습니다. 자신의 방탕한 생활에서 벗어나고자, 진리를 찾고자 마니교와 플라톤의 철학과 헬레니즘의 다양한 철학들과 수사학을 공부하며 진리를 찾아 헤맸지만 어떤 것도 그의 고뇌를 해결해 주지 못했습니다. 어느 날, 어거스틴은 자신의 고뇌에서 벗어나고자 고심하며 정원을 거닐고 있었습니다. 그런데 어디선가 아이들이 부르는 노랫소리가 들립니다. '톨레게게 톨레레게.'(집어 들어 읽어라, 집어 들

새 시대 새 설교

어 읽어라) 주변을 돌아보지만 노래를 부르는 아이들은 없었습니다. 어거스틴은 급히 방으로 들어가 성서를 펴서 읽었습니다.

> 또한 너희가 이 시기를 알거니와 자다가 깰 때가 벌써 되었으니 이는 이제 우리의 구원이 처음 믿을 때보다 가까웠음이라 밤이 깊고 낮이 가까웠으니 그러므로 우리가 어둠의 일을 벗고 빛의 갑옷을 입자 낮에와 같이 단정히 행하고 방탕하거나 술 취하지 말며 음란하거나 호색하지 말며 다투거나 시기하지 말고 오직 주 예수 그리스도로 옷 입고 정욕을 위하여 육신의 일을 도모하지 말라.(로마서 13:11-14)

사도 바울을 통해 들려주시는 하나님의 음성이었습니다.

시간과 영원

이렇게 하나님의 진리의 빛 가운데서 회심한 어거스틴은 자신의 자서전적인 신학책,《고백록》에 이렇게 적고 있습니다.

> "하나님 당신은 우리를 당신 자신을 위하여 만드셨나이다. 오, 주여 우리의 마음은 당신 안에서 평안을 찾기까지 평안이 없나이다."

네, 그렇지요. 비록 우리의 연수가 칠십이요 강건하면 팔십이며 비록 수고와 슬픔뿐인 인생의 연수가 신속히 날아 티끌로 돌아갈지라도. 하나님의 진리의 빛이 우리 영혼을 비추고 우리의 영혼이 마침내 시공을 초월한 영원한 하나님을 만나고 느끼고 그 안에 거할 때 비로소 쉼 없이 방황하며 불안한 우리의 영혼이 마침내 주 안에서 안식할 수 있다는 것입니다. 그러나 덧없고 무상한 우리 인생의 시간 속에서 시공을 초월한 질적으로 차원이 다른 하나님의 시간인 영원을 어찌 경험할 수 있을 것이며, 시간과 더불어 티끌로 사그라질 이 육체 속에서 언제 그리고 어떻게 영원하신 하나님을 만나고 그 풍성한 은혜를 누릴 수 있을까요. 이에 어거스틴은 우리에게 이렇게 말합니다.

"과거는 지나갔으니 없는 것이며 미래는 오지 않았으니 없는 것이로되, 과거가 오직 우리의 기억으로 바로 지금 이 순간에 있으며, 미래가 오직 우리의 기대로 지금 바로 이 순간에 있으니."

우리에게 주어진 유일한 시간 바로 이 '순간', 이 '찰나'의 시간은 과거가 기억의 형태로, 미래가 기대와 희망의 양태로 바로 하나로 이어지는 신비한 시간이라고 말합니다. 바로 이 신비한 시간이 영원한 순간이요. 하나님의 영원이 인간의 무상한 시간 속으로 들어와 과거와 현재와 미래가 한 점으로 집약되는 영원한 현재라고 성 어거스틴은 말합니다. 사도 바울은 우리를 향해 권면합니다.

> 보라, 지금은 은혜 받을 만한 때요 보라 지금은 구원의 날이로다.(고린도후서 6:1-2)

이는, 다른 시간이 아닌 바로 지금이 은혜의 시간이며, 지금이 바로 구원의 시간이라고 말씀하고 있습니다. 하나님은 과거에 머물러 계시는 하나님이 아니며 아직 오지 않은 먼 미래에만 계시는 하나님이 아니라는 말입니다. 사도 바울은 과거의 시간에 집착하여 과거의 추억에 매몰되어 이때를 잃어버리지 말 것이며, 아직 오지 않은 미래에 집착하고 허황된 꿈에 취해 지금 이때를 잃어버리지 말 것을 권면하고 계십니다. 우리에게 주어진 시간은 바로 이 순간, 하나님의 충만함과 하나님의 영원함이 인생의 무상함을 이끌어 시간의 허망함을 하나님의 은혜의 시간, 구원의 시간으로 채워주신다는 말입니다.

천년과 하루

시편 90편 기자는 이렇게 고백합니다.

> 주의 목전에서는 천년이 지나간 어제 같으며 밤의 한 순간 같을 뿐임이니이다.(시편 90:4)

시편 기자는 인간의 연수를 밤의 한 순간과 같다고 표현하고 있습니다. 하나님의 충만한 영원, 카이로스가 인간의 유한한 시간 크로노스와 만나 과거와 미래가 현재로 이어지는 하나님의 순간과 영원을 이야기하고 있습니다. 베드로 사도 또한 "사랑하는 자들아, 주께는 하루가 천년 같고 천년이 하루 같다는 이 한 가지를 잊지 말라"(베드로후서 3:8)고 당부합니다. 시간을 초월하신 영원한 하나님께서 시간을 창조하시고 인간의 몸을 입고 인간의 시간 속으로 성육하신 것처럼, 우리 인생의 순간순간, 영원한 현재, 카이로스의 때에 우리를 만나주시고 구원으로 이끄시며 하나님의 역사를 이루어 가신다는 것입니다.

요즘 젊은이들 사이에 욜로(Yolo)라는 약자가 많이 쓰이고 있습니다. 약자를 풀면, You only live once. 다양한 함축적 의미가 있겠으나 직역하면 "네 인생은 오직 한 번뿐"이라는 의미입니다. 천년이 지나간 어제와 같으며 밤의 정점과 같은 주의 목전에서 우리 인생은 70년을 살고 80년, 90년을 사는 것이 아니지요. 하루가 천년 같고 천년이 하루 같은 하나님의 시간 속에서 우리는 오직 한 번의 인생을 사는 것입니다. 우리 그리스도인에게는 인생의 연수, 날짜의 길이가 중요한 것이 아니라는 것이지요. 그보다 더 중요한 것은 하나님 앞에서 한 번뿐인 우리의 인생을 어찌 살았는가가 더 중요하다는 것을 사도 베드로와 사도 바울은 우리에게 상기시켜주고 있습니다.

지금 이 순간 여러분의 옆에 누가 계신지요. 이 귀한 은총의 시간, 영원한 현재에 누가 여러분과 함께 하고 계시는지요. 옆에 계신 분의 손을 한 번 잡아주시지요. 옆에 계신 아버님의 주름진 얼굴 속에 옆에 계신 어머니의 거칠어진 손길 속에 자식을 위해 그 푸른 꿈을 접

새 시대 새 설교

어야 했던 젊은 청년의 모습이, 아름답고 고운 여인의 모습이 보이지 않으신지요. 고운 시절 많은 기회를 포기하고 나와 결혼하고 지금까지 내 옆에 있어 주는 나의 아내와 남편의 모습 속에 시간의 흐름을 초월한 더욱 아름다운 모습이 보이지 않으신지요. 또 한 해가 저물어 갑니다. 어쩐지 마음이 분주해지고 괜스레 옷깃을 여미게 됩니다.

살레지오 수도회 성당에 이런 글이 쓰여 있다고 합니다. 시험 시간이 끝나갈 무렵, 한 학생이 선생님께 다가와 울먹이며 떨리는 목소리로 말했습니다. 선생님 시험지를 망쳐버렸어요. 제게 새 시험지를 한 장 더 주실 수 있으신지요. 두렵고 불안해하는 학생에게 선생님은 미소를 지으시며, "이번에는 망치지 말고 잘해 보렴" 하고 새 시험지를 학생에게 주셨습니다. 한해가 끝나갈 무렵 한 남성이 하나님 앞에 나아와 울먹이며 떨리는 목소리로 말합니다. 하나님, 올 한해를 망쳐버렸어요. 제게 새로운 한 해를 주실 수 있으신지요. 두려워 불안해하는 남성에게 하나님께서는 미소를 지으시며 "이번에는 망치지 말고 잘해 보렴" 하시며 새로운 한 해를 남성에게 건네주셨습니다. 이제 한 달 정도 남은 2023년, 올 한 해를 하나님께 돌려드려야 할 시간이 다가옵니다. 올해 하나님께 받은 2023년의 백지에 그동안 여러분은 어떤 그림을 그리셨는지요. 우리가 지금껏 무심히 당연하게 받아온 한 해, 2024년 새해를 하나님께 받을 수 있는지요. 주여, 우리에게 자비를 베푸소서. 우리에게 새로운 한 해를 허락해 주소서. 아멘.

2020년 12월 27일 공덕감리교회 설교

당신의 하나님은 얼마나 크십니까?

창세기 28장 12-15절, 로마서 10장 1-2절

나는 여호와니 너의 조부 아브라함의 하나님이요, 이삭의 하나님
이라. 너 누운 땅을 내가 너와 네 자손에게 주리니 네 자손이 땅의
티끌같이 되어서 동서남북에 편만할지며, 땅의 모든 족속이 너와
네 자손을 인하여 복을 얻으리라 내가 너와 함께 있어 네가 어디로
가든지 너를 지키며 너를 이끌어 이 땅으로 돌아오게 할지라 내가
네게 허락한 것을 다 이루기까지 너를 떠나지 아니하리라 하신지
라.(창세기 28:12-15)

형제자매 여러분 내 마음의 간절한 소원과 내 동족을 위하여 하나
님께 드리는 내 기도의 내용은 그들이 구원을 얻는 일입니다. 나는
증언합니다. 그들은 하나님을 섬기는데 열성이 있습니다. 그러나
그 열성은 올바른 지식에서 생긴 것이 아닙니다.(로마서 10:1-2)

야곱의 고백

야심이 많았던 야곱은 자신의 처지가 늘 원망스러웠습니다. 야곱은 자신을 제치고 먼저 세상에 나온 쌍둥이 형, 에서의 발뒤꿈치를 붙잡고 태어났습니다. 불과 몇 초의 차이 그저 간발의 차이로 첫째가 아닌 둘째가 되어 장자권의 축복을 빼앗긴 야곱은 자신의 처지가 못내 억울하고 못마땅했던 것 같습니다. 호시탐탐 형의 장자권을 빼앗으려 기회를 노리던 야곱은 어느 날 허기진 채 들에서 돌아와 배가 고파 죽겠다는 에서에게 얼마간의 빵과 붉은 팥죽 한 그릇을 주면서 평생의 소망이었던 장자의 권리를 사고, 에서의 맹세까지 받아냅니다. 성경은 "야곱이 빵과 팥죽 얼마를 에서에게 주니, 에서가 먹고 마시고 일어나서 나갔다"고 말하면서 에서는 이와 같이 맏아들의 권리를 가볍게 여겼더라고 말하고 있습니다.

형의 장자권을 빼앗은 야곱이 이제는 눈이 어두워 앞이 잘 안 보이는 아버지 이삭마저 속이고 에서가 받을 축복까지 가로채고 나자 야곱은 이제 에서의 보복이 시작될까 두려움에 빠지게 됩니다. 늙은 아버지 이삭만 돌아가시면 야곱을 죽여 버리겠다고 벼르는 에서가 두려워 야곱은 얼굴 한 번 보지 못한 외삼촌 집이 있는 하란 땅을 향해 먼 도망 길에 이릅니다. 하루아침에 도망자의 신세가 된 야곱은 고향인 브엘세바를 떠나 하란을 향해 먼 길을 홀로 가다 해가 진지라 지치고 고된 몸과 마음을 쉬고자 하란 가까운 한 곳에서 돌을 하나 취하여 베개로 삼고 누웠습니다. 언제 잠이 들었을까, 야곱은 비몽사몽

간에 꿈을 꿉니다.

> 꿈에 본즉 사닥다리가 땅 위에 서 있는데 그 꼭대기가 하늘에 닿았고 또 본즉 하나님의 사자들이 그 위에서 오르락내리락하고 또 본즉 여호와께서 그 위에 서서 이르시되 나는 여호와니 너의 조부 아브라함의 하나님이요 이삭의 하나님이라 네가 누워 있는 땅을 내가 너와 네 자손에게 주리니 네 자손이 땅의 티끌같이 되어 네가 서쪽과 동쪽과 북쪽과 남쪽으로 퍼져 나갈지며 땅의 모든 족속이 너와 네 자손으로 말미암아 복을 받으리라 내가 너와 함께 있어 네가 어디로 가든지 너를 지키며 너를 이끌어 이 땅으로 돌아오게 할지라 내가 네게 허락한 것을 다 이루기까지 너를 떠나지 아니하리라 하신지라.(창세기 28:12-15)

야곱이 잠에서 화들짝 깨어났습니다. 여기서 야곱이 두려움과 떨림으로 신앙고백을 하게 되는데 이 야곱의 신앙고백은 엄청난 하나님을 향한 고백이어서 신학자들이 평가하기를 "신관의 전환," 즉 "하나님에 관한 패러다임의 전환"이라고 합니다. 패러다임이란 한 시대 사람들의 생각이나 사상을 지배하고 있는 사고의 틀을 말합니다. 이 말은 야곱 시대에 사람들이 하나님을 생각하고 경험하고 고백하던 하나님에 관한 신앙이 바로 야곱의 고백으로 인해 180도 바뀌게 되었다는 겁니다. 성경은 말씀하기를 야곱이 잠에서 깨어 고백하기를 "여호와께서 과연 여기 계시거늘 내가 알지 못하였도다. 두렵도다!

새 시대 새 설교

이곳이여 다른 것이 아니라 이는 하나님의 전이요 이는 하늘의 문이로다!"라고 고백합니다. 야곱은 그때까지 하나님은 자신이 아버지와 함께 살던 브엘세바에만 계시는 하나님이라고 생각했던 것입니다. 자신이 하룻밤을 보낸 하란 가까운 곳, 다시 말하자면 이방인들이 사는 이방 땅에도 하나님이 계시리라는 생각을 단 한 번도 해보지 못했던 야곱은, 하나님은 그저 자신의 조상들만이 섬기는 조상 신, 자신의 고향 땅에만 계시는 지방 신이라고만 생각한 것입니다. 그러나 그곳에만 계시는 하나님이 아니라 이곳에도 계시고 저곳에도 계시고 고향땅 만이 아닌 이방인들의 땅에도 계시며 하나님이 계시지 않는 곳이 없는 어디에나 계시는 하나님이심을 처음 경험하고 깨닫고는 두려움과 놀라움으로 이방인이 사는 곳도 하나님의 전이며 하늘 문이라고 고백하는 것입니다.

사도 바울의 고백

다메섹도상에서 부활하신 주님을 만나 바울로 변화되기 이전의 사람, 사울은 참으로 엄청난 신앙의 사람이었습니다. 하나님을 사랑하는 열정으로 죽도록 충성하고자 그날도 대제사장께 기독교인 체포 공문을 요청하여 스데반 집사를 죽이는 일에도 가담하게 됩니다. 사울이 기독교인을 잡아다가 감옥에 집어넣고 박해하고 핍박했던 오직 한 가지 이유는 하나님을 사랑하는 열정과 충성과 하나님을 향한 신앙 때문이었습니다. 하나님을 사랑하는 그의 믿음과 열정과 충성을 누군들 따를 수가 있겠습니까? 그러나 그의 신앙과 열정과 충성에 한 가지 문제가 있었다면 하나님은 오직 유대교 안에만 계신다고, 하나님은 오로지 선택받은 유대 민족 이스라엘 사람들만 구원하신다고 믿었던 그의 신앙이었습니다. 그러던 사울이 다메섹 도상에서 부활하신 예수를 만나 회심한 후, 바울이 된 사울 그것도 이방인의 사도가 된 바울이 이렇게 고백합니다.

> 형제자매 여러분 내 마음의 간절한 소원과 내 동족을 위하여 하나님께 드리는 내 기도의 내용은 그들이 구원을 얻는 일입니다. 나는 증언합니다. 그들은 하나님을 섬기는데 열성이 있습니다. 그러나 그 열성은 올바른 지식에서 생긴 것이 아닙니다.(로마서 10:1-2)

천동설에 갇힌 신앙

기독교 역사 2000년을 통틀어 기독교가 위기에 빠졌던 적이 몇 번 있었습니다. 거의 기독교가 없어지는 것은 아닌가 하는 존폐의 기로에 섰던 적이 몇 번 있었는데 그 중의 하나가 바로 "코페르니쿠스의 지동설"이라고 생각합니다. 오늘 21세기를 사는 현대인들은 그가 기독교인이건 불교인이건 혹은 무신론자이건 그의 종교에 상관없이 우리가 살고있는 지구는 우주의 아주 작은 별에 불과하며 태양의 주위를 돌고 있다는 지동설을 대부분 자명한 사실로 받아들입니다. 그러나 2세기 이래로 16세기까지 약 1400년 동안 모든 사람은 지동설과는 정반대인 천동설 즉 전 우주의 중심은 바로 우리가 살고있는 지구이며 태양이 지구 주위를 돌고 있다고 믿었습니다. 그 당시에 지구가 돌고 있다는 것은 감히 상상할 수가 없었던 천동설은 1400년 동안 모든 사람이 절대적 사실, 절대적 진리로 믿으면서 그 속에서 생활하고 사고하고 하나님의 교훈과 질서와 도덕 그리고 진리를 가르치고 배웠던 세계관이었습니다.

세계관이란 이 세계를 규정하는 하나의 의견이나 견해를 말하는 것이 아닙니다. 세계관이란 자신을 둘러싸고 있는 세계를 바라보고 해석하는 근본적인 범주이며 이 세상에 대한 기본적인 태도와 감정을 말합니다. 오늘날과 같이 다원화된 대규모 사회에서는 다양한 세계관이 존재한다고 할 수 있지만, 중세 서구 사회를 지배한 1400년 간의 기독교의 세계에서는 천동설은 인간이 다른 인간들과 자연 그리고 하나님과 상호관계를 맺으며 숨 쉬고 생활하던 전체를 지칭하는 절대적 세계관이었습니다.

중세 기독교는 천동설의 세계관에서 하나님의 교리와 성경말씀을 가르쳤습니다. 당시 천동설적 세계관에서 우주의 구조를 삼층관으로 나누어 가장 우위에 있는 상층은 천사들과 신의 영역으로 이해하였고 지구의 하늘과 땅 사이의 공간은 인간이 거주하는 층이며 맨 아래층을 죄인이 죽은 후 내려가는 음부로 생각했습니다. 그러기에 기독교가 지지하는 천동설을 부정한다는 것은 가히 상상을 불가할 정도로 엄청난 것임을 짐작할 수 있습니다. 그것은 하나의 학설이 아닌 기독교의 모든 진리체계가 뿌리내리고 있는 그 토대를 뽑아버리는 것과 같은 도전이며 그 위에 세워진 가르침과 교리의 지축을 뒤흔드는 쿠데타와 같은 것이었습니다. 태양이 지구의 주위를 돈다고 믿으며 당시의 기독교인들은 1400년 동안이나 아무 문제없이 천동설의 세계관에서 기독교 왕국을 이룩하며 평화롭게 하나님의 말씀을 전파할 수 있었던 것입니다.

역사를 돌이켜 보면 우리는 사실이 아닌 것을 절대적 사실로 간주하며 그리고 결코 알 수 없는 것들을 절대적 진리인양 믿으며 우리가 만든 세계 속에서 잘살아왔다는 것을 보게 됩니다. 반면, 거짓 진리와 거짓 평화는 영원할 수 없으며 언젠가는 진실이 드러나게 된다는 것을 역사를 통해 배우게 됩니다. 코페르니쿠스라는 한 성직자가 지구를 중심으로 태양이 도는 것이 아니라 태양을 중심으로 지구가 돈다는 것을 발견하여 《천체의 회전에 관하여》라는 책을 집필하게 됩니다. 자신의 저서가 어떤 파급을 가져올지를 잘 알고 있었던 그는 자신의 임종이 가까운 시기에 그 책을 출판합니다. 우려했던 대로 그의 지동설은 당시 지축을 흔드는 소동과 분노를 일으켰고 가장 격렬하게 반대하고 격노한 이들은 다름 아닌 기독교 지도자들이었습니다. 격노한 바티칸의 사제들, 기독교의 지도자들은 하나님의 진리를 수호하고 우주의 평화를 지키고 기독교와 하나님을 사탄의 계략으로부터 철저히 보호하기 위해 가장 쉽게 가장 완벽하게 해결할 수 있는 방법이 무엇인지를 찾아서 그 방법대로 해결했습니다. 먼저 코페르

새 시대 새 설교

니쿠스의 책을 금서로 만들고 그를 잡아서 가두고 말을 안 들으면 죽이는 것이었습니다. 다행히 코페르니쿠스는 병상에서 죽었기에 처형하는 일은 하지 않아도 되었지만 그 누구도 그의 이름, 그의 책은 말하지도 읽지도 못하게 했습니다. 문제는 간단하게 해결되었고 그렇게 별 탈 없이 50년의 세월이 평화롭게 흘렀습니다.

그러던 어느 날 수도사 브루노가 코페르니쿠스의 이론이 옳다는 것을 발견했고 더 연구했습니다. 용감했던 젊은 수사 브루노는 지동설이 옳다고 주장했고 이에 또다시 소동이 일어났으며 이번에도 가장 분노한 사람들은 역시 기독교 지도자들이었습니다. 기독교의 절대적 진리를 수호하고 사랑하는 하나님을 철저히 보호하기 위해 고뇌하던 사제들은 이번에도 역시 가장 완벽하면서도 손쉬운 해결 방법을 택했습니다. 그들은 숭고한 사명감을 가지고 수도사 브루노의 글을 금서로 만들어 다 태워버렸고 누구라도 그 글을 읽거나 가르치면 이단에 회부한다고 협박하였으며, 수도사 부르노를 종교재판에 회부해 이단으로 규정하여 화형시켜 버렸습니다. 문제는 간단하게 해결되었고 아무 문제가 없었던 듯 다시 고요한 평화가 찾아왔습니다. 모든 것이 다 원래 자리를 찾았고 마침내 세계의 평화와 진리를 수호한 기독교 지도자들은 안도의 한숨을 쉴 수 있었습니다. 그러나 그런 그들이 목숨보다 사랑하는 하나님의 절대적 진리를 보호했다고 믿으며 안심하고 자족하는 그 순간에도 여전히 지구는 태양의 주변을 돌고 있었다는 사실은 깨닫지 못했습니다.

이제는 다 이루었다. 그렇게 안심했던 어느 날 갈릴레오 갈릴레이라는 사람이 코페르니쿠스가 주장한 지동설을 공개적으로 인정하는 사태가 벌어졌고 이에 당황한 기독교 지도자들은 서둘러 그를 종교 재판에 회부하여 그의 이론을 철회하라고 죽음으로 협박했습니다. 급박한 죽음의 위협 앞에서 갈릴레이는 자신의 지동설을 철회할 수밖에 없었습니다. 그러나 죽음의 협박 앞에서 자신의 주장을 철회하고 돌아서서 법정을 나오던 갈릴레오가 "그래도 지구는 돈다"라고 중얼거렸다는 것은 우리에게 잘 알려져 있습니다. 하나님의 진리를 열렬히 보호하려는 독실한 사제들의 신앙 열정은 서둘러 갈릴레이의 저술을 금서로 정하고 그를 이단으로 정죄한 뒤 평생 동안 집밖에 나가지 못하도록 집안에 감금해 버렸습니다. 그 후로 약 600년이 지난 지금, 여전히 천동설을 믿는 사람은 아마도 없을 것입니다. 그러나 한국 기독교인들의 신앙관은 어떻습니까? 21세기의 대한민국의 기독교인들은 여전히 천동설적 신앙관 안에 갇혀있는 모습을 어렵지 않게 볼 수 있습니다. 창조주 하나님을 자신의 천동설적 신앙관 안에 가두고 자신과는 다른 생각을 가진 사람들을 하나님의 이름으로 정죄하고 저주하고 이단시하고 있는 것은 아닌지 돌이켜 봅니다.

만들어진 신

십자가형이라는 당시 최고형을 받도록 예수님을 로마 법정에 넘겨준 사람들은 다름 아닌 하나님을 너무도 사랑했던 종교지도자들이었다는 것을 우리는 알고 있습니다. 그들이 예수님께 붙였던 죄목은 다름 아닌 신성모독죄, 즉 하나님을 모독했다는 것이었습니다. 예수께서 자기 자신을 칭하여 하나님의 아들이라 했으며, 오직 하나님만이 할 수 있는 인간의 죄를 사했다고 선언하셨습니다. 안식일에 병든 자를 고쳐주어 안식일을 범한 예수를 불경죄로 규정하여 처형할 것을 공모한 이들은 다름 아닌 당시 종교지도자들이었습니다. 왜 그랬을까요? 정치적인 권력을 지키기 위한 음모가 있었다는 것을 충분히 감안한다 할지라도, 그들은 자신들이 만들어 놓은 믿음의 틀 안에 창조주 하나님을 가두었습니다. 자신들의 신앙으로 하나님을 보호하고자 했던 열망으로 하나님 자신이신 예수 그리스도, 메시아를 십자가에 매달아 처형하는 결과를 초래하였다는 것을 우리는 알 수 있습니다. 21세기를 살아가는 한국교회의 기독교인들, 특히 종교지도자들 그리고 신학생들, 우리가 믿고 섬기는 그 하나님은 얼마나 큰 하나님입니까? 내가 고백하는 창조주 하나님이 혹여 너무너무 작은 하나님, 나의 좁은 신앙의 틀에 가둔 내가 만든 아주 조그만 하나님은 아닐까 그저 두렵기만 합니다. 밴댕이 속만 한 신앙에는 밴댕이 크기만 한 하나님을 섬길 수밖에 없지 않겠습니까? 이런 하나님은 우주를 창조하시고 섭리하시는 창조주 하나님이 아니라 야곱이 벧엘에서 하나님을 만나기 이전의 지방신 하나님, 사도 바울이 회심하기 이전의 사울이 믿던 유대교의 하나님, 그리고 갈릴레오 갈릴레이 이전에 천동설 속에 갇힌 하나님일 것입니다. 바로 그런 하나님이 성경에서 말하는 우상이 아니겠습니까?

하나님을 하나님 되게 하라!

우리 한국 기독교인은 참으로 적이 많습니다. 불교도 적이고 유교도 적이며 이슬람도 적이고 그리고 진보주의도 적이고 인본주의도 적입니다. 많은 기독교인들이 온통 자신들이 만들어 놓은 적들에 의해 에워 쌓여있습니다. 편협한 천동설의 신앙 안에 지방신, 민족신, 가부장신, 맘몬신, 이데올로기 신을 만들어 가두고 그 신을 창조주 하나님으로 절대시하는 우상 숭배적 신앙의 과오를 반복하며 성경이 그리고 역사가 증언하고 보여주는 진리를 외면하고 있지는 않은가 우리 스스로 되돌아보아야 합니다. "하나님을 하나님 되게 해야" 합니다. 편협하고 배타적인 천동설의 신앙관에 자신이 만든 작은 하나님, 자기 신앙의 크기만큼 작은 신을 섬기고 보호하는 열정으로 초대 교인들을 박해하고, 진실을 말하는 브루노와 갈릴레오를 종교재판에 회부 하고 화형 시키며 구금해서 죽게 만들고 심지어는 하나님이신 메시아 예수 그리스도를 십자가에 매달아 죽게 한 이가 바로 다름 아닌 종교지도자들이었고 기독교 지도자들이었습니다. 이런 사실은 교회의 지도자로, 그리스도의 제자로 훈련받고 있는 우리로 하여금 많은 것을 생각하게 합니다.

21세기의 한국 기독교는 짧은 시간 동안 역사에 유래 없는 성장을 이루었습니다. 그러나 양적인 성장과 발전에 비해 기독교의 위상은 그 어느 때보다 추락하고 있습니다. 변화하지 않으면 자멸할 수밖에 없는 거대한 공룡과 같이 한국교회는 생존이냐 자멸이냐의 위기에 봉착하고 있습니다. 젊은이들로부터 외면당하고 믿지 않은 이들의 조롱거리가 되고 있습니다. 한국교회가 당면한 위기는 무엇보다도 21세기라는 새로운 밀레니엄 시대에 아직도 편협하고 왜곡된 신앙관에 갇혀 한 발자국도 나아가지 못하고 있다는 것입니다.

이제 한국교회는 맘모니즘 세속화에 편승하는 이기주의적 배타주의, 그리고 권위주의적 가부장제의 세습이라는 천동설로부터 패러다임 전환을 해야만 합니다. 변화되지 않는 한국기독교는 젊은이들로부터 외면당하고 사회에서는 조롱받고 마침내 하나님으로부터 버림받을까 두렵기만 합니다. 이방 땅에도 거하시는 하나님을 만난 야곱이 지방신이 아닌 무소 부재하신 하나님, 저곳 고향 땅만이 아니라 이곳 이방 땅에도 계신 하나님을 만나 회개한 것처럼, 부활하신 예수님을 만난 사울이 유대교의 한계를 깨고 거듭나 바울이 된 것처럼 신앙의 패러다임 전환이 필요합니다. 천동설의 신앙에서 지동설의 신앙으로 나아간 것처럼, 높은 곳이 아닌 낮은 곳에서, 남성의 눈이 아닌 여성의 눈으로, 가진 자가 아닌 못 가진 자의 경험으로, 큰 소리가 아닌 차마 말 못 하고 넘겨버리는 작은 소리에 귀 기울이고 그들의 목소리가 되어 하나님 나라를 선포한 예수님처럼 우리는 신앙의 코페르니쿠스적 전환이 필요한 때입니다.

2018년 봄학기 감리교신학대학교 웨슬리 채플 설교

21세기 아이히만

마태복음 23장 1-12절

이에 예수께서 무리와 제자들에게 말씀하여 이르시되 서기관들과 바리새인들이 모세의 자리에 앉았으니 그러므로 무엇이든지 그들이 말하는 바는 행하고 지키되 그들이 하는 행위는 본받지 말라. 그들은 말만 하고 행하지 아니하며 또 무거운 짐을 묶어 사람의 어깨에 지우되 자기는 이것을 한 손가락으로도 움직이려 하지 아니하며 그들의 모든 행위를 사람에게 보이고자 하나니 곧 경문 띠를 넓게 하며 옷술을 길게 하고 잔치의 윗자리와 회당의 높은 자리와 시장에서 문안받는 것과 사람에게 랍비라 칭함받는 것을 좋아하느니라. 그러나 너희는 랍비라 칭함을 받지 말라. 너희 선생은 하나요, 너희는 다 형제니라. 땅에 있는 자를 아버지라 하지 말라. 너희의 아버지는 한 분이시니 곧 하늘에 계신이시니라. 또한 지도자라 칭함을 받지 말라. 너희의 지도자는 한 분이시니 곧 그리스도시니라. 너희 중에 큰 자는 너희를 섬기는 자가 되어야 하리라. 누구든

새 시대 새 설교

지 자기를 높이는 자는 낮아지고 누구든지 자기를 낮추는 자는 높아지리라.

그런 시절이 있었다

1938년생인 이근안 씨가 과거의 잘못된 생활을 회개하고 목사가 되기 이전에 가졌던 그의 직업은 소위 말해서 고문 기술자였습니다. 그는 1970년 경찰에 입문하였고 1980년대엔 경기도 지방 경찰청 등에서 대공, 방첩 전문수사관을 맡았습니다. 현재 젊은이들에게는 과연 그런 일이 있을 수 있을까 믿을 수 없는 일이라 여기겠으나, 그가 맡은 일은 주로 야당 인사나 학생 운동가들을 잡아다가 고문하는 일이었습니다. 그의 고문은 너무도 지독하고 잔인해서 사람들 사이에서는 '고문 기술자'라고 불렸습니다. 그가 하는 일은 용의자로 잡혀 온 사람들을 어떻게 하면 죽이지는 않되 가장 치명적인 방법으로 고통을 줄 수 있을까를 연구해서 고문하는 일이었습니다. 관절 뽑기, 얼굴에 수건 덮어 놓고 그 위에 고춧가루 물 붓기, 볼펜심 꽂기, 일명 통닭구이라는 전기 고문 등 그는 남에게 고통을 주는 고문 분야의 전문가요 실세였다고 합니다.

그렇게 그의 무자비한 고문 수법으로 무고한 많은 사람들이 고통을 당했습니다. 그 가운데 잘 알려진 사람이 바로 전 보건복지부 장관이었던 김근태 씨였습니다. 유신독재 시절 김근태 씨는 서울대 재학생으로 학생운동에 참여했다는 이유로 수배를 받았습니다. 그리고 1985년 민주화운동 청년연합을 결성했다는 이유로 체포됐을 때 서울 용산구 남영동 대공분실에서 고문 기술자 이근안 씨를 만나, 그에게 전기 고문 등 엄청난 고초를 받게 됩니다. 출소 이후에도 김근태 씨는 줄곧 고문 후유증으로 고통을 당하다가 급기야 파킨슨병을 앓게 되었고 결국 2011년 12월, 64세의 일기로 돌아가셨지요.

한편 1988년 군사정권이 붕괴한 이후 이근안 씨는 불법 체포 및 고문을 시도한 혐의로 수배되어 10년을 숨어다니다가 2000년에 자수하여 재판 결과 징역 7년과 자격 정지 7년 형을 언도 받았고, 그 뒤 2006년 11월에 출소하였습니다. 이근안 씨는 감옥에 있는 동안 지난날을 회개하며 통신으로 신학공부를 해서 출소 후, 2008년에 목사 안수를 받고 장로교 목사가 되었습니다. 목사가 된 후 이근안 씨는 여러 교회를 다니며 간증도 하고 설교도 하면서 당시 자신이 사람들을 고문한 것은 불법을 저지른 것이 아니고 정당한 것이었다고 말했다고 합니다. 그때 자신이 고문했던 일은 국가에 충성을 한 것이었고 그래서 애국을 한 것이라고 말하며, 고문도 하나의 예술이라고 간증했다고 합니다. 김근태 씨가 고문 후유증으로 사망하자, 매스컴은 이근안 씨에 대해 조명하기 시작했고, 그의 목사로서의 행적과 김근태 씨에 대한 고문 등의 책임 논란이 불거지면서 그의 목사 자격은 박탈당했습니다.

악의 모습들: 절대 악과 진부한 악

한나 아렌트는 20세기를 대표하는 유대인 여성 정치 철학자입니다. 1906년 10월 독일에서 태어나 1975년 12월에 사망한 아렌트는 세계사적으로 가장 어둡고 암울한 시기를 살았던 여성이었습니다. 아렌트가 살았던 시기는 두 차례의 세계 대전이 일어나고 소위 홀로코스트라는 600만 명의 유대인이 학살을 당하는 시대를 살았습니다. 아렌트 자신도 나치군을 피해 도망하는 난민 생활을 경험하다 수용소에 수감되기도 하고 국적 없는 무국적인으로서 7년을 살기도 했습니다. 단지 유대인이라는 이유만으로 600만 명을 학살한 홀로코스트 사건을 경험하면서 아렌트는 이를 '절대 악'이라 규정하며 이렇게 말합니다.

"나치의 전체주의 정권은 스스로 인식하지 못한 채 도저히 처벌할 수도 용서할 수도 없는 절대 악을 저질렀다. 이런 절대 악은 이기심, 탐욕, 시기, 적개심, 권력욕이나 비겁함 같은 그 어떤 사악한 동기로 이해할 수도 없고 설명할 수도 없는 것이다. 그래서 분노로도 복수할 수 없고 사랑으로도 참을 수 없으며 우정으로도 용서할 수 없다. 이 신종 범죄자들은 우리 인간 모두에게 죄가 있다는 의식하에 서로 이해하고 연대할 수 있는 영역 범위 너머에 있다."

전쟁이 끝나고 전범에 대한 사법 처리가 진행되는 동안 유대인을 아우슈비츠로 이송해서 가스실로 넘겨주던 담당 책임자 아돌프 아이히만이 아르헨티나에 숨어 있다 이스라엘 비밀요원에 의해 체포되고 압송되어 예루살렘 법정 앞에서 재판을 받게 됩니다.

미국에 있던 아렌트는 리포터를 자처해서 예루살렘 재판정으로 직접 가서 희대의 살인마 아이히만의 재판 과정을 지켜보게 됩니다. 무고한 수백만 명의 사람들을 죽인 인간은 도대체 어떤 악마일까? 남녀노소 할 것 없이 어린 아기까지 수백만 명을 가스실로 처넣어 죽게 할 수 있는 인간은 도대체 어떤 괴물일 것인가? 그러나 놀랍게도 아렌트가 법정에서 만난 건 무시무시한 괴물이나 공포스런 악마의 모습이 아니었습니다. 끔찍하게 잔인한 사이코패스 살인마의 모습도 아니었으며 온몸에 문신을 한 험상궂게 생긴 조폭의 모습도 아니었습니다. 그저 너무도 평범한 한 인간, 너무나 평범해서 그냥 진부할 정도로 그저 그런 사람, 그래서 시시해 보이기까지 하는 보통 시민의 모습을 한 중년 남자일 뿐이었습니다. 그는 자신의 아이들에게는 자상한 아빠이며 한 여성의 남편으로 가정에 충실하고 아름다운 선율의 음악을 사랑하는 한 인간이었습니다. 악마가 되고, 괴물이 되고, 희대의 살인마가 되기에는 어울리지 않는 너무도 평범해 보이는 그냥 보통의 한 남성이었습니다.

그런 사람 아이히만이 재판 과정에서 자신을 변호합니다. 자신은 칸트의 도덕 정신에 따라 살았으며 선량한 시민으로서 당시의 법을 준수했을 따름이라고 주장했습니다. 그는 "좋은 정부의 신하가 되는 것은 행운이고, 나쁜 정부의 신하가 되는 것은 불운이다. 나는 운이 없었다. 자신의 복종심이 오용되었다는 점에서 자신도 희생자"라고 말했습니다. 한 악마의 모습을 기대하고 상상할 수 없이 잔인한 괴물을 기대했던 아렌트는 결국 사형을 언도 받고 교수대로 걸어가며 자

　　　　　　　　　　　　　　　새 시대 새 설교

신은 단지 명령에 복종했을 뿐이라며, 자신은 충직하고 성실한 관료였다며 억울해하는 아이히만을 보며 무엇이 저토록 평범한 한 인간을 양심의 가책도 없이 저토록 엄청난 죄, 이해할 수도 그 어떤 처벌로도 용서할 수 없는 죄를 저지를 수 있게 했단 말인가 되뇌며 고뇌합니다. 그리고는 아렌트는 결론짓습니다. "Banality of evil," 이는 악의 진부함, 악의 시시함, 혹은 악의 평범성이라고 말합니다. 아렌트가 말한 악의 평범성, 악의 시시함, 악의 진부함은 한 인간의 사고와 판단을 허용하지 않는 옳음과 그름, 정의와 불의, 양심과 죄의식, 인간으로서의 고뇌와 타인의 불행과 아픔 등을 총체적으로 생각할 수 있는 사고 능력의 부재가 곧 희대의 악, 절대 악이라고 할 수밖에 없는 아이히만의 참모습이자 특성이라는 것입니다.

수백만의 유대인을 양심의 가책도 없이 무자비하게 죽음으로 몰아넣은 얼굴은 분노와 배신으로 일그러진 얼굴도 적개심과 증오로 가득 찬 흉악한 얼굴이 아닌 그저 승진하고 싶고, 조금 더 상관에게 잘 보이고 싶은 마음에 상관의 명령에 충정을 다한 한편으론 우직해보이기도 하고 한편으론 천진해 보이기도 하고 그래서 심지어 무고해 보이기도 하는 얼굴이었습니다. 스스로 판단하기를 거부하고 그저 그냥, 그렇게 상부의 명령에 충직하게 복종한 한 관료의 얼굴이었습니다. 김남주 시인은 '어떤 관료'라는 시에서 이렇게 읊습니다.

관료에게는 주인이 따로 없다!
봉급을 주는 사람이 그 주인이다

개에게 개밥을 주는 사람이 그 주인이듯

일제 말기에 그는 면서기로 채용되었다

남달리 매사에 근면했기 때문이다

미군정 시기에 그는 군주사로 승진했다

남달리 매사에 정직했기 때문이다

자유당 시절에 그는 도청과장이 되었다

남달리 매사에 성실했기 때문이다

공화당 시절에 그는 서기관이 되었다

남달리 매사에 공정했기 때문이다

민정당 시절에 그는 청백리상을 받았다

반평생을 국가에 충성하고

국민에게 봉사했기 때문이다

나는 확신하는 바이다

아프리칸가 어딘가에서 식인종이 쳐들어와서

우리나라를 지배한다 하더라도

한결같이 그는 관리생활을 계속할 것이다

국가에는 충성을, 국민에게는 봉사를 일념으로 삼아

근면하고 정직하게! 성실하고 공정하게!

성실하고 근면한 순진무구해 보이는 평범한 아이히만의 얼굴은 사실 흉악하고 일그러진 악마의 얼굴보다 우리를 더 무섭게 합니다. 가정에서는 자상한 남편이자 자애로운 아빠의 모습을 한 어디서나 볼 수 있는 보통 시민의 모습을 한 아이히만의 모습은 증오심과 분노에 가득 찬 살인자의 얼굴보다 우리를 더욱더 공포에 빠지게 합니다.

여러분 왜 그렇습니까? 아이히만의 모습은 바로 우리의 모습이기도 합니다. 생각 없이, 스스로의 판단과 결단 없이 하루하루 단순하게 살아가는 바로 우리의 일상이며 우리의 자화상이기 때문이지요. 조폭과 같은 험악한 언행을 일삼고 증오와 분노로 이글거리는 눈빛은 분별하기가 쉽습니다. 적어도 우리는 그런 사람과는 다르며 그런 사람과는 상종하지 않으며 관계가 없다고 생각하기 때문입니다. 우리는 하루하루 때로는 너무 바빠서 때로는 무관심 때문에, 때로는 생각 없이 그저 부화뇌동(附和雷同)하면서 남이 하는 대로 따라서 살아갑니다. 수많은 지식인들, 수많은 목사들 그리고 신학자들이 나치당에 가입하고 '하이! 히틀러'를 외치는 것이 인류 발전에 공헌하는 것이라 생각하며 절대 악에 일조했던 것처럼, 우리 또한 이 세대를 분별하지 못하고 사고하지 않고, 고뇌하지 않고, 판단하지 못함으로 절대 악을 저지르는 바보들의 긴 행렬에 서 있지는 않은지 돌아봐야 합니다. 우리가 믿는 신앙이 하나님의 뜻을 따르고 예수님이 보여주신 그 길의 자취를 따르기보다는 승승장구하며 성공가도를 달리고자 넓은 길, 넓은 문을 찾아다니는 아이히만, 교회의 관료주의적 충실한 일군, 예수님과는 전혀 상관없는 관료주의적 감리교인이 되어가고 있지는 않은지 우리 스스로 살펴봐야 합니다.

하나님이 아닌 맘몬을 섬기는 이 맘모니즘의 시대, 자유 시장경제의 논리를 충직하게 수행하는 천박한 자본주의의 하인들로 살아가고 있지는 않은지 자문해 봅니다. 아이히만은 변명합니다. 자신에게는 총통의 명령과 나치의 법에 대한 복종이 최선의 미덕이었다고 말입니다. 그는 자신은 오직 충직한 복종을 한 것뿐이라고 말합니다. 그 복종이 오용된 것뿐이라고 변명할 수 있었겠지만 아쉽게도 우리 그리스도인들은 아이히만과 같은 구차한 변명은 할 수 없습니다. 왜냐하면 예수님 외에는 그 누구도 우리의 상부가 될 수 없으며 예수님께서 스스로 자신의 삶으로 가르침으로 십자가로 그리고 부활로 보여 주시고 증거하시며 약속하신 그 명령 외에는 그 누구의 명령도 따를 수 없기 때문입니다.

오늘의 아이히만

오늘 예수님은 제자들에게 "서기관들과 바리새인들이 모세의 자리에 앉았으니 그러므로 무엇이든지 그들이 말하는 바는 행하고 지키되 그들이 하는 행위는 본받지 말라"고 당부하십니다. 예수께서는 말만 하고 행하지 않는 사람, 말과 행동이 다른 사람을 본받지 말라고 하십니다. 이어서 "너희 선생은 하나요, 너희는 다 형제니라. 땅에 있는 자를 아버지라 하지 말라. 너희의 아버지는 한 분이시니 곧 하늘에 계신이시니라. 또한 지도자라 칭함을 받지 말라. 너희의 지도자는 한 분이시니 곧 그리스도시니라"고 말씀하십니다. 어떤 상황에서 어떤 것이 옳은 것이고 어떤 것이 그른 것인지를 판단할 때 그 기준이 없으면 우리의 판단은 흐려질 수밖에 없습니다. 아이히만의 판단 기준은 나치의 법과 히틀러 총통의 명령이었기에 올바른 판단을 할 수 없었지만 우리에게는 그 같은 변명도 통하지 않습니다.

왜냐하면 우리에게는 성육하신 하나님, 예수님의 분명한 기준이 있기에 판단할 수 없다는 어쭙잖은 변명을 할 수가 없습니다. 우리에게 미혹이 있다면 단지 예수님이 아닌 거짓 선지자를 따르고 싶다는 유혹이 있을 뿐입니다. 우리에게는 말씀과 삶으로 죽음으로 몸소 보여주신 예수님의 푯대가 있습니다. 그럼에도 판단이 흐려지고 미혹이 있다면 화려한 풍요와 평안으로 유혹하는 맘몬의 신을 따르고 싶다는 유혹이 있을 뿐입니다. 그래서 그 길을 선택할 뿐입니다. 우리는 너무도 자주 이 시대의 아이히만으로 살아가는 경우가 많습니다. 어쩌면 아이히만처럼 생각 없이 고뇌 없이 그저 눈앞에 있는 것만을 생각하며 내 가족 내 아이, 내 명예, 우리의 가족의 안락함과 풍요로움을 위해 적당히 타협하면서 살고 있는 것은 아닌지요. 그땐 그럴 수밖에 없었다며 위로하고 자족하며 그렇게 아이히만처럼 살고 싶어 하는지도 모르겠습니다. 네 그랬던 것 같습니다. 아니, 정말 그랬습니다.

그러기에 우리는 너무 멀리 와버렸습니다. 그렇게 핑계 대기에는 우리 그리스도인들은, 아니 감리교신학교와 감리교회에 몸 담고 있는 현재의 그리고 미래의 지도자들은 예수님을 너무 가까이 그리고 너무 많이 알아버렸습니다. 적당히 타협하고 싶어도 양심의 소리를 지워버릴 수가 없습니다. 우리는 이미 예수를 통해 진리가 무엇이며 하나님의 사랑과 하나님의 뜻이 무엇인지 알아버렸습니다. 우리는 예수님을 알기 이전의 시간으로 되돌릴 수 없습니다. 예수를 믿고 따르며 이 세대를 살아간다는 것은 때로는 이 세대를 따르는 것이 아니라 세대를 거스르는 길입니다. 많은 사람들이 즐겨 찾는 넓고 편한 길이 아니라 예수님께서 걸으셨던 좁고 험한 길, 크고 넓은 문으로 들어가는 것이 아니라 예수님께서 몸을 낮추셨던 낮고 좁은 문으로 들어가는 것입니다. 예수님을 통해 알게 된 이 진리의 무게로 인해 삶이 버겁다고 피곤하다고 너무 불평하시거나 낙심하지 말아야 합니다. 왜냐하면 아이히만이 맺은 열매는 수백만의 죄 없는 유대인을 죽인 죽음의 열매이며 역사적으로 전무후무한 악, 이해할 수도 용서할 수도 복수할 수도 처벌할 수도 없는 악, 절대 악의 열매를 맺었지만, 우리 예수님이 살아내셨던 삶과 십자가에서 맺은 열매는 생명이며 사랑이고, 구원이고 영생에 이르는 하나님 나라의 열매라는 것을 우리는 이미 알고 있습니다.

생각 없이 그저 명령에 복종했던 아이히만의 삶은 더 이상 인간의 삶이 아니었습니다. 단지 인간 한 관료의 삶, 스스로 한 인간이기를 포기한 작동하는 스위치에 따라 움직이는 기계의 삶이었을 뿐입니다. 그러나 예수님처럼 고뇌하고 아파하고 때로 저항하고 하나님께 순복하여 스스로 십자가를 지는 삶은 우리를 진정한 인간, 즉 하나님의 형상으로서의 인간, 하나님의 딸과 아들로 신적 삶에 동참하는 것입니다. 사순절 기간 고난의 어둠이 깊어갑니다. 고난의 어둠이 깊어질수록 부활의 아침도 머지않았다는 것을 이 시간 기억합니다.

2021년 봄학기 감리교신학대학교 웨슬리 채플 설교

박유미

비블로스성경인문학연구소 소장

구약과 여성과 다양한 사회 문제에 관심을 갖고 연구와 강의를 하였다. 특히 최근에는 젊은 여성들이 좀 더 자유롭고 은혜롭게 신앙생활 할 수 있는 교회를 만들기 위해 여성의 관점에서 성경을 해석하는 작업을 하고 있다. 이화여자대학교를 졸업하고 총신대학교 신학대학원을 거쳐 총신대학교 일반대학원에서 박사학위(Ph.D.)를 받았다. 이후 총신대학교 학부와 신학대학원에서 강의하였고, 지금은 안양대학교 구약학 겸임교수로 있다. 현재 비블로스성경인문학연구소 소장과 기독교반성폭력센터 공동대표를 겸하고 있다.

저서로 《너는 주의 완전한 딸이라》《이스라엘의 어머니 드보라》《내러티브로 읽는 사사기》《오늘 다시 만나는 구약 여성》 등이 있으며, 공저로 《성폭력 성경 한국교회》《혐오를 부르는 이름, 차별》《이런 악한 일을 내게 하지 말라》, 《샬롬 페미니즘입니다》 외 다수가 있다.

두 여성의 콤비 플레이

사사기 5장 24-27절

> 겐 사람 헤벨의 아내 야엘은 다른 여인들보다 복을 받을 것이니 장막에 있는 여인들보다 더욱 복을 받을 것이로다 시스라가 물을 구하매 우유를 주되 곧 엉긴 우유를 귀한 그릇에 담아 주었고 손으로 장막 말뚝을 잡으며 오른손에 일꾼들의 방망이를 들고 시스라를 쳐서 그의 머리를 뚫되 곧 그의 관자놀이를 꿰뚫었도다 그가 그의 발 앞에 꾸부러지며 엎드러지고 쓰러졌고 그의 발 앞에 꾸부러져 엎드러져서 그 꾸부러진 곳에 엎드러져 죽었도다.

여성의 적은 여성?

교회 내에서 혹은 사회에서 여성의 권익을 위해 일하다 보면 흔히 듣는 말이 '여성의 적은 여성이다'라는 것입니다. 즉, 남성들보다 여성들이 여성이 목사, 장로 등 지도자가 되는 것을 싫어하기 때문에 여성의 권익이 올라갈 수 없다며 마치 여성이 차별받는 것조차 여성의 문제 때문에 일어난 것처럼 말하는 사람들이 있습니다. 그리고 가장 잘 등장하는 예가 사라와 하갈, 레아와 라헬, 한나와 브닌나입니다. 특히 사라와 하갈, 한나와 브닌나의 이야기는 여성 갈등의 대표적인 예로 종종 설교에서 언급하며 여성의 질투가 문제라고 말하기도 합니다. 갈등이 일어날 수밖에 없는 일부다처의 가부장적인 사회 구조에 대한 언급 없이 오로지 여성 개인들의 문제인 것처럼 말하며 여성 차별을 정당화하곤 합니다.

그리고 또 하나 방법은 여성이 서로를 돕고 파트너로 함께 일해 나가는 본문은 전혀 언급하지 않는 것입니다. 성경에는 여성들이 서로 돕고 여성이 여성의 능력을 인정하는 본문도 존재하지만 이에 대한 설교는 거의 들어본 적이 없습니다. 유일하게 여성이 여성을 돕는 본문으로 언급되는 것은 시어머니 나오미를 돕는 룻 이야기 정도입니다. 이것도 본문의 상호 연대와 도움에 초점을 맞추기보다는 효도라는 유교적 관점에서 설교하는 것이 대부분입니다. 그래서 오늘은 그동안 구약에서 여성이 여성을 인정하는 본문을 찾아 여성들이 서로 돕고 연대하는 아름다운 모습을 이야기해보려고 합니다.

드보라와 야엘의 이야기 읽기

오늘 읽은 본문은 드보라 노래의 일부로 드보라가 적장인 시스라를 죽인 야엘을 칭찬하고 축복하는 부분입니다. 그런데 이 부분의 배경과 내용을 이해하려면 우선 드보라가 어떤 인물인지와 그녀가 지휘한 가나안 전쟁에 대해 알 필요가 있습니다.

드보라와 전쟁에 대한 이야기는 사사기 4장에서 시작합니다. 드보라는 사사 시대에 세 번째로 세워진 대사사로 특징은 선지자를 겸직한 것과 여성이라는 점입니다. 사사는 왕정 시대 이전에 이스라엘을 다스리던 직책으로 드보라는 여성이지만 하나님의 선택을 받아 이스라엘을 구원하는 사사로 세워졌습니다. 그리고 드보라는 바락을 군대 장관으로 세워 시스라의 900승 철병거와 맞서 전쟁하라고 명령하면서 하나님께서 이 전쟁에서 승리하게 해주시겠다고 약속하셨다는 말을 전합니다. 하지만 바락은 당신이 가면 가고 당신이 가지 않으면 안 가겠다며 두려움에 전쟁에 나가는 것을 망설였습니다.

사실 가나안의 철병거는 이스라엘이 가나안 정복 시 가장 두려워하던 무기였습니다. 아직 청동기 무기를 사용하던 이스라엘 상황에서 철병거를 상대하는 것이 어려웠기 때문입니다. 그렇기에 다른 곳은 다 정복하였어도 철병거 900승을 가지고 있던 하솔 지역은 드보라 시대까지 정복하지 못하고 있었던 것입니다. 그런데 단지 만 명의 군사를 데리고 철병거에 맞서 싸우라고 하니 두려움에 떠는 것은 당연해 보입니다. 이것은 하나님의 능력이 아니면 불가능한 싸움이기 때문입니다. 하지만 드보라는 하나님의 약속을 의심하는 바락에게 자신이 반드시 같이 가겠다며 약속하지만 이번 일로는 영광을 얻을 수 없으며 한 여성의 손에 영광이 넘어갈 것이라고 예언합니다. 일부 학자들은 바락의 말이 하나님을 의심해서라기보다는 여성인 드보라를 못 믿은 것이라며 바락을 두둔하기도 하지만 전체적인 이야기를 보면 드보라의 이 말은 바락이 하나님을 온전히 신뢰하지 못한 것에 대한 질책입니다. 여기서 새로운 여성의 등장을 예고합니다.

드보라는 약속대로 바락과 함께 다볼 산으로 갔고 전쟁 시작을 알립니다. 그러자 하나님께서 엄청난 폭우를 보내어 시스라의 철병거를 무용지물로 만드셨고 시스라도 말도 챙기지 못하고 맨발로 도망가게 만드셨습니다. 하나님께서는 가나안 최강의 철병거 부대를 단숨에 물리치셨습니다. 마치 홍해 바다물로 바로의 철병거를 쓸어버리듯 이번에 폭우를 통해 기손 강물로 철병거를 쓸어버리신 것입니다. 결국 하나님은 약속대로 이스라엘의 손에 승리를 넘겨주셨습니다. 구약에서 하나님의 전쟁은 하나님 혼자 싸우시는 것이 아니라 인간과 함께 싸우십니다. 물론 하나님의 놀라운 능력으로 승리하지만 그럼에도 불구하고 인간도 하나님의 전쟁에 참여하여 자신의 몫을 감당해야 합니다. 그리고 하나님은 그의 백성들에게 믿음으로 동참하라고 요청하십니다. 그리고 드보라는 그런 하나님의 명령에 순종하며 지금까지 불가능해 보이고 그 어느 누구도 하지 못했던 가나안 철병거와의 전쟁에 믿음으로 기꺼이 동참했습니다. 백성들에게도 그 일에 동참하라고 독려함으로 이스라엘이 가나안의 압제에서 벗어나는데 중요한 역할을 하였습니다.

전쟁에서 승리했지만 아직 가나안의 군대 장관인 시스라는 살아 있었습니다. 기손 강 전투에서 패한 시스라가 도망간 곳은 바로 오늘의 주인공인 야엘의 장막입니다. 야엘은 겐사람 헤벨의 아내로 이스라엘 사람이 아닌 이방 여성입니다. 그녀는 자신의 장막 근처로 도망온 시스라를 적극적으로 자신의 장막으로 불러들여 그를 안심시키고 숨겨주었습니다. 여기까지는 그녀가 시스라의 협조자로 보입니다. 하지만 시스라가 잠들자 그녀는 갑자기 장막 말뚝과 망치로 그의 관자놀이를 쳐서 죽입니다. 그녀가 얼마나 과감하게 망치를 휘둘렀는지 말뚝이 관자놀이를 튀어나와 바닥에 박힐 정도였다고 합니다. 이렇게 시스라는 여성의 손에 죽임을 당하였고 영광이 여성의 손에 넘어갈 것이라는 드보라의 예언이 성취되었습니다. 그리고 나중에 그곳에 도착한 바락은 드보라의 예언이 야엘의 손에 의해 성취되었다는 것을 확인하게 됩니다. 4장은 여기서 끝나지만 드보라 이야기는 드보라의 노래에서 계속됩니다.

드보라는 전쟁이 모두 끝난 뒤 전쟁의 진정한 영웅이신 하나님께 영광을 돌리는 노래를 부릅니다. 그리고 드보라는 전쟁에 참여한 사람을 축복하는데 여기서 가장 축복을 받은 사람이 야엘입니다. 드보라는 야엘이 시스라를 죽인 것에 대해 매우 높이 평가하며 축복했습니다. 5장 24절에서 드보라는 "야엘은 다른 여인들보다 복을 받을 것이니 장막에 있는 여인들보다 더욱 복을 받을 것이로다"라고 개역개정은 번역하는데 히브리어에서 직역하면 "장막의 여인들 중에 가장 복을 받을 것이다"라는 최상급의 의미입니다. 여기서 '장막에 있는 여인'은 평범한 가정주부를 뜻합니다.

드보라는 이렇게 축복하는 이유를 25-27절에 설명하는데 그것은 야엘이 시스라를 적극적으로 유인하고 방심하게 만들었고 결정적인 순간에 망설이지 않고 자신이 가장 잘 사용할 수 있는 무기인 장막 말뚝과 망치로 시스라를 죽였기 때문입니다. 25절의 "시스라가 물을 구하매 우유를 주되 곧 엉긴 우유를 귀한 그릇에 담아 주었고"에서 '엉긴 우유'는 발효된 우유로 우유보다 더 귀한 것인데 이것을 아주 귀한 그릇에 담아 주었다는 것은 야엘이 최선의 대접을 했다는 의미입니다. 드보라는 야엘이 시스라를 방심하게 만들기 위해 매우 전략적으로 행동하고 있다고 강조한 것입니다.

또한 26절에서는 야엘이 시스라를 죽이는 장면을 자세히 표현하며 야엘의 영웅적인 행위를 드높이고 있습니다. 27절에서 시스라가 반복적으로 쓰러지다 죽는 장면을 언급한 것은 이스라엘을 괴롭히던 시스라가 야엘의 손에 얼마나 몸부림치며 죽어갔는지를 시적으로 강조한 것입니다. 또한 시스라가 야엘의 발 앞에 쓰러졌다고 하는데 직역하면 '그녀의 발 사이에'로 이 표현은 주로 산모가 아이를 낳을 때 쓰는 것으로 시스라가 야엘의 발 사이에 태아처럼 무기력하게 쓰러져 죽었다는 것을 강조하는 표현입니다. 시스라의 비참한 죽음을 강조한 표현들은 적의 군대 장관을 죽인 야엘의 영웅성을 더 빛나게 만드는 효과가 있습니다.

야엘이 시스라를 죽인 것으로 인해 축복을 받는 이 부분이 드보라 노래의 절정입니다. 드보라가 야엘을 이렇게 칭찬한 것은 야엘이 일반적으로 기대하던 영웅의 모습과 달랐기 때문입니다. 그녀는 이스라엘 사람이 아닌 이방인이고 남성이 아닌 여성이며 군대 장관이 아닌 가정주부였습니다. 하지만 야엘은 자신의 조건에 상관없이 하나님의 전쟁에 기꺼이 참여하여 이스라엘의 적이자 하나님의 대적자인 시스라를 죽인 것입니다. 이런 야엘의 모습 속에서 우리는 여호와의 일을 하는데 어떤 자격이 필요하다거나 능력이 필요한 것이 아니라 여호와의 편에 서서 자신이 할 수 있는 일을 하면 나머지는 여호와께서 하실 것이라는 믿음과 용기를 배울 수 있습니다. 이렇게 드보라는 노래를 통해 야엘을 전쟁 최고의 영웅으로 평가해주었습니다.

왜 드보라와 야엘의 이야기가 낯설까?

야엘의 이야기를 들으면서 여러분은 야엘에 대해 매우 낯설어할지 모르겠습니다. 이런 인물이 성경에 있었다는 것을 처음 아는 사람도 있을 것입니다. 제가 설교하는 것을 제외하고 다른 이의 설교에서 야엘에 대한 설교를 들은 적이 없었습니다. 드보라에 대한 논문을 쓰기 전까지 야엘이 누군지 몰랐기 때문입니다. 사실 사사인 드보라에 대한 설교도 거의 되지 않는 한국교회 현실에서 야엘이 무시되는 것은, 어찌 보면 당연해 보입니다.

사사기 4-5장은 두 여성의 이야기로 사사 드보라와 야엘이 주인공입니다. 그런데 그동안 이 두 여성은 한국 강단에서 거의 설교하지 않았습니다. 그 이유는 두 인물 모두 가부장적인 한국교회의 여성상과 어울리지 않기 때문입니다. 드보라는 사사 중에서 가장 신앙적이며 도덕적 문제가 없는 사사임에도 불구하고 여성이라는 것을 문제 삼으면서 여성이란 약점에도 불구하고 하나님께서 남성들을 부끄럽게 만들기 위해 사사로 세우셨다는 해석이 그동안 주류를 이루었습니다. 그리고 또한 아주 오랫동안 드보라는 전쟁을 직접 하지 않았기 때문에 사사가 아니라거나 사사라도 구원자가 아니기 때문에 진정한 사사는 아니라고 해석하기도 했습니다. 아니면 아예 사사라는 것을 부정하고 단지 선지자일 뿐이라고 말하기도 했습니다. 심지어 바락이 사사라고 주장하기도 했습니다. 하지만 바락에게 주어진 역할은 두 영웅을 돋보이게 하는 것입니다.

이렇게 사사기 4장 4절에서 분명히 드보라를 사사라고 기록하고 있음에도 불구하고 아주 오랫동안 보수적인 진영의 남성학자들은 드보라가 진정한 사사가 아니라는 것을 증명하기 위해 많은 노력을 했습니다. 왜냐하면 드보라가 사사라는 것을 인정하면 여성의 지도력을 인정해야 하기 때문입니다. 구약에서도 여성을 정치적, 종교적 지도자로 세우셨는데 왜 지금 교회에서 여성 목사, 장로, 안수집사를 세우지 못하느냐는 반론이 나오기 때문입니다. 이런 논란을 피하기 위해 드보라 사사에 대한 설교는 아예 하지 않았던 것입니다.

야엘의 경우는 드보라보다 더 심각합니다. 일단 평생 교회를 다녔어도 야엘을 몰랐다는 대부분의 반응에서 알 수 있듯이 야엘은 없는 사람처럼 무시되어 왔습니다. 그 이유는 첫째, 여성이 남성을 말뚝으로 때려죽였다는 것에 대한 거부감입니다. 그래서 야엘의 행동에 대해 여성이 어떻게 말뚝과 망치로 사람을 죽일 수 있냐며 매우 잔인하고 야만적인 여자라고 비난합니다. 그런데 고대 근동 유목민들의 삶을 보면 텐트를 치고 걷고 하는 일이 여성의 일이었기 때문에 여성이 장막 말뚝과 망치를 가지고 이를 사용하는 것은 매우 일상적인 일이었습니다. 이런 사회적 문화적 배경을 이해하지 않고 현대적 관점으로 야엘을 비난했습니다.

둘째는 야엘이 시스라를 속이고 텐트로 유인하여 죽였다고 비난합니다. 야엘은 거짓말을 했기 때문에 매우 비열하고 부도덕한 사람이라는 것입니다. 이런 비난은 야엘이 지금이 전쟁의 상황이라는 것도 전쟁 중 적을 속이는 것도 하나의 전략으로 사용한다는 것도 이해하지 못하는 태도입니다. 심지어 어떤 학자들은 여성인 야엘이 시스라라는 군대장관을 죽이는 것이 쉽지 않은데 그를 죽일 수 있었던 것은 그와 잤기 때문이라고 해석하기도 합니다. 심지어 오늘 읽은 본문에서 시스라가 여섯 번 쓰러지다 마지막 일곱 번째에 죽었다는 말이 나오는데 이것을 여섯 번 같이 잤다고 해석하는 학자도 있습니다. 이런 비난은 야엘의 행동이 무엇을 의미하는지 전혀 이해하지 못하고 오직 야엘의 행동이 여성스럽지 못하다고 비난하는 것입니다. 야엘이 잔인하게 죽인 사람은 이스라엘을 18년 동안 괴롭힌 여호와의 적이자 진멸의 대상인 가나안의 적장인 시스라였습니다. 그리고 그를 죽이기 위해 그녀는 전략적으로 행동하였고 결국 성공한 것입니다.

하지만 드보라는 이런 야엘의 행동의 의미를 분명히 알았기에 전쟁이 끝난 후 노래에서 야엘을 축복하며 그녀의 행동을 극적으로 자세히 묘사하고 그녀가 대대로 영웅으로 칭송받을 수 있도록 그녀의 이름을 남긴 것입니다. 이렇게 그녀는 여호와 편에 선 자에 대해 정당한 평가를 했습니다. 하지만 드보라의 평가에도 불구하고 야엘은 그동안 역사 속에서 잊힌 인물이었습니다.

두 여성의 콤비 플레이 기억하기

이렇게 성경을 해석하는 것은 중립적이지도 객관적이지도 않습니다. 설교자나 해석자가 어떤 관점을 가지고 본문을 해석하느냐에 따라 본문의 의미가 다르게 해석될 수 있습니다. 그동안 성경은 남성 해석자들에 의해 남성적인 관점에서 설교해 왔기에 오늘에서야 이 두 여성의 이야기를 들을 수 있게 되었습니다. 그리고 여성들은 항상 경쟁하고 싸우는 것이 아니라 서로 아름다운 협력을 해왔다는 것을 알 수 있습니다.

드보라와 야엘은 서로 직접 만난 적은 없지만 둘의 콤비 플레이는 완벽했습니다. 드보라는 철병거로 이스라엘을 괴롭혔던 강한 적을 물리치고 가나안 정복을 완성한 강력한 사사였습니다. 그리고 야엘은 놀라운 기지와 용감한 행동으로 하나님의 대적이자 이스라엘의 적장인 시스라를 죽인 여성입니다. 드보라는 한 여성이 영광을 가져갈 것을 예언하고 야엘은 적장인 시스라를 죽임으로 이를 성취하였습니다. 그리고 드보라는 사사의 권위를 가지고 이런 야엘의 공적을 높이 평가하며 축복합니다. 이렇게 드보라와 야엘은 하나님의 일을 성취하는 일에서 멋진 콤비 플레이를 보여주고 있습니다.

두 여성의 이야기는 우리에게 좋은 도전을 주고 있습니다. 첫째는 조건이나 상황을 먼저 보고 두려움에 사로잡혀 믿음의 도전을 주저하지 말고 드보라와 야엘처럼 하나님을 믿고 도전할 때 하나님의 은혜와 권능을 맛볼 수 있다는 것입니다. 이런 도전적인 신앙은 남성이나 여성이라는 성별은 중요하지 않고 오직 하나님을 얼마나 믿는지에 달렸기에 모든 성도들에게 좋은 모범이 됩니다.

둘째는 "여성의 적은 여성"이라는 말이 갖는 편견에서 벗어나야한다는 것입니다. 성경은 기본적으로 남성 인물을 중심으로 그들의 이야기를 기록했습니다. 그렇기에 여성 인물도 상대적으로 적으며 여성이 주인공이나 중요한 인물로 등장하는 것도 많지 않습니다. 거기다 여성 사이의 관계에 대해 이야기 하는 경우는 더욱 드뭅니다. 하지만 이렇게 희귀하게 나오는 여성 사이의 관계는 일부다처 구조로 인해 갈등하는 이야기도 있지만 여성끼리 돕거나 연대하는 이야기도 나옵니다. 이것을 보면 여성의 적은 여성이란 말은 성경적이지도 성경이 지향하는 방향도 아니라는 것을 알 수 있습니다.

그러므로 좋은 콤비였던 드보라와 야엘처럼 여성들이 서로 연대하고 인정하며 세워주는 일들이 많이 일어났으면 좋겠습니다. 여성 지도자를 인정하고 여성도의 목소리를 듣고 그들이 능력을 충분히 발휘할 수 있게 하며 서로가 서로를 인정하고 돕는 그런 좋은 관계들이 많이 생겼으면 좋겠습니다. 그래서 최소한 교회 안에서는 "여성의 적은 여성"이란 말이 사라지길 희망합니다.

2018년 5월 13일 소명교회 설교

목소리가 없는 자들의 시대

에스더 1장 13-22절

왕이 사례를 아는 현자들에게 묻되 (왕이 규례와 법률을 아는 자에게 묻는 전례가 있는데 그때에 왕에게 가까이하여 왕의 기색을 살피며 나라 첫 자리에 앉은 자는 바사와 메대의 일곱 지방관 곧 가르스나와 세달과 아드마다와 다시스와 메레스와 마르스나와 므무간이라) 왕후 와스디가 내시가 전하는 아하수에로 왕의 명령을 따르지 아니하니 규례대로 하면 어떻게 처치할까 므무간이 왕과 지방관 앞에서 대답하여 이르되 왕후 와스디가 왕에게만 잘못했을 뿐 아니라 아하수에로 왕의 각 지방의 관리들과 뭇 백성에게도 잘못하였나이다 아하수에로 왕이 명령하여 왕후 와스디를 청하여도 오지 아니하였다 하는 왕후의 행위의 소문이 모든 여인들에게 전파되면 그들도 그들의 남편을 멸시할 것인즉 오늘이라도 바사와 메대의 귀부인들이 왕후의 행위를 듣고 왕의 모든 지방관들에게 그렇게 말하리니 멸시와 분노가 많이 일어나리이다 왕이 만일 좋게 여기실진대 와스디가 다시는 왕 앞에 오지 못하게 하는 조서를 내리되 바사와 메대의 법률에 기록하여 변개함이 없게 하고 그 왕후의 자리를 그보다 나은 사람에게 주소서 왕의 조서가 이 광대한 전국에 반포되면 귀천을 막론하고 모든 여인들이 그들의 남편을 존경하리이다 하니라 왕과 지방관들이 그 말을 옳게 여긴지라 왕이 므무간의 말대로 행하여 각 지방 각 백성의 문자와 언어로 모든 지방에 조서를 내려 이르기를 남편이 자기의 집을 주관하게 하고 자기 민족의 언어로 말하게 하라 하였더라.

여러분은 여러분의 생각을 자유롭게 말할 수 있는 곳에서 사는지요. 아니면 말 한마디 못하고 부당한 취급을 당해 본 일이 있는지요. 아니면 말 한마디를 하기 위해 많은 손해 즉, 관계가 끊어진다든가 목숨의 위협을 받는다든가 일을 잃는다든가 하는 경험이 있었는지요. 아마 이런 일을 당해 본 사람들도 있고 이런 일을 당해 보지 않은 사람들도 있을 것입니다. 하지만 말 한마디를 하기 위해 목숨까지 걸지는 않았을 것이라 생각합니다. 오늘은 말하는 것 즉, 목소리를 내는 것에 대한 문제를 가지고 여러분과 말씀을 나누고자 합니다.

말 한마디 못하고 폐위된 와스디 왕후

오늘 우리가 읽은 성경은 에스더서입니다. 에스더서는 우리에게 익숙하면서도 낯선 성경으로 다가옵니다. 익숙한 부분은 페르시아 왕비가 된 에스더가 "죽으면 죽으리라"고 결심하고 왕 앞에 나가서 유다민족을 구했다는 이야기입니다. 그런데 에스더가 유다 민족을 구하기 위해 왜 목숨을 걸어야 했으며 당시 페르시아 궁전의 분위기가 어떠했는지에 대해 자세한 이야기는 잘 언급되지 않습니다. 다만 4장 11절에서 에스더가 모르드개의 요청을 거절하면서 한 말 즉, 페르시아 왕궁에서는 "남녀를 막론하고 부름을 받지 아니하고 안뜰에 들어가서 왕에게 나가면 오직 죽이는 법이요 왕이 그 자에게 금 규를 내밀어야 살 것이라"는 말을 통해 왕 앞에 나가서 말하기 위해서는 목숨을 걸어야 하기 때문이라고 설명하고 있습니다. 이것을 보면 에스더는 페르시아 왕궁 분위기를 매우 두려워하고 있다는 것을 알 수 있습니다. 그럼 왜 에스더가 이렇게 두려워하는지를 알기 위해 우리는 조금 전에 읽은 에스더 1장으로 돌아가 보겠습니다.

에스더서의 배경은 페르시아 왕궁으로 이스라엘은 바빌로니아에 의해 멸망 당한 뒤에 많은 이스라엘 백성들이 바빌로니아로 끌려갑니다. 그리고 몇십 년이 지난 후 바빌로니아는 페르시아의 고레스 왕에게 멸망 당했고 페르시아 시대가 도래합니다. 페르시아를 세운 고레스 왕은 유다 민족들에게 다시 예루살렘으로 돌아가라는 명령을 내려 에스라, 느헤미야 시대에 많은 유다민족이 다시 예루살렘으로 돌아옵니다. 하지만 바빌로니아에서 자리를 잡은 유다인들은 돌아오지 않았고 에스더와 모르드개 가족은 돌아오지 않은 사람들 중에 하나입니다. 그리고 당시 아하수에로 왕은 127도나 되는 매우 큰 제국

새 시대 새 설교

을 다스리는 왕이었습니다. 그는 왕위에 오른 후 2년 동안 모든 반란 세력을 제거합니다. 왕권이 안정되자 이를 축하하기 위해 모든 신하를 불러 6개월간 잔치를 벌입니다. 그리고 그 뒤에 수도인 수산성의 모든 백성을 불러 일주일간 잔치를 벌입니다. 여기서 성경 기록자는 '또'라는 단어를 사용하여 지나친 잔치에 대해 부정적인 감정을 표현하고 있습니다.

6-7절은 색색의 휘장에 대리석 기둥, 금과 은으로 만든 의자, 색색의 돌로 깐 마당, 모양이 다른 금잔 등을 묘사함으로 페르시아 궁의 화려함과 사치함을 표현하며 왕이 부자여서 술도 끝없이 나온다고 기술하고 있습니다. 한 마디로 화려하고 흥청망청한 잔치였습니다. 왕의 이런 호화롭고 사치하고 방탕한 모습은 세상 왕국을 상징적으로 보여줍니다. 이들의 부와 권력은 다른 민족을 정복하고 그들의 재물을 착취하여 백성들을 노예로 삼았기 때문에 가능한 것이었습니다. 그리고 이것이 세상 사람들이 부와 권력을 쥐려는 이유이고 저들의 생활방식입니다.

이렇게 술이 넘쳐나는 상황에서 8절은 술 마시는 것도 법도가 있다고 하는데 억지로 마시게 하지 않는 것입니다. 왕은 이런 법도를 궁내 관리들에게 명령하였고 각 사람들은 자신의 마음대로 술을 마시게 되었습니다. 이렇게만 보면 왕은 매우 절도가 있는 인물처럼 보이고 잔치도 질서가 있는 것처럼 보입니다. 하지만 뒤에 일어나는 사건에서 보면 억지는 없지만 절제도 없다는 것을 알 수 있습니다.

이렇게 왕이 일반 백성을 위해 잔치를 베푸는 동안 왕후 와스디도 여성들을 위해 잔치를 베풀었습니다. 당시 페르시아 관습에 의하면 남녀가 같이 잔치에 참여하지 않습니다. 우리나라 조선 시대에도 왕궁의 잔치는 왕과 왕비가 따로 열어 남자는 남자끼리 여자는 여자끼리 잔치를 즐겼습니다. 이렇게 잔치가 진행되는 가운데 사건은 잔치의 마지막 날인 7일째 일어났습니다. 왕이 술에 취하여 왕후 와스디를 잔치에 참여한 모든 백성과 지방관들에게 보이라고 7명의 어전 내시에게 명령을 내렸습니다. 왜냐하면 와스디는 매우 아름다운 용모를 지닌 미인이었기 때문에 술에 취한 왕은 술김에 왕후를 자랑하고 싶어서 술 취해서 흥청거리는 남자들의 잔치에 나올 것을 명령합니다.

왕은 술을 적당히 먹으라는 명령을 내렸지만 정작 자신은 적당한 선을 넘고 술에 취해 왕후를 술 취한 취객들의 눈요깃감으로 나오라는 상당히 무례하고 적절하지 못한 명령을 한 것입니다. 고대 사회는 대부분 남성 중심적이고 가부장적이고 권위주의적인 사회였는데 성경은 127도나 다스리는 대제국이었던 페르시아에서는 제국의 황후도 술 취한 사람들의 눈요깃거리가 되어야 하는 상식과 예의는 없고 철저히 권력을 잡은 자들의 세상이었다는 것을 보여줍니다.

하지만 왕후는 그런 왕의 명령을 거절합니다. 왕후가 명령을 거절한 이유가 본문에 나오진 않지만 술 취한 남자들 앞에 눈요깃거리로 나오라는 명령을 좋아할 여자는 없을 것이며 그 자리에서 나오는 것이 제국의 왕후로서의 적절한 처신도 아닙니다. 이런 왕후의 적절한 태도에 대해 왕과 그의 측근들과 해석자들의 반응은 매우 부정적이었습니다. 왕은 불같이 화를 내며 왕의 측근에 있는 사람들에게 이런 경우에 어떻게 해야 하는지 규례를 말하라고 명령합니다. 왕은 왕후에게 왜 나오지 않느냐고 묻거나 자신의 명령이 좀 문제가 있는 것은 아닌가 합리적인 생각을 하는 대신 무작정 화를 내며 당장 명령을 거절한 것만 문제 삼은 것입니다.

여기에 왕의 자문관 중 한 사람, 소위 지혜로운 사람이라고 불리는 므무간은 한술 더 떠 왕후의 행동이 왕에게만 잘못한 것이 아니라 모든 백성들에게 잘못한 것이라고 확대해석을 합니다. 즉, 왕후의 일을 모든 나라의 모든 여성의 일로 확대하여 왕후가 왕의 명령을 안들은 일로 인해 모든 아내들이 남편을 멸시할 것이고 이로 인해 남편들은 아내에 대해 분노를 내뿜을 것처럼 과장하여 말하고 있습니다. 한 사건을 마치 페르시아 왕국의 모든 가정의 질서를 흔드는 매우 위험하고 심각한 일로 확대해석한 것입니다. 므무간은 이 사건을 남성 우월주의적 가부장적 기강을 더욱 공고히 하는 기회로 삼았습니다.

19절에서 보면 그는 와스디를 왕후라고 부르지도 않으며 와스디를 폐하고 이것을 변개할 수 없는 페르시아법으로 기록하라고 아주 강경하고 무례하게 말하고 있습니다. 그리고 왕후의 자리는 그보다 나은 사람에게 주라고 합니다. 이 나은 사람이란 현재의 와스디는 부족하고 잘못되었다는 것을 강조하기 위한 것이며 또한 왕에게 새로운 왕비에 대한 희망을 주는 미끼이기도 합니다. 마지막으로 조서가 발표되면 페르시아의 모든 아내가 남편을 존경하게 될 것이라며 말을 마칩니다. 결국 왕의 말을 듣지 않은 일로 왕후는 폐위가 될 위험에 처하게 되었습니다.

이 말은 들은 왕과 그 옆에 있던 지방관들은 모두 그 말을 옳게 여겨 결국 와스디 왕후는 폐위되었습니다. 이제 페르시아 전국에 "남편은 자기 집을 주관하라"고 조서를 내립니다. 이 말을 직역하면 '모든 남자는 그의 집의 장관이 되어라'라는 뜻입니다. 이 조서의 내용은 정말 우스꽝스럽습니다. 가정에서 남편이 아내의 존경을 받고 순종을 얻는 것은 그의 인품과 헌신과 사랑을 통해서입니다. 아내와 아이들을 사랑하고 가족을 위해 헌신하는 남편을 존경하지 않을 아내들과 아이들이 어디 있겠습니까? 우리가 예수그리스도를 존경하고 사랑하며 그의 말씀에 순종하고 사는 것은 십자가의 고난을 겪으시기까지 우리를 사랑하신 그 사랑에 감사하고 감격하기 때문입니다. 하나님께서 우리에게 하나님의 명령을 지키라고 말씀하시는 이유는 하나님이 우리의 창조주이시며 지금도 우리를 늘 지키시고 보호하시며 돌보시는 보호자이시기 때문입니다. 선지서에 보면 하나님께서 이스라엘의 죄를 지적하실 때 늘 하시는 말씀은 내가 너희에게 얼마나 잘해주었는데 나한테 이럴 수 있냐는 것입니다. 이렇게 성경에서 말하는 존경과 순종은 사랑을 받은 사람들의 마음에서 자연스럽게 우러나오는 것입니다. 하지만 페르시아의 남자들은 이런 존경을 법으로 만들어서 아내들에게 남편들을 존경하라고 명령하고 윽박지르고 있습니다. 성경 기자가 이런 페르시아 왕궁에서 일어나는 코미디 같은 일을 성경에 기록한 것은 페르시아에 대한 조롱입니다.

이렇게 왕후 와스디의 일로 페르시아 왕궁의 남자들이 분노하며 열변을 토하고 온 페르시아가 시끄러운 상황에서 왕후 와스디의 목소리는 어디서도 들리지 않습니다. 에스더 1장 어디에도 와스디의 말은 없습니다. 아하수에로 왕은 왕후 와스디에게 왜 그 자리에 오지 않았는지 전혀 묻지 않았습니다. 오직 오지 않은 것에 대해서만 화를 냈습니다. 그리고 문제를 해결하라고 부른 현자라는 사람도 왕후 와스디의 말을 들어볼 생각은 전혀 하지 않았고 그녀의 입장을 고려할 생각도 하지 않았습니다. 1장의 그 어느 누구도 와스디의 말에 귀 기울이지 않았습니다. 철저히 남성들 위주로 모든 것이 이루어졌습니다. 아하수에로 왕은 자신의 말대로 하지 않았다고 화를 내고 현자라는 사람은 이것을 기회로 남성우월주의를 공고히 하려는 기회로 삼으며 와스디에 대해 나쁘게 말하기 바빴습니다. 와스디는 말 한마디 못해보고 쫓겨난 것입니다.

이것이 페르시아 왕궁의 모습이었습니다. 약자이며 여성이며 당사자인 와스디에게는 말할 기회도 주지 않고 소명할 기회도 주지 않았습니다. 아예 와스디에게는 목소리를 주지 않았습니다. 오직 남성들과 권력자들이 그녀의 행동을 판단하고 심판할 뿐입니다. 목소리는 오직 남성과 권력자들의 것이었습니다. 성경의 기자가 이런 코미디 같은 페르시아 궁전의 모습을 보여준 이유는 페르시아 왕궁이 가부장적이며 폭력적이고 억압적인 구조 아래 있다는 것을 조롱하기 위한 것입니다.

에스더가 목숨을 건 이유

이런 페르시아 황궁의 분위기를 잘 알고 있던 에스더이기에 왕 앞에 나가서 유다 민족을 위해 구명운동을 하라는 모르드개의 요청을 받았을 때 에스더는 두려움에 떨며 거절한 것입니다. 페르시아의 법도에 따르면 왕 앞에 나가려면 반드시 왕의 부름을 받아야 하며 만일 왕이 금 규를 내밀어 허락을 하지 않으면 그 사람은 죽어야 하는 것입니다. 왕 앞에 나간다는 것은 왕 앞에서 발언권을 얻는다는 의미로 왕에게 무엇인가 이야기를 하기 위해서는 왕이 허락을 해야만 말할 수 있으며 왕이 허락하지 않으면 말 한마디 못하고 죽는다는 것입니다. 이렇게 페르시아 왕궁은 철저하게 언로가 차단된 곳으로 왕은 자신이 원하는 사람에 한해서 자신이 원하는 말만 들을 수 있는 곳이며 왕의 호의를 받은 사람이거나 혹은 왕이 허락한 사람만이 말할 기회를 얻은 것입니다. 그렇기 때문에 왕의 얼굴을 보지 못한지 한 달이 넘은 왕후 에스더의 입장에서는 자신이 왕에게 말을 하기 위해서 나간다는 것은 목숨을 내놔야 한다는 의미입니다. 이런 상황이기 때문에 에스더는 감히 왕의 앞에 나가서 말을 한다는 것은 상상도 못한 것입니다.

하지만 모르드개의 간곡한 설득과 민족에 대한 사랑으로 인해 그녀는 민족을 구원해 달라는 말 한마디를 하기 위해 자신의 목숨을 걸었습니다. 설혹 자신이 말할 기회를 얻더라도 왕이 자신의 말을 들어주지 않을 수도 있습니다. 그래도 그녀는 유다민족을 죽이라고 내린

새 시대 새 설교

하만의 조서가 부당하다는 것을 왕에게 말할 기회라도 얻기 위해 목숨을 건 것입니다. 이렇게 에스더서가 우리에게 보여주듯이 자신의 생각을 혹은 부당함을 이야기하기 위해서 목숨을 걸어야 하고 부당한 일을 당할 각오를 하는 사회는 비정상적인 사회입니다. 부당한 일을 당했을 때 말 한마디 못하게 하는 즉, 누군가의 목소리를 사라지게 하는 교회와 사회는 지금 우리가 본 것같이 페르시아 궁정같이 어리석고 폭력적이고 억압적인 사회입니다.

자유롭게 말할 수 있는 교회를 위하여

오랫동안 교회는 여성에게 잠잠하라고 강요했습니다. 교회에서 여성들이 부당함을 이야기하며 목소리를 내려고 하면 이 성경구절을 들어 여성들의 발언을 막았고 여성들이 교회의 중요한 결정을 하는 자리에 들어오지 못하게 막았습니다. 그리고 기독교 역사 2000년 동안 이런 일이 지속적으로 이루어졌기 때문에 이것이 얼마나 여성들에게 폭력적이고 억압적인지 인식조차 하지 못했습니다. 심지어 여성들조차 교회에서 여성이 잠잠하는 것이 성경적이라고 생각하며 자기 검열을 하며 살았습니다. 나이든 여성들은 젊은 여성을 검열하며 여성이 말하는 것을 막고 이것이 성경적 교회를 지키기 위해 노력하는 것이라고 말하는 웃지 못할 행동을 보였습니다. 하지만 이렇게 여성들의 목소리를 지워버린 교회, 여성들이 남성들과 동등하게 자유롭게 말할 수 없는 교회는 억압적인 곳이지 결코 하나님 나라도 진정한 교회도 아닙다. 여성이 여성의 위상을 높이기 위한 말을 하기 위해 자신의 모든 경력을 걸어야 하고 많은 비난을 받을 것을 각오해야 하는 곳은 더 이상 올바른 복음이 전해지는 곳이 아닙니다. 남성들은 은혜로 구원을 받는데 여성은 침묵하며 순종해야 구원을 받을 수 있다고 한다면 그것은 진정한 구원이 아닙니다. 여성에게 침묵을 강요하며 그래야 진정한 하나님의 딸이라고 말하는 것은 복음이 아닙니다. 여성이나 남성 모두 예수 그리스도의 피로 값없이 구원을 받는 것이지 말하느냐 침묵하느냐로 구원받는 것은 결코 아닙니다.

우리의 구원자 되신 예수님께서는 어린아이나 부정하다고 여겨지는 나병환자, 귀신들린 자도 자신에게 올 수 있도록 허락하셨고 누구도 말하기를 꺼려 하는 수가성의 여성과도 말씀을 나누시고 그녀에게 구원을 베푸시고 복음을 전할 기회를 주셨습니다. 원래 유대 남자들은 가족이 아닌 여성과 길에서 말하는 것을 수치로 여겼습니다. 당시 유대인들은 자신이 여성으로 태어나지 않은 것, 이방인으로 태어나지 않은 것, 종으로 태어나지 않은 것에 감사하며 여성과 이방인과 종을 차별하였습니다. 하지만 예수님께서는 이런 관습에 매이지 않고 예수님을 믿는 자에게는 남종이나 여종이나 누구나에게 성령을 주셨고 하나님의 말씀을 깨달을 수 있는 기회를 주셨습니다. 그리고 자신이 받은 복음을 전하라고 모든 남종과 여종에게 명령하셨습니다. 심지어 간음한 여성과도 필담을 나누시고 말씀을 나누신 분이 예수님입니다.

이렇게 하나님 나라는 누구나 왕이신 하나님 앞에 나가 자신의 필요를 말할 수 있는 곳입니다. 그리고 이와 반대로 하나님을 믿는다고 하면서도 약하고 억울한 사람, 소외된 사람, 여성들의 목소리를 지우고 말할 기회를 주지 않는 곳은 더 이상 하나님의 나라라고 할 수 없습니다. 이것은 페르시아 왕궁으로 대변되는 힘의 세상이며 권력자들의 세상일 뿐입니다. 그러므로 누구나 말을 하고, 말을 들어주는 공동체가 되어야 합니다. 말 한마디를 하기 위해 목숨을 거는 곳이 아닌 서로 자유롭게 이야기하고, 이야기를 듣고, 생각을 알고, 마음을 알아가며 위로하고 격려해 갈 때 그곳에 하나님께서 원하시는 참다운 교회의 모습이 이루어질 것입니다.

2017년 12월 3일 대명교회 설교

하나님께 직진하는 신앙

열왕기하 4장 17-37절

여인이 과연 잉태하여 한 해가 지나 이 때쯤에 엘리사가 여인에게 말한 대로 아들을 낳았더라 그 아이가 자라매 하루는 추수꾼들에게 나가서 그의 아버지에게 이르렀더니 그의 아버지에게 이르되 내 머리야 내 머리야 하는지라 그의 아버지가 사환에게 말하여 그의 어머니에게로 데려가라 하매 곧 어머니에게로 데려갔더니 낮까지 어머니의 무릎에 앉아 있다가 죽은지라 그의 어머니가 올라가서 아들을 하나님의 사람의 침상 위에 두고 문을 닫고 나와 그 남편을 불러 이르되 청하건대 사환 한 명과 나귀 한 마리를 내게로 보내소서 내가 하나님의 사람에게 달려갔다가 돌아오리이다 하니 그 남편이 이르되 초하루도 아니요 안식일도 아니거늘 그대가 오늘 어찌하여 그에게 나아가고자 하느냐 하는지라 여인이 이르되 평안을 비나이다 하니라 이에 나귀에 안장을 지우고 자기 사환에게 이르되 몰고 가라 내가 말하지 아니하거든 나를 위하여 달려가

기를 멈추지 말라 하고 드디어 갈멜 산으로 가서 하나님의 사람에
게로 나아가니라 하나님의 사람이 멀리서 그를 보고 자기 사환 게
하시에게 이르되 저기 수넴 여인이 있도다 너는 달려가서 그를 맞
아 이르기를 너는 평안하냐 네 남편이 평안하냐 아이가 평안하냐
하라 하였더니 여인이 대답하되 평안하다 하고 산에 이르러 하나
님의 사람에게 나아가서 그 발을 안은지라 게하시가 가까이 와서
그를 물리치고자 하매 하나님의 사람이 이르되 가만두라 그의 영
혼이 괴로워하지마는 여호와께서 내게 숨기시고 이르지 아니하셨
도다 하니라 여인이 이르되 내가 내 주께 아들을 구하더이까 나를
속이지 말라고 내가 말하지 아니하더이까 하니 엘리사가 게하시에
게 이르되 네 허리를 묶고 내 지팡이를 손에 들고 가라 사람을 만
나거든 인사하지 말며 사람이 네게 인사할지라도 대답하지 말고
내 지팡이를 그 아이 얼굴에 놓으라 하는지라 아이의 어머니가 이
르되 여호와께서 살아 계심과 당신의 영혼이 살아 계심을 두고 맹
세하노니 내가 당신을 떠나지 아니하리이다 엘리사가 이에 일어나
여인을 따라가니라 게하시가 그들보다 앞서 가서 지팡이를 그 아
이의 얼굴에 놓았으나 소리도 없고 듣지도 아니하는지라 돌아와서
엘리사를 맞아 그에게 말하여 아이가 깨지 아니하였나이다 하니라
엘리사가 집에 들어가 보니 아이가 죽었는데 자기의 침상에 눕혔
는지라 들어가서는 문을 닫으니 두 사람뿐이라 엘리사가 여호와께
기도하고 아이 위에 올라 엎드려 자기 입을 그의 입에, 자기 눈을

그의 눈에, 자기 손을 그의 손에 대고 그의 몸에 엎드리니 아이의 살이 차차 따뜻하더라 엘리사가 내려서 집 안에서 한 번 이리저리 다니고 다시 아이 위에 올라 엎드리니 아이가 일곱 번 재채기 하고 눈을 뜨는지라 엘리사가 게하시를 불러 저 수넴 여인을 불러오라 하니 곧 부르매 여인이 들어가니 엘리사가 이르되 네 아들을 데리고 가라 하니라 여인이 들어가서 엘리사의 발 앞에서 땅에 엎드려 절하고 아들을 안고 나가니라.

고난이 올 때

삶은 우리가 이해하기 어려운 사건의 연속일 때가 있습니다. 어느 날 생각지도 못한 고난으로 인해 고통의 시간을 보내기도 하고 문제가 해결된 후 그 고난이 오히려 하나님이 우리에게 주신 은혜였음을 고백하기도 합니다. 하지만 이와 반대로 평탄한 삶을 살다가 갑자기 생각지도 못한 행운을 얻고 이것을 하나님의 은혜로 알고 기뻐하고 감사했는데 시간이 지나면서 이 행운이 오히려 나에게 고통으로 다가 오는 경우도 있습니다. 이런 경우는 우리를 더 낙심하게 하고 힘들게 합니다. 상황도 상황이지만 상황을 이렇게 만든 하나님의 뜻을 이해하기도 힘들고 하나님이 은혜를 주었다 뺏은 느낌이 들기도 하고 하면서 하나님께 대한 신뢰가 흔들리기 때문입니다. 우리의 신앙

새 시대 새 설교

이 하나님의 신실하심에 의지하고 있기에 이런 흔들림 즉, 하나님이 나를 버리신 것은 아닌가 하는 불안감이 우리를 가장 고통스럽게 합니다. 성경에서 이런 상황에 처한 대표적인 인물은 욥으로 욥도 하나님이 자신을 버리신 것은 아닌지 불안해하며 계속해서 하나님께 자신 앞에 나타나 달라고 호소하는 것을 볼 수 있습니다. 하지만 성경에는 욥 이외에도 이런 고통에 처한 인물들이 있는데 그 중에서 우리에게 잘 알려지지 않은 한 여성의 이야기를 해보려고 합니다. 그리고 그녀의 모습을 통해 고난에 대처하는 다른 방법을 생각해 보려고 합니다.

수넴 여성의 이야기

오늘의 본문인 열왕기하 4장 17절은 수넴의 한 여성이 아들을 낳는 이야기로 시작합니다. 그런데 그 아이가 아침에 추수하러 아버지를 따라갔다가 갑작스런 두통으로 정오경에 어머니 무릎에서 숨을 거두는 참담한 사건이 일어납니다. 어머니의 입장에서 보면 아침 잘 먹고 건강하게 들로 나갔던 아이가 갑자기 하인에게 업혀 오더니 손을 써볼 틈도 없이 자기의 품 안에서 죽은 것입니다. 이 사건은 매우 비극적이지만 성경에는 아이를 잃은 어머니의 이야기가 종종 나오기에 얼핏 보면 특별할 것이 없어 보입니다. 하지만 아이의 죽음을 맞닥뜨린 수넴 여성에게는 특별한 사연이 있기에 더 심각한 고통에 시달립니다. 아직 어린 아들의 죽음도 받아들이기 힘들지만 그녀를 더 힘들게 한 것은 왜 하나님께서 원치도 않은 아이를 주었다가 이렇게 빼앗아 가시는지 도무지 이해할 수 없었기 때문입니다.

수넴 여성은 원래 아이가 없었습니다. 그녀는 엘리사가 수넴 지역에 올 때마다 그에게 식사를 대접하였고 그녀의 집에 엘리사를 위한 방을 만들어서 언제든지 와서 사용할 수 있도록 배려해 주었습니다. 그리고 이런 배려에 고마움을 느낀 엘리사는 보답으로 그녀가 소원하는 것을 들어주고 싶었기에 엘리사는 그녀에게 원하는 것이 있으면 무엇이든지 말하라고 합니다. 13절의 "왕에게나 사령관에게 무슨 구할 것이 있느냐"라는 엘리사의 말은 아무리 어려운 요청이라도 들어주겠다는 표현입니다. 그렇지만 그녀는 엘리사에게 아무것도 필요 없다고 했습니다. "나는 내 백성 중에 거하나이다"라는 수넴 여성의 말은 자신의 문제는 자신의 선에서 충분히 해결할 수 있으며 현재의 삶에 만족한다는 의미로 엘리사의 호의를 부드럽게 거절하는 말입니다.

사실 수넴 여성에게 결핍이 없는 것은 아닙니다. 그녀에게는 아이가 없었고 그녀의 남편은 나이가 많아 자연적으로는 아이를 가질 수 없는 상황이었습니다. 고대 사회에서 아이가 없는 것은 여성에게 치명적인 결핍입니다. 남편이 죽은 후 자신을 부양할 사람이 없게 되므로 사회 경제적 어려움에 처할 수도 있고 하나님의 저주를 받은 사람이란 손가락질도 받을 수 있기 때문입니다. 그래서 리브가, 라헬, 한나 등 구약에 등장하는 많은 불임 여성들이 아들을 얻기 위해 하나님께 간곡하게 기도했습니다. 그런데 수넴 여성은 아이를 얻을 기회가 주어졌어도 괜찮다고 거절합니다. 그녀는 아이가 없는 심각한 결핍이 있음에도 불구하고 그 삶을 그대로 받아들이고 현재의 삶에 감사하며 욕심 없이 살고 있었던 것입니다. 이런 모습을 보면 수넴 여성은 덕을 보기 위해서 엘리사를 도운 것이 아니라 하나님의 선지자이기 때문에 하나님을 경외하는 순수한 마음으로 도왔다는 것을 알 수 있습니다.

그러나 엘리사는 수넴 여성의 거절에도 불구하고 그녀에게 아이가 없음을 알자 그녀가 내년에 아들을 낳을 것이라고 말합니다. 이것은 엘리사가 아들을 준다는 의미가 아니라 그가 하나님께 아들을 달라고 기도했고 그렇게 해주시겠다는 응답을 받았다는 의미입니다. 선지자는 하나님께서 허락하지 않으시면 어떤 힘도 발휘할 수 없으며 태를 열고 닫는 분은 오직 하나님이시기 때문입니다. 이런 놀라운 예언에 수넴 여성은 믿을 수 없다는 반응을 보입니다. 그녀는 기대하지도 않았고 실제로 그런 일이 일어날 수 있으리라 생각하지도 못했기 때문입니다. 하지만 그녀는 한 해 뒤에 정말로 아들을 낳으므로 하나님의 놀라운 권능과 은혜를 맛보게 됩니다. 선지자에게 베푼 순수한 호의를 하나님께서 아들로 갚아주신 것입니다. 우리는 아들을 낳고 그녀가 느꼈을 하나님께 대한 무한한 감사와 신뢰를 상상해 볼 수 있습니다.

그런데 하나님 은혜의 상징인 그 아들이 갑자기 죽은 것입니다. 그렇기에 수넴 여성은 아들의 죽음을 순순히 받아들일 수 없었습니다. 그래서 그녀는 죽은 아들의 장례를 준비하는 대신 아이를 엘리사의 침상에 눕힌 후 엘리사에게 가겠다고 요청합니다. 엘리사가 아들을 살릴 수도 있지 않을까 생각한 것으로 보입니다. 하지만 남편은 이미 아이가 죽었으니 아이의 죽음을 받아들이고 엘리사를 귀찮게 하지 말라며 아내를 말립니다. 22절은 전체적으로 청유형으로 이루어진 문장으로 그녀는 남편에게 매우 공손하게 자신이 엘리사에게 다녀오 겠다고 요청하며 예의 바르게 말합니다. 하지만 23절에서 남편이 가지 말라고 말리는 것에 대해 구구절절 설명하거나 설득하는 과정 없이 그냥 다녀오겠다는 인사인 '샬롬'만 외치고 바로 출발합니다. 수넴 여성의 말은 예의 바르지만 남편의 의사와 상관없이 본인의 생각대로 결정하고 행동합니다. 본문은 이런 수넴 여성의 감정이나 생각은 드러나지 않고 오직 그녀가 목적하는 바를 말하고 바로 행동하는 냉철하고 강한 모습만 나타내고 있습니다.

이런 모습은 엘리사의 사환 게하시를 만났을 때도 보여줍니다. 엘리사는 수넴 여성이 오는 것을 먼저 알아보고 사환인 게하시에게 그녀를 맞이하라고 보냅니다. 하지만 게하시를 만난 수넴 여성은 그의 안부 인사에 또다시 '샬롬'이라고 간단히 답하고 지나칩니다. 그녀는 목표인 엘리사를 만날 때까지 절대 속도를 늦추지도 멈추지도 않고 달렸고 엘리사를 만났을 때 비로소 멈추고 그의 발을 부여잡습니다. 구약시대에 발을 안는 것은 자신을 낮추고 애원하는 행동으로 구약에서는 여기만 나오지만 다른 고대 근동 문헌에 따르면 온갖 도망자나 간구자들이 자신의 복종이나 굴복을 나타내고 탄원하기 위해 왕의 발을 안는 예가 매우 많이 나옵니다. 엘리사는 자신의 발을 잡으며 무너진 수넴 여성을 보며 무슨 심각한 일이 생겼다는 것을 알았기에 그녀를 그대로 두었고 비로소 수넴 여성은 꾹꾹 참고 있던 감정과 생각을 토로합니다. 그녀는 엘리사에게 매우 날카로운 어조로 자신이 아들을 구한 적이 있느냐 나를 속이지 말라고 말하지 않았느냐며 원망의 말을 쏟아냅니다. 이 말은 자신이 구하지도 않은 아들을 주어서 삶에 희망과 기쁨을 맛보게 해놓고 이렇게 허무하게 데려가시면 어떻게 하느냐는 것입니다. 그녀의 말 속에는 아들을 잃은 비통함과 하나님께 느끼는 배신감에서 오는 아픔이 절절하게 묻어 나옵니다. 또한 이 말은 엘리사가 아들을 얻게 했으니 아들의 죽음도 엘리사가 책임지라는 의미로 그 속에는 혹시 엘리사라면 다시 살릴 수 있지도 않을까 하는 일말의 희망이 들어 있기도 합니다. 그녀는 아픔을 쏟아놓기 위해 엘리사를 찾은 것이 아니라 아들을 살릴 희망 때문에 먼 길을 급하게 달려온 것입니다. 그녀는 아이를 갖는 것이 불가능한 자신에게 아들을 주신 하나님이 혹시 죽은 아들도 살릴 수 있지 않을까 하는 희망을 품고 있었습니다.

수넴 여성의 아들이 죽었다는 것을 알게 된 엘리사는 게하시에게 자신의 지팡이를 들고 급하게 아이에게 가서 지팡이를 아이의 얼굴에 놓으라고 명령합니다. 지팡이는 엘리사의 능력의 상징으로 직접 가는 대신 지팡이로 아이를 살리려고 시도한 것입니다. 하지만 수넴 여성은 이에 만족하지 않고 엘리사를 절대 떠나지 않겠다고 여호와의 이름으로 맹세합니다. 그녀는 엘리사가 가야 아이를 살릴 수 있다고 생각하고 그가 반드시 가야한다고 매달린 것입니다. 이것을 보면 수넴 여성은 매우 자기주장이 강하고 의지가 확고한 여성입니다. 마침내 수넴 여성의 강한 의지가 아들을 살립니다. 엘리사는 단호하게 매달리는 수넴 여성의 모습을 보고 결국 그녀를 따라나섰습니다.

여기서 본문은 엘리사가 수넴 여성의 뒤를 따라갔다고 표현함으로 이 일에서 수넴 여성이 주도권을 갖고 움직이고 있다는 것을 보여줍니다. 먼저 도착한 게하시가 지팡이를 아이의 얼굴에 놓았지만 아이를 살리지 못합니다. 그래서 결국 아이 집에 온 엘리사는 지팡이 대신 자신의 몸을 아이 몸 위에 올려놓습니다. 눈과 눈, 입과 입, 손과 손을 맞대고 아이 위에 누운 것입니다. 참고로 이런 모습은 열왕기상 17장 21절에서 엘리야가 사르밧 과부의 아들을 살리는 모습과 유사합니다. 자신의 생명을 통해 아이의 생명이 돌아오길 온몸으로 기도하는 것입니다. 그러자 아이의 몸에 온기가 돌기 시작하고 아이는 살아나게 되었고 아이는 다시 수넴 여성의 품으로 돌아갈 수 있었습니다. 수넴 여성은 엘리사를 통해 생명을 창조하시는 하나님뿐만 아니라 죽음을 생명으로 바꾸시는 하나님의 놀라운 권능을 다시 한 번 경험하게 됩니다. 그녀는 이후에도 계속해서 엘리사를 통해 하나님의 보호하심과 은혜를 누리며 살아갑니다.(열왕기하 8:1-6)

수넴 여성의 재발견

하나님의 특별한 은혜를 받은 수넴 여성의 이야기는 우리에게 몇 가지 생각을 하게 합니다.

새 시대 새 설교

첫 번째는 잘 알려지지 않은 수넴 여성에 대한 재발견입니다. 그녀는 우리의 신앙의 모델로 거의 언급된 적이 없지만 이야기 속의 그녀는 모범적으로 하나님을 경외한 인물입니다. 수넴 여성이 살던 때는 아합 왕의 아들인 여호람 왕 시대로 비록 이전 왕인 아합과 이세벨이 퍼뜨린 바알은 제거하였지만 여전히 여호와께 대한 신앙이 희귀하던 시절이었습니다. 이렇게 여호와 신앙이 희귀하던 시절에 수넴 여성은 여호와를 경외하는 신앙을 가진 드문 믿음의 인물이었습니다. 그녀의 믿음은 일상 속에서 엘리사 선지자를 사심 없이 돕는 것으로 나타났습니다. 아합과 이세벨 시절의 핍박으로 인해 하나님의 선지자들은 많은 고난을 받았고 도망 다니고 죽임당하기도 했습니다. 그 여파로 여호람 시대에도 하나님 선지자들의 삶은 항상 가난하고 힘들었습니다. 이런 선지자의 고단한 삶을 알았기에 수넴 여성은 이런 상황을 안타깝게 여기며 자신의 부를 하나님의 선지자인 엘리사를 돕는데 기꺼이 사용한 것입니다.

수넴 여성의 믿음의 실천은 우리에게 나의 믿음은 누구를 돕는 것으로 나타나고 있는지 혹은 어떤 행동으로 나타나고 있는지 곰곰이 생각하게 합니다. 또한 그녀의 믿음은 하나님이 주신 삶에 만족하는 모습에서 나타납니다. 그녀는 비록 아이가 없는 치명적인 결핍이 있었지만 그 결핍 또한 하나님의 뜻으로 여기고 순종하며 현재의 삶에 충실하고 당당하게 살았습니다. 그렇기에 엘리사가 원하는 것이 무엇이냐 물었을 때 아무것도 없다고 대답할 수 있었던 것입니다. 심각한 결핍이 있는 상태에서 엘리사가 소원이 무엇이냐 물었을 때 아무것도 없다고 말할 수 있는 사람이 몇이나 될까요? 우리의 눈은 늘 내가 가진 것보다는 나에게 없는 것을 향하고 우리의 기도는 늘 우리의 결핍된 부분을 채워 달라는 기도로 가득하기 마련입니다. 결핍까지도 하나님이 주신 삶으로 받아들인 그녀의 당당한 모습은 신앙의 모범이 됩니다.

두 번째로 수넴 여성이 자신에게 닥친 고통의 문제를 해결하는 방식을 보면서 신앙의 선배인 그녀에게 배울 점이 있다는 것입니다. 수넴 여성은 아들의 갑작스러운 죽음을 맞닥뜨렸을 때 그녀는 남편에게 하소연하지도 않고 남편에게 설명하느라 시간을 지체하지도 않고 급하게 나귀를 몰아 곧바로 엘리사를 찾아갑니다. 엘리사는 그녀가 하나님을 만날 수 있게 해주는 중재자이기에 엘리사에게 갔다는 것은 하나님을 찾았다는 의미입니다. 그녀는 아들의 죽음을 받아들일 수 없었고 하나님의 은혜의 상징인 아들의 죽음을 어떻게 해석해야 할지 수도 없었습니다. 혼란에 빠진 그녀는 직접 하나님께로 나가기로 결정하고 바로 달려온 것입니다. 눈물 흘리고 원망하고 신세 한탄하는 것도 하나님 앞에 올 때까지 참았다가 엘리사를 만나자 비로소 내가 언제 아들을 원했냐고, 주었다 뺏을 거면 왜 주셨냐고, 왜 내가 하나님의 은혜를 받은 것처럼 속이셨냐고, 왜 그럭저럭 만족하며 사는 삶을 무너뜨리셨냐고 원망과 눈물을 쏟아 놓았습니다. 그녀는 돌려 말하지 않았습니다. 아픔과 고통과 원망과 슬픔을 가감 없이 하나님 앞에 쏟아 놓으며 질문합니다. 왜 그러셨냐고! 그녀는 고통의 원인이 생명의 주관자이신 하나님께 있음을 분명히 알았기에 하나님께 호소하며 하나님께 해결해 달라고 강하게 매달렸습니다. 또한 그녀가 엘리사가 직접 가야 한다고 단호하게 말한 것은 하나님을 향한 간청이자 기도였습니다. 그리고 하나님은 수넴 여성의 단호하고 간절한 간구에 응답하시고 아들을 다시 그녀의 품으로 돌려주셨습니다. 즉, 그녀는 다시 하나님의 은혜를 품에 안고 살아갈 수 있게 된 것입니다.

하나님께로 나가는 신앙

수넴 여성은 우리가 생각지도 못한 고통으로 하나님께 대한 신뢰가 흔들릴 때 어떻게 행동하면 좋을지에 대해 모범적인 모습을 보여줍니다. 이것은 열왕기상 17장에 나오는 사르밧 과부와 비교해보면 더욱 분명해집니다. 사르밧 과부도 굶어 죽을 위기에 처했지만 엘리야를 통한 하나님의 은혜로 자신과 아들의 생명을 구할 수 있었습니다. 하지만 그런 감사도 잠시 갑자기 아들이 죽는 참사를 겪습니다. 이때 그녀는 엘리야에게 살려달라고 간구하기보다는 자신의 죄 때문에 하나님이 자신의 아들을 죽었다며 엘리야를 원망합니다. 이런 사르밧 과부의 반응이 일반적 모습입니다. 큰 고난을 당하게 되면 우리는 먼저 죄로 인해 벌 받은 것이 아닌지 생각하며 자신을 자책하거나 혹은 주변 사람들을 원망하고 한탄하기 마련입니다. 욥의 친구들도 욥이 고난을 당하자 너의 죄 때문이라며 회개하라고 강요했습니다. 이렇게 엉뚱한 곳에서 원인을 찾고 한탄하며 고통을 키우다 보면 신앙이 위태롭게 됩니다. 사르밧 과부의 이런 반응에 엘리야는 아이를 받아들고 2층에 올라가 침상에 누이고 여호와께 부르짖습니다. 즉, 엘리아는 수넴 여성처럼 이 문제는 하나님의 섭리와 권능에 달린 문제임을 알았기에 곧바로 하나님께 부르짖었고 아이를 살려냈습니다.

잘 살다가 갑자기 하나님께 뒤통수 맞은 것 같은 고난을 당하더라도 결국 우리는 하나님 앞으로 달려가는 것 외에는 방법이 없으며 그것이 가장 빠른 해결책임을 수넴 여성의 단호하고 냉철한 모습 속에서 배울 수 있습니다. 답은 분명한데 사실 수넴 여성처럼 행동하기는 쉽지는 않습니다. 내가 겪는 현실의 고통은 이성보다는 감정을 자극하고 하나님에 대한 신뢰를 뿌리째 흔들기 때문입니다. 그런데 수넴 여성은 어떻게 이런 행동을 할 수 있었을까요? 그것은 그녀의 평소의 삶 속에서 하나님을 경외하고 하나님의 섭리를 이해하며 하나님이 주신 삶을 만족하는 훈련이 되어있었기 때문입니다. 일상 속에서 하나님과 동행하는 삶을 살았기에 큰 고난 속에서도 하나님 앞으로 달려갈 수 있는 힘을 가질 수 있지 않았을까 생각해 봅니다. 욥도 늘 하나님을 경외하는 삶을 살았기에 극심한 고통과 고난 속에서도 하나님을 떠나지 않고 끝까지 하나님께 부르짖을 수 있었습니다.

혹시 우리 가운데 지금 수넴 여성이나 욥처럼 이해할 수 없는 고통 속에서 갈피를 못 잡고 있다면 수넴 여성처럼 주변의 복잡한 상황은 무시하고 일단 하나님께 매달리는 단호함과 용기를 내어보았으면 좋겠습니다. 하나님은 하나님을 찾는 자의 음성을 꼭 들어주시는 분이기 때문입니다.

2023년 12월 27일 남부교회 설교

하나님의 마음, 그 여성의 힘

한종호/꽃자리출판사 대표

여성 신학자, 목회자들의 성경 읽기는 무엇이 다를까? 그것은 단지 젠더의 차이를 묻는 질문이 아니라 그 차이에 담긴 시선, 사회적 경험, 해석에 대한 질문이 될 것이다. 같은 성서 텍스트라도 그 서 있는 자리, 사회적 존재로서 겪게 되는 일상은 다른 관점, 전망 그리고 실천으로 이어지기 마련이다.

책의 제목을 《새 시대 새 설교》라고 붙인 까닭 또한 그런 의미를 담는다. 오랜 세월 동안 남성 위주의 강단이 쏟아내는 설교, 메시지가 하나의 교리, 교조 내지는 정식처럼 여겨지는 현실은 여성적 관점의 배제, 여성이라는 젠더가 포괄하는 기존질서로부터 변두리화된 존재의 육성을 지우는 결과를 가져왔다.

그것은 억압된 목소리, 경험, 관점의 복구를 열망하게 한다. 이 책은 바로 그 복구의 지점에 서 있다. 물론 이로써 그간 묵살되어 오거나 배제대상이 된 목소리 모두가 복원되는 것이라고 말할 수는 없다. 무엇보다도 여성 신학자, 목회자의 육성을 들어본 바가 별로 없는 현실에서 그 목소리가 노출되는 것 자체가 급하다.

그러나 그렇다고 해도 그 목소리의 중요성을 주목해주는 시선이 없다면 그 또한 어려운 길이 되고 만다. 이 책은 그런 시선을 기대하고 있다. 독자들은 그 시선이 되어 여기에 수록된 메시지, 설교를 깊이 읽어나가 준다면 고맙겠다.

이들 여성 신학자, 목회자들의 설교에 대해 일종의 문을 열어주는 역할을 다섯 분의 신학자, 설교자, 문화비평가에게 부탁드렸다. "성경을 읽는 새로운 시선/김기석", "한국교회의 위기를 이겨낼 강단의 모델/김민웅", "새 시대 새 설교/민영진", "파니 멘델스존이란 여성 작곡가가 떠오른 건 왜일까?/지강유철", "왜 여성에 대한 여성의 설교인가/차정식" 이렇게 다섯 꼭지가 그것이다.

사실 이런 방식도 문제가 없는 것은 아니다. 여성 신학자와 목회자들의 설교를 남성 신학자와 목회자, 문화비평가에게 맡긴 모양새가 되기 때문이다. 그러나 꼭 그렇게만 볼 일은 아니라고 말씀드리고 싶다. 젠더의 차이를 전제로 서로 소통하고 그 의미를 짚는 대화자로서의 한 주체로 받아들인다면 이 문제는 걱정하지 않아도 될 것이다.

이들 다섯 분은 여성 설교에 대해 심사를 하거나, 평가를 내리는 역할이 결코 아니다. 남성 위주의 신학계, 목회 현장에서 이분들은 젠더 차원의 의식과 태도가 우선 남다르다는 점을 강조하고 싶다. 그 어떤 편견이나 선입관과 같은 요소를 지니지 않는 분들이다. 그러기에 이런 소통과 대화가 의미 있다.

여성들의 말하기를, 남성들에 의존해서 하겠다는 것이 아니라, 함께 남성 위주로 세워진 벽을 깨는 일을 하는 동역자, 동지라는 차원으로 보아주면 좋겠다. 그런 관점에서 여기에 담긴 설교들을 대할 수 있으면 이 책의 소임을 다할 수 있지 않을까 싶다.

이 책의 여성 설교자들이 곳곳에 성서의 여성들을 조명했듯이 예수님의 일생을 통해서 드러나는 여성들의 역할은 사실, 그 의미가 깊다. 우선 그의 어머니가 되는 마리아를 보아도 우리는 그녀가 단지 수동적으로 성령으로 잉태한 한 시골의 처녀가 아님을 알게 된다. 그녀는 당대의 슬픔을 자신의 슬픔으로 껴안고 있었고, 시대의 모순과 정면으로 마주하여 하나님의 선하심과 의로우심이 실현되기를 매우 적극적이고 간절하게 기도하는 여인이었다. 패배주의와 운명론적 사슬에 묶여 자신의 삶과 시대의 불행을 탓하기만 하는 그런 모습이 아니었다. 누가복음에 기록된 그녀의 찬가는 하나님의 영이 그에게 임하여 새로운 생명의 시대를 열어나가게 되는 기쁨을 확고하게 고백하고 있다.

"내 마음이 주님을 찬양하며 내 영혼이 내 구주 하나님을 높임은 주께서 이 여종의 비천함을 돌보셨기 때문입니다. 이제부터는 모든 세대가 나를 행복하다고 할 것입니다. 힘센 분이 내게 큰일을 하셨기 때문입니다"(누가복음 1:46-49)라고 하면서 마리아는 다음과 같이 하나님의 의가 이 땅에서 어떻게 이루어지는가를 분명한 목소리로 노래한다.

주께서는 그 팔로 권능을 행하시고 마음이 교만한 사람들을 흩으셨으니, 제왕들을 왕좌에서 끌어 내리시고 비천한 사람들을 높이셨습니다. 주린 사람들을 좋은 것으로 배부르게 하시고 부한 사람들을 빈손으로 떠나보내셨습니다.(누가복음 1:51-53)

마리아는 이 노래를 통해서 권력과 부를 한 손에 움켜쥐고 오만한 자세로 살고 있는 이들이 언제까지나 떵떵거리며 시대를 호령할 것 같지만, 하나님의 의로운 판결과 행동 앞에서 졸지에 무력해질 것을 내다본다. 그리고는 가난과 고통과 힘겨운 삶에 짓눌려 있던 이 세상의 작은 자들이 하나님 나라의 주체세력으로 우뚝 일어설 것을 예견한다. 이 마리아의 찬가는 그리하여 그저 한 여인의 기도로 그치지 않는다. 시대를 넘어서 모든 가난하고 약하며 현실을 감당하기에 힘이 없는 작은 자들의 하나님을 향한 갈망이 압축된 기도가 된다. 그리고 그 기도의 응답은 바로 예수 그리스도의 탄생과 그 삶 속에 집약적으로 나타나게 되는 것이다.

예수께서 이후 세상의 약한 자들을 가리키면서 "이 작은 자들에게 행하는 것이 곧 나에게 행하는 것"이라고 말씀하신 대목은 하나님의 시선이 누구에게 머물러 있는지, 그래서 인간사의 새로운 활로를 어떻게 뚫어내시려는 것인지 우리에게 깨우치고 있다. 여성 설교자들이 곳곳에 전하는 것처럼 크고 강한 것을 숭상하는 시대에 작은 존재에게 마음을 기울이는 하나님의 모습을 배우고 깨닫지 못하면 어느새 인간은 크고 강한 것에 복종하고 그에 기회주의적으로 들러붙어

선과 의를 내버린 채 사는 타락과 죄악에 빠지게 되어있다.

이와는 달리, 마리아는 작은 자들의 상처를 어루만지고 이들에게 세상에 압도당하지 않을 힘을 주시려는 하늘의 응답을 자신의 몸에 짊어지고 살아가는 존재였다. 하여 그녀의 몸은 그저 몸이 아니었다. 하늘이 내린 생명의 능력이 충만해질 대로 충만해진 아름다움이었다. 그 아름다움은 곧 예수 탄생의 현장이 되는 힘이기도 하였다. 하나님의 마음이 몸으로 태어나는 모든 자리에는 바로 그렇게 이웃의 아픔과 시대의 슬픔을 자신의 것으로 껴안고 살려는 존재가 가진 영혼의 아름다움이 있게 마련이다. 오늘, 우리가 기도해야 할 바는 바로 이 영혼의 아름다움이 우리에게 얼마나 충만하게 있는가에 대한 질문이라고 할 수 있다.

우리는 우리의 신앙이 자칫 자신의 탐욕을 채우는 종교적 포장이 될 수 있는 위험을 직시할 줄 아는 지혜가 있어야 한다. 자신의 필요에는 절절하나 이웃의 필요에는 무관심하거나 또는 냉정한 위선자가 되는 것이다. 교회에 대한 비난이 늘어나고 있는 것과 함께 이기적인 신앙인도 더욱 증가하고 있는 것은 어떻게 보면 그래서 이상한 일이 아니다. 하나님의 마음을 몸으로 짊어지고 살려는 간절한 기도와 자세가 없기 때문이다. 이웃의 아픔은 보이지 않은 채, 언제나 자신의 필요만을 먼저 앞세우는 신앙으로는 우리의 영혼이 아름다워질 수 없을 것이다. 영혼이 아름답지 못하면 그곳에 하늘의 능력을 품은 생명의 진정한 탄생은 기대할 수 없다.

하나님은 진정 이 세상의 아픔과 상처를 깊이 품어내는 여성의 힘을 지니고 계신다. "어미 닭이 병아리를 품듯" 하면서 이스라엘의 현실을 아파했던 예수님의 탄식은 바로 그 대목을 일컫는 말씀이다. 경쟁과 지배와 폭력과 기만으로 얼룩진 이 시대를 새롭게 살릴 힘은 모든 죽어가는 것을 품어 되살리려는 하나님의 마음을 내가 얻는 것 외에는 없다. 그것은 우리의 영혼 속에 예수 그리스도의 영이 태어나 충만해지는 것이며, 진정 부요해지는 길이다. 모두가 목마른 시대에 새로운 비전이 실린 열여섯 분의 여성 목소리를 여기에 소개한다. 읽고 기쁜 마음이 되었으면 싶다.

새 시대 새 설교